【美】帕特里克·弗兰克（Patrick Frank） 著
俞鹰 张妗娣 译

PREBLES' ARTFORMS

An Introduction to the Visual Arts, 11th Edition

艺术形式

（第11版）

中国人民大学出版社
·北京·

序 言

本书书名包含两层含义：我们创造了艺术，艺术成就了我们；我们创造了艺术作品，反过来，我们也受到了艺术作品的影响。之前几版首要强调我们与艺术作品的双向互动，这个观点也融入本书的字里行间。

为什么要学习艺术？

因为在人类历史的某一时刻，艺术家们几乎涉及了人类活动的各个方面，从常规到禁忌、从世俗到宗教、从敌对矛盾到精神升华，艺术无处不在。艺术创造是对生命的一种回应，通过创造，我们让生命变得更加丰满。当今的艺术创作更是如此，比从前有了更多的形式，几乎每个抱有好奇心的人都能接触到艺术。艺术创造是人类的瑰宝，在如今的艺术世界中，它仍然纯净无瑕。

在欣赏主要的艺术作品之余，本书的首要目的是打开学生的眼界，让他们饱览丰富的视觉艺术。作为人类沟通交流的独特形式，当我们把艺术作为生活的一部分，去体验、理解、欣赏的时候，艺术便会传递出艺术丰富人生的理念。

为什么要使用这本书？

因为艺术世界不断变化，这本书也随之变化。本书第 11 版是有史以来修订最全面的版本，修订过程几经批评，通过复审、电子邮件、与国内外教师的对话等方式，建立新观点，重改课程，同时保证彻头彻尾的真实性。推出的新版本有以下三大优势：

- 教师们对教学需求的改变提出的建议；
- 全新的学术研究；
- 全世界艺术家的最新创作。

改变教学需求：新版本中最重大的变化是拓宽了教学特点。针对教师和读者反馈的情况，新版本中的每个章节都以“请思考”作为开头，由此突出本章学习的目标。在每章末尾，读者可以看到“思考回顾”，通过一些复习题强化学习目标。每一章的关键术语都汇聚在章后，“请试一试”板块则是从章节内容拓展开去，提出一些问题，希望学生能够运用所学知识进行批判性思考。本书中的关键术语都在文中给出定义。每一章内容与培生在线资源（我的艺术实验室（MyArtsLab））结合紧密，将每一章与材料主体部分相关的访谈、播客、视频及互动练习联系起来。

主题式教学法是另一种关键的教育趋势，推动着新版本中的一些革新。首先，书名就暗示了如何阅读本书，因为“艺术形式”是从一个简单的观点中提炼出来的，即：我们创造了艺术，艺术成就了我们。越来越多的教师使用主题式教学法带领学生欣赏艺术，而《艺术形式》则从多个方面进行修订，以便适应这样的教学法。首先，新版中第 2 章讨论的是根据六大原则或社会性功能进行的艺术创作。这六大原则或社会性功能指的是愉悦、评论、崇拜与礼节、纪念、劝说以及自我表达。对于不同的文化和时间段，对以上每一种原则或功能都有不同的例子。

其次，新版本对文字进行了精简，更加紧扣主题“我们创造了艺术”展开。本书前半部分中，重写 13 篇传记文章，向读者展示艺术家如何创作艺术作品：他们是如何加工信息、处理个人情感，通过媒介等其他艺术或公众投入来创造出作品的。字里行间中，艺术家们诉说着自己的故事，一些直接引用的话语使讨论部分显得格外生动。

本书的后半部分中，11 篇文章围绕“艺术成就了我们”这个主题，通过更多的细节，告诉读者艺术是如何做到第 2 章提到的六大原则的。例如，提到 19 世纪的现实主义艺术，围绕“艺术成就了我们”这个主题展开的文字就会从不同的时代选取多个艺术作品，并基于时代背景加以评析，告诉读者历史上的艺术家们是如何“成就了我们”。第 23 章讨论了 20 世纪 30 年代受政治影响的艺术，由此引申出关于说服性艺术的例子，其中包括伦敦奥林匹克场地上的一尊雕像、一个中世纪的编织物和一位非洲人的形象。这些文字能通过描述不同时期的作品，帮助学生理清共同的主线，也可以帮助教师围绕六大功能以主题式教学法引导学生。

全新的研究：根据新的研究、读者反馈和公众兴趣的提升，有些内容得到了拓展延伸。在第 1 章中新增了“创造力”板块，强调了在该领域的新发现。本书也覆盖了对旧石器时代的新发现。交互式动态图像的新设计在第 11 章中也有体现，涵盖了审查争议的内容。总体而言，因应这些教学和内容上的变化，在原来的基础上增加了 30 页，增加了内容的深度、覆盖面以及灵活度。

新版中还引入了大量新图片。事实上，新版中 26%的作品图片是全新的，总共 165 幅。这些新图片配合了新的教学法，因为它们从不同的角度诠释了本书。有些是老的图片，例如犹他州的岩石艺术区以及中亚地区的铜盘。但也不乏一些“经典”，例如奥古斯都雕像和坦比哀多礼拜堂。这些图片来自不同的媒介，包括苹果 iPad，比如日本一栋建筑的外观是一个巨型二维码。很多新的插画都来自不同的文化，包括一些重要的非洲图片，继续从全球角度提升从 1998 年出版发行的《艺术形式》。

全世界艺术家最新的作品：新版的 165 幅新增图片中近一半是当代作品，也就是说，这些作品是在世的艺术家所创作或是创作于新千年。这反映了我对当代艺术的不懈追求，也是艺术欣赏的最好途径。同时，这也说明了我居住在世界最活跃的艺术中心之一，在此我认识了很多收藏家、商人、批评家、学者还有艺术家。在后现代时期，比起近现代，很多艺术家可使用更多的语言和风格进行创作。我认为这些当代的作品充满了参与度、广泛性、惊喜和思维涌动。正因为如此，艺术启迪人们。

作为结束语，我想说，新版本诠释了我渴望与使用本书的教师、学生等读者交流，并且与我一同走进艺术世界。我希望《艺术形式》能尽其所能做到最好。若想与我直接交流思想、提出意见或者给予反馈，请发送电子邮件至 pfrank@artformstext.com。

帕特里克·弗兰克

于加利福尼亚州威尼斯

致 谢

我衷心地感谢朋友们在本书第 11 版的写作过程中给予的鼓励与支持。在此我想特别列举其中几位所做出的贡献：文字编辑 Melanie Walker 一方面很好地保留了本书的原汁原味，另一方面积极推进本书的进一步拓展，在这一工作中提出了众多建设性意见；Evi Peroulaki 尽心尽责精心挑选图片，以便遵守如今愈发严格的有关图片使用的版权法；策划负责人 Helen Ronan、Melissa Danny 和 Susie May 以十分友善文雅的态度，帮助我们更好地把控了整本书的出书进度。

在撰写本书的过程中，还得到了各领域专家的帮助，如 Elizabeth East、Charles James、Philip James 和 Anthony Lee。许多艺术家开放了他们的工作室和家，让我更好地充实了书中的调研部分。对此，我要特别感谢他们的慷慨大方，并希望我在书中较好地传达了他们创意工作的激情与灵感。

另外，我还要感谢使用本书作为教科书的老师和读者们。你们所给予的珍贵建议对本书的修订与更新工作来说至关重要：Butler Community College 的 Helen Barnes，St. Philip 的 Rodrigo Benavides，Tarrant County College 的 Paul Benero，Modesto Junior College 的 Paul Berger，Hagerstown Community College 的 Joan Bontempo，Western Kentucky University 的 Ingrid Cartwright，Southwest TN Community College、University of Memphis、Dyersburg State Community College 的 Judith Dierkes，Carl Albert State College 的 Bobette Guillory，Coastal Carolina University 的 Sandra Hardee，University of North Texas at Dallas 的 Pamela Harris，San Jacinto Junior College 的 Beth Hinte，Hinds Community College 的 Leah Johnson，Oklahoma City Community College、University of Oklahoma 的 Timothy Jones，Hawaii Pacific University 的 Paul Levitt，Fullerton College 的 Nanci Schrieber-Smith。

我的艺术实验室

让学生体验艺术并与艺术互动

该程序为您与学生们提供更好的教学资源。以下介绍具体内容：

全新的“我的艺术实验室”（MyArtsLab）帮助每一位学生向成功迈进，并取得显著成效。它包含自动评估和个性化学习计划，并且互动式的电子课文能让每位学生参与艺术体验，特点是个性化强、激励制度、检测学习。

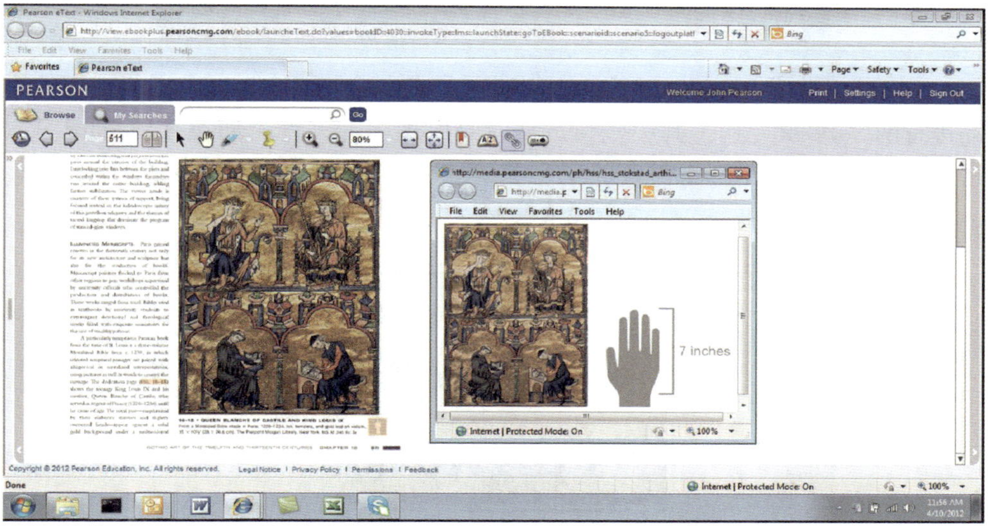

● 学生可以通过培生电子课文（Pearson eText）随时随地阅读课文，还可以下载文档到 iPad 或收听由帕特里克·弗兰克朗读的章节音频。电子课文以独有的方式向读者展现了有关艺术家的作品。

● 为每位学生制定的个性化学习计划能促进批判性思考。与视频、应用程序和章节相关的测评能让老师和学生跟踪进度、获得及时反馈。

● 新式：现在登录“我的艺术实验室”，就可完整地在线阅读亨利·塞尔

（Henry Sayre）所著的第 6 版《艺术创作》。

● 全新拓展：点击“查看更多”，可查看专家音频，参与互动，对主要的艺术作品有更深层的了解。登录手机客户端也可查看。

● 全新拓展：提供 360°建筑全景和主要纪念碑的模拟，帮助学生了解建筑的内外构造。登录手机客户端也可查看。

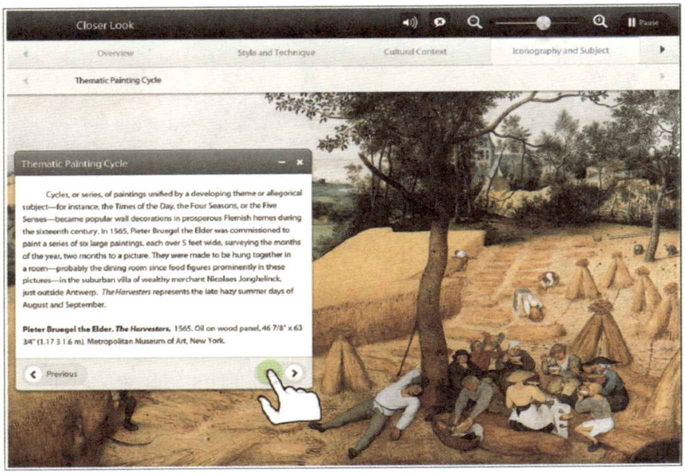

● 新式：艺术 21（Art21）的视频展示了杰出的艺术家，以及围绕他们的作品进行的 20 多次专访，其中包括近期收录的关于理查德·塞拉（Richard Serra）、辛迪·舍曼（Cindy Sherman）、弗雷德·威尔逊（Fred Wilson）以及沙兹亚·西坎德尔（Shahzia Sikander）的文案。

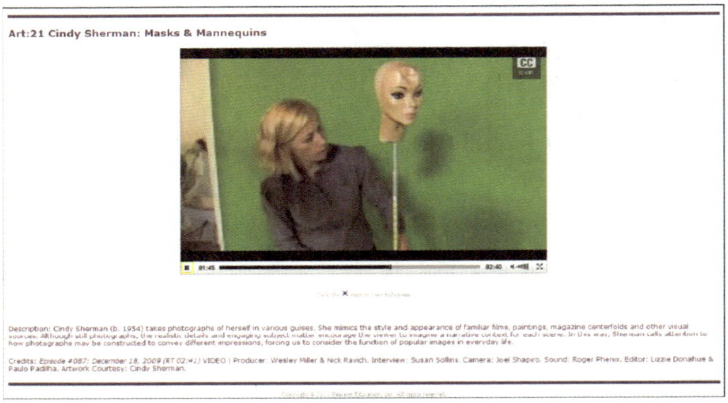

打造学习新世界

“我的艺术实验室”对课堂学习质量有着持续有效的影响。如果教师能将

“我的艺术实验室”融入课程中，相信教师和学生都能迈向成功。加入我们的在线社区吧，现已有 5 000 名美国用户，这个数字还在不断增加，“我的艺术实验室”能为学生提供优质媒介和评估。

“‘我的艺术实验室’能促进学生主动学习，让他们更多地投入到学习材料的学习中。”

——马亚·希门尼斯（Maya Jimenez），国王郡社区学院

“‘我的艺术实验室’能让学生以另一种方式接触课程素材。每一位学生都能沉浸其中几小时！”

—— 辛迪·B·达姆施罗德（Cindy B. Damschroder），辛辛那提大学

“我真的非常喜欢使用‘我的艺术实验室’，每过一个季度，我就会让学生写一篇关于‘我的艺术实验室’的使用体验，97%的学生都有积极的反馈。”

——丽贝卡·特里尔（Rebecca Trittel），萨凡纳艺术与设计学院

附加资源

给学生选择

可通过以下几种方式获得培生艺术资源，它可使您和您的学生有更多更加方便的选择，更加省力。

CourseSmart 电子课本与印刷版内容一致，提供便捷的在线阅读模式，包括重点、在线搜索和打印功能，见 www.coursesmart.com。

Books *à* la carte 是以传统课本为基础的三孔式活页版本，并有折扣价——学生只要带需要的部分去上课。且不论是否登录“我的艺术实验室”，Books *à* la carte 版本均可使用。

建立你个人的培生出版课程材料。与培生出版的编辑进行合作，建立个人理想型课本以及网络材料——出版个性化原创内容或者与培生出版的内容进行组合搭配。请与培生出版的代表取得联系。

教师资源

演示文稿几乎涵盖了书中所有的图片，包括有标题和无标题的图片。

全新！“备课工具”是在一个网络地址上汇集了最好的课堂展示内容，教师可以督促学生们积极参与每一节课。该工具配合课文中的艺术内容和人物、视频、课堂活动等，能节约教师的备课时间。

全新！使用“我的艺术实验室”演示文稿进行教学可以让课程变得更加生动。演示文稿的内容可让教师把“我的艺术实验室”互动式体验带入课堂中——快捷、简单。

教师的手稿和测验文件。这是宝贵的专业资源，对新教师和有经验的教师都具有重要的参考价值。每一章包括以下板块：章节总览、章节目标、关键词、讲课和讨论主题、资源、书面作业和项目。测验部分包括多项选择题、是非题、简答题和问答题。可从 www. myartslab. com 的教师资源板块下载材料。

我的测验。这是在线灵活生成的测试软件，这些问题都可以从印刷版的测试文件中找到。教师可以使用“我的测验”快速简便地创建自定义试卷，见 www. pearsonmytest. com。

目　录

第一部分　视觉体验的语言

第二部分　艺术的媒介

第三部分　艺术作为文化遗产

第四部分 现代世界

第五部分 后现代世界

第一部分

视觉体验的语言

第 1 章　艺术和创造力的本质*

请思考

1. 请用不同的媒介和形式描述作为视觉表达手段的艺术。
2. 请说明人类的创造力作为一种内在的特质如何激发了艺术的产生。
3. 请阐述艺术家多样化的知识、文化和技能背景。
4. 请用视觉分析的方法区别形式与意义。
5. 请定义用来讨论艺术的术语：具象派、抽象派、非具象和意象。

我们是否有必要对我们所感所思赋予物质形态呢？我们是否必须以手势、舞蹈、画画、语言、歌唱、写作或者建造的方式来表达呢？要成为真正的人类，我们似乎必须如此。事实上，创造力是人类的特性之一。创造和享受我们所谓的艺术是整个人类历史的驱动力。艺术并不是远离我们的。它源于普通但又不寻常的人类洞察力、感受和体验。

艺术不需要通过理解来欣赏。就像生活本身，艺术是可以单纯地体验的。然而，如果我们更多地了解艺术所能带来的，那么我们对艺术的体验也将更加丰富。

举个例子，在 2009 年年中，当珍妮特·埃克曼（Janet Echelman）的巨作《她的秘诀在于耐心》（*Her Secret is Patience*，见图 1.1）悬在凤凰城的天空，在见识过这幅令人惊叹的作品后，原先抱怀疑态度的人都为之赞叹。这幅巨作悬置于距离地面 40～100 英尺的三根斜杆上，网状物的色环看上去亦静亦动，坚实而磅礴，随风飞舞，欲摆脱地心引力。

这位艺术家选择了仙人掌花的形象来象征亚利桑那州的沙漠之城——凤凰城。她的灵感来自萨挂仙诺仙人掌的耐心。她说：“多刺的仙人掌落地生根在沙

* 可在 myartslab.com 网站收听本章音频，学习和回顾本章内容。

图 1.1　珍妮特·埃克曼，《她的秘诀在于耐心》（2009）。纤维、钢与灯光。高：100′；顶径：100′。
资料来源：亚利桑那州菲尼克斯文娱公园，珍妮特·埃克曼提供。威尔·诺瓦克摄影。

漠中寻找水源，它节约了每盎司的能量，直到在一个凉爽黑暗的晚上，开出了一朵肉肉的花。”[1]这幅作品也反映了自然本身的属性。美国诗人、哲学家爱默生曾说过：“适应大自然的节奏：她的秘诀在于耐心。”埃克曼正是从中选取了作品的标题。

从概念到实现，支持该作品的民众也耐心等待了很长时间。怀疑者则质疑其价格（240 万美元）、形态（有人说它看起来像一个巨型水母）和艺术家的出身（她不是亚利桑那州人）。这些疑虑和一些技术问题使《她的秘诀在于耐心》这幅作品在画板上停留了一年半的时间。而如今大部分的亚利桑那州人都为此骄傲：这种独特的视觉享受已经成为凤凰城的地标，正如埃菲尔铁塔之于巴黎的意义。《亚利桑那共和报》发表社论：“这正是凤凰城需要的：一个有助于创造场所感的显著特征。”[2]

《她的秘诀在于耐心》的创作和反响体现了一个重要的观念：艺术创作是一个双行道。也就是说，我们创造了艺术，而艺术也成就了我们。它丰富了我们的生活，也教导了我们，并触动我们的灵魂，让我们纪念人类的过去，激励或是敦促着我们（见第 2 章）。艺术也能够引导我们以新的方式去思考，并促使我们每一个人形成自己对真与美的感受。

尽管《她的秘诀在于耐心》并不是你们过去所熟悉的那类艺术作品，它不是一幅画，也没有在博物馆展览，但它是艺术。本章将探讨艺术和创造力的定义，并研究创造力如何通过不同的艺术类型以及不同的内容和形式进行呈现。

什么是艺术?

提及艺术，我们通常是指音乐、舞蹈、戏剧、文学以及其他的视觉艺术。我们的感官以不同的方式感知每种艺术形式，但是每种艺术形式都源于对感情、见解和经验的表达需要。艺术传达的含义远远超越了一般的口头交流，艺术家运用了整个思想、情感和观察的范畴作为他们艺术创作的主题。

视觉艺术包括素描、绘画、雕塑、电影、建筑和设计等。一些想法和情感只能通过视觉形式得到最佳的表达。美国画家乔治娅·奥基芙（Georgia O'Keeffe）说过："对于那些无法用语言来描述的事物，我除了用颜色和形状来勾勒外，别无他法。"[3]

艺术作品是一种运用技术通过媒介对于思想或体验的视觉表达形式。每一种媒介都是一种独特的材料，并拥有其独特的表现方式。艺术家选择不同的媒介来实现他们作品的功能，呈现他们想要表达的观点。如果媒介的使用有助于我们理解和享受生活，那么我们所体验到的最终作品便可被称为艺术。

至于《她的秘诀在于耐心》这幅作品，埃克曼试图以一种与自然力量和谐的方式创作一幅讲述凤凰城的作品。因此，她选择了灵活的网状结构作为媒介，以其与自然界的风交相辉映。同样地，为了最佳地支持和表达其意图，她确定了适合作品的大小、规模、形态以及颜色。

媒介的使用已有数百年，包括黏土、纤维、石头、木头等。在 19 世纪摄影和电影的基础上，20 世纪中期现代科技又产生了新媒介，比如视频和计算机。由不同的材料组合而成的艺术，正如今天的许多艺术家所实践的那样，被称为混合媒介。

什么是创造力?

所有艺术、科学和技术，事实上所有的文明，都源于人类的想象力或者说是创造性思维。而我们称之为创造力的天赋究竟是什么呢?

创造力是创造具有价值的新事物的能力。仅仅新颖是不够的，新的事物必须有关联性或者能打开全新的思维模式。

创造力也有可能影响未来的思想或行为，它在大多数行业中都有重要意义。2010 年，IBM 公司采访了 1 500 名来自 60 个国家的首席执行官，问他们未来成功的企业领导者最重要的技能是什么。他们的答案不是经济知识、管理技能、正直诚信或者个人自律，而是创造力。

通过对不同领域创新者的研究，2011 年出版的著作《创新者的基因》[4]的作者总结了创造力以下五个特质：

（1）联想：将看似没有联系的领域关联起来的能力。

（2）质疑：不断地对现有事物发起挑战，对事物如何发展至今，又将如何发生改变及改变的原因提出疑问。

（3）观察：仔细观察世间的一切，不施加评判，以获取新见解和新举措。

（4）交流：即使与他人的观点差异甚大，即使他人所擅长的领域与此并不相关，也乐于交流与学习。

（5）试验：通过试验、建立模型和拆解来探索新的可能性。

创造力存在于人类的大部分活动中，我们在这里关注的是多种形式的艺术创造力。电影导演将演员和摄像机置于舞台之上以强调剧本中的某一方面。霍皮族的制陶工人用新的方式结合传统设计以更好地装饰水壶。平面设计师坐在电脑屏幕前，推敲样式、图片和色彩以传达他要表达的信息。日本的雕刻家将木头雕刻成寺院里的佛陀以帮助冥想。我们许多人都有在墙上布置画框和用相机构图摄影的经历。所有这些行为都需要视觉创造力，也就是运用图像来传达那些仅凭言语无法描述的事物。

《他赢得了比赛》（*He Got Game*，见图 1.2）这幅作品就是运用简单方式表达视觉创意的很好例子。当代南非艺术家罗宾·罗德（Robin Rhode）在街道的柏油路面上画了一个篮球架，然后作品中的人物以 12 种不同的姿势躺卧在地上拍照，就好像在表演一个不可能的空中翻转扣篮。这位艺术家在这里模仿了体育节目中经常用到的慢动作和定格摄影技术来创造一幅超然天赋的画面。他的作品巧妙地运用了低技术含量的粉笔画和俚语标题来表达自吹自擂的街头文化。正如他的作品显示，创意是一种态度，这是体验和欣赏艺术作品的基本要求，也是创作艺术作品所需要的。富有洞察力的眼界本身就是一种创造性的行为；它需要开放式接受的态度，即搁置习惯性的思维模式以及舒展心灵的意愿。

20 世纪的美国艺术家罗马勒·比尔登（Romare Bearden）* 在观察南部农村和纽约的哈莱姆区人们的日常生活之后创作的画作中，表现出了另外一种形式的创意。在《仪式的盛行：消息》（*Prevalence of Ritual*：*Tidings*，见图 1.3）这幅作品中，他用借来的画面片段和一些柔和的色彩创作了一幅合成照片，以此描绘了忧郁和渴望的情绪。作品中，一个有翅膀的人似乎在安慰一位拿着花的耽于自

---

* 可在 myartslab.com 网站观看罗马勒·比尔登谈论自己作品的视频。

图 1.2　罗宾・罗德，《他赢得了比赛》(2000)。12 张彩色照片。
资料来源：纽约和香港立木画廊。版权由罗宾・罗德所有。

图 1.3　罗马勒・比尔登，《仪式的盛行：消息》(1967)。合成画。36″×48″。
资料来源：罗马勒・比尔登基金会/纽约视觉艺术家和画廊联合会（VAGA）授权。

省的女人，影射着基督教的天使报喜。图中的火车意味着离开这个世界或者仅仅是去北方过更好的生活。和比尔登的许多其他作品一样，他在这幅作品中也关注传达信息的效果，但是同样重要的是他表达创意的内在需求——艺术如何塑造我们（见第 2 章）。

艺术的形成　罗马勒·比尔登(1911—1988)：爵士乐和记忆

爵士乐和记忆如何激发创意和促成视觉艺术？罗马勒·比尔登（见图 1.4）为我们做出了解答。他于 20 世纪二三十年代成长于哈莱姆区，亲身经历了美国非洲文化的爆发，即哈莱姆文艺复兴。他的母亲是政治活动家、记者，他的父亲是城市监察员。哈莱姆文艺复兴中的音乐家、艺术家还有作家都是他家中的常客。

图 1.4　罗马勒·比尔登

资料来源：伯纳德·布朗公司。

在他年轻时，他为一家美国黑人报纸画政治漫画。在二战中服役后，他在纽约和巴黎学习艺术。在欧洲的学习中，他遇见了几位重要的非洲知识分子，他们提倡艺术家们去重新连接他们的种族起源。但是比尔登超越了自己的文化传统，产生了更为广泛的影响。回忆起在巴黎的时光，他这样说道："我学到的最重要的东西就是，深入内心中黑人的经历意识，并把它与普遍的经历联系起来。"[5]

对各种传统知识的好奇也促使他完成自己的探索。他欣赏爱尔兰作家詹姆斯·乔伊斯（James Joyce）的小说和文艺复兴早期的艺术。小说家拉尔夫·埃里松（Ralph Ellison）这样描述比尔登广博的艺术史知识："我记得去参观罗米的第 125 街工作室时，他站在画架前讲解荷兰和意大利大师们的观点。"[6]他的画作受到了 17 世纪诗人安德鲁·马弗尔（Andrew Marvell）、《圣经》以及诗人荷马的《伊利亚特》的启发。

音乐在比尔登的创造过程中起到了更为重要的影响。他结识了爵士乐作曲家埃林顿公爵（Duke Ellington）、爵士乐大师法茨·沃勒（Fats Waller）以及歌手兼演员保罗·罗伯逊（Paul Robeson）。比尔登说："当我在听唱片的时候，我会拿一张纸，在纸上画些线条，这是一种学习节奏和音程的速记法。"[7]厄尔·海因斯（Earl Hines）钢琴式的爵士乐特别使他入迷。欣赏海因斯的音乐的时候，比尔登不仅听音符还注意音符间的间隔，以从中领悟可以对他的艺术创作产生影响的音乐结构。他说："海因斯微妙、精确的间隔对我的绘画创作帮助颇多。"[8]

在他的拼贴画《登月火箭》（*Rocket to the Moon*，见图 1.5）中，我们可以看出这一倾向。画中，碎片的拼贴形成了一种安静的绝望和信徒不屈不挠的景象。画中的建筑物主要是大楼，楼与楼之间相互隔开，大楼的功能和歌曲中的韵律一样。人物的处理和音乐中音符的润色一样细致入微。这位艺术家说："刚刚放下一种颜色，又想起了另一种。你必须像对待旋律一样。"[9] 音乐的创作可以是听起来浑然天成的，艺术的创作也应该使每一部分都可以轻易地融为一体。

图 1.5　罗马勒·比尔登，《登月火箭》（1971）。纸板拼接。13″×9¼″。

资料来源：罗马勒·比尔登基金会/纽约视觉艺术家和画廊联合会授权。

当然，他作品的非裔美国人的文化根源是在所难免的。他说："你必须尊重自己的文化根源，因为你在艺术中的所指即来源于此，如果想在艺术作品中有所表达的话。"[10]《登月火箭》讲述的是城市黑人社区对于月球探索真相的漠不关心。

比尔登在他工作室的墙上记下了他一生中的重要事件。他经常回忆起他在北卡罗来纳州的童年时光。回乡的想法一直萦绕在他的心头。他说："当你有了更多的经历后回到第一次出发的地方，心里总会期待进一步的理解。你可能会离开，然后回到幻想中的故乡。"[11]

在接受关于圣弗朗西斯科现代艺术博物馆的一个回顾展览的访问时，他解释了自己作为艺术家的目标："我试着将非裔美国人的经历带入艺术并且给予它一种通用维度。"[12] 通过他的创造力，借助于爵士乐和记忆，他成功了。

接受过训练和未受过训练的艺术家们

我们中的很多人都倾向于认为，"艺术"只能由艺术家——那些具有独特天赋的人——来创作，因为在当代社会，艺术往往是与生活分开的，许多人认为自己没有艺术天赋。然而，我们每个人都有创新的潜能。

在过去，世界上训练有素的艺术家一般从学徒开始学艺，最终成为技艺超群的大师。（也有一些明显的例外，女性被排除在学徒群体之外。）通过实践经验，他们获得了有关他们所处社会的艺术传统的必要技能和知识。如今，大部分艺术培训都在艺术学校，或者是学院抑或是大学的艺术系。无论是以当代还是以历史上不同的标准来看，在这样的环境中学习，有助于高层次人才的培养。通常情况下，受过培训的艺术家会展现出他们对于自身与艺术史关系的自我意识。

培训、技能和智慧对创造力的开发是有帮助的，但也不总是必要的。创造的需求是普遍的，与艺术培训鲜有关联。那些仅接受过一点点或者完全没有接受过艺术教育的人通常被称为未经训练的艺术家或者民间艺术家，但是极富创造力。未经专业训练的艺术家，被称为朴素艺术家或者素人艺术家，他们中的绝大部分人不了解艺术史和艺术发展趋势。民间艺术由人们遵循传统创作而出，不同于民间艺术，素人艺术家创作的艺术是抛开了传统实践和风格的个人表达。

《我们的小镇》（*Nuestro Pueblo*，见图 1.6）是美国最知名、最大的素人艺术作品之一，它更被人熟知为“华兹塔”。创作者萨巴蒂诺·西蒙·罗迪亚（Sabatino Simon Rodia）在作品中使传统材料的新可能性变得可视化。他花了 33 年致力于创建这座教堂般的塔，他用废弃的材料建成了这座塔美轮美奂的结构，例如用钢筋、网孔和砂浆粘连起来的金属管和基架。令人难以置信的是，他没有使用电动工具、铆钉、焊接或者螺栓就建成了这座塔。

这座塔矗立在他的三角形的后院，他用从社区捡来的盘子碎片、瓦片、熔化了的玻璃瓶以及其他五颜六色的垃圾碎片井然有序地覆盖在塔的表面。他的塔是艺术家创造力和毅力的有力证明。他说：“我曾考虑过要做一件大事，然后我做到了。”[13]

一些创意工作者远离艺术圈，他们的名字不为人所知。1982 年，费城的一名艺术系的学生发现了好几盒手掌大小的雕塑被遗弃在一个破旧不堪的社区垃圾堆里。这些雕塑由电线包裹的垃圾和其他小物件组成，数量超过一千个（见图 1.7）。这些雕塑被称为“费城电线人”（Philadelphia Wireman），其作者姓名仍然未知。在展览几个月后，依旧没有人出面声明版权。由于需要用力掰弯电线，作品的作者被认为是男性。无论如何，他创造了引人入胜的碎片集合物，激发了人们的记忆和想象。

与素人艺术家不同，民间艺术家的创作风格属于既有的风格传统、主题传统和工艺传统的一部分。大部分民间艺术家没有接受过系统的艺术训练，他们的作品往往显示出了对传统的热爱。民间艺术以多种形式存在，包括棉被、刺绣手帕、装饰用的风向标、雕塑或者定制汽车等。

在墨西哥和美国西南部，人们逃脱了某种危险或者从疾病中恢复过来后，通常用祭坛画来感恩上帝。这些画通常描绘了救赎的场面，并附有文字描述。在图

图 1.6　萨巴蒂诺·西蒙·罗迪亚，《我们的小镇》，加利福尼亚州华兹塔。上图：远景；下图：施工工具及围墙细节。混合材质。高：100′。
资料来源：杜安·普雷布尔摄影。

1.8 中，一位被诬告的人逃脱了死刑，并创作了这幅画。碑文表述了他亲爱的父母和受了委屈的妻子热切祈祷拯救了他，使他逃离了最终的惩罚。碑文的拼写错误和真诚的绘画风格相结合，极具吸引力。儿童使用一种通用的视觉语言。从用笔探索，到描绘形状，再到使所看和所想的东西形象化，世界各地 2～6 岁的儿童展现出类似的精神成长阶段。在大约 6 岁以前，儿童通常用象征性的方式而不

图 1.7 《费城电线人》(约 1970)。表盘面、玻璃瓶盖、钉子、纸画、电线。7″× 3½″×2¼″。
资料来源：马修·马克斯画廊提供。

是现实的方式来描绘世界。他们头脑里的形象更多的是一种心理构造而不是视觉观察的记录。《奶奶》（*Grandma*，见图 1.9）这幅画由 3 岁的阿兰娜（Alana）创作，这幅画在重复的绿色和棕色的画圈中表现出了热情和自信。她在眼睛和头部的绘画中找到了节奏，并兴致勃勃地将其延伸到了袖子的创作中。

图 1.8 祭坛画（1915）。绘于金属罐上。9″×11″。
资料来源：加利福尼亚大学洛杉矶分校福勒博物馆。唐·科尔摄影。

儿童通常会展现创作的直观感觉。不幸的是，当他们开始有概念有意识地审视这个世界的时候，大部分这种均衡设计的直观感觉就会消失。那些从小就被给予各种彩页书、练习册和预先绘制的打印纸的孩子们会变得过于依赖这种没有个人色彩的刻板道具。这样，孩子们往往会失去凭借自己的经验来创造独特画面的能力。近期研究表明，许多孩子在 9 岁或 10 岁的时候开始怀疑自己的创造力。但是富有创造力的那些人，无论将来成为艺术家还是首席执行官，直至成年都会保留自己的创造力。

无论是受过训练的艺术家、素人艺术家还是民间艺人，作为一个艺术家必须具备独立思考的能力和跳出群体思维模式的勇气。这样，艺术家才能为观众提供延伸经历的新鲜见解。

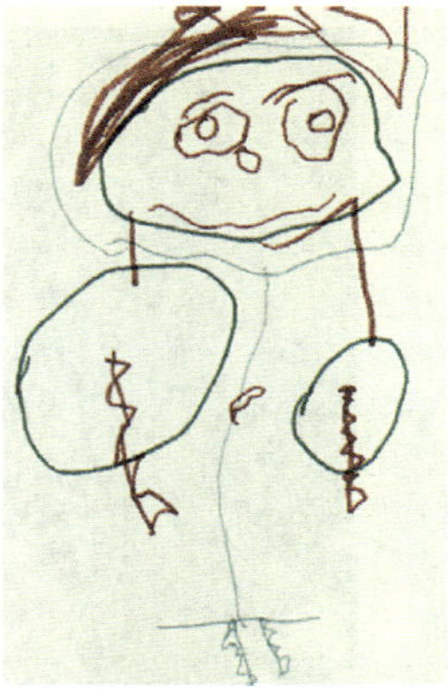

图 1.9　阿兰娜（3 岁），《奶奶》。

艺术与现实

艺术家们可以描绘出他们在物质世界中看到的事物，他们可能改变外观，或者用一种人们在自然世界和人造世界中从未见过的形式来表现。不管用什么方式，大部分艺术家向观众呈现的内容不仅仅是外观。“具象派”“抽象派”和“非具象派”这些术语被用来形容艺术作品与物质世界的关系。

具象派艺术

具象派艺术描绘事物的外观。（如果原形是作品的主要内容，它就被称为“写实艺术”。）它们呈现了或者“再现”了我们所了解的自然界和日常生活中的事物。具象派艺术所描绘的对象即主题。

创作具象派艺术的方法很多。看上去最“真实”的画作采用的是“错觉画法”的风格。这种运用错觉艺术手法的画作之所以能打动我们，是因为它们看起来如此“真实”。在威廉·哈尼特（William Harnett）的作品《烟雾缭绕的后台》（*A Smoke Backstage*，见图 1.10）中，勾画的物体接近其真实大小，更增添了错觉。我们几乎可以认为能够触碰到烟斗和火柴了。

比利时画家勒内·马格利特（René Magritte）呈现了一种不同的艺术与现实的关系（见图 1.11）。这幅画的主题似乎是一个烟斗，但是下面用法语书写的文字内容却是：“这不是一个烟斗。”观众们可能会怀疑：“如果这不是烟斗，那么是什么?”答案是，理所当然那是一幅画！马格利特把它命名为“图像的叛逆”（*La Trahison des Images*），表明艺术家头脑中设置的视觉游戏。

加利福尼亚艺术家雷·贝尔德纳（Ray Beldner）* 进一步使艺术与现实的关系复杂化。他用裁剪过的美元重新创作了马格利特的作品，并命名为“这绝对不是烟斗”（*This Is Definitely Not a Pipe*，见图 1.12）。如今当代艺术家们很有

* 可在 myartslab. com 网站观看雷·贝尔德纳关于他的“金钱碎片”的访谈。

图 1.10　威廉·哈尼特，《烟雾缭绕的后台》(1877)。布面油画。7″×8½″。
资料来源：火奴鲁鲁艺术博物馆，约翰·怀亚特·格雷格·阿勒顿捐赠，1964.（32111）。

图 1.11　勒内·马格利特，《图像的叛逆》(1929)。布面油画。25⅜″×37″。
资料来源：洛杉矶县立艺术博物馆，威廉·普雷斯顿·哈里森夫妇出资购买（78.7），数字影像博物馆协会/洛杉矶县立艺术博物馆/纽约艺术资源/佛罗伦萨斯卡拉，版权© 2013 由伦敦 C. 赫斯科维奇/纽约艺术家权利协会（ARS）所有。

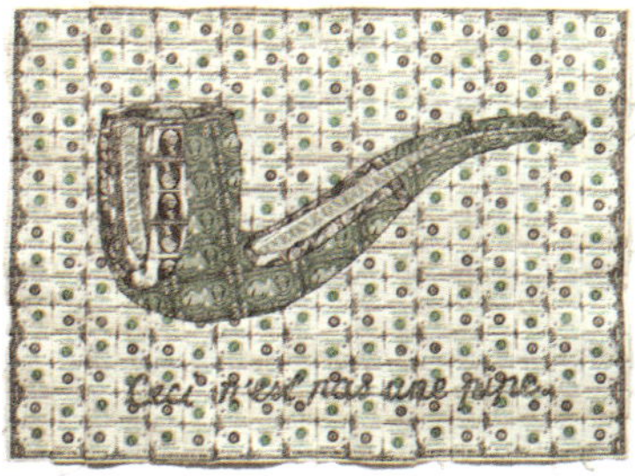

图 1.12　雷·贝尔德纳，《这绝对不是烟斗》(2000)。创作于勒内·马格利特的《图像的叛逆》之后。缝制美元。24″×33″。
资料来源：艺术家本人提供。

名，他们的作品售价非常高，就像这幅作品，简直是“用钱做成的”。贝尔德纳认为，即使是具象派作品也与现实有着复杂的关系。艺术家几乎从来不只是描绘他们所看到的。他们还对现实进行选择、排列、组合，以使其与自己的个人观点相符合。这个过程可能需要他们看得更远一些，远离桌面上的烟斗这个事实。

抽象派艺术

动词“abstract”是“提取”的意思，也就是说，提取某个对象和观点的本质。在艺术中，名词“abstract”可以表示艺术作品与自然物体毫无联系，或作品用简化、扭曲或者夸张的方式描绘自然物体。这里我们使用这个词表达的是第二个意思。

抽象艺术中，为了强调或者揭示某些特征，艺术家们改变了物体的自然外观。正如呈现具象派艺术的方法多种多样，抽象派艺术的呈现方式也很多。我们也许会很容易辨识出抽象派作品的主题，或者我们需要一些提示的线索（如标题）。主题的实际外观和艺术家的呈现方式之间的联系是抽象派艺术给人带来的乐趣和挑战的一部分。

一种方式或者另一种方式的抽象化在许多文化的艺术作品中是普遍存在的。来自喀麦隆的作品《酋长的椅子》（*Chief's Stool*，见图 1.13）中出现了重复的抽象化人形。当然，我们依然可以看出这些塑像的本质主题是人。他们象征着喀麦隆大草原上的族群，支持着坐在椅子上的首领。这把椅子被视为酋长的“权力之位”，其他任何人都不能使用。按照习俗，酋长死后，椅子将被掩埋或者扔弃。

图 1.13　《酋长的椅子》（19 世纪后期—20 世纪早期），喀麦隆西部草原。木材植物纤维。高：16½″。资料来源：加利福尼亚大学洛杉矶分校福勒博物馆。唐·科尔摄影。

早期的欧洲现代艺术家们也接受了抽象的方式。我们在西奥·范·杜斯伯格（Theo van Doesburg，原名克里斯蒂安·埃米尔·玛丽·屈佩尔（C. E. M. Küpper））的画作“抽象的牛”（Abstraction of a Cow，见图 1.14）系列中可以发现抽象的不同阶段。很显然，这位艺术家想通过简化看牛可抽象化到何种程度，但是他的画作仍然展示了动物的本质。如果我们没有看到之前的画作，只看到最后的画作，我们很有可能把它当作非写实主义画作。范·杜斯伯格以牛的主题作为出发点，完成了一幅由彩色矩形组成的画作。

非具象派艺术

世界上许多艺术作品并不是一开始就被设定为非具象派的。阿米什棉被、许

构图（牛，约1917）。纸上铅笔画。每张：$4^{5}/_{8}''\times 6^{1}/_{4}''$。

构图（牛，约1917）。纸上蛋彩画，油画，炭笔画。$15^{5}/_{8}''\times 22^{3}/_{4}''$。

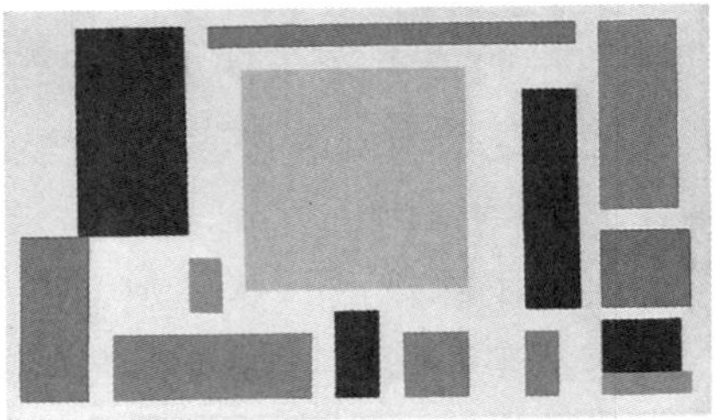

构图VIII（牛，约1918）。布面油画。$14^{1}/_{4}''\times 25''$。

图 1.14　西奥·范·杜斯伯格，“抽象的牛”系列。

资料来源：现代艺术博物馆收购，227.1948.1（左上），227.1948.6（右上），226.1948（左下），225.1948（右下）。数字图像版权© 2013 由纽约现代艺术博物馆/佛罗伦萨斯卡拉所有。

多纳瓦霍族的纺织品和大部分伊斯兰木雕都主要包括平面展开图，仅仅通过各种线条、形状和颜色的变化传递乐趣。非写实主义艺术（有时被称为“无主题艺术”或者“非象征艺术”）是一种与其外观无特别关联的视觉形式。我们听纯音乐会有感觉，同样，我们也能欣赏非写实主义艺术的纯视觉形式。

以下两幅作品的对比说明，在非具象派艺术中，各种各样的形式、构图、情感和内容都是有可能的。A. W. 托马斯（A. W. Thomas）的作品《灰夜现象》（*Gray Night Phenomenon*，见图 1.15）只用了两种颜色和再寻常不过的绘画技巧。她在画面上创造了既不是灰色又不像黑夜的图案。这幅作品并不源于视觉世界，却描述了艺术家在暗夜里突如其来的情绪。

在新西兰，毛利族女人结对工作，将染色的亚麻编织成被称为“Tukutuku 格纹”的几何图案（见图 1.16）。这些图案是毛利族群的传统图案，被称为“沙鲽”“人的肋骨”和“信天翁的眼泪”。这些格纹被编织成特定的大小，放置在举行宗教仪式的会议室里，放在木头立柱之间。一间装饰好的会议室里有多种不同图案的 Tukutuku 条纹，使房间充满了丰富多样的视觉质感。

尽管第一眼看上去非写实艺术比具象艺术和抽象艺术更难理解，但是它也提供了一种新的艺术观赏之道。主题的缺失将影响我们对视觉形式进行分类。一旦学会了怎样“解读”视觉语言，我们就能更好地理解欣赏艺术和这个世界。

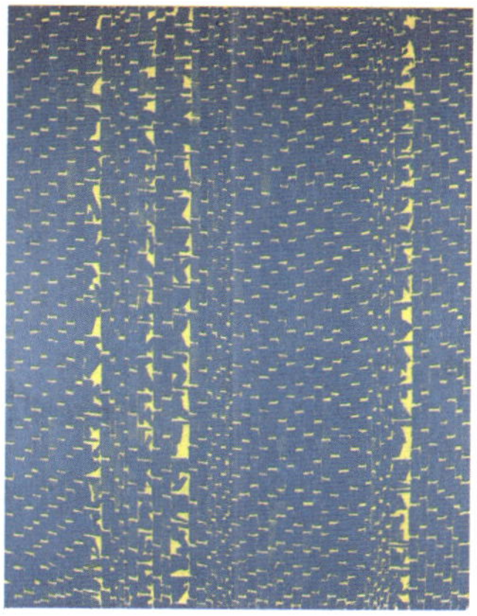

图 1.15　A. W. 托马斯，《灰夜现象》（1972）。亚克力画布。$68\frac{7}{8}'' \times 53\frac{1}{8}''$。

资料来源：文森特·梅尔扎克捐赠。版权© 2013 由史密森美国艺术博物馆/艺术资源/佛罗伦萨斯卡拉所有。

图 1.16　新西兰毛利族人，Tukutuku 格纹（20 世纪 30 年代），新西兰毛利会堂。覆盖在木条上的染色编织亚麻条。尺寸可调整。

资料来源：戴维·沃尔/阿拉米图片社摄影。

看和看见

我们是通过眼睛所见来判断一幅艺术作品是具象派、抽象派，还是非具象派艺术的。因此我们需要考虑如何利用我们的眼睛。

动词“看”和“看见”指的是不同程度的视觉意识。“看”是习惯性的，通常是机械性地或者有目的地吸收眼前的事物。我们如果只关心功能，只需要瞄一眼门把手，抓住它并转动就行。但是，当我们对门把手的形状和外观感到好奇，或者对冬日里的阳光感到开心，又或者与艺术作品的作者产生共鸣时，我们就超越了简单的功能性的“看”，达到更高层次的观察水平——“看见”。

看见是一种更开放、更接纳式和更专注的看。在看见的过程中，我们带着记忆、想象和情感观察。我们用眼睛捕捉到一些信息，接着我们回想起相似的经历，或者想象其他可能的结果，或者任自己去感受。在这个过程中，我们不仅仅是在看。

关于如何专注地看，20 世纪的法国艺术家亨利·马蒂斯（Henri Matisse）这样写道：

> 看见本身就是一种创造性的动作，是需要付出努力的。我们日常生活中所见的一切已经或多或少被后天的习性扭曲。在我们这样的人群中更为明显，因为电影院、海报和杂志每天都为我们呈现了大量现成的图像，这些图像之于我们的眼睛就像偏见之于我们的心灵。要想看到未受扭曲的事物，需要付出类似勇气的东西。[14]

但是，文字和视觉图片是不同的“语言”，用文字描述视觉艺术是一种转化，而且距离真真切切地体验艺术还是差了一步。事实上，我们的眼睛和我们的心灵、情感有着一种天然的联系。如果善用这些联系，我们就能更好地利用艺术给予我们的一切。

当我们深入地观察，普通的事物会变得特殊。难道是因为我们喜欢辣椒，所以爱德华·韦斯顿（Edward Weston）拍的辣椒照片（见图 1.17）对我们来说就有意义吗？也许不是。为了使观众看到真相，韦斯顿借助一个普通的辣椒拍摄出一幅平面上的著名图像。两个多小时的曝光为《辣椒＃30》（*Pepper ＃30*）这张照片提供

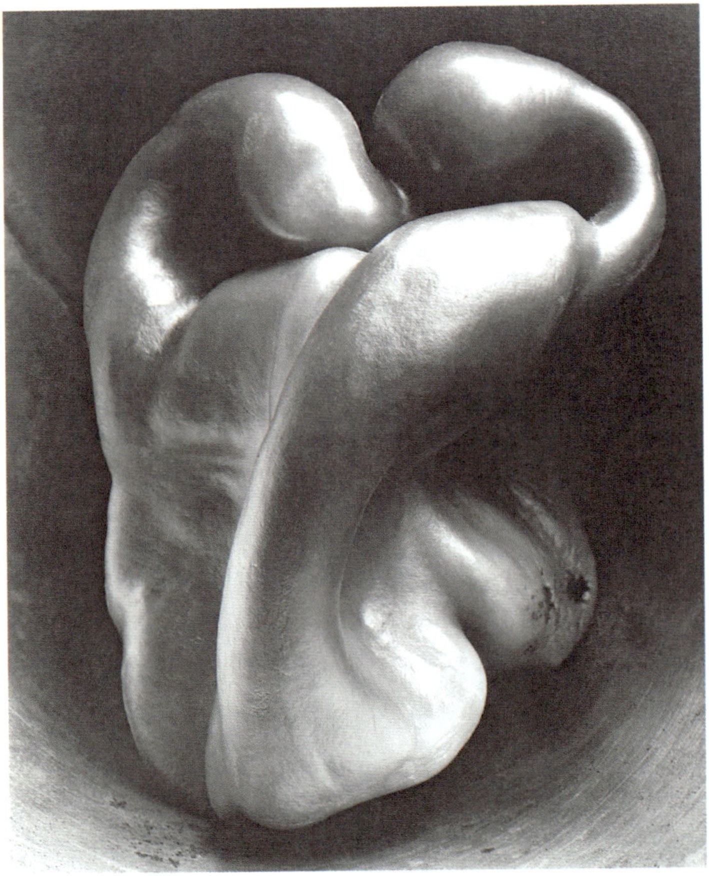

图 1.17　爱德华·韦斯顿，《辣椒＃30》（1930）。

资料来源：爱德华·韦斯顿摄影。创意摄影收藏中心，版权© 1981 由亚利桑那州立大学董事会所有。

了光泽的质感——类似于拥抱的生命存在。由于韦斯顿构图的敏感性，他展示了他眼中的这个辣椒。从他日记本里摘录的文字表现了他对这张照片的热爱：

> 1930 年 8 月 8 日
>
> 我迫不及待地想要打印出我的新辣椒照片，将其他的放在一边。昨天下午七张新的底片洗出来了，我感到十分高兴。
>
> 我首先打印出我最喜欢的，也就是上周六（8 月 2 日）制作的那一张。灯光落下的时候按下快门，一张照片就迅速拍好了。但在我这个果断的决定背后有着一个星期的前期准备工作。一个星期？是的，为拍好这个辣椒，实际上我已经准备了 28 年。这要从 28 年前我还居住在密歇根的一个农场的时候说起。从那时起，我就已经拿着“柯达牛眼 No. 2”相机 $3^1/_2'' \times 3^1/_2''$ 拍摄这个辣椒了。我认为这是我个人成就的最高点。
>
> 这是一个十分经典、完全令人满意的辣椒，但又不仅仅是辣椒。用抽象派艺术的语言来形容，那就是照片的内涵已经完全超越了主题……这个新辣椒已经超越了我们熟知的这个世界。[15]

韦斯顿给看似普通的物体摄影，是创造性工作过程的一个好例子。这位艺术家对他周遭的一切独具奇特的意识。他为此工作了很长时间（也许是 28 年！）来获得他想要的图像。这张照片不仅呈现了物体本身，也传达了对自然世界的好奇。

看见终究是一种个人的过程。任何两个人都不会以同样的方式看待同样的事物，因为每个人的心理和禀赋各不相同。面对同样的视觉信息，不同的人对它们的意思、价值和重要性得出的结论也各不相同（见第 5 章）。

形式与内容

韦斯顿的照片《辣椒＃30》中，纹理、光、影和形状是我们所看到的辣椒形式，内容是这幅作品传达的意思，例如对自然世界的好奇。形式是指一件作品中所有的视觉因素的组合，包括材质、颜色、形状、线条和设计等要素。内容指艺术作品的信息和意义，也就是艺术家想对观众表达或传达的东西。内容决定形式，形式表达内容，两者密不可分。

有一个方法能够更好地理解形式与内容之间的关系，那就是对主题相同，但是形式和内容却大相径庭的不同作品进行比较。奥古斯特·罗丹（Auguste Rodin）的作品《吻》（*The Kiss*，见图 1.18）和康斯坦丁·布朗库西（Constantin Brancusi）的作品《吻》（*The Kiss*，见图 1.19）展现了两位雕塑家对接吻的不同诠释。在罗丹的作品中，真人大小的雕塑代表了西方观念中男性和女性的形象。罗丹捕捉到了恋人拥吻时激动人心的感官愉悦的瞬间。当我们忽略所用大理石的硬度时，我们的情感便会深陷其中。未经加工的大理石质地粗糙，支撑着人像，突出了肉体的自然柔软。

图 1.18　奥古斯特·罗丹，《吻》（1886）。大理石。5′11¼″。

资料来源：巴黎罗丹博物馆，法国国家博物馆联合会-巴黎大皇宫 /比洛通讯社。

图 1.19　康斯坦丁·布朗库西，《吻》（1916）。石灰岩。23″×13″×10″。

资料来源：费城艺术博物馆/艺术资源/佛罗伦萨斯卡拉。版权© 2013 由纽约艺术家权利协会/巴黎法国图像及造型艺术著作人协会（ADAGP）所有。

与罗丹的感性方式不同，布朗库西用石头的坚硬质地来表达持久的爱情。通过对石块的极简化雕琢，他的作品象征了而不是说明了合二为一的概念。他摒弃了具象的自然主义，选择用几何抽象来表达爱。因此可以这样说，罗丹的作品表达了爱情的感受，而布朗库西的作品表达了爱情的理念。

看见和欣赏艺术形式

显然，艺术家们需要花费精力来创造艺术作品。但是，欣赏艺术也要付出努力，这个事实或许不太明显。艺术家是所有展览作品的源头或发送人，作品本身就是承载信息的媒介。作为观众的我们必须接收和体验作品，以完成信息传达的过程。这样说来，我们也参与到了创作的过程。

学会欣赏形式也是学会世间生存的一部分。通过“阅读”周边环境中人、物和事的表现形式，我们引导自己的行为。即使在婴儿时期，我们也能够对视觉形式有着惊人的记忆力，比如不同的脸。我们一生都是根据以往形式的经验来解读一些事情。每一种形式都可以唤起我们的某种反应。

主题因素会影响我们对表现形式的看法。有一种方法可以用来看懂没有主题的作品，那就是颠倒图片后再观看。倒置可识别的图片可以解放人脑识别和命名的过程，熟悉的事物就会变得陌生。

当我们面对陌生的事物时，我们通常会觉得很新鲜，那是因为我们不知道到底在看什么。例如，当看到乔治娅·奥基芙的作品（见图 1.20）中扭曲的绿色和锈红色的形状时，我们可能不会一眼就意识到作品是在描绘天南星科植物的花。这位艺术家把它放大到 4 英尺高，她对花朵全神贯注，几乎省略掉了其他所有部分。当我们看到抽象或者具象艺术时，我们可能需要思考很长时间。

图 1.20　乔治娅·奥基芙，《天南星科植物 No. V》（*Jack-in-the-Pulpit No. V*，1930）。布面油画。48″×30″。

资料来源：阿尔弗雷德·施蒂格利茨收藏品，乔治娅·奥基芙遗赠，华盛顿特区美国国家艺术馆，1987.58.4。马尔科姆·瓦龙摄影。版权© 2013 由乔治娅·奥基芙/纽约艺术家权利协会所有。

奥基芙希望她的观察方式会使我们感受到花本身自然的韵律。关于这幅画，她这样说道：

> 每个人都与花以及花的概念有着诸多联系。然而，通过这种方式，没有人能看出那是花，因为真实的花是如此之小。我们没有时间观察，看懂它需要花费时间，正如交到一个朋友需要花时间。假如我就照着我看到的样子画出来，就没有人会领悟到我眼中的花，因为我会把花画得像它本来的大小。于是，我对自己说，我该画出我看到的花，也就是花对我呈现的样子。但是我要把它画大一些，观众们花时间关注这幅画后，会感到惊讶。[16]

意象

我们已经注意到，即使是在没有可命名的主题的画中，形式也是传递内容的载体。但是呈现主题的时候，意义通常是基于传统的解读。

意象指的是在一个图像中运用主体、象征、主题来传达意义（来源于希腊语eikon，意即图像或图片）。不是所有的艺术作品都包含意象。在包含意象的作品中，通常情况下是象征主义（而不是明显的主题）传达着更深层次的意义。例如，如果我们看到一对母子的肖像画，它的意象向我们传递的是圣母和圣婴耶稣。

一个艺术家对意象的运用可以揭示丰富的文化信息。例如，秘鲁画作《圣母拯救炼狱灵魂》（*The Virgin of Carmel Saving Souls in Purgatory*，见图 1.21）包含的众多意象细节丰富了它的意义。对于熟悉基督教意象的人来说，其中的一些显而易见。前景中长着两只翅膀的人是天使。画作顶部拿着世界之球的是上帝圣父。在他正下方的是代表圣灵的白鸽。玛利亚戴的王冠彰显其天后地位。由天使引导的人们从熊熊燃烧的地狱之火中涌出。在左下角，另一个天使手握十字架，代表着基督的牺牲，他的另一只手拿着天平，代表着地狱中灵魂的重量。这些细节的含义是约定俗成长期使用的。

另一些细节也许大家没有那么熟悉，但是同样意味深长。卡米尔的处女指的是 13 世纪的玛利亚，那时她承诺所有身着特殊服装即修道士肩衣的人都不用承受地狱之火的煎熬。玛利亚和圣婴都拿着类似小钱包的物件，那代表着人们身上穿的或者手里拿着以躲避地狱之火的修道士肩衣。在这幅画中，玛利亚努力拯救着没有修道士肩衣庇护的地狱灵魂。这也代表着希望。

亚洲传统中也会运用丰富的意象语，这些意象语的运用也使得《阿弥陀佛》（见图 1.22）与其他人物区分开来。头饰代表着佛陀的超脱。长长的耳垂说明，他在追求宗教真理前曾是一个戴着沉重耳饰的富有王子。他的服饰十分简单，因

图 1.21　迭戈·基斯佩·蒂托派(Diego Quispe Tito)，《圣母拯救炼狱灵魂》(17 世纪晚期)。布面油画。41″×29″。
资料来源：纽约布鲁克林美术馆/布里奇曼艺术图书馆。

为他在超脱之后以乞讨为生。他以冥想的传统姿势结手印。莲花宝座代表着超脱可以在人的一生中发生，就像荷花可以在污浊的池塘盛开一样。手、胸和脸的抽象程度与这一作品诞生的 12 世纪有关。但那些标志着他作为佛的意象细节已存在了一千多年之久。

在我们的时代，艺术家常常引用或者使用一些流行文化的意象，而且有时候会用一种诙谐的方式。亚历克西斯·史密斯(Alexis Smith）在她的作品《遍体鳞伤（致豪伊·朗)》(*Black' n' Blue (for Howie Long)*，见图 1.23）中将艺术世界的借鉴与职业运动的暴力相结合。这幅作品上题署的嘲讽话语正是引用了豪伊·朗的言论。豪伊·朗是 20 世纪 80 年代最著名（最凶猛）的美国橄榄球联盟运动员。作为防御型前锋，他创造了许多拦截对方四分卫的纪录，他也因此入选职业橄榄球名人堂。运动员生涯结束后他参演了一些电影，还为体育电视节目担任解说员，巩固了他的名人地位。

图 1.22　《阿弥陀佛》（12 世纪），日本。木制、漆面、染色、镀金。高：52¼″。
资料来源：布伦达治藏，B60S10＋，旧金山亚洲艺术博物馆授权。

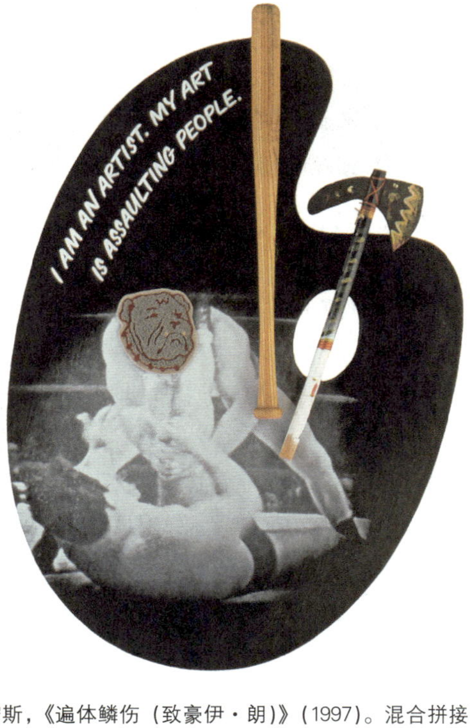

图 1.23　亚历克里斯·史密斯，《遍体鳞伤（致豪伊·朗）》（1997）。混合拼接画。30″×22″×4″。
资料来源：道格拉斯·帕克摄影。艺术家本人和洛杉矶马戈·利文画廊提供。

史密斯借用他最著名的言论并把它与摔跤运动员的照片和可能用作武器的工具一起放在了画板上。她为一名因肢体冲突而闻名的运动员创造了“艺术家画板”。

正如我们在这一章展示的作品中看到的那样，艺术的创作可以是基于不同的目的、以不同的方式进行的。无论是受过训练的还是没有受过训练的艺术家都可以运用他们的创造力，创造出新的价值观念来丰富我们的生活。

思考回顾

1. 什么是艺术？
2. 哪些关键的品质能用来定义创新？
3. 艺术与现实的关系可以通过哪些方式实现？
4. 看与看见的区别是什么？

请试一试

请思考艺术的界限。作为对马格利特的作品《图像的叛逆》（见图 1.11）的回应，一位艺术家在 2011 年的某个展览中在框架里放入一个真实的排水管，并在框架下方写了题词：“这是管道。”请根据本章给出的定义，想一想这样的创意是否是艺术作品。

关键术语

抽象派艺术——用简化、扭曲或者夸张的方式描绘自然物体的艺术。

内容——艺术作品所传达的意义或信息，包括情感的、知识的、象征性的、主题性的和叙述性的含义。

形式——艺术作品中所有组合视觉品质的总体效果，包括材质、颜色、形状、线条和设计等部分。

意象——主题和标志的象征性意义，用来传达特定文化或宗教思想。

媒介——连同其附带技术的特定材料。

非具象派艺术——没有涉及本身之外的任何东西的艺术。

具象派艺术——可以辨别出所表现或者描绘的主体的艺术。

第 2 章　艺术的目的和功能*

请思考

1. 请对比艺术的礼节性、社会性和公共功能。
2. 请论述艺术的审美和情感诉求带来的乐趣。
3. 请思考通过艺术实现的更多的自我表达的历史转向。
4. 请识别和解释那些揭示艺术的不同社会功能的例子。

艺术是通过满足我们的需求而造就了我们。艺术不是满足我们最基本的食物和住所需求，而是更深层次、更不易察觉地定义我们作为人和社会成员的需求。这些需求随时间和文化背景的不同而改变。例如，在一个宗教非常重要的文化中，大量的艺术满足了人们的需求。我们的社会重视个人成就，因而许多艺术致力于自我表达。需要注意的是，这里我们考虑的是艺术的公共目的和功能，而不是个人目标或艺术家本身的需求。因此，在这一章中，我们从艺术本身的社会与文化背景考虑，因为它涉及六种功能——愉悦、评论、崇拜与礼节、纪念、劝说和自我表达，每种功能存在各种不同的例子。（在第14～25 章的艺术塑造我们的特征中讨论了以上的每一种功能。）

当我们开始讨论这个问题，我们很快就会明白一个特定的作品可能满足了不止一个功能或需求。如果艺术的一个目的好像在我们的文化中占据了主导地位，这并不意味着其他的可能功能未实现或被忽视。从艺术的目的或功能角度观察艺术，我们将看到从古代到现在不同时期不同文明的共性。这是因为在历史的长河中，大多数人的需求是相对稳定的。另一方面，艺术家对于这些需求的响应大不相同。因此艺术包含许多共同的特征，以及人类本身的各种多样性。

---

* 可在 myartslab.com 网站收听本章音频，学习和回顾本章内容。

愉悦功能的艺术

我们中的许多人可能认为艺术的首要目标是实现快乐。毕竟，如果不是因为能给别人带来快乐和享受，那么为什么要创造艺术？我们的生活中需要快乐、享受、乐趣、装饰、娱乐和点缀，正如一位著名的艺术评论家所说的，“使我们凌驾于生命的溪流之上”[1]。专注思考一个作品，我们会暂时忘却自己身处何方。

一件艺术作品可以采取多种形式展现视觉的愉悦，包括美的欣赏、装饰鉴赏或惊喜的感觉。美学是指关于美的意识或艺术作品、其他人为或自然形式中激发观赏者更高意识层次的特性。在大多数文化中，“美丽”的定义都是指赏心悦目，通常指的是接近于某种理想状态。人们经常将西方古典希腊或文艺复兴时期的传统作品形容为美丽。然而，不同文化对于什么是赏心悦目（对美的感觉）的定义不尽相同。

在绘画中，美的定义大多包括有趣的或启发灵感的主题、缜密的创作，以及美感布局中的和谐的色彩平衡。

19 世纪艺术家詹姆斯·阿博特·麦克尼尔·惠斯勒（James Abbott McNeill Whistler）在绘制《夜曲：蓝色与金色的——老贝特西桥》（*Nocturne*：*Blue and Gold—Old Battersea Bridge*，见图 2.1）时尝试创作一幅美丽的画作。闪耀的城市灯光下烟花正在绽放，他捕捉到了与之相对应的天空和水的蓝色的微妙变化。暗淡的灯光使这个场景几乎成了单色画，或者说是大部分基于一种颜色。他把桥画得比实际中更高、更细。他也将眼前的城市景象的细节进行了压制处理，以达到形状的平衡。白天的活动都结束了，泰晤士河静静流淌着，孤独的船夫划着船回家——那一刻是静止的。惠斯勒曾说过，艺术的唯一目标应该是美。他说：“艺术自私地沉浸在自身的完美中，无心在各种条件下或者各个时代传授、寻求和发现美丽的事物。”[2]在这幅画中，他把伦敦的单调乏味区域转化

图 2.1　詹姆斯·阿博特·麦克尼尔·惠斯勒，《夜曲：蓝色与金色的——老贝特西桥》（1872—1875）。布面油画。26⅞″ × 12¼″。

资料来源：伦敦泰特美术馆。akg-图片库/埃里克·莱辛摄影。

成了充满诗意的静谧时刻。

实用物体的装饰是另一个快乐的来源，装饰的需求激发了贯穿历史的大量创造。例如，来自美国西南部的明布雷斯文化的碗（见图 2.2）展示了高度动态化的设计。在这一文化中，人们经常使用这种碗。大多数碗以动物画、人物画或始创的形式为装饰，正如这幅画展示的一样。制陶工人将碗分为四部分，并用环绕着中心点跳跃的弯曲轮廓填充这四个部分，精细绘制的平行线三角区将这些弯曲隔开。设计采用泥釉，即被水稀释的黏土涂色。明布雷斯人把这些碗放在死者头上随葬，他们在碗底穿洞以使逝者的亡灵向上离去。大多数明布雷斯碗上都可以看到这个洞，这也标志着其使用寿命的结束。

图 2.2　碗，经典的明布雷斯几何（约前 1000）。
陶器。高：4¼″；直径：11¼″。
资料来源：私人收藏。托尼·伯兰特摄影。

当我们看到一些可识别的但是意料之外的东西时，在感到愉悦的同时也感到了惊喜。墨西哥艺术家加布里埃尔·奥罗斯科已经为观众们带来了二十几年的惊喜。他的 2001 年的作品《酸橙游戏》（*Juego de Limones*，见图 2.5）就创造了这样一个时刻。

他在户外的象棋桌上看到了创作的可能性，于是买来两个酸橙，各分为四瓣，根据木板上的标记排列这些酸橙瓣，并对这个场景进行了拍照。观众可以很容易地想象成是两名选手坐在桌边，被一场全新发明的以水果为棋子的游戏深深吸引。深红色桌面和绿色酸橙的对比丰富了作品的外观。这里艺术家向我们展示了一种关注日常琐事的方式，他将日常琐事拍摄成一张令人惊奇的照片。另外，还

艺术的形成　加布里埃尔·奥罗斯科(1962—　)：惊喜艺术

图 2.3　加布里埃尔·奥罗斯科

资料来源：恩里克·伯杜列斯库摄影。艺术家本人和纽约玛丽安·古德曼画廊提供。

加布里埃尔·奥罗斯科（Gabriel Orozco，见图 2.3）被称为“当今世界还活着的最具挑战性的艺术家之一”，他是一位创造了“暴雨般新奇的事物”的艺术家。他还经常通过最简单的方法形成艺术，那种简单创造了惊喜和快乐。

奥罗斯科在其 20 世纪 80 年代的早期作品中就已经开始用微妙的方式改变城市的环境，以此希望引起路人的注意。他在楼梯上放置木箱，买来手电筒，并把这些手电筒开着放在人行道上。他将这些作品放在街头来提醒观众，却从没有售卖或者收集过这些作品。

他拒绝在工作室工作，因为他说过，“工作室就像一个人造的地方，像一个泡沫般远离现实。”在他十几岁时，他和壁画家的父亲在一起生活，那时他学会了艺术家的传统技能，素描和绘图。在掌握这些技能之后，他却放弃了这些技能，他说：“我不想成为一个专家……我更喜欢做一个首创者。”他开始拍摄那些微妙的移位，并在室内创作。他曾经在超市把猫粮罐头放在西瓜上。

奥罗斯科希望人们能从这些不和谐的视觉惊喜中受益：“我认为，相较于那些我们认为更有力道的举动，我们生活中所做的最小手势能够产生更大的反响。同理，你可以谈论你的旅途住宿：可能你只在这个旅馆住过一次，但是关于这个旅馆的记忆可能比你生活多年的房子还要更加重要。在艺术中也是一样：有些作品需要多年才能完成，但是却不如那个一天就速成的作品好。”

尽管他创作的灵感可能来自一瞬间，但是并不是他所有的作品都是速成的。在法国期间，他有了一个想法：替换雪铁龙轿车中间的部分。为了实现这一愿景，他和助理花了整整一个月的时间，最终完美地将汽车零部件组装成了作品 *La DS*（见图 2.4）。由此产生的作品类似于一种错觉，但一些观众和评论家看见了更深层次的意义。奥罗斯科创造了一个“删减版”的汽车，除去中间部分，留下前后部分，类似于媒体对政治辩论采取的极端的夸张做法。

奥罗斯科抵制这种解读，他更喜欢关注视觉震撼。当他受邀参加 2009 年纽约现代艺术博物馆的展览时，他实施了一个十分大胆的策略。他付钱给马路对面公寓的住户，要求在他们的窗户上以摆放咖啡杯碟的方式摆放橘子。人们可以在博物馆内看到这个作品，但在街道上行走的人却看不到这个作品。他不愿给这个作品拍照，以便人们听说后能在脑海中用想象力重构这幅作品。

奥罗斯科将他作品的预期效果描述为美的现代类型："我不再使用'美'这个字眼了……'美丽'这个词也不是绝对的，它只是一时的。我会说，这更像当你在看东西的时候，你感觉自己是活着的，你觉得你正在享受。那是诗歌、快乐、启示、思考的一瞬间。"[3]

图 2.4　加布里埃尔·奥罗斯科，*La DS*（1993）。改装的雪铁龙 DS 汽车。4′7 3/16″ × 15′9 15/16″ × 3′9 5/16″。

资料来源：艺术家本人和纽约玛丽安·古德曼画廊提供。

图 2.5　加布里埃尔·奥罗斯科，《酸橙游戏》（2001）。银染料漂白打印。16″ × 20″。

资料来源：艺术家本人和纽约玛丽安·古德曼画廊提供。

请注意在这部作品中发挥巨大作用的红色、绿色和白色，那些是墨西哥国旗的颜色。

评论功能的艺术

艺术是经常用来回应我们的信息需求的。在 19 世纪摄影技术出现之前，画家和插画家是我们获得任何事物视觉外观的唯一信息源。通过对事件和人像的视觉描述，或者意见的表达，艺术家们不仅影响了人们理解自我世界的方式，也塑造了其他人看待他们文化的方式。

满足我们评论需求的艺术家经常用一种易于理解的语言；他们认为艺术的主要目标是艺术家和观众之间进行创作题材的交流。19 世纪的画家古斯塔夫·库尔贝（Gustave Courbet）谈论艺术功能时这样说道："作为一个人的同时作为一名画家，我记录我所看到的行为举止、想法观念和这个时代的方方面面，简而言之，创造生活艺术，这一直是我的目标。"[4]

西方艺术评论中一个典型的例子就是弗朗西斯科·戈雅（Francisco Goya）的版画系列"战争的灾难"。戈雅用 82 张版画处理了西班牙 1808—1814 年间反抗拿破仑统治的各种各样的事件。例如，《我看到》（*I Saw This*，见图 2.6）展示了一群难民在入侵的军队到来之前逃离他们的家园。前景中的母亲和儿童难以置信地凝视着从左侧来的难民。戈雅见证并记录了冲突中的许多场景，其中一些相当可怕。这个作品的标题表明他当时在场。他对"战争的灾难"的评论表达了他对野蛮和暴力冲突的强烈抗议。为了提高发行量，他使用版画或者说存在多个复刻本的形式进行创作。

捕捉他们所看到的也是 19 世纪的印象派艺术家更重要的目标之一。1874 年，当贝尔特·莫里佐（Berthe Morisot）在海边度假时，她带着油画布和画架，支起画架，放置好画布，画了一个悠闲午后的场景。《在一个海滨别墅》（*In a Villa at the Seaside*，见图 2.7）的绘画笔法（松散的或自然的）展示了这幅画是她即兴创作的，也许是一口气完成的，就在光线变化或人走远之前迅速创作。历史学家可能通过研究这个作品了解女性服饰的细节和上流社会的度假地点；我们可以和家人一起欣赏自然的宁静时刻，捕捉画作中微妙的细节、舞动的画笔。这个作品清楚地表达了这位艺术家的经历体验，带领我们走进一个特定的时间和地点。

艺术家的评论通常包括对环境、事实或政治的个人判断。在 2011 年的秋天，占领运动人群涌至洛杉矶市政厅前，一个艺术家创作了一幅巨大的壁画来评论当

图 2.6　弗朗西斯科·戈雅，《我看到》，选自“战争的灾难”系列作品（1810）。蚀刻铜版画，雕刻。6¼″×9″。

资料来源：私人收藏。

图 2.7　贝尔特·莫里佐，《在一个海滨别墅》（1874）。布面油画。19¾″×24″。

资料来源：诺顿·西蒙艺术基金会，M. 1979. 21. P。版权 © 2012 由诺顿·西蒙艺术基金会所有。

时的经济。壁画《占领洛杉矶营地》(*Occupy LA Mural*，见图 2.8）的中心是一只章鱼，象征着联邦储备银行。章鱼象征着城市和大量现金，它的触须抓着被没收抵押的房子。在右下角，来自大富翁游戏中头戴大礼帽的人宣布：“你破产了!”沿着左边缘，另外一个触须举着右边 1%重于左边 99%的天平。在天平下面，有着“苏格兰人奥尔森”的字样，这不是指某位艺术家，而是一个在伊拉克战争中受伤严重的老兵，他几周前跟随占领组织在奥克兰进行抗议活动。《占领洛杉矶营地》这幅壁画的内容不含糊，它可能简单化了 2008 年的经济衰退原因，但体现了艺术家对于一个至关重要议题的评论。

图 2.8　不知名的艺术家，《占领洛杉矶营地》(2011)。木板海报画。高：14′。
资料来源：原洛杉矶市政厅公园。帕特里克·弗兰克摄影。

崇拜与礼节功能的艺术

艺术的另一种功能巩固了宗教意图。世界上的大多数宗教都已经找到将艺术家的创造力融入他们各自的宗教仪式、场所和庆典活动的方式。托马斯·阿奎那（Thomas Aquinas）是最重要的罗马天主教神学家之一，关于 13 世纪的艺术有助于宗教教学功能，他这样写道：“通过与世俗事物的对比，这有助于理解《圣经》提出的神谕和宗教真理。因为上帝根据万物的本质能力任命万物。”他还写道：“人因看到画像而愉悦是很自然的行为。”这意味着我们人类喜欢看事物的图像。因此一个艺术品如果被生动地呈现，“会提高（观众）对于纯概念性真理知识的了解”[5]。

在阿奎那生活的中世纪，对于艺术的信仰在视觉创作中起到主导作用。在 12 和 13 世纪的欧洲，高耸的教堂沐浴在阳光之下，阳光穿过画满图解的圣经故

图 2.9 《杰西家谱》(约 1150—1170)。彩色玻璃，沙特尔大教堂西面。
资料来源：索尼娅·哈利迪摄影。

事和神谕真理的窗户洒进来，这是上帝存在的象征。法国沙特尔大教堂*的《杰西家谱》(*The Tree of Jesse*，见图 2.9) 图解了基督的家谱，犹太先祖——身着红衣的杰西位于树的根基处。蔓延的枝条上依次坐着四个继位的国王，上面是耶稣的母亲玛利亚，耶稣基督坐在顶部。该构图指引眼睛向基督所在的上方望去，这是一个心灵提升、超越物质世界走向精神世界的隐喻。对于信徒来说，这扇窗户通过家谱揭示了基督的人性，也为宗教超然性提供了载体。

与文化一样，到达精神境界的途径也多种多样。在佛教禅宗学校，信徒们通过净化心灵、清空干扰的独自冥想，可以达到精神顿悟的状态，即开悟。日本京都附近竜安寺内有一个近乎荒芜的花园（见图 2.10)，这是一个著名的有助于沉思的地方。花园坐落在禅僧（和开放日参观的游客）聚集冥想的走廊前。一些看似随意分布的石子在光滑的碎石表面上凸显，禅僧会定期耙平碎石表面。这些突起部分似乎象征着最小版本的自然，像穿过云层的山顶，或海上多石的岛屿。对于这种安排还有一些其他的解读，但花园的空旷是其最突出的主要特征。

在阿拉斯加西南部传统的爱斯基摩人社会里，萨满教的祭司通过向人们解读精神世界和帮人们在幽灵面前求情来发挥祭司的作用。爱斯基摩人的萨满祭司在宗教仪式上借助面具和服装表演古代神话，他们利用神圣动物的身份深入精神领域。萨满面具生动地揭示了这些转变的情景，就像《复杂的面具》(见图 2.11)

* 可在 myartslab.com 网站观看沙特尔大教堂的彩色玻璃。

图 2. 10　石园（1480 年初建），日本京都竜安寺。30′×73′。
资料来源：迈克尔·S·山下/科比斯图库。

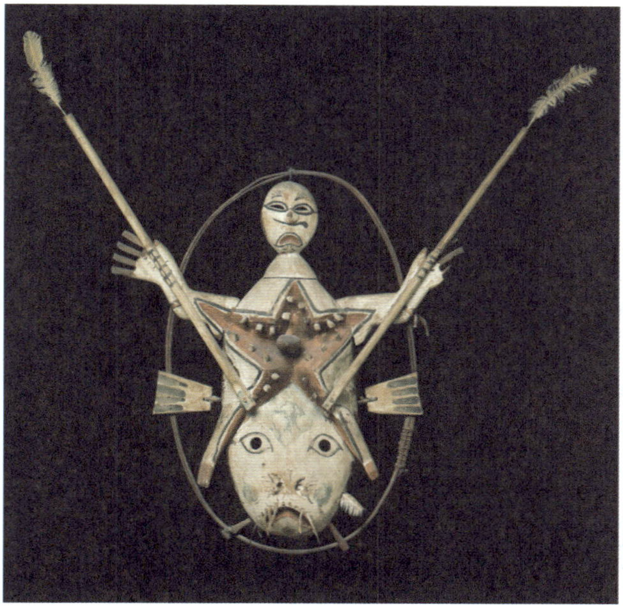

图 2. 11　《复杂的面具》（约 1880），阿拉斯加西南部尤皮克爱斯基摩人。木材，染色，羽毛。高：35″。
资料来源：纽约唐纳德·埃利斯美术公司。约翰·比奇洛·泰勒摄影。

的造型。在这个复杂面具上，萨满祭司位于顶部，胳膊和腿向外张开。他手握两根木棒，木棒的顶端以羽毛作为装饰。他的身体似乎被剥开，他的胸腔是红色的，中心部分是一个圆形的心脏。在他下方是一只海豹，海豹好像是从他的躯干里冒出来的，是他开启自身的产物。我们无法得知这个面具背后的故事，不知道这副面具在讲述什么神话，但创作它的目的是为了辅助灵性转化的仪式。

许多宗教用途的物体看上去很珍贵，适合用于神圣的仪式。由美国雕塑家比阿特丽斯·伍德（Beatrice Wood）创作的《圣杯》（*Chalice*，见图 2.12）似乎散发出温暖的光。穆斯林陶工在几百年前就开发了使金属表面闪闪发光的技术。作品的外形显示它源于地球上的自然形式，就像它没有直线和方形边缘一样。两侧的对称环形装饰引导我们手握住这个杯子，把它举高，这是罗马天主教牧师做弥撒时的动作。环形装饰与人形也有着相似之处，暗示这件作品将神与人结合在了一起。

图 2.12　比阿特丽斯·伍德，《圣杯》(1985)。陶器。高：12 7/8″；直径：7 5/8″。

资料来源：纽瓦克博物馆收藏，路易斯·班贝格遗产基金会 1986 年购买 (86.4)。版权©2013 由纽瓦克博物馆/艺术资源/佛罗伦萨斯卡拉所有。比阿特丽斯·伍德艺术中心/欢乐谷基金会提供。

纪念功能的艺术

正如“纪念”一词本身的含义，纪念能够帮助储存记忆。我们都有一些深切的需求，希望能记住和尊重那些在我们之前离开的人。某些纪念是个人的，如同我们每个人拥有的对生活中重要的人的回忆。但纪念往往更多的是公共行为，也许是为重要的人或重大事件庆祝，或者是表彰爱国行为。所有形式的纪念把我们与绵延几千年的人性联系在一起，使人类的生活变得更有意义和价值。视觉意象在大多数类型的纪念作品中起决定性作用。

目前世界上最著名的古迹之一——印度的泰姬陵（见图 2.13）* 是个人纪念的一个例子。泰姬陵（意为“宫殿之冠”）于 17 世纪建立在旅馆和小清真寺之间的河岸上，它是莫卧儿王朝统治者沙贾汗最宠爱的妃子的坟墓，该妃子死于难

图 2.13　泰姬陵（1632—1648），印度阿格拉。
资料来源：彼得・亚当斯/科比斯图库摄影。

产。它坐落在一个由四部分组成的天堂花园的最后面，使人想起《古兰经》对天堂的描述。白色的大理石外墙表面似乎随着太阳光的角度不同而改变颜色。球形穹顶的比例使建筑外观看起来似乎在发光，仿佛几乎触及地面。泰姬陵见证了浪漫的爱情和信仰，是超越尘世与美轮美奂的结合，吸引了来自世界各地的参观者。

《沃尔夫将军之死》（*The Death of General Wolfe*，见图 2.14）是一个在创作期间就充满争议的不同类型的纪念作品。这个作品是本杰明・韦斯特（Benjamin West）在 1770 年绘制的，描绘了 1759 年因争夺北美洲加拿大领地而进行的

* 可在 myartslab.com 网站观看泰姬陵视频。

英法战争，英国最终取得了这场战争的胜利。英国指挥官詹姆斯·沃尔夫将军率领部队在一场最终导致法国战败的作战中取得胜利，但他死在战场上。因此沃尔夫将军展现了爱国主义和自我牺牲的精神。

图 2.14　本杰明·韦斯特，《沃尔夫将军之死》(1770)。布面油画。60″× 84½″。
资料来源：渥太华加拿大国家美术馆。摹绘加拿大战争纪念碑，1921。威斯敏斯特公爵二世捐赠，柴郡伊顿音乐厅，1918。

在创作这幅画的年代，画家笔下的英雄通常身着传统希腊或罗马服装，以此为英雄的成就增添永恒的光芒。但是，宾夕法尼亚州出生的韦斯特在美国独立前是乔治三世的首席历史画家，他在描绘每个人当天可能的着装上做出了创新。国王明确表示反对意见，称其“对英雄的外套、臀部、翘起的帽子的描绘十分荒谬”。国王曾把皇家学院的院长派到韦斯特在伦敦的工作室试图说服他。

韦斯特陈述了他的纪念意图，他这样回应道：“我想呈现的主题是英国军队对美洲的一个大省的征服。这个主题会被历史荣耀地铭记，同样，这一真相将指引史学家用笔记载，也应该由艺术家用笔描绘。我认为我的责任便是以绘画的方式向整个世界讲述这一伟大事件。”对于将参战者的衣服绘制成希腊或罗马服饰的做法，他说这样的方式“象征了古典小说”，牺牲了“这一主题的所有真实性和适当性”。[6]在默默研究作品半小时后，皇家学院的院长决定站在韦斯特这一边。这一作品进行了公开展览，吸引了大批观众。这也影响了欧洲艺术的发展历程，为画家和观众展示了更生动地描绘历史题材的新的方式。

林璎（Maya Lin）设计的位于华盛顿哥伦比亚特区的越战纪念碑（见图

2.15）是距今较近的作品。这座纪念碑在 1982 年完成时也引起了争议。约 250 英尺长的 V 形墙壁上镌刻着近 6 万个在这场具有争议的战争期间死亡或失踪的美国军人和妇女的姓名。这种按时间顺序简单排序的纪念碑风格在所有的国家广场纪念碑中也是前所未有的。这个作品起初面临了很大的阻力，以至于后来在它附近又另外建造了三个士兵的雕像。但是，越战纪念碑很快便吸引了成千上万的游客，他们赞叹黑色花岗岩墙的庄严肃穆，赞赏设计师对每一位阵亡士兵名字的个人关注。从那以后，这座纪念碑也影响了许多其他的公共纪念馆，将所有需要纪念的人的名字刻在纪念碑上已经成为一种更为常见的方式。

图 2.15　林璎，越战纪念碑（1980—1982），华盛顿特区国家广场。黑色花岗岩。每面壁：10′1″× 246′9″。
资料来源：杜安 · 普雷布尔摄影。

劝说功能的艺术

许多艺术形式都具有劝说的功能。宏伟的政府大楼、公共纪念碑、电视广告和音乐视频都利用艺术的力量影响行为和思想。这些艺术形式引导和敦促我们以可能未曾想到的方式去行动或思考。

我们不知道哪一位或哪些古罗马艺术家创作了《奥古斯都雕像》（见图 2.16），但是我们知道他或他们创作了劝说功能艺术中最美丽的作品之一。奥古斯都大帝身着戎装站在那里，一只手指向前方，好像在指挥他的部队。他穿着那个时代的护甲，胸铠浮雕上描绘的多位罗马神在讲述战争的胜利。我们从当时的钱币和其他雕像可以得知这个头像确实是他的肖像。他的面部表情是严肃的，似乎迈着大步沉着

图 2.16 《奥古斯都雕像》(前 1 世纪早期)。大理石。高：6′8″。
资料来源：阿拉尔多·德卢卡摄影/科比斯图库。

地前进。这是一位谨慎从容的领导者。

但是这座雕像暗示着帝王可能不仅仅是男人。脚上没有穿鞋这一点遵循了罗马文化中描绘神的方式，他右小腿处有一个骑着海豚的丘比特，微妙地提醒着奥古斯都家族声称拥有女神维纳斯（丘比特的母亲）的血统这一说法。奥古斯都似乎默认了这种神圣血统的传闻，这可能给他带来了政治上的好处。这座雕像是在私人家里发现的，但它类似于那些罗马人经常在公共场所摆放的要求市民在经过时鞠躬或行礼致敬的雕像。罗马人知道，如果人们相信他们的统治者强大又充满智慧，社会运行会更为高效，而这座雕像极大地鼓舞了这种信念。

法国国王路易十九是另一个意识到视觉图像可以用来帮助塑造公众舆论的统治者。1664 年，他召集法国皇家学院的艺术家成员，并以下面这种令人难忘的方式命令他们："我赋予你们世上最宝贵的东西：我的名声。"[7]

在距巴黎 12 英里以南的凡尔赛，他建造了旨在超越所有其他壮丽宫殿园林的庞大宫殿和规则式庭园（见图 2.17）。室内装饰有许多描绘他的事迹的艺术作品。建造宫殿的目的是为了象征他君主的力量，使贵族信服于他的权力（见第 17 章）。

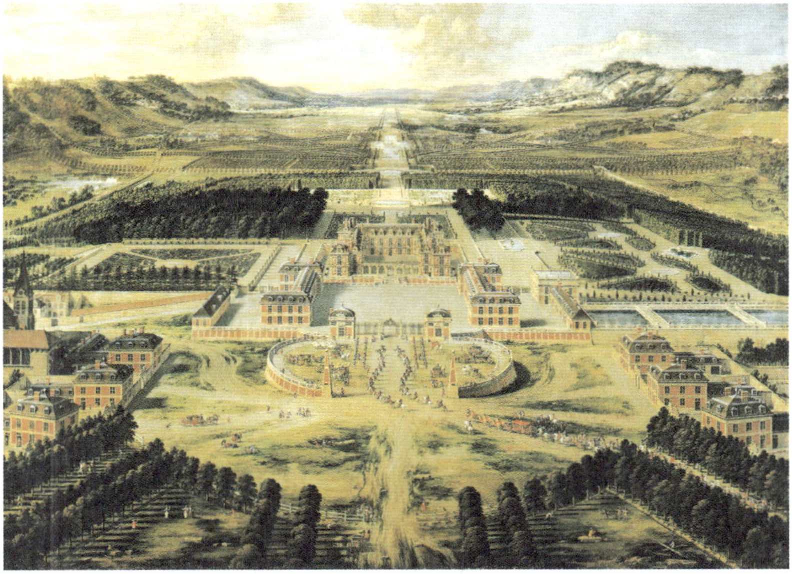

图 2.17　皮埃尔·帕特尔（Pierre Patel），《凡尔赛宫》（*Versailles*，约 1665），法国凡尔赛凡尔赛宫和特里亚农宫。布面油画。45 ¼″×63 ½″。

资料来源：吉罗东图片库/布里奇曼艺术图书馆。

有些作品的创作者试图通过启示说服，使我们想起我们已有的想法，激励我们去效仿并向他们学习。古希腊雕塑经常能实现这种功能。古希腊雕像通常展示了生命的全盛时期和从事重要工作的阶段，从而使人物更加理想化。例如，《驾战车者》（*Charioteer*，见图 2.18）这座雕像的创作意图是为了激励人们：他虽已获胜，但仍然保持警觉和冷静而不是得意忘形。雕塑将平衡和宁静的尊严赋予了人性。就像一位评论家说的那样，它显示了“高贵的单纯和冷静的庄严”。这件作品不是肖像，肖像艺术在古希腊是罕见的，因为人的真正外貌和行为往往是不完美的。然而，希腊古典雕塑通常鼓励觉醒的自我约束。

这种理想主义在欧洲文艺复兴时期也是一种流行趋势。安布罗吉奥·洛伦泽蒂（Ambrogio Lorenzetti）是这种趋势的先行者。洛伦泽蒂为意大利锡耶纳市政厅创作了一系列作品。《好政府的作用》（*Effects of Good Government*，见图 2.19）* 这幅壁画的标题恰如其分地描述了这个大型作品的主题，它描绘了英明治理下的一个城市。壁画的右侧我们可以看到所有的贸易方式，牧民、店主和牧师宁静平和地各司其职。左侧中心位置有九个无忧无虑的女人围着圆圈在跳舞。在顶部，木匠们正在建造一个新建筑。这幅画装饰在理事会大厅，它试图通过提

---

* 可在 myartslab.com 网站观赏《好政府的作用》。

图2.18 《驾战车者》(约前470)。高：5′11″。资料来源：德尔菲考古学博物馆。版权由雅典克雷格和玛丽·莫齐所有。

供一个生活场景的例子，来影响理事会的审议。洛伦泽蒂在附近创造了另一个描述坏政府的效果的作品，用以警醒犯罪、专制、破败和挣扎。

不是所有的艺术劝说尝试都像那幅《好政府的作用》壁画一样实实在在。在西非塞拉利昂传统的曼迪族社会中，面具用符号语言来说明得体的行为。门德面具（见图2.20）用于女孩的成人仪式。面具上雕刻着小嘴和低垂的眼睛，这象征着谨慎的行为和保守秘密的能力。脖子上的环形物暗示漂亮女人的丰满曲线，也暗指女性祖先灵魂从栖息地深处浮出时的水中涟漪。头发经过仔细的风格化处理，象征着美丽，也表明有朋友在场帮忙梳洗打扮。面具顶部的乌龟指的是成人仪式的保密性，即发生在公众视野之外。当老师戴上像舞蹈和哑剧中头盔一样的面具，以此激励年轻女性去追求良好的品行和无可挑剔的外表时，教学活动便推向了高潮。

近年来，许多设计学科一直致力于推动各种各样的劝诱行为。如今，企业和组织使用海报、广告板和广告企划，试图说服我们购买或相信某些东西。艺术家们也使用这样的媒介评判或影响价值观和公众舆论。热衷公益话题的平面设计师查兹·马维亚纳-戴维斯（Chaz Maviyane-Davies）的作品可以体现这一点。他

图 2.19　安布罗吉奥·洛伦泽蒂，《好政府的作用》(1338—1339)，锡耶纳市政厅。壁画。
资料来源：佛罗伦萨夸特罗照片工作室。

为联合国气候变化大会设计了海报《全球预警》(*Global Warning*，见图 2.21)。在这幅海报中，我们看到由于受到左下角男士炙热呼吸的影响，地球最终燃烧了。海报毫无疑问地揭示了这一全球性问题的本质，也指出了正是我们自己造成了这一问题。

自我表达功能的艺术

在人类历史的大部分时间中，自我表达并没有成为艺术创造的一个主要原因。其他社会和文化的需要，例如前文中提及的五种需要，更充分地吸引了才华横溢的艺术家。然而，近期特别是当大量艺术作为私有财产出售时，自我表达逐渐成为艺术最常用的一种功能。

当艺术家在作品中传达了自身的个性、感受或世界观，而不是出于社会原因、市场需求、受人委托或美学冲动进行创作，艺术便实现了表达的功能。这种艺术成为了艺术家与观众之间沟通的桥梁，观众产生共鸣，进而理解创作者的个性。当得知世界上的其他人与我们相似时我们都会感到欣慰。艺术家多种多样的自我表达的方式触及我们内心深处建立联系的渴望。

自画像历来是艺术家与观众建立联系的一个重要途径。菲利克斯·努斯鲍姆(Felix Nussbaum)的《手持犹太人身份证的自画像》(*Self-portrait with Jewish Identity Card*，见图 2.22)是这一类型中比较引人注目的作品之一。艺术家偷偷地竖起衣领，露出了纳粹政权要求所有犹太人佩戴的黄星。他的另一只手握

图 2.20　面具（19 世纪），塞拉利昂曼迪族。木制品，染色，植物纤维。高：26¾″。
资料来源：加利福尼亚大学洛杉矶分校福勒博物馆。唐·科尔摄影。

图 2.21　查兹·马维亚纳-戴维斯，《全球预警》（1997），京都联合国气候变化框架公约海报。

资料来源：艺术家本人提供。

图 2.22　菲利克斯·努斯鲍姆，《手持犹太人身份证的自画像》（1943）。布面油画。22″× 19¼″。

资料来源：德国奥斯纳布吕克文化历史博物馆/Artothek 图片库 /布里奇曼艺术图书馆。

着一张卡片，上面以红色印刷体的大写字母突出他的种族身份。他侧目凝视前方，身后高高的墙说明他被恐惧和压迫萦绕着。这位艺术家引领观众共同感受了他的焦虑和政治担忧。努斯鲍姆的一生十分凄惨。这幅作品完成一年后，他被逮捕并送往集中营，那里有数百万的人遭受屠戮。

1994 年，韩裔美国艺术家龙荀闵（Yong Soon Min）用《住宅》（*Dwelling*，见图 2.23）* 这幅画创造了一个距今较近的自画像，这幅自画像展现的是她的自我分裂意识。她出生于朝鲜战争结束后不久，七岁来到美国。因此，尽管她基本是在加利福尼亚长大，但那却不是她的家乡。就算回韩国旅行，她也觉得与原籍国十分遥远。因此《住宅》表达了缺失和距离这两个主题。她把个人的纪念寄托在韩国的传统服饰上，并把它挂在一堆书、地图和照片上面。在衣服里面是一位韩国诗人表达身份迷失的文字。我们可以将这件作品视为一件集成艺术品，或是物件堆积组成的艺术品。悬挂的衣服似乎在等待着一个永远不会穿它的韩国女孩。这种国籍分裂的感觉在出生于其他国家的美国人中越来越常见。

图 2.23　龙荀闵，《住宅》（1993）。混合绘画。72″×42″×28″。
资料来源：埃里克·兰兹伯格摄影。艺术家本人提供。

* 可在 myartslab.com 网站观看龙荀闵关于《住宅》的播客采访。

瓦西里·康定斯基（Wassily Kandinsky）是早期德国表现主义运动（见第 22 章）的领袖，他以自己的内心感受为起点，建立与观众的联系。他写到，他希望创造艺术的目的仅仅是用来回应他所称的“内在需要”或心灵的感触，而不是为了回应他在这个世界上所看到的东西。他创作了一些抽象作品，试图将内在精神的旋涡和涌流转化为颜色和形式。《作曲Ⅵ》（*Composition Ⅵ*，见图 2.24）展现了一种不安的、亢奋的内在状态，这是一种大多数观众可能都不了解的体验。康定斯基常以音乐形式命名他的作品，因为他想让作品像音乐一样和观众进行交流。“色彩直接影响灵魂，”他写道，“色彩是键盘，眼睛是音槌，灵魂是架有许多琴弦的钢琴。艺术家就是弹琴的手，故意触摸一个键或其他键引起灵魂的震动。”[8]他希望观众的灵魂与他作品的节奏和画面色彩产生共鸣，并以他在创作作品时的情绪感染观众。

正如我们已经看到的那样，许多艺术作品可以实现不止一个功能：劝诱型的艺术也能以其独特的美令人愉悦；宗教作品也可以表达创作者对于超然存在的个人追求；纪念型作品也可以给我们以启示。然而，所有的艺术满足一个人或另一个人的需要，也能在许多方面强有力地塑造我们的生活。

图 2.24　瓦西里·康定斯基，《作曲Ⅵ》（1913）。布面油画。76¾″×118″。

资料来源：俄罗斯圣彼得堡冬宫博物馆/布里奇曼艺术图书馆。版权© 2013 由纽约艺术家权利协会/巴黎法国图像及造型艺术著作人协会所有。

思考回顾

1. 艺术实现的六个功能是什么?
2. 怎样区分艺术的评论功能和自我表达功能?
3. 纪念型艺术需要满足什么需求?
4. 统治者会使用什么类型的艺术来鼓励效忠?

请试一试

参观博物馆或访问博物馆网站，选择三件不同年代和文化的艺术品，列出每一件作品实现或可能实现的功能。

关键术语

美学——在艺术语境中，艺术哲学的重点问题是什么是艺术，如何评价艺术，美的概念，以及美的概念和艺术概念之间的关系。

理想主义——以一种理想或完美的状态或形式描绘主题。

第 3 章　视觉元素*

请思考

1. 请讨论产品和艺术分析中使用的视觉元素。
2. 请指出艺术家如何运用视觉元素来创造可视和幻想效果。
3. 请解释在渲染绘画中的空间和容量时运用的技术装置。
4. 请讨论颜色的物理性质和关系。
5. 请展示视觉元素如何在艺术作品中传递表达义和抽象义。
6. 请运用视觉分析的基本工具解释艺术作品的含义。

回忆一下一幅画，如果不看画上的战马、裸身女人，或者表现出的奇闻轶事，本质上它就是色彩以特定规律集合而成的一个平面。[1]

——莫里斯·丹尼斯（Maurice Denis）

画家莫里斯·丹尼斯早就说过，平面是二维图片的表面，也能够与线条、形状、纹理以及其他视觉形式（视觉元素）共同呈现。雕塑由同样的元素构成并呈现在三维空间里。由于它们具有类似的性质，因而不可能在视觉形式的元素之间划出明显的界限。

丹尼尔·里希特（Daniel Richter）的画 *Ooa 2*（见图 3.1）展示了他对视觉元素的运用游刃有余。画中的流线构成了一些形状。其中的某些形状使人联想到山地景观，但是其他的不那么容易辨识。黑色的奔跑的士兵占据了画面中的主要部分。这幅画覆盖了深度不清楚的背景空间。色彩的流淌暗示了时间的流逝，同样也隐含了士兵从左到右行进的动态。在画面的左上角，明亮的白色部分则暗示光芒呼之欲出。艺术家大胆而又与众不同的色彩运用造就了作品生动的氛围。他

* 可在 myartslab. com 网站收听本章音频，学习和回顾本章内容。

使用了多种绘图方法，创造了一些多样化纹理的区域。

本章将介绍在 *Ooa 2* 这幅画中运用的视觉元素：线条、形状、块、空间、时间、运动、光线、色彩和纹理。

图 3.1　丹尼尔·里希特，*Ooa 2*（2011）。布面油画。78¾″ × 106⅓″。

资料来源：洛杉矶里根项目提供。版权由丹尼尔·里希特所有。

不是说所有的这些元素都重要，或者在每一件艺术品中都得出现，许多作品仅仅强调其中的一小部分。为了解这些元素表达的可能性，我们将逐个研究这些视觉形式每一方面的表达特性。

线条

我们用线条来书写、作画、设计以及玩乐。当我们签名或者画出其他非机械线条，就表达出了自己的个性和感觉。线条是记录和表达想法的基本方法，也是可视化交流的主要手段。

一条线是一个点的延伸。我们画出各种线条的习惯模糊了一个事实：纯几何线条——仅有一维长度的线条——是一个精神概念。这样的几何线条没有高度或深度，在三维物质世界中是不存在的。其实，线条是长度远大于宽度的线性形式。我们可以把在任何地方看到的边际看作一条直线，这条直线是一个物体或者平面结束，另一个物体或者平面开始的地方。在某种意义上，我们常常用我们的眼睛来“画画”，将边转换成线条。

在艺术或自然界中，我们常常将线条视为动作的路径，即运动的点的记录。李·弗里德兰德（Lee Friedlander）在其拍摄的照片《北达科他州俾斯麦》（*Bismarck，North Dakota*，见图 3.2）中采用了许多有趣的和对比明显的线性路径构图。在这幅作品中，电线、电线杆、围栏、建筑的边和它们投影形成的阴影，均呈现为线条的形式。

图 3.2 《北达科他州俾斯麦》，李·弗里德兰德拍摄于 2002 年。

资料来源：版权由李·弗里德兰德所有。旧金山法兰克尔画廊提供。

线条的特征*

线条可以是动态的或者静态的，积极的或者消极的，感官的或者机械的。线条可以指示方向，定义形状和空间的边界，暗示容量或者固体大小，表明动作或者情感。组合线条可以描绘光线或者阴影，并形成图式或者纹理。注意在线条的变化（见图 3.3）中展示出的线条特性。

* 可在 myartslab.com 网站找到艺术指导教程之有关线条部分的内容。

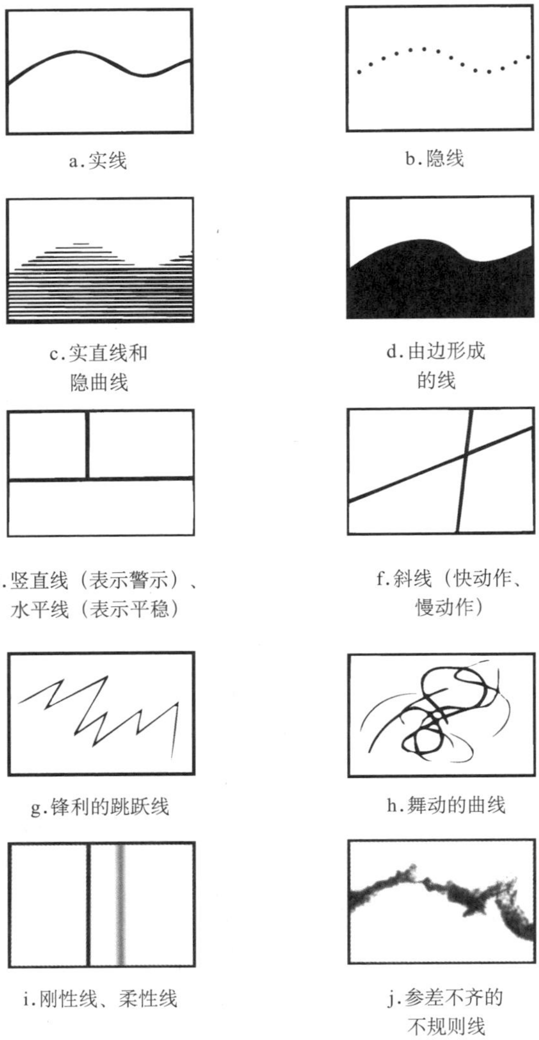

图 3.3　线条的变化

思考以下所展示的作品中，艺术家发现的线条使用范围。索菲·托伊库伯-阿尔普（Sophie Taecuber-Arp）在作品《彩色线条的运动》（*Movement of Colored Lines*，见图 3.4）中绘制了许多迂回和舞动的标记。我们的眼睛自然地趋向跟随这些线条，从而踏上优雅曲线的视觉之旅。相反，亚历山大·罗钦可（Aleksandr Rodchenko）在作品《无题》（见图 3.5）中仅使用单色的直线。该作品引导我们的眼睛欣赏一种完全不同的运动，这种运动更加曲折和飘忽不定。

当安塞尔姆·雷尔（Anselm Reyle）在实体空间（见图 3.6）中使用直的和弯的霓虹灯管时，将线条带入到三维空间中。弗雷德·桑德巴克（Fred Sandback）也将线条带入到空间中，但使用的是一组更有序的黑纱来表现简洁开放的矩形（见图 3.7）。

许多印花布几乎完全由线条组成，带一点底纹或者色彩。奇奇·史密斯（Kiki Smith）* 在金属板上蚀刻线条创作了《金泽》（*Ginzer*，见图 3.8）来描绘她的猫。她似乎专注地为金泽的每一根毛刻画了线条。金泽的眼睛和足趾是轻微的阴影，但是其他部分均由线条完成。她成功地刻画了金泽灵活的四肢和它躺卧时的后背，并且通过金泽的嘴和警觉的眼睛暗示了它的野性一面。

图 3.4　索菲·托伊库伯-阿尔普，《彩色线条的运动》(1994)。用彩色铅笔在硬纸板上作画。$14\frac{1}{8}'' \times 12\frac{1}{2}''$。资料来源：汉斯·阿尔普、索菲·托伊库伯-阿尔普以及罗兰德斯沃思捐赠。版权© 2013 由纽约艺术家权利协会/波恩图片艺术协会所有。

图 3.5　亚历山大·罗钦可，《无题》（约 1920）。用铅笔在彩色纸上作画。$12\frac{1}{8}'' \times 8\frac{1}{4}''$。资料来源：现代艺术博物馆，无名氏捐赠，Acc. n.：2452.2001 © 2013。纽约现代艺术博物馆数码图片/佛罗伦萨斯卡拉。版权由亚历山大·罗钦可庄园/俄罗斯作家协会（RAO）/纽约视觉艺术家和画廊联合会所有。

* 可在 myartslab.com 网站观看奇奇·史密斯在“艺术 21”视频中对自己作品的评论。

图 3.6　安塞尔姆·雷尔，《无题》(2006)。119 根霓虹灯管、链、电缆和 13 个变压器。16′4″×32′8″×26′4″。

资料来源：伦敦萨奇画廊提供。版权由安塞尔姆·雷尔所有。

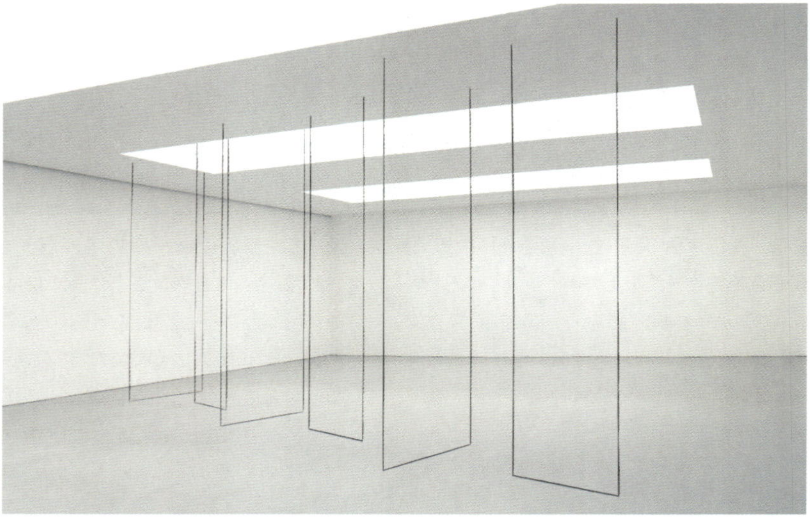

图 3.7　弗雷德·桑德巴克，《无题》(雕塑研究，六部分结构，1977/2008)。黑色腈纶纱，尺寸不一。

资料来源：凯茜·卡弗摄影。版权© 2013 由弗雷德·桑德巴克档案馆所有。纽约/伦敦戴维·茨维尔纳画廊提供。

图 3.8　奇奇・史密斯，《金泽》（2000）。模制纸上的蚀刻版画，凹版腐蚀制版法，铜版画。22½″×31″。
资料来源：纽约哈伦和韦弗出版公司出版。

隐线

隐线表示视觉连接点。形成几何形状的隐线能够作为潜在的组织结构。在《我和村庄》（*I and the Village*，见图 3.9）这幅画中，马克・查格尔（Marc Chagall）使用了隐线在下部中心绘制了一个大圆，呈现了俄罗斯犹太村庄的生活场景。值得注意的是：他在描绘人和动物间的隐形视线时也用到了实线。

形状

“形状”“块”“形式”这些词通常可以交替使用，但是它们在视觉艺术中表示不同的意义。这里的“形状”指的是二维面积轮廓或三维物体外边界内的区域。当我们在自然光线下看一个三维物体，可以观测到它的体积或容量。如果这个物体是在落日的映衬下显示出轮廓，我们可能会看到它只有扁平的形状。闭合的线条或者变化的色彩可以将一个形状从背景中区分开来，这样才具有辨识度。

我们可以将变化无穷的形状分成两大类：几何形状和有机形状。几何形状通常是精确的和有规律的形状，例如圆、三角形和方形。有机形状是无规律的，经常是弯曲的或圆形的，看起来比几何形状更随意和非正式。在人造世界中最常见的形状是几何形状。尽管一些几何形状存在在自然界中，如晶体、蜂巢和雪花，但在自然界中大部分的形状是有机形状。一个具有类似含义的相关术语是“生物形态”，同样意味着基于自然形式的形状。弗雷德・桑德巴克在图 3.7 中运用了

图 3.9 马克·查格尔，《我和村庄》(1911)。布面油画。75 ⅝″×59 ⅝″。

资料来源：现代艺术博物馆西蒙·古根海姆基金会，146.1945。数码图像版权©2013 由纽约现代艺术博物馆/佛罗伦萨斯卡拉所有。版权© 2013 由纽约艺术家权利协会/巴黎法国图像及造型艺术著作人协会所有。

几何形状，李·弗里德兰德也是如此（见图 3.2）。索菲·托伊库伯-阿尔普在画中暗含了有机形状（见图 3.4）。

在《我和村庄》这幅画中，查格尔使用了几何结构的圆和三角形去组织人、动物和植物的有机形状。他柔化了几何形状来达到画中不同部分的自然流动。相反地，他将自然的物体抽象成简化的几何形状来加强视觉冲击并丰富符号化表达。

当一个形状出现在图像平面（二维图像的表面），同时又在背景区域创造了另一个形状，这时主体形状是指图形或者正形，背景区域是基底或者负形。图形和背景的关系是感知的基础，这使我们可以对所见之物进行分类和解释。由于我们往往仅关注物体，而看不到物体之间和周围的空间，这就需要转变意识。在空间的形状中，要学会看到白色的负形（见图 3.10）。

大部分艺术家会同时考虑正负形，并认为对于一幅作品的整体效果而言，它们是同等重要的。

一些图像会强化图形和背景的相互作用。在埃舍尔（M.C.Escher）的作品《天空和水 I》（*Sky and Water I*，见图 3.11）的上半部分，可以看见白色背景上的黑鹅。随着视线向下移动，明亮的上部背景变成了黑色背景上的鱼。然而，在中间，鱼和鹅交织得如此完美以至于我们不确定哪个是图形，哪个是背景。随着意识的切换，鱼的形状和鸟的形状交换了位置，这种手法叫作“图形—背景互换”。

图 3.10　空间的形状，隐形空间。

图 3.11　埃舍尔，《天空和水 I》（1938）。木版画。17⅛″× 17¼″。

资料来源：版权© 2013 由埃舍尔公司—荷兰所有，www.mcescher.com。

在凯塔琳娜·格罗西斯（Katharina Grosse）的作品《无题》（见图 3.12）中，可以看到正负空间得以更巧妙的运用。她将漏印版和模版置于白色背景上，再喷墨创作。然后，她通过将背景的白色喷到曲线形的正形上面让作品变得错综复杂。在左边，彩色的颜料在白色的背景上往下滴落，而在右边，情况却相反。

块

一个二维的区域叫作“形状”，但是一个三维的区域被称作“块”，即物质实体的物理容量。当块把空间封闭时，这个空间（的大小）被称为“容积”。经常用“形式”而不是“块”来指代物理体积。

图 3.12　凯塔琳娜·格罗西斯，《无题》(2010)。布上丙烯。79″×53″。

资料来源：圣莫尼卡克里斯托弗·格兰姆斯画廊，inv. KG099。奥拉夫·伯格曼摄影。版权© 2013 由纽约艺术家权利协会/波恩图片艺术协会所有。

三维空间中的块

块在雕塑和建筑中是一个主要的元素。比如，当代雕塑家费尔南多·博特罗(Fernando Botero) 为墨西哥的公共纪念碑创作了一个体积巨大的青铜马（见图3.13)。粗壮的马腿和脖子与短脊柱形成对比，马的四肢像粗实的柱子。这匹马的体积已经远超肌肉所能达到的紧实度，使人感觉它的身体膨胀。马腿处于放松状态，头朝地面，产生了一种不与周围空间进行开放包容的形式。这匹马是封闭形式的佳例。

与博特罗的体型庞大的马相反，阿尔贝托· 贾科梅蒂 (Alberto Giacometti) 的作品《指示者》(*Man Pointing*，见图 3.14) 传达了一种稍纵即逝而非永恒的感觉。这个瘦高的体形似乎要被时间侵蚀，瘦得几乎不存在。由于贾科梅蒂雕刻时所用材料较少，人们一般更倾向于认为这是空间里的线性形式而不是块状形式。这个形体向四周伸出，其开放形式与周围空间相互影响，似乎要打破空间的限制，暗示了人类的脆弱本质，生命短暂易逝。

图 3. 13　费尔南多 · 博特罗，《马》（*The Horse*，2008），墨西哥蒙特雷世纪广场。青铜雕塑。高：134″。

资料来源：帕特里克 · 弗兰克摄影。

图 3. 14　阿尔贝托 · 贾科梅蒂，《指示者》（1947）。青铜雕塑：$70\frac{1}{2}'' \times 40\frac{3}{4}'' \times 16\frac{3}{8}''$；基底：$12'' \times 13\frac{1}{4}''$。

资料来源：约翰 · 洛克菲勒三世夫人捐赠（678. 1954），纽约现代艺术博物馆。数码图像版权© 2013 由纽约现代艺术博物馆/佛罗伦萨斯卡拉所有。版权© 2013 由阿尔贝托 · 贾科梅蒂庄园所有，纽约视觉艺术家和画廊联合会/纽约艺术家权利协会许可。

二维空间中的块

对于二维媒体如绘画和图片，块是必不可少的部分。在版画《面包》（*Bread*，见图 3.15）中，伊丽莎白·卡特利特（Elizabeth Catlett）刻画了环绕的线条，并让画中女孩带有空间感，画中暗含了一个固体块。作品之所以出现块，是因为线条既沿着头部轮廓环绕弯曲，又刻画出了阴影区域，明亮的光线让块得以凸显。这种线条的运用让人相信画中所看到的是一个胖胖的女孩。

图 3.15　伊丽莎白·卡特利特，《面包》(1962)。油毡纸浮雕。15$\frac{5}{8}$″ × 11$\frac{5}{8}$″。

资料来源：美国国会图书馆提供，LC-DIG-ppmsca-02388。版权由卡特利特·莫拉家族基金会所有，纽约视觉艺术家和画廊联合会许可。

空间

空间是难以定义的通用容器，可以放置任何事物——看起来就是我们周围的空处。艺术家如何在作品中组织空间，是体现他们创造性思维的重要方面。

三维空间

空间是最难用语言和图片传达含义的视觉元素。为了体验三维空间，我们必须置身其中。我们以自己的位置为起点体验空间，再将体验延伸至与我们有着不同距离的其他人、物体、表面和孔洞。每个人都有独特的个人空间（围绕在我们周围的空间）感，我们倾向于保护这个空间，它的隐形范围随着不同的人和文化而不同。

建筑家尤其关注空间的特点。想象一下你在一间很小的屋子里，天花板又很低，会感觉如何？如果你将天花板抬高 15 英尺呢？如果你增加了天窗呢？如果你将所有的墙都变成玻璃呢？在上述每一种情况下，你都改变了空间的特点，并且完全地改变了自己的体验效果。

然而，我们认为建筑物的外部是空间里的块，建筑物的内部是容器，是连续的封闭空间。西泽·佩里（Cesar Pelli）为罗纳德·里根华盛顿国家机场北航站楼（见图 3.16）所做的设计考虑了乘客的空间感受。

图 3.16　西泽·佩里及其同事，罗纳德·里根华盛顿国家机场北航站楼（1997）。

资料来源：美国愿景/乔·索姆/盖蒂图片社。

偌大的窗户让人拥有绝佳的视野，可观赏飞机跑道、波托马克河以及附近的华盛顿纪念碑。建筑师将巨大的内部空间分割成小的模块，让旅客更有家的感觉。建筑师说："这些模块有重要的心理价值，每一个都有客厅大小，这是我们在日常生活中能体验到的空间……这些穹顶以人身高度来设计空间，而不以庞大机器的大小为准。"[2]

道格·惠勒（Doug Wheeler）通过设计画廊的装置创造了一种无限空间的感觉。他将两种光混合产生了一种柔和的光，打造了发白光的边缘（见图 3.17）。这使得墙端看上去脱离了房间的其他部分，吸引了人们驻足凝视。正如艺术家本人指出，观众所处的空间呈现块状，因此他们也会"感受到空间的块状"。

图 3.17　道格·惠勒，*DW 68 VEN MCASD 11*（1968/2011）。内弯形石膏墙，丙烯酸漆，尼龙网布，白色 UV 和 Grolux 霓虹灯管。216″× 408″× 405″。

资料来源：圣迭戈当代艺术收藏博物馆，博物馆购买，伊丽莎白·W·拉塞尔基金会和路易丝·R 和罗伯特·S·哈珀基金会。菲利普·肖尔茨·里特曼摄影。版权由道格·惠勒所有。

二维空间

对于三维物体和空间，例如雕塑和建筑，我们必须绕其一圈才能得到整体感受。而对于二维作品，例如绘画和图片，我们可以一次性看清表面空间。在绘画、版画、照片和图片中，每个图像表面（平面）上的实际空间是由边界限定的——通常是二维高度和宽度。然而在这些界限内暗含或者表示了很多可能存在的绘画空间，增加了平面图的深度。

比如，古埃及的绘画很少或者完全没有深度的表达。早期埃及的画家为了保证图像清晰，会从最易辨认的角度来描绘事物，并且还会运用重叠和缩小尺寸的方法来避免视觉混乱现象的出现。《花园中的水塘》(*Pool in the Garden*，见图 3.18) 展示了这种技巧。画中展现了水塘的俯视图，而树木、鱼和鸟都描绘在画幅周边。

图 3.18　《花园中的水塘》，埃及内巴蒙古墓中的壁画 (约前 1400)。干石膏上的壁画。
资料来源：大英博物馆，版权由大英博物馆受托人托管。

隐含深度

几乎所有画面上的标记一开始都给人三维的错觉：深度。我们在童年早期就开始学习探索空间深度的线索。“空间深度的线索”这一组图展示了在平面上指示空间的一些主要方法 (见图 3.19)。

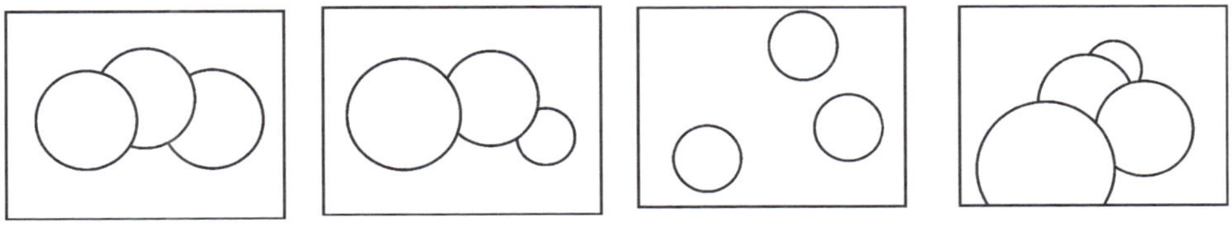

a. 重叠　b. 重叠和缩小尺寸　c. 竖直放置　d. 重叠、竖直放置和缩小尺寸

图 3.19　空间深度的线索

当图形重叠时，我们会根据经验假设一个图形位于另一个的上方（见图3.21b）。重叠是在一个平面上产生深度效果的最基本方法。（注意《花园中的水塘》很少使用重叠。）重叠的效果经过尺寸逐渐缩小而强化，缩小的尺寸让人感觉每个图形间的距离在增大。我们对距离的感知依靠观察，即远距离的物体比近距离的物体看上去显得更小。第三种产生深度错觉的是垂直放置：放置在画面下方的物体比放置在上方的物体显得更靠近观察者。这是我们观察实际空间中大部分物体的方法。在平面中创建立体感效应通常会用到一个或者多个这样的手法（见图3.21b）。

我们在看一幅图时，可能既会看到该图的实际平面，又能感受到该图包含的立体感效应。艺术家可以着重于现实或错觉，或者在这些极端之间达成平衡。保罗·塞尚（Paul Cézanne）在小幅画作《有苹果的静物》（*Still Life with Apples*，见图3.20）中运用了不同的手法来表现深度。基本主题是白色背景前的黑色桌面。在画的两边可看到桌面的“水平线”，但艺术家在中间留了个有趣的缺口。在桌面上，他通过重叠和水果的叠放来体现画面的深度。柠檬更靠近我们并且位于画面的下方。还需注意：桌面上的三个柠檬看起来和盘子里的苹果处于不同的空间。盘子前的空间看似平坦，与桌面平行。塞尚还通过背景和桌面上的平行笔画让整体空间趋于平整，这有利于我们将所有的空间都作为“表面”看待。最后，桌面背后的空间模糊不清，它可以是一英寸或者几英尺那么深。这些暗示和对空间的否定会产生一种引人入胜而又飘忽不定的视觉体验，或是一种微妙的光学错觉。

图3.20 保罗·塞尚，《有苹果的静物》（约1890）。布面油画。13¾″×18⅛″。
资料来源：圣彼得堡冬宫/布里奇曼艺术图书馆。

线性透视*

“透视”这个词在通常情况下表示视角。在视觉艺术中，透视指的是任何在二维空间中表示三维物体的方法。从这个层面上谈论波斯细密画、日本版画、中国宋代绘画或者埃及壁画的透视都是合情合理的，尽管它们中没有一个是类似于线性透视系统的，该透视系统在意大利文艺复兴时期得到发展。不同的传统和意图，而不仅仅是技巧，为我们提供了不同的描绘深度的方法。

在西方，人们已经习惯了用线性透视（也简称“透视”）来描绘出现在眼前的空间中的物体。线性透视系统是 15 世纪文艺复兴初期意大利的建筑家和画家的创作产物。

线性透视建立在人们所看见的物体基础之上。我们已经注意到物体在远处看比在近处看显得小。因为在远处看的时候，物体之间的距离变得越来越小，平行线在后退到远处的时候似乎会相交，如线性透视组图里第一个图所示（见图 3.21a）。根据常识我们知道道路的两边线必定平行，然而在图中两条线似乎相交，最后交汇在地平线上叫作“消失点”的地方——在这个地方，大地和天空似乎都相汇于此。在绘画平面上，地平线（或者天际线）也代表当你看某个场景时视线的水平面。

视线的水平面是一个想象的平面，也是艺术家视线的高度，它与地面平行并延伸到地平线。在那里，视线的水平面和地面似乎相交。在一幅成品中，艺术家视线的水平面变成了所有观看这幅画的人视线的水平面。尽管地平线通常视线受阻，但

a.单点线性透视

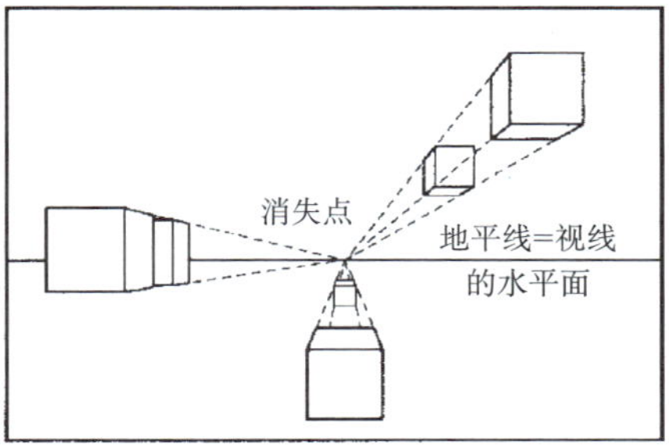

b.单点线性透视（立方体位于视线的水平面上方、视线的水平面上、视线的水平面下方）

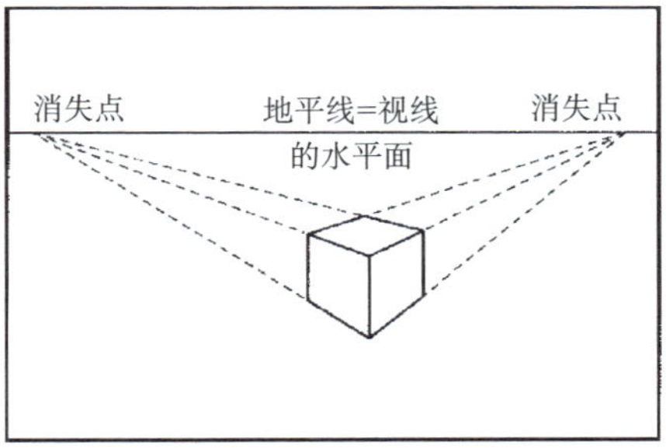

c.两点线性透视

图 3.21　线性透视

* 可在 myartslab.com 网站查阅文艺复兴时期的透视技术。

对于艺术家来说，运用线性透视法将视线的水平面和地平线联结起来构造意象是十分必要的。

有了线性透视系统，就可以从一个被称为“制高点”或者“视点”的单一固定位置构建整个视图。图 3.21a 展示了单点透视，在图中，随着它们与制高点距离的增加，道路的平行边似乎相交，成排的树木由近及远变得越来越小。

图 3.21b 展示了单点线性透视中的立方体。左边的立方体位于视线的水平面，我们既不能看到立方体的顶面也看不到底面。我们可以将它们想象成建筑物。

中间的立方体位于视线水平面的下方，我们可以俯视其顶面。这些立方体是画家基于高处的制高点即物体上方的视点绘成的。水平线位于这些立方体的上方，并且它们的透视线向上穿过它。我们可以想象这是地上的盒子。

右边的立方体高于我们视线的水平面。我们可以仰视它们的底面。

这些立方体是基于较低的制高点绘成的。地平线位于这些立方体的下方，并且它们的透视线向下与地平线相交。可以想象这些盒子位于一个玻璃搁板上。

在单点透视中，所有主要物体的后退线事实上是平行的，然而视觉上它们似乎交汇于地平线上的消失点。在两点透视中，两组平行线似乎交汇于地平线上的两点，如图 3.21c 所示。

当一个立方体或者其他直线物体位置固定了，与立方体的边相比，它的角更靠近我们，我们需要两个消失点来描绘它。右边的平行线与右边相交，左边的平行线与左边相交。消失点的数量可以和平行线的组数、方向一样多。位于视线水平面上方的水平的平行线渐渐脱离观察者的视线，似乎会下降到地平线，而那些位于视线水平面下方的平行线似乎会上升到地平线。

在《雅典学院》（*The School of Athens*，见图 3.22）* 中，拉斐尔创造了颇具文艺复兴时期风格的宏伟建筑，来为他描述希腊哲学家柏拉图和亚里士多德以及其他重要的思想者提供合适的空间。

每个人物的尺寸都是根据他们与观察者的距离按比例绘制的，因此整个人物组看起来很自然。画面上叠加的线条反映了拉斐尔使用的是单点透视系统。然而，画面前景中的立方体与画面平面或画面中的建筑不成平行状，这里运用的是两点透视系统。

拉斐尔使用透视重在强调。我们可以推测出柏拉图和亚里士多德是画中最重要的人物，因为他们的位置位于最具有深度区域的后面拱门的中心。

如果移去人物，正如《〈雅典学院〉研究》（见图 3.23）中所示，通过画面

---

* 可在 myartslab.com 网站查找《雅典学院》详情。

图 3.22　拉斐尔，《雅典学院》(1508)。壁画。约 18′×26′。

资料来源：罗马梵蒂冈署名室。akg-图片库/埃里克・莱辛摄影。

图 3.23　《〈雅典学院〉研究》

的设置，我们的注意力会转向右边隐含的无限空间。相反，如果没有建筑背景，柏拉图和亚里士多德不再居于画中的重要位置，很难从人群中辨认出他们。

大气透视法

大气透视法或者空气透视法是一种产生深度错觉的非线性的方法。在大气透视法中，立体感效应是通过改变色彩、含义和细节来创造的。在真实世界的视觉体验中，随着观察者和远处的物体如群山距离的增加，越来越多的大气、湿气和灰尘使得遥远的物体显得更蓝，也更模糊。颜色越来越淡，明亮与黑暗之间的反差也越来越小。

阿舍·布朗·杜兰德（Asher Brown Durand）在《志同道合》（*Kindred Spirits*，见图 3.24）这幅画中使用了大气透视法来表现北美荒野中广阔的距离感。无限空间的错觉通过闪亮的前景细节、男人的形象，以及杜兰德对树、石头和瀑布的生动描绘达成平衡。我们认同画家托马斯·科尔（Thomas Cole）和诗人威廉·卡伦·布赖恩特（William Cullen Bryant）的风格，因为他们享受如此

图 3.24　阿舍·布朗·杜兰德，《志同道合》（1849）。布面油画。44″×36″。

资料来源：阿肯色州本顿维尔水晶桥美国艺术博物馆提供。大都会艺术博物馆摄影。

壮丽的风景。就像在《雅典学院》里，隐含的深度空间显现出空间的延伸感。

传统的中国山水画家有其他的方法创造出大气透视的效果。在沈周的作品《杖藜远眺图》（见图 3.25）中，近处和远处的山通过在纸上着墨和墨的深浅来表现。右上角山的浅灰色暗示了空间和大气。传统的中国山水画家更倾向于表现地貌的诗意符号而不是一味写实。与《志同道合》将观众的视线吸引到所表现的深度空间不同，《杖藜远眺图》引导视线穿过（而不是进入）空间。

图 3.25　沈周，《杖藜远眺图》（1500）。选自风景专辑系列“五叶集”，专辑装订为手卷；用墨和水彩在丝绸装裱的纸上作画。共：15¼″×23¾″。

资料来源：密苏里州堪萨斯城纳尔逊-阿特金斯艺术博物馆，威廉·罗克希尔·尼尔森基金会购买，46-51/2。约翰·兰伯顿摄影。

时间和运动

时间是第四维的，在任何事件中都是连续出现的。由于我们生活在空间和时间结合的环境中，我们对时间的体验常常取决于我们在空间里的运动，反之亦然。尽管时间本身是不可见的，但在艺术中却可以感受到。时间和运动成为视觉媒体中的主要元素，比如电影、视频和动态（运动的）雕塑。

时间的推移

图 3.26　阿兹特克石头日历（1479）。直径：141″。

资料来源：墨西哥国家人类学博物馆，艺术档案/阿拉米图片社。

许多传统的非西方文明告诉我们时间是循环的。例如，古代墨西哥的阿兹特克人认为地球会经历周期性的毁灭和重建。阿兹特克的石头日历*表现了这一思想。阿兹特克石头日历（见图 3.26）的中心是太阳神的脸，代表着现在的世界，被四个代表前世的矩形分隔区围绕。整个石头呈圆形，象征着时间的循环本质。

西方文明的犹太教和基督教告诉我们，时间是线性的——不停地向前流逝。早期的文艺复兴作家萨塞塔（Sassetta）在他的叙事画中暗示了时间的流逝。

《圣安东尼和圣保罗的相遇》（*The Meeting of Saint Anthony and Saint Paul*，见图 3.27）描述了圣安东尼跨越时间和空间旅程的关键时刻，包括了在城市中他的旅程的起始部分，启程的地方位于画面顶部中间的那棵几乎看不见的树后面。当他到达左上角的野外时，才第一次映入观众眼帘；接下来可以看到他在右上角遇到了半人半马怪；最后，他出现在画面的前景，即他遇见圣保罗的地方。他走过的道路暗示了时间的不停前移。

当我们从左往右和从上往下阅读连环画时，这些画面也表达了时间的线性概念。加里·潘特（Gary Panter）的六格漫画《回归自然》（*Back to Nature*，见图 3.28）表现了他在经历 2001 年“9·11”袭击之后的心理变化。他回想了过去，展望了未来，画面片段暗示了时间的顺序。

在影视作品中，时间不一定非得呈现线性的状态，而是可以受人操控的。因此过去、现在、未来的时间可以交替进行，而那些发展得太快或者太慢让人来不及理解的事件，可以通过慢放或快进来加强理解。因此可以对时间进行压缩、扩展、后退和重复。现代的 MV 中通常会在快速演替中表现时间的不同跨度，仿佛某些不可预测的时间长度突然跳过眼前，创造了一种和现时脱节的感觉。

---

* 可在 myartslab.com 网站了解阿兹特克石头日历的详情。

图 3.27　萨塞塔，《圣安东尼和圣保罗的相遇》（约 1400）。画板彩画。$18\frac{5}{16}'' \times 13\frac{1}{8}''$。

资料来源：华盛顿特区美国国家艺术馆，1939.1.293（404），塞缪尔·H·克雷斯收藏。

图 3.28　加里·潘特，《回归自然》（2001）。自行出版的连环画。$5'' \times 3\frac{1}{4}''$。

资料来源：艺术家本人提供。

当大部分电影都不同程度地压缩时间时，克里斯琴·马克利（Christian Marclay）在 2010 年创造了一个在时间上拼接的冥想，该冥想是以实际时间来进行的。他的影片《钟》（*The Clock*，见图 3.29）持续了 24 小时，由上千个短

图 3.29　克里斯琴·马克利，《钟》（2010）。立体声单通道视频 24 小时环绕。

资料来源：纽约保拉·库珀画廊提供。版权由克里斯琴·马克利所有。

片组成，这些短片中的人物都在看他们的手表或者讨论现在是什么时候。这些片段被完美地整合成一天的时间，因此每个观众都能看见许多钟表的片段，所有片段都记载着正确的时间。在这部影片中，我们在各种令人眼花缭乱的片段中静看时间的流逝，所有片段都从整个电影的历史不可预知的瞬间中捕捉而来。

隐含的运动

为了传达逼真的感觉，艺术家常常会寻找创造动感的方法。有时运动本身就是主题或者主题的中心。《舞动的克里希纳》（*Dancing Krishna*，见图 3.30）描绘的动作颇具吸引力。作品将印度教的神刻画成一个玩耍的孩子，他刚刚从母亲那里偷走了黄油并且手舞足蹈。青铜的材质强度有利于保持动感的姿势。这个活力四射的人物单脚站立，与手臂、腿和躯干保持平衡。

图 3.30 《舞动的克里希纳》(约 1300)，朱罗王朝南印度泰米尔人。青铜。高：23⅝″。

资料来源：檀香山艺术博物馆，部分受赠于克里斯琴・奥尔夫妇，部分购买所得，加满达斯・瓦图马尔家族基金会，1997.8640.1。上本秀三摄影。

在 20 世纪早期，倡导未来主义运动的艺术家发现了描述运动和速度的新方法，该方法被认为是艺术界最重要的新主题。翁贝托·博乔尼（Umberto Boccioni）在《人体的活力：足球运动员》（*Dynamism of a Human Body*：*Footballer*，见图 3.31）这幅作品中捕捉到了足球运动员的动态影像。画面中看不到人物的轮廓，因为艺术家捕捉了肢体在不同方向的伸展动态并将其合成在一个单独的运动瞬间中。

图 3.31　翁贝托·博乔尼，《人体的活力：足球运动员》（1913—1914）。用墨水和石墨在纸上绘制。12⅜″×9 9/16″。

资料来源：明尼阿波利斯沃克艺术收集中心，埃德蒙·鲁本夫妇捐赠，1995。

现代艺术家珍妮·霍尔泽（Jenny Holzer）在一件未命名的作品（见图 3.32）中巧妙地表现出隐含的运动，在该作品中她将光板安装在纽约古根海姆博物馆螺旋走廊的内侧。这些光板通常用来播放广告，但她在扩展的螺旋形光板上填满了自己的话语当作字幕。这些标语似乎在连续的流动中逐渐降低坡度，但是事实上光线仅按照程序发亮。通过标语此起彼伏的出现，不断变化，她希望展示大众传媒是如何运用信息来轰炸我们大脑的。

实际的运动

在电动马达问世之前，艺术家创造了受风力和水力驱动的动态雕塑。喷泉、风筝、横幅和旗帜在古代已经开始流行。

亚历山大·考尔德（ALexander Calder）的运动雕塑依靠空气的运动来表现它们细微的动态，例如他在华盛顿特区美国国家艺术馆的巨作（见图 3.33）。

图 3.32　珍妮·霍尔泽，《无题》（1989），甄选自《不言而喻》（*Truisms*）、《激扬论文集》（*Inflammatory Essays*）、《生活系列》（*The Living Series*）、《生存系列》（*The Survival Series*）、《岩石下方》（*Under a Rock*）、《悲叹》（*Laments*），以及《孩子气》（*Child Text*）。扩展的螺旋三色 LED 电子显示屏广告牌。现场实际尺寸：高：$16\frac{1}{2}''$；长：162′。

资料来源：纽约古根海姆博物馆，部分由艺术家本人（1989）和杰伊·奇亚（1995）赠予，部分由国际导演委员会和执行委员成员——伊莱·布罗德、伊莱恩·特纳·库伯、罗尼·海曼、达基斯·约安诺、彼特·诺得、英奇·罗登施托克，以及托马斯·沃尔琴提供的资金购买，1996.89.3626。版权© 2013 由珍妮·霍尔泽所有，其为纽约艺术家权利协会成员。

图 3.33　亚历山大·考尔德，《无题》（1972）。铝和钢。共：$358\frac{3}{8}'' \times 911\frac{5}{8}''$。

资料来源：华盛顿特区美国国家艺术馆，1977.76.1，收藏家委员会赠予。版权© 2013 由纽约考尔德基金会/纽约艺术家权利协会所有。

当参观者进入和离开建筑东部的画廊时，雕塑在空间中缓慢运动。考尔德是动态艺术发明家，也是 20 世纪第一批将实际运动视为艺术品的主要特征的艺术家之一。

光线

眼睛可以感受光线的灵敏度。每个物体都是在具有辐射性能量后才能被我们看见，我们称这种辐射性能量为“光”。太阳光或者自然光，尽管看起来均为白色，事实上却包含了所有光线的色彩，这些色彩组成了电磁波频谱的可见光部分。光线可以受到定向照射、反射、折射、衍射或者散射。光线的源头、色彩、强度和方向对物体的显示方式有很大的影响；随着光线的改变，它照射的表面也跟着改变。

看见光线

光线落在一个物体上的方式对于我们怎样看待物体具有重大影响。光线角度简单的转变会戏剧性地改变我们看到的亚伯拉罕·林肯雕塑（见图 3.34）的效果，这一雕塑由法国的丹尼尔·切斯特（Daniel Chester）创作而成。当这一人物雕塑首次安放在华盛顿的林肯纪念堂时，雕塑家的视线受到光线的干扰。地面反射的太阳光看起来从根本上改变了林肯的性格，他从睿智的领导者变成神情紧张的新手。后来通过在雕塑上方的天花板上装一个聚光灯解决了这个问题。由于聚光灯的光线比大理石地面自然反射的光强得多，聚光灯照亮雕塑时让人物呈现出了完全不同的表情。

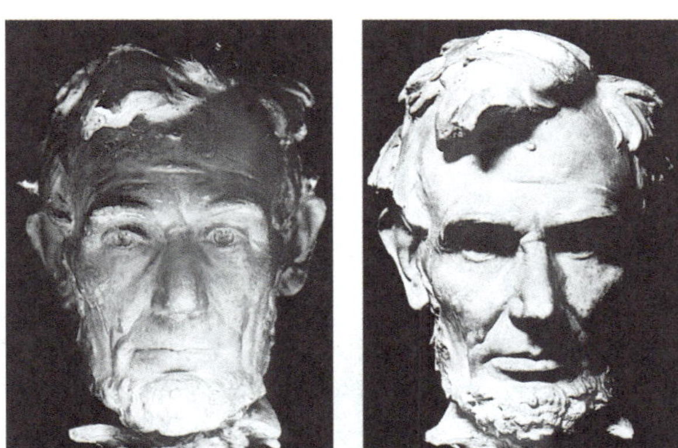

图 3.34　丹尼尔·切斯特，林肯纪念堂（细节展示，1911—1922）。左图：被日光自然照亮；右图：添加人工光线。全尺寸的石膏头模型（1917—1918）。历史性专业合成照片（1922）。高：50½″。

资料来源：威廉姆斯学院肖邦图书馆，国家历史保护信托基金会切斯特伍德档案馆赠予。德威特·沃德摄影。

如果在室外拍照，大多数人都有过处理光线的经验：来自物体前方或者后方光源的光线似乎让三维外形变得扁平并可以凸显轮廓。来自上方或者边上以及稍前方的光线大部分能清楚地展示物体在空间中的外形。

在艺术界的术语中，“灰度”（有时也称为“色调”）指的是表面的相对亮度和暗度。灰度可以从白色经过不同的明暗度变成黑色。灰度可以看成色彩的一种性质或者是一种独立于色彩的元素。明区与暗区的微妙关系决定物体呈现的外形。为了说明光线展示物体外形的方式，艺术家运用灰度的变化来表示程度。从亮色调逐渐变成暗色调能够产生弯曲表面的假象，然而灰度突然的变化表示光线在物体表面方向的突变。

隐含的光

亮与暗的关系示意图（见图 3.35）表明：我们将灰度视为一种关系而不是一种独立的形式。灰色的条在它的整个长度中都是一样的灰度，但随着背景灰度的改变，看起来它好像从一端移动到了另一端。

图 3.35　亮与暗的关系。灰度值统一与中间灰度做比较。

罗莎·博纳尔（Rosa Bonheur）在《收获的季节》（*Harvest Season*，见图 3.36）这幅画作中使用了从亮到暗的所有灰度。我们在劳动者的身上看到亮白

图 3.36　罗莎·博纳尔，《收获的季节》（约 1859）。布面油画。17½″× 33½″。
资料来源：加利福尼亚斯托克顿哈金博物馆，目录编号：1931.391.26。

色，在地面上看到黑暗的阴影。在两者之间，她在多处运用光线来照亮物体并以块状展示物体的容量。我们能看到车上的干草堆前面的阴影，由于干草的色彩一致，她使用光线展示干草粗糙的锯齿状表面。同样地，赶牲口的劳动者的手臂由于光线的照射呈现出一大片阴影部分。在牲口的躯体上，博纳尔通过从浅到深的阴影变化表现浑圆的形状，这就是一个名为“明暗对比”（Chiaroscuro，来自意大利语，chiaro 即“明亮”，oscuro 即“黑暗”）的普遍技巧。这个技巧能让人产生一种错觉：描绘在平面上的人和物体还能展现出圆度和容量。

自文艺复兴时期起，意大利艺术家就有这样的传统：关注光线下展示的体积或固体形状。当日本人在 19 世纪第一次看到西方的画像时，他们想知道为什么画中人物脸的一边是脏的。

充当介质的光

一些现代艺术家使用人造的光作为介质。他们喜欢运用光线，因为光线可以产生纯洁的强烈色彩，进而照射到参观者所处的空间中。其他运用光线的人喜欢将电的能量融入艺术中这个想法。基斯·索尼耶（Keith Sonnier）将一列氖管放置在洛杉矶的新政府大楼的外面大厅里。他将这个作品称为“汽车世界”（Motordom，见图 3.37）*，以表现南加利福尼亚州的汽车文化。这些氖管每隔五分钟缓慢地闪烁一次，就像汽车的尾灯围绕着大厅、沿着墙边一闪而过。

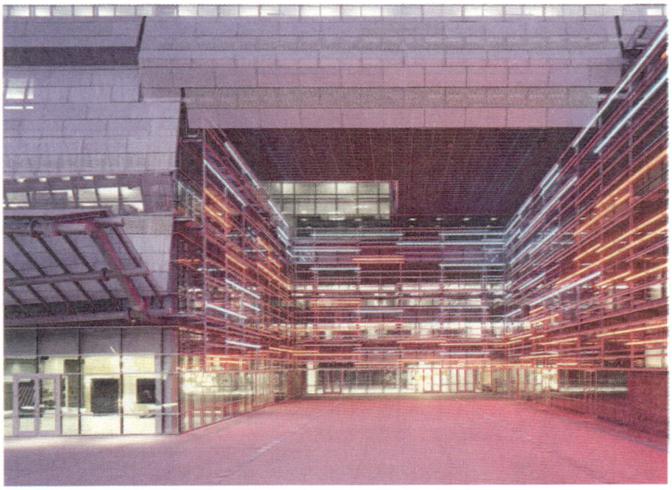

图 3.37　基斯·索尼耶，《汽车世界》(2004)。加利福尼亚州运输部第七区的灯光装置。
资料来源：罗兰德·哈尔伯摄影。版权© 2013 由基斯·索尼耶/纽约艺术家权利协会所有。

* 可在 myartslab.com 网站观看对基斯·索尼耶关于《汽车世界》的播客采访。

艺术的形成　基斯·索尼耶(1941—　)：将光转化为艺术

图 3.38　基斯·索尼耶（2012）
资料来源：艺术家亚桑·施密特和佩斯画廊提供。

基斯·索尼耶（见图 3.38）在路易斯安那州的乡村长大，也许是因为看到那儿的电网，他便对电力着迷起来。他告诉记者：“当我还是个乡下小孩时，我们那儿装有电网，我们经常被电击。我们喜欢被电击——你知道在乡下很少能有件让人兴奋的事。”[3]对电力的兴趣后来演变成了利用光线作为介质创作开创性的艺术品。

在罗格斯大学完成学业后，索尼耶在 20 世纪 60 年代后期定居纽约。在这期间，许多艺术家不再创作油画，一些艺术家转向影视制作，一些转向大规模雕塑的创作。他回忆道：“我们艺术的类型是乡村文化。我们不采用‘高级艺术’的材料，也不创作青铜作品、绘画，甚至我们使用的材料之前很少被认为是艺术材料。精心挑选的材料能从心理上激发某种特定的情感。”

索尼耶希望观众不仅能欣赏展览墙上的作品，还能直接参与其中。“当我开始用光线进行创作时，我会思考怎样让作品与观众互动，也就是说当观众观看作品时能获得什么样的感官体验。当你站在作品前面时，可以与作品融为一体，并且我希望艺术作品能使观众成为作品的一部分……观众在欣赏作品时可以在绘画的素材中获得感官和心理体验。”

彩色光线趋向于从光源向外扩散，映射到观众所处的空间中，因此它似乎可以用体积来呈现。索尼耶解释道：“当光线的色彩越来越浓烈，实体感越来越强时，你开始将光线想象成一种材料。这是因为光线密度变大，色彩自成一体。”我们来看《汽车世界》（见图 3.37）的效果，图中光线进入到外面大厅的空间，并且随着光线的闪烁而产生不同效果。在不同的时刻，光线的质感和色彩会影响观众所能感知到的容量大小。由于光线可以影响周围空间的外形，观众不仅仅是在观赏作品，而且走进了作品。

在索尼耶为画廊创作的光线作品中，大致包括了变压器和电线，因此可以明显看到电源。在他最近的作品《大羚羊》（*Hartebeest*，见图 3.39）中也能看到这一点。该作品如同真人大小，观众看到的是一个通电的、身形细长并带有蓝色长角的人物线条画。向上挥动的蓝色光线取材自他在非洲旅行期间创作的一幅画，在那里他看到了大羚羊和其他有长角的动物。索尼耶采用霓虹灯时仅仅应用了它的色彩属性，而与它平时在字母标识中的运用无关。他说：“我喜爱

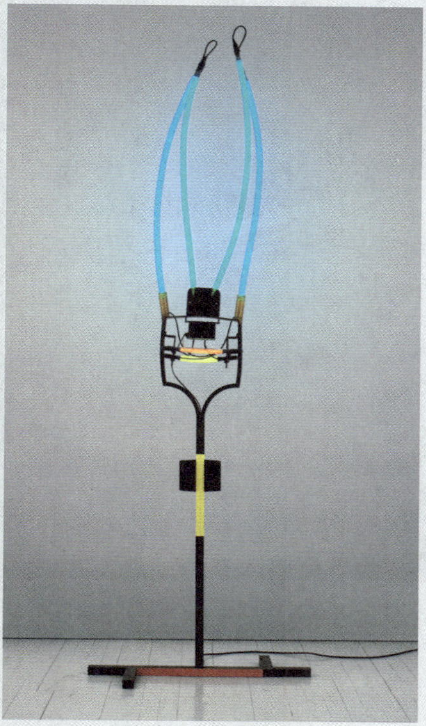

图 3.39　基斯·索尼耶，《大羚羊》(2008)。钢，霓虹灯画，氯丁橡胶，橡胶以及变压器。10′2″×3′6″×1′10″。

资料来源：吉纳维芙·汉森摄影。佩斯画廊提供。版权© 2013 由基斯·索尼耶/纽约艺术家权利协会所有。

作品中的灯光，但我从不会受到霓虹灯标牌本身的影响，反而会被它对自然和建筑产生的作用所感染。”光线既能照亮周围环境又在空间中创造色彩的容量积。在他的作品中，我们会明白在作品中可以采用何种光线。

建设该建筑的机构负责州内道路和桥梁的运营，这使得《汽车世界》特别适合这个空间。

陈佩之（Paul Chan）采用数码投影仪射出的光线来表现创造性（见图 3.40）。在“七束光”（The 7 ~~Lights~~）系列作品中，他将投影仪安装在不同的角度，这样在地面或者画廊的墙上产生了不规律的光线的窗口。在每个作品的 14 分钟内，各种不明物体似乎跌落或滑过或掉落在光线投影的区域。我们可以看到宠物、人、行李箱、火车头等物体的投影。艺术家说：“这些投影是被挡住的光线。”因此标题中的“光”带有删除线。这就好比重力法则失效了，每个物体都从停留的地方松动，我们如同目睹了一场无声的灾难。

图 3.40　陈佩之，《第一束光》(2005)。数码投影仪。时长：14 分钟。
资料来源：艺术家本人和纽约格林·纳夫塔利画廊提供。黄珍摄影。

色彩

色彩是光线的组成部分，它会直接通过改变我们的想法、情绪、行为甚至健康状况来产生影响。心理学家以及学校、办公室、医院和监狱的设计师都了解色彩能够影响我们的工作习惯以及精神状态。长期处于大片橙色或红色环境中的人容易感觉紧张和血压升高。相反，蓝色有令人平静的效果，可以让血压、脉搏和活动率降低到正常水平以下。

根据我们色彩偏好穿着是我们自我表达的方式之一。无论是服装或汽车，还是居家用品或室内设计，任何设计师都意识到个人色彩偏好的重要性，他们会花费大量时间和金钱来设计产品的色彩。

许多文化根据既有风俗使用色彩。在意大利文艺复兴时期，列奥纳多·达·芬奇（Leonardo da Vinci）受到早期的欧洲传统的影响，他写道："我们应该确定白色代表光线，没有光线就看不到色彩；黄色代表大地；绿色代表水；蓝色代表空气；红色代表火；黑色代表无尽的黑暗。"[4] 在印度北部的传统绘画里，颜色的平面区域通常用以表达特定的心情，比如红色表示愤怒，蓝色表示激情。现在艺术家可以用明亮的色域表示天空或者大地，这个色域与画面的外观无关，只是用来表达作品的感觉。在澳大利亚俗语中，黄色表示嫉妒和猜忌，而蓝色表示陶醉。

15—19 世纪期间，西方艺术中的颜色使用还停留于传统的方式，受到了很多限制。在 19 世纪 60 年代和 70 年代，法国印象派画家受到光学新发现的影响，彻底变革了艺术家使用颜色的方式（见第 21 章）。

颜色的物理性质

我们所说的颜色是不同波长或者频率的光作用在眼睛上的效果。当不同波长的光融合以后，产生了白色的光，即光谱中可见部分。白光是由七色光组成的。

色彩的现象是自相矛盾的：色彩仅仅存在于光中，但在人的眼中光本身似乎是无色彩的。物体看起来有色彩，仅仅是因为物体受光照射时反射出了光里的颜色。1666 年，英国科学家艾萨克·牛顿发现了白光是由光谱上所有的光组成的。他发现，当太阳的白光经过玻璃棱镜以后，折射出了光谱的不同光带，如“受棱镜折射的白光”图中所示（见图 3.41）。

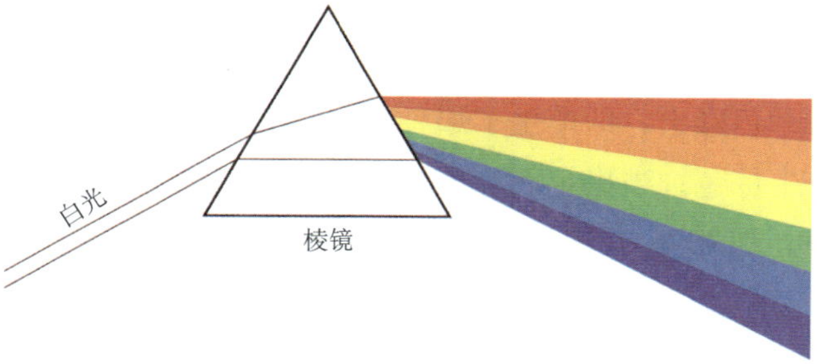

图 3.41　受棱镜折射的白光

由于各种颜色的光的波长不同，穿过棱镜的速度也不一样。红光的波长最长，比蓝光穿过的速度快。太阳光照射雨滴时在雨滴的表面上发生折射，产生了光线穿过棱镜时的七彩效果。在这两种情况下，颜色的光谱顺序均为：红色、橙色、黄色、绿色、蓝色、紫色。

色素与光线*

人们通常看到的颜色是光线从带有颜色的物体表面反射而来的。因而，下面讨论的重点是上色后呈现的颜色，而不是白光中的自然颜色。物体受到光线照射时，一部分光线被物体表面吸收，另一部分被反射出来。我们眼睛所看到的物体的颜色（原色）由光线反射的波长所决定。红色物体表面受到光线（全谱光）照

* 可在 myartslab.com 网站找到有关色素和光线的艺术教程。

射时之所以呈现出红色，是因为其他颜色被物体表面吸收了，红色被反射回眼睛。而绿色表面受到照射后，除了绿色以外的其他颜色都被物体表面吸收了。其他颜色也遵循同样的道理。

当各类波长的光线都被物体表面吸收后，物体看起来就呈现出黑色；当所有波长的颜色都被反射回去的时候，物体看起来就呈现出白色。黑色和白色都不是真正意义上的色彩：白色、黑色以及黑白调和的灰色系列，都是无彩色列（缺少色彩的属性）或中性色。

在上百万种色彩中，人们可以根据色相、明度和纯度来区分每一种颜色。

- 色相指的是我们根据特定波长命名的颜色。光谱的颜色被称作“色相”，例如黄色和绿色。
- 明度指的是从白到灰再到黑的相对明度和暗度。纯色在彩度值上会有所变化。在图 3.42“色彩的三维”所展示的色彩图表中，纯度最高的色彩保持在常规数值。纯黄是最亮的色彩，紫色是最暗的色调。红色和绿色是数值居中的色彩。黑色和白色是改变色彩数值的重要调和色。将黑色添加到一种色彩中，即产生了那种色彩的暗色。例如，在橙色中添加黑色，会产生棕色；当黑色和红色混合，会出现褐红色。将白色添加到一种色彩中，即产生了浅色。淡紫色是紫色的浅色，粉红色是红色的浅色。
- 纯度，也称为“饱和度”，指的是一种色彩或者颜色的纯净度。纯色是颜色最纯净，也是最饱和的形式。随着白色、黑色、灰色或者其他色彩添加到纯净的色彩中，该色彩的饱和度下降并且颜色因此变得暗淡。

许多人都熟悉三原色：红色、黄色和蓝色（见图 3.43）。在我们看一片叶子、一堵墙或者一幅画的时候，这些颜色就是我们经常看到的物体原色。当不同色彩的颜料混合时，混合部分显得更平淡和黑暗，因为当颜料的吸收特性混合时，它们会吸收更多的光线。正因如此，颜料混合物被称为“减色混合”。根据颜色的比例和使用类型，将红色、蓝色和黄色混合，会产生黑灰色，甚至是黑色。

而人们不太熟悉的一个三色组合是三色光：橘红色、绿色和蓝紫色（见图 3.44）。这是真正的能混合产生白光的电光源的颜色，也是电视或者电脑屏幕以及某些灯光艺术家如索尼耶使用的颜色。这些色彩混合被称为“加色混合”。这些色光的混合产生了更明亮的色彩：当红光和绿光混合时，产生黄光。

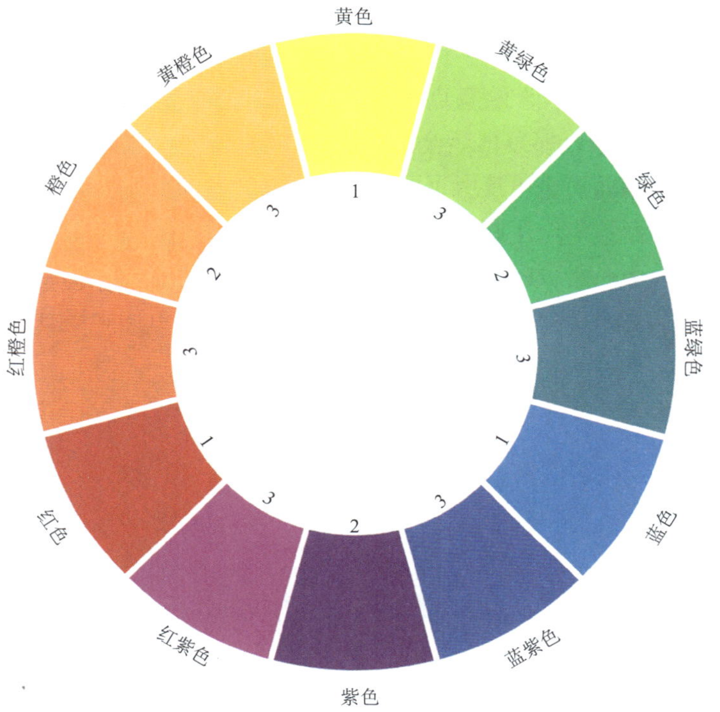

a.色相——色轮

b.明度——从明亮到黑暗。彩度值等级从白色到黑色。

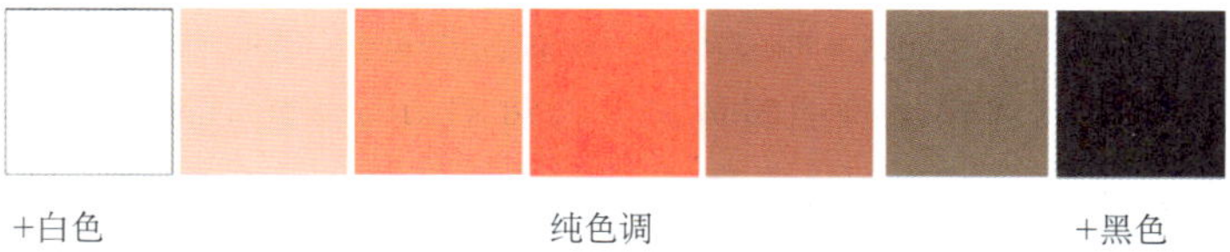

c.红色的饱和度变化

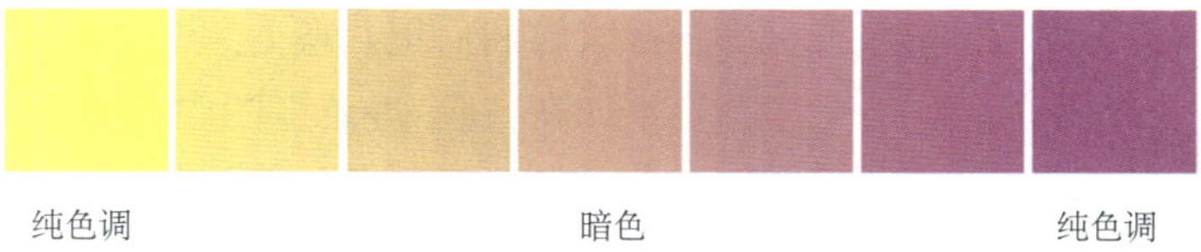

d.纯度——从鲜艳到暗淡

图 3.42　色彩的三维

图 3.43　颜料三原色：减色混合

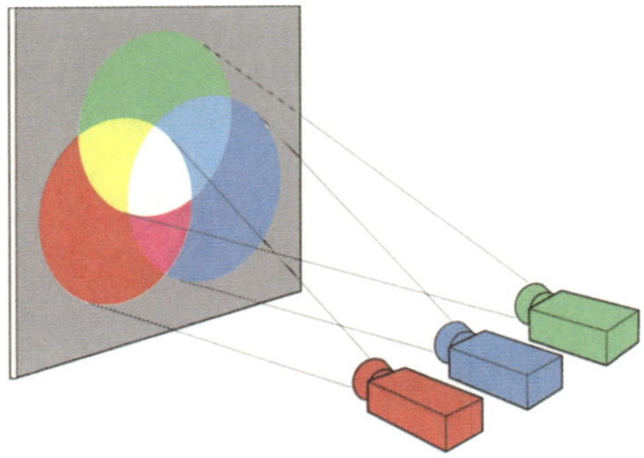

图 3.44　原色光：加色混合

色轮

色轮（见图 3.42）是 20 世纪的说法，这一概念最早由 17 世纪的艾萨克·牛顿提出。在牛顿发现光谱以后，他发现光谱的首尾混合可以生成紫红色，这使得色轮的概念成为事实。无数色彩系统从那个时候起开始涌现，每个系统都自带基本色。这里展示的色轮根据十二种纯色制成，并且能分为如下几类：

- 原色：红色、黄色和蓝色。这些色彩不能由其他的色彩混合而成。它们也是原色彩。
- 二次色：橙色、绿色和紫色。两种原色混合产生了二次色。二次色在色轮中被置于两个原色中间。
- 中间色：橘红色、橙黄色、黄绿色、蓝绿色、蓝紫色和红紫色。每个中间色位于构成它们的原色和二次色中间。

从心理上说，色轮的蓝绿部分看起来是冷色调，而橘红部分看起来是暖色调。黄绿色和红紫色将色轮分成暖色调和冷色调两极。暖色调和冷色调之间的不同主要来自联想。相对暖冷的差异可以在色调的任意组合中看出。色彩可以影响我们对于尺寸、距离以及温度的感觉。冷色调似乎在收缩和后退，暖色调似乎在扩张和向前，正如在“暖/冷色”图中所示（见图 3.45）。

图 3.45　暖/冷色

最鲜明的色彩感不是在各种颜色混合而成时产生，而是将纯色的小点彼此相邻，使它们在眼中和脑中合为一体。这正是现代的四色印刷。在四色印刷中，品红（一种蓝红色）、黄色和青色（一种绿蓝色）这三种原色按照不同比例混合，与黑色混合打印在白纸上，以达到色彩齐全的效果。例如，在分色打印和放大的桑德罗·波提切利（Sandro Botticelli）的作品《维纳斯的诞生》（*Birth of Venus*，见图 3.46）的细节展示部分中，由于从光学的角度将许多纯色的小点混合在一起，眼睛能察觉到微妙的色彩混合。

a.黄色

b.洋红

c.黄色和洋红

d.蓝绿色

e.黄色、洋红和蓝绿色

f.黑色

g.黄色、洋红、蓝绿色和黑色

h.桑德罗 · 波提切利的作品《维纳斯的诞生》彩印细节

图 3.46　彩色打印

现在，许多计算机用户会运用到取色器或者在线调色板（见图 3.47），就像画家使用色轮那样。在这个例子中，我们看到通过在原色中增加少量的白色或黑色，原色光会产生不同的阴影和色彩。数码设计师和一些电脑艺术家通过仅仅点击一个区域来选择色彩，再结合自己的选择以进一步加深阴影。因为电脑屏幕采用的是原色光而不是彩色颜料，因而混合出来的颜色保持了高亮度，这个效果在每个网页和我们打开的手机应用中都可以见到。

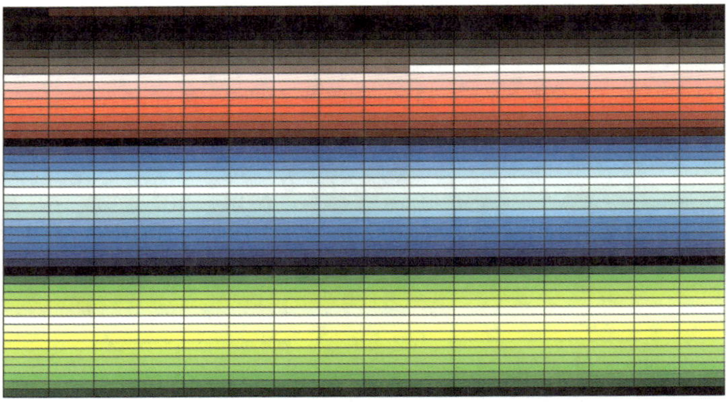

图 3.47　Gimp（图像编辑程序）中的红色、蓝色和绿色调色板

色彩设计

色彩设计指的是提供不同的颜色协调的色彩组合。

单色设计是基于单色的不同明度和饱和度。在单色设计中，纯色仅仅和白色或黑色一起使用，或者与白色或黑色混合。有些艺术家选用单色设计也许是因为他们感觉特定的色彩代表特定的情绪。例如，巴勃罗·毕加索（Pablo Picasso）在 20 世纪早期创作了很多蓝色的画作。在那个时候，他生活潦倒。其他的艺术家把单色设计作为一种个人原则，以体验光谱相对较窄的光带内的不同层级。玛丽·科斯（Mary Corse）就是后一类艺术家的典型代表，她很多年来只创作白色作品。她的创作方法是将玻璃微球嵌入到绘画区域的表面。这些白色区域反射周围的光线，甚至还能在观察者经过时发生变化。在《无题》（见图 3.48）这幅作品（白色斜面内带）中，这些球体形成四条垂直带。

类似色设计基于色彩在色轮中都与其他色彩相邻，每一个都包含了同样的纯色，例如黄绿、绿和蓝绿的色彩设计。每种类似色的线晕和阴影可以让这些色彩设计富于变化。

詹妮弗·巴特利特（Jennifer Bartlett）经常审视类似色在她作品中的效果。例如，在《三组件》（*Trio*，见图 3.49）中，她运用各种类似色设计方案将搪瓷着色在 45 块钢板上作画。观众可以在每个方格内随心选择原色、二次色和中间色。每三排都具有不同的波型，产生了光从带有涟漪的水面上反射的效果。整个作品完全抓住了眼球，因为它长达 27 英尺，就像一场探索类似色属性的美妙的科研之旅。

互补色方案强调两个在色轮上相对的色调，如红色和绿色。基思·哈林

图 3.48　玛丽·科斯，《无题》(白色斜面内带，2009)。布面丙烯上的玻璃微球。90″×60″。
资料来源：埃斯画廊提供。

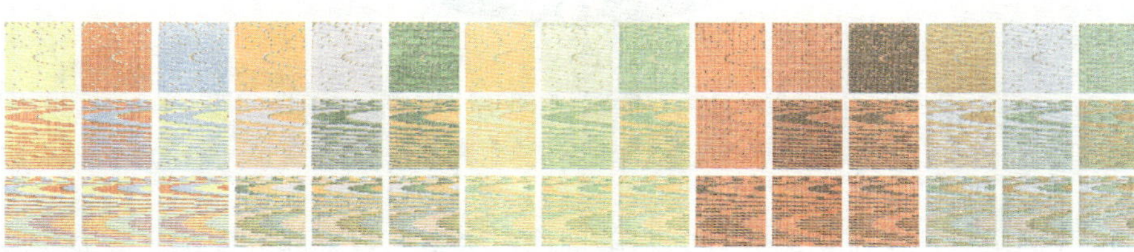

图 3.49　詹妮弗·巴特利特，《三组件》(2008)。钢板、搪瓷丝网网格烤漆，共安装 45 块板。63″×27′。
资料来源：艺术家本人和佩斯画廊提供。

(Keith Haring) 在《猴谜》(*Monkey Puzzle*，见图 3.50) 这一作品中表现了色彩的冲突效果。在几乎等量的颜料实际混合时，互补色调形成中性灰色系列，但是作为纯色调并排放置时，则会在色彩间产生强烈的对比效果（正如这个作品中的效果一样）。将橘红色和蓝绿色这一对互补色直接放在一起时更能彰显色彩本身的“活力”，因为它们在彩度值上相近，会产生强烈的暖/冷色对比。黄色和紫色这对互补色纯度高，色彩度对比也最强。原色的互补色是相反的二次色，该二次色是由其他两种原色混合而成的。例如，黄色的互补色是紫色。《猴迷》在这个饱含生机的圆盘上呈现了几组不同的互补色。有些互补色就覆在某种原色的表面，还有些互补色包含了周边条纹。黑色背景进一步突出了哈林通过色彩运用所表现出的强烈效果。

图 3.50　基思·哈林，《猴谜》(1988)。布上丙烯。直径：120″。
资料来源：版权由基思·哈林基金会所有。

这些例子只证实了色彩设计的基础理论。事实上，大部分艺术家凭直觉创作的色彩调和设计比上述的色彩方案要复杂得多。

纹理*

在视觉艺术中，纹理是指物体表面的触觉品质，或者这些品质的视觉表现。在孩提时代，我们通过触摸触手可及的一切探索周围的环境，我们学会了将触感等同于物体表面的外观。长大之后，我们了解了大部分物体的触摸感觉，但仍然享受触摸带来的乐趣：我们喜欢用手抚摸宠物的皮毛或者抛光后的光滑表面。

所有带纹理的表面都可以通过触摸或视觉来体验。纹理可分为实际纹理和模拟纹理。实际纹理是那些我们可以触摸感受到的纹理，如抛光后的大理石、木

* 可在 myartslab.com 网站找到纹理和图案艺术教程。

材、沙石或厚漆旋涡。创建模拟（或暗含）纹理是为了让其看起来具有某些物体的特性，而不是在一个平面上简单作画。画家可以模拟出纹理，让它看起来像真正的皮毛或木材，但摸起来是光滑的画面。艺术家也可以创造出实际或模拟纹理。即使在不允许触摸纹理的情况下，我们也可以欣赏纹理，因为我们可以凭以往经验知道它们摸起来的感觉。梅拉・奥本海姆（Meret Oppenheim）的作品《物体》（*Object*，见图 3.51）中的毛草杯给人以粗糙的触觉感受。她故意创作这种自相矛盾的画作，旨在引起人产生强烈的反应，或厌恶或喜欢。毛草的实际质地不会让人产生不快之感，质地光滑的茶杯也会让人感觉舒服，但是用舌头触摸毛草，而不是瓷器这一想法不禁令人咋舌。

图 3.51　梅拉・奥本海姆，《物体》（毛草早餐套装，1936）。毛草杯、碟、勺。碟子直径：9⅜″。
资料来源：现代艺术博物馆购买，序号：130.1946.a-c。数字图像版权© 2013 由纽约现代艺术博物馆/佛罗伦萨斯卡拉所有。版权© 2013 由纽约艺术家权利协会/苏黎世普罗利特瑞斯所有。

雕刻家和建筑师会在作品中利用材料的实际质地和它们之间的关系。他们也会在表面精加工创建新的纹理。例如，贾科梅蒂在《指示者》（见图 3.14）这幅作品中使用受侵蚀的表面来强化情绪表达的效果。

质地在陶瓷鉴赏中是极其重要的，因为我们通常会把这些陶瓷拿在手里把玩。例如，将来自中国唐朝的瓶（见图 3.52）拿在手上很可能会比单纯的观赏更为有趣。陶工通过在原本的暗釉上泼洒化学成分不同的淡釉形成了纹理复杂的表面。两部分釉质的不完全混合留下了斑驳的表面。我们还发现，瓶上带环，瓶身鼓起，表明了这原本是骑兵携带的皮革瓶。这些不同的纹理使我们对这个物体有了更丰富的感官体验。

画家也可以创作出触感体验丰富的表面、隐含的或模拟的质感。我们可以从梵高的平面画《星夜》（*Starry Night*，见图 3.53 和 21.30）的局部展示中体验到真实的质感。用画笔将浓稠的颜料堆砌在画面上的方法叫作“厚涂”，梵高运用这种绘画技巧发明了传达炽烈情感的质地韵律。

图 3.52　瓶（唐朝，9 世纪）。弥散釉瓷器。高：$11\frac{1}{2}''$。

资料来源：大都会艺术博物馆，约翰·门克夫妇赠予，1972（1972.274）。版权© 2013 由大都会艺术博物馆/艺术资源/佛罗伦萨斯卡拉所有。

图 3.53　梵高，《星夜》（局部，1889）。布面油画。$29'' \times 36\frac{1}{4}''$。

资料来源：莉莉·布利斯遗赠，序号：472.1941。数字图像版权由纽约现代艺术博物馆/佛罗伦萨斯卡拉所有。

早在四个世纪之前，画家扬·范·艾克（Jan van Eyck）用细微的笔触来表现各种材料在细节上的丰富质感，令人难以置信。在《阿尔诺菲尼夫妇肖像》（*The Arnolfini Portrait*，见图 17.12）中，扬·范·艾克模拟出各种质感。图 3.54 中复制的画作部分接近实际大小，我们看到了质地光滑的镜子、琥珀珠、金属吊灯，角落里的小扫帚和男子的大衣毛皮。

图 3.54　扬·范·艾克，《阿尔诺菲尼夫妇肖像》（局部，1434）。橡木油彩画。$32\frac{3}{8}'' \times 23\frac{5}{8}''$。

资料来源：购于 1842 年，序号：NG186。版权© 2013 由伦敦英国国家美术馆/佛罗伦萨斯卡拉所有。

在本章中，我们探索了艺术家如何在作品中运用线条、形状、块状、空间、时间、运动、光线、色彩和纹理。正如我们所看到的，并非所有这些视觉元素都会在每一个作品出现，但每个视觉元素都是表达想法、情感和气氛的有效手段，从而创造出能启迪思想、激发灵感和愉悦心情的艺术。

思考回顾

1. 什么是线条？
2. 展示绘画透视的两种方式是什么？
3. 艺术家怎样用光线表示体积？
4. 原色的得名从而何来？

请试一试

研究色彩平衡对某件艺术品的影响。从网上下载一幅具有中等分辨率的艺术作品的图片（可在网上博物馆 http://www.ibiblio.org/wm/paint/，或者其他网站上下载），用一个简单的照片处理程序（如 iPhoto 或 Photo Gallery）打开图片，通过调整对比度、色调及饱和度来变换图片，并对这种变化给作品带来的影响做出评估。

关键术语

类似色——在色轮上彼此相邻的颜色，如蓝色、蓝绿色和绿色。

大气透视——一种透视法，通过改变颜色、彩色值以及细节造成深度的错觉。

互补色——在色轮上彼此直接相对的两种色调，如红色和绿色，以适当的比例混合在一起时，会产生中性灰。

图底反转——一种视觉效果，即正形变成负形，或负形变成正形。

几何形状——由方形或直的或闭合曲线组成的任何形状。

色相——识别绿色、红色、紫色等不同色彩特定波长的属性。

饱和度——表明某种色相（色彩）从明亮到灰暗的相对纯净度或者饱和度。

线性透视——一种透视系统，平行线后退到远处时似乎相交，并交汇在地平线上的消失点。

块——固体材料的物理体积。

有机形状——不规则的非几何的形状。

图像平面——二维图像的表面。

明度——表面的相对亮度和暗度。

第二部分

艺术的媒介

第 4 章　设计原理*

请思考

1. 请描述设计在艺术创作和分析中的作用。
2. 请分析设计原理对组织艺术品的作用。
3. 请审视某些设计原理引导观众观察艺术品细节的能力。
4. 请定义作品构图中用以形成对称、非对称和比例平衡的方法。
5. 请区分艺术中尺寸和比例的概念。
6. 请阐释设计原理是怎样相互配合吸引观众的。

有组织的洞察力就是艺术的全部。[1]

——罗伊·利希滕斯坦（Roy Lichtenstein）

艺术家的创作动机很多，通常是为了传达信息或表达个人观点。创作的过程不仅仅是选择视觉素材，还要考虑怎样组织这些素材，从而最贴切地表达作者的意图。在绘画、摄影等平面艺术中，对视觉元素的组织叫“构图”，但这种方法更广泛地应用在整个视觉艺术领域中时，我们称之为“设计”。“设计”一词涵盖了组织视觉元素的过程和此过程的产物。

1928 年，美国艺术家查尔斯·德穆思（Charles Demuth）在准备为他的朋友诗人威廉·卡洛斯·威廉姆斯（William Carlos Williams）画张肖像时，他将威廉姆斯的一句诗形象化了。这句诗是威廉姆斯在一个雨夜的街头看到消防栓时写下的：“我看见金色的数字 5。”对德穆思来说，一句形象的诗句正象征诗人本人，为作品提供了一个迷人的主题。

在创作《我看见金色的数字 5》（*I Saw the Figure 5 in Gold*，见图 4.1）时，

* 可在 myartslab.com 网站收听本章音频，学习和回顾本章内容。

德穆思用大大的数字 5 来统一构图。虽然这幅作品不对称，但它看起来很平衡。作品中的其他文字符号相对于数字 5 都较次要，如上端表示威廉·卡洛斯·威廉姆斯的“Bill”。

图 4.1　查尔斯·德穆思，《我看见金色的数字 5》(1928)。卡纸上油画。35½″×30″。
资料来源：大都会艺术博物馆，艾尔弗雷德·施蒂格利茨收藏，1949 (49.59.1)。数字图像版权© 2013 由纽约现代艺术博物馆/佛罗伦萨斯卡拉所有。

作品中的斜线条寓意倾斜而下的雨滴，形成了一种强烈的方向感。红色可能代表消防车，与城市雨夜的灰色背景形成对比。数字重复和渐变的形式表现出卡车的渐渐远离。我们能看到数字尺度的多种演变。

德穆思创作《我看见金色的数字 5》的时候用到了七个重要的设计原理：统一性与多样性、平衡、主次、导向力、对比、重复与韵律、尺度与比例。

在这一章我们将进一步了解这些原理，因为它们不仅能帮助我们理解艺术家的工作流程，还能让我们知道设计对艺术的影响。

统一性与多样性

统一性与多样性是互补的概念。统一性是外表或环境的统一。在设计中，统一性指作品中的所有元素都是一体的，共同组成一个连贯和谐的整体。一个具有统一性的艺术品会让人觉得任何改动都会降低其品质。

然而很少有艺术作品会完完全全统一于一个协调的主题，这种纯粹的艺术作品通常只是实验性作品。例如，法国艺术家伊夫·克莱因（Yves Klein）在 20 世纪 60 年代创作了一幅除了纯蓝色没有其他色彩的画。另一个例子是约翰·麦克拉肯（John McCracken）的雕塑作品《银》（*Silver*，见图 4.2）。这件作品是纯黑色的，但在某些环境下显现出银色。它的高度约为 8 英尺，如艺术家所期望的那样，它安静隐匿地立于墙边。很少有艺术作品会如此统一。

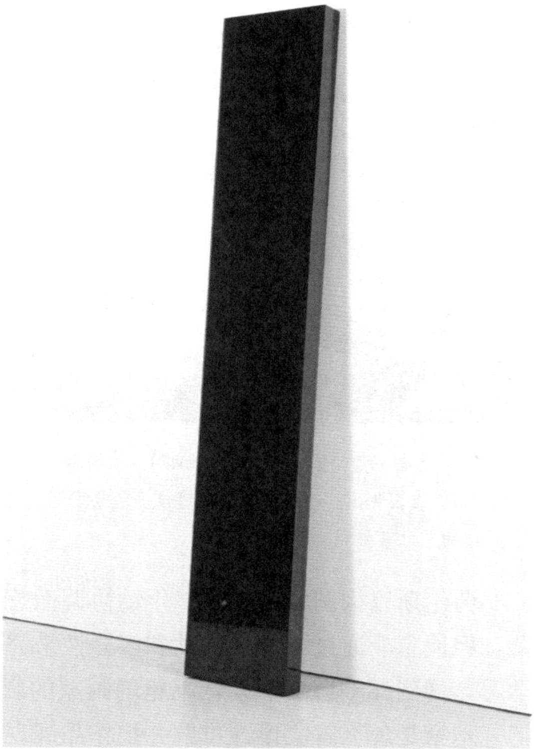

图 4.2　约翰·麦克拉肯，《银》（2006）。聚酯树脂、纤维玻璃和胶合板。93″×17″×3½″。
资料来源：版权由约翰·麦克拉肯遗产所有。纽约/伦敦戴维·茨维尔纳画廊提供。

另一方面，多样性会使作品富于变化。多样性与统一性相互作用。过于追求统一的风格会让作品变得了无生趣，而多样性发挥不当也会令作品显得杂乱无章。大多数艺术家都致力于寻求统一性与多样性的平衡，达到构图和谐而不乏趣味。

在雅各布·劳伦斯（Jacob Lawrence）的绘画《回家》（*Going Home*，见图 4.3）中，他平衡了统一性与多样性。他用列车座椅、人物和行李的线条、形状和颜色创作了视觉主题，并将主题进行重复和变化。注意观察绿色座椅和窗帘的变化。同一种红色作为一个统一元素涂在了不同形状上。艺术家用娴熟的抽象、主题和变化手法将复杂构图中众多的人和物组合成一个统一的设计。

图 4.3　雅各布·劳伦斯，《回家》(1946)。水粉画。21½″×29½″。

资料来源：私人收藏。纽约摩尔画廊提供。版权© 2013 由西雅图雅各布·劳伦斯和格温多林·劳伦斯基金会/纽约艺术家权利协会所有。

劳伦斯以构图别具一格、生动协调而著称。尽管他的创作规则看上去并不复杂，但他总能通过调节统一性和多样性来完成他的设计。劳伦斯从他人的作品中学习，受到那些解决了设计难题的画家的影响。他说："我喜欢研究设计，去了解艺术家是怎么解决设计难题并把作品展现给公众的。"[2]

《回家》的平面风格和《荷兰家居的室内》(*Interior of a Dutch House*，见图 4.4) 的纵深感画面形成了鲜明对比。《荷兰家居的室内》是彼得·德·霍赫 (Pieter de Hooch) 在 300 多年前画的。两位艺术家均用他们所处时期的风格描绘了日常生活情景。在这两幅作品中，艺术家描述空间的方式都赋予构图以统一性的特点：霍赫用房间的统一性来达到绘画空间的统一性，制造出人物之间的紧密联系。

图案指设计元素重复而有序的组合。在霍赫的画面中，地砖和窗户的图案与地图、油画、壁炉、天花板的长方形图案相对立。这些长条形成了不统一的结构，而这些平面上近似方形的图案又构成了最大的矩形。从图中可以看到，画家就这样通过相关联的矩形创造出整个家庭环境。此外，桌子周围人物的形态、色彩与壁炉上

图 4.4　彼得·德·霍赫，《荷兰家居的室内》(1658)。布面油画。29″×35″。
资料来源：伦敦英国国家美术馆/佛罗伦萨斯卡拉。

方画中人物的形态、色彩相互关联——这又是一处对主题和变化的应用。

正如很少能见到绝对统一的作品一样，表现绝对无序的作品更少。罗伯特·劳申贝格（Robert Rauschenberg）力图在他的作品中重现现代生活的随机性。例如，在《给阿波罗的礼物》（*Gift for Apollo*，见图 4.5）中，他把一扇锯断的门倒置，随意在上面添上彩色的笔触。然后，他在门上贴上一条绿色的领带、几张古老的明信片、一个衬衣口袋和半个指示牌。他将整个装置连在小轮子上，最后用链条连上一个铁桶。大功告成！就算是这样无序的作品，我们仍然能感受到某种和谐感的存在。就像在《荷兰家居的室内》中一样，我们能发现重复的矩形，链条伸到轴的角度看起来恰要使整个装置抛锚停泊。胶水和重力把它们固定在那里。不过，随着时代的变化，人们的审美也在演变，现在看来，这件作品大概没有它在 50 多年前刚诞生时看上去那么混乱无序。

图 4.5　罗伯特·劳申贝格，《给阿波罗的礼物》(1959)。综合材料：油画颜料、裤子碎片、领带、木头、织物、报纸、木上印刷复制品、金属水桶、金属链条、木把手、L 形支架、金属垫圈、钉子、带金属辐条的橡胶轮。43¾″×29½″×41″。

资料来源：洛杉矶现代艺术博物馆，潘扎收藏，86.17。版权由罗伯特·劳申贝格基金会所有/纽约视觉艺术家和画廊联合会惠许。

平衡

平衡是均衡感的产物，在平衡状态，各影响因素都受到反作用力牵制。我们在生活中也在努力达到平衡，否则我们将失去心灵的平静。力图达到平衡的动态过程也同样是艺术的基础，我们追求物理平衡的本能找到了与之对应的对视觉平衡的期望（虽然有的艺术家为了表达某些意义而追求作品的失衡感）。平衡可以通过对称和非对称达到。

对称平衡

对称平衡是三维体或二维平面构成中左右部分的近似或完全一致。这样的作品带有对称性。

建筑师常常用对称平衡呈现壮丽宏伟的建筑物的正立面。例如，在 1792 年，詹姆斯·霍本（James Hoban）赢得了设计总统府的比赛。他的草图很对称，是乔治亚住宅风格，两个多世纪后的今天，我们称之为“白宫”（见图 4.6）。

a. 正视图。

资料来源：马里兰历史学会提供，作品编号：# 1976.88.3。

b. 华盛顿白宫前景，摄于 1997 年 。

资料来源：安东尼奥·罗萨里奥/影像资料库/盖蒂图片社。

图 4.6　詹姆斯·霍本，总统府设计（1792）。

对称性比非对称性更容易理解，因而常被用在建筑中。对称利用平衡统一，让错综复杂的高大建筑看一眼就能理解。对称又意味着永恒与平静，我们一般会希望重要的、有象征意义的建筑看上去静止稳固。而这些让对称性在建筑界中颇受欢迎的特性恰是它在雕塑和艺术方面不受喜爱的原因。泛滥的对称很乏味。尽管艺术家喜欢对称的正式严谨，却很少会严格地应用对称。艺术家们通常不喜欢自己的作品显得很规矩及静态。

鲜有作品是严格对称的，然而达米安·赫斯特（Damien Hirst）创作的《后裔——圣地》（*Posterity—The Holy Place*，见图 4.7）是个特例，艺术家完全用蝴蝶（从捕蝶人那里购买）打造了这一作品。而它从任何层面上看都是对称的：每只蝴蝶、每个平面单元，或是整幅作品。它就像一扇教堂的彩绘玻璃窗，而且比大部分彩绘玻璃窗更对称。对称的稳定性对宗教题材的艺术来说很有用，这能

图 4.7　达米安·赫斯特，《后裔——圣地》(2006)。布上蝴蝶和家用光泽液。89⅝″×48″。

资料来源：版权由达米安·赫斯特所有。高古轩画廊提供。普鲁登斯·卡明联合股份有限公司摄影。版权©2013 由达米安·赫斯特及科学有限责任公司/伦敦 DACS/纽约艺术家权利协会所有。

显示出艺术的神圣性。但《后裔——圣地》的纯粹光辉甚至胜过了彩色玻璃窗，这是由于蝴蝶的翅膀不依赖直射的阳光呈现其光彩，这个作品由数不清的细小部分构成，其高度对称性辅助形成了作品的平面构成。要证明这点并不难，我们只需想象一个相似尺度而无对称布局的作品即可。

非对称平衡

在非对称平衡中，左右部分相异，不同元素依据其大小和意义围绕一个感知到或暗示出的重力中心达到平衡。举例说明，在拉维妮娅·方塔纳（Lavinia Fontana）的《禁止触碰》（*Noli Me Tangere*，见图 4.8）中，整个构图看起来是很平衡的，但这仅仅是由于突出的不平衡性受到了牵制。画家描绘一个《新约》中的故事：抹大拉的玛利亚在进入上帝的停尸墓穴时看见了耶稣复活，而她原以为他是园丁。这个故事需要两个角色做前景，其中一个人拜倒在地。

图 4.8　拉维妮娅·方塔纳，《禁止触碰》(1581)。布面油画。47⅜″×36⅝″。
资料来源：乌菲兹美术馆。akg-图片库/埃里克·莱辛摄影。

这就出现了一个达成平衡的难题，但方塔纳巧妙地解决了这一难题。首先，她用大幅暖色衣着的玛利亚加重了构图的中心，在玛利亚的上方是空中的光晕，加固了画面构图。耶稣占据了右侧前景，但并未打破整个平衡，这是因为他被左侧更高更多的坟墓调和了。墓外的红衣小人也相对平衡了耶稣高大身躯在画面中的不协调性。

色彩和形状的视觉比重究竟是怎样的呢？艺术家又是怎样平衡它们的呢？设计中没有定则只有规律。下面是一些与视觉平衡相关的规律：

● 大的形状比小的更“重”，更吸引注意力。正因如此，两个或多个小的形状才能平衡一个大的形状。

- 当同一形态靠近画面边缘时，其视觉重量变大，所以一个靠近边缘的小形状可以与靠近中央的大形状达到平衡。
- 复杂的形状比简单的形状更“重”，所以一个小的复杂的形状可以平衡一个大的简单的形状。

色彩的介入使这些规律复杂化，以下是四条中和上述规律的色彩原理：

- 暖色比冷色更“重”。正因如此，一个小的黄色色块可以平衡一个大的深蓝色色块。
- 与上述原理相关，暖色看上去与人更近，而冷色看起来离人更远，这意味着两个大小相近、色调相异的形状，暖色形状看起来会更大，因为它看上去会更靠近观赏者。
- 鲜艳的颜色比暗淡的颜色更“重”，因而一个中心附近的亮蓝色小色块可以与靠近边缘的淡蓝色大色块平衡。
- 当背景颜色趋向于其互补色时，前景色彩的亮度（也就是它们的“重量”）增强。因此，在一个绿色背景上，一个简单的红色小色块可以与一个复杂的蓝色大色块平衡。

虽然这些规律学起来很有趣，对深受困扰的艺术家也很有用，但它们只是“实验性的”例子。事实上，大部分艺术家都只是凭借高度敏锐的感觉来判断什么是“对”的，从而达到多样的平衡。简单来说就是，当看上去协调的时候，作品就平衡了。

当我们看到另一版的《禁止触碰》（见图 4.9），我们就能比较发现两个艺术家在刻画同一主题时是怎样平衡画面的。在两幅作品中，玛利亚都跪拜在复活的耶稣面前。提香（Titian）比拉维妮娅·方塔纳早 67 年创作这幅画，提香的版本手法更精细，作品更对称，达到一种更细致的平衡。因为耶稣处于站立状态，所以他的形象比玛利亚更“重”，而且提香在耶稣身后画的树让左半边画面重量又增加了。这棵树寓示着耶稣在这次偶遇中的身份地位比玛利亚更重要。画面中心，耶稣的头、脚和玛利亚红衣服的末端，这三点形成了一个不规则三角形。这些元素在画的左边产生了很多重量，但提香巧妙地平衡了画面。玛利亚的头、左臂和手仿佛是中心的树的垂直延长线，它成为画面下方的一条轴。在右侧，提香用玛利亚的红裙制造出趋近观者的暖色块，从而达到了平衡。绿色的灌木丛也调和了耶稣肉色的躯体。在上方，艺术家画了一个遥远的村庄，它在画面的高度和紧凑感进一步与耶稣和树的重量抗衡。通往村庄的蜿蜒小道基本平衡了倾斜的树和它伸出的低矮枝丫。最后，提香用带后退感的蓝色来画出远处的地势，减弱了

图 4.9　提香，《禁止触碰》(1514)。布面油画。43″×36″。
资料来源：伦敦英国国家美术馆，编号：NG270。塞缪尔·罗杰斯遗赠，1856。

背景的影响。在这件作品中，提香展现了对画面运动的熟练驾驭能力。细细品味这件作品，观者能欣赏到绝妙高超的非对称平衡技巧。

动态平衡的一个极端例子是埃德加·德加（Edgar Degas）画的《赛前驭马师》（*Jockeys before the Race*，见图 4.10）。画家大胆地将画面重心放到了右边，为了加强这一印象，他把重心放到了一根杆子上。第一眼看这幅画，我们所有注意力都被拉到极右端的距离杆子最近的最大的那匹马身上。但左上角孤立的圆形太阳散发着强大的吸引力。而远处驭马师的红帽子和淡粉色夹克、地平线上交错的微妙的冷暖色，以及逐渐缩小的马匹，都把我们的视线引到了画面左侧，在那里有一条不明显但很重要的竖直线条，将我们的注意力往上引。

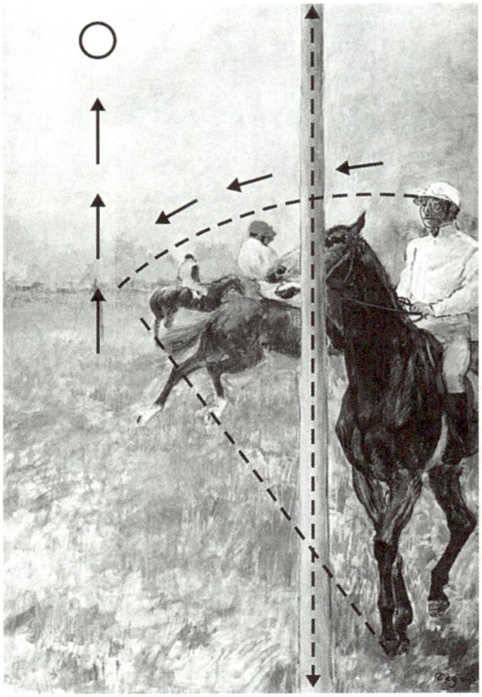

图 4.10 埃德加·德加，《赛前驭马师》(约 1878—1879)。精油彩、水粉、蜡笔。42½″×29″。

资料来源：伯明翰大学巴伯艺术学院布里奇曼艺术图书馆。

这件作品中，视觉线索的踪迹把观众的注意力从右往左调动。如果我们能感知这一点，我们的观赏行为就会平衡画面。否则，这幅画看上去总是失衡的。德加以他大胆创新的构图而闻名，而他正是利用了一个事实，即欣赏艺术是一个积极主动、富于创意的过程。

探究画面平衡的一个好方法是想象画面如果不这么画会怎么样。如果遮住德加的画中驭马师的红帽子，或假设太阳下的小树消失了，你会发现画面发生了生动的变化。

平面创作者想方设法达到视觉平衡。此外，雕塑、建筑也需要结构平衡，否则它们无法稳稳立住。马克·迪·苏沃尔（Mark di Suvero）2001 年在加利福尼亚州威尼斯沙滩附近的一个景点建造了《宣告》（*Declaration*）装置（见图 4.11）。作为一个公共艺术作品，《宣告》需要得到建造许可，并通过官方机构的检查以确保它在地震或海啸中的安全性。艺术家运用他的机械知识来平衡那看似从三脚基座上跃出的长条 V 型结构。艺术家这样形容他的作品："我用吊车作笔刷，在三维空间里画了一幅画。"他原本只准备在那里做四个月的展示，但这件

图 4.11　马克·迪·苏沃尔，《宣告》(1999—2001)。钢铁。高：60′。
资料来源：版权由马克·迪·苏沃尔所有。加利福尼亚州威尼斯洛杉矶卢维提供。

动态几何装置《宣告》被永久地保留在那儿。

主次

艺术家用重点吸引我们对某区域的注意。如果这个区域是一个特定的点或物，我们称之为“焦点”。位置、对比、亮度、大小的应用都能产生重点。

在次要区域，艺术家制造出更淡的中性区以防我们从重点分心。这一点在上述两幅画中都能看得出来。

在《禁止触碰》（见图 4.9）中，提香将人物都放在中心点附近，无论从哪个视角看，这个位置都很突出。两个人物全身的颜色都比他们周围环境亮度高。在《赛前驭马师》（见图 4.10）中，德加用了一种不同的方法，他用大小、形状、布局和颜色制造出远离中心点的重点。太阳是通过对比（太阳比空中其他区域颜色明度更高，而且是画中唯一的圆形）和布局（太阳是画面此部分唯一的形态）构成的一个单独的焦点。而天空和草地则颜色柔和，细节模糊，相较于主体它们是次要的，但也更突出了画面重点。

导向力

和主次关系一样，艺术家用导向力影响我们观赏作品的方式。导向力是视线遵从的“路径”，由或实或虚的线条构成。虚导向线可以由形态的轴、相似相近形态之间的假想连线或实线的延长线构成。研究导向线和力常常能揭示作品中潜在的能量和基本视觉构架。

看看《赛前驭马师》，我们会发现我们的注意力被带到一系列焦点上：最右端的马和驭马师、竖杆子、红帽子、粉夹克，还有蓝绿色的地平线。作品中最明显的导向力是倾斜的，上述的焦点形成了一条虚导向线，最前面的驭马师的脸部也在这条线上。

三匹马的躯干连成的虚斜线表现出一个相关的导向力。当我们被焦点吸引，视线渐退时，我们也就纠正了之前极端偏右的注意力，从而达到了构图平衡。

就像我们的生理和视觉对平衡的感知是相对应的一样，我们生理和视觉对导向线和导向力的感觉也是对应的。导向线会使人产生不同的感觉：保持固定不动（|）、休息中（—），或运动中（/）。因此，纵横线的结合可以产生稳定感。举例说明，在提香的《禁止触碰》中，水平线与树相交错，稳定了整个构图。在《赛前驭马师》中则是竖直的杆子和水平线产生了稳定感。

弗朗西斯科·戈雅（Francisco Goya）所画的《斗牛》（*Bullfight*，见图 4.12）是实效设计的极佳典范，它的设计基于导向线的戏剧化应用。为了强调斗牛士和公牛的戏剧性，戈雅用大块暗色将他们画在前景中，从明亮的背景中凸显出来。观众被画家集中放到了画面左上角以制造悬念。

戈雅把斗牛士正好放在左下角到右上角的对角线上，引发作品的动感（见图 4.12a）。为了增强这种感觉，他把公牛的后腿也放到了同一条线上。

戈雅把男人的双手放到画中最重要的水平和竖直线的交叉点上，进一步加强

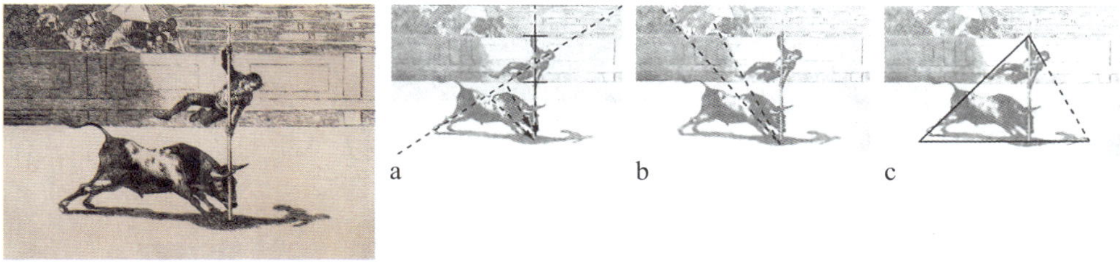

图 4.12　弗朗西斯科·戈雅，《斗牛：灵活敏捷的华尼托·阿皮纳尼》(约 1815)。20 块底板，凹版蚀刻版画。9½″ × 14″。

资料来源：英国牛津阿什莫尔博物馆。

了戏剧化场景中的两个主要形象。他还在公牛的头部到杆子支点之间引出了一条有力的斜线（见图 4.12a）。向右的运动感太强的结果就是，画面其余部分都要用来平衡它。

戈雅把光源放到了左边，使得公牛的影子延伸到右侧而形成一条相对稳定的水平线。斗牛士向下看的目光形成的导向力使我们也随之向下看去。当我们这么做的时候，会发现虚线显示出了潜在的结构——一个稳定的三角形（见图 4.12c）。在形式上，这个三角形表现的是平衡的力；在心理上，它的缺失便加重了情景的紧张气氛。

斗牛士斜轴的动感太强烈，画面需要其他平衡元素。因此，戈雅用光线营造出两条反向斜线（见图 4.12b）。背景的阴影部分增加了左边的视重和稳定性，从而构成了完整的平衡画面。

虽然花费了如此大的篇幅来描述这幅画中的视觉动态如何使戈雅的画作更有效果，但其实我们看一眼就全明白了。优秀设计师的效果很明显，能迅速表现出它的特点。

对比

对比指位置临近的相异元素之间的比较。当暗遇到亮，大遇到小，亮色遇到浊色，对比就诞生了。没有对比，视觉体验会非常单调乏味。

甚至是从一处笔画中，我们也能找到厚重和轻盈的对比。同样地，在相邻的规则几何形和无规则的有机形，或坚硬锐利与柔和模糊的边缘间，我们也能发现对比。对比能愉悦视觉、强调观点、表达主旨。

在金·麦康奈尔（Kim MacConnel）的《女人与镜子》（*Woman with Mirror*，见图 4.13）中，我们首先注意到的大概就是其强烈的对比：曲线与直线，有机形与几何形，还有冲突的颜色。两段水平线将视线向内带动，并将明亮的形体限制在中间。在绿色形体中，白色属于暖色调；而在蓝色的形体中，白色属于冷色调。然而尽管有这些对比，这件作品仍存在一定的统一性。笔直的绿色和蓝色形体与作品的题目“女人与镜子”相呼应。整个构图大体上对称；配色中虽有冲突，但都是统一的高明度色彩。

图 4.13　金·麦康奈尔，《女人与镜子》(2007)。布面 13 号，布上丙烯和乳胶。48″×48″。

资料来源：圣莫尼卡罗萨蒙德·费尔森画廊提供。

重复与韵律

视觉元素的重复形成了构图中的统一性、连贯性、流动性和重点部分。之前我们已经看到，《荷兰家居的室内》（见图 4.4）是由重复矩形构成的。

唐纳德·贾德（Donald Judd）的雕塑中有一个更极端的例子。他的这件《无题》作品（见图 4.14）由十个完全相同的矩形组成，它们严整地在墙上排成一列。贾德想要创造出抛开一切象征意义和感情意义的作品，这样的作品只产生视觉上的体验。当我们在欣赏这件雕塑时，我们会注意到同样的形体是怎样随我们目光的上移而变化的。低处模块的水平树脂玻璃表面看起来是实心的，而高处模块的玻璃表面看上去是透明的。模块的重复出现使我们的眼睛看不出一个断点，而这个数字比四个模块这类的小数字更难分辨，所以增强了我们对重复性的感知。

韵律指任何一列主次元素的运动或构造。我们常把韵律与时间艺术相联系，如音乐、舞蹈、诗歌。而在视觉艺术中，韵律产生于元素在规律循环中的变化，而艺术家遵循这一原理来组织结构，抒发情感。

例如，在柳博芙·波波娃（Lyubov Popova）的《钢琴家》（*The Pianist*，见图 4.15）中，中心的白色块（钢琴家的衬衣前面）在视觉上与乐谱相连，从而产生强烈的韵律感而引导视线右移，落到键盘上。同样地，钢琴家脸庞的灰色色块重复出现在右边和上方的有机形态中。（这两种韵律顺序都将视线从左边带往右边，这是西方人在看乐谱或读书时常用的顺序。）手指带角度的形状显现出跨越上方键盘的节奏动感。事实上，在图画中占主导地位的碎片形态寓意着钢琴家正在弹奏节奏欢快跳跃的曲子。

日本画家尾形光琳（Ogata Korin）在一幅折屏画《鹤》（*Cranes*，见图

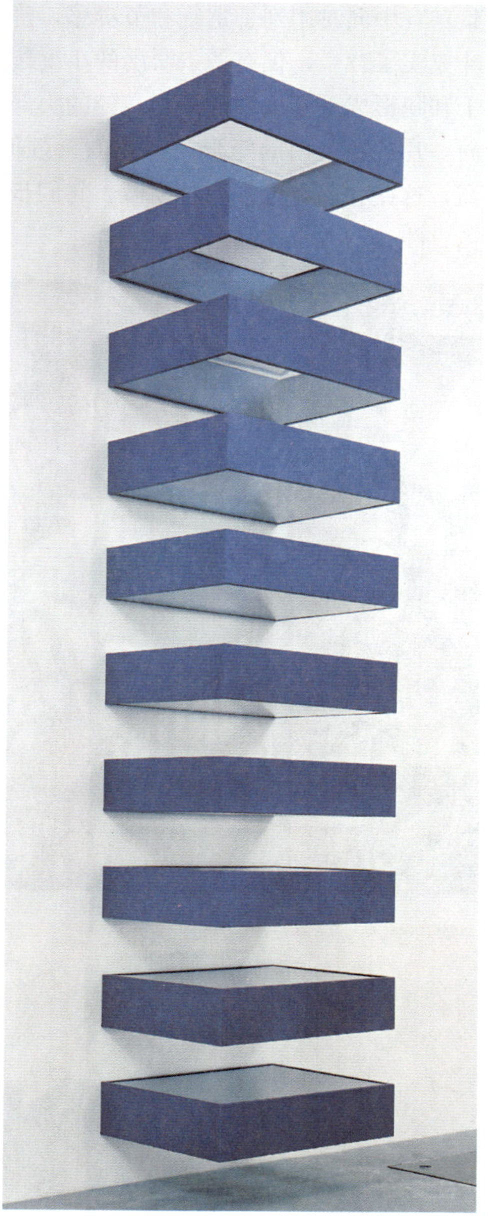

图 4.14　唐纳德·贾德，《无题》（1990）。阳极电镀铝、钢铁、树脂玻璃，整体共 10 个单元块。14′9″×40″×31″。

资料来源：图片版权由伦敦泰特美术馆所有，2013。艺术版权由贾德基金会所有。纽约视觉艺术家和画廊联合会授权。

4.16）中同时用到了重复和节奏感，营造出美妙的画面。画中地面平坦，金色树叶充实了背景，仅有一条潺潺的小溪蜿蜒流过画面右侧。鸟群简化得很纯粹，躯干和腿形成重复渐变的形状。鹤的头部和喙产生了强烈向左的导向力，将视线引向一片纯粹空白的矩形。鸟儿们头颅仰起，且由于位置接近构图顶部而显得更高，这让它们看上去有些高傲。它们步调一致，有节奏地排成一列，看起来像一条直线，增强了作品的幽默感。

图 4.15　柳博芙·波波娃，《钢琴家》（1915）。布面油画。41 15/16″ × 34 15/16″。
资料来源：渥太华加拿大国家美术馆。

图 4.16　尾形光琳，《鹤》（1700）。纸上水墨、水彩、金银。65 3/8″ × 146 1/6″。
资料来源：华盛顿特区史密森学会，费瑞尔美术馆购买，F1956.20。

尺度与比例

尺度指一个物体相较于另一个物体的大小关系。比例指一部分相对于整体的大小关系。

尺度是艺术家创作时要做的第一个决定。它应该是多大？我们依据与自身尺度的比较来感知，而这种感知是我们欣赏艺术作品的重要构成部分。

我们知道许多尺度关系。你也许注意到，当矮个子和个子高的人站在一起时，矮的那个人显得更矮，而高的人显得更高。他们身高的差距被夸大了。在图“尺度关系”（见图 4.17）中，两个图中间的圆圈实际上等大，但右边的那个看上去更大。

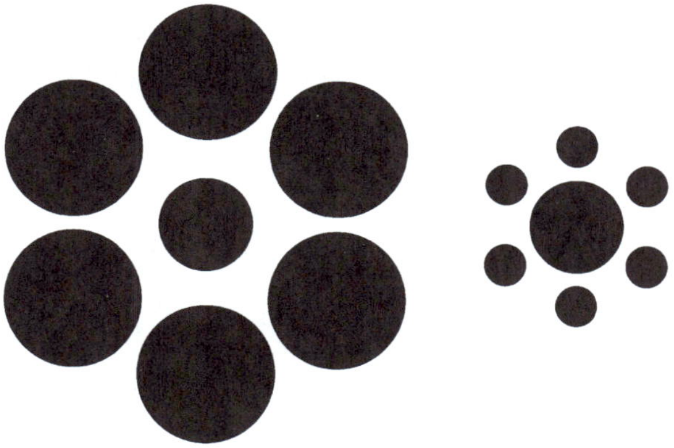

图 4.17　尺度关系

自 20 世纪起，许多艺术家开始通过改变尺度来创造视觉效果。克拉斯·奥尔登伯格（Claes Oldenburg）和库斯杰·范·布鲁根（Coosje van Bruggen）的《羽毛球》（*Shuttlecocks*，见图 4.18）对尺度做了有趣的改变。艺术家在堪萨斯州尼尔森-阿特金斯艺术博物馆的南北面前面的草坪上排列了四个巨大的金属羽毛球。每个羽毛球都很古怪地立着，高达 18 英尺，重达 5 000 多磅。由于羽毛球是一项草坪上的运动，这件作品看上去就好像是巨人们用博物馆作网打球时落下的。《羽毛球》运用尺度变化嘲弄博物馆，用一种戏谑的态度嘲笑了它拘谨的外观。

当任何一件作品成为书里的复制品而尺度发生改变时，它的特性也会变化。本书中的大部分作品都在尺度上有所减小，除了奇尔多·梅雷莱斯（Cildo Meireles）的《南十字银行》（*Cruzeiro do Sul*，见图 4.19）。由两个小小的木块合起的这块木块宽度不足半英寸。艺术家通过此装置表达了他对南半球国家人民受关注度不足现象的批判。这些国家是许多木材等天然原材料的产地。

图 4.18　克拉斯·奥尔登伯格和库斯杰·范·布鲁根，《羽毛球》(1994)。铝、树脂玻璃、加固塑料、油漆。215$\frac{3}{4}$″ × 209″ × 191$\frac{3}{4}$″。

资料来源：密苏里堪萨斯城尼尔森-阿特金斯艺术博物馆，购自索斯兰德家族，F94-1/1。詹姆森·米勒摄影。版权© 1994 由克拉斯·奥尔登伯格和库斯杰·范·布鲁根所有。

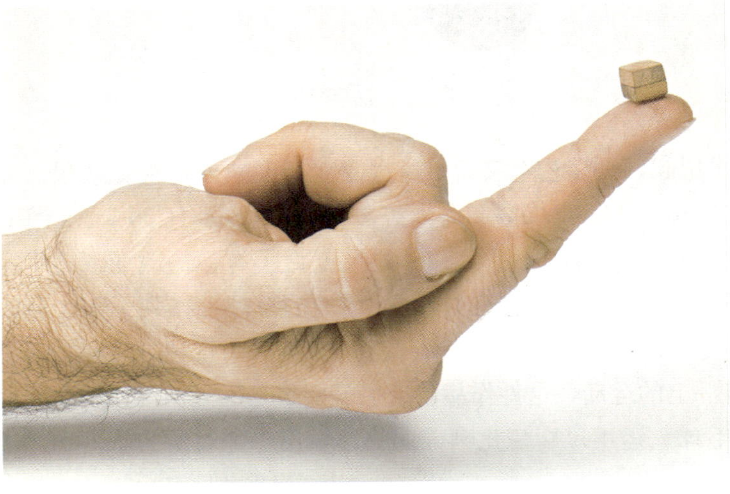

图 4.19　奇尔多·梅雷莱斯，《南十字银行》(1969—1970)。木块：1 块松木、1 块橡木。$\frac{3}{8}$″ × $\frac{3}{8}$″ × $\frac{3}{8}$″。

资料来源：版权由奇尔多·梅雷莱斯所有。纽约加莱里·勒隆提供。

这件作品实在太迷你了，以至于它的展出也很有挑战性，因为大多数观众都会把它漏掉，就像他们忽略掉南美新闻一样。另一件与实物大小尺寸相当的作品是汤姆·乌德尔（Tom Wudl）的《伦勃朗的放纵是梵高的困境》（*Rembrandt's Indulgence Was Van Gogh's Dilemma*，见图 7.12）。另外，本书中许多大件作品的尺度都被大幅度缩减，因此失掉了原有的冲击力。复制后的艺术品变化各异，所以只要条件允许，亲身去体验原作品是很重要的。

版式指平面图形的大小和形状，也就是尺寸和比例。这些平面包括纸、画布、书页或是屏幕等。例如，本书英文版的版式是长 8.5 英寸、宽 11 英寸的矩形，与电脑打印纸和大多数书籍版式相同。电影屏幕的版式随着时代变迁而发生变化：早期电影屏幕的长宽比例约为 4∶3，而现在出现了更宽的规范版式，如 16∶9，甚至 2∶1。这不可小视，因为有些电视屏幕在播放老电影时会更改其版式。

艺术家对版面的选择会对整个画面构图产生巨大影响。亨利·马蒂斯（Henri Matisse）在他所写的《画家笔记》中宣称：

> 表达是构图的目的，而构图又依据创作原材料表面的大小而定。如果我用一张既定大小的纸张作画，那画面就与纸张版式很有关系。我不会再在另一张不同版式的纸上画这幅画。比如，我不会用矩形纸代替方形纸。[3]

比例的变动会大大改变我们对既定物体的印象，我们对比两个版本的《圣母怜子像》（*Pietàs*，pietà 在意大利语中是“怜悯”之意，描绘了圣母玛利亚抱着耶稣圣体哀恸的场景），并不难发现这一点。

躺在母亲腿上的是成人而非婴孩，这种构图要难创作得多。米开朗基罗·博纳罗蒂（Michelangelo Buonarroti）在他最出名的作品《圣母怜子像》（见图 4.20）* 中，通过改变圣母玛利亚的人体比例解决了这个难题。米开朗基罗把两人的头部尺寸做得差不多，但相对耶稣的躯体，艺术家大大加大了圣母的躯体尺寸，然后用深深的布料褶皱掩饰了玛利亚巨大的身躯。她舒展的坐姿支撑起耶稣柔软的身体形成的近似水平线。设想，如果玛利亚是站立起来的，那么她的形象将是什么样的？米开朗基罗把玛利亚的身体做到了一个巨人的尺度，如果她是一个活人而非一尊艺术品的话，她站起来足足有 8 英尺高！

由于耶稣形象的比例从解剖学上看是无误的，而且富含自然细节，所以我们会忽略圣母玛利亚这个形象的比例，不过她的尺度变化对我们理解作品内涵还是很重要的。

---

* 可在 myartslab.com 网站观赏米开朗基罗的《圣母怜子像》。

图 4.20　米开朗基罗・博纳罗蒂，《圣母怜子像》（1498—1500）。大理石。高：5′8½″。
资料来源：罗马梵蒂冈圣皮得，卡钠利图集。

将米开朗基罗的作品和之前两个世纪的《勒特根圣母怜子像》（*Roettgen Pietà*，见图 4.21）做个比较。在这件早期作品中，德国雕塑家把两个人的形象刻成了等高的，并把耶稣的形象雕刻成瘦骨嶙峋的模样以缓解圣母抱起同尺度人物的难度。而耶稣瘦弱的身躯更体现了他经受的磨难，这一点在米开朗基罗的作品中被回避了。雕刻《勒特根圣母怜子像》的这位无名艺术家放大了人物的头部对应身体的比例，突出了作品表达的感情。

设计的总结

最终的成品之所以能感染观众，是因为其中的设计似乎是必不可少的，但设

图 4.21　《勒特根圣母怜子像》(1300—1325)。漆绘木雕。高：34½″。
资料来源：波恩莱茵地区协会-博物馆。

计并不是完全必然的。艺术家拿到一张白纸、一块画布、一团泥土或一块大理石，就开始了一系列的选择，从错误的开始再到整理修改。这一切都是为了得到一个协调的整体。本章介绍了一些指导艺术创作的设计原理。

亨利·马蒂斯* 用相机拍下他创作《巨大的斜卧裸体》（*Large Reclining Nude*）的过程，为我们留下了珍贵的设计进程记录（见图 4.22）。他在四个多月中拍了 24 张照片，本书复制了其中三张。

第一张（状态一，见图 4.22a）是目前为止最自然的一张：沙发上模特的身形比例和房间的三维空间看起来都很普通。这一阶段的作品表现的是传统的构图法则，但这仅仅是一场华丽旅程的开端。

* 可在 myartslab.com 网站观看亨利·马蒂斯的播客《画家笔记》。

在状态九（见图 4.22b）之前，马蒂斯有过多次大胆尝试。由于模特的头部和弯曲的右臂在构图上分量不够，所以他大大夸大了这只手臂。画家在躯干上增加了更多的曲线，并将腿画到了一起以给左侧增加平衡元素。室内空间也有了新面貌：画家去掉了其中的斜线，使构图更平面化，强调出二维的设计。现在模特的左臂接近 90 度，看起来能支撑更多重量，比第一张照片中软绵绵的手臂效果更好。沙发的变化是最大的，现在它被放大了不少，并加上了有节奏感的白色竖条纹。由于条纹相互平行，所以它们并不起透视线的作用，反而是把沙发拉向了画面外的我们。马蒂斯在照片中保留了椅子和盆栽鲜花，但对椅子做了简化，而且把花摆到了沙发上。

在画家拍第三张照片（状态十三，见图 4.22c）之前，他用更多的修改来弥补之前太过激进的尝试。模特的头部变得大且正立，以配合抬起的手臂的形状。他简化了身体的曲线，并为左臂换了一个新姿势，这个新姿势综合了图 4.22a 和图 4.22b 中的手臂姿势。现在，两条腿几乎并齐，庞大的躯体量平衡了右侧的竖线和斜线。画家还在沙发表面加上了横线，形成一个个方形，呼应画面的边框线。在背景墙面上，更大一些的方格重现了网格的主题。现在构图已经很有趣了，但马蒂斯并没有就此满足。

最终版的画（见图 4.23）中加入了进一步的修改和一些探索结果。因为模特的左臂似乎仍不够有力，马蒂斯把它修改到边沿上，形成一个与画面边框对齐的直角。头部被缩小了，因为手臂的这个新造型对作品边沿部分的视觉重量来说已经足够了。画家还调亮了背景墙的色彩，使现在沙发的基本图案发生了变化。通过夸大背后的椅子和画的曲线，他给这两件物品的形状、线条赋予了新的功能。它们现在既呼应了人物身体的曲线，又减弱了墙上和沙发上的方格造成的过于僵硬的感觉。其中，最大的变化是腿的姿势：双腿风车状的效果与手臂一致，为整个设计增添了环形元素。最后，他调整模特整个身体，使其与水平线之间略成夹角。

马蒂斯强烈的设计感和不懈的尝试使作品构图中强大的作用力被看似简单的方法平衡了。他写到，作品的表现力依靠的不仅仅是人物的表情和动作，“我画面的整个排布很有表现力：人物占据的空间、人物周围的留白、比例，每个物体都有所贡献。”[4]

从这章的作品中我们可以看到，艺术家组织视觉元素来创造既有意义又有趣的形态，这一过程我们称之为“设计”。虽然好设计没有绝对的法则，但设计有七条关键的原理。学习这些原理不仅能丰富我们在交流作品欣赏心得时的辞藻，而且更能使我们对艺术的表现和相关可能性更加敏感。

a. 状态一（1935年5月3日）

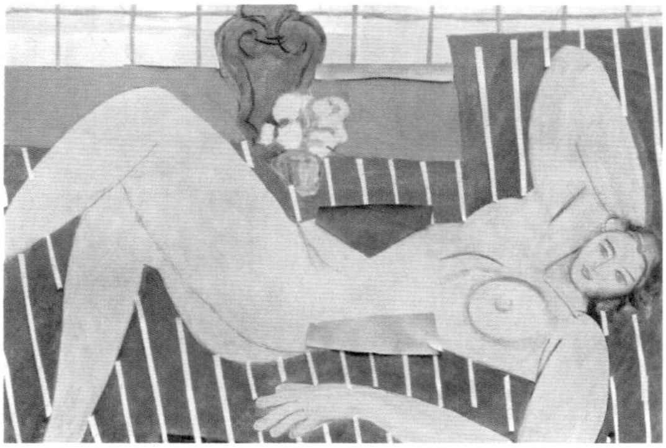

b. 状态九（1935年5月29日）

c. 状态十三（1935年9月4日）

图 4.22　亨利·马蒂斯，《巨大的斜卧裸体》创作阶段的照片。

资料来源：巴尔的摩艺术博物馆，克拉丽贝尔博士和埃塔·克龙女士提供文件、档案及手稿。所有版权由亨利·马蒂斯档案处所有。米特罗·胡德摄影。版权© 2013 系列由亨利·马蒂斯/纽约艺术家权利协会所有。

图 4.23　亨利・马蒂斯,《巨大的斜卧裸体》(1935)。布面油画。26⅛″×36¾″。资料来源:巴尔的摩艺术博物馆,科内收藏,马里兰州巴尔的摩克拉丽贝尔博士和埃塔・克龙女士提供,BMA1950.258。米特罗・胡德摄影。版权© 2013 系列由亨利・马蒂斯/纽约艺术家权利协会所有。

思考回顾

1. 在一幅绘画作品中,体积小的物体怎样平衡体积大的物体?
2. 为什么艺术家要在作品中加上导向力?
3. 艺术家改变物体尺度可能的原因有哪些?

请试一试

分析一个抽象艺术作品中的设计。在费城艺术博物馆的网站(http://www.philamuseum.org/collections/permanent/53928.html)上查看费尔南德・莱热(Fernand Léger)的《城市》(*The City*),找出导向力、重复和韵律的例子。作品中的焦点在哪些地方?

关键术语

非对称平衡——作品中各种平衡但不对称的元素。

导向力——艺术家在作品中嵌入的引导观众视线的路径。

焦点——艺术品重点的主要部分;艺术家通过构图来凸显的部分。

版式——平面图形的形状和比例。

图案——设计元素的重复顺序。

尺度——一个物体相对于另一个物体的大小关系。

对称平衡——二维或三维构图中左右两侧的近似或完全一致。

第 5 章　艺术评估*

请思考

1. 请讨论评估艺术品时所涉及的主观偏差。
2. 请比较艺术评估中用到的形式、背景关联、表现性方法。
3. 请考查艺术的经济价值、文化价值、个人价值及其品质与社会背景的关系。
4. 请综合事实、分析、评估来写一篇关于某件艺术品的文章。
5. 请以政治、道德、宗教价值为基础，阐述“审查”这一评估形式。

艺术品的价值何在？是因为它有创意吗？是因为创作者的功底深厚吗？哪些是评价艺术的标准？谁有资格评价？当我们在考虑上述问题时，我们会发现评价艺术的方式有很多。此外，我们对艺术品质的评估也常常与其社会作用相联系。所以说，我们对艺术品的评估体现了我们内心深处信奉的信条。

评估

你有没有听人说过“我一点儿也不懂艺术，但我知道哪些是我喜欢的”？我们每天都在对周围事物表达喜恶。其实当我们在选择一个东西而不是另一个，或欣赏某物的特别之处时，我们所做的也就是评估。

创新的过程也同样是选择和评估的过程。对艺术家而言，创新的过程包括了选择和评估艺术品的每个构成元素，然后再考虑是否将它们放进作品中，以及它们最终应以怎样的形态呈现出来。作品完成后，能领悟到作品品质的观赏者会乐在其中。那么，观赏者要怎么评估作品的好坏呢？

* 可在 myartslab. com 网站收听本章音频，学习和回顾本章内容。

好坏是相对的，不同的文化背景、不同的年龄阶段的人，对同一件艺术品的评价是不同的。当西班牙还未征服墨西哥时，墨西哥的阿兹特克人认为，好的艺术品就是表现了他们亲爱的邻居托尔特克人风格的作品。在中国古代的评价体系中，仅在表达上炫技的作品并不受好评。一个优秀的艺术家应当能感悟物体内在灵气（或称“生息”）并与之交流。他们评价某个作品“技法娴熟”只是一种敷衍。

而在古代欧洲，几乎没有哪个著名的艺术家或艺术流派受到的评价是一成不变的。例如，19 世纪后期的印象派画家的作品被当时的大部分评论员、博物馆馆长、大众都看作是荒诞可笑的，他们的风格与前辈画家的风格大相径庭。但是今天呢？印象派作品被摆在博物馆的显眼位置，深受大众追捧。相反地，许多在当时备受称赞的艺术家现在早已被淡忘。

艺术品的价值评估难免会包含主观因素，不可能是完全客观的。这一点，我们可以通过比较唐·玛丽·任加吉安（Dawn Marie Jingagian）的《羞涩的一瞥》（*Shy Glance*，见图 5.1）和玛丽·路易丝·伊丽莎白·维热-勒布龙（Marie Louise Elisabeth Vigée-LeBrun）的《戴草帽的自画像》（*Self-portrait in a Straw Hat*，见图 5.2）来说明。

图 5.1 唐·玛丽·任加吉安，《羞涩的一瞥》(1976)。布上丙烯。24″× 18″。
资料来源：马萨诸塞州戴德姆巴德艺术博物馆。

图 5.2　玛丽·路易丝·伊丽莎白·维热-勒布龙，《戴草帽的自画像》(1782)。布面油画。38½″×27¾″。
资料来源：伦敦英国国家美术馆，NG1653 。版权© 2013 由伦敦英国国家美术馆/佛罗伦萨斯卡拉所有。

前一幅画是从垃圾箱里拣出来修复的，后一幅是一位 18 世纪晚期的著名画家的作品。从很多方面来看，《羞涩的一瞥》的画家技法不够成熟：色差（脸上有污点）、解剖学（眉毛太细，前额凸出）、构图（分不出正区和负区），还有笔触（看看这头发和这睫毛!），整个作品传达出的情感大致是羞涩的甜蜜。而相比之下，《戴草帽的自画像》用自信的笔触表现出精确的解剖学结构。光线自然地打在人物的脸和肩上。双眼和面部流露出放松和自信的神情。从传统技法上看，这两个画家简直就是两个极端。

然而，如今的观众却觉得《羞涩的一瞥》至少和《戴草帽的自画像》同样有意思，而后者的所有技法让它看上去有些古板，甚至普普通通。相比之下，《羞涩的一瞥》显然更能用它的真挚热情打动我们。《羞涩的一瞥》的画家能将这样一幅未受到技巧训练的作品发表出来，也是勇气可嘉的。所以说，画家的传统画技也许会对评估有影响，但却未必是最终评论的唯一标准。

当我们看到一件作品心生喜恶时，应该反问自己为什么我们的反应是这样。这是一种很好的锻炼方法。我们在作品中看到的东西往往是我们在找寻的。我们喜欢刺激感官的艺术吗？还是炫耀技法的？打动内心的？描绘了一个更美好的世界的？抑或是袒露艺术家的灵魂的？这些个人价值差异会决定我们对所见艺术品的评价。

每当我们看到一件作品，我们每个人都会对它展开这些功能的设想。如果我们希望艺术能使我们逃避生活中的困扰和常规，那么我们会喜欢某类作品；而如果我们希望艺术能搭建起人与人之间沟通的桥梁，我们则会喜欢另一类作品。相比其他评估，对艺术品的品位中包含了更多的个性和个人价值观。比起点菜，选出自己喜好的艺术风格更能揭示自我。

无论你是为了享受艺术还是为了完成作业，当你去看艺术品的时候，要怀着尊重的态度，而不是一开始就嘲讽。给自己足够的时间去了解它，再做出评价。练习观察而非草草浏览（见第 1 章）。

艺术批评

艺术批评指对作品的优缺点做出鉴别判断。我们都会做艺术批评，但专业人士一般会参照以下基本理论：

- 形式理论：着重考查作品的构图以及它与之前作品可能的联系。
- 背景关联理论：将艺术品看作文化和价值体系的产物。
- 表达性理论：着重考查艺术家对个人特性和世界观的表达。

这几条理论分别强调了作品、文化和艺术家个人。让我们分别用这三个理论来分析本章中的三幅画。

形式理论

这类批评家用形式理论考查作品是怎样创作的，作品的各部分是怎样组合，以产生使人愉悦或不适的视觉体验的。他们认为，艺术家曾经看过或学习过的作品会对这个艺术家的作品产生最主要的影响。在作品评估中最重要的因素是形式构成，所以这个理论叫“形式理论”。与表现方式相比，作品的主题没有那么重要。形式批评家会评估所有风格的作品，所以他们总想知道作品完成的时间，以便与其前辈人和同代人做比较（至少是在假想中做比较）。这些批评家如此看重风格创新，是因为他们相信艺术是视觉革新的重要源泉，而与这个错综复杂、饱经战乱的世界无关。

从形式上看，提香的《圣母怜子像》（见图 5.3）* 的画法很有创意。他在时间上紧跟拉斐尔、米开朗基罗·博纳罗蒂、列奥纳多·达·芬奇等人之后。提香掌握了前辈们的画法，但超越了他们。他的笔触更有绘画感，为作品添加了极具表现力的新元素，也影响了后辈画家。作品的构图也富有创意：中心空白的壁龛被一排人像头部构成的斜线包围，而这条斜线又由右上方的两个人像平衡。中心处的空白在当时是一个大胆创新的构图。

索尼娅·德洛奈-泰尔克（Sonia Delaunay-Terk）在 1913 年创作的《同步对比》（*Simultaneous Contrasts*，见图 5.4）也很有新意。这幅画受到了 20 世纪前期立体主义运动的影响。立体派常用扁平的几何形表达物体（见第 22 章）。然而索尼娅·德洛奈-泰尔克没有像早期立体派那样交叠各平面，而是把作品中的各元素按拼图状组合到一起。她还把每个区域的形状加上了阴影，使它们看起来像是一个个曲面。这件作品的创意在于它同时暗示和否认了三维空间的存在。更有新意的是，作品的颜色处理与其他立体派作品不同，画中探讨了亮色是怎样影响我们对其周边区域的感觉的。此外，作品还提供了一种将风景看作物品的新视角。总之，这件作品最有意思的形式特点是对立体派的革新和拓展。

图 5.3　提香，《圣母怜子像》(1576)。布面油画。149″× 136″。
资料来源：威尼斯学院。版权由威尼斯摄影艺术所有。

* 可在 myartslab.com 网站观赏提香的《圣母怜子像》。

图 5.4 索尼娅·德洛奈-泰尔克，《同步对比》(1913)。布面油画。$18\frac{1}{2}'' \times 21\frac{1}{2}''$。
资料来源：马德里蒂森-博尔奈米绍博物馆，518（1976.81）。蒂森-博尔奈米绍照片博物馆/佛罗伦萨斯卡拉。版权由普拉库萨所有，2013020。

再来看看另一幅近期作品，让-米歇尔·巴斯奎特（Jean-Michel Basquiat）的《管乐手》（*Horn Player*，见图 5.5）也同样体现了有趣的形式创新。首先，他把涂鸦技法运用于创作中，而这在同时期画家中是少见的。其次，把画面分成三竖条也很有趣，画家成功避免了使画面看上去成为各自独立的三幅画的尴尬。画家用重复出现在三个平面的头像、手写段落和字框等元素消除了三部分的隔离感。作品的涂鸦风格可能会让它在第一眼看上去时略显即兴，但艺术家在其中加入的规则制造出一种有意识的秩序与紊乱的平衡。

背景关联理论

运用这类理论的批评家往往会先考察艺术品所处环境对其的影响：经济体系、文化价值，甚至当时的政局。因为环境背景的关系对这种评价很重要，所以它被称作“背景关联理论”。就像之前提到的形式批评家会想要了解作品创作的时期一样，背景关联批评家会想知道“当时这个文化体系中还发生了什么？”背景关联批评家喜欢的作品往往是透彻反映重要文化价值的，或是由衷表达对这种价值的反抗精神的。让我们来看看他们会怎么评价之前提到的三幅画。

提香的《圣母怜子像》是一幅祭坛画，是给人们在威尼斯的一座小教堂里观赏的。祭坛画一般会选择基督教中重要的故事作为主题，这幅也不例外。不过，提香在鼠疫流行时期创作了这幅画，它的死亡和悲痛主题为那个时代背景增添了不少意义。空白的壁龛大概是象征着死亡，而提香对死去的耶稣传神的描绘一定安抚了不少当时失去亲人的威尼斯人。作品表达的悲痛超越了当时的社会事件，而提香成功地将它带出了它所处的时代，所以至今我们仍能欣赏到那种哀恸之情。

图 5.5　让-米歇尔·巴斯奎特，《管乐手》(1983)。三块帆布上丙烯和油画棒。共：8′×6′5″。
资料来源：圣莫尼卡布罗德艺术基金会。洛杉矶道格拉斯·帕克工作室摄影。版权© 2013 由让-米歇尔·巴斯奎特遗产/巴黎法国图像及造型艺术著作人协会/纽约艺术家权利协会所有。

索尼娅·德洛奈-泰尔克的《同步对比》在背景关联批评家看来就较为乏味了，因为它无非是一幅简单的阳光下的风景画。从作品中我们几乎看不出它所处的时代（20 世纪早期）。作品运用了当时许多艺术家都在研究的与色彩交互相关的光学原理。19 世纪的科学家米歇尔-欧仁·舍弗勒尔（Michel-Eugène Chevereul）研究人们对一种色彩的感应如何影响人们对其周边色彩的知觉。他把这种视觉效应称为“同步对比原理”，也就是艺术家用来命名此画作的名字。德洛奈-泰尔克还做布料设计，她用绘画中的新发现激发时尚设计的灵感。这幅画激发了她的创意服装设计灵感。

相比之下，《管乐手》饱含背景信息。巴斯奎特很钦佩 19 世纪 40 年代的爵士运动比波普的领袖，而这幅画就是在向他们致敬。画中左上方的是萨克斯吹奏者查理·帕克（Charlie Parker），红色的乐符从他的乐器中飘出，那个耳朵将被切掉的人可能是 19 世纪晚期的画家文森特·梵高。梵高是一位同样富有创造性的艺术家，而且他真的割掉了自己的耳朵（帕克和梵高都是英年早逝，在盛年时被"割掉"了生命）。我们可以在顶部中间看到迪齐·吉莱斯皮（Dizzy Gillespie）的名字，并在右边看到他的画像。"鸟类学"（ornithology）这个词是帕克的一部音乐作品的名字，他有两首作品被收录到了一张著名的专辑中，由此产生了"炼金术"（神奇的变化混合物），也就是艺术家草草写在右下角的词。在这幅作品中，巴斯奎特见证了一场重要的非裔美国音乐运动。

表达性理论

所有的艺术都是人创造出来的。技艺高低、个人意图、感情状态、思维模式、作者的性别都在创作过程中发挥着影响。以艺术家为中心的理论也就被称作"表达性理论"。如果说形式批评家想了解日期，背景批评家想知道背景文化，那么一个表达性批评家会问"谁创造了这个？这个是男是女？"这类批评家趋向于探寻强有力的个人意义、深刻的心理洞察力，或是深远的人文关怀。这类批评理论深受心理学和性别研究的影响。书中这三幅作品都很有表现力，只是方式不同。

提香的《圣母怜子像》是他晚年时期的作品，所以其中对死亡的忧虑其实是艺术家对自己残烛晚年的悲叹。事实上，右下方那个身着红色披肩的人就是提香自己，任何参加过吊唁的人大概都能与画中悲伤的玛利亚产生共鸣。这里的笔触松散而传神，许多批评家认为这是一种"旧式风格"，在这里艺术家丢弃了之前约束他的东西，而以极大的自由度作画。

索尼娅·德洛奈-泰尔克的同代人都证实了她是个热情洋溢的人，这也体现在《同步对比》中。晴空中没有一片乌云，她明亮丰富的调色板源自她对鲜艳的民族服饰的记忆。在她的故乡乌克兰，民族服饰（特别是婚礼服饰）都装饰以彩色缎带。这幅画的生动形象和表现力让它极具感染力。

表达性批评家大概会喜欢让-米歇尔·巴斯奎特的作品，因为它们富有个人意义。最有趣的要属他对线条的运用：这种个人风格看上去专注而热烈，就像是这位艺术家生活中的性格。热烈的风格又巧妙地与看似随意的人物、文字排列形成对比。整幅画看起来像是三部曲。通过表达对爵士乐的支持和分享他心中的重要人物是谁，这件作品同样探索了画家作为一个非裔美国人的个人经历。

是什么让艺术伟大?

我们的世界中，每天都有艺术品被买入售出，而且每几个月就会有艺术品因高价竞拍而上新闻。暂且不谈一大批未被证实的高额私人买卖，在写作此书的时候，公开拍卖中最高价的纪录是一版爱德华·蒙克（Edvard Munch）的《尖叫》（*The Scream*），高达 11 990 万美元（图 21.35 是另一个相似版本）。不过，大体上来说，艺术市场和艺术拍卖只能告诉我们，有这么一批收藏家愿意在特定的时间为特定的作品买单，这些价格只是大致与艺术品的历史意义或创新程度相关，并不能说明作品有多伟大。

那么这个问题的答案到底是什么呢？显然是：“你觉得作品好，那就是好！”而每个人都会列出自己心中的佳作。不过，有了前面的三个理论，我们就知道如何评判一件作品是否称得上“杰作”，有没有资格被陈列在博物馆的显要位置（或出现在像本书这样的书里）。创意、丰富的文化内涵和一些自我观点的表达是杰作的重要元素。不是说这三点要面面俱到，但至少应该有一点是强烈表现出来的。

大部分陈列在博物馆的作品都是专家团队挑选出来的，因为它们至少符合三点中的一点。不过就算你的评判与专家不同也没关系。

而继续深入就要谈谈评奖了。三类艺术批评的理论给出了品评质量的标准和判断艺术品的方法。通常我们不假思索地应用这三条中的一条或几条，我们说些类似“我喜欢我看得懂的艺术”的话。那么，你为什么能看懂它？你在寻找什么？一些自我审视能帮助你发现是什么促成了你的选择，还能帮助你开启与其他观赏者之间的有趣讨论。

用语言评估艺术

写艺术评论是理解艺术的好方法，因为写作可以引导我们思考并使思路清晰。写艺术评论使我们更加深入到创作过程中。下面是评论几乎所有的作品都可以参考的三个步骤：

（1）了解事实。这包括作者的姓名、作品题目、完成时间、主题、媒介、尺度和地区（并不是所有的作品都能找到以上所有信息）。在描述作品时，用上你所能获取的所有事实，如果你看到的是一件复制品，那么查清它的原版媒介和尺寸格外重要。

（2）分析。观察作品的各部分，看看它们是怎么组合到一起的，媒介的选择对作品有什么影响（见第 6～14 章），作者运用了哪些形态元素（见第 3 章）。在环境背景中分析作品：它属于哪个运动或处在什么时代？它是否引发了一场新运动或受到某种运动的启发？再想想它在艺术家的所有作品中处于什么地位。如果作品不是当代的，它在当时受到了怎样的评价？

（3）评估。用上述艺术批评方法的一种来评估艺术的历史意义。它有创意吗？它打动你吗？它是否表现了某个时代或是作者的个性？它表达了什么社会愿景或善因？它精美绝伦，还是挑战视觉？它旨在达成某种功效吗？

一篇有关艺术的文章应包括以上三步，且将它们无缝衔接。第一、第二步应是完全客观的，第三步应该得到一个关于此作者的有争议的论点或定位。三者的地位和难度并不相等。第一步最简单。第二步需要一定的研究能力和背景知识。第三步最重要，需要不断训练和深入观察。

审查：终极评估

简单来说，审查是用大众视角改变或消除艺术品。当政权认为一个艺术家的创作自由次于其他价值因素时，宗教、道德、政治都可能是审查的原因。审查艺术品并不是现代才出现的，公元 4—5 世纪，拜占庭帝国控制着东欧，在 726—843 年，就出现过关于宗教画的争议。这场运动叫“圣像破坏之争”，始于利奥三世，他要求销毁所有耶稣、圣母、圣徒和天使的神像。利奥三世和他的伙伴认为，这些形象只能导致对神像而非其内在神性的盲目崇拜。在这一时期，教堂中的很多神像都被移除销毁，而任何私藏神像的人都会受罚。

在 16 世纪的意大利，米开朗基罗在西斯廷教堂后墙上为教皇朱利叶斯二世画了一幅《最后的审判》（*The Last Judgement*，见第 17 章），其中的裸体人像引发了争议。后来，教皇觉得这些人像太裸露，于是派人在他们的生殖器上画上腰布。其中一部分保存到了现在。

在一定政治背景下，一些像德国纳粹这样的独裁政权会审查艺术品。1937 年，纳粹没收了 16 000 多件与其政党口号不符的现代艺术品。纳粹理论家认为大多数现代艺术，特别是抽象艺术，不够民族主义化。这些被没收作品的创作者被禁止创作，禁止移民去大部分地区，而歌颂德国人民的艺术品则被广泛宣传、展览。

今天，美国的艺术家大都很享受随意创作的自由，这项权利是 1973 年在米勒法庭判例诉加利福尼亚案中确立的，它指出只有明确的淫秽作品才能受到审查，也就是说，“对普通人，以任何当时社会团体的标准来看”，这件作品都是淫秽的，并且“整件作品缺乏严格的文学、艺术、政治或科学价值”。这么一来，美国的社会就把个人成就和个人表达放到了一个很高的位置，看起来为了艺术家的自由，美国的社会失去平衡，然而如果一个展览得到了公共基金的支持，或引发反抗，又或者官员发现它的煽动性，审查工作还是会因此展开。

请想一想以下这些最近发生的事件，它们反映出艺术创作常常受到争议，为价值、文化和政治主张而争执不下。

在 1999 年秋天，纽约市市长鲁道夫·朱利亚尼试图因为克里斯·奥菲利（Chris Ofili）的《圣洁的处女玛丽》（*Holy Virgin Mary*，见图 5.6）而关闭布鲁克林博物馆。朱利亚尼认为，这幅画描绘玛丽的方式和黏上的大象粪都是对罗马天主教的大不敬。由于这座博物馆位于一栋城市公共建筑中，所以如果博物馆不将这幅画移走的话，市长就会在法庭上提出逐出博物馆并缩减它的主要基金。但艺术家和博物馆宣称，大象粪在非洲文化中确实是一种创作媒介，而且奥菲利强调，他有权以任何他喜欢的形式来诠释基督教。最后判决支持艺术家和博物馆这方，而市长一点儿也奈何不了奥菲利的作品，但他的诉讼却引来了空前的大众关注。

图 5.6　克里斯·奥菲利，《圣洁的处女玛丽》（1996）。亚麻布上的丙烯、油画颜料、树脂、纸质拼贴、闪光颗粒、圆钉和大象粪便。8′×6′。

资料来源：澳大利亚塔斯马尼亚霍巴特新老艺术博物馆。伦敦维多利亚·米罗画廊提供。版权由克里斯·奥菲利所有。

2010 年，YouTube 卷入了与艺术家埃米·格林菲尔德（Amy Greenfield）的视频作品的争议。埃米·格林菲尔德在 YouTube 上上传了三段视频，但却因其中有裸体内容被 YouTube 管理方删除。YouTube 还以剥夺其上传权限威胁她。许多关注此事的组织提出反对意见，声称这些作品根本不是色情片，并提出她是一位有名的视频艺术家。几天后，视频在网上恢复了。

裸体还引发了另一事件。2011 年 9 月，纽约艺术协会在其 Facebook 主页上放了一些模特的画像，Facebook 官方删掉了这些画像，并禁止协会发布裸体画像。协会在其博客上抗议道："作为一个长期支持艺术世界的传统价值和技法的高等教育机构，我们认为 Facebook 很难成为我们与世界分享的艺术的最终裁决人和线上负责人。" Facebook 对此致歉，并将其政策改为只有某个人的裸体照片才会受到禁止，而对裸体的艺术化描绘是允许的。

一个政治性审查的例子发生在 2011 年。缅因州官方把一幅壁画从州的劳工部办公楼中移除，声称它表现出对组织性劳工和商业领域的偏见。这件 36 英尺长的壁画是于 2007 年安置于此的，描绘了美国工人的历史（见图 5.7）。提及移除理由时，官方发言人说："劳工部是一个与雇工和雇主都密切相关的州立机构，因而我

图 5.7　朱迪·泰勒（Judy Taylor），《缅因州工人简史》（*History of Labor in Maine*，2007）。木上油画，共 11 块镶板相连接。8′×36′。

资料来源：朱迪·泰勒工作室提供。

们需要一个代表中立观点的装饰物。”而艺术家回应道：“我并不认为作品有所偏向，它是建立在历史事实的基础上的，我不知道你们怎么会认为历史是一边倒的。”在艺术家和一些社团激进分子提起诉讼想挂回作品后，地方法庭初审判决，由于政府为壁画付过钱，所以他们有权处置它，这件作品被搬到另一个地方。

在本章中我们看到，尽管我们可以描述、分析、诠释、鉴赏艺术，但并不存在一个完全正确的评估方式，上面提及的三种方法都在这样或那样的时期受到欢迎。但任何观点的评估过程都应受到鼓励，因为它带动观赏，并使之进入一个创造性的过程。

思考回顾

1. 艺术批评的三个理论是什么？
2. 专家怎样判断什么艺术是好的？
3. 哪个法庭判例明确了艺术家享有表达的自由？

请试一试

参观一个艺术博物馆，找出一两幅你很喜欢的作品，思考优秀艺术品的例子，利用艺术批评的理论给出你喜欢它们的原因。

与一些朋友重复上述过程，这次比较你们的选择，讨论背后的原因和不同作品的价值。

关键术语

艺术批评——用形式分析、描述和阐释的方法评估解释艺术品的优劣和意义的过程。

背景关联理论——一种艺术批评的方法，着重关注作品背后的文化体系，它们可能是经济、种族、政治或社会。

表达性理论——一种艺术批评的方法，尝试找到作品中的个人因素，与背景关联和形式方法相对应。

形式理论——一种艺术批评的方法，鉴定风格上的创新而不是个性表达或文化交流。

第 6 章　绘　画*

请思考

1. 描述绘画作为视觉图像的直接传达方式所具有的特点。
2. 分辨绘画作为记录想法、初级研究的工具与独立艺术创作时的不同。
3. 讨论绘画中使用干湿媒介时的工具与技法。
4. 比较不同绘画技巧所达到的不同效果。
5. 分辨绘画在漫画与漫画小说中的不同作用。
6. 检验当代绘画的技巧与技术。

绘画是一种通过图像直观交流的方式。1940 年英国政府任命亨利·摩尔(Henry Moore)为官方战争艺术家，在此期间，他绘制了几十张关于伦敦居民躲避纳粹轰炸的画作（见图 6.1）。他的官方身份使他得以进入上千人用以避难的地下室与地下通道，摩尔根据当时现场记录的笔记完成了他的画。这幅画上挤满了东倒西歪的避难人群，在向后延伸的隧道中依稀显现出一些难以辨识的文字，如“一排……”和“隧道避难者”。他刻意淡化对人物外观的刻画，这使得画面给人的感觉从巨大的恐怖转为无尽的悲苦。因为照相机无法记录下如此昏暗的空间，摩尔的避难者画集成为记录这一事件的重要文献。

摩尔的画不仅是记录事件的重要文献，更与我们分享了他在战争中的经历与情感。画是作画者与观者交流想法与情感的平台。在这一章，我们将探索绘画的不同目的和艺术家在创作过程中所用到的工具与技巧，从学术研究到已完成的画作、漫画与漫画小说，再到运用多样化媒体的当代画作。

* 可在 myartslab.com 网站收听本章音频，学习和回顾本章内容。

图 6.1 亨利·摩尔，《管道中的避难者》（*Tube Shelter Perspective*，1940—1941）。铅笔、蜡笔（彩色蜡笔）、水彩、涂料、笔与墨、彩色粉笔。8″×6½″。

资料来源：由亨利·摩尔基金会授权复制而成。版权由亨利·摩尔基金会所有，DACS 2013/www.henry-moore.org。

绘画的过程*

绘画和说话一样是人的天性，我们早在学会读写之前便学会了绘画。事实上，书写也是一种绘画，特别是当我们初学“写”的时候。一些人一直热爱着绘画，一些人在成年时开始绘画。那些不再绘画的人也许认为自己画得不够好，然而绘画是一个学习的过程。它是一种观察与交流的方式，也是一种关注的方式。

一般来说，绘画是使用推或拉的方式移动工具，在物体表面留下一条线或者一个标志。许多从事视觉艺术的人把绘画作为一种视觉化的思考方式，用于记录和发散思维。

随身携带速写本，用其记录视觉笔记，能有效提升绘画技巧，随时记录下任何吸引人眼球或激发人想象力的事物。通过在速写本上写画，一时的想法可能会逐步

* 可在 myartslab.com 网站搜索到绘画指南。

成型，最终形成成熟的作品。例如，列奥纳多·达·芬奇就是一个孜孜不倦地将速写作为科学研究工具的画家。这张《侧面人脸五官的比例》（*Facial Proportion of a Man in Profile*，见图 6.2）显示了他对人脸各个比例的测量，他也经常绘制马背上的人像。

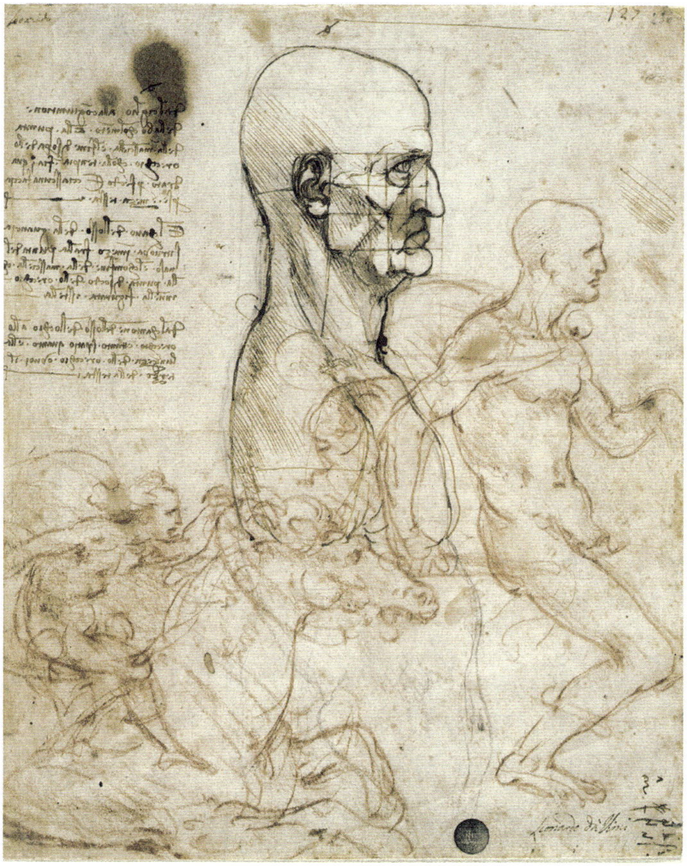

图 6.2　列奥纳多·达·芬奇，《侧面人脸五官的比例》（1490—1495）。棕墨、炭笔、红粉笔。11″× 8¾″。
资料来源：威尼斯学院。版权© 2013 由佛罗伦萨斯卡拉所有。贝尼·阿特部提供。

吉列尔莫·德尔托罗（Guillermo del Toro）是《别怕黑》（*Don't be Afraid of Dark*）、《环太平洋》（*Pacific Rim*）等电影的导演和制作人，他也使用速写本整理笔记与想法。这几页笔记（见图 6.3）* 记录了他对追名逐利的沉思，从中我们会发现其他导演以及他 2006 年的作品《潘神的迷宫》（*Pan's Labyrinth*）中出现的一些奇特生灵的草图（见第 10 章对这部电影的分析）。

---

* 可在 myartslab.com 网站浏览吉列尔莫·德尔托罗的速写本。

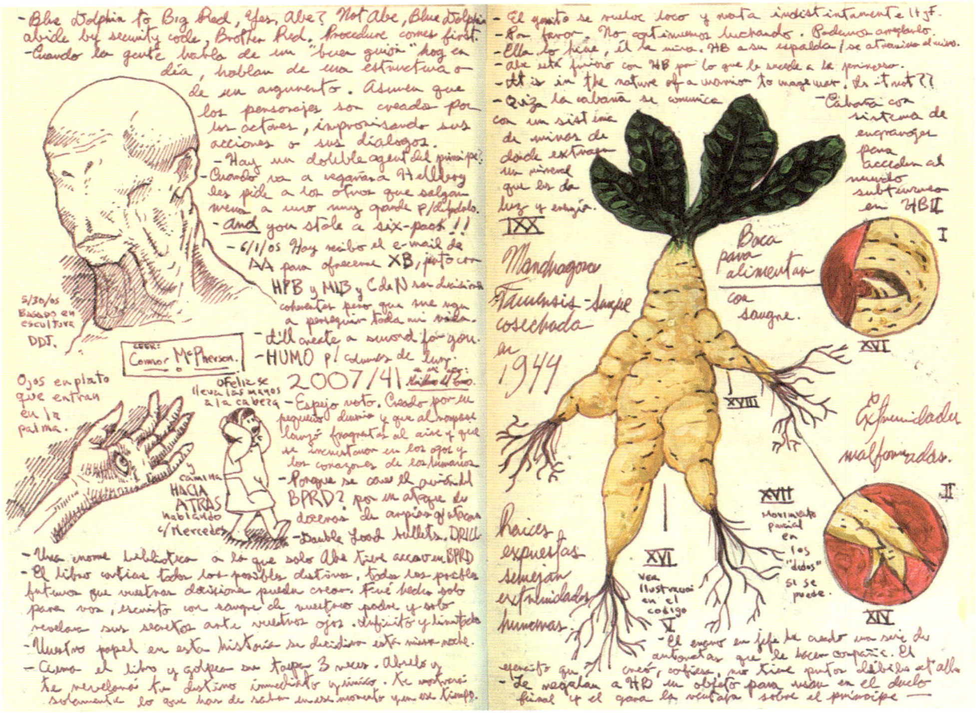

图 6.3　吉列尔莫·德尔托罗，《潘神的迷宫》(2006)，取自速写本。

资料来源：版权由 MMVI 新线公司所有。新线影业/时代华纳公司提供。

许多画是客观的，也就是说，我们尝试用画画来捕捉眼前事物的外观，比方说，有人使用铅笔、钢笔或粉笔在瓦罐上表现光芒、树叶、景观、丰满的体型或者是他们自身在镜子中的影像。这就是摩尔想在《管道中的避难者》中表现的（见图 6.1）。这类作品可以证明艺术家的专业性，亦能供我们欣赏娱乐。

相反，也有许多作品是主观的：作品反映的是仅存在于脑海中的事物，可能是记忆中的，也可能是想象中的。美籍墨西哥裔艺术家马丁·拉米雷斯（Martin Ramirez）的作品充满了非凡的想象力，他一生的大多数时间在一所精神病院中度过。在他的作品（见图 6.4）中，一列火车从一个匪夷所思的隧道中飞驰而过。基于想象力创作的艺术家经常绘制这类作品，如建筑师在绘制一幅新型建筑图时。达·芬奇的作品中主观表达的作品多于客观描述性的作品；德尔托罗的速写本则兼用了主观表达与客观描述的手法。现今欧美艺术家的作品一般倾向于主观表达。他们扩充了对于媒介的定义，我们将在后面的章节中详细给大家介绍。

多数艺术家将绘画作为艺术创作中的重要部分。例如，雕塑家理查德·塞拉

(Richard Serra) 说："绘画是一个让我忘我、沉浸其中的过程，绘画时我无须思考我应该是什么样的。"[1] 相反，基思・哈林则更加注重绘画的即时性："绘画从史前至今不曾变过，它将人与世界联系在了一起，如此的不可思议。"[2]

一些艺术家天赋异禀，如巴勃罗・毕加索，他在童年时便展示出了与众不同的绘画天赋。另外一些艺术家则是通过后天不断的努力逐渐成为大师，如保罗・塞尚和文森特・梵高。除去练习所经历的重重困难，他们独创的绘画技巧亦是他们成功的关键。这些例子证明了观察与绘画需要一个循序渐进的学习过程，而不仅仅是与生俱来的天赋。

梵高通过大量的训练来锻炼自身的观察与绘画能力。他在完成了作品《木匠》(*Carpenter*，见图 6.5）之后，才开始了短暂的艺术生涯。虽然这幅画在构图上略显呆板，但它依然揭示出了梵高细腻的观察力和对细节的关注。在他写给弟弟泰奥的家书中提到，他当时如何努力地用铅笔与蜡笔描绘出画中的世界。在这些信中，有一封记录了他对于困难与突破的回忆：

> 既然你现在提到这个，我就十分清楚地记起了当初你提到让我去做一名画家的时候我感到多么不可思议。然而一本与透视相关的书让我重新思考了你的提议……一个星期之后，我丝毫不差地绘制了一个有着壁炉、椅子、桌子和窗户的厨房，然而在此之前我一直认为在画中准确地表达透视与纵深不是巫术便是巧合。只要你准确地画成了一件事物，那么你便会如着魔般渴望继续画下去。[3]

图 6.4 马丁・拉米雷斯，《第 111 号无题画作（火车与隧道）》(*Untitled No. 111 (Train and Tunnel)*，约 1960—1963)。水粉颜料、彩铅、纸上石墨。15″×31″。

资料来源：版权由马丁・拉米雷斯遗产所有。

在《木匠》之后两年创作的《抱着头的老人》(*Old Man with His Head in His Hands*，见图 6.6)，显示出了梵高在观察与绘画技巧上的巨大进步。这时的梵高已能在画中渲染老人的悲伤，准确地表现出人像的体积感并暗示老人所处的环境。画面中的平行线条必须细心、充满自信地快速画出。

图 6.5　文森特·梵高，《木匠》（约1880）。黑色蜡笔。22″× 15″。

资料来源：荷兰奥特罗库勒-穆勒博物馆。

图 6.6　文森特·梵高，《抱着头的老人》（1882）。铅笔。$19\frac{11}{16}$″× $12\frac{3}{16}$″。

资料来源：阿姆斯特丹梵高博物馆（文森特·梵高基金会）。

艺术的形成　文森特·梵高(1853—1890)：掌握绘画的技巧

文森特·梵高（见图 6.7）之所以选择艺术，并不是因为他具有超凡的天赋，而是因为他将艺术看作是与他人交流的工具。他虽然立志成为一名画家，但他在拥有出色的绘画技巧之前却放弃使用色彩。他与弟弟泰奥之间的信件不仅显示出了他所付出的努力，更表达了他对于绘画反叛的态度。

在尝试成为艺术商与传道士失败之后，梵高进入了一所培养传统绘画技能的私人学校。校内有人体各部位的石膏像供写生使用，这也是后来多数艺术院校重要的教学道具。然而，梵高却十分讨厌这种方式：“我厌恶写生石膏像——我的双手双脚就在眼前却不能用来写生。有一次，他（老师）用一种哪怕是学院最恶劣的老师都不会用的语气让我画石膏像。我当着他的面没有发作，回到家

图6.7 文森特·梵高戴着毡帽的自画像（1888）。帆布油彩画。17¼″×14¾″。

资料来源：阿姆斯特丹梵高博物馆（文森特·梵高基金会）。

却爆发了，我将石膏像丢进了煤桶里，摔成了碎片。那时我就想：‘除非再没有活生生的人的手脚供我写生，除非这些碎片重新变得完好如初，我再不会画这些石膏像。’”[4]

有一次梵高开始画生物，他兴致盎然地画了几个小时：“我刚开始画的都是躯干，结果这样反而使画作更加完整而不受拘束。我会持续不断地画，50张不够，就100张，若仍是不够，就画更多，直至确实得到一个原原本本、完整的结果。这种形式没有开始也没有结束，却逐渐呈现出一个个和谐完整的生命。”[5]

然而，他的目标却不是机械精准地画下眼前的事物，他希望能捕捉到作画时所感受到的情感与能量：“我所尝试画的不是一只手而是手的姿势，不是尺寸比例完全正确的头而是整体的情感表现……简单来说，就是生命。”[6]

1888年，他移居到了法国南部，在两年多的时间里他完成了他大部分的代表作品。在他专注于油画创作的同时，依然没有停止素描的练习。他的作品《庇护花园中的常春藤与树》（*Trees with Ivy in the Asylum Garden*，见图6.8）来源于他在1890年创作的一幅画。他向弟弟描述自己的这幅画：“常春藤缠绕在枝叶茂密的树干上，地上亦长满了小长春花与长春树藤；一个石质长椅与一丛开在灌木丛中的玫瑰在树荫下褪去色彩。在前面的地上，是一些开着白色花的植物：有绿色、紫罗兰色与粉色。”[7]这幅作品笔触紧凑，有较大的起伏，表现出他在作画时内心所感受到的紧张感。

梵高十分欣赏简洁的画风以及快速捕捉事物的能力（见图6.21）。他在1888年末写道：“我十分嫉妒所有作品都极尽简单明了的日本艺术家，他们的作品恬淡简单，就像呼吸一样，却从不无聊。他们运用极少的笔触来描绘事物，却总能像扣上马甲扣子一样简单地使人心平气和。啊，我必须想办法用更少的笔触来表现事物。”[8]

梵高虽然挣扎于绘画之中，却依然认为它对艺术家而言是非常重要的工具。在1888年，他在给泰奥的信中写道：“不管你是使用刷子抑或是其他工具，最重要的问题是要画，因为你永远都画得不够。”[9]尽管在当时没人看得出梵高作品的价值，今日他的作品却在世界主要的博物馆中展示。

图 6.8　文森特·梵高，《庇护花园中的常春藤与树》(1890)。芦苇笔，乳白色布纹纸上的墨水画。24½″×18½″。

资料来源：阿姆斯特丹梵高博物馆（文森特·梵高基金会）。

一幅好的作品或许看起来十分简单，但其实需要花费长久的时间学习与实践才能下笔简练而准确。据记载，有一位观众看到康斯坦丁·布朗库西（Constantin Brancusi）的画时只瞥了几眼，便用略带厌恶的语气问他："画这幅画你用了多久?"布朗库西回答道："四十年。"[10]

绘画的目的

绘画有三方面的作用：

- 作为对眼见的、记忆中的和想象中的事物的注释、草图或记录。
- 作为研究和准备另一种复杂工作的工具。
- 本身作为一幅完整的艺术品。

开篇介绍的亨利·摩尔所画的避难所的场景，以及梵高的作品就属于第一种情况。第二种绘画作为准备工具的情况在西方艺术中十分常见。例如，米开朗基罗通过对作品《斜倚的男性胴体》(*Reclining Male Nude*，见图 6.9）的仔细研究最终完成了西斯廷教堂天花板上的作品（见图 17.10b)。

米开朗基罗通过绘画研究和记录他所观察的事物。他对解剖学的研究帮助他定

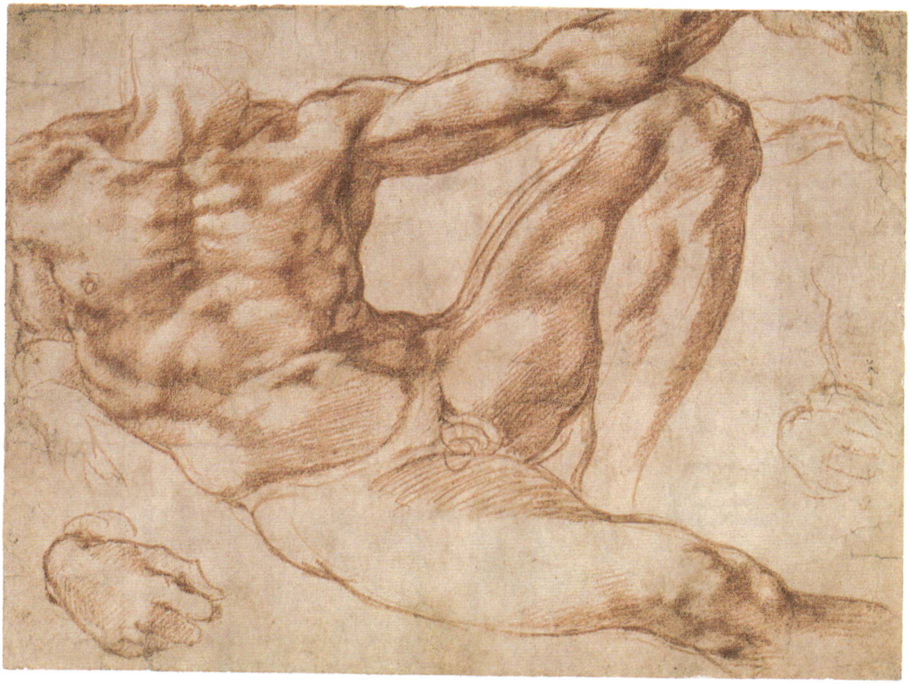

图 6.9 米开朗基罗，《斜倚的男性胴体》(约 1511)。红粉笔，细笔底画。7⅝″ × 10¼″。
资料来源：大英博物馆。版权由大英博物馆托管。

位每一块肌肉。人像从头、肩膀到手臂的流畅曲线则基于米开朗基罗敏锐的洞察力以及对于视觉连续性的感觉。如我们所见，人像中若是有需要深入研究的部位，他就在手稿中反复地绘制。手稿中出现的深红色，显然是米开朗基罗用舔过的粉笔头画的。

一幅简单、微小、快速绘制的手稿通常是一幅更为深入、复杂的作品的开始。通过这样的手稿，艺术家可以解决贯穿整个设计过程的问题，抑或是更为深入地研究细节。例如，毕加索为了完成他 11″×25″英尺的巨幅作品《格尔尼卡》(*Guernica*，见图 6.10～6.12)，花费大量的时间进行准备。现今仍保留有 45 幅毕加索的手稿，记录着他的研究以及这幅重要作品的演化过程。

图 6.10 巴勃罗·毕加索，《格尔尼卡》的第一次构图手稿（1937 年 5 月 1 日）。在蓝纸上的铅笔画作。8¼″ × 10⅝″。
资料来源：西班牙马德里索菲亚艺术中心。版权© 2013 由巴勃罗·毕加索遗产/纽约艺术家权利协会所有。

第一幅手稿（见图 6.10）中间偏上的位置有一个黑色的色块，后来演变成了一位举着灯的女性图案，这对毕加索来说显然是一个重要的象征。手稿的右上方，画着一个探出上半身的女性，偏左一些的地方有一头背上站着一只小鸟的牛。灯光中的女性与牛成为最终作品中的重要元素。第一幅手稿或许是在短短几秒钟之内完成的，但那粗糙的示意线却勾勒出了最终那幅巨大复杂作品的精髓。

虽然艺术家通常不会将最初的手稿作为最终的作品，但那些出色艺术家的手稿仍然被视为珍宝，一方面因为这些手稿有着独特的内在魅力，另一方面它们也展示了整个创意的过程。毕加索认识到了记录作品从最初想法到最终结果的过程的重要性：将一幅画的变形演化过程详尽地记录下来，而非只是阶段性地记录：

> 这将会是一件非常有趣的事情。或许之后会有人发现这就像大脑逐步具象化一个梦的过程。但有一件非常奇怪的事情值得注意，在整个过程中变化的仅是画的外观，而画的最初的“感觉”却几乎不变。[11]

图 6.11　巴勃罗·毕加索，《〈格尔尼卡〉的构成分析》(1937 年 5 月 9 日)。铅笔、白纸。9½″×17⅞″。

资料来源：西班牙马德里索菲亚艺术中心。版权© 2013 由巴勃罗·毕加索遗产/纽约艺术家权利协会所有。

图 6.12　巴勃罗·毕加索，《格尔尼卡》(1937)。油彩、帆布。11′6″×25′8″。

资料来源：西班牙马德里索菲亚艺术中心，艺术资源/佛罗伦萨斯卡拉/约翰·比奇洛·泰勒。版权© 2013 由巴勃罗·毕加索遗产/纽约艺术家权利协会所有。

另外一种作为准备工具使用的绘画形式是漫画。漫画最初的作用是引导完成使用其他媒介的巨幅作品，尤其是壁画、镶嵌画或挂毯，专业的艺术工作者依旧在使用这种工具。在完成最终的作品时，艺术家们经常使用漫画作为方便描摹的底图。

在今天，“漫画”这个词通常是指带有幽默或讽刺意味的叙事性作品。漫画与卡通画是现今最受欢迎的绘画方式，我们将稍后在本章中为大家详细介绍。

现今的一些艺术家将绘画本身视为一种媒介，视为艺术的体现。本章中如查尔斯·怀特（Charles White）、南希·斯佩罗（Nancy Spero）与朱莉·梅赫雷图（Julie Mehretu）的作品便属于这种类型。

工具与技法

不同的工具与纸张有不同的特性。绘画者所使用的材料与绘画技巧决定了最终作品的性质。绘画工具的说明图（见图 6.13）展现了一般绘画工具表现特性的差异。有些工具能画出干燥、精细的线；另外一些所画的线更湿、更具有表现力。注意的话就会发现，工具的表现亦会随着压力的变化而变化；位于图中间的毛笔在压力不同的情况下变化最为明显，最底端的钢笔则最不明显。

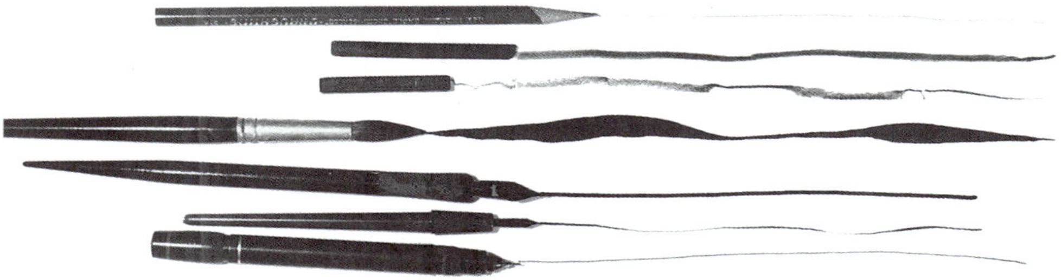

图 6.13　绘图工具及其画出的线条

绘画者经常使用成排平行的线来表示阴影或是体积。这些平行的线叫作“剖面线”；不同类型的剖面线在图 6.14 中都有表现。查尔斯·怀特在《鼓吹者》（*Preacher*，见图 6.15）中使用钢笔勾出交叉的剖面线，强有力地表现出人物的体量与姿态。查尔斯·怀特使用等高剖面线给人像营造出一种强烈的雕塑般的体积感。按透视关系，缩短的右手与伸出的左臂带给画面戏剧般的冲击力。版画师经常使用剖面线来表示体积与阴影（见第 8 章）。

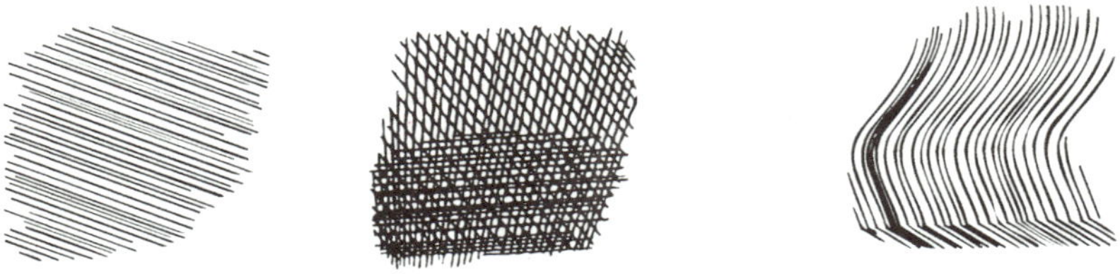

a. 斜线　　b. 交叉线　　c. 等高线

图 6.14　阴影线的不同画法

图 6.15　查尔斯·怀特，《鼓吹者》（1952）。黑墨钢笔、石墨铅笔，板上画。$22^{13}/_{16}'' \times 12^{15}/_{16}'' \times {}^{3}/_{16}''$。

资料来源：纽约惠特尼博物馆购买并收藏，52.25。杰弗里·克莱门茨拍摄于纽约。版权© 1952 由查尔斯·怀特档案馆所有。

绘画者使用的纸张质量和种类对作品有很大的影响。多数纸张表面光滑，但有些表面带有齿形或纹理的纸张会赋予作品特殊的质地。乔治·修拉（Georges Seurat）的作品《回声》（*L'Écho*，见图 6.18）便体现出了纸张所特有的纹理。

干性画笔

干性画笔包括铅笔、炭笔、蜡笔与色粉。人们大多时候说的绘画铅笔都是由石墨做芯（一种碳晶体）的，有不同的硬度可选；偏软的铅笔画线更黑，偏硬的铅笔画线更细。

所画线的深浅与质量是由铅笔的软硬程度与画纸的纹理共同决定的。铅笔所画的线条粗细长短不同，可以使用笔尖的侧面画出更粗的笔触，也可以反复描画达到阴影效果。通过改变半软铅笔的压力，艺术家们能画出形式各异的线条。

翁贝托·博基奥尼（Umberto Boccioni）使用多种工具与技巧完成了作品《心情：告别》（*State of Mind: The Farewells*，见图 6.16）。图中我们能看到使用炭笔侧面绘制的流畅的线条、平行的剖面线与阴影区域。

图 6.16 翁贝托·博基奥尼，《心情：告别》(1911)。炭笔、彩色粉笔、纸。23″×34″。

资料来源：现代艺术博物馆。维克·巴尔赠予，编号：522.1941。数字图像版权© 2013 由纽约现代艺术博物馆/佛罗伦萨斯卡拉所有。

现在使用的炭笔很像史前人们绘制壁画的工具：都是经过简单碳化处理的木头。使用炭笔可以快速地绘制黑色的区域。炭笔从硬到软有多种规格，这使得不论是初学者抑或是画家都能使用。因为并非所有的炭笔颗粒都能黏附在画纸上，这使得炭笔画很容易被擦除或模糊。这种性质既是炭笔画的优点也是缺点：它容易修改，但成品也容易被污染。因此，炭笔画表面经常喷洒一种被称作“固色剂”的清漆，用于固定炭笔颗粒，防止画迹模糊。炭笔能画出从浅灰到深黑不同明度的黑色。

在维扎·塞尔明斯（Vija Celmins）的作品《5 号网》（*Web #5*，见图 6.17）中，我们能看到不同的灰阶。网从左上角的黑暗中延伸而出，我们能清晰地看到网上的每个同心圆。画家只画了黑色的部分，恰到好处地凸显出了图中白色的主体，甚至连网上的裂缝与破损都表现得一清二楚。

图 6.17　维扎·塞尔明斯，《5 号网》(1999)。炭笔、纸。22″×25½″。

资料来源：纽约私人收藏，纽约麦基画廊提供。

炭精笔是由黏土混合石墨压制成的棒状画具。它可以绘制多种粗细不同的线条，而且比炭笔更易保持。儿童使用的油性蜡笔缺乏灵活性，并会随着时间的推移发生褪色，因此被许多画家所摒弃。而且因为油性蜡笔的色彩不容易混合，所以很难用它画出明亮的混合色。

乔治·修拉使用炭精笔通过明暗变化建立起作品《回声》（见图 6.18）的立体感。修拉其实在作品中使用了多维度的线条，然而这些线条最终都与作品中细腻的光感与阴影融为了一体。他选择炭精笔与粗糙的纸张，以便更好地突出基本的形体和光影的变化。

自古以来，红色、白色与黑色的天然白垩被用以绘画。17 世纪出现的色粉，有着与天然的白垩相似的特性。其组成成分基本上都是添加稍许添加物的色素，所以颜色艳丽纯粹。因为色粉不需要干燥，所以使用色粉的过程中它的颜色不会发生变化。色粉不能表现出太多的细节，所以绘画者在使用的过程中必须大胆。在绘画过程中，使用手指或纸巾将不同色的色粉混合，可以表现出一种自然过渡的效果。适量使用色粉能赋予作品惊艳的特质。

在 18 世纪早期，威尼斯肖像画家罗萨尔芭·卡列拉（Rosalba Carriera）用色粉完成了几十幅作品。她的《拿着饼干的女孩肖像》(*Potrait of a Girl with a Bussola*，见图6.19)表现了她对于绘画工具敏感的触觉。在当时，坚硬有颗粒的色粉被广泛运用，它使作品色彩的过渡更为自然，画面感更为柔和。画家对于色粉娴熟运用的技巧使作品像极了在柔软的画纸上完成的油彩画。

图6.18 乔治·修拉，《回声》(1883—1884)，对沐浴者的研究，法国阿尼埃尔市。黑蜡笔、Michallet纸。12 5/16″×9 7/16″。

资料来源：伊迪思·马尔维娜·韦特莫尔遗赠，美国康涅狄格州纽黑文耶鲁大学艺术画廊。

图6.19 罗萨尔芭·卡列拉，《拿着饼干的女孩肖像》(1725—1730)。贴纸画。13 3/8″×10 1/2″。

资料来源：威尼斯学院美术馆。版权由威尼斯摄影艺术所有。

法国艺术家埃德加·德加在晚年时做了从油彩到色粉的尝试，他偶然将两者结合在了一起，并成功运用了油彩色彩艳丽与色粉细腻易混合的特点。虽然构图精细，但他的作品描绘的却是生活中随意可见的景象。在作品《沐浴后的早餐(擦身的少女)》(*Le Petit Déjeuner après le Bain*，*Jeune Femme S'essuyant*，见图6.20)中，加粗的轮廓线赋予了整个画面动感。

湿性介质

黑色与棕色的墨水是最常见的液体介质。一些画是由笔刷蘸取用水稀释之后的墨水淡彩绘制，这类墨水画与水彩画类似。除了传统的墨水画画具，在近代，毡毛笔或纤维毛笔也被广泛地使用。

葛饰北斋（Hokusai）是19世纪日本一位技法高超且多产的艺术家，据说他一生创作了约13 000幅作品。在《调试三弦琴》（*Tuning the Samisen*，见图6.21）中，优雅的曲线显示出画家高超的运笔技巧。在亚洲，毛笔被用于传统书画的创作中。毛笔是书法的理想工具，因为毛笔的毛能保留大量的墨水，使笔下的线条粗细有致。葛饰北斋在表现人物的头、手以及乐器时一直使用的是细长的线条，却使用潇洒的粗线表现出和服的堆叠。

图6.20　埃德加·德加，《沐浴后的早餐（擦身的少女）》（约1894），色粉、白纸，贴纸画。39¼″×23½″。

资料来源：私人收藏，图片版权由克里斯蒂图像有限公司所有，布里奇曼艺术图书馆。

图6.21　葛饰北斋，《调试三弦琴》（约1820—1825）。毛笔画。9¾″×8¼″。

资料来源：华盛顿特区史密森学会，费瑞尔美术馆，查尔斯·兰·费瑞尔赠予，F1904.241。

17世纪，艺术家伦勃朗·范·莱因（Rembrandt van Rijn）在作品《井边的艾丽泽与丽贝卡》（*Eliezer and Rebecca at the Well*，见图6.22）中使用湿性画笔快速合理地安排画面。他运笔快速潇洒，使得画中墨笔笔触多变流畅。他运用平行的剖面线表现暗面，又用棕色墨水加深几处，尤其是在画面右半边。他用白色水粉——一种不透明的颜料——提亮了画中的悬崖底、艾丽泽的膝盖以及右边山顶。这幅画中伦勃朗即兴的绘画创意是后人在几百年后仍在学习模仿的。画作

图6.22 伦勃朗·范·莱因，《井边的艾丽泽与丽贝卡》（17世纪40年代）。芦苇笔、棕色墨水、棕墨素描、白色水粉。$8\frac{1}{4}'' \times 13\frac{1}{16}''$。

资料来源：华盛顿特区美国国家艺术馆，怀德纳收藏，1942.9.665。

下方的题词是其后来的拥有者所留下的。

在更近的年代，南希·斯佩罗的成品画作几乎都用湿性颜料完成。这些作品中有一幅反对越南战争、名为“和平”（Peace）的作品（见图6.23），在战争的高峰时期1968年完成。她用黑色的墨与白色水粉绘制了一个站在扁平的直升机上欢呼的人像。她在墨水干之前故意涂污人像来渲染氛围。快速的制作与随性的构图使这些作品具有强烈的情感冲击力。

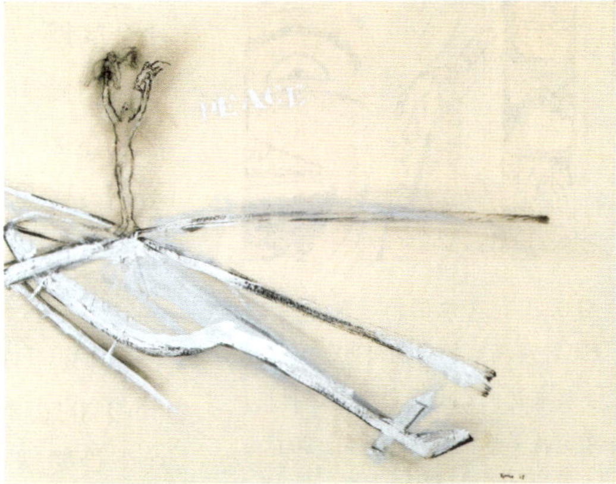

图6.23 南希·斯佩罗，《和平》（1968）。水粉、墨水、纸。$19'' \times 23\frac{3}{4}''$。

资料来源：版权由南希·斯佩罗遗产所有，纽约视觉艺术家和画廊联合会提供。

漫画与漫画小说

漫画是一种基于绘画的连续的艺术形式。漫画出版物的出现预示着漫画发展的高峰，题材包括古埃及壁画、中世纪挂毯和 18 世纪 30 年代创作的系列出版作品。它们百余年来一直是报刊中最受欢迎的专题。最具想象力的报刊漫画作品之一是《小尼摩游梦士》（*Little Nemo in the Slumberland*，见图 6.24），这幅作品叙述了一个孩子奇幻的梦境。这幅截图是整幅漫画的结尾——一个大号演奏者每奏响一个音符，大号便会增长几分，他已经失去了对这个乐器的控制。

图 6.24　温莎·麦凯（Windsor McCay），《小尼摩游梦士》（细部），发表于《纽约先驱报》（1906 年 4 月 4 日）。

在近些年，漫画作者采用不同寻常或重要的主题创作漫画，使得漫画成为一种更为严肃的艺术题材。20 世纪 80 年代洛杉矶艺术家吉尔伯特·赫尔南德斯（Gilbert Hernandez）与他的弟弟杰米与马里奥组成团队，创作了最长的连载漫画之一《爱与火箭》（*Love and the Rockets*）。这一系列漫画讲述了帮派生活、爱与浪漫以及加利福尼亚州南部美籍墨西哥裔人群所面临的社会问题。这一系列漫画在 1996 年连载结束后，吉尔伯特开始创作充满奇幻想象力的短篇作品，后来在 2000 年被漫画期刊《恐怖漫画》（*Fear of Comics*，见图 6.25）收录。这些故事中有丰富多样的角色与主题（并非所有的作品都能被刊登在像《恐怖漫画》这样的期刊上）。例如，在一个故事中，吉尔伯特将赫尔曼·麦尔维尔（Herman Melville）的古典小说《白鲸记》（*Moby Dick*）浓缩成六个骨架清晰的小短片。

图 6.25　吉尔伯特·赫尔南德斯，《恐怖漫画》的封面（2000）。

资料来源：幻图出版提供，版权由吉尔伯特·赫尔南德斯所有，2007。

漫画小说则更为宏大，其故事往往能达到一本书的厚度。人们对这类小说日渐增长的兴趣使得许多出版商开始寻找此类艺术家，将其作品在全国范围内发售。在这些最成功的作品中，有一部是由玛赞·莎塔碧（Marjane Satrapi）创作的《我在伊朗长大》（*Persepolis*，见图6.26）。这部作品讲述了在1979年伊朗革命期间，一个生长在伊朗德黑兰改革分子家庭中的女孩的故事。这种加粗简洁的绘画风格与画中充满智慧的青年清晰易懂的叙述相得益彰。在这部作品中（最先出版于法国），作者带着悔意对这场革命主义者为了证明其政权存在合理性而发动的两伊战争进行了反思。然而，从这部作品中，我们不仅能看到作者对于新政权的不安，还能看到她对国家深深的爱。“伊朗是我的母亲，”她有一次这样对记者说，“不管我的母亲有没有发疯，我都愿意为她而死，不管如何，她是我的母亲。”

莎塔碧本可以不用图片，仅用文字叙述完成作品《我在伊朗长大》，但对于

图6.26 玛赞·莎塔碧，《我在伊朗长大》中的一页（2001）。
资料来源：巴黎协会。

莎塔碧以及其他漫画小说的创作者而言，结合使用文字与图片比单独使用它们更具有感染力。她说：“图片是书写的另一种形式，当你同时具有书写与绘画的能力时，只使用一种形式则是遗憾的。我认为两者并用是更好的选择。”[12]

最为边缘化的一种漫画艺术是抽象漫画，它允许读者有自己的理解。雅努什·亚沃尔斯基（Janusz Jaworski）用抽象的笔触（见图 6.27）表达作品，就连对话框中也用涂鸦代替叙述的语言。他甚至拒绝命名他的作品，这给读者留下了想象的空间。

图 6.27　雅努什·亚沃尔斯基，未命名的抽象漫画（2001）。墨水、水粉、纸。
资料来源：艺术家本人提供。

当代方法

现今的艺术家显著扩大了绘画的定义及其功用。许多艺术家在艺术成品中将绘画与其他媒介结合运用。一些艺术家运用新的工具创作作品，并将它们称为“绘画”，因为没有更为合适的词语来描述他们所做的事情。例如，朱莉·梅赫雷图* 在她的巨幅作品中同时运用素描与油画。她的作品《重返冈瓦纳》（*Back to Gondwanaland*，见图 6.28）中同时使用了拼接色块与手绘墨水线条。她创作的这幅抽象画中使用的图形暗示了在这个物欲横流的世界，没有人情味的公共空间：办公室、教室、飞机场与体育场。如果将绘画定义成传统的纯天然过程，她的作品看上去并非纯手工制作，而是一种介于人工与天然夹缝中的存在。

克里斯蒂娜·希伯特（Christine Hietbert）** 直接使用蓝色的胶带在墙面粘出线条，油画家一般用这种方法来制作负空间。她的作品是根据不同的展厅特别

* 可在 myartslab.com 网站观看朱莉·梅赫雷图在“艺术 21”视频中对自己作品的评论。
** 可在 myartslab.com 网站观看克里斯蒂娜·希伯特的播客。

制作的，她所使用的线条影响了我们对于房间的感觉。例如，在作品《侦查》（*Reconnaissance*，见图6.29）中，她运用不同粗细的对角线打断了展厅清晰的水平线以及垂直线。这些线条很像画作中的线条，但却被她移植到了墙上。当展览结束之后，这些胶带会被不留痕迹地拆卸下来。

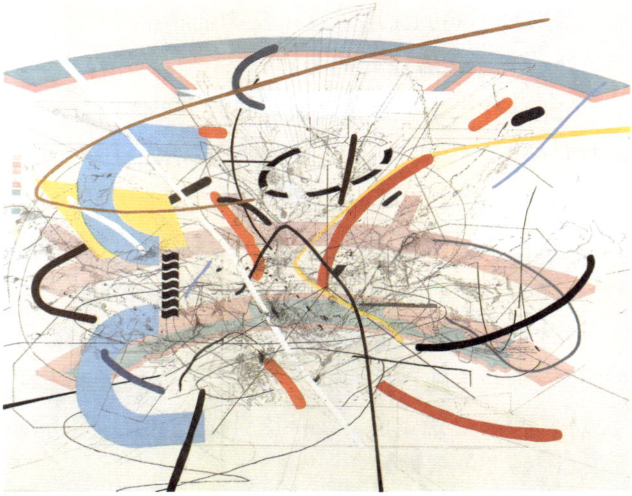

图6.28 朱莉·梅赫雷图，《重返冈瓦纳》(2000)。墨水、丙烯、帆布。8′× 10′。
资料来源：比利时A&J. 戈德斯-万瑟诺特收藏，艺术家本人和古德曼画廊提供。

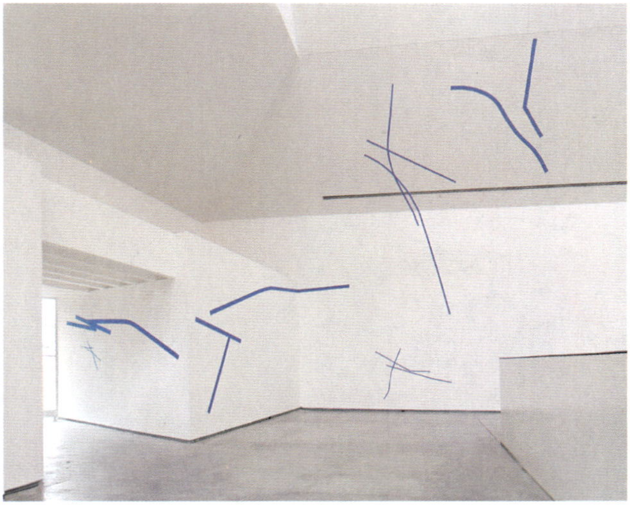

图6.29 克里斯蒂娜·希伯特，《侦查》(视图#2，2009—2010)。蓝色胶带、胶、墙、墙覆盖面。在墙上长：约110′；宽：约35′。
资料来源：戴维斯博物馆和卫斯理学院文化中心的展出效果。图片版权由克里斯蒂娜·希伯特所有。

英格丽德·卡拉姆（Ingrid Calame）的画看起来像是从纹理明显的表面拓印而来的。为了创作《第 334 号画》（*#334 Drawing*，见图 6.30），她参观了在纽约北部郊区的一处废弃钢铁工厂和洛杉矶河两岸用水泥铺就的河道。她将拓本的涂层筛选折叠了起来，然后一丝不苟地使用彩色铅笔复制了各个涂层。在最终作品中不同颜色的线条来自不同的涂层。这一费力而精准绘制出的作品细致描摹出了我们脚下的每一处细节，透着怪异的美丽。

电子绘画方式在近些年已十分普及，而新的数字媒体设备使得这些方式更为实用。英国艺术家戴维·霍克尼（David Hockney）在他的 iPad 上创造出了一些技巧精湛的作品（见图 6.31）。在 2011 年的几个月里，他坚持每天画一幅画来表现他工作室附近的乡村春天的到来。他用手指在屏幕上绘制线条，选取合适的颜色来衬托画作的构成。对于这些作品，他说道："没有这些软管的发明，就不会有印象派的诞生。有了软管，你才可以将颜料带到室外。科技一直在影响着我们的生活，其中也包括绘画。我追随它，我追随科技的这一方面，而且我从未怀疑这是一种令人惊奇的新工具。"[13] 这幅作品由 52 篇组成，每一篇只描绘了大地复苏的一个瞬间。

图 6.30　英格丽德·卡拉姆，《第 334 号画》（从洛杉矶河到阿塞洛·米塔尔钢铁厂的描摹，2011）。彩色铅笔、聚酯薄膜。115 ¼″×75″×3¼″。

资料来源：苏珊娜·菲尔梅特洛杉矶项目和纽约/上海詹姆斯·科汉画廊提供。

图6.31 戴维·霍克尼，《2011年约克郡东部沃尔德盖特春天的到来》（*The Arrival of Spring in Woldgate, East Yorkshire in 2011*，2011年1月4日）。52篇中的一篇，iPad绘制。56¾″×42½″。
资料来源：版权由戴维·霍克尼所有。

就像我们在这一章见到的例子那样，绘画是一种使用意象直接交流的方式。它将艺术家的想法、情感、经历传达给我们，不管它是速写、还是处于准备阶段的草图，抑或是画作成品。

思考回顾

1. 艺术家们为何要进行绘画创作？
2. 绘画的介质主要分为哪两类？
3. 当代的艺术家与过去的艺术家在绘画方式上有什么相似点？

请试一试

仔细比较文森特·梵高的两幅作品（见图6.5和6.6），哪一幅更好地表现了所画人物的躯干与四肢的体积？哪一幅更好地表现了所画人物的重量感？画家使用了哪些技巧来实现？

关键术语

漫画——用以指导其他媒介的大型作品（如壁画、镶嵌画和挂毯）的全幅画作；幽默或讽刺性的绘画作品。

炭精笔——一种在 18 世纪晚期发展起来的绘画工具；与铅笔有类似的成分，包含黏土和小部分的蜡。

水粉——一种不透明的水溶性绘画工具。

剖面线——一种通过平行排布线条来加深阴影面积的技巧。

淡彩——薄薄地施一层半透明的颜料或墨水。

第 7 章　颜料画*

请思考

1. 分辨颜料画作品中的颜料、固定液、媒介以及载色剂。
2. 比较不同颜料画工具与技巧的特性以及优缺点。
3. 定义用于描述绘画过程、材料以及效果的专业词汇。
4. 识别代表性艺术作品中各种媒介的特点。
5. 比较喷枪和动画图片的使用与传统绘画技术的区别。

素描往往是颜料画的前奏，颜料画也往往是指使用颜料的绘画。在格哈德·里希特（Gerhard Richter）的作品《抽象油画》（*Abstract Painting*，见图 7.1）中，介质（颜料）与其运用过程是这幅画所传达的主体。里希特的作品描绘了崎岖不平的地面以及开阔高远的天空之景。粗犷厚重的油画笔画与平滑渐变的天空形成了鲜明的对比。

对于许多西方人来说，“艺术”这个词就代表着油画。油画源远流长的历史、鲜明的色彩与无限遐想的可能性使其成为艺术家与观众首选的表达媒介，这样的情形持续了几个世纪。

人类最早绘制洞穴壁画时使用的都是从植物中获取的天然颜料和居所附近沉积的矿石或黏土。法国瓦隆彭达克洞穴壁画所使用的颜料——包括从碳化木材与泥土中获取的黑色颜料——已经存在了三万多年。

在 17 世纪伦勃朗时期，油画家与他们的助手手工混合精细的天然颜料与油，直到油画颜料达到令他们满意的纯度与浓度。现今，高质量的油画颜料被装在软管或者罐子里，方便直接使用。

在这一章中，我们将更详尽地了解颜料画绘制的过程，并探索最普遍的几种

* 可在 myartslab. com 网站收听本章音频，学习和回顾本章内容。

图 7.1 格哈德·里希特，《抽象油画》(1984)。油画颜料、帆布。17″×23⅝″。
资料来源：版权由格哈德·里希特所有，2013。

颜料不同的性质与优缺点。

成分与表面

所有的绘画作品都包含三种成分：颜料、固定液与载色剂。颜料提供颜色，一般是由十分精细的粉末构成。颜料粉末中有一些能被人眼感知的最纯的、最绚烂的色彩。利塔·阿尔布开克（Lita Albuquerque）的大型作品《风之画》(*Wind Painting*，见图 7.2) 表现出了这种基本成分粉末状的性质。她利用风将丰富的红色颜料吹散在事先画好的蓝色背景上。作品的全称显示了这幅画的创作时间。

颜料在变干的时候，其色彩必须保持稳定，才不会随时间而褪色。地面的矿石与干燥的植物汁液是古代最为普遍的颜料素材。更为奇特的颜料包括粉末化的动物尿液，甚至是干燥的昆虫血液。在 19 与 20 世纪，化工产业的重大发展使得生产合成颜料成为可能，这大大扩大了耐久色彩的范围。从此之后，天然与合成材料的耐久性都得到了提升。这些相同的颜料粉末多数都用来制作多种油画与素描工具。

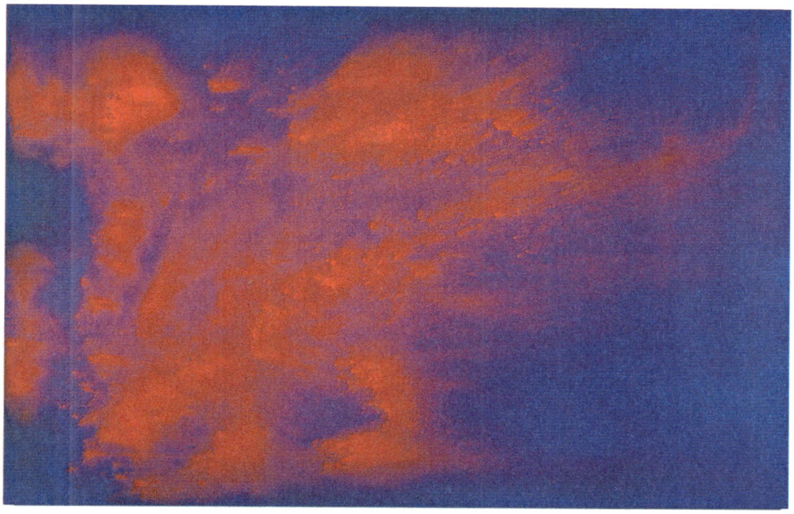

图 7.2　利塔·阿尔布开克，《2012 年 1 月 8 日下午 1：10：44 PST 风之画》(2012)。颜料、帆布。72″×114″。

资料来源：利塔·阿尔布开克和加利福尼亚州圣莫尼卡克雷格·克鲁尔画廊提供。

固定液是一种使颜料颗粒聚合起来固定在画布表面的黏性物质。固定液要配合颜料的种类使用，例如油画使用亚麻籽油作为固定液，而传统的蛋彩画则使用鸡蛋黄作为固定液。

载色剂能使颜料变成液体，起到稀释作用。在传统的油画中，松节油是载色剂，水彩的载色剂则为水。

颜料的表面需要一种支撑物或加固物来固定。木质画板、油画画布和纸是最常用的支撑物。许多支撑物需要密封处理，一方面减少材料的吸附性，另一方面通过填充材料表面的洞孔使其保持平整。这种密封剂被称为“胶料”，一般是由液体黏土、蜡或胶制成。木头与帆布通常需要密封处理，但是水彩纸通常不需要。艺术家通常在胶料之上使用底漆（一般为白色）或直接使用底漆替代胶料，以使表面均匀平滑。胶料与底漆打下了颜料画的基础，也是艺术家准备工作的一部分。

下面我们将按照颜料画介质出现的历史顺序一一进行介绍。

水彩*

艺术家使用以水为基础的颜料已逾千年。出现在古埃及颜料画中的水粉与现代水粉十分相似，同样的水粉也出现在了中国古代的绘画手稿中。

* 可在 myartslab. com 网站观看有关水彩绘画技巧的视频。

在水彩中，颜料混合了作为载色剂的水和作为固定液的阿拉伯树胶（金合欢树树液）。现今最常见的支撑物是白色粗纸（由棉花碎屑制成），它有着超强的吸水性与耐久的质地。这类纸张不需要胶料或底漆，纸张本身既是背景也是支撑物。水彩在传统意义上是以块状固体出售的，由画家自己混合水调出想要的浓度；现今大多数专业水彩都是装在软管内出售的。

水彩本质上是一种染色技巧。颜料允许光线照进轻薄、半透明的水彩层并在白色的纸上反射出颜色。高光是通过留白区域获得的。有时会添加不透明水彩作为细节。水彩既适用于即兴绘画，也适用于事先精心规划的绘画。尽管水彩的成分十分简单，但是水彩是一个考验技巧的工具，因为它一旦下笔便无法修改。如果过度使用水彩，将会失去水彩清丽的本质。

水彩自带的流动性受到想要快速捕捉户外景象的画家的欢迎。水彩半透明的颜料性质使得它十分适合表现水、氛围、光线以及天气。

美国艺术家约翰·辛格·萨金特（John Singer Sargent）是最为出色的水彩画家之一。他在威尼斯乘坐凤尾船时创作了作品《圣玛利亚福莫萨河》（*Rio de Santa Maria Formosa*，见图 7.3）。在这幅作品中，萨金特以乘坐在摇晃的小船中乘客的视角，捕捉水面细微的波纹，突出画纸本身的白色表现高光。水面倒映着周边建筑的颜色。在更暗的区域，例如距离最近的桥下，他运用水彩的特性表

图 7.3 约翰·辛格·萨金特，《圣玛利亚福莫萨河》（1905）。水彩、石墨、笔墨、布纹纸。13³⁄₁₆″ × 19³⁄₈″。

资料来源：莫雷·丹福思夫人赠予，42.223，普罗维登斯罗德岛设计学院艺术博物馆。埃里克·古尔德摄影。

现出了应有的阴影。在其他地方，他使用干燥的笔刷，例如插在甲板夹缝中与船面呈现明显夹角的船夫的撑杆。作品的情景性为其增添了吸引力。

不透明的水彩（也被称作“水粉”）被广泛使用了几个世纪。自欧洲中世纪开始，它被成功地用于书的插画绘制中，也被用于传统的波斯艺术中（见图 19.8）。水粉重新组合了不含载色剂的水粉与少量精细的白垩粉末使得它变得不透明。由于操作简单，成本较低，水粉受到了我们这个时代的设计师以及插画师的欢迎。雅各布·劳伦斯利用水粉的优点完成了作品《回家》（见图 4.3）。从中我们能看到水粉典型的色彩特点。

在传统的中国水彩画创作中，艺术家经常使用以水为基础的墨和色彩，而这种墨通常是没有色彩的。中国人认为绘画是使用黑色墨的书法艺术的延续。在亚洲，水墨画是一门完整的艺术，有着与水彩画齐平的地位。

张大千作为一位现代中国艺术家发展了中国古代传统绘画形式。在他巧夺天工的水墨画作《继郭熙后的藏谷山水》（见图 7.4）中，张大千用水墨勾勒了山水的轮廓、树木以及这幅足有六英尺高的大型山水画中的阴影部分。水粉赋予了石头大地的色彩，并在底部施以红色加以点缀。这幅作品借鉴了 12 世纪的艺术家郭熙的艺术表现风格。

图 7.4　张大千，《继郭熙后的藏谷山水》(1962)。水墨、水彩、纸。$76\frac{1}{4}'' \times 40\frac{1}{8}''$。
资料来源：华盛顿特区史密森学会，阿瑟·萨克勒画廊，阿瑟·萨克勒基金会赠予，S1999.119。

壁画

在真湿壁画或好湿壁画中，漂浮在水面的颜料被涂在湿石灰表面。载色剂是水，固定剂是湿石膏中的石灰。最早的湿石灰壁画出现在公元前 1800 年，在今天土耳其的西南部。这项技术同样被运用于墨西哥的一些前哥伦比亚文明之中。

大多数现代的壁画画师首先需要准备一个全幅的草图，在上色之前，先将设计移植到新铺好的石灰墙上。因为石灰干得十分快，每天只对当天能完成的那部分墙面做准备工作；每天完成部分的连接点通常被安排在创作作品主要形状的外沿。

上色过程与水彩的快速染色过程有着相似之处。与空气接触的石灰通过氧化形成透明的钙结晶，然后将颜料固定在潮湿的石灰墙面上。因此，石灰成为了固色剂，创造了一个光滑的、极为耐久的表面。一旦表面变得干燥，壁画则成了墙体的一部分，而不单单是依附在表面。因为石灰墙容易受到潮气的影响，壁画更适合气候干燥的区域。从迭戈·里维拉（Diego Rivera）的作品《底特律工业》（*Detroit Industry*，见图 7.5）* 中，我们能看到画中细节处的石膏纹理。壁画的化学反应十分缓慢，随着岁月的流逝壁画中的色彩会渐渐地丰富与加深。在壁画完成后的50～100 年才能展现出它最佳的色彩，虽然这些色调往往都有十分温和的特性。

图 7.5　迭戈·里维拉，《底特律工业》（细部，1932—1933）。壁画。

资料来源：美国底特律艺术学院/布里奇曼艺术图书馆。版权©2013 由墨西哥迭戈·里维拉-弗里达·卡洛博物馆/纽约艺术家权利协会所有。

* 可在 myartslab.com 网站观赏迭戈·里维拉的作品《底特律工业》及其他壁画。

在上色之前，艺术家必须推敲画中的每一个细节，因为当色彩涂抹到石膏墙上后，便无法修改。给一块两平方码的壁画上色可能需要连续花费 12～14 个小时。壁画的绘画技术无法精妙地操控过渡色调，但是壁画的光彩、精美的表面和持久的色彩使得它成为大型墙体绘画的理想媒介（墙体绘画是指任何尺寸的墙面上的绘画；壁画是其中一种可能的媒介）。

干壁画是另一种古代墙体绘画的方法，它是在已经干燥的石灰墙上完成的。绘画时，将蛋彩画颜料涂抹在干净、干燥的表面，或者直接覆盖在已经干燥的湿石灰壁画上来即刻达到最艳丽的色彩，而单独使用湿石灰壁画是达不到如此效果的。壁画画师经常重新描摹他们的作品，或是在湿石灰壁画表面进一步完成细节。

在意大利文艺复兴时期，壁画是一种受人喜爱的教堂装饰物。也许，最著名的壁画作品就是由米开朗基罗绘制在梵蒂冈西斯廷大教堂天花板上的作品（见图 17.10a 和 17.10b）。在文艺复兴与巴洛克时期之后，壁画逐渐走向衰落，渐渐被更为灵活的油性媒介所取代。然而，一场由革新政府推崇的壁画复兴运动于 20 世纪 20 年代在墨西哥展开。墨西哥政府通过工会津贴补贴画师，让他们装饰公共建筑的墙体，其中大部分都是壁画。

通过引领壁画等墙体绘画复兴运动，迭戈·里维拉使壁画走出了受限的画室与展厅，走进了人们的生活。他的风格混合了欧洲的民族艺术传统与当代艺术形式。他在底特律艺术学院的大厅里完成了作品《底特律工业》（见图 7.6）。

图 7.6　迭戈·里维拉，《底特律工业》（1932—1933）。壁画。

资料来源：美国底特律艺术学院/布里奇曼艺术图书馆。版权© 2013 由墨西哥迭戈·里维拉-弗里达·卡洛博物馆/纽约艺术家权利协会所有。

艺术的形成　迭戈·里维拉(1886—1957)：引起争议

图 7.7　迭戈·里维拉
资料来源：档案照片/盖蒂图片社。

因为墙体都是建在公共区域的，墙画的内容可能成为人们讨论的焦点。这样的讨论与艺术家使用的媒介一样，会影响壁画的内容与位置。例如，纽约最著名的壁画之一已经搬离了旧址，它在经济大萧条时期曾是最大的话题。

在 1933 年，迭戈·里维拉（见图 7.7）开始绘制作品《站在十字路口的男人》（*Man at the Crossroads*，见图 7.8），这时他已经在壁画绘画技术上成为当之无愧的大师，他创作了数量众多的墙画作品，有些在他的家乡墨西哥，有些在美国。之后，洛克菲勒中心在纽约开始建设，一些艺术家受雇为这栋新建筑创作壁画。里维拉负责最为显著的区域，这面墙位于中心大厅的电梯之上。

里维拉的创作集中在这个项目上："'站在十字路口的男人'看上去十分犹豫，但对于选择引领美好新生活的道路却满怀希望。"里维拉使用传统的壁画工艺绘制这幅作品。在确认了这块墙面的可用程度之后，他在几英尺的纸上绘制了 1∶1 的全幅草图。

他的助理每天为这面墙涂抹潮湿的石灰泥做准备工作，然后将草图中的设计移植到墙面上来。他们首先按照设计中的轮廓在草图中扎下细小的孔洞，然后将这些孔洞连接起来并扑粉（在孔洞上铺下细小的粉末，将草图中的轮廓拓印到下面的墙面上）。之后，里维拉安置好脚手架，直接在墙面上上色，为其添加颜色与形状。

里维拉这样形容这幅壁画的主旨："这幅画的中心画着控制着巨大机器的工人。在他面前，从空间中伸出了一只巨大的手，这只手中握着的星体上，化学与生物学的演化，原子的重组以及细胞的分裂，都在按照计划展现出来。两个细长的椭圆形在工人的身体上交叉，一个显示了望远镜的神奇和其对宇宙空间的揭示；另外一个展示了显微镜及其发现的世界——细胞、胚芽、细菌和微小的组织。"[1] 包围着这个中心群体的便是现代生活的场景。

当这座建筑的管理员发现，里维拉在这幅画右侧的椭圆之间，描画了俄国社会主义革命的领导人弗拉基米尔·列宁紧扣双手与一群工人坐在一起时，围绕这幅墙画的争论就此展开。纳尔逊·洛克菲勒向里维拉表示抗议，认为列宁的肖像"可能轻易便会严重冒犯大批群众"。他要求里维拉将其替换成一个无名的工人。

里维拉提出，可以将另一侧画上亚伯拉罕·林肯或者是发明收割机的赛勒斯·麦考密克作为妥协。但是纳尔逊·洛克菲勒不愿妥协。里维拉便被取消了为这个项目创作的权利，而完成了三分之二的作品也被毁了。因为壁画颜料已经渗透到墙壁中而不仅仅是依附在上面，需要使用手提钻才能将之消除。

回到墨西哥之后，里维拉将设计好的壁画绘制在了墨西哥市国家美术馆的墙面上。想要看到里维拉提议为洛克菲勒中心设计的作品就必须参观这里。

图 7.8　迭戈·里维拉，《站在十字路口的男人》(1934)。壁画。16′×37′6″。

资料来源：墨西哥市国家美术馆。图片版权© 2013 由艺术资源/鲍勃·沙尔克维杰克所有。版权© 2013 由墨西哥迭戈·里维拉-弗里达·卡洛博物馆/纽约艺术家权利协会所有。

蜡画

蜡画发源于古希腊，盛行于埃及成为罗马殖民地的时期。蜡画的颜料漂浮在热蜂蜡上，形成亮泽的表面，显现出丰富饱满的色彩。蜡既是固定剂也是载色剂。在公元 2 世纪，埃及城市法雍成为蜡画艺术的中心。法雍的肖像画，如《一个男孩的肖像画》(*Portrait of a Boy*，见图 7.9)，是为了纪念逝者而作，直接绘制在其木棺上。这是保存下来的最早的蜡画。这些肖像画依旧保留着栩栩如生的个性特征，在经过将近两千年的时间后，这些色彩依旧保持着饱和度。

早期的画作者发现，将蜡画的固定剂维持在一个适合操作的温度是很难的。尽管现代电子加热设备已能更容易地维持同一温度，但现今也只有小部分画家使用蜡画。

蛋彩画*

蛋彩画也是发源于古希腊与罗马，在中世纪后期迅速发展起来，那时它局限于在木板上绘制小型色彩画。从那之后，蛋彩画主要的介质变成了鸡蛋，在后来

* 可在 myartslab.com 网站观看关于蛋彩画的技巧视频。

图 7.9 《一个男孩的肖像画》(约 100—150)。蜡画、木头。15″× 7½″。
资料来源：大都会艺术博物馆，爱德华·哈克尼斯赠予（1918），编号：18.9.2。图片版权© 2013 由大都会艺术博物馆/艺术资源/佛罗伦萨斯卡拉所有。

的蛋彩画中，鸡蛋黄成为固定剂，混合等量的颜料粉末并加水稀释。蛋彩画现在已经很少使用，以至于“蛋彩画”这个词也改变了原先的含义。现今，“蛋彩画”常用于指用以水为基础的如海报颜料或含有胶和酪蛋白（牛奶蛋白质）的颜料绘制的画。

传统的蛋彩画在干燥时表面发亮，略带亚光。因为它在使用之后无法混合，艺术家通常将蛋彩颜料涂成薄薄的一层来达到理想中的色泽。受艺术家偏爱的蛋彩画支撑物是石膏底，它是一种以水为基础的白垩液体，干燥之后形成明亮的白色。

蛋彩画能够表现出锐利的线条和精准的细节，并且不会随着岁月的流逝而加深，但它的颜色会由于干燥而改变。由于蛋彩画干得很快，所以重新混合上色变得十分困难。因为它半透明和难以更改的属性，蛋彩画通常需要完整的前期草图和淡淡的底画。复绘包括使用半透明的颜料描绘细小、准确的线条。因为蛋彩画颜料缺少灵活性，支撑物的移动可能导致石膏底以及颜料的损坏，因此需要一个坚硬的支撑物，例如木板。

蛋彩画有着丰富绚烂的色彩，大部分艺术家是靠使用轻薄的颜料涂层达到这样的效果。我们能从桑德罗·波提切利（Sandro Botticelli）的作品《老实人纳斯塔基奥的故事（Ⅰ）》（*The Story of Nastagio degli Onesti*（*I*），见图 7.10）中看出。纳斯塔基奥是画面左侧中央的人物，他正拿着一根棍子保护受到恶狗惊吓的女人。其令人鼓舞的画风，画面中人物静止的动作和马，都标志着它是早期文艺复兴时期的作品；画面中丰厚的微红色彩显示出这是一幅使用蛋彩颜料创作的作品。

油画*

在西方艺术世界，油画在五百多年里一直都是最受欢迎的绘画媒介。在中世

* 可在 myartslab.com 网站观看更多关于油画技巧的视频。

图 7.10　桑德罗·波提切利，《老实人纳斯塔基奥的故事（Ⅰ）》（1483）。蛋彩画颜料、木板。32½″× 54½″。
资料来源：普拉多博物馆/奥罗诺兹。

纪时期，颜料混合了各种植物油，例如亚麻籽油、胡桃木油和罂粟种子油。但是，从 15 世纪开始，佛兰德画家喜欢将从亚麻植物中榨取的亚麻籽油运用到绘画中，油画便开始走向繁荣。在早期，艺术家将油画颜料覆盖在石膏层的木板上，类似于蛋彩画的传统绘画工序。

休伯特（Hubert）和扬·范·艾克（Jan van Eyck）兄弟是早期欧洲油画界的领军人物。他们所完成的绚烂如宝石表面般的画作至今仍保持着令人震惊的艳丽。范·艾克的《洛林大臣的圣母像》（*Madonna and Child with the Chancellor Rolin*，见图 7.11）是展现他精湛的油画技艺的早期代表作。范·艾克是在一块有石膏表面的小型木板上绘制这幅画的。自使用笔刷绘制蛋彩画之后，他继续绘制有着轻薄涂层的油画，颜色从明亮转至暗淡，从不透明转至半透明。画表面光彩的质感是连续的油性罩层所致。罩层是指覆盖在底画表面的一层很薄、半透明的颜色涂层。为了制造罩层，所选择的都是使用油与清漆的混合物稀释的透明度较好的颜料。罩层允许光线透射并在更低的涂层反射出来，给油画表面营造出了纵深感。

在这幅油画中，闪耀的宝石、织品和皮毛分别展现出各自优雅的纹理。在以宗教为背景的内容中，艺术家展现出了他对于世俗世界的热爱。罩层在天空处的遮蔽物提供了大气层的透视，并诱使人们的视线越过打开的窗户，造成空间纵深的错觉。新油画领域的技术发展使得这样的写实主义成为可能。

油画有许多超越其他传统绘画媒介的优点。相对于蛋彩画，油画可以同时表

图 7.11　范·艾克，《洛林大臣的圣母像》（约 1433—1434）。油画颜料、蛋彩画颜料、木板。26″× 24⅜″。资料来源：卢浮宫。akg-图片库/埃里克·莱辛摄影。

现出增强的不透明感——这需要绘制时使用更多的力量；而当覆盖轻薄时，则表现出增强的透明度。它延长了颜料变干的时间，这是最直接的优点。在画作完成之前，艺术家可以混合不同颜色的线条并加以更改。当油画中的颜料变干时只有轻微的变化；然而，固定剂（通常是亚麻籽油）却随着时间有变暗、轻微变黄的趋势。因为干掉的油画涂层有较好的灵活性，所以 16 世纪想要绘制大型作品的威尼斯画家可以使用用木框架支撑的帆布，以替代沉重的木板。帆布不仅重量更轻，而且如果涂层不是太厚的话就可以卷起来，方便运输而不会拉伸变形。现今大多数的油画家仍然偏爱用帆布作为支撑物。

油画颜料可以涂抹得厚重或轻薄，可以直接涂抹在湿的或干的颜料上。当涂抹得较厚时，这种画法叫作“厚涂法”（油画颜料在这样使用时效果最佳）。用温颜料绘制作品，并且一口气完成，这种过程被称为“直接画法”。

汤姆·乌德尔使用直接画法创作了他的小幅作品《伦勃朗的放纵是梵高的困境》（见图 7.12），这里展示的要比画作的实际尺寸稍大。在这幅画的边缘，我们能看到覆盖着白色底色的帆布纹理。艺术家使用厚涂法在画的顶部绘制涂层，以油为基础的颜料使得显现出堆叠的笔画成为可能。为了制造出这样的效果，颜料必须相对较厚，像糨糊一样。在下层，不同程度的黄色笔触蜿蜒漂浮在画面上。在这里，他加了松节油稀释颜料。在画面的中心，是一个细致描绘的金属罐子，像极了艺术家看到过的伦勃朗作品中的那只。在完成这部分作品时，乌德尔运笔轻缓来强调错视画派的质感。这幅小幅作品与《洛林大臣的圣母像》向我们展示了油画颜料的多种可能性。

图 7.12　汤姆·乌德尔，《伦勃朗的放纵是梵高的困境》(1991)。布面油画。4″× 3″。
资料来源：版权由汤姆·乌德尔所有，艺术家本人提供。

另外一幅展示了油画更为即兴的使用方法的是琼·米歇尔（Joan Mitchell）创作于 1987 年的未命名作品（见图 7.13）。在这幅画中，她使用油画颜料，以抽象的视觉形式创造了一种情感的状态。这幅作品将两块帆布连在一起，展开足有 13 英尺宽。虽然这幅作品并不具象，但很多元素使得画面统一了起来：她使用的颜色仅取自色轮中两到三个分割的色彩，这使得画面十分和谐；作品的两个部分在构成中互相呼应。更为重要的是，米歇尔涂抹的颜料厚度一致，运笔快速，连贯的笔触创造出了视觉韵律。我们可以依照这种创作方法，涂层接着涂层，颜色接着颜色，将温暖甚至激动的心境具象化。

图 7.13　琼·米歇尔，《无题》(1987)。布面油画、双连画。$102\frac{3}{8}'' \times 157\frac{1}{2}''$。

资料来源：私人收藏。版权由琼·米歇尔遗产所有。琼·米歇尔基金会及纽约切姆和里瑞德画廊提供。

丙烯

现今许多的艺术家使用丙烯颜料，它发明于 20 世纪中期。颜料固定剂是丙烯酸类聚合物，一种有着速干、灵活度高的薄膜的合成树脂。载色剂是水。这种相对持久的颜料比传统的绘画媒介有着对各种表层更为广泛的适应性。因为丙烯树脂固定剂是透明的，所以颜色可以保持高度的饱和度。不像油画颜料，丙烯颜料几乎不会随着时间变暗或发黄。其短暂的干燥时间限制了颜料混合与修正的可能性，但是却极大减少了涂层作业的时间间隔，例如上釉。水作为稀释剂，与油画颜料中具有挥发性又有毒性的稀释剂松节油相比，在工作室使用起来更为方便安全。

雕刻家安妮·特鲁伊特（Anne Truitt）在她的雕塑作品中，使用丙烯颜料绘制许多狭窄、有丰富颜色梯度的涂层，并在涂层的相接处做打磨处理，制造出丰富的表面。在平坦的表面使用丙烯颜料效果很好，就像我们在她 2004 年的作品《回归》（*Return*，见图 7.14）中看到的一样。这件作品比大部分人都高。她说她的目标是："将颜色举起来并使它在三维空间中获得自由，（通过这样）它变得生动、鲜活起来。"[2]

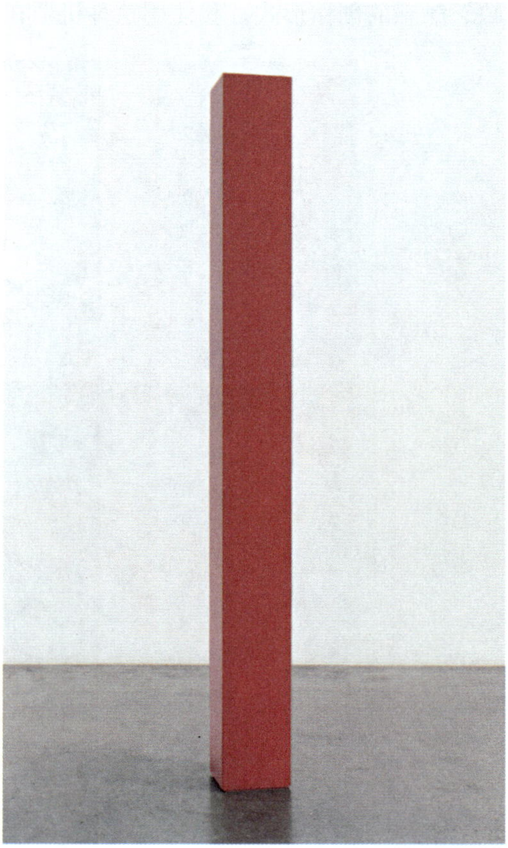

图 7.14　安妮·特鲁伊特，《回归》（2004）。丙烯、木头。81″×8″×8″。

资料来源：私人收藏/安妮·特鲁伊特基金会/布里奇曼艺术图书馆。

当代工具

传统的笔刷一直是最为普遍的涂抹颜料的工具，近些年，许多画家开始使用喷枪来喷绘丙烯颜料、油画颜料和其他类型的颜料。喷枪是一种小范围使用的喷洒颜料的喷雾器，能够设计出精细、可操控的颜料喷雾。它提供了一种均匀的颜料覆盖方式，无须个人绘画技巧，因此它十分适合创造出精细的颜色渐变。当然，涂鸦艺术家也十分偏爱喷枪或者是喷壶，因为绘制的快速性减少了他们在作画时被执法机构逮个正着的概率。

凯尔蒂·费里斯（Keltie Ferris）使用喷枪完成了她大部分的作品。展示在这里的作品（见图 7.15）显示了云状的喷绘痕迹，部分模糊了下层的铺陈。她建立起的涂层并没有在纹理或颜色上达成和谐，而是在垂直维度上建立了一种不和谐的混合。她告诉采访者："对我来说，当画中蕴含着触感概念和纹理时，是最让人觉得兴奋的。这是抽象作品中的人为因素……相反，喷雾绘画是一种完全缺乏触感的创作形式。我使用这种机器在手工绘制的标记上作画。"[3]

图 7.15 凯尔蒂·费里斯，++++****)))) (2012)。油画颜料、丙烯酸、蜡笔、帆布。80″× 100″。

资料来源：米歇尔-英尼斯和纳什。

近些年，其他的画师则通过创造“会动的绘画”，设法与计算机动画相匹敌。这场运动的领导者是杰里米·布莱克（Jeremy Blake），他创造了一种结合电影胶片和有手绘元素的静止图片的 DVD 抽象拼贴画艺术。据布莱克所说，他在 2005 年创作的作品《纳狐》（*Sodium Fox*，见图 7.16）中引用了由摇滚音乐人戴维·伯曼所创作的一句诗来阐述：“梦一般的，波普肖像画的深层次精神探索。”[4] 这些看似无穷无尽、多种多样的元素随着时长 14 分钟的电影连续播放而流淌，它们被诗句、鲜艳的颜色组合和频繁再创作的手绘图像组合在了一起。

图 7.16　杰里米·布莱克，《纳狐》（2005）。数码动画中的静止画面，14 分钟连续循环。
资料来源：金兹和蒂卢美术提供。

就像我们所看到的，艺术家创造了无数种通过在平坦的表面上覆盖颜色来叙事的方式。这些技术可以通过媒介分组，每一种都有其独特的优点与特性。

思考回顾

1. 绘画中的三个基本元素是什么？
2. 油画颜料所拥有的超越其他传统媒介的优点是什么？
3. 20 世纪的科技是如何影响绘画发展的？

请试一试

水彩可以用来速写，也可以用来绘制有高质量细节的作品。后者最著名的作品是 1503 年阿尔布雷特·杜勒（Albrecht Dürer）所创作的作品《大片草坪》

(*Large Piece of Turf*)。可在“谷歌艺术计划”(googleartproject.com)中搜索艺术家或到维也纳阿尔布雷特博物馆仔细观看该作品。对比这幅作品与约翰·辛格尔·萨金特的水彩作品《圣玛利亚福莫萨河》(见图7.3)的风格。

关键术语

蜡画——一种使用热蜂蜡作为固定剂来支持颜料颗粒的绘画。

壁画——一种将水作为颜料的载色剂，在潮湿的湿灰泥表面绘制出画作。

石膏底——将胶水与白垩混合，用水稀释并作为油画与蛋彩画的底色使用。

罩层——覆盖在颜料层上面的一层薄的透明或半透明的涂层，能够透视出内层，也能轻微丰富内层的颜色。

底——用来绘画的表面，由底漆与涂料组成。

厚涂法——用较厚的方式将颜料涂抹在表面，有着像黄油浆与蛋糕糖霜相似的外观与连续性。

胶料——一种由胶水、蜡或石灰组成的物质，作为带孔材料(如纸、帆布、布料或墙体)表面的填充物使用。

蛋彩画——一种用蛋黄作固定剂、以水为基础的颜料画。

第 8 章　版　画*

请思考

1. 定义版画相关的词汇，如版画、矩阵模子、版本和版画校样。
2. 总结版画在中国和西欧的起源。
3. 区别版画的艺术、社会和政治功能。
4. 区分凸版、凹版和平版印刷版画的制造工艺。
5. 认识当代版画形式中的模版印刷、丝网印刷和数字技术。
6. 对比版画与不断修正的雕塑工艺。

我们看到版画《颤抖》(*Quiver*，见图 8.1) 时首先注意到的大概是图像的分层设色。一只蜻蜓盘旋在黄绿色的方块中；射电望远镜的负片似乎覆盖着一个类似设备的近景；最下面的一层是灰绿色的树枝图案，仿佛让人置身于森林中。请

图 8.1　塔尼娅·索夫蒂奇 (Tanja Softic)，《颤抖》(2008)。石版画。20″×52″。
资料来源：里士满大学。

* 可在 myartslab. com 网站收听本章音频，学习和回顾本章内容。

注意，每层都有其不同的颜色：灰色、蓝色、棕色、绿色、黑色。总体而言，这幅作品似乎想表达脆弱的结构在强风中的“颤抖”。

这种图像的分层设色，在某些方面类似于记忆的存储过程：我们的每一个记忆都栖息在我们头脑中的一层，每个可能都有其类似“色彩”的感觉或联想。这就是《颤抖》的作者想要表达的，是为了创作一首“视觉化的诗”。作者十分明智地选择了版画来实现这一愿景，因为这种分层的方式只适合用版画来实现。

在视觉艺术中，版画工艺指的是用单一图像来创作众多复制品的一系列工艺技术。印出来的版画就是一系列几乎完全相同的作品，通常印在纸上。这些版画是由版转印而来的，而模版可能是由艺术家用金属、木头或石头制作的。在艺术家的监督下，由同一模版印制出的一组图像被称为“版”。

几乎所有的版画作品都被编了号，以便明确总数，并按照顺序给每一版一个编号。例如一幅版画上的编号为 6/50，就表示总数为 50 版，而这幅是 50 版中的第六版。

作为版画流程中的一部分，艺术家在不同的阶段校样，以观察图像在模子上的变化。当达到令人满意的阶段时，艺术家印制几个版本作为个人收藏或用于个人目的，这些称为“艺术家的自留试印作品”（简称为 AP）。

对于版画的一个最好的定义来自艺术家琼·韦恩（June Wayne）：“它是一件艺术品，通常都在纸上，都有同科，它们都很相似，都用同一个模子，出于同样的创作冲动，在同一时间制造，并且都是原创的。事实上它们大多数都是不相干的。”[1] 另一位艺术家这样描述印刷版本：“印制版画就像我们人类：我们都一样，但又各不相同。”[2]

在这一章中，我们将学习创作版画的目的，并探讨种类繁多的版画制造的传统方法：凸版印刷、凹版印刷、平版印刷和模版印刷。当今时代，艺术家们以新的方法来使用传统工艺，有时候和数字技术相结合。我们将在本章的最后讨论这些新的创作方法。

版画创作的目的

尽管新的技术带来了不同的信息交流方式，但是在我们社会中大部分的信息还是通过印刷报纸、书籍、海报、杂志、贺卡、广告牌来传递的，因此很难想象所有的文字材料都用手工一次制作一份的时代是什么样子的。

印刷术和造纸术都是从中国传到欧洲的。9 世纪时，中国人便开始印制图片；11 世纪时，他们发明了活字印刷（但是很少使用）。15 世纪欧洲出现了版画——一开始是为了满足人们对廉价圣像画和扑克牌的需求，之后是为了给当时欧洲用活字印刷法印制的书籍制作插画。

直到 19 世纪末期，制版工人仍然运用版画工艺配合活字印刷法来复制图版、画作，甚至是早期的照片，以便为报纸和书籍制作插图。然而，由于 19 世纪后期出现了照相制版复制工艺，手工工艺在印刷过程中所起的作用就逐渐降低了。

一般情况下，艺术家们制作版画出于以下的某个或多个原因：

- 他们可能希望通过创作数量较多的作品，使更多的人来购买他们的作品，而版画的创作成本又不像绘画或雕塑那么昂贵。
- 他们可能希望影响社会。版画可以复制多个作品，比只有一件的艺术作品更易于广泛传播。
- 他们可能痴迷于版画的制作过程，这本身就是一项十分吸引人的工艺。

凸版印刷

当我们想到指纹、橡皮图章和轮胎是如何留下痕迹的，我们就知道什么是凸版印刷了。在凸版印刷过程中，版画家切去印刷表面的所有不需要留有墨迹的部分，在原表面的水平面留下“凸出”的设计（见图 8.2）。之后，表面染上墨，由于压力，油墨转移到纸上。

图 8.2　凸版印刷

木刻印版

最古老的凸版印刷是木刻印版（或木刻）。木刻工艺适用于粗体排印的黑白对比设计。载像木版（通常为软木）是沿着厚木板的纹理切割而成的。由于木刻介质不易于产生色差，使用它的艺术家通常会遇到只有黑白两色的问题。其他人选择木版则是因为他们享受雕刻新木版的感觉。由于凸面边缘会因受到重复压力而磨损，木刻版画最多只能印制几百版次。

17—19 世纪是日本雕版印刷的繁荣时期。日本版画* 的制作过程十分复杂，

* 可在 myartslab.com 网站观赏日本版画。

其中包括多块木版的运用，其目的是为了达到色彩效果的细微差别和高度融合。因为比绘画便宜得多，这些版画是住在首都江户（现称东京）的中产阶级首选的艺术形式。其题材包括著名戏剧演员的画像、夜生活、景观，甚至色情图片。日本版画是亚洲艺术中第一批在欧洲受到追捧的艺术形式之一。许多印象派和后印象派画家都深受日本版画的影响（见第 21 章）。

彩色版画通常由多块木版印制而成。和大多数版画技术一样，在运用多个颜色的情况下，逐一着墨，每一个颜色都要认真对准，以确保最终版本的颜色精准无误。

安藤广重（Hiroshige）的版画作品《庄野小雨》（*Light Rain at Shono*，见图 8.3）是高水准的日本版画一个很好的例子。印刷需要四块木版，每种颜色一块。雨和远处森林所营造出的氛围微妙、柔和，这是很难实现的，因为在这个作品中细线既需要仔细雕刻，也需要精准印刷。这件作品是安藤广重创作的 53 幅画作之一，这些作品描绘的是从江户到京都沿途的各种情景，是他最受欢迎的系列作品。*[1]

图 8.3　安藤广重，《庄野小雨》，编号 46（1832—1833）。全彩木刻。8⅞″×13¾″。

资料来源：加利福尼亚大学洛杉矶分校格伦沃尔德平面艺术中心藏品，汉莫博物馆，购自弗兰克·劳埃德·赖特藏品。

* 可在 myartslab.com 网站观看木刻版画创作过程的视频。

与安藤广重作品的细腻相比，德国艺术家埃米尔·诺尔德（Emil Nolde）创作的木刻版画《先知》（*Prophet*，见图 8.4）显得尤为粗犷。这块木版上的每一处切割都恰到好处地表现了一位老人的脸部特征，并揭示了木版画的制作* 特点。容貌的简化明暗模式赋予了肖像情感强度。诺尔德这种直接的创作风格是德国版画悠久传统的一部分。

图 8.4 埃米尔·诺尔德，《先知》（1912）。木刻版画（凯特·赖斯·施富乐-摩泽尔 110）。12½″×8¹³⁄₁₆″。

资料来源：华盛顿特区美国国家艺术馆，罗森沃尔德藏品，1943.3.6698。版权由德国基布尔诺尔德基金会所有。

木刻

木刻是用于书籍插图的一个传统方法。在该方法中，艺术家多使用密纹木材（通常为黄杨木），并使用横向截面而非纵向截面的木板。根据木材的硬度，需要使用金属雕刻工具，但它也使大型版画成为可能，从而促进木材雕刻的使用。

美国艺术家罗克韦尔·肯特（Rockwell Kent）是最好的木刻大师之一，他于 1937 年创作了《全世界劳动者联合起来》（*Workers of the World，Unite*，见图 8.5）。在这幅作品中我们可以看到身体的精美细节，以及密纹木板横截面所雕刻出的背景云团。这幅作品也是社会意识版画的一个例子，因为它展示了一个

图 8.5 罗克韦尔·肯特，《全世界劳动者联合起来》(1937)。木刻。8″×5⅛″。

资料来源：旧金山美术博物馆，阿肯巴克平面艺术基金会，美国大学协会版画收藏家赠予，54959，普拉茨堡国家艺术博物馆，纽约州立大学提供，罗克韦尔·肯特画廊收藏，莎莉·肯特·戈顿遗赠。

农民不畏刺刀保卫家园的场景。肯特是一位鼓动家，他代表了所有的劳动者。他还经常制作版画宣传他最热爱的事业。

油毡浮雕

油毡版画（或油毡浮雕）是凸版印刷的现代化发展。艺术家开始用油毡的合成面层——橡胶，并像木刻一样，凿去不沾油墨的区域。油毡比木材更柔软，没有纹理，并且从任何方向都易于切割。这种柔软的模子材料，不能够用来制造出精致的细节。

油毡版画的一个例子是伊丽莎白·卡特利特（Elizabeth Catlett）的《佃农》（*Sharecropper*，见图 8.6）。在这幅作品中，平滑的白色圆凿使软质材料显现出来。这幅作品也显示了卡特利特一生都致力于树立有尊严的非裔美国人形象。

在当代艺术家中，来自墨西哥城的贝查北·罗梅罗（Betsabeé Romero）以最原始方式运用浮雕技术进行创作。她买来几乎已经磨平了的旧轮胎，在上面雕刻传统的墨西哥流行文化象征图案，如骨骼和鲜花（见图 8.7）。轮胎很容易印制长条，她通常在院子附近卖这些作品或是将作品与轮胎一起展出。

图 8.6　伊丽莎白·卡特利特，《佃农》(1970)。米黄色日本纸上的彩色油毡浮雕。21$\frac{7}{16}$″×20$\frac{3}{16}$″。

资料来源：芝加哥艺术学院，罗伯特·S·哈特曼夫妇赠予，1992.182。图片版权由芝加哥艺术学院所有，版权由卡特利特·莫拉家族基金会所有，纽约视觉艺术家和画廊联合会许可。

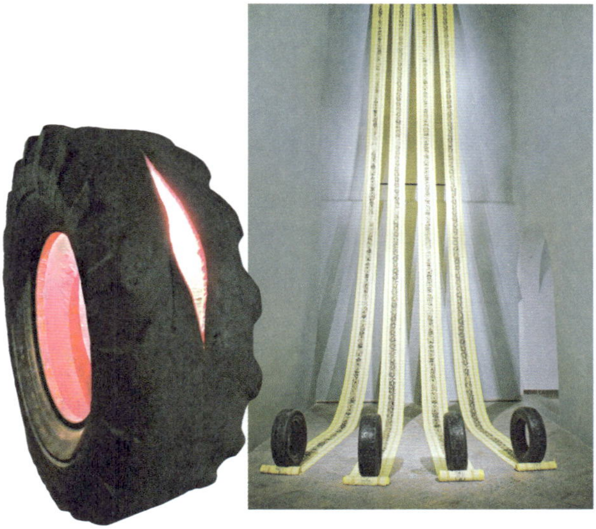

图 8.7　贝查北·罗梅罗，《移动的城市》(*Ciudades que se van*，2004)。轮胎和凸面版画，装置一角。每个轮胎：直径 23$\frac{5}{8}$″×宽 6$\frac{19}{64}$″。印在国内面料上的 4 版。每版：59′×19$\frac{11}{16}$″。

插图：《速度的另一边》(*Del otro lado de la velocidad*)。轮胎。51$\frac{3}{16}$″×15$\frac{3}{4}$″。

资料来源：艺术家本人提供。

凹版印刷*

凹版印刷与凸版印刷相反，表面之下的区域沾有油墨（见图 8.8）。“凹版”这个词来源于意大利语 intagliare，意思是切入。要印刷的图像被切割、刻画或蚀刻到金属表面上。凹版印刷过程中，版画家首先要用油墨涂抹金属版，然后将表面擦拭干净，只在蚀刻或凹槽部分留下油墨。然后将湿纸放置在着墨的金属版上，之后压辊。当湿纸从凹槽上着墨后，印刷就完成了。辊子的压力会在图像边缘形成特别的凹版印痕。传统方法中，凹版印刷由抛光铜板制作，但现在锌、钢、铝，甚至塑料都经常被用来制作凹版。凹版印刷的主要方法包括雕刻、针刻和蚀刻。

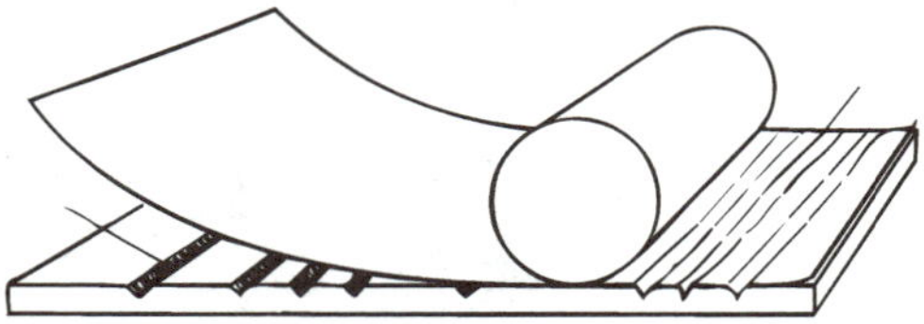

图 8.8　凹版印刷

雕刻

制作雕版时，艺术家用刻刀或雕刻工具在金属板的抛光表面切割线条。这个精细的过程需要足够的力量和很好的控制力。将刻刀按进金属，刻出凹槽，这一过程中需要去除金属窄条。最好是一条干净的线，因此必须用刮刀将凹槽的粗糙边缘刮平。由于需要依靠压力切出凹槽，因此刻线不能绘制得太过随意。较暗区域用各类交叉阴影填充。因此，成功的雕刻需要精确、流畅的曲线和平行线。美国货币是雕刻印刷一个很好的例子。我们所有的纸币都是由专家雕刻的。

我们也可以在阿尔布雷希特·杜勒（Albrecht Dürer）的雕刻作品《骑士、死亡和魔鬼》（*The Knight*，*Death and the Devil*，见图 8.9）中看到复杂丰富的刻线，复制品接近它的实际大小。在这个复杂的印刷过程中，成千上万的细线形成轮廓、块面、空间、明暗与纹理。杜勒的作品中线条的精密度与其主题相映成辉，即高贵的基督教骑士坚定地向前，不为周围的黑暗、邪恶和死亡所动摇。

---

* 可在 myartslab.com 网站观看关于凹版版画的制作过程。

图8.9 阿尔布雷希特·杜勒，《骑士、死亡和魔鬼》(1513)。雕刻版画。板：9⅝″×7½″。

资料来源：华盛顿特区美国国家艺术馆，罗森沃尔德藏品，1943.3.3519。

针刻

针刻类似于线雕。艺术家使用带有钢或金刚石的尖头工具在软铜或锌板上刻线。雕刻金属留下的毛边或粗糙边缘类似犁过的田地。印刷的时候，毛边染上油墨，留下少量模糊线条（见图 8.10）。毛边十分

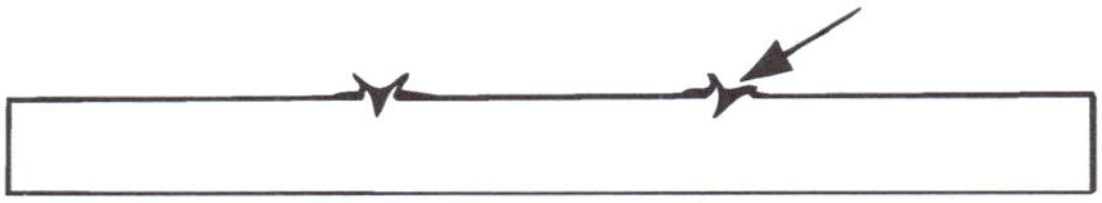

图 8.10 针刻雕版

容易受损，受到印刷滚筒的压力会迅速磨损，因此很少使用针刻技术，针刻作品数量稀少。因为针刻线条难以刻画，而且几乎不可能纠正，娴熟的技法成为必要元素。更多的时候，艺术家用针刻来填充蚀刻后金属板的细节。

蚀刻

蚀刻的过程从准备金属板开始。艺术家在铜或锌板的表面，涂上抗酸的蜡或漆的涂层，然后用尖头工具来绘制，每个笔画都要使金属裸露。蚀刻工具的尖端可以像笔一样粗，但更多的是接近于针的大小。最后，将板浸泡在硝酸里。酸腐蚀板上露出的金属部分，根据酸的强度和板浸在酸中的时间长短形成深度不一的凹槽。

因为制作过程相对简单，蚀刻线条一般比雕刻线条更加宽松或不规则。通过比较伦勃朗蚀刻版画《基督布道》(*Christ Preaching*，见图 8.11）中的线条和杜勒的雕刻线条（见图 8.9)，我们可以看到蚀刻和雕刻之间在线条质感上的不同——自由与精准的对比。

图 8.11　伦勃朗·范·莱因，《基督布道》(约 1652)。雕刻、针刻、蚀刻。板：$6\frac{1}{16}'' \times 8\frac{1}{8}''$。
资料来源：华盛顿特区美国国家艺术馆，W. G. 拉塞尔·艾伦赠予，1955. 6. 5。

在《基督布道》这幅作品中，伦勃朗对基督慈悲精神的个人理解与果断而又宽松的蚀刻线质感相一致。这一蚀刻作品表现了伦勃朗通过影线法创造出丰富的明暗变化的典型风格。他巧妙地利用了光影来凸显基督的轮廓，并使得整个画面清晰而生动。在每一个人物的轮廓大小相似的构图中，伦勃朗通过下部光亮区域和上部光亮的垂直环带，衬托出基督这一关键人物，并从听众的面容中隐射出他的地位。

蚀刻只产生线条，但有一种方法可以在凹版创建阴影区域。凹版腐蚀制版法是一种用于在黑白或彩色印刷品上形成灰色区域的蚀刻工艺。艺术家将耐酸粉撒在需要灰色的区域之上。当板浸泡在酸中，耐酸粉粒子之间的暴露区域将被腐蚀，进而产生能留住油墨的粗糙表面。由此产生的明暗变化主要取决于板在酸中的浸泡时间和耐酸粉覆盖的厚度。因为凹版腐蚀制版法不适于制作细线，通常情况下需要与雕刻或蚀刻类的线性印刷工艺相结合。

美国艺术家玛丽·卡萨特（Mary Cassatt）在她的作品《信》（*The Letter*，见图 8.12）中结合了一些凹雕技术。她用凹版腐蚀制版法制作彩色区域，用针刻法在板面上刻线。她使用了三个板，每个板用一个颜色。

图8.12 玛丽·卡萨特，《信》(1891)。针刻法、凹版腐蚀制版法，3 块板，彩色印刷。第四种状态，共4种。$13\frac{5}{8}'' \times 8\frac{15}{16}''$。

资料来源：大都会艺术博物馆，保罗·J·萨克斯赠予，1916。图片版权© 2013 由大都会艺术博物馆/艺术资源/佛罗伦萨斯卡拉所有。

因为在凹版印刷中使用的酸含有剧毒，并释放毒烟，许多当代凹版艺术家开始关注新的无毒方法。其中一些包括使用不同的化学物质，如用无水柠檬酸或氯化铁粉末代替硝酸浸泡液。另一种方法是电蚀刻，低功率的电流通过硫酸盐溶液时产生一种可以腐蚀刻板又不危害艺术家健康的非酸性浸泡液。

石版印刷*

蚀刻和雕刻可以分别追溯到15和16世纪，石版印刷则成熟于19世纪初。

石版印刷是一种基于水油不相容原理的表面或平版印刷工艺（见图8.13）。艺术家直接在石板的表面绘制图形，不用经过任何切割，因此石版印刷是一种直接的印刷方式。它的直接性使得石版印刷与其他印刷方法相比速度更快，而且在一定程度上更为灵活。人们常常难以区分石版印刷作品与蜡笔画。

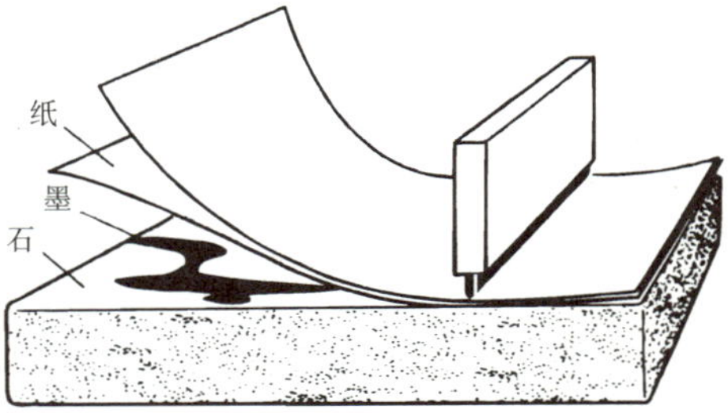

图8.13　石版印刷

艺术家们使用石印蜡笔、石印铅笔，或一种叫作制版墨的油性液体，在有细密纹理的平坦的巴伐利亚石灰石（或具有类似特点的金属表面）上作画。图像完成后，作品用阿拉伯树胶进行化学处理，并用少量的酸来“凝固”石头表层的图像。之后表面被水浸湿，染上油墨。水排斥空白区的油基油墨，但油墨附着到图像的油性区域。和其他印刷方法一样，当其表面覆盖了纸张，通过印刷时的压力，图像就被转印到纸张上。因为表面保存完好，石版印刷的石版可在清洗后重复使用。

虽然石版印刷在19世纪初是一个新方法，却产生了重大的社会影响，因为它更为简单快速。在现代印刷机发明之前，石版印刷主要用于为报纸、海报和传单制作插图。奥诺雷·杜米埃（Honoré Daumier）是第一批最伟大的石版印刷艺术家之一。他一生为法国报纸创作讽刺和纪实性的石印版画。他的个人风格与石版印刷工艺的特点非常相配。

在《特朗斯诺宁街，1834年4月15日》(*Rue Transnonain，April 15，1834*，见图8.14）中，杜米埃精心叙述了一个发生在1834年法国国内动荡时期巴黎的恐怖事件。自卫队民兵宣称有人从特朗斯诺宁街的一栋大楼上开火，士兵们便进入公

---

* 可在myartslab.com网站观看石版印刷工艺视频。

寓，杀死了所有的居民，其中包括许多无辜的人。杜米埃的版画发表于事件发生的翌日。石版画反映了艺术家的感受，但它也同今天的新闻照片和网站一样起到了传播信息的作用。在强光和暗区的组合上，显而易见杜米埃受到伦勃朗的影响，这种处理方式也使他的画作影响力更为巨大。

图 8.14 奥诺雷·杜米埃，《特朗斯诺宁街，1834 年 4 月 15 日》(1834)。石版画。11¼″×17⅜″。
资料来源：版权由克利夫兰艺术博物馆所有，2001。拉尔夫·金赠予，1924.809。

19 世纪晚期欧洲主要的版画家亨利·德·图卢兹-洛特雷克（Henri de Toulouse-Lautrec）用石版印刷创作了许多极具创新性的作品。在近十年的时间里，他创造了数以百计的海报，宣传从夜总会到自行车的一切事物。他对鲜艳色彩的运用与扁平化处理的现代化构图方式，影响了之后几十年的平面设计师。《大使餐厅：阿里斯蒂德·布鲁安》（*Ambassadeurs：Aristide Bruant*，见图 8.15）是他最生动的作品之一。这幅作品是为阿里斯蒂德·布鲁安设计的，他将要去高档夜总会参加活动 。

今天的大多数书籍的插图印刷中，都运用了一种平版印刷方法，即平版胶印。将每一页的图像烙印到金属平版上，然后着墨，在印刷到纸上之前，油墨首先转印或胶印到滚筒上。此方法适用于轮转印刷机，在整个印刷过程中可以确保油墨深度均匀。本书以及其他很多的书籍都是用这种方法印制的。

图 8.15　亨利·德·图卢兹-洛特雷克，《大使餐厅：阿里斯蒂德·布鲁安》(1892)。彩色制版喷墨版画。52$\frac{15}{16}$″×36$\frac{1}{4}$″。

资料来源：巴尔的摩艺术博物馆，尼尔森和胡安妮塔·格雷夫·古特曼藏品，BMA 1951.69.4。米特罗·胡德摄影。

艺术的形成　亨利·德·图卢兹-洛特雷克（1864—1901）：版画人生

图8.16　工作室里的亨利·德·图卢兹-洛特雷克

资料来源：图片由帕特里克·弗兰克提供。

夜总会歌手阿里斯蒂德·布鲁安是亨利·德·图卢兹-洛特雷克（见图8.16）创作的关键人物，因为他们是活跃于酒吧和夜总会的朋友。与布鲁安的关系，激发艺术家创作了一些版画作品。

布鲁安青少年时期一直住在巴黎的贫民区，在那里他的朋友遍布黑白两道。他甚至曾经获许进入行刑地侯葛特监狱。布鲁安将这些经历融入进他的歌曲，充满了对贫穷和绝望的人们的消极批评。他是当时最受欢迎的歌手之一。

1885年，布鲁安开了一家歌舞夜总会，图卢兹-洛特雷克成为最忠实的顾客之一。次年，布鲁安将艺术家的作品永久地陈列在夜总会。图卢兹-洛特雷克又为布鲁安创作了一幅版画肖像（见图8.17）。在这幅作品中，我们看到了歌手标新立异的装束：宽边帽和脖子上的鲜艳围巾。

我们也看到了艺术家对平版印刷方法的多样化、创造性运用。他使用不同宽度的蜡笔绘制线条，并在强暗区运用制版墨。他将熔化的蜡滴在石头上，在右边创造白斑，使油墨远离这一区域。斑点由喷墨也就是他轻弹墨刷产生的。

布鲁安的夜总会兴旺了十年。他的表演，包括戏弄观众，吸引人们长途跋涉到蒙马特附近的阴暗小镇。在那儿，他们看到了冷漠忧郁的歌手的精彩表演。

当上流社会的夜总会大使餐厅邀请布鲁安参加香榭丽舍大街的时尚聚会时，他委托图卢兹-洛特雷克设计了海报（见图8.15）。洛特雷克用五种颜色创作了这幅海报，海报是扁平的大版式形状，在那个时代十分罕见。每种颜色需要一个单独的石版。深蓝色区域的右上角的门口站着水手装扮的布鲁安。布鲁安的身体占据了画面的绝大部分区域，使他接近图面表层，与顶部的俱乐部名字重叠。火红围巾的区域在头部附近会合，引导我们看向歌手冷漠而又有些傲慢的脸。图卢兹-洛特雷克十分善于捕捉这种冷漠的情绪状态。海报也反映了图卢兹-洛特雷克对日本版画家的借鉴，这些日本雕刻家经常在明朗色彩的背景下用扁平形状描绘夜生活场景。

这张海报并没有立刻获得成功。大使餐厅的经理不喜欢这个海报的大胆设计，在当时看来，这种设计的确新奇，但布鲁安却十分喜欢。据说他这样评价："我跟画里一样气宇非凡吗？"[3]他坚持将这张海报复印数百张贴满整个巴黎。这使得它们存留至今，原版大多保存在博物馆，盗版仿制品遍地都是。

图 8.17　亨利·德·图卢兹-洛特雷克，《阿里斯蒂德·布鲁安》（*Aristide Bruant*，1893）。版画。$10\frac{1}{2}'' \times 8\frac{1}{4}''$。

资料来源：华盛顿特区美国国家艺术馆，罗森沃尔德藏品，1947.7.169。

模具和丝网印刷*

简单来说，模具是按设计切割后的薄板，在薄板上的绘制或喷涂使设计转化为图面。模具是将刻字或重复设计转移到墙上的快捷方式，但在这里我们将其视为制作多个艺术作品的方法。

模具是受街头艺术家们青睐的一种传达政治信息的方式，因为这为快速制造提供了可能，而不需要每次都重新绘制，例如，由著名的街头艺术家班克西（Banksy）绘制的作品（见图 25.25）。然而有些模版艺术家却做出了更精妙的设计，金·麦卡锡（Kim McCarthy）就是其中之一，她定居在西雅图，曾使用化名——城市苏尔（Urban Soule）。在她的作品《城市大佛》（*Urban Buddha*，见图

* 可在 myartslab. com 网站观看关于丝网印刷过程的视频。

8.18）中，她用蓝黑涂料创作了背景中出现的许多重复图案。黑色的头骨和占主导地位的佛像通过模版喷涂而成。使用模版的缺点是，只能产生正空间和负空间，而无法产生阴影。麦卡锡通过添加多种颜色、使用绘画技巧和颜料滴洒克服了这一困难。黑色和白色涂料的轨迹说明了街头艺术的速成特点。

图 8.18 金·麦卡锡，《城市大佛》（2009）。模版，帆布上的混合绘画法。36″×48″。

资料来源：金·麦卡锡。

丝网印刷是对模版印刷技术的改进。早在 20 世纪，通过将模版粘贴到绷紧在框架中的丝织品（现在使用合成纤维）上，模版印刷技术得以提高。运用橡胶边工具（称为“橡胶滚轴”），然后墨从模版开口处渗入织物，从而在印刷材料上留下模版的图像（见图 8.19）。丝绸是用于丝网印刷的传统材料，因而该工艺也被称为“丝网印刷”或“丝网绢印”（来自拉丁语 sericum，意为丝绸）。

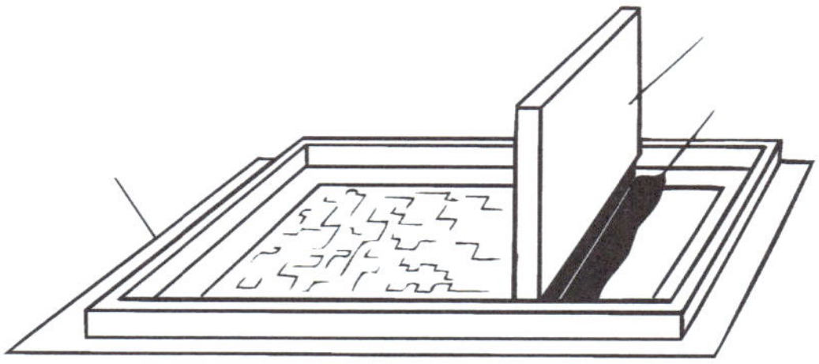

图 8.19 丝网印刷

丝网印刷非常适合于产生单色的图像。每个单独的颜色都需要不同的丝网，但套准和印刷都相对简单。与凸版、凹版和平版印刷不同，丝网印刷不存在图像反转的问题。这一印刷方法还适用于大幅作品无质量损失的大批量生产。

因此丝网印刷适合于海报制作，许多社会运动都与丝网印刷艺术家有联系，以通过艺术创作传播思想。例如，埃斯特·埃尔南德斯（Ester Hernández）创作了数百张海报，宣传墨西哥裔美国人的平等身份，并揭露墨西哥裔美籍劳动者恶劣的工作条件。她的丝网印刷作品《疯狂的太阳》（*Sun Mad*，见图 8.20）既是一个丝网印刷艺术的很好例子，也表达了反对使用农药的观点，令人印象深刻。

丝网印刷的最新发展是摄影模板，也就是晒网式丝印法，是通过将感光明胶加在网板织物上实现的。

伊丽莎白·默里（Elizabeth Murray）的《流亡》（*Exile*，见图 8.21）* 将丝网印刷和制版发挥到了极致。这个创作基于一块形状不规则的黄色版，版上印有浮雕图案，并以报纸版面设计为基础进行丝网印刷。她在黄色版上放置了镂空的锯齿状蓝色版，这也是经过了丝网印刷和彩色石印的。最后，她剪下一大张红纸，经过丝印和石印后，将其放置在其他两层的上方。所有涂层显示出手绘蜡笔、铅笔痕迹和印色。艺术家称《流亡》是“结合了 23 色石印和丝印的拼贴画与粉蜡笔画”[4]。

图 8.20　埃斯特·埃尔南德斯，《疯狂的太阳》(1982)。丝印。22″× 17″。
资料来源：艺术家本人提供。

图 8.21　伊丽莎白·默里，《流亡》(1993)。23 色石版画/丝印画，艺术家运用特殊蜡笔绘制。30″× 23″× 2½″。38 个独一无二的作品。
资料来源：版权© 2013 由默里·霍尔曼家族信托/纽约艺术家权利协会所有。

现代方法

近年来实验版画运用了新型的印刷材料和数字技术。更多的艺术家也在考虑将多个艺术作品带入第三维度。每一个都改变了介质的界限。

---

* 可在 myartslab.com 网站详细了解伊丽莎白·默里的《流亡》。

非裔美国艺术家埃伦·加拉格尔（Ellen Gallagher）翻阅了许多顾客群体为 50 多岁黑人的杂志，借用了杂志中鼓励人们以各种方式消除自己黑人意识的广告进行创作。她对这些广告进行数字化扫描，之后通过在其表面张贴黏胶模型对这些广告进行了改造（见图 8.22）。“了不起先生”（Mr. Terrific）是构成巨大画作《豪华》（*Deluxe*）的 60 个面板之一。在此面板中，我们看到一个名叫约翰逊的男人拿着一罐直发剂，广告表达的是：“因你的头发而倍感自豪。”加拉格尔用一个覆盖头发和眼睛的巨大黄色色块讽刺了 20 世纪 50 年代各种自我造型的尝试。她说，在这个作品中，“我在原有阅读物的基础上进行了编造创作”[5]。《豪华》的 60 张面板每张印刷了 20 次。

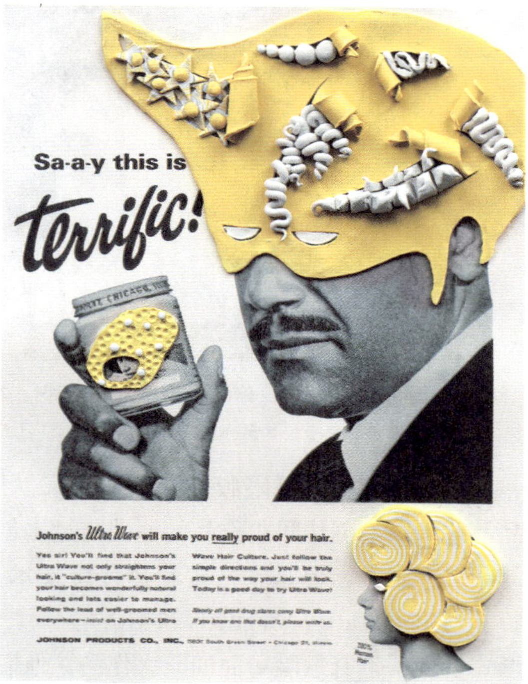

图 8.22　埃伦·加拉格尔，《豪华》中的“了不起先生”（2004—2005）。凹版腐蚀制版法，凹版印刷，黏胶。13″× 10″。

资料来源：版权由埃伦·加拉格尔所有，高古轩画廊提供。

数字技术淘汰了有形的金属版，从根本上改变了版画制作。数字模型不是用手工制作，而是用键盘和鼠标制作的。有些艺术家们用绘画和照片编辑软件来制作数字版画，然后在文件“编辑”完成后删除模型。因为具有无限的可复制性，该技术使版画的创作不再是传统意义上的原创。2007 年，英国二人组合吉尔伯特（Gilbert）和乔治（George）（他们不使用姓）使版画可以在 36 小时内从网上免费下载。这意味着下载数量没有限制，但有时间限制。

现在的许多版画家将版画制作技术与其他方式相结合。妮古拉·洛佩兹（Nicola López）便是其中之一，她使用木刻和石印为每个展览创作特定装置。在她 2006 年的作品《荒芜》(*Blighted*,见图 8.23)中,她用聚酯薄膜(一种透明膜)进行版画创作。破碎的建筑物和歪斜状结构的图像设计灵感来源于她对于“9·11”事件的回忆。

图 8.23 妮古拉·洛佩兹,《荒芜》(2006)。木刻、聚酯薄膜上的石印。20′×22′。
资料来源:卡伦·戈尔登艺术/妮古拉·洛佩兹。

与版画相关的是限版作品,艺术家创作的模具可以生成一定数量的三维作品。艺术家们创作限版作品的原因与过去创作版画基本相同。一个限版作品可以复印多个副本,但是不一定使用传统技术。在最近的一个限版印刷品中,沃尔特·马丁(Walter Martin)和帕洛玛·穆尼奥斯(Paloma Muñoz)借用雪球的形式创作了带有危险场面的骇人作品。他们的系列作品《旅行者》刻画了身处险境的游客和徒步旅行者。在《旅行者 CLXXXVI》(*Traveler CLXXXVI*,见图 8.24)中,一个困在雪中的徒步旅行者无意中发现了两个巨大的兔子洞。这幅作品的神秘气息用黑色幽默的方式与雪球廉价和感伤的模型展示了出来。艺术家用塑料雪花填充球体,像纪念品商店里拙劣的模仿作品一样,这幅作品被复制了 250 次。晃动的球体更是增加了场景的黑色幽默效果。

正如我们在这一章的例子中看到的那样,几百年来人们用印刷技术制作了很多图像。因为版画比其他方法廉价,而且易于传播,所以版画作品拥有更为广泛的受众。

图8.24 沃尔特·马丁和帕洛玛·穆尼奥斯，《旅行者CLXXXVI》(2006)。混合媒介。9″×6″×6″。
资料来源：版权© 2006由沃尔特·马丁和帕洛玛·穆尼奥斯所有。

思考回顾

1. 艺术家们为什么要制作版画？
2. 版画创作的主要技术是什么？
3. 今天的艺术家们如何改变传统的技术？

请试一试

2009年，艺术家谢泼德·费尔雷（Shepard Fairey）在标题为“希望”的平版印刷海报中用了总统奥巴马的新闻图片，美联社因此对他提出版权诉讼。费尔雷声称，他已经改变了原有的照片，并在海报中进行了新的创作。2011年该案结案，但不允许任何一方披露详情。请在网上搜索该案件的信息及材料，并给出自己的意见：费尔雷的版画是原创吗？

关键术语

凹版——对凹进印刷版表面的线和区域进行着墨的版画印制技术。

模版——金属版、木版、石版，或艺术家使用的其他印刷材料。

平版胶印——通过光学制版进行间接图像转印的平版印刷技术。

套准——在彩色版画印制或机器印刷中，对于同一张纸上的块状或片状图像进行校准的过程。

凸版——切去其他区域，只对印刷版表面凸起部分着墨的版画印制技术。

丝网印刷——将模版放置在绷紧于框架的织物上，并将涂料或油墨从网板空隙中冲压到纸张或其他表面的一种印制技术。

第9章 摄 影*

请思考

1. 了解摄影师所做的审美和技术决策。
2. 描述促进摄影发展的早期创新。
3. 比较摄影的艺术功能和社会记录功能。
4. 解释在20世纪70年代之前艺术家不常使用彩色摄影的原因。
5. 讨论当代艺术家运用的实验性摄影过程。
6. 阐述21世纪数字技术对摄影的影响。

简·威尔逊（Jane Wilson）和路易丝·威尔逊（Louise Wilson）的摄影作品《后退时沉默加快了一倍Ⅰ》（*The Silence Is Twice as Fast Backwards I*，见图9.1）捕捉的是郁郁葱葱的绿色森林里的神奇时刻。这幅作品看起来像是艺术家在清晨散步时偶然发现了一个树木繁茂的林间空地，那里充斥着条状的阳光光束。原作为六英尺见方，填满了我们的整个视觉场。图像充满吸引力，观众会产生身临其境的感觉。

图9.1 简·威尔逊和路易斯·威尔逊，《后退时沉默加快了一倍Ⅰ》（2008）。照片（彩印）。72″×72″。

资料来源：纽约303画廊提供。

“摄影”（photography）一词的字面意思是“谱写光影”，然而更准确的描述应该是“描绘光影”。和画画一样，摄影是实用的工具，也是一种艺术形式。除了在新闻、

* 可在myartslab.com网站收听本章音频，学习和回顾本章内容。

科技、广告以及个人记录保存中的许多用途外，摄影也为艺术家们如简·威尔逊和路易丝·威尔逊提供了一种强有力的表达方式。

除了相机、镜头和胶卷的选择外，一个熟练的摄影师也需要认真考虑构图、角度、重心、距离和光线。在威尔逊姐妹精心拍摄的《后退时沉默加快了一倍Ⅰ》中，三棵树被完美地定位在画面中，树枝引导我们的眼球从左下方向上移动，直到停留在第二棵树的枝叶上。还要注意到右下方的树枝如何有节奏地与左下方的树枝保持平行。

这些弯曲的树枝与左上方射入的太阳光线大约成90度角。艺术家完美地设置了曝光，所以即使在强烈的光线和黑暗的对比中也可看清细节。这一照片的拍摄技法还包括：为实现光线效果，艺术家在拍摄前在现场释放一些雾气。

在本章中，我们将学习摄影是如何从19世纪中叶一个捕捉人物、场景的工具演变为一种既定的艺术形式的。我们也会研究摄影如何成为鼓励社会变革的工具，并思考数字革命对它的影响。

摄影技术的发展

照相机的基本概念出现之后300年才真正出现了摄影技术。文艺复兴时期艺术家准确描绘大自然的愿望，是摄影最终被发明出来的原始动力。

现代相机的前身是暗箱（Camera Obscura），字面意思是“暗房”（见图9.2）。摄影的形成源于这样一个原理：反射的太阳光通过黑暗房间里的一个小孔，将外面的物品——无论是什么，投射在对面墙上形成倒影。15世纪，达·芬奇将这种设备视为观察和图片制作的辅助工具。

无论是固定的还是可移动的暗房，都由于体积太大且笨重，难以得到广泛应用。17世纪，发明者意识到描绘图像的人没有必要待在屋子里，进而暗房演变为便携式暗箱。在其演化过程中，镜头开始放置在小孔中以提高图像的清晰度。后来运用成角度的反光镜修正倒置的图像，使任何人，无论熟练与否，都能用钢笔或铅笔描绘投影图像。

当科学家们发现了某些对光敏感的化学物质，摄影成为了可能。因此，直到大约1826年，第一个模糊的摄影图像才由约瑟夫·尼塞福尔·涅普斯（Joseph Nicéphore Niépce）制造而成。他将记录的画面用感光金属板在阳光下曝光八个小时，并固定在白蜡板上。在接下来的十年里，画家路易-雅克-曼德·达盖尔（Louis-Jacques-Mandé Daguerre）进一步完善了涅普斯的制作过程，并第一次制作出了一些令人满意的照片，这一摄影方法被称为“达盖尔照相法”。他通过把

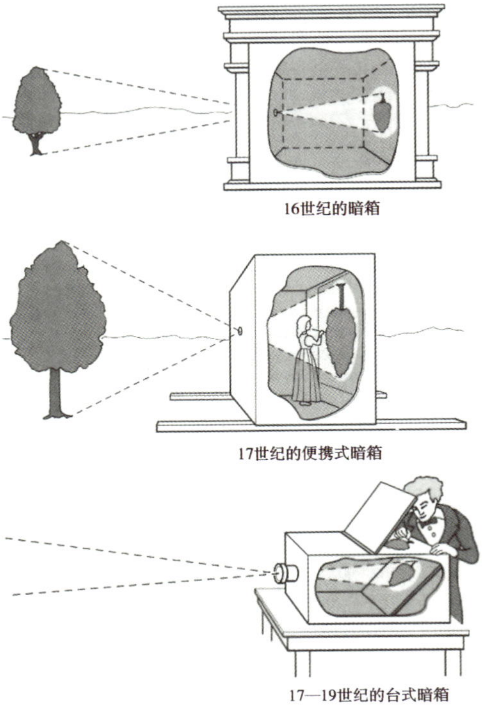

图 9.2 暗箱的演变

碘化银板暴露在汞蒸气中，将图像固定在无机盐溶液处理过的板子上，从而制成了相片。

起初，因为所需曝光的时间十分漫长，摄影只能记录静止的物体。达盖尔的照片《巴黎寺院街》(*Le Boulevard du Temple*，见图 9.3) 拍摄于 1839 年的巴黎（这一年他的创作过程这是公开的），街道看上去冷冷清清的，是因为移动的物体在板上没有留下光的持久影像。这张感光底片的曝光时间大约为半个小时。但是，那个擦鞋子的人，因为长时间没有移动，成为了图像的一部分。他出现在左下方，也是第一个出现在照片中的人。这是人类历史上的重要时刻：终于，没有经过训练的人也能够摄影了。虽然那个时期有些画家觉得新技术是一种不公平的竞争而且将导致他们艺术的终结，但是摄影的发明实际上标志着一个新时期的到来。由于摄影的可复制性，艺术更容易被大众所熟知；这也标志着新的绘画方式的产生，而不是绘画的结束，绘画因摄影这种新艺术形式的产生而得到了更大的发展。

在相机发展之前，只有富人能支付得起自己的肖像画作。到了 19 世纪中叶，大量的中产阶级蜂拥而至，在摄影室里坐下，身体僵硬，眼睛一眨不眨，在明亮的阳光下保持 5～8 秒的时间，通过相机得到自己的肖像。

从一开始，肖像画就极大地影响了人像摄影。朱莉娅·玛格丽特·卡梅伦 (Julia Margaret Cameron) 是第一代伟大的肖像摄影师之一。1864 年，她已成为一个狂热的创作富有表现力肖像的摄影师。卡梅伦率先使用了特写镜头，通过仔细控制的光线来提高人物肖像照质量，这些作品中的人物往往是家庭成员或著名的友人。她名为“保罗和弗吉尼亚”(Paul and Virginia，见图 9.4) 的照片显示了她在摄影过程中考虑了很多因素。她精心设置了曝光，让足够的光线照入，以完美地表现孩子们的身体轮廓和凌乱的服装。她将他们放置在偏离中心的位置，并与伞和对角线构成一种动态平衡。我们从其他的照片中熟悉了这两个孩子，但

图 9.3　路易-雅克-莫德·达盖尔，《巴黎寺院街》(1839)。达盖尔照相法。
资料来源：慕尼黑巴伐利亚国家博物馆。

是卡梅伦以一部描写了一对遭遇海难的儿童的畅销小说书名来命名这个作品。她通过标题和姿势暗示了小说所渲染的氛围。

许多 19 世纪的摄影师们深受画家的影响。同时因为摄影的产生，画家从他们记录重大事件的传统职责中解放出来，因此许多画家也极大地受到了摄影的影响。更短的曝光时间、较无害的技术，并能够在纸上打印，所有这些都使摄影在 19 世纪的发展中越来越受人欢迎。

作为艺术形式的摄影*

起初，因为摄影对机械设备的依赖，公众不愿意将其视为一门艺术。今天，大多数人认为，相机是一种个人表达和象征性传达的载体。美国的艾尔弗雷德·施蒂格利茨（Alfred Stieglitz）是早期摄影艺术运动的积极推动者，他于 1905 年在纽约开了一家摄影画廊，还创立了一本富有影响力的杂志《摄像技巧》，这本杂志发表摄影作品以及与现代艺术和文化相关的文章。

施蒂格利茨本人的摄影作品几乎总是“直接的”，也就是说，没有对底片进行任何技术处理。他 1901 年的作品《春雨，纽约》（*Spring Shower*，*New*

---

* 可在 myartslab. com 网站找到摄影艺术教程，查看黑白摄影技术。

图 9.4　朱莉娅·玛格丽特·卡梅伦，《保罗和弗吉尼亚》(1864)。蛋白打印。10″× 7⅞″。
资料来源：洛杉矶 J·保罗·盖提博物馆，84. XZ. 186. 3。

York，见图 9.5）色彩控制极佳，因为它毫不费力地处理了质感和色调的细微层次。潮湿的街道看起来与人行道有所不同，就像雾蒙蒙的天空和远处若隐若现的建筑物有所不同一样。施蒂格利茨拍摄和展出照片的目的是想证明摄影师可以像画家一样有技巧地捕捉和解读他们周围的世界。在像《春雨，纽约》这样的早期照片中，他向我们展示的是他在城市景象中发现的日常诗意。

法国摄影师亨利·卡蒂埃-布列松（Henri Cartier-Bresson）拍摄的《巴黎圣拉扎尔火车站后面的欧洲广场》（*Place de l'Europe Behind the Gare St. Lazare, Paris*，见图9.6）捕捉到戏剧性场景中的一个微妙时刻。他非常及时地按了快门，捕捉到一个男人跳跃过水坑的瞬间。男人及其在水坑中的倒影，与后面海报上的舞者形象相映成趣，又像水坑中半圆形涟漪与一旁圆形物的对应关系。对于卡蒂埃-布列松来说，好的摄影是捕捉决定性的瞬间：

图9.5 艾尔弗雷德·施蒂格利茨，《春雨，纽约》（1901）。照片。3¾″×1½″。

资料来源：乔治·伊士曼故居，国际摄影和电影博物馆提供。版权© 2013由乔治娅·奥基芙美术馆/纽约艺术家权利协会所有。

图9.6 亨利·卡蒂埃-布列松，《巴黎圣拉扎尔火车站后面的欧洲广场》（1932）。照片。

资料来源：版权由亨利·卡蒂埃-布列松/马格南摄影所有。

> 对我来说，摄影是一种几乎同步的意识，往往只在一秒钟内，就认识到了事件的重要性，认识到如何通过精确的组织形式来恰当地表达这一事件。[1]

如果说布列松和施蒂格利茨用我们原本不会注意到的日常诗意唤醒我们，那么曼努埃尔·阿尔瓦雷斯·布拉沃（Manuel Álvarez Bravo）则是在寻找城市环境中出其不意的不和谐。他的照片《两双腿》（*Two Pairs of Legs*，见图 9.7）结合了广告牌和建筑工地的场景。这个作品的主体似乎从鞋子广告的双腿开始，呈现出向上的趋势。上方是一对灯，更上方是正在建设的办公大楼的一对窗户。其他有趣的启示等待细心的观众去发现：女人的短裙和雨篷影子之间的平衡，后者在男人身上也映出了“裙子”；与广告牌的直线部分交错的灯影；身体似乎消失在上方的建筑里；摄影师用什么视角为顶部的标识留下空间。

图 9.7　曼努埃尔·阿尔瓦雷斯·布拉沃，《两双腿》(1928—1929)。明胶银版画。6½″×9½″。

资料来源：版权由科莱特·厄巴吉戴尔/阿奇沃·曼努埃尔·阿尔瓦雷斯·布拉沃 SC 所有。

还有一些摄影师超越了照相机本身来实现更具创造性的效果。曼·雷（Man Ray）通过在光敏感纸上放置物体，并使它们暴露于阳光下拍摄出创新型照片，他称之为“实物投影照片”。实物投影照片并不是真正的照片，因为这不是任何东西的“图像”，而且没有使用相机或镜头。相反，它们是记录在胶片上的视觉发明。有时候，就像图 9.8 中一样，甚至看不出它的原始物体是什么。

图 9.8 曼·雷，《实物投影照片》(*Rayogragh*，1927)。明胶银版印相。$11\frac{7}{16}'' \times 9\frac{1}{8}''$。

资料来源：私人藏品/斯特普尔顿藏品/布里奇曼艺术图书馆。版权© 2013 由曼·雷基金会/纽约艺术家权利协会/巴黎法国图像及造型艺术著作人协会所有。

摄影与社会变革

每个时代都会产生一些有纪念意义的照片。这样的照片之所以能感动我们，不仅因为它们表现事物的方式，而且因为我们知道摄影师的存在。我们同摄影师一样是见证者。这些图像的意义不仅在于它们能传达信息，也在于它们能勾起我们的情绪。

媒体被发明后的几十年，摄影师开始引导公众关注战争、贫困、饥饿和玩忽职守所造成的苦难。没有其他工具可以像摄影一样将视觉陈述变得如此可信。所有艺术中，只有摄影这一形式不仅能记录事件和社会问题，而且能引发导致社会变革的移情意识。

出生于丹麦的美国摄影师雅各布·里斯（Jacob Riis）是用摄影引导社会变革的早期领导者。19世纪后期，他拍摄了纽约贫困地区肮脏的生活和工作条件，并发表了这些作品，引发了人们对于这一问题的关注。如《五毛钱一个铺位》（*Five Cents a Spot*，见图9.9）之类的照片使公众开始关注制定严格的住房规范和完善的安全生产法律。这张照片之所以如此生动，可能是因为当时闪光摄影术的发明，这一技术使得相机可以在光线昏暗的地方拍照。雅各布·里斯最著名的书是《生命的另一半是怎么生活的》（*How the Other Half Lives*），这是摄影影响社会的一个里程碑。

图9.9 雅各布·里斯，《五毛钱一个铺位》(约1890)，寄宿在贝亚德街。明胶银版印相。6 3/16″×4 3/4″。
资料来源：纽约市博物馆，雅各布·里斯藏品（#155）(90.13.4.158)。

20世纪的大部分时间里，摄影作为真相的载体，拥有不容置疑的地位，从而有了这样的说法："相机从不撒谎。"在20世纪30年代，玛格丽特·伯克-怀特（Margaret Bourke-White）引进了小品摄影的概念，其他的摄影师也很快采用了这一方法。小品摄影是单一主体的照片集合，这些照片的排列是为了以一种讲述故事的方式来传达情绪，是单件摄影无法实现的。她的很多此类作品记录了工程建设项目、工业厂房、异国风俗和大萧条时期的贫穷状况。在接受任务记录

1937年的洪水状况时，她创作了《路易斯维尔洪水灾民》（*Louisville Flood Victims*，见图9.10），是大萧条时期美国的标志性图像之一。

图9.10 玛格丽特·伯克-怀特，《路易斯维尔洪水灾民》(1937)。照片。
资料来源：时间与生活图像/盖蒂图片社。

除了关注社会问题，摄影也促进了环保事业的发展。安塞尔·亚当斯（Ansel Adams）经常使用他的照片来增强公众保护自然环境的意识。他的作品《赶走冬季风暴，优诗美地国家公园》（*Clearing Winter Storm, Yosemite National Park*，见图9.11）反映了大自然宏伟而和谐的面貌。大教堂般的优诗美地山谷犹如黑白两色的交响曲，光秃秃的石头和柔和的云雾交织在一起。亚当斯将大自然的各个方面看成是超越社会冲突的灵性生活的象征。在他宏伟的黑白照片中，自然成为精神和谐的永恒隐喻。

今天的环保摄影师更加关注气候的变化和环境的恶化。例如，卡里·布拉施（Cary Braasch）自2000年以来拍摄关于北极熊栖息地不断减少的照片，《阿拉斯加斫石场外的北极熊》（*Polar Bear outside Barrow, Alaska*，见图9.12）给出了北极地区气候变暖的有力证据，也同时证明了摄影能唤醒我们对新环境问题的意识。

图 9.11　安塞尔·亚当斯，《赶走冬季风暴，优诗美地国家公园》（1944）。照片。

资料来源：版权© 2012 由安塞尔·亚当斯版权基金会所有。

图 9.12　卡里·布拉施，《阿拉斯加砑石场外的北极熊》（2008）。

资料来源：版权由卡里·布拉施所有。

彩色摄影

初期的摄影是黑白两色（或棕色和白色）的。对于摄影发展的前一百年来说，黑色和白色是摄影师的唯一现实选择。在 20 世纪的大部分时间里，色彩技术问题仍然存在：胶卷和印刷用纸十分昂贵，而且彩色打印易于褪色。即使相当精确的色彩变得可实现，许多摄影师也还是认为色彩缺乏黑白图像的抽象功能。

彩色摄影的发展始于 1907 年彩色透明正片的发明。1932 年，伊士曼·柯达公司开始制作彩色胶片。1936 年研发成功柯达彩色胶片，这一重要发明极大地扩大了彩色摄影的使用范围，也提高了其精确性。后来的工艺提高了彩色打印的相对持久性。

20 世纪 60 年代，大多数艺术摄影师不屑使用彩色胶片，一开始是因为底片的不稳定性，后来是因为彩色摄影更偏向家庭快照和旅游照片。但是，1976 年威廉·埃格尔斯顿（William Eggleston）在现代艺术博物馆展出他的彩色摄影作品时，世人开始注意到一个崭新的摄影艺术分支的诞生。

图 9.13　威廉·埃格尔斯顿，《无题（汽车引擎盖上的 Nehi 瓶）》，选自《洛斯阿拉莫斯作品集》（1965—1974）。彩色照片。

资料来源：版权© 2013 由埃格尔斯顿彩色照片艺术家基金会所有，纽约希姆和里德提供。经授权使用。保留所有权利。

埃格尔斯顿的《洛斯阿拉莫斯的作品集》（*Los Alamos Portfolio*）是日常事物的精妙合成。在《无题（汽车引擎盖上的 Nehi 瓶）》（*Untitled（Nehi Bottle on Car Hood）*，见图 9.13）中，两辆车形成了不平衡的抽象对角线构图，对应着楔形阴影的路面背景。无论从构图还是光线的捕捉来看，苏打水瓶子的放置位置都堪称完美。这张照片抓人眼球的原因除了巧妙的构图以外，还因为它能立刻使人们想起另一个世界：在美国一些农村地区的温暖午后，一种随性的社会氛围。为了验证埃格尔斯顿致力于彩色摄影的正确性，我们可以试图把作品想象成黑白照片。

超越限制*

艺术家们最近研究了各种技术来超越摄影的限制。英国艺术家苏珊·德哥斯（Susan Derges）在夜间将大张感光纸放在浅水池的底部，从水中捕捉夜空景象。她经常将手电筒的光透过周围的灌木丛洒在感光纸上，用它们的影子组成朦胧的夜景画（见图 9.14）。因此，她创造了一种新的景观，就像我们从水下仰视夜空一样。

出生于越南的艺术家平·丹宜（Binh Danh）发明了一种将照片记录到植物材料上的独特方法。他将自己或别人拍摄的照片附在自己花园里树木的叶子上，然后把叶子和照片放在玻璃层之间，并在屋顶上将其曝光长达几个星期。阳光将摄影图像转移到叶子上，他将这个过程称为“叶绿素冲印”。

丹宜最常使用在东南亚战争中受害者的照片，用来创作纪念遇难者的作品。在“生命的虹彩”（Iridescence of Life）系列中（见图 9.15），他将冲印的叶子嵌入树脂中，将它们与蝴蝶标本配对。由此产生的作品似乎脆弱，但珍贵而美丽。

图 9.14　苏珊·德哥斯，《凸月云》（*Gibbous Moon Cloud*，2009）。独特的 ilfochrome 洗印法。66½″× 36″。资料来源：伦敦珀迪·希克斯画廊。

* 可在 myartslab.com 网站观看现代摄影师史蒂芬·沃茨（Steven Wirtz）的访谈视频。

图9.15 平·丹宜，《生命的虹彩#7》(2008)。叶绿素冲印，蝴蝶标本，树脂。14″×11″×2″。
资料来源：艺术家本人和海因斯画廊提供。

艺术的形成 平·丹宜(1977—)：重建 记忆

图9.16 平·丹宜
资料来源：艺术家本人提供。

如果照片是记忆的仓库，那么平·丹宜（见图9.16）就是在为自己和他的观众创建记忆的仓库。他出生在越南时，邻国柬埔寨的红色高棉政权正在对所有持不同政见者实行种族大屠杀，据称最终有200万人遇难。丹宜同他的父母在1979年逃难到美国，他独特的摄影诗意地重建了充满艰难困苦的过去。

“我是半个柬埔寨人，”他说，“我的父亲是柬埔寨人，母亲是越南人。红色高棉政权几乎消灭了所有在柬埔寨的外国人，包括那些戴眼镜、喝牛奶的艺术家或佛教僧侣、天主教修女。”[2]因为他对家乡没有记忆，只能通过景观来重建。

“你可以称我为风景摄影师，因为我在认真地观看风景，而不仅仅在拍摄风景，我探索的是风景的深层次含义，深入这片土地，深入土壤深处，进入每一个植物的细胞。”[3]

《生命的虹彩#7》（见图9.15）中浮现的面孔来自柬埔寨的大屠杀博物馆，这个博物馆藏有红色高棉政权特意为受害者拍摄的数千张照片。丹宜说：“我试图展示人类和植物的相似程度；我们参与了整个事件的过程，通过吸收周围的历史来创造回忆，就像树叶，我们枯萎，最终死亡。我们存在的残留印记滋养生者的记忆，就像腐烂的树叶滋养土壤。”[4]

然而，通过丹宜的作品受害者获得了新的生命。“当我取下在阳光下曝光了几个星期的叶子底片时，有一种很奇妙的感觉，这张底片会出现神奇的质感。”[5]旁边的蝴蝶同样从蛹蜕变而来，而后开始其光芒四射的生命新篇章。

丹宜也对银版照相过程感兴趣。这一过程中图像被暴露在一个处理过的金属板上，并用汞蒸气进一步加工。“他们说银版照相是有记忆的镜子；它是你容纳自己的一面镜子，提醒你不要忘记自己是谁；它拥有鬼魅般的品质。”[6]他用达盖尔照相法创作的照片，如《吴哥窟》（*Angkor Wat*，见图 9.17），也使人们回想起早期的欧洲殖民者为该地区拍摄的照片。我们看到的不仅是照片的主题，还有那段流逝的时光。

“这些特殊的摄影流程能帮助我发掘风景及其寓意。我认为这是一种纪实摄影。对我来说，纪实摄影能验证历史事件以及它与我们现代生活的联系。”[7]

图 9.17 平·丹宜，《吴哥窟》(2008)。达盖尔照相法。版：9″×12″。第四版。
资料来源：艺术家本人和海因斯画廊提供。

有的艺术家将摄影视为手工艺，是一种“获取”图片的新方法。佐伊·伦纳德（Zoe Leonard）搜集了 4 000 多张描绘尼亚加拉瀑布的海报，并将这些海报整齐悬挂在画廊的墙面上，她称之为“你看，我终于来了”（You See I Am Here After All，见图 9.18）。

尼亚加拉瀑布毫无疑问是北美第一旅游目的地。人们一般会以给亲友寄明信片的方式表明自己曾经到过这些名胜景点。艺术家对于明信片的收集始于 20 世

图9.18 佐伊·伦纳德，《你看，我终于来了》(2008)。大约有4 000张明信片，尺寸可调整。装置景观。

资料来源：版权由艺术家本人所有。德国科隆吉塞拉首都博物馆提供。比尔·雅各布森摄影。

纪早期，刚好在邮政部门开始邮递明信片之后。她将相似的景象分组，并将这些相似的明信片分散放置于和壁画一样大小的20英尺的装置墙面上。因此令人惊叹的自然景观变成了看起来拥有无数副本的群组。

数字革命

近20世纪末，在新的数字技术的影响下，化学照相底片开始退出时尚圈。现在大多数相机不使用胶卷；相反，镜头将信息聚焦到一系列传感器上，传感器将光的色调和强度转化为数字文件。由于编辑照片的计算机程序的使用，这些文件的处理方式几乎有无限种，而且可以无限复制。

这些变化的影响是深远的。如果照片可以被改变，那么它作为真相载体的地位就岌岌可危了，而且相机确实可以撒谎。图像的可复制性意味着照片的特殊性大大降低。许多当代摄影师都利用了这一点。

例如杰夫·沃尔（Jeff Wall），他自称是“近乎纪录片”的摄影师。他创建的场景似乎有历历在目的“真实”感，但保留了明显的不自然特征。《从树上坠落的男孩》（*Boy Falls from Tree*，见图9.19）似乎是一个切合实际的不幸事件

(但不是完全少见)。然而，通过结合几个相关照片，他在电脑上创作了这幅作品。拍摄男孩掉下的动态需要运用快速曝光，而如果运用这一技术，那么不可能按一次快门就完美呈现后院全景。但今天的数码相机却可以达到这种效果。通过将图片放大到最大尺寸，本图大约从八英尺放大到十英尺，沃尔充分利用了高分辨率技术。我们常常会想，在这种记录小灾难的过于完美的照片中，什么是真的，什么是被操纵的。

图 9. 19　杰夫・沃尔，《从树上坠落的男孩》(2010)。彩色照片。92″×123″。
资料来源：艺术家本人和纽约玛丽安・古德曼画廊提供。

正如我们看到的那样，摄影技术的发明以及相机与照片的广泛应用对我们观察和理解世界的方式产生了重大影响。正如拍立得一次成像相机的发明者埃德温・兰德（Edwin Land）所说的那样："最绝的是，摄影可以成为额外感官，或者说是感官的储备库。甚至当你不必按下快门，用相机聚焦的经历就能使你更好地铭记某个人或某一时刻……摄影可以教人们以一种全新的方式观察、感受和铭记。"[8]

思考回顾

1. 摄影技术是何时发明的？如何发明的？
2. 谁在将摄影变为艺术的运动中起了关键作用？

3. 为什么摄影对于社会变革来说是一个有用的媒介?
4. 在21世纪，数字化技术对于摄影有什么样的影响?

请试一试

试着想一想最近发生的关于拍客通过照片的快速传播影响公众对某一事件看法的事例。

关键术语

暗箱——现代相机的前身，黑暗的房间（或者盒子）。在暗箱的一侧有个小孔，通过这个小孔，外面的景象倒影投射到对面的墙、屏幕或反射镜上，然后图像被留在上面。

达盖尔照相法——一种发源于19世纪30年代，在早期摄影中被广泛使用的摄影技术。经过处理的金属板被曝光，利用板上的化学反应制作令人满意的摄影图像。

第 10 章　动态影像：电影与数字艺术*

请思考

1. 请从电影的摄影起源追溯其发展的历史。
2. 请描述用来制作电影的技术性创新和效果。
3. 请讨论对于胶片流行的政治顾虑如何影响了电影。
4. 请指出并描述在流行和实验电影领域的导演拍摄的具有里程碑意义的电影。
5. 请区分电视的商用角色和使用视频及其他电子媒体的艺术之间的差别。

德国的第一部实验性彩色电影不得不在遮遮掩掩下才能放映。那是 1933 年，奥斯卡·费钦格（Oskar Fischinger）制作了一部叫作“圆圈”（Circles）的电影（见图 10.1）。这是一部由舞动的连锁圆环和在屏幕上移动演变的圈组成，并伴随着戏剧性管弦乐的非具象电影。它只有几分钟的长度，并和娱乐性的黑白故事片一同上映。公众似乎很喜欢费钦格在颜色和形式方面的实验。

然而，那些年纳粹党镇压一切形式的抽象艺术，他们认为那是“堕落”。为了避免这样的审查，费钦格把《圆圈》做成一家公关公司的广告，电影的最后几分钟展示了公司的名称和广告语。因无法忍受纳粹的恫吓，费钦格在 1936 年离开德国远赴洛杉矶。

这个故事说明了两点：第一，电影是一种被当权者密切监控的大众艺术；第二，富有创造力的人们开始制作实验性的电影，而且已经有好几代人这样做了。在这一章里，我们将研究那些有新突破的创意领域的电影，一些是大众市场的电影，而另一些则是更小众、更艺术的圈子里的电影。同时，我们也会观察数字革命是如何引导新艺术形式的创作和新的艺术品展示方法。

* 可在 myartslab.com 网站收听本章音频，学习和回顾本章内容。

图 10.1　奥斯卡·费钦格，《圆圈》（1933—1934）。电影剧照。
资料来源：版权由费钦格信托基金会所有，视觉音乐中心提供。

电影：动态的图像

在 19 世纪晚期电影出现之前，人们发现在观看快速放映的短序列静态图画时会产生画面在运动的错觉。当在一个神奇的灯罩内旋转描绘不同运动阶段的图画，或者迅速翻动书页，观众可以体验到一个忽闪忽现的运动过程。幻灯和翻书现象导致了电影术（电影制作中的摄影和摄像的艺术）的发明。当相机镜头和胶片技术进化到可以捕捉运动中的物体每一个阶段的清晰影像时，技术使电影成为了可能。

1872 年，当利兰·斯坦福（Leland Stanford，斯坦福大学的创立者）打赌说马在奔跑的时候四个马蹄同时离开地面时，电影的艺术取得了重大进展。为了解决这个赌约，他委托摄影师埃德沃德·迈布里奇（Eadweard Muybridge）去找一种方法来捕捉马在运动过程中的照片。在几张模糊的照片解决了赌约之后，迈布里奇通过调试使用更快的曝光速度改进了记录结果。然后他将一系列静态照相机紧密地沿着一条加利福尼亚州的跑道连成一条线，每个相机快门由一条线固定住，当马的前蹄跑过时便触发快门。由此得到的“运动中的马”（The Horse in Motion）系列照片（见图 10.2）明显地证明了斯坦福的观点是正确的。迈布里奇之后发现了一种方法，可以将他拍摄的静态照片快速连续投影，于是他建造了第一个原始电影院。他将他的发明叫作诡盘投影机（zoöpraxiscope）（对我们来说，幸运的是，这个名字并没有被沿用）。其他人很快就开始试验序列式投影照片，电影术就此诞生，也永远改变了我们观看运动现象的方式。

图 10.2　埃德沃德·迈布里奇，《运动中的马》（1878）。照片。
资料来源：美国国会图书馆提供，LC-USZ62-45683 DLC。

电影和视觉表达

电影是一种视觉体验。造成运动的错觉是由于视觉暂留的作用，即在刺激被移除之前，图像会在人眼的视网膜上短暂保留。电影间歇的和基于时间的结构，使得电影摄制成为一种与绘画或者静态摄影截然不同的视觉艺术。画家或摄影师设计某个单一的瞬间，但电影摄制者设计的则是能够同时共同奏效的连续画面。

每一段摄影机连续拍摄的影片被称作一个镜头。电影使三种运动之间的动态关系成为可能：镜头内物体的运动、摄影机近景和远景的运动，以及镜头连续画面产生的运动。

大部分电影的力量来自其重构时间的能力。电影不被时钟时间所约束，它可以令人信服地展示过去、现在和未来，或者也可以以任何方式混合三者。电影时间会比时钟时间更深地影响我们，因为电影中的一组镜头可以被构造成近似我们对时间的感觉方式。除了剪辑外，导演可以放慢和加快运动来操纵时间。电影制作人对时间、顺序、光线、相机视角和距离的把控可以创造出一种完整的包裹式的体验，其令人信服的程度甚至让电影变成了一种新的现实。

早期技术

电影作为一种重要的艺术形式被认可的过程非常缓慢。起初，电影只是一个新奇事物。为了使公众接受，早期电影摄制者试图使他们的电影看起来像拍摄下来的戏剧表演。演员从一架固定在某处的摄像机前进进出出，就好像摄像机是他们舞台剧的一位观众。这些早期的电影也是默片；当时在电影中记录声音的技术并不成熟，直到第一部电影制成 30 多年后才得以完善。

早期的重要的电影摄制者之一便是乔治·梅里爱（Georges Méliès），他的职业生涯从魔术师开始。直到 1913 年，他已经导演了 500 多部电影，其中的大多数只是几分钟长度的短片和基于单一事件的叙述。他开创的某些效果现已成为电影摄制行业的标准，比如场景之间的叠化效果（逐渐消退而不是快速切换）和延时摄影（以固定的时间间隔拍摄缓慢移动的进程，再快速播放已完成的照片）。奇幻电影《月球之旅》（*Voyage to the Moon*，见图 10.3）是他最受推崇的电影之一。四位宇航员爬进一个子弹形状的抛射体，然后被一个巨大的加农炮射出。在月球表面，他们发现了一个类似太平洋岛式的文明。因为无声电影不依赖于语言，梅里爱的电影被整个西方世界所喜爱。

图 10.3　乔治·梅里爱，《月球之旅》（1902）。电影剧照。

1907—1916 年间，美国导演戴维·格里菲斯（D. W. Griffith）使电影从最初作为一种娱乐消遣完全转化为一种艺术表现的手段。为了更好地表达故事内容，格里菲斯引入了移动摄像机的概念，将摄像机从舞台上固定的位置解放出来。摄像机被架设在能够最好地揭示各个场景的戏剧性含义的位置。这样一个场景便由几个从不同的角度拍摄的镜头组成，从而大大增加了观众的参与感。

将几个镜头组合成一个场景就涉及电影剪辑。电影剪辑的过程是剪辑师从原始的连续镜头中挑选出最好的镜头，然后重新组合成一个有意义的序列并最终成为一个完整统一的过程。

此后，格里菲斯使用并行剪辑去比较发生在同一时间不同地点的事件（处在危险中的人和潜在的救助方法）或发生在不同时间的事件，就像在他的电影《忍无可忍》（*Intolerance*，见图 10.4）中那样，他反复地切换发生在四个历史时期的四个故事。

格里菲斯是第一个使用特写镜头和长镜头的人。今天，特写镜头是使用最广泛的镜头之一。但当格里菲斯第一次想要尝试使用特写镜头时，他的摄影师拒绝了只有头没有身体的想法！在一个长镜头中，摄影机从远处拍摄来突出大群的人或全景。

图 10.4　戴维·格里菲斯，《忍无可忍（现代故事）》（1916）。电影（《伯沙撒的盛宴》）剧照。
资料来源：现代艺术博物馆/电影档案馆。

导演和艺术家：并行发展

在 1917 年俄国革命之后，谢尔盖・艾森斯坦（Sergei Eisenstein）成为一位重要的电影艺术家，他在俄罗斯和西方世界都受到同样的尊敬。艾森斯坦非常赞赏格里菲斯的电影技术，但他将它们进一步发展，成为第一个生产史诗级高质量电影的导演。

艾森斯坦的主要贡献之一便是他熟练使用蒙太奇来增强戏剧性。蒙太奇是一种组合了若干非常简短代表不同内容但与主题相关的镜头，用来创造新的关系、建立强烈的情感，或者表明时间流逝的剪辑技术。这种技术最早由格里菲斯于 1916 年使用。通过使用蒙太奇技术，大量内容似乎同时在很短的时间内发生。

在他的电影《战舰波将金号》（*The Battleship Potemkin*，见图 10.5）* 中，艾森斯坦创造了电影史上最强大的长镜头之一：军队镇压抗议失败的起义军的高潮镜头。一些短镜头的蒙太奇被剪辑成一个几分钟的长镜头，有效地描述了历史事件的悲惨。艾森斯坦不是从一个旁观者的角度用广角镜头拍摄整个场景，而是将很多特写镜头混合其中给观众以参与感，仿佛身处暴力事件之中。特写镜头和长镜头的铺陈使观众强烈感受到人们的恐惧和悲剧的发生。

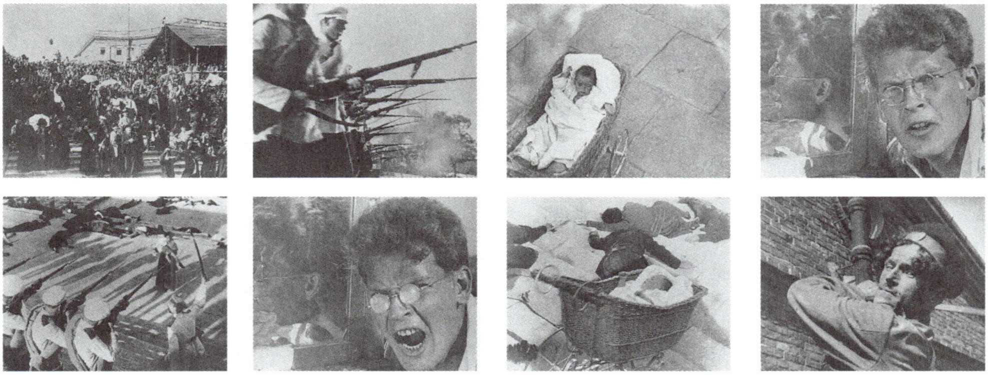

图 10.5　谢尔盖・艾森斯坦，《战舰波将金号》（1925），节选自敖德萨阶梯场景的静帧。电影剧照。
资料来源：现代艺术博物馆/电影档案馆。

电影就像一个集体的梦，一群人坐在黑暗中体验同一个生动的故事。1929 年，超现实主义艺术家萨尔瓦多・达利（Salvador Dalí）和路易斯・布努埃尔

* 可在 myartslab.com 网站观看电影《战舰波将金号》。

(Luis Buñuel) 在拍摄电影《一条安达鲁狗》(*An Andalusian Dog*，见图 10.6)*时正是利用了这一点。就像我们的梦一样，这部电影是一系列看似非理性事件：蚂蚁爬出一个人的手掌，两头死驴躺在一对三角钢琴中间流着血；一个女人的眼睛被用剃刀划开。画面的整体主题似乎是未曾实现的性欲，最终男人和女人被冻结在土壤中，就像一对被掩埋一半的雕像。《一条安达鲁狗》毫无逻辑的结构影响了几十年后音乐视频中的幻觉内容。

图 10.6 萨尔瓦多・达利和路易斯・布努埃尔，《一条安达鲁狗》(1929)。电影剧照。

资料来源：AF 文献档案/阿拉米图片社。

《一条安达鲁狗》是音乐伴奏的无声电影，但事实上同步录音的技术已经在之前的两年就推出了。20 世纪 30 年代色彩被引入电影中，宽屏幕和三维图像则在 50 年代引入。

到了 30 年代，好莱坞已经成为世界电影之都。大多数好莱坞电影只是简单地重复已经在票房上取得成功的电影情节套路。从 1934 年年中开始，主流的电影制片厂都自愿遵守《海斯法典》(Motion Picture Production Code)，试图规范电影的道德内容。该法典禁止剧本中出现亵渎的言行，以及裸体、性行为、吸毒、跨种族恋情和嘲笑神职人员的画面。它还禁止美化犯罪行为，因此电影中所

* 可在 myartslab.com 网站查看关于《一条安达鲁狗》的评论。

有的罪犯最终都被逮捕或处决。电影制片厂拍摄之前需要将剧本提交给审查部门，任何没有被审查部门认可的电影都没有机会广泛发布。有时，审查限制稍有放宽。例如在《乱世佳人》（*Gone With the Wind*）一片中，克拉克·盖博同费雯·丽告别的经典片段在电影中得以保留（盖博的台词是："坦白地说，亲爱的，我一点儿也不在乎。"），但制片人为此支付了 5 000 美元的罚款。法典的权威性在随后的数十年中逐渐减弱，但直到 1968 年仍然有效，那年美国电影协会引入了沿用至今的电影分级制度。

许多影评人将 1941 年的电影《公民凯恩》（*Citizen Kane*，见图 10.7）评为一部具有里程碑意义的电影。奥逊·威尔斯（Orson Welles）与他人合著了该剧本，导演并主演了以报业大亨威廉·伦道夫·赫斯特为原型改编的传记体影片。因为电影中的审美品质和传达的有意义的社会信息，《公民凯恩》立即为电影摄制建立了新的标准。这部电影使用了一系列前所未有的电影设备：传达了感情的戏剧性灯光、畸变镜头、衔接了场景之间断裂的对话框，以及为展示时间流逝而做的精妙的剪辑。威尔斯和他的摄影师格雷格·托兰（Gregg Toland）也率先使

图 10.7　奥逊·威尔斯，《公民凯恩》(1941)。电影剧照。
资料来源：现代艺术博物馆/电影档案馆。

用了极端的镜头角度。低角度相机凸显出了凯恩（威尔斯饰）的高大形象。另一个这样的极端角度是倾斜的，强调了凯恩的政治手腕。对于电影中所描绘的人物来说，这部电影也有着重大意义。赫斯特正是电影中媒体大亨的原型，他通过出售爆炸性新闻谋取名利（他说过："如果标题足够劲爆，也将使新闻足够大。"）。

40年代，一种叫作黑色电影的新风格兴起于好莱坞。这些黑暗、让人沉思的黑白电影通常涉及谋杀，有些是职业罪犯犯下的，或者有时是普通百姓在时机不当时不幸犯下的。这些描绘美国梦阴暗面的电影，很少有比《绕道》（*Detour*，见图10.8）这部电影更冷酷的了。该电影的主角试图非法获取死者的庞大遗产，但最终成为两桩谋杀案的嫌疑犯。黑色电影流派主要基于美国侦探小说，使用富有表现力的灯光拍摄，并从《公民凯恩》和欧洲人那里借鉴了有关相机角度的技术。

图10.8　埃德加·厄尔默（Edgar G. Ulmer），《绕道》（1945）。电影剧照。

1961年意大利导演费德里科·费里尼（Federico Fellini）的电影《甜蜜生活》（*La Dolce Vita*，见图10.9）预示了如今许多大众媒体的评论。马塞洛·马斯楚安尼扮演主角——一位专职报道轰动事件、丑闻和名人的小报记者。

图 10.9　费德里科·费里尼，《甜蜜生活》(1961)。电影剧照。
资料来源：版权由 INTERFOTO/阿拉米图片社所有。

主人公追随着富人和名人们的生活方式，尽职地出席各种各样的大场合，报道从美国电影明星的事迹到衰落的政党再到宗教愿景。凌晨 4 点他在一座喷泉中同小明星嬉戏，他加入媒体马戏团同数千人涌向一个小镇，因为那儿有两个孩子说他们看到了圣母玛利亚。这些同行者中有一位摄影师朋友，绰号“狗仔”（Paparazzo，由闪光灯声音“pop”而来）。自从这部电影上映后，追踪偷拍的摄影师都被称为“狗仔队”。电影的构思促进了它所要传达的内涵：导演通过使用长时间松散而有连接的场景让观众投入其中，以此来批评所谓的甜蜜生活。

艺术家的生活轨迹只是偶尔才能成功地与好莱坞的导演们相交。在 20 世纪 30 年代末，华特·迪士尼（Walt Disney）招募了奥斯卡·费钦格合作拍摄影片《幻想曲》（*Fantasia*，见图 10.12），但合作并不成功，因为迪士尼反对费钦格对抽象艺术的信奉。然而，1945 年阿尔弗雷德·希区柯克（Alfred Hitchcock）与萨尔瓦多·达利为电影《爱德华大夫》（*Spellbound*，又名“意乱情迷”）创造梦幻场景时的合作则顺利得多。影片中的主角格雷戈里·派克讲述了一个治愈了他的失忆症的梦境。到了 60 年代，艺术家和导演之间的分歧达到史无前例的程度。大多数制作电影的艺术家认为他们的工作是“地下”的，几乎不在画廊或艺术场馆展示。有时艺术家的实验电影也影响了主流，例如肯尼思·安格尔（Kenneth Anger）的《天蝎星升起》（*Scorpio Rising*，见图 10.10）这部电影。

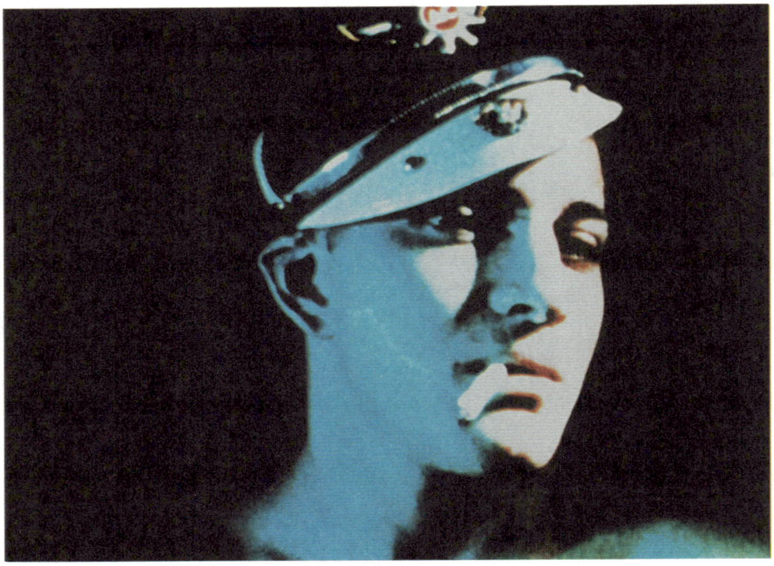

图 10.10　肯尼思·安格尔，《天蝎星升起》(1964)。电影剧照。
资料来源：Photofest 图库。

《天蝎星升起》拍摄于 1964 年，它实际上是一部关于布鲁克林摩托车帮派日常生活的纪录片。他们修理摩托车，参加聚会，吸毒，甚至遭遇致命的车祸。安格尔用高度饱和的色彩拍摄了这部电影，并使用当时的流行音乐作为音轨。《天蝎星升起》使用了其他电影片段和音乐评论的交替镜头，营造出一种景象。这部电影从根本上创建了“摩托车”电影题材，好莱坞导演史蒂文·斯皮尔伯格（Stephen Spielberg）和马丁·斯科塞斯（Martin Scorsese）曾表示，《天蝎星升起》中情绪塑造的技巧影响了他们的电影。

60 年代末《海斯法典》的影响力衰减，释放了导演们的创作力，让他们去探索以前被限制的故事情节、人际关系、暴力和性。许多导演开始重新考虑那些老类型的电影，他们研究西部片、惊悚片、爱情片等电影中的人物和情节。罗伯特·奥特曼（Robert Altman）的影片《漫长的告别》（*The Long Goodbye*，见图 10.11）引起了这场再思考。这是一部风趣且广为人知的侦探片，改编自著名的小说。主人公菲利普·马洛威是位倒霉的但努力工作的私家侦探，他漂泊在阳光明媚的洛杉矶，那是一个充满利己主义思想的 70 年代。他（偶尔）周旋于匪徒、不诚实的好朋友、户外裸体冥想的邻居以及怀疑他谋杀的警察之间。奥特曼插入了许多巧妙的设置：每当马洛威出现在任何场景时，他都抽着烟；电影的配乐是一首歌，在各种背景下反复播放。剧本中大量穿插引用了之前的侦探电影。这部电影讽刺或者削弱了许多电影传统，因此这部电影重新研究了早期的电影并重新认识了电影传统。

图 10.11　罗伯特·奥特曼，《漫长的告别》(1973)。电影剧照。
资料来源：Photos 12/阿拉米图片社。

动画、特效和数字化的过程

从 20 世纪 30 年代开始，迪士尼工作室的动画师潜心探索动画的各种可能性。通过《幻想曲》（*Fantasia*，见图 10.12）一片，迪士尼创造了一种新的电影形式，使古典音乐、绘画、舞蹈、戏剧与作为明星的卡通人物相融合而成为一个整体。

这类动画的想法最初被描绘在故事脚本（按顺序排列的一系列图纸或绘画）上，然后被用来视觉化成电影里的主要镜头。动画摄影师通过计算出空间关系使故事呈现出来，然后动画师再修饰每一个角色的动作镜头。迪士尼的目标是在每秒 24 帧画面内创造出不仅会动，而且会思考和感受的动画角色。

图 10.12　华特·迪士尼，《幻想曲》（1940）。电影（《魔法师的学徒》）剧照。

资料来源：版权由华特·迪士尼工作室/Photofest 图库所有。

图 10.13　《幽灵公主》（1997）。电影剧照。

资料来源：电通扬雅株式会社/日本电视放送网株式会社/科巴尔收藏。

近年来一些最好的动画电影来自日本，它们将内涵丰富的角色和史诗级的故事通过令人印象深刻的视觉制作结合在一起。其中最好的一部动画便是《幽灵公主》（*Princess Mononoke*，见图 10.13），这部动画讲述一位战士战胜科技的邪恶影响和化解魔咒的传奇故事。

近年来，旧技术的融合使诸如动画和新技术的电影特效成为可能。不同的艺术家和技术人员团队为乔治·卢卡斯（George Lucas）这样的制片人或导演工作，卢卡斯创作了“星球大战”（Star Wars）系列电影。这些团队提供草图、模型、动画，以及不可思议但令人信服的场景。工业光魔（Industrial Light and Magic，ILM）是卢卡斯影业公司旗下的特效制作公司，曾是 70 年代末和 80 年代行业顶尖水准的特效工作室。卢卡斯也为更多地使用电脑编辑电影做出了贡献。

一种能够显示当今更加全球化社会背景的新电影种类叫作“国际合作出品”。来自不同国家的公司可能在融资和发行这些电影时展开合作，因此使每个个体的风险最小化。

最近的一个例子是《潘神的迷宫》（*Pan's Labyrinth*，见图 10.14），这部电影由墨西哥导演吉尔莫·德尔·托罗（Guillermo del Toro）执导，西班牙和美国联合出品。影片展示了在 20 世纪 30 年代法西斯控制之下的西班牙，当幻想和现实在一位 11 岁的女孩生活中交汇时所发生的事情。小女孩在残酷的继父的压迫下艰难地生活，她沉浸于一个幻想的世界，里面居住着会飞的小仙女和会移动的树木，那里由一个农牧神领导，他是世界之外某个王国的代表。农牧神承认小女孩是皇室成员，但她必须首先完成某些跨越幻想和“真实”存在界限的任务来证明她的身份。这部电影的主题是想象力如何帮助我们应对逆境，其中的许多生动场景和人物正是导演的视觉创造力的证明。电影《潘神的迷宫》中有令人折服的动人时刻，也有让人心悸的恐怖时刻。德尔·托罗拒绝告诉我们哪些场景是真实的，哪些是想象的，而是将决定权留给我们。

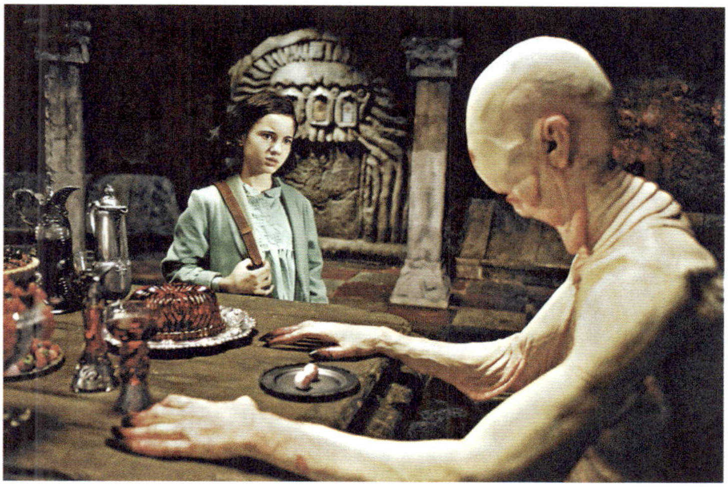

图 10.14　吉尔莫·德尔·托罗，《潘神的迷宫》(2006)。电影剧照。
资料来源：AF 文献档案/阿拉米图片社。

今天，从光化学电影到数字电影的转化过程几乎完成了，这对电影的创作和观赏都具有重要意义。大多数主要的好莱坞电影公司都隶属于国际性的大型公司，而且它们已经发现可以通过拍摄具有豪华的特效与快速推进的故事线的电影，来吸引世界各地观众的兴趣。数字化生产得益于其合成和编辑的速度，极大地促进了这种类型电影的发展。为了促进国际收入，这些“大片”一般不依赖于角色塑造，不是凭借当地的文化传统或者有分歧的社会舆论获得成功，有些电影则跟商业广告一起推广。

数字投影技术也促进了电影的全球统一发行。影院现在收到数字电影数据包而不是沉重的电影拷贝，这些是工人装入投影设备的平装书大小的硬盘。很快，数字电影数据包又被卫星传输的大众电影所取代。专门放映老电影的电影院，或任何建立在光化学电影基础上的工作都正在消失。

最近两三年上映的大片之一——雷德利·斯科特（Ridley Scott）执导的《普罗米修斯》(*Prometheus*) 反映了这些趋势。这部电影使用多部数码摄影机拍摄，形成 3D 效果，而且于 2012 年年中在短短的十天时间内在 49 个国家上映。电影中有很多无缝融合演员与数字动画的场景（见图 10.15）。故事讲述的是一个跨国公司在一个遥远的星系努力寻找人类的起源。普罗米修斯号飞船上的机组人员来自不同种族，包括一个看起来像人类的机器人。

图 10.15　雷德利・斯科特，《普罗米修斯》(2012)。电影剧照。
资料来源：斯科特自由制片公司/二十世纪福克斯电影公司/科巴尔收藏。

艺术的形成　雷德利・斯科特(1937—　)：将故事视觉化

图 10.16　雷德利・斯科特
资料来源：史蒂夫・格兰尼茨/盖蒂图片社。

电影导演通过研读剧本，然后想象用一种方式去呈现剧本，以此进行创作。因为雷德利・斯科特（见图 10.16）最初经过培训成为视觉艺术家，绘画和故事板在他的创作过程中扮演了很重要的角色。他说："当我阅读剧本时，故事板就开始在大脑中呈现。然后我开始描绘缩略图，潦草地记录下来……故事板是电影的雏形。"[1]

他擅长创作最需要想象力的这一类型电影。他的早期作品《外星人》（*Alien*，1979）和《银翼杀手》（*Blade Runner*，1982）深深地影响了后来许多科幻电影的视觉风格。"我所做的是创造世界，"他说，"无论是过去还是未来，对我来说创造一个世界是电影制作最有吸引力的部分。因为一切都按照你制定的规则发展并严格遵守这一规则。"[2]科幻小说特别具有吸引力，因为"未来主义的小说可能成为现实"[3]。

《普罗米修斯》是斯科特的第一部数字科幻电影，但它并没有像许多当代大片那样大量使用特效。这么做是因为斯科特认为"少即是多"："当你看到一个无法使人幸存的爆炸场面，但是那个人仍在奔跑，那么这就是胡编乱造，你就知道为什么通常所谓的‘特效大片’不尽如人意。而当你必须身体力行时，你必须小心，非常小心。这非常不一样。通过数字手段，绘图本是不受限制的，这是优点也是缺点。”[4]因此如果真实拍摄可以达到效果，他就不使用动画场景。

由于斯科特接受过艺术训练，他的电影涉及历史上艺术作品的场景数量往往远超其他导演。例如，在《普罗米修斯》中，当船员正在探索目标星球时，其中一个角色来到一座三维立体天文馆（见图 10.15）。导演的数字装置正是基于 18 世纪英国的一幅著名画作（《哲学家的太阳系仪演讲》（*A Philosopher Gives a Lecture on the Orrey*，见图 17.26））。

斯科特电影的另一个创新是强大的女性角色，这也反映了他的身世背景："我的每一段恋爱都是和强势的女人展开，我认为我和她们能更好地相处。我妈妈在抚养三个男孩子的过程中扮演了重要的角色，所以我接受现状。奇怪的是，我发现在执导拍摄电影时，我非常倾向与女性一起工作。很多男人觉得管理一帮女人，会失去自身的男子气概。我从来没有这个问题。女人越强势对我来说越好。”[5]因此，《普罗米修斯》的一个主要英雄是女性，《外星人》这部电影中的主角也是女性。女性主角在他的其他电影如《末路狂花》（*Thelma and Louis*）与《魔鬼女大兵》（*G. I. Jane*）中也同样强势。

但是，电影视觉方面的成就使他成为当今的主要导演之一。有一篇评论这样评论他 1989 年的电影《黑雨》（*Black Rain*，见图 10.17）："与其他人导演的电影不一样，（《黑雨》电影中的）光不会仅仅从一扇窗照进来。”[6]斯科特的解释很简单："我从来没有失去自己的艺术学校背景，我总是在画故事板和老式的绘画。”[7]

图 10.17 雷德利·斯科特，《黑雨》(1989)。电影剧照。

资料来源：版权由派拉蒙影业公司所有。AF 文献档案/阿拉米图片社摄影。

电视和视频

电视（television）的英文字面意思是“远处的景象”，它是配有声音的静态或动态图像通过有线或无线方式传播的电子资讯。电视主要传播广告、新闻和娱乐。视频是电视的媒介，也可以是一种艺术形式。

视频艺术

索尼公司在1965年发布了第一个便携式视频摄像机——Portapak，为视频艺术的开始搭建了舞台。虽然摄像机很笨重，但是一些艺术家还是被这种新的媒介所吸引，因为其具有独一无二的特性：即时呈现的视频大大缩短了拍摄电影所需的时间。视频作品可以存储在廉价的磁带上，磁带的内容可以被擦除重新录制。此外，视频信号可以发送到多台显示屏上，从而提高了展示的灵活性。

早期艺术家制作的视频相对较简单，主要记录艺术家自己的表演或者仅有几个演员和道具的戏剧性场景。因为不能编辑，那些黑白影像不能兼容当时电视屏幕的颜色分辨率，这种媒介几乎只适合用于小群体的私人放映。1972年，随着标准化3/4英寸磁带的引入，不兼容的问题得到了解决。这使得艺术家能够使用电视制作设备进行工作，甚至能播放他们的劳动成果。20世纪80年代视频技术在发展更轻便的摄像机、色彩和电脑编辑方面取得了巨大进步。

在视频艺术的短暂历史中，有一些艺术家一直在试图突破媒介技术的限制。韩裔艺术家白南准（Nam June Paik）常用视频媒介以幽默诙谐的方式评论电视在我们的生活中所扮演的角色。例如，他在1986年的作品《视频旗Z》（*Video Flag Z*，见图10.18）中将84台电视机排列成美国国旗的形状。在每块屏幕中循环不断地播放着好莱坞老电影的片段，就好像我们的国家认同是由电影中所播放的内容组成。

其他视频艺术家也使用这一媒介去创作和讲述故事，通常自己扮演里面角色的琼·乔纳斯（Joan Jonas）在《火山传奇》（*Valcano Saga*，见图10.19）中讲述了一个令人难忘的冰岛之旅的故事。她陷入狂风暴雨中，被吹倒在地上，失去了意识。后来，当地的一名妇女唤醒了她，乔纳斯在古德伦的陪伴下神奇般地穿越到古代，古德伦是冰岛神话中一个诉说自己梦境的女人。乔纳斯同情古德伦在古代社会的挣扎。当她返回到纽约的家后，仍感觉到与这个女人之间的亲密联系。视频中，在覆盖涂层和共鸣性音乐的协助下，影像在过去与现在之间来回移动。

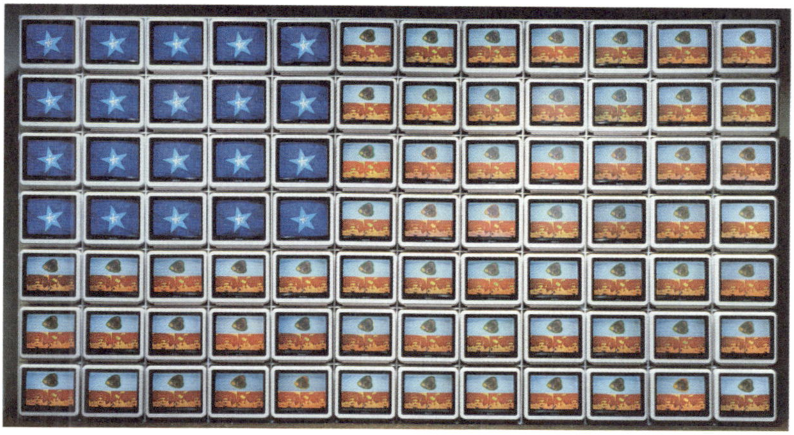

图 10.18　白南准，《视频旗 Z》(1986)。多媒体、电视机组、视频碟片、影碟机和模块化树脂玻璃柜。74″×138″×18½″。

资料来源：洛杉矶县立艺术博物馆（LACMA），艺术博物馆委员会赠予（M.86.156）。数字图像博物馆联盟/LACMA/纽约艺术资源/佛罗伦萨斯卡拉。版权由白南准所有。

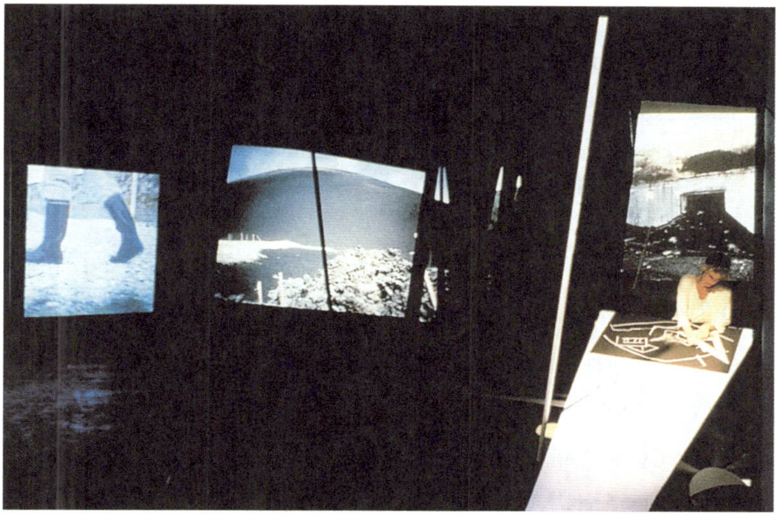

图 10.19　琼·乔纳斯，《火山传奇》(1987)。表演。

资料来源：纽约表演车库。

目前，阴极射线显像管电视机已经消失，取而代之的是平板电视。视频录像带也被 DVD 光盘所取代。考虑到现今拍摄和编辑数字视频的简易程度，视频艺术和电影摄制之间的界限变得模糊了。马修·巴尼（Matthew Barney）制作的五部“悬丝”（Cremaster）系列电影是使用数字视频拍摄的，通常在艺术画廊中投影播放，但是《悬丝 3》（见图 10.20）中的部分片段也被制作成 DVD 发行。

图 10.20　马修·巴尼，《悬丝 3》(2002)。

资料来源：版权© 2002 由马修·巴尼所有。剧照由克里斯·温格特摄影。纽约格莱斯顿画廊提供。

巴尼在这一系列电影中精心创作了象征性的故事情节，制作前卫，具有创新性。我们很难描述任何一部“悬丝”电影的情节，但是与每一部影片的象征性内容相比，情节已经不那么重要。以 DVD 发行的那部分视频被称为“秩序”（The Order），它讲述了一个耐力考验的故事，学徒们必须经历纽约古根海姆博物馆的四个不同等级的考验。暗喻共济会的仪式、摩门教神学、重金属音乐和著名的杀人犯加里·吉尔摩仅仅是描述这段视频的各层含义的开始。学徒们每通过一个障碍，就能够获得权力去杀死建筑师。这场谋杀案发生在克莱斯勒大厦，学徒自身也将葬身于大厦。

道格·阿提肯（Doug Aitken）将投影仪和视频一同带到户外，改变了公共空间。他在 2012 年的作品《歌曲 1》（*Song 1*，见图 10.21）中使用了 11 个高清数字放映机环绕着华盛顿赫希洪博物馆播放 360 度电影。该电影每天在黄昏和午夜播放，持续了八周，观众可以根据自己的意愿停下来或边走边看，因为阿提肯采用了无情节和非线性的样式构成了电影的图像。他根据 1934 年的经典流行歌曲《我的眼里只有你》设计了《歌曲 1》中投影的节奏。在电影配音方面，他找来了一些表演者，包括贝克（Beck）、蒂尔达·斯文顿（Tilda Swinton）、德文德拉·巴哈特（Devendra Barnhart）和朋克乐队 X。这件作品给赫希洪博物馆区域带来了全新的外观，使其成为华盛顿特区国家广场附近的标志性空间。

图 10.21 道格·阿提肯，《歌曲 1》(2012)。华盛顿特区赫希洪博物馆室外数字投影。

资料来源：赫希洪博物馆和雕塑公园，史密森学会，约瑟夫·赫希洪遗产基金会，匿名者赠予，2012。道格·阿提肯工作室和纽约 303 画廊提供。

数字艺术形式

用连接电脑的设备制作的艺术作品范围广泛，包括制作艺术成品，如彩色打印、电影和视频，也包括为最终应用于另一种媒介的作品生成想法。电脑使可供选择的设计方案可视化，可以用来解决一些设计问题。电脑还能够保存不同操作过程中的图像，这使得用户可以保存未完成的图像，同时又可以在原始图像上探索解决问题的方法。

电脑的多功能特点促进了媒体专业之间界线的瓦解。传统的画家也可以使用电脑轻松地利用照片成像，甚至添加动态内容和声音到作品中。摄影师几乎能够以任何可想象的方式编辑图像。

以今天的标准来衡量，早期的计算机艺术看起来很乏味。第一个计算机生成的数字图像展览于 1965 年在一个私人艺术画廊举行。当时几乎没有人认为这是艺术。

大部分最早的数字艺术家用电脑和绘图仪作画：绘图仪根据程序指令，通过一个在纸上运动的小墨水轴承和轮式装置，在纸上画单色线条。

在技术人员的帮助下，维拉·莫娜（Vera Molnar）运用这些早期的效果制作了一些最直观有趣的作品，例如她在 1976 年的数字作品《路线图》（*Parcours*，见图 10.22）。在电脑中设置一个程序，运用一组基本的绘图仪动作来创造变化，产生一个类似用手快速绘制图片的效果。在许多这类早期的计算机艺术中，绘图仪的动作并不能精确预测，这反而增加了图像的吸引力。然而，由于那些年计算机技术所需要的费用和操作的复杂性，除了少数先锋艺术家之外，其他的艺术家都对这种媒体技术望而却步。

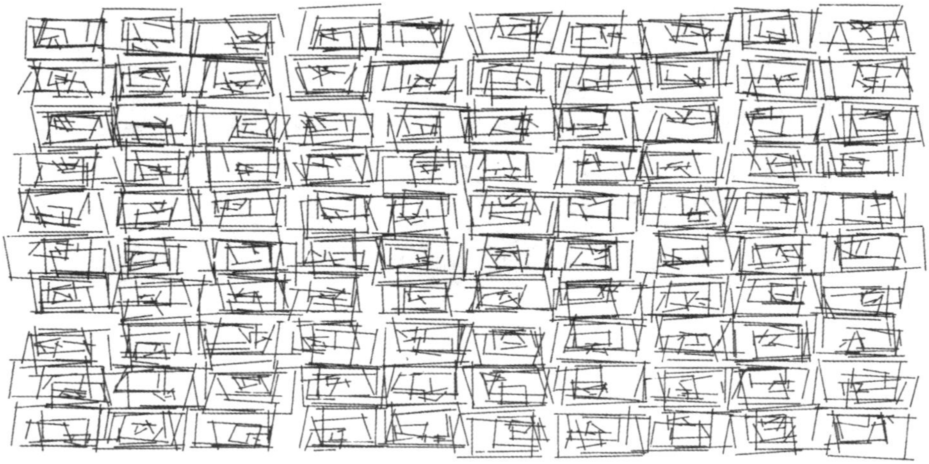

图 10.22　维拉·莫娜，《路线图》(1976)。

资料来源：艺术家本人提供。版权© 2013 由纽约艺术家权利协会/巴黎法国图像及造型艺术著作人协会所有。

20 世纪 80 年代中期，运转更快速的电脑、彩色打印机和交互式图形的出现彻底改变了这种情况。随着计算机能力的提高，越来越多的艺术家开始对此感兴趣。如今，许多摄影师、电影摄制者、设计师、雕塑家、建筑师都使用电脑来帮助他们完成项目。他们可能会存储和更改图像，或者使用三维建模应用程序来使设计的形状可视化。然而，对于一些艺术家来说，软件和数字设备是他们创意实施的一个重要组成部分。这里将要呈现最近的三个项目，它们展示了艺术家们正在使用电脑技术采取的路径。

琳恩·赫什曼·利森（Lynn Hershman Leeson）在创作视频机器人 DiNA（见图 10.23）时，面临数字仿真的问题（作品的标题来自“digital DNA”的缩写）。DiNA 出现在一个视频装置中，观众走到麦克风前与面前屏幕中虚拟的女人互动。DiNA 正在虚拟办公室中竞选电信总统，办公室里萦绕着她轻微缥缈的声音，她邀请观众使用麦克风提出问题。作为一台机器来说，DiNA 的反应听起来智能得令人惊讶，她与互联网连接并通过实时搜索来回应观众的问题。例如，与 DiNA 交流了几分钟之后，观众知道她在堕胎和死刑问题上持适度自由的立场。

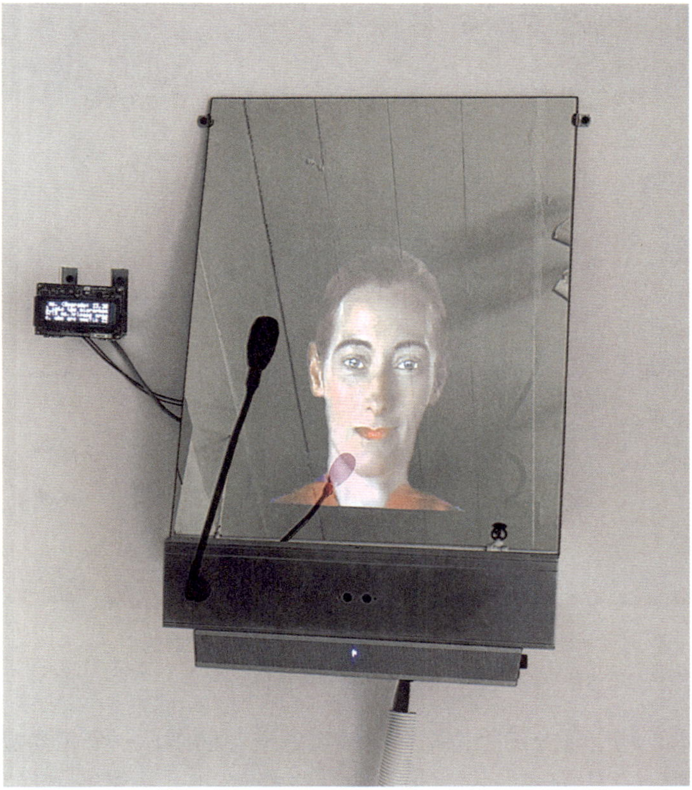

图 10.23　琳恩·赫什曼·利森，*DiNA*（2004）。人工智能机构，网络连接，定制软件，视频和麦克风。尺寸可调整。

资料来源：比特形态画廊提供。

大多数观众认为，DiNA 确实有能力担任电信总统这一公职，也许她比大多数的政客更有思想。她的竞选口号是“人工智能比没有智慧好”。在一个过度包装很难辨别真相的时代，DiNA 用一种令人难忘的方式使问题复杂化。艺术家适时地设立了一个 2004 年总统大选竞选的网站，并在上面储存了“直播视频”，只是为了确保选民能够了解到 DiNA 在各种问题上的立场。

一些数字作品利用运动传感功能实时运作。诺娃·蒋（Nova Jiang）的作品《漫画接力概念机》（*Ideogenetic Machine*，见图 10.24）让观众参与互动，通过软件过滤动作，结合艺术家绘画数据库的匹配，制作出一本基于实时情景的漫画书。每个机器装置都衍生出一部新的漫画作品，参与者可以在当晚下载 PDF 格式的漫画。漫画书中有空白的泡沫对话框，观众可以自己编故事来配图片。

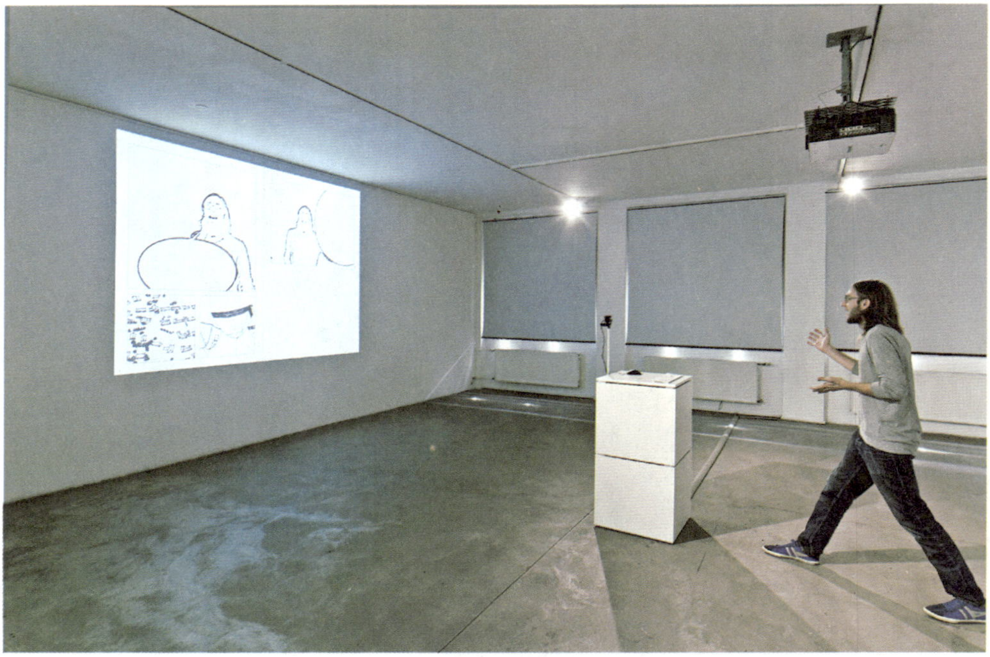

图 10.24　诺娃·蒋，《漫画接力概念机》。交互装置，尺寸可调整。装置照片。
资料来源：利林茨当代艺术中心/奥地利。奥托·萨克辛格摄影。

一些艺术家基于现今的手持平板电脑设备进行创作。一个相当成熟的例子是塔尔·哈尔彭（Tal Halpern）的作品《终极游戏：冷战时期的爱情故事》（*Endgame: A Cold War Love Story*，见图 10.25）。观众首先拼出一个简单的拼图，随着每一块拼图的拼入，程序会加载冷战时期的影片、照片和文字资料与观众互动。组装好的拼图从而形成了一个包含间谍、鼓吹宣传和国会听证会等情节的故事。没有平板电脑的观众可以在线观看这一作品。

正如我们所看到的，电影可基于一本娱乐小说创作出来，也能通过这种容纳多类型的实验和专题陈述的重要艺术形式衍生而来。20 世纪 80 年代数字技术的出现不仅导致了特效技术的革命，而且也改变了电影在世界各地的播放和发行方式。数字技术也形成了新的艺术形式，艺术家使用软件和数字设备作为他们创作实践的一部分。

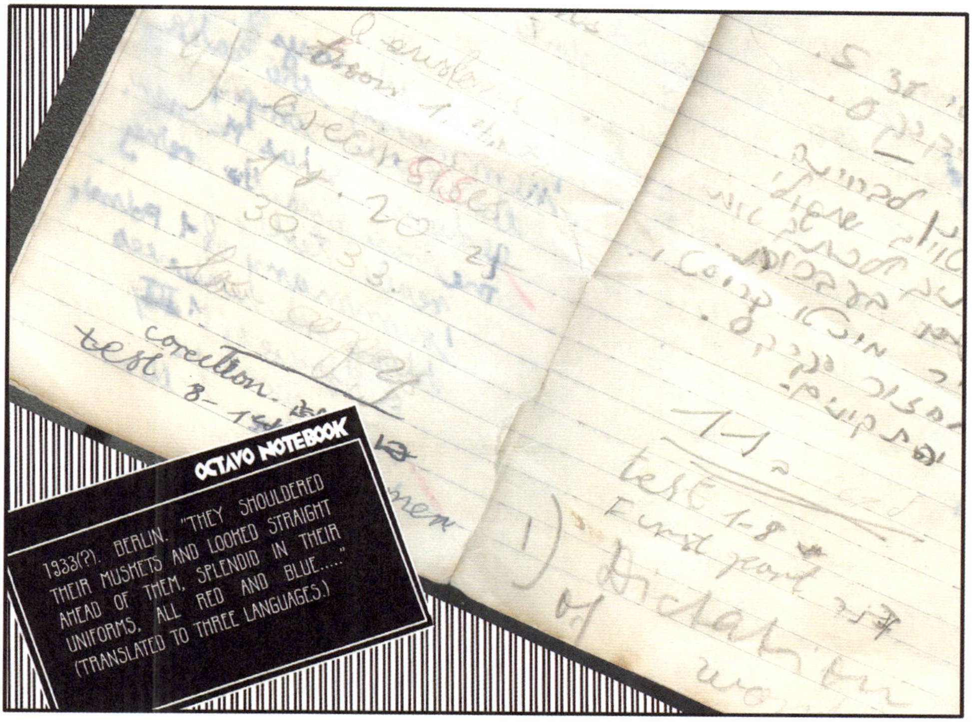

图 10.25　塔尔·哈尔彭，《终极游戏：冷战时期的爱情故事》(2001)。可连接因特网且有 Flash 动画的可触屏式数字作品。

资料来源：艺术家本人提供。

思考回顾

1. 电影进化历程中有哪几个主要的阶段？
2. 《海斯法典》在什么时候发挥了作用？
3. 如今的艺术家正在使用怎样的交互技术？

请试一试

将艺术家拍摄的独立电影，比如肯尼思·安格尔的《天蝎星升起》同好莱坞出品的类似主题的电影，比如《飞车党》做对比，请从摄像机的使用、镜头的长度、人物个性和总体信息等角度进行思考。

关键术语

电影剪辑——剪辑师将镜头编辑成场景，进而形成影片的过程。

黑色电影——起源于 20 世纪 40 年代好莱坞黑暗血腥的黑白电影流派。

蒙太奇——动态的图片，由从多个角度描绘一个角色的单一场景镜头组合而成的快速镜头。

视觉暂留——一种让电影成为可能的光学幻象，人的眼睛和内心倾向于在图像消失之后在大脑中保持一小会儿图像。

镜头——没有被打断的持续拍摄的影片，镜头被编辑成场景，然后成为电影。

第 11 章　设计类型*

请思考

1. 请论证设计在我们的日常生活中是普遍存在的。
2. 请分析在传达不同的想法时图形设计的功能。
3. 请描述动画和交互设计的新兴方向。
4. 请评价整合了实用性、技术和尖端设计的日常用品。
5. 请定义用在图形和产品设计中的专业术语。

萨克斯第五大道精品百货公司曾经有过一个困扰。它的品牌已经赫赫有名，而且在各大城市都有分店，其高品质和高格调的声誉已经树立。高档消费者的人数是可观的，从 1924 年开张以来一直如此。这里的问题是：你如何更新一个品牌，把过去最好的保留，而又能告诉公众，你仍然可以创新？如何在维持现有（老龄化的）用户的同时吸引年轻消费者？

萨克斯公司向图形设计公司五角设计联盟（Pentagram）的迈克尔·贝鲁特（Michael Bierut）陈述了以上的情况，并询问一些建议，他们该如何修改公司的标识，在保证其可辨识度的同时进行创新，经典又不乏前沿性。贝鲁特在 2007 年为萨克斯公司设计了新的标识（见图 11.1），打破了之前的设计元素。他采用了人们熟悉的旧标识的草书字体，将它切成 64 个方形，并随机重组。新标识对于每一个曾经带萨克斯包回家的人来说仍是可辨认的，但是它看起来更有新意。

贝鲁特做了设计师通常应该做的事：解决问题并呈现方案。除了平面设计，设计师可以在许多设计领域展开工作，包括交互设计、动画、产品设计、纺织设计、服装设计、室内设计、环境设计等。在这一章，我们将涉及其中的几个门类，从平面设计开始，到动态图形，再到交互设计，并以产品设计结束。

* 可在 myartslab. com 网站收听本章音频，学习和回顾本章内容。

图 11.1 迈克尔·贝鲁特，萨克斯第五大道精品百货公司标识（2007）。
资料来源：设计公司：五角设计联盟。图片由萨克斯第五大道精品百货公司提供。

平面设计

所有的艺术形式中，我们在日常生活中最常碰到的便是平面设计。我们几乎连续不断地与平面设计互动。大多数设计师选择了平面设计作为职业，因为他们喜欢与人密切地互动。我们常常偶然间或不经意间看到平面设计，与在美术馆或博物馆中找寻其他艺术形式不同。这一事实给平面设计师一绝佳的机会来吸引、告知、说服、取悦、厌恶、冒犯或排斥我们。

“平面设计”这一术语指的是处理文字和图片以增强视觉传达效果的过程。平面设计大多涉及印刷的材料，包括书籍、杂志、宣传册、包装、海报和电子媒体的图像等。由于平面设计的规模和复杂性，从邮票和商标到广告牌、电影、视频和网页等都属于平面设计的范围。

平面设计是一个运用艺术和技术去沟通想法的创造性过程。通过对于符号、文字、颜色和插图的掌控，平面设计师创作旨在吸引、通知、说服特定观众群体的视觉作品。一个好的平面设计师可以合理地安排文本和图片，以保证两者的互补。

版面设计

字形是一种艺术形式。版面设计是以字形（字体或字形）构成印刷材料的方法与技艺。设计师被雇来满足客户的沟通需求，经常做出设计，以互补的方式将非语言的图像和打印出来的文字联系起来。

几十年前，当人们刚刚将文字呈现在纸张上时，往往是通过手写或机打完成的，几乎所有打字机都用相同的字体，大多数用户并不知道这个字体的名称。现在的人可以使用电脑选择字体，创建看起来非常专业的文档，制作基于电脑的出版物，比如通信、宣传册和网页。但是计算机程序就像铅笔、画笔和相机一样，只是工具：如果操作者具有艺术细胞，电脑就可以用来达到艺术的目的。

自从 11 世纪中国人发明了印刷术，成千上万的字体被创造出来，这也得益于数字技术的发展。这本书的英文版使用 Adobe Garamond 字体，因为这种字体优雅且具有易读性。

许多欧洲风格的字体是以早期的罗马人雕刻在石头上的大写字母为基础的。罗马字母由粗细的笔画构成，笔画结尾有衬线——与笔画成一定角度的具有指向性的短线。在版面设计中，术语“罗马字体”是用来表示“不是斜体”。无衬线字体由于与现代主义设计的联系，看上去更现代。这些字体实际上源远流长。Black Letter 字体是基于中世纪北部的手稿，现今已很少使用。

如今，许多设计师考虑到字体的可读性和当代人的喜好，重新设计和更新了字体。我们可以看到字体排印师的艺术作品 Clearview Hwy 字体（见图 11.2）。唐纳德·米克（Donald Meeker）和他的助手设计了这款字体，因为他们想要提高州际高速公路上绿底白字标识的可辨识性。他们以现有的字体作为出发点，扩大了小写字母的空心空间，比如字母 e 和 a，同时缩小了大写字母和小写字母的大小比例。他们还做了许多其他更微妙的改动，比如给小写字母 l 添加一个底。美国联邦高速公路管理局在各种各样的天气和照明条件下测试了该字体，他们发现对于不同视力的司机来说，新字体都比旧字体能够被更快更清晰地辨认。2004 年管理局批准了在州际高速公路上使用这种新字体的标识，并使之成为硬性要求，逐步取代全美的旧标识。

海迪·科迪（Heidi Cody）* 在她 2000 年的作品《美国字母》（*American Alphabet*，见图 11.3）中采取了更加讽刺的态度。她在公司标识的缩写中使用了 26 个字母。她说：“我试图让观众自觉承认他们是如何被洗脑，或者说被‘贴商标’的。”[1]

---

* 可在 myartslab.com 网站观看采访海迪·科迪关于《美国字母》这一作品的播客。

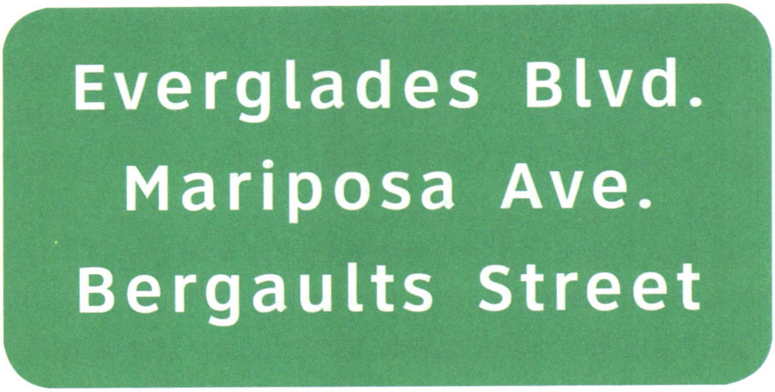

a. 使用 Clearview 5-w 字体的路标样例

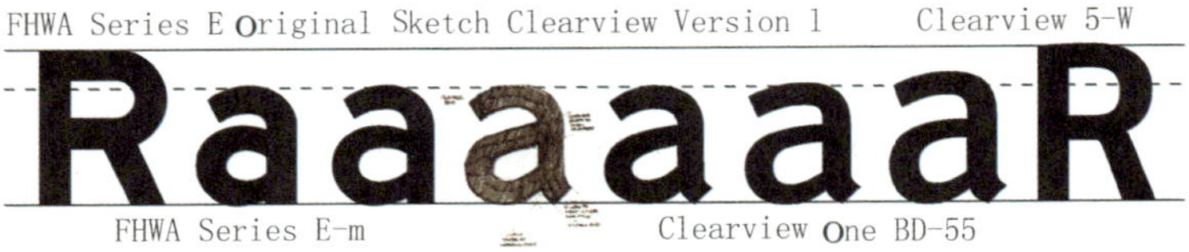

b. 从之前的 Federal Highway 字体发展到 Clearview Hwy 字体的过程

图 11.2 唐纳德·米克，Clearview Hwy 字体，自 2004 年使用至今。

图 11.3 海迪·科迪，《美国字母》(2000)。一组从美国食品杂货店的产品名称中提取出来的 26 个字母，由美国兰布达·杜亚兰斯图文公司印刷在铝制轻盒子上。每个盒子：28″×28″×7″。

资料来源：版权© 2000 由海迪·科迪，www.heidicody.com 所有。

图 11.4 克雷格·沃德，《你太让我震惊了》(2007)。丝网印刷的玻璃。

资料来源：杰森·托泽尔摄影。

克雷格·沃德（Craig Ward）在他的个人作品中将更深层次的艺术构思引入排版。他认为文字可以像图片一样具有丰富的表达功能。为了创作作品《你太让我震惊了》（*You Blow Me Away*，见图 11.4），他打碎了一块玻璃，玻璃上事先用经典的现代 Helvetica 字体书写了标题。我们看到随着玻璃的破碎，这句话也破碎了，一种奇异的效果展示出来。

徽标

在这样一个图形就是一切的时代，企业在平面设计上投入大量资金，以呈现最好的“个性包装”。徽标是一种基于字形并结合图形元素的可识别标记或者商标。正如在本章一开始看到的萨克斯第五大道的徽标，公司精细校准这些设计，使它们能够呈现独特的和令人难忘的外观。

我们以两家银行的徽标设计为例，探索其简单的符号所携带的信息。最近，一个名叫 Superflex 的艺术家小组为创作艺术作品挪用了一些徽标，并剔除了与徽标相关的版面设计，这就创造了一个机会来探究徽标是如何传递信息的。苏维瑞银行（Sovereign Bank）* 的徽标（见图 11.5 a）是一个射出光芒的街灯。这个徽标看起来光芒四射，但是也显得中规中矩和趋于传统，这正是许多人想象中的银行形象。殖民银行（Colonial Bank）的徽标基于字母 C，将 C 演变成了一个像太阳的发光的天体（见图 11.5 b）。在字母 C 中，鹰是美国的传统象征，这只鹰似乎在守卫站岗，它警觉地凝视着远方，正如人们对银行家的期待那样。徽标中的蓝色代表了天空，象征了令人欣慰的好天气。然而，这两个徽标所包含的信息并不能阻止这两家银行在 2008 年的次贷危机中衰落。这也使 Superflex 艺术家小组的行动成为可能，他们将徽标转变成横幅上的艺术品。

a.苏维瑞银行被桑坦德银行收购，2008年10月13日

b.殖民银行被BB&T公司收购，2009年8月14日。

图 11.5　Superflex 艺术家小组，破产银行系列（2012）。棉布丙烯。每张图：79″×79″。

资料来源：艺术家本人和纽约彼得·布鲁姆画廊提供。

* 现在叫西班牙国家银行，也叫桑坦德银行。——译者注

海报和其他图形

海报是通过版面和图形意象的综合设计来提供信息的简洁的视觉公告。一张高效的海报能在一瞬间吸引观者的注意力并传达信息。海报设计师的创造力具有特定的目的，可能是为了宣传或说服他人。

现代海报的概念诞生在一百多年前。在 19 世纪，大多数海报是石版画，许多艺术家通过设计这类海报获得额外的收入。亨利·德·图卢兹-洛特雷克是其中最有影响力的艺术家（见图 8.15）。早期的石版海报都是手绘的，设计师用多块石版印刷同一张纸，每块石版上着有一种颜色，以此来丰富海报的色彩。在 20 世纪二三十年代，印刷技术的进步使高质量的大规模生产成为可能，包括印刷带有文字的大尺寸摄影作品。20 世纪 50 年代以来，海报的风头被广播、电视和印刷广告盖住。如今，海报的作用大不如前，但精心设计的海报仍然可以实现即时通讯的需求。

在海报中可以发现许多社会问题的生动表达。在 20 世纪六七十年代，非裔美国人维权组织黑豹党制作了许多富有创造性（也很激进）的海报。几乎在同一时间，奇卡诺运动委托许多艺术家制作丝网版画，促进了墨西哥裔美国人的运动（后者的一个例子是埃斯特·埃尔南德斯的海报，见图 8.20）。一些海报提醒我们所拥有的权利，而不是要求我们改变行为。蔡兹·马夫良-戴维斯（Chaz Maviyane-Davies）在 1996 年根据联合国的《世界人权宣言》设计了一组海报。他的海报《第十五条》（*Article 15*，见图 11.6）中列出了规定人人有权享有国籍的条例。海报使用了一位黑人的面孔，在旗帜的条纹里他的双眼充满希望地凝望着。设计师希望以此消除普通人认为的非洲人是战争或饥荒受害者的观念。

近年来，使用丝网印刷最巧妙的作品之一创作于 2011 年的阿姆斯特丹。一个非营利的文化中心委托制作了一系列海报，呈现了城市为了促进旅游业而面临的重负。阿姆斯特丹的许多景点被指定为历史遗迹，这样虽然促进了旅游业的发展，但也限制了社区空间的演变。该文化中心发起了海报宣传运动，以此促进公众关于历史遗迹的讨论。米歇尔·舒尔曼（Michiel Schuurman）作品《纪念碑的问题》（*Matter of Monument*，见图 11.7）上覆盖了各种关于公民纪念碑的意见，意见由艳丽欲滴的色彩写成，仿佛是刚写完的。他创作了几个不同版本的海报，每个版本都写有不同的陈述。

幽默在设计中有很大的吸引力。麦拉·卡尔曼（Maira Kalman）在为《纽约

图 11.6 蔡兹·马夫良-戴维斯，《第十五条：人人有权享有国籍和改变国籍》(1996)。海报。
资料来源：艺术家本人提供。

图 11.7 米歇尔·舒尔曼，《纪念碑的问题》(2011)。丝网印刷海报。46½″×33″。
资料来源：巴特·戴克斯特拉摄影。

客》杂志设计的封面中，运用富有异国情调的名字默默地嘲笑了曼哈顿和周围喧嚣的亚文化群（见图 11.8）。其中一些名字是 Botoxia、Hiphopabad、Trumpistan、al-Zeimers，等等。这个封面设计于 2001 年 12 月发表，它让纽约人在“9·11”悲剧后再次嘲笑自己。

英国设计师乔纳森·巴恩布鲁克（Jonathan Barnbrook）对媒体过度报道的嘲讽似乎伴随每一届奥林匹克运动会。2010 年冬季奥运会中，巴恩布鲁克和他的病毒字体设计公司创建了一组象形图——Olympukes，其中的一个作品叫作“淹没在广告中”（Drowning in Advertising，见图 11.9）。在一片借用某著名饮料品牌标识的深红色波浪线中，我们看到淹没在水中的消费者伸出头和手臂，正在呼救。巴恩布鲁克和病毒字体设计公司将这组 Olympukes 设计成为 iPhone 的壁纸，可供人们免费下载。

图 11.8　麦拉·卡尔曼和里克·迈耶罗维茨（Rick Meyerowitz），《纽约克斯坦》。《纽约客》杂志封面，2001 年 12 月 10 日。

资料来源：麦拉·卡尔曼和里克·迈耶罗维茨，《纽约客》。版权由廉迪纳斯特所有，2001。

图 11.9　病毒字体设计公司，《淹没在广告中》，来自系列图形项目 Olympukes（2009）。iPhone 壁纸。像素：480×320。

资料来源：巴恩布鲁克。

在 20 世纪 70 年代后期，朋克音乐亚文化形成了自己的设计风格，然而这种风格看起来却不像是经过设计的。为了配合英国女王伊丽莎白二世的 25 周年银婚庆典，性手枪乐队（The Sex Pistols）发布了他们的第一首单曲《上帝拯救女王》(*God Save the Queen*，见图 11.10)。这首歌太有争议性，以至于在电视广播中禁播，然而它仍然是第一卖座的歌曲。25 年后，《史上 100 最佳唱片封面》一书将杰米·瑞德（Jamie Reid）设计的封面评为史上最佳唱片封面。

图 11.10　杰米·瑞德，《上帝拯救女王》(1977)。唱片专辑封面。
资料来源：迈克尔·奥克斯档案/施特林格/盖蒂图片社。

动态图形

2013 年设计界最具突破性的浪潮之一便发生在动态图形领域，设计师使用视觉特效、真人实景和动画创建了二维可活动的项目。设计师们以各种方式整合了这些技术，生成了运用在网站、电视广告、公共标识和音乐视频中基于时间的图形序列。

动态图形作为一门学科始于好莱坞电影的片头，即在电影一开始出现的演职人员名单。直到 20 世纪 60 年代初索尔·巴斯（Saul Bass）创新之前，大多数电影片头仅仅是名字的缓慢滚动。巴斯在接受采访时表示，开场片头可以“为即将发生的故事营造氛围”，因为“观众应该从第一帧开始就融入到电影之中”。[2]

20 世纪 90 年代更先进的数字剪辑技术促使了动态图形的飞速发展。随着新的计算机的运用，设计师们可以如编辑照片般自由地创建镜头中的每一帧图像。因此，越来越多的动态图形设计师成为导演，创作了汇聚不同数据来源的短小精悍的项目。

凯尔·库珀（Kyle Cooper）的作品《七宗罪》（*Se7en*，见图 11.11）* 的开场片头中最早使用了新的技术，这部电影讲述了一个惊悚的悬疑故事。开场片头自带情节，其中一位手指缠着绷带的男人正在把与谋杀和性变态相关的资料装订成册。在九寸钉乐队（Nine Inch Nails）的配乐下，多层图像、影片片段和变形的文字连同手写的演职员名单在屏幕上躁动地颤抖着。最重要的是，这种令人难以忘怀的特写开场片头在剧情上具有一定的功能：它向观众介绍了杀手的内心世界，而这个杀手在电影的前 40 分钟都没有出现。库珀说，他运用生动的图片的能力源于早期同保罗·兰德（Paul Rand）一起在耶鲁大学的学习时期。保罗·兰德是美国的传奇设计师之一。

图 11.11　凯尔·库珀，《七宗罪》开场片头（1995）。电影由大卫·芬奇（David Fincher）导演。
资料来源：时代华纳公司。

库珀电影中的紧张风格被其他惊悚和科幻电影广泛模仿，动态图形这种媒介几乎可以表达任何情绪。近期，卡琳·方（Karin Fong）为电视剧《无路可退》（*Rubicon*，见图 11.12）拍摄了情节紧凑、发人深省的镜头，这与《七宗罪》中焦躁不安、阴冷的氛围形成了对比。剧中的主角是一位调查他的上司离奇死亡的情报分析员，随着调查的深入，他渐渐地发现了战争投机商秘密群体的大阴谋。剧集的开场片头预示了主角在调查中所追查的线索和预感，镜头结合了静态图像、动画、实景真人和背景声音。《无路可退》刚播出第一季时，卡琳·方设计的开场片头就获得了艾美奖的提名。

* 可在 myartslab.com 网站观看凯尔·库珀的《七宗罪》。

图 11.12　卡琳·方,《无路可退》预告片标题镜头静帧(2010)。电影剧照。
资料来源:艺术家本人提供。

艺术的形成　卡琳·方(1971—　):给新的故事赋予生命

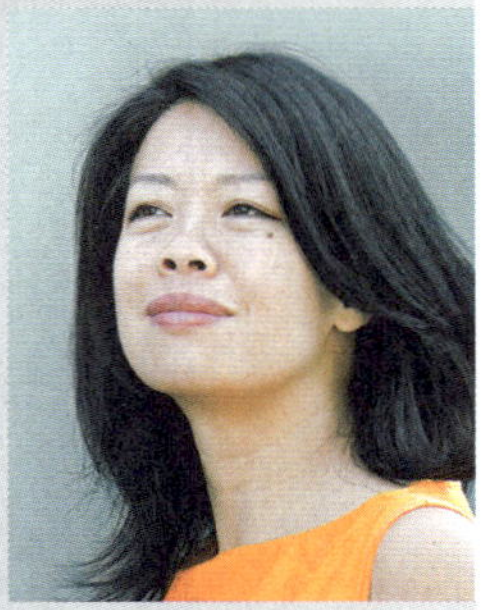

图 11.13　卡琳·方

卡琳·方(见图 11.13)在很小的时候就开始了她的设计生涯。她回忆说:“在我知道如何拼写‘设计师’这个词之前,我就已经是个设计师了。在我的童年时光里,我一直在制作自己的报纸、书籍和漫画。我的父亲会用复印机把我的这些作品‘出版’。”[3]这些经历引导她去耶鲁大学艺术学院学习,她在耶鲁的毕业作品是设计一本动画儿童读物。图形动画在当时是一个前沿的想法,因为数字动画仍处于起步阶段。毕业后,她作为创始人之一创办了一家顶尖的动画设计公司,即 Imaginary Forces 公司。

卡琳·方的专长是给电影和电视节目制作开场片头。“我一直认为一个好的主字幕有点像徐徐打开的窗帘,”她解释道,“它邀请观众‘离开现实世界去另一个地方’。”[4]

为了创建动态的主字幕序列,需要将不同类型的媒体融合为一体。她这样描述一个项目的诞生:“这一过程通常始于同电影导演的对话,我们在对话中迸发出新的想法。有时剧本中已经有了概念轮廓,但往往只是一些基本的用来探讨的主题。研究和设计是我最开心的阶段,我们可以尽可能地去了解电影和它的世界。我们的许多想法在这一阶段涌现,经常需要用故事板来剔除一些想法。

通过头脑风暴，我们可以找出不同的切入故事的方法。”[5]

在《无路可退》中，剧情涵盖间谍、阴谋、卧底特工之间的密信以及迫在眉睫的危险。卡琳·方创建的开场片头（见图11.12）中，一条手绘的黄色粉笔线条穿过了数据列表、计算机打印的资料、条形码、地图、审查文件、航拍照片和小短片。开场片头就像本剧的主角那样，暗示了一个人在各种各样的证据中寻找线索之间的联系。

如今的动态图形设计师创建了各种各样的媒体形式。卡琳·方为视频游戏《战神：弑神自封》(*God of War：Ascension*) 设计了预告片，也为美国塔吉特百货设计了由克里斯蒂娜·阿奎莱拉主演的超级英雄电视广告。卡琳·方的团队为纽约林肯表演艺术中心设计了一个项目，它有一个新造的名字：Infopeel（见图11.14）。这是一个动态的屏幕，其中可以插入即将上演的节目时间和表演者的照片。该设计的目的是为了吸引正在行走中的观众的注意力，同时引导他们的视线朝向指定的信息。如今穿梭在繁华的百老汇大街的行人和司机不用停下来就可以知晓林肯中心的节目。

图 11.14　卡琳·方和马克·加德纳（Mark Gardner），林肯中心 Infopeel（2009）。户外动态图形展示，纽约65街和百老汇大街。

卡琳·方说道：“我一直对图像、故事和文字之间的关系很感兴趣。”在最新的软件和技术的帮助下，现在的动态图形提供了“新的叙事结构和叙事方式的机会”。她说：“电影制作的世界正在全面展开，因为人们接受并期待动画、实景真人和文字的整合。所以这正成为一门新的语言，非常令人兴奋。”[6]

交互设计

随着越来越多的媒体拥有了交互功能，设计师们努力地组织信息的呈现方式，并使版面保持吸引力。交互设计是一个相对较新的设计领域，但已经有一些十分出色的项目。

随着每年数以百万计的手持平板电脑设备被销售出去，这种新的消费商品正在迅速成为主要的交互设计载体。比如苹果公司的 iPad 平板电脑已有成千上万的应用程序可供选择，这些小软件允许用户与信息、游戏、书籍和音乐产生互动。冰岛歌手比约克（Björk）在 2011 年末发行了她的专辑《生物恋》（*Biophilia*），她的这张专辑是作为一组 iPad 应用程序呈现的（见图 11.15）。专辑的题名帧是一个由旋转着的星座构成的虚拟星系，每个星系引导观众看到专辑中的一首歌，并可以打开一个单独的应用程序。这些应用程序播放歌曲，歌词沿着文本行

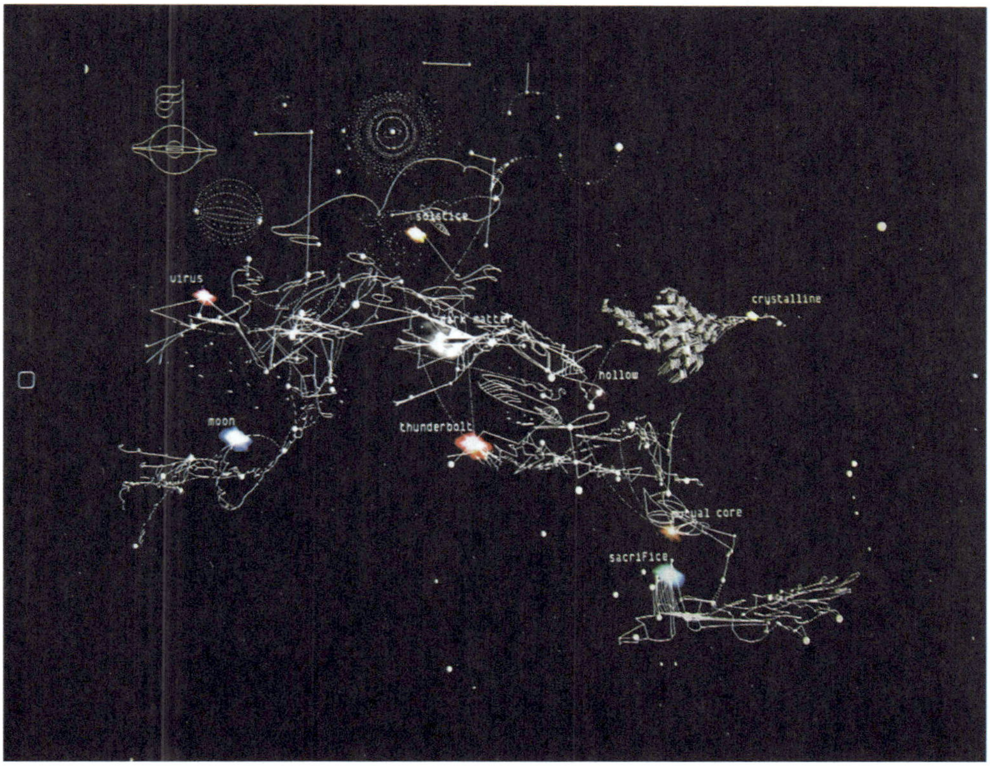

图 11.15　斯科特·斯尼布，《生物恋》应用程序（2011）。比约克专辑的主屏幕。

资料来源：版权© 2011 由韦拉特/小印度人所有。m/m（巴黎）和比约克设计。图片由比约克工作室提供。

出现，观众可以通过倾斜或旋转屏幕、点击或者用指尖画来营造互动环境。这一作品的设计师是斯科特·斯尼布（Scott Snibbe），他还为 iPad 设计了其他几个游戏和应用程序。（为安卓平台设计的交互式项目，参见塔尔·哈尔彭的《终极游戏》，见图 10.25）。

在所有的印刷媒体中，二维码（或称“快速响应代码”）正日益成为一个互动可能性的象征。

通过一个应用设备（比如智能手机）扫描二维码即可以打开一个网页、视频、应用程序或者其他信息。2009 年，日本的一栋建筑在其表面创建交互性内容（见图 11.16），从而取得了新的突破。只要扫描建筑墙面的二维码就会获得

图 11.16　日本立川市寺田建筑设计事务所 N 大楼（2009）。交互式表面由寇斯莫（Qosmo）公司设计；灯光由冈安泉照明设计事务所（Izumi Okayasu）设计。

资料来源：大森优希摄影。

很多信息，包括商店的营业时间和打折信息，甚至走过门厅的用户发布的最新的推特消息。大楼的设计师以此创造了一个广告牌的替代品。这座大楼不像大多数户外显示屏那样向每个人推送内容。只有当顾客通过激活其二维码“提问”时，大楼中的信息才会显现。

产品设计

我们每天都与设计出来的产品打交道，工业设计师致力于使这些产品更美观、更实用和更具可持续性。我们通过探究最近的一些物件来结束本章，这些物件结合了实用性、技术以及前沿设计，创造了历史。

“每个孩子一台笔记本电脑”（One Laptop Per Child，OLPC）项目正在努力使世界各地的学生都能使用电脑。OLPC XO-3 平板电脑（见图 11.17）通过网络和万维网访问使学习更容易。除了其引人注目和突破传统的轻薄设计外，它还有两个独特之处：OLPC XO-3 运行不需要用任何语言的直观操作系统，而且每台售价约 100 美元。较低的价格促进其在发展中国家的使用。

图 11.17　Fuseproject，OLPC XO-3。正在进行中，平板电脑。
资料来源：图片由 Fuseproject 提供。

只要快速地扫一眼“使命一号”摩托车（见图 11.18），就会发现它缺少了什么。与其他大多数车相比，它少了油箱和排气管。这是因为“使命一号”摩托车是一辆由锂离子电池驱动的电动车。整个“使命一号”摩托车的设计暗示了其超前的速度，因为它的车身符合空气动力学，由轻量级的铝构成。这款摩托车运行安静并且零排放，最高速度可达每小时 150 英里。

如今许多产品设计师都在设法使他们的项目更环保。在这一转化的过程中，一个引人注目的事件发生在 2009 年，当时一些英国设计师致力于制作一种新型的风力涡轮机来发电。大多数风力涡轮机像巨大的飞机螺旋桨，不仅体积大、噪音大，而且需要相当强劲的风才能运转，因此这些风力涡轮机只适合安置在农村地区（因此经常会伤害到鸟类）。但 QR5 风力涡轮机（见图 11.19）使用了外形雅致的新设计，便解决了所有这些问题。这个新涡轮几乎完全无声，可在微风中运转，小到可以安装在房顶上，并且一只鸟都不会伤害到。涡轮机的名字“QR”既代表了公司名称，又展示了它的主要卖点，即安静的革命（quiet revolution）。

图 11.18　使命一号（2009），电动摩托车。旧金山使命摩托车制造公司。设计师：伊夫・贝哈尔（Yves Behar）。
资料来源：使命摩托车制造公司提供。

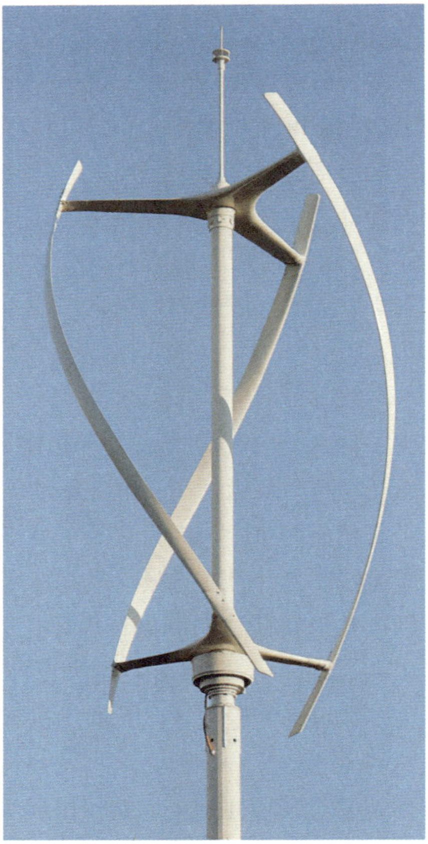

图 11.19　静音革命有限公司，QR5 风力涡轮机（2009）。碳纤维和环氧树脂制造。单位高度：16′5″。
资料来源：静音革命有限公司。

如我们所见，我们在日常生活中经常遇到图形设计和相关的设计类型。设计是一个创造性的过程，往往通过使用艺术和技术去创作可以吸引我们、提供信息、劝诱我们的视觉作品。

思考回顾

1. 设计主要有哪些分类？
2. 是什么导致了受过艺术训练的人转而做设计？
3. 计算机如何影响了设计实践？

请试一试

评估你日常生活中设计的应用。在接下来的一个星期中，分别找到一个在实用性、可持续性等方面设计得好的和不好的产品，并分析是什么造成的。

关键术语

字体——一种特定文字样式的名称。

徽标——由字形或图形元素组成的一个机构、公司或出版物的标识、名称或商标。

片头——在电影或电视节目一开始出现的演职人员名单。

版面设计——由字形构成印刷材料的艺术与技艺。

第 12 章 雕 塑*

请思考

1. 请注意雕塑是一种三维的艺术，观赏者通过多维视角来欣赏。

2. 请比较独立雕塑和浮雕作品。

3. 请描述三种用于雕塑的方法：增补法、消减法和塑造法。

4. 请识别一些在雕塑作品中用到的材料，包括活动艺术和混合媒介的作品。

5. 请讨论特定场景布置艺术的运用对于周围环境的作用。

大多数人在欣赏马丁·普里尔（Martin Puryear）的作品 *C. F. A. O*（见图 12.1a）的时候，第一眼看到的都是一堆杂乱不堪、令人眼花缭乱的木条，松垮地堆叠在一辆老式手推车上。木条大多没有上色，堆叠起来似乎形成了垂直结构，堆得很密，所以无法穿透。这件雕塑作品高达 8.5 英尺，看上去像是有人想把从木场购买的木材运回家而想出的奇特的搬运方式。

但是如果我们环绕它走一圈，看看它的另一面（见图 12.1b），就会明白为什么它堆得如此紧密。雕塑的另一面是一个巨大的弧形面，类似一个拉长的非洲面具，艺术家将其涂成了白色。所以说，要欣赏并领悟这件作品，我们必须绕其一圈，从各个角度来欣赏。

正如 *C. F. A. O* 这件作品所阐释的，雕塑是一种三维的艺术，有高度、宽度和深度。它就像我们人类一样，存在于空间中。当我们观看雕塑时，所感受到的是它的质量、表面和轮廓的集合。本章我们将介绍两种主要的雕塑类型——独立雕塑和浮雕，并探究制作雕塑的各种方法和材料。

---

* 可在 myartslab. com 网站观看有关浮雕作品雕刻技艺的视频。

a.　　　　　　　　　　　　　　　b.

图 12.1　马丁·普里尔，*C. F. A. O*（2006—2007）。上色和未上色的松木及小推车。$8'5'' \times 6'5^1/_2'' \times 61''$。

资料来源：纽约现代艺术博物馆，麦基展览馆提供。理查德·古德波迪摄影。

独立雕塑和浮雕

能从各个角度观看的雕塑叫“圆雕”，或“独立雕塑”。当我们围绕一件独立雕塑走动时，我们对它的感受也因欣赏角度不同而发生变化。通过一张照片我们只能看到一件雕塑作品在一种光线下的一种形象，这种感受是有限的，除非有很多张照片来展示，或者通过视频来展示。当然，最好的办法是自己亲自欣赏这件作品。

与独立雕塑不同，浮雕是指在平面上雕出凸起形象的一种雕塑类型。浅浮雕（有时称为“浅雕”）凸出平面的高度小，所以阴影也比较小。比如，钱币就是一种通过模型制作的浅浮雕。在古希腊时期，西西里岛的钱币设计工艺达到了鼎盛。其中阿波罗钱币（见图 12.2）（此处尺寸比实物稍大），在当时产生了很大的影响，尽管它的样式为浅浮雕而且很小。

图 12.2　阿波罗钱币（约前 415）。希腊银币。直径：$1\frac{1}{8}''$。

资料来源：希尔默图片库。

柬埔寨的吴哥窟寺庙里有世界上雕工最好、种类最丰富的浅浮雕。在 12 世纪，这个巨大的寺庙建筑群曾是高棉帝国的中心，高棉国王十分支持人们雕刻雕塑、设计建筑物。这个建筑群里的每一处房屋都雕有精细复杂的浅浮雕，这些浅浮雕看上去更像一幅幅画，而不是雕塑。其中有一幅作品叫“行军”（Army on the March，见图 12.3），刻画了一个王子带领军队打仗的故事。手持长矛的士兵线条硬朗、整齐划一，与背景上线条弯曲的树木形成鲜明的对比。王子手握弓箭，站在大象背上的战车里，士兵和周围的一切都是王子的背景。整个石墙表面都雕刻着复杂而细致的图案。

图 12.3　《行军》（柬埔寨高棉帝国，1100—1150），吴哥窟浮雕。砂岩。

资料来源：时间与生活图片/盖蒂图片社。

在深浮雕中，雕塑的凸起部分至少为其周边表面深度的一半，人物形象则大部分浮于表面。

以罗伯特·隆戈（Robert Longo）的作品《企业战争：墙壁的作用》（*Corporate Wars*：*Wall of Influence*，见图 12.4）为例，该作品中的男男女女表情痛苦。其中大部分都是深浮雕，只有极少部分区域胳膊和衣服几乎没有凸起。作品中人物身躯和四肢呈对角线分布，动作多样，使得整个画面栩栩如生。整件作品呈现的情感基调告诉人们，公司紧张的氛围让隆戈感到非常恐惧。

图 12.4　罗伯特·隆戈，《企业战争：墙壁的作用》（1982）。中间部分，铝浇铸。7′×9′。
资料来源：艺术家本人和米特罗图片社提供。

方法和材料

一般来说，雕塑分为造模、铸造、雕刻、构造、组装几种方式，或是将这些方式结合起来。

造模

造模通常是一个叠加的过程，采用黏土、蜡或石膏这些柔软的材料进行塑造，并移除多余部分，最终制作成型。

人们可以通过观察各地区的制陶工艺了解世界各地不同的文化。作品《带着枷锁和鸟头帽玩球的人》（*Ballplayer with Three-Part Yoke and Bird Headdress*，见图 12.5）雕塑表面的刀痕和指纹印记表明，这幅作品采用了造模技术。作品中人的身体、姿势、服装细节轮廓都十分清晰。居住在今天的墨西哥、危地马拉和洪都拉斯等地的古玛雅人常用黏土来制作精细的陶瓷花瓶和生动自然的雕塑，就如这件作品。

图 12.5　《带着枷锁和鸟头帽玩球的人》，古玛雅时期（600—800）。陶瓷着微蓝色。$13^{15}/_{32}$″×7″。
资料来源：普林斯顿大学艺术博物馆，1921 年为纪念吉勒特·格里芬 70 岁生日，由福勒·麦考密克出资，博物馆购买，1998-36。布鲁斯·怀特摄影。普林斯顿大学艺术博物馆/纽约艺术资源库/佛罗伦萨斯卡拉摄影。

用来雕塑的黏土、蜡和石膏通常很柔软，为了防止雕塑下垂，雕塑者常常在雕塑内放置骨架来支撑整个作品，但体积很小的作品除外。如果用黏土制作大件的雕塑，整件雕塑可以先分成相对较小、分开烧制且结构稳定的部件，这样一来就不需要骨架来支撑了。

薇奥拉·弗雷（Viola Frey）的作品《顽固的女人，橙色的手》（*Stubborn Woman, Orange Hands*，见图 12.6）就使用了骨架。与大多数这样大小的土制雕塑一样，该件作品也是中空的。艺术家为了烧制方便，将其分成了几个部分。制作过程中，由骨架支撑。该作品具有弗雷作品的典型特征，雕塑人物的尺寸比现实人物大。它刻画了一个平凡的女人，奋不顾身、勇往直前。作品中的女人未着寸缕，因为艺术家认为女人在裸体的时候更充满力量。此外，为了向观看者展示创作过程，作者并没有刻意隐藏各部分之间的缝合线。

通过造模做成的艺术品不一定是写实的，比如肯·普赖斯（Ken Price）的作品 *Vink*（见图 12.7）。作者用黏土造模并烧制，表面涂布多层丙烯酸颜料，并用砂纸打磨使里面的涂层暴露出来。尽管该作品的名字是指一种欧洲夜莺，

图 12.6　薇奥拉·弗雷，《顽固的女人，橙色的手》(2004)。陶瓷。72″×80″×72″。
资料来源：南希·霍夫曼艺术画廊提供。版权由艺术家遗产基金会所有，纽约视觉艺术家和画廊联合会授权。

但是它一点儿也不像，即使有几分相像也是巧合。相反，它可能更像某些身体部位，或者像某种不知名的海底生物，或者像某种多节植物。作品颜色光亮绚丽，这也给它增添了某种神秘的色彩。

铸造

铸造的过程中，首先用较容易处理的材料（如黏土）做成中间品，再用永久性材料（如铜）制成最终成品。因为大多数铸造过程都是用一种材料代替另一种材料，所以铸造工艺也称作“替代工艺”。早在古代中国、希腊、罗马和非洲部分地区就出现了铜铸工艺。文艺复兴后，铜铸工艺在西方也得到了广泛应用。

铸造包括几个步骤：首先，要制作一个原型的模子。根据原型和铸造使用的材料不同，制作模子的工艺也不相同。不管在哪种情况下，模子都要能完全包裹住原雕塑，不留空隙。只有能变硬的材料才能用来制作模子，如湿黏土、熔融金属、混凝土或者液态塑胶。然后，将原雕塑从模子中拿掉，这时可能需要拆掉原雕塑或者模子。接着，将铸浇液倒入模子的空隙中。最后，铸浇液冷却凝固后，将模子移除。

图 12.7 肯·普赖斯，*Vink*（2009）。丙烯酸和烧制陶瓷。9″×20″×11″。
资料来源：加利福尼亚州洛杉矶百叶窗画廊。

有些铸造工艺使用的模子采用柔性材料，能用同一个模子做成许多铸件；而在另一些工艺，如失蜡铸造工艺（见图 12.8）* 中，铸件冷却凝固之后，只能将

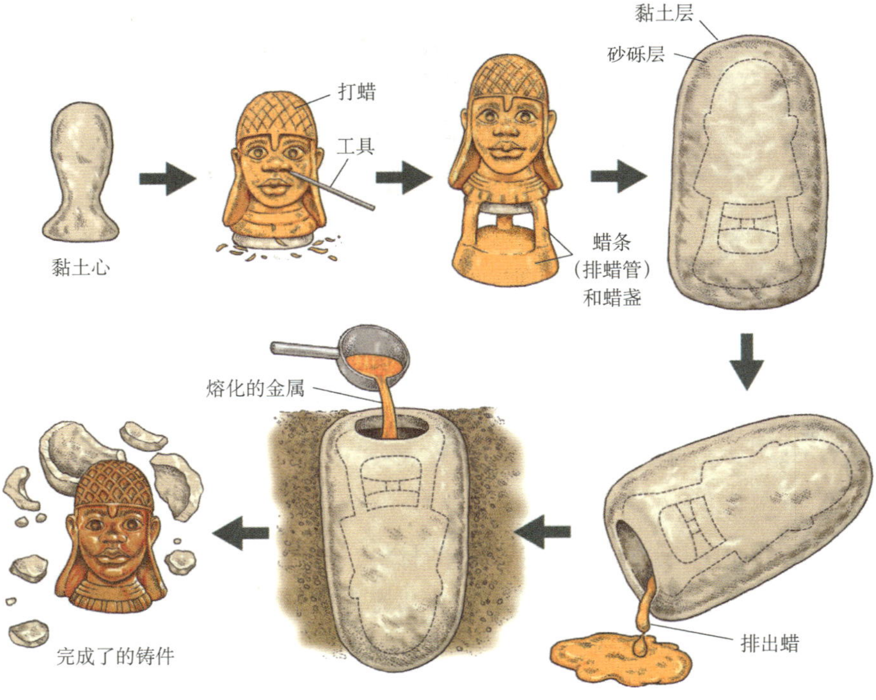

图 12.8 失蜡铸造工艺

* 可在 myartslab.com 网站观看失蜡铜铸工艺具体制作过程的视频。

模子拆除，因而一个模子只能制作一件铸件。

根据铸造方法的不同，铸件可以是实心的，也可以是空心的。通常材料的成本和重量决定了某件作品采用哪种铸造方法。比如纽约港的自由女神像，就是先把较小的部分铸造出来，再在雕像所在地拼装成整个雕像，十分巧妙地用骨架将雕像支撑起来。

有些铸造大件作品的工艺极其复杂，如贾科梅蒂的《指示者》（见图3.14）。除了一些较小作品的铸件是实心的之外，大多数艺术家会让专业的铸造工人来造模和浇铸模型。我们在公园中常见到的纪念碑大多都是艺术家用黏土或蜡造模，然后用铜浇铸而成的。罗伯特·隆戈的作品《企业战争：墙壁的作用》（见图12.4）是使用铝浇铸而成的。

此外还有许多物件是铸造而成的，如汽车发动机部件、餐具、儿童玩具等，但这些并不属于艺术品范畴。查尔斯·雷（Charles Ray）的钢铸作品《父亲的身影》（*Father Figure*，见图12.9）就参考了儿童玩具车的模型，十分有趣。他将一辆绿色的塑料玩具车放大到真实尺寸，然后用钢浇铸。该作品重量超过18吨，其中“父亲的身影”隐约可见，严肃地坐在汽车的一头，整件作品不再有原来“玩具”的样子。

图12.9 查尔斯·雷，《父亲的身影》(2007)。彩绘钢。93¾″×137″×71¾″。

资料来源：版权由查尔斯·雷所有。纽约马修·马克思画廊提供。

日本艺术家大城数（Kaz Oshiro）* 利用油漆、帆布和邦度油灰创作了一件非常引人注目的现实主义作品《车后挡板（OTA）》（*Tailgate（OTA）*，见图12.10）。这件令人瞠目的作品完全复制了一个真实的轻型货车的尺寸、形状及破旧的模样。他通过使用邦度油灰这种在汽车修理行使用的材料成功地制造了这种错觉。你若仔细查看，就会发现在作品背后，有骨架将整件作品连接在一起。和《父亲的身影》一样，《车后挡板（OTA）》也是利用雕塑的三维视觉呈现特点，精心地向人们呈现了一种虚拟与现实交错的幻觉。

像大城数这样试图采用模拟现实世界的物体来迷惑我们双眼的雕塑家，擅长使用古老而传统的西方艺术手法，他们青睐现实主义，认为这是一种艺术技巧。在希腊神话中，古希腊艺术家宙克西斯（Zeuxis）曾画过一幅画，画中一个人手托着一碗葡萄，十分逼真，以至于有鸟儿飞过来想要吃葡萄。但宙克西斯对这幅作品并不满意，因为他认为，如果他画里面的人像真人，那么鸟儿应该被吓跑了才对。不幸的是，他没有任何一幅作品做到这一点。在当今社会，大多数人还是认为，伟大的艺术家应该善于捕捉相似之处，像大城数这样的艺术家的作品就充满了富于魔力的想象。

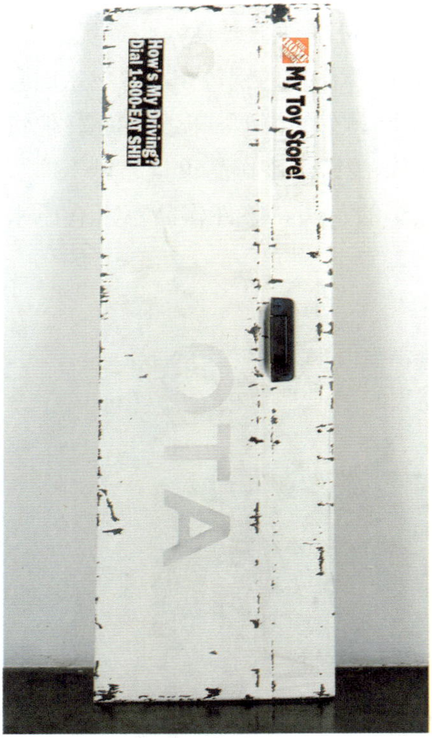

图 12.10　大城数，《车后挡板（OTA）》（2006）。丙烯酸、邦度油灰和帆布。53″×17⅞″×1¾″，底部距离墙：12″。
资料来源：洛杉矶巴里・斯隆藏品。

英国艺术家雷切尔・怀特瑞德（Rachel Whiteread）则采用新型材料，如聚乙烯树脂，创作了各种令人惊叹的作品，把空间变成了实物。创作《无题（蜂房）》（*Untitled（Hive）*，见图12.11）的时候，她将一种有光泽的棕黄色树脂填充在蜂房里面，然后移除蜂房，留下里面的固体。铸造过程中，艺术家采用了隐和现两种方法，用一种物体代替另一种物体。通过往空心物体浇铸，怀特瑞德以“隐”创造了令人惊叹的“现”的艺术。

* 可在myartslab.com网站观看采访大城数的视频。

图 12.11 雷切尔·怀特瑞德，《无题（蜂房）》（2007—2008）。树脂（2个部分）。$32^{1}/_{8}'' \times 20^{15}/_{16}'' \times 25^{3}/_{16}''$。
资料来源：版权由雷切尔·怀特瑞德所有。高古轩画廊提供。

雕刻

将雕塑中多余的材料去掉，是一个减除的过程。米开朗基罗就喜欢采用这种方法。仔细观察他未完工的作品《觉醒的奴隶》（*Awakening Slave*，见图12.12）表面的凿痕，我们就能觉察出，他雕刻该作品时逐渐精细的步骤，甚至在雕刻前他就大致勾勒出了人物形象各角度的轮廓。因为这件作品并未完工，所以我们看不到艺术家的雕刻全过程。对他来说，创作雕像的过程就好像将一个雕塑从石块里面剥离出来一样。该作品是后世称为“奴隶”的米开朗基罗四件作品之一，并且四件作品均未完工，且停止在不同的阶段。

雕刻是三种基本雕塑方法中最具挑战性的一种，这一技艺不容许出现失误，一旦出现失误，很少有或根本没有修改的机会。在切割之前，雕刻家就必须在脑海中刻画出成品在雕刻材料中各个角度的样子。（另一个例子是米开朗基罗的《圣母怜子像》，见图 4.20）。

不同种类的石块性质不同，这极大地影响了所需采用的雕刻方法。大理石是米开朗基罗和其他许多欧洲传统雕刻家所喜爱的材料，因为它十分柔软，易于切割，用凿子就可以雕刻，最后用研磨料进行打磨抛光，就可以使雕塑表面变得和人体皮肤一样光滑细腻。几百年来，大理石一直都是西方室外雕塑十分理想的材料。但是在现代社会，因为大理石会被空气污染和酸雨腐蚀，所以已经不再那么受欢迎。花岗岩可以弥补这些缺陷，所以经常被用于建造室外纪念碑，如墓碑。但是因为它硬度太大，所以很难雕刻精美的细节。砂岩和石灰岩都属于沉积岩，在世界各地也被广泛使用。比如柬埔寨的一位艺术家的作品《行军》（见图12.3）就利用了砂岩的优势。沉积岩相对柔软，容易雕刻细节，打磨后光泽度高，不过时间久了也会因气候因素而磨损。

古埃及人常用页岩，那是一种类似板岩的石头。中国人喜欢用玉，但玉质地坚硬易碎，只能用打磨和锉削的方式才能碾碎，因此只能用于雕刻小件物品。例如在中国古代皇室陵墓中发现的玉盘，又称作“璧”（见图 12.13），以珍稀的浅绿色软玉为材料，做工十分精美。两千多年前，中国古代的匠人们呕心沥血，用钻头和石英砂打造了这样精美的艺术品，品质首屈一指。玉盘上突起的圆点（称为凸饰）排列极其工整，上部的猫脸动物体型丰满，面容优美，身躯矫健，周围环绕着代表风和云的图案。

图 12.12 米开朗基罗，《觉醒的奴隶》(1530—1534)。阿卡德米亚美术馆。大理石。高：9′。
资料来源：akg-图片库/拉巴蒂-多曼吉。

图 12.13 玉盘（璧）（汉代，约 100—220）。玉（软玉）。直径：7″。
资料来源：华盛顿史密森学会，费瑞尔美术馆，查尔斯·兰·费瑞尔赠予，F1916.155。

谈到木雕，许多雕刻家喜欢采用胡桃木和柏木，因为它们强度较高，易于雕刻。伊丽莎白·卡特利特（Elizabeth Catlett）的作品《母与子＃2》（*Mother and Child ＃ 2*，见图 12.14）中，母亲的姿势显得十分痛苦，也许是因为母亲知道，孩子的人生一定会历经磨难。作品中艺术家利用粗弧线呈现形象的基本特点，显得十分抽象。母亲扬起的下巴和抬起的手臂之间的空间，以及脸上的凹凸，让整

图 12.14　伊丽莎白・卡特利特，《母与子＃2》（1971）。核桃木。高：38″。

资料来源：萨梅拉・刘易斯摄影。版权由卡特利特・莫拉家族基金会所有/纽约视觉艺术家和画廊联合会授权。

件作品不会显得沉重乏味。作品上的刻画线表明，母亲的手是作品的重点。作品表面光滑，观赏者可以随意触摸。

马丁・普里尔用好几种不同的方法进行木雕。在作品 *C. F. A. O*（见图 12.1）中，他将雕刻和简单的堆叠两种方式结合了起来。他的作品创作过程也包括雕刻、组装和精整加工，比如《原始人》（*Hominid*，见图 12.15）就经过了精雕细琢，有六英尺多高。

艺术的形成 马丁·普里尔(1941—)*：塑造一切可能

为什么要成为一名雕塑艺术家？马丁·普里尔说："当进入三维的世界，艺术将变得大不相同……它不再是简单的二维平面的延伸，而是一种无限多角度的视图，给你无限种可能性，有关空间的无限可能性，而这正是雕塑吸引我的地方。"[1]

他的作品 *C. F. A. O*（见图 12.1）的名称是 Compagine Française de L'Afrique Occidentale 的缩写，它是位于前法国塞拉利昂殖民地的一家私营贸易公司。普里尔在刚开始工作时就常用手推车，这种手推车随处可见。在谈及这种工具的时候，普里尔说道："我对当地文化十分感兴趣。在这里，人们接触到的是最原始的材料，并用它制作需要的工具。如果用于贸易往来，手工制品就不一定具有艺术感了。"[2]

20 世纪 60 年代早期，普里尔居住在塞拉利昂，是一个和平志愿者，从那时起，C. F. A. O 就已经不再起到什么作用了。但是许多非洲人依然没有忘记它，认为它是压迫者的工具。他们认为，因为它，非洲的商品被低价卖到国外，非洲工业发展受到限制。也许是为了将这一殖民时期的特点形象化，普里尔把一堆纵横交错的木条压在推车上，挡住了推车人的视线。

大多数人第一眼并不会关注车的后面，在这里隐藏着一个巨大的面具。如果这个面具代表着非洲传统文化，那么它位置上的隐蔽，正好代表了法国殖民者对非洲当地文化的践踏。此外，它还代表了原住民推车人的脸甚至整个身体。

人们对这件作品的解读都只是猜测而已，因为普里尔创作之初就是想创造一个开放的形象。他的作品一般很难将作品形象和代表意义对等起来。他说："我很看重一件艺术品的指示内涵，也就是说，它可以向你暗示某件事物或者某种状态，而不是去代表它们。作品的创意常常天马行空，所以我把我的一般创作过程看成是一个提取的过程，就是说，从一堆看似互相矛盾的东西里面，寻找契合点。"[3]

在这个作品中，一个装载一堆木料的手推车和一个巨大的白色面具，二者看似毫无关联。他解释说："契合点并不等同于清晰可辨。在我看来，最有意思的作品就是瞬息万变。在这里，各种迥异的想法都能紧密共存。"[4]

在作品《原始人》（见图 12.15）中，作品的名字和实物似乎并不相关。原始人指的是进化成人之前的灵长动物，介于猩猩和人类之间，而这个作品是一个放在木质滚轴上的不规则多边形木块。我们可以想象一个原始人利用滚轴推着这个木块，至于原因，我们也不知道。在制作过程中，普里尔用了木匠会用的

---

* 可在 myartslab. com 网站观看马丁·普里尔介绍自己作品的视频。

所有传统方法，包括锯、接和精整加工，这一切都让这件作品变得更加神秘莫测。在给它取名时，普里尔想通过“将格格不入的东西放在一起，打开人们对这个形象的所有想象”[5]。同《原始人》一样，他的许多作品都带着匠人的味道，但是作品的含义留待观赏者自己领悟。

普里尔的作品让人们产生无限想象，有无限可能性且十分有意思。它带你接近它、感受它、想象它，领悟它的意义的时刻，即是欣赏它的最关键时刻。普里尔说：“我觉得，我的作品是在跟那些懂得停下脚步的人对话。”[6]

图 12.15　马丁·普里尔，《原始人》(2007—2011)。松木。73″×77$^1/_2$″×57″。目前放置在马丁·普里尔艺术馆。

资料来源：麦基展览馆提供。克里斯汀·埃罗伊摄影。

构造和组装

有历史记载以来，西方的主要雕塑工艺包括造模、雕刻和铸造。20 世纪早期，组装工艺逐渐盛行，而用此类工艺制成的雕塑又叫“组装雕塑”或“构造雕塑”。

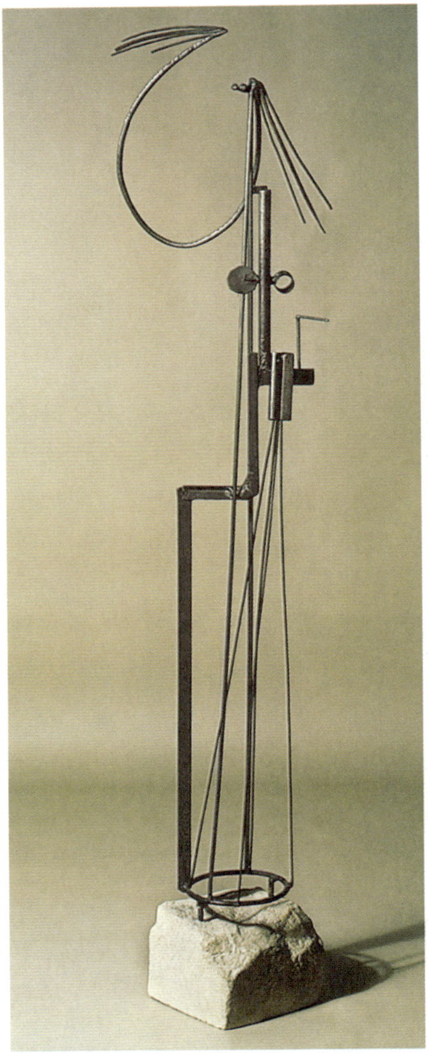

图 12.16　胡利奥·冈萨雷斯，《母性》(1934)。铁和石头。高：49⁷/₈″。

资料来源：版权由伦敦泰特美术馆所有。版权© 2013 由纽约艺术家权利协会所有。

20 世纪 20 年代早期，西班牙人胡利奥·冈萨雷斯（Julio González）首次使用焊炬来切割和焊接金属雕塑。早在 1895 年，可以用于焊接金属雕塑的氧乙炔焊接法就已经出现，但是直到 30 年后，艺术家们才开始发现这种工艺的好处。

冈萨雷斯曾经在一家汽车制造工厂短暂工作过，就是在那里他学会了焊接技术。几十年后，他成了一名画家，也算小有成就了，就开始做毕加索的助理，协助制作金属雕塑。接着他自己也转向雕塑，开始了他最初接触的，也是他最擅长的工作。1932 年，他写道：

> 很久以前在铁器时代，人们就开始用铁制作各种漂亮的东西，但不幸的是，大都是武器。而今天人们用它来建造桥和公路。是时候停止用铁这种材料来进行杀戮了，而应单纯地把它当作机械学中的一种工具。现在，艺术的大门敞开着，为那些爱好和平的、善于用铁来创作雕塑的艺术家敞开着。[7]

冈萨雷斯把铁棍焊接起来，构建了一个线条型的抽象作品《母性》（*Maternity*，见图 12.16）。作品看起来就像一个置于石块上的女性剖面，整体轻快诙谐。

从 20 世纪 70 年代起，德博拉·巴特菲尔德（Deborah Butterfield）就开始用一些现成的材料如铁棍和铁片创作马形象的雕塑。她花了大量的时间在蒙大拿州和夏威夷的农场里，骑马、驯马和创作雕塑。用那些涂漆剥落生锈的铁片似乎很难创作出轻快的动物，而巴特菲尔德的作品《锥尾鹦鹉》（*Conure*，见图 12.17）却将马塑造得栩栩如生。艺术家希望这件雕塑给人的感觉像马，而不是单纯地看起来像马。作品中用于焊接的旧车什和废铁，赋予了作品一种具有讽刺意味的暗示：那些废弃的机器通过变成马重新获得了生命。

图 12.17　德博拉·巴特菲尔德，《锥尾鹦鹉》(2007)。铁，焊接，92½″ × 119″ × 30″。

资料来源：加利福尼亚州洛杉矶百叶窗画廊提供。版权由德博拉·巴特菲尔德所有/纽约视觉艺术家和画廊联合会授权。

许多雕塑家用一些现成的物品进行组装，从而彻底改变了我们看待那些习以为常的事物的方式。也正是因为我们熟悉它们原本的面目，所以能够对它们进行改装。这样的作品需要发挥艺术家和观赏者的视觉想象力，这类构造而成的雕塑被称为“装配雕塑”。

毕加索就从回收的日常废弃物中找到了有价值的现成材料。在他的作品《公牛头》（*Bull's Head*，见图 12.18）中，他将两个常见物体组合起来，创造了第三种形象。当被问到他是如何进行创作的时候，毕加索回答道：“有一次我在一堆废弃物中发现了一只旧的自行车座，旁边还有一副生锈的车把手……突然在我

图 12.18　巴勃罗・毕加索，《公牛头》(1943)。青铜，自行车车座和车把手。高：$16^1/_8$″。

资料来源：巴黎毕加索美术馆。法国国家博物馆联合会-巴黎大皇宫/柏妮丝・哈塔拉摄影。版权© 2013 由巴勃罗・毕加索遗产/纽约艺术家权利协会所有。

脑海里出现了它们组合在一起的画面……我甚至没有去思考'公牛头'这个创意……而仅仅是把它们组装起来。"[8]

还有一些装配雕塑通过把一些实物排列起来赋予其意义。艺术家马克・安德烈・鲁宾逊（Marc Andre Robinson）在二手商店买了一些旧家具，然后把它们组装成了新的物品。作品《伟大说唱家的永恒宝座》（*Throne for the Greatest Rapper of All Time*，见图 12.19）就是这样的一件作品。作品底部中央就是一把现成的椅子，但椅背和扶手加高了。如果说一个宝座的目的是赋予坐上去的人尊严和荣誉，那么这件装配雕塑完全可以达到这一效果。这个宝座由许多把椅子组装而成，比普通椅子高很多。

动态雕塑

亚历山大・考尔德（Alexander Calder）是第一批尝试创作动态雕塑（或称"可移动雕塑"）的艺术家。传统雕塑家更关注雕塑的整体质感，而考尔德则将注

图 12.19　马克·安德烈·鲁宾逊，《伟大说唱家的永恒宝座》(2005)。木材。76″ × 69″ × 48″。

资料来源：私人藏品。

意力放在了雕塑的形状、空间感和运动等方面。由他创作的大件作品《无题》(*Untitled*，见图 3.33)，现藏于华盛顿特区美国国家艺术馆，该作品常被称为“移动物”，因为它的许多部件会随着气流而摆动。

如果说考尔德的“移动物”因体型巨大而惹人注意，那么吉泽斯·拉斐尔·索托（Jesús Rafael Soto）的动态雕塑作品则显得更加精巧，比如《赫尔塔多字迹》(*Hurtado Writing*，见图 12.20)。该作品中，在垂直彩色细线组成的背景前，悬挂着的弯曲的金属丝随着气流轻轻摆动。这些金属丝非常像手写字的笔画，因而作品取名为“赫尔塔多字迹”。金属丝的摆动，让整个背景看起来也好像在振动一样。

图 12.20　吉泽斯·拉斐尔·索托，《赫尔塔多字迹》(1975)。绘画、电线、尼龙绳、木头。40″×68″×18″。
资料来源：复印经美国艺术博物馆自动化办公系统（OAS AMA）秘书处允许，美国艺术博物馆收藏。
版权© 2013 由纽约艺术家权利协会/巴黎法国图像及造型艺术著作人协会所有。

混合媒介

如今，很多艺术家喜欢在一件作品中使用多种不同的媒介，在这些作品的简介中会列出很多种材料，也可以简单地称作“混合媒介”。这些媒介可以是二维的、三维的，也可以是两者混合。一般来说，选择不同的媒介代表着不同的文化和象征意义。

由中国当代艺术家蔡国强创作的作品《不合时宜：舞台一》（*Inopportune: Stage One*，见图 12.21）就是一件巨大而极具象征意义的混合媒介雕塑，现藏于西雅图艺术博物馆。整件作品由九辆汽车组成，车身上有很细的管子穿过。汽车并列排列，我们仿佛看到了汽车爆炸时车身翻滚的瞬间。蔡国强通过这件作品表达了两种含义：一种象征了当代动作片（里面经常有汽车爆炸的场景），另一种是由恐怖主义引起的汽车爆炸。所以，我们不得不去猜想这到底是指动作片的惊险镜头，还是现实生活中的恐怖袭击。

拉腊·施尼特格尔（Lara Schnitger）将布帘和织布覆盖在木制支架上，创作出一件中空的雕塑作品。这位洛杉矶艺术家将雕塑艺术和时尚设计结合起来，也把人类和其他生物结合起来，让人无法辨别。在作品《冷酷的男孩》（*Grim*

图 12.21　蔡国强，《不合时宜：舞台一》(2004)。9 辆汽车和许多多路光管。多维视觉效果。

资料来源：西雅图艺术博物馆藏品，2006 年为纪念西雅图艺术博物馆开馆 75 周年，罗伯特·M·阿诺德赠予。

Boy，见图 12.22）中，她用了很多种深色布料，用珠子和羽毛加以修饰，创造了一个仿佛来自地狱的服装模特。作品中的男孩看起来紧张而安静，既像一个慌张的少年，又像一只眼神犀利的小鸟。整个作品差不多六英尺高，让这个男孩显得瘦瘦高高的，同时，作品的名字还会让我们联想到一个身穿风衣、若有所思的年轻人。此外，施尼特格尔的作品总是传递着女性主义的信息，因为她总喜欢通过服饰来表达作品的含义，而这正是传统的女性艺术形式。不过她并不喜欢创造一些好看的装饰物，而是热衷于创造与人类类似的生物形象。

马修·莫纳汉（Matthew Monahan）则喜欢把不同的媒介材料堆起来，让作品看起来就像博物馆里的展品变了形似的。在作品《买家与卖家》（*The Seller and the Sold*，见图 12.23）中，他用插花用的泡沫雕刻了两个主要人物形象。作品最上部的人姿势紧绷，很像米开朗基罗《觉醒的奴隶》中的人物。透明柜子里面的人体积大一点，身体倒过来头朝下，像一个摇摇欲坠的独裁者雕像。艺术家把人物的脸涂成了大地一样的深色，且表情模糊，看起来就像木乃伊。在艺术

图 12.22　拉腊·施尼特格尔，《冷酷的男孩》（2005）。木材、织物及混合材料。71″×59″×20″。
资料来源：纽约安东·克恩画廊。

馆里欣赏这件作品，就好像在寻找博物馆里收藏的那些已经消失的文明遗址一样。但是，作品的名字让我们联想到的却是现代商业社会。也许作品中上面的那个人是卖家，下面的那个人是买家。

装置雕塑和场域特定雕塑

现今许多艺术家利用装置雕塑的三维空间环境来表达他们想要传达的视觉效果。装置雕塑家擅长采用具有象征意义的物品进行空间改造。装置雕塑与装配雕塑十分类似，但装置雕塑家更讲究将整个空间看作一件艺术作品，并对其进行改造。

图 12.23 马修・莫纳汉，《买家与卖家》（2006）。板墙、玻璃、蜡、泡沫、颜料。67″×25″×25″。

资料来源：斯图尔特・谢弗/伦敦现代艺术博物馆和纽约安东・克恩画廊提供。

在近期的装置雕塑作品中，阿马利娅・皮卡（Amalia Pica）的作品《窃听》（*Eavesdropping*，见图 12.24）造型简约，但意味深远。为了创作这件作品，艺术家收集了许多形状、颜色各异的玻璃杯，然后将这些玻璃杯粘在画廊墙壁上。这些玻璃杯并非是用作日常使用的，因而整件作品看上去神秘而又不失趣味。当艺术家以这种方式将玻璃杯粘在墙上，从墙的另一面就可以清楚地听到玻璃杯发出的声响，这就是一种简易的窃听装置，因而作品以“窃听”为名。艺术家成长于阿根廷，当时的阿根廷是军事独裁国家，从这一点出发我们能感受到，这件简洁的装置雕塑作品其实还有更为深层的意味。

理论上来说，《窃听》这件作品可以安置在其他一些场地，但有些装置雕塑

图 12.24 阿马利娅·皮卡，《窃听》(2011)。玻璃杯、胶。78″×240″×8″。
资料来源：马克·福克斯画廊提供。

是为特定场所而设计的，这些作品称为场域特定雕塑。为大型室外场所或是偏远场所设计的场域特定作品叫“大地艺术”，也称“地景艺术”。最早出现的大地艺术名作是罗伯特·史密森（Robert Smithson）的《螺旋防波堤》（*Spiral Jetty*，见图 24.33）。

在美国，最著名的场域特定雕塑作品是由于一场诉讼官司而变得为人所知。这场诉讼也表明，艺术家的创作有时是有局限的。1981 年，政府将理查德·塞拉（Richard Serra）* 的作品《倾斜的弧》（*Tilted Arc*，见图 12.25）竖立在联邦广场。这是一件高达 12 英尺倾斜的弧形作品。但不久，在此工作的人开始抱怨，认为它阻挡了视线，而且要穿越广场必须绕过这个巨大的雕塑。渐渐地它变成了流浪汉的庇护所，墙面任由人涂鸦。当政府决定将作品移走，重新找地方安置时，创作者提出了诉讼。他认为，《倾斜的弧》这件作品本身就是为了这个广场而诞生的，如果移址，作品会因丧失意义而毁灭。

最终艺术家败诉，场域特定雕塑选址的特殊性不能作为合法依据。相反，法庭认为，政府作为广场的拥有者，有权处置它。在经历数年的诉讼纠纷后，在

* 可在 myartslab. com 网站观看理查德·塞拉介绍自己作品的视频。

图 12.25　理查德·塞拉，《倾斜的弧》(1981)。铁。高：12′；长：120′。

资料来源：AP 图片/马里奥·卡布雷拉。

1989 年这件作品还是被搬出了广场。

2000 年，伦敦一座老旧的发电厂摇身一变，成了著名的泰特现代美术馆。原先的发电厂内部空间特别大，使其成为创作场域特定作品的极佳场所。室内有一长达 500 英尺的中庭，如今用来放置大型的当代装置雕塑作品，其中最吸引人眼球的当属丹麦艺术家奥拉维尔·埃利亚松（Olafur Eliasson）创作的《天气计划》（*The Weather Project*，见图 12.26）。他用多盏灯泡制作了一个巨大的半圆形太阳，在天花板上铺满镜子，这样一个泛着黄色光芒的天体看上去就是个整圆。所有的灯泡都是单频灯泡，使得整个大厅都散发着黄色的光芒。此外，艺术家还巧妙地放置了几个风扇。这样，干冰蒸发产生的水汽产生云雾蒸腾的意境。

据泰特现代美术馆馆员称，2003—2004 年的冬天，尽管伦敦天气寒冷阴沉，《天气计划》在五个月的时间内还是吸引了 200 万名游客前来参观。看到那个永不落的“太阳”发出黄色的光芒，游客们瞬间就被暖意包围。他们关注着室内气温的变化，躺在地板上，看 115 英尺高的天花板上自己的影子。《天气计划》这一雕塑品也为公众提供了沉思的空间。

当艺术家在三维空间中进行创作，产生的作品就是雕塑。雕塑家进行创作时，也许会采用不同的材料和方式，甚至会对整个空间进行转换，将空间变成雕塑作品。

图 12.26　奥拉维尔·埃利亚松，《天气计划》(2003)。作品位于伦敦泰特现代美术馆涡轮厅内。单频灯泡、投光金属箔、烟雾机、镜面铝箔、铝、脚手架。87′7 3/16″ × 73′2″ × 509′10 7/64″。

资料来源：詹斯·齐赫尔摄影。由艺术家本人提供，柏林诺加林施耐德画廊和纽约塔尼亚·博纳克达尔画廊。

思考回顾

1. 雕塑创作中的主要技巧有哪些?
2. 大多数公共纪念碑是如何制作的?
3. 有关艺术家的空间创作，最近出现的创意有哪些?

请试一试

购买一些雕塑黏土，自己动手，制作肯·普赖斯的*Vink*（见图12.7）微型版。

关键术语

叠加雕塑——通过叠加、组合或是在中心（部分雕塑作品）或支架上搭建材料的方式进行创作的雕塑类型。

组装雕塑——由现有物品或废弃物品组装而成的雕塑类型，这些物品在整件作品中并不一定以原貌呈现。

铸造——将熔化的金属、泥土、蜡或是石膏浇铸在模型上。当液体凝固后，将模型移除，这样就留下了原模型的形状。

独立雕塑——可以从各角度欣赏的雕塑作品。

动态雕塑——整件作品中某一部分可以活动的雕塑类型。

浮雕——在平面上雕出凸起形象，呈现出三维视觉效果的雕塑类型。

场域特定雕塑——只能安放在特定场地的雕塑类型，作品本身与周围环境不能分开，或者离开周围环境，作品就再无欣赏性。

减除雕塑——从更大的石块或模具上移除材料而进行创作的雕塑类型。

第 13 章　工艺媒介：与功能的“暧昧游戏”*

请思考

1. 请审视工艺和艺术的历史区别。

2. 请识别不同工艺媒介（黏土、玻璃、金属、木材和纤维）的视觉特性和物理特性。

3. 请对比运用工艺媒介的艺术家所使用的技术和形式。

4. 请举出由工艺媒介制作而成，且符合功能、美学和表达目的的物品实例。

5. 请思考传统工艺艺术形式的社会与文化意义。

威廉·莫里斯（William Morris）的《温德拉什》（*Windrush*，见图 13.1）是一幅优美动人、制作精良的版画，介于艺术性和实用性之间。该作品反复使用了几种颜色，可用作纺织品或墙纸图案。把它铺在桌子上或卧室墙壁上，会丰富室内环境，这样就仿佛和一件艺术品共同生活。

在西方世界，我们常把艺术品与“工艺品”区别开来。艺术品或许十分精美，但通常不具备“实用性”，就是说我们不能用它来满足一些基本需求。同时，人们认为像食器、毛毯或衣服这些物品“功用性”太强，不能算是艺术品。它们即使很美，也只是工艺品。包括威廉·莫里斯在内的许多艺术家和工艺师在不同时期试图打破这种界限。

1861 年，莫里斯在英国开了一家室内设计公司，旨在通过让人们更具艺术气息来帮助他们提升生活品位。他在一些著作和数百次的公众演讲中，极力号召人们创造一种运用到日常生活中的艺术，人们有能力购买，也很享受与之共处。他说，“我不希望艺术只属于少数人，就像少数人才享有教育和自由一样。”他认为，艺术家应充分运用自身的技能，为每个人创造有用的物品。“使你家中的一

* 可在 myartslab.com 网站收听本章音频。

图 13.1　威廉·莫里斯，《温德拉什》(1892)。纺织品图案，纸质版画，重复图案。
资料来源：伦敦维多利亚和艾伯特博物馆。版权由维多利亚和艾伯特图片所有。

切变得有用或者从中发现美”是他一直秉持的座右铭。因此，在工作坊，他手工制作全部的餐具、墙纸、家具和织物，就像中世纪的工艺师一样。

还有一些艺术家游走于艺术品和实用物品创作之间，很享受其中的刺激。他们创作挑战我们对功能这一概念认知的作品，不管是模仿实用物品创作艺术品，还是创作美到极致、使用它们如同犯罪的实用物品。事实上，世界上大多数文化像重视油画一样赞赏精美的陶罐，认为图书插画的价值等同于雕塑。

在本章，我们将会探讨一般情况下与工艺相关联的几种媒介：黏土、玻璃、金属、木材和纤维。它们大都是三维的。在之前的时代，我们或许会将这里列举的作品看作“工艺品”。但是，在今天这个时代（在这里）它们全都是艺术形式。

黏土*

黏土由含有大量火山泥的泥土和水混合而成。自从人类群居以来，黏土一直是一种珍贵的艺术材料。在艺术家手中它极其柔韧，不过受热遇冷后会永久固定成形。

用黏土制造物品的艺术和技术称作制陶术。任何与黏土打交道的人都是陶工，专门做碗碟的陶瓷工作者则是陶艺家。包括餐具、雕塑、砖块和多种瓷砖在内的许多物品都由黏土制造而成。大部分基础的陶瓷制作技术起源于数千年前。所有黏土都是柔韧的，随后在被称作“窑房”的专用高温烤炉里烘烤，这一过程即为烧制。

黏土一般分为三大类。陶器通常在较低的温度下（接近 800℃～1 100℃）烧制，烧制过后会变得多孔。它会呈现出红、棕、褐等不同颜色。陶器是三种类别中最为普通的一种，世界上大多数罐子都是陶器。炻器较重，烧制温度也较高（1 200℃～1 300℃），并不多孔，往往呈浅灰色或棕色。它既有力度，又容易加工，因此成为现在大多数陶工和陶艺家首选的材料。瓷器在这三种类别中最少见且最昂贵。它由风化的花岗岩沉淀物制成，经高温（一般为 1 300℃ ～1 400℃）烧制后呈白色，无孔。瓷器晶莹剔透，敲击时会发出声响，这都表明了它独一无二的特性。中国最早将瓷器发展到炉火纯青的地步，甚至在今天的英国和美国，那些最精美的白色碟子，不论其产地是哪里，都被称作“china”。

不论是何种黏土，制陶工艺都相对简单。陶工采用建模等手铸方法或通过拉坯，即陶轮加工，将柔软潮湿的黏土做成实用器或纯粹的雕塑样式。六千年前，美索不达米亚地区发明了陶轮，陶艺家能够很快做出规整的圆形。在技术成熟的陶工手中，这一过程看起来毫不费力，甚至很神奇，然而要完美地做到这一点需

---

* 可在 myartslab. com 网站阅读手工艺的艺术发现教程。

花费时间，不断练习。塑型之后，要将放其在通风透气处，风干之后放入窑房烤制。

装饰陶瓷时通常会用到两种流体，不过很少在同一件陶瓷上使用。泥浆是黏土和水的混合物，具有糊状流体的黏稠性，有时会用碎土屑增色。这种技术相对简单，只能做出一小部分颜色，不过一些古老文明专门生产有这种装饰的陶瓷（见图 2.2）。

釉是一种硅基液体涂料，专门为黏土配制。烤制时，釉会玻化（变成玻璃状的物质），与陶胎融为一体，形成无孔表层。釉可分为彩釉与透明釉、半透明釉与乳浊釉、光釉与无光釉，这取决于所含的化学成分。烤制会让大面积的釉在颜色上发生剧烈变化，因此陶艺家在陶器上所使用的釉在拿出窑房时会变成另一种完全不同的颜色。

当今世界上两位著名陶艺家的近作展示出这种媒介的潜在价值。贝蒂·伍德曼（Betty Woodman）的《分开的花瓶：立体主义》（*Divided Vases: Cubist*，见图 13.2）呈现出生机勃勃、无拘无束的状态，非常自然地使用了釉，极具表

图 13.2　贝蒂·伍德曼，《分开的花瓶：立体主义》（2004）。釉面陶器，环氧树脂，漆和颜料。$34\frac{1}{2}'' \times 39'' \times 7''$。

资料来源：纽约沙龙 94。

现力。手柄其实是穿孔平板，但依旧能从中判别出制作过程。伍德曼制作陶器所使用的这种较为粗糙的黏土，容易生成像瓶体所呈现的竹节那样的自然形态。她将每个花瓶在陶轮上分成三段，然后在加上手柄前将其组合在一起。分开的花瓶给人眼前一亮的感觉，仿佛刚从窑房里烤制出来。

阿德里安·萨克斯（Adrian Saxe）的《未来世界的统治者》（*Les Rois du Monde Futur*，见图 13.3）* 相对而言则显得珍贵而精美。他将瓷器作为主体部分，将其做成葫芦状，微微偏离轴线。极尽优雅的手柄让人联想起老相框，而表面粗糙的底座则借鉴了中国传统陶器的风格。该作品的标题展现出艺术家戏谑嘲弄的心态：未来世界的统治者是昆虫，其中两只爬到了顶部。

图 13.3　阿德里安·萨克斯，《未来世界的统治者》（2004）。瓷器、石器，釉上彩搪瓷，闪光釉，混合媒介。$26^1/_4'' \times 13^1/_4'' \times 10''$。
资料来源：圣莫尼卡弗兰克·劳埃德画廊。安东尼·库尼亚摄影。

* 可在 myartslab.com 网站观看阿德里安·萨克斯关于《未来世界的统治者》的播客采访。

人们将黏土视为一种艺术媒介（而不是用来制造碟子）在很大程度上要归功于加利福尼亚的雕塑家彼得·沃尔克斯（Peter Voulkos）。他经训练成为一名陶艺家，拥有一间雕刻室，直到 20 世纪 50 年代中期，一直将那里制作的碟子出售给高端商店。随后他开始探索抽象艺术，发现了将抽象艺术的技艺融入陶艺制作的方式。一开始他用新的方法来制作碟子：将它们折变形，并在上面像画油画那样涂画，因而在传统意义上它们是没有用处的。我们从他的作品《无名之盘 CR952》（*Untitled Plate CR952*，见图 13.4）中可以看到这种尝试的结果。他在 1959 年首次展出这些作品时引起了极大的争议，因为大多数人并不认为石器是一种艺术媒介。不过，没有人否认他创作这些作品时的大胆无畏。

图 13.4　彼得·沃尔克斯，《无名之盘 CR952》（1989）。穴窑柴烧石器。$20^1/_2'' \times 4^1/_2''$。

资料来源：雪莉·利迪当代艺术。版权由沃尔克斯家族信托基金会所有。

彼得·沃尔克斯和高江洲子（Toshiko Tokoezu）都受到质朴自然的日本传统陶艺作品以及表现主义绘画的影响，但却走上了截然不同的道路。

沃尔克斯的作品粗野而极具张力，而高江洲子的作品《马卡哈蓝Ⅱ》（*Makaha Blue Ⅱ*，见图 13.5）则有一种微妙、节制的力量。通过闭合石器的顶部，她将器皿转换成雕塑，这样就可以在它的表面画上彩釉，并形成氧化层。关于对黏土这种艺术媒介的喜爱，她表示：

用黏土创作时，这个过程以及成品都给我带来很多乐趣。每一次与它达成默契时，我都能听到音乐的声音，如同诗歌一般。在这些时刻，于我而言，陶器美得如此真切。[1]

图 13.5　高江洲子，《马卡哈蓝Ⅱ》（2002）。石器。48″×18 1/2″。
资料来源：高江洲子和纽约查尔斯·考尔斯画廊提供。

陶瓷工艺在 20 世纪中期前发展得十分缓慢，直到出现了新的配制方法，如合成黏土。其他方面的进步则表现为烤制方法更加精准，有毒性降低。

玻璃

人们把玻璃用作制造形态、大小各异的实用器的材料，至少有四千年的历史。自中世纪以来，教堂就一直偏爱使用花窗玻璃。文艺复兴之后，威尼斯制作出精美的茶色玻璃作品。玻璃也很适合镶嵌在许多物品上，以作装饰，比如首饰。

玻璃是一种具有异域风情、很吸引人的艺术媒介。一位艺术批评家曾这样写道："在雕塑材料中，没有哪一种能与玻璃的传达力相提并论。它可以以任何形式呈现，遍布纹理，色彩斑斓，晶莹剔透，捕捉光线的舞步。”[2]

玻璃在化学上与瓷釉密切相关。然而，作为一种艺术媒介，它具有许多独特的价值。热熔玻璃是一种敏感的非结晶材料，通过吹制、浇铸或压制而成型。冷却下来后，玻璃从熔融状态凝固，不结晶。吹制或浇铸后，玻璃会被切割、蚀刻、熔化、锻压、分层、注铅、烤漆、抛光、喷砂或者软化（进行一定程度的软化）。玻璃的流体特点使其呈现出流动的线条感和半透明器具的空灵纤美。

材料的特点决定了表达的特点。这一说法用在玻璃上再正确不过了。在制作熔融玻璃时要有极快的速度和娴熟的技术。玻璃吹制工既有陶艺家的看家本领、运动员的灵巧和耐力，又有舞者的优美，将呼吸和运动的质感以晶形呈现出来。

玻璃流畅与半透明的特点在达勒·奇休利（Dale Chihuly）的“海洋生物”（Seaforms）系列（见图 13.6）中充分表现出来。这些作品是他指导一批玻璃艺术家完成的。在这一系列中，他将作品成组安排，精准地掌控着光线，营造出雅致柔和的深海环境。

图 13.6　达勒·奇休利，“海洋生物”系列之一（1985）。吹制玻璃。
资料来源：艺术家本人提供。迪克·布舍尔摄影。

奇休利是一位将玻璃看作雕塑媒介的当代艺术家，而莫娜·哈特姆（Mona Hatoum）则转而使我们思考她那具有撩拨性的作品《静物手榴弹》（*Still Life with Hand Grenades*，见图 13.7）。她研究了多种全球军队所使用的小型爆炸装备的设计，把它们重新设计成彩色的固态晶体。她将这些看起来很珍贵的物品放在医院用来推送病人的轮床上，好像它们是某种标本，不过它们的确是人类偏好

图 13.7　莫娜·哈特姆，《静物手榴弹》(2006—2007)。晶体、软钢、橡胶。$38^3/_8'' \times 87^7/_8'' \times 27^1/_2''$。

资料来源：马克·多马热摄影。纽约亚历山大博宁提供。

暴力的明证。她运用玻璃的美感来呈现某种致命却“有用的”物品。

金属

金属的首要特征是强度与成形性。它有多种类型，常用于工艺和雕塑，进行捶打、切割、锻造拔长、铆接或浇铸。早期的金匠制造工具、器皿、装甲和武器。

在 13 和 14 世纪的中东穆斯林地区，艺术家用高超熟练的技法塑形、镶嵌。达伦贝尔里盆（见图 13.8）是为 13 世纪中期叙利亚阿尤布王朝的最后一位国王而制作的。这个作品以一位多年来一直收藏它的法国收藏家的名字命名。盆身最初由黄铜浇铸；这个错综繁复的设计有一些凹陷部分，正好将切割精准的银块放置其中。尽管多数银块只有一英寸大小，但它们给这个图案精美的设计增添了活力。一些比例协调的横条纹分布在盆身。最低处的条纹是重复的植物图形组成的装饰图案。上面是一排动物图形，有写实也有想象，装饰着较窄的条纹。后面的条纹描绘出衣着考究的贵族打马球时其乐融融的场面。最上端出现了更多的植物图案，两边有典型的竖直的阿拉伯字母，传达出对主人的美好祝福。这一排中心的嵌板描绘了基督生平的画面，在伊斯兰教，人们把基督视为重要的导师。

图 13.8　达伦贝尔里盆，可能在叙利亚的大马士革(1247—1249)。嵌银黄铜。$8^{7}/_{8}'' \times 19^{5}/_{8}''$。

资料来源：华盛顿特区史密森学会，费瑞尔美术馆，F1955.10。

贾尔·兰（Cal Lane）把中东作品中复杂的金属制品风格与时下流行的观念都糅合进自己的设计中，比如《无题（地图 3)》(*Untitled（Map 3）*，见图 13.9)。她做焊工做了很多年，传统上这是男人的工作。她在 55 加仑的油桶上运用这些技术雕刻进行创造。首先，她将油桶变得平整，然后把它雕刻出世界地图的轮廓，桶盖和桶底形成两极。油桶极具象征意义，代表世界上大部分的能源、健康、冲突和污染。该作品及其右上方的太阳图形暗示了石油在全球经济与能源中所起到的主导作用。她也很有创意地把实用物品转变成可以彰显自身价值的艺术品。

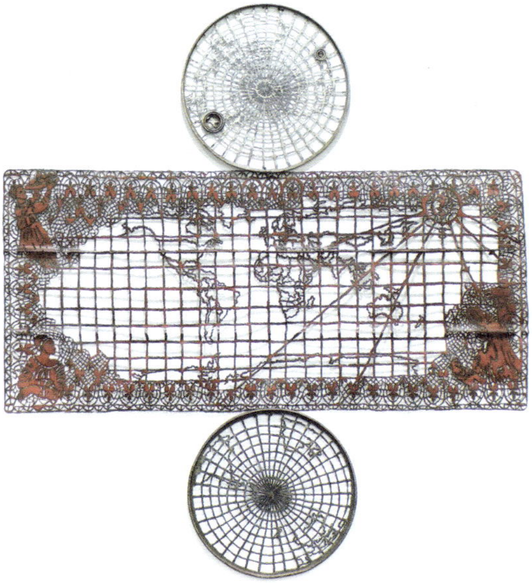

图 13.9　贾尔·兰，《无题（地图 3)》(2007)。等离子切割钢。$78^{1}/_{2}'' \times 71\,^{3}/_{4}''$。

资料来源：塞缪尔·弗里曼画廊提供。

木材

手工木制品给了木材第二次生命。在树木被砍伐之后，依旧能从木纹看到它生长的迹象，因而木材具有其他材料所不具备的生命力。木材数量充足，用途多样，触感温暖，这些特点使它成为人们以及艺术创作者所钟爱的一种材料。和其他天然产品一样，获取木材可通过可持续的方式，抑或是破坏性的方式。如今许多木工已采用可持续的方式使用那些已经被砍伐的木材，或在通过认证的森林获取木材。

亨利·吉尔平（Henry Gilpin）通常受委托制造家具，但当得知工作室附近的一棵大榆树由于施工而死去时，他设法弄到了其中的一段木头。他发现由于树木生长得过于繁密，这棵树的木纹杂乱曲折。当他将这段木材晾干后，它发生了变形。他决定将这个出人意料发生弯曲的木板放在一个木架的顶部，这样就做成了一个桌子（见图 13.10）。桌子表面非常不平坦，因此这个名为“古怪的红”（Curiously Red）的作品几乎没有用处。为了纪念这棵付出了自己生命的树，他把红色颜料倾倒在上面，任其在木架脚上留下滴痕，仿佛斑斑血迹。因而，第一眼看上去不过是一张表面弯曲的桌子引发了对生死的沉思。

图 13.10　亨利·吉尔平，《古怪的红》(2006)。着色榆木、颜料、磁铁。36″×74″×16″。
资料来源：艺术家本人和纳迦画廊提供。

从利瓦·布拉瓦普（Liv Blavarp）没有命名的项链作品（见图 13.11）中，我们可以从另一个角度了解木材的用处。这位艺术家把各部分雕刻成沟槽很深的形状，如同活物一般。尽管这一作品基于艺术家的祖国挪威的民间传统，但它看起来非常现代。我们还要注意，这条项链和绝大多数的项链不同，是不对称的，而且钩子好像动物的尾巴。

图 13.11　利瓦·布拉瓦普，《无题》，项链（2002）。染色梧桐木、喷漆桦条、金箔。11″×8″×2″。

资料来源：纽约艺术与设计博物馆，芭芭拉·托伯尔赠予，2002 Inv 2002.16。约翰·比奇洛·泰勒摄影。

纤维

纤维艺术包括编织、缝缀、编筐、曲面设计（染色与印刷纺织品）、可穿戴的艺术和手工造纸等工艺。这些纤维制造工艺使用天然纤维与合成纤维既因循传统，又有所创新。与纤维打交道的艺术家（正如与任何一种艺术媒介打交道的艺术家一样）借鉴传统的做法，同时也探索新的表达手段。纤维艺术可分为两大类：一种是织布机制作的作品，另一种则是非织布机制作的作品，或是不用织布机制作的作品。

所有的编织都基于纤维的交织。织工一般首先从放置好的长纤维开始，即经纱纤维，它决定了编织物的长度。经纱通常被放在纺织机上，织工将它们固定好，编织时会将它们分开。纬纱成直角穿过经纱（这与“编织”一词有关）。织工通过改变交织线条的数量和位置创造图案，可从多种纺织机和技法中选择。简单的手工纺织机能织出精美繁复的编织式样。大型花毯织机能够将数百种颜色织成繁复精细的图形，在开工前可能需要几天时间准备。

图 13.12　阿尔达比勒地毯（1540），大不里士。经纬丝绸上的羊毛织物。34′×17′6″。

资料来源：伦敦维多利亚和艾伯特博物馆。版权由维多利亚和艾伯特图片所有。

一些世界上最为华美的地毯来自16世纪信奉伊斯兰教的波斯萨菲王朝。在这里，宫廷作坊雇用的织工小心翼翼地把羊毛染制品在经纬丝绸网上盘结。阿尔达比勒地毯（见图13.12）一直被人们视为精美绝伦的波斯地毯之一，精美的丝线上每平方英寸就有近300个这样的结。因此这个地毯有将近2 500万个结！

该地毯的设计以旭日图案为中心，周围有16个椭圆图形。还有两个大小不等的清真寺灯具，旁边是繁复精美的花朵图案。在主干部分的边角处，大量重复了中间的设计。右边的一块小板子上写明了日期和艺术家的名字，想必一定就是设计者的名字。另外一幅题字是伊朗最为著名的抒情诗人哈菲兹（Hafiz）所写的诗句：“除了你的门槛，在世界上我没有藏身之地；除了这扇门，我的心没有栖息之所。”这个地毯最初铺在教堂的地板上。

当代艺术家没有放弃织布机，相反，以全新的方式使用它。一小部分艺术家甚至织造挂毯。这是一种传统的编织方法，通过固定的经线拉出精心裁剪和染色的纬纱，形成图案或画面。

埃及艺术家拉腊·巴拉迪（Lara Baladi）创作出融合了数百张图片的大型挂毯。比如，《盒子中的世界》（*The World in a Box*，见图 13.13）取名于 20 世纪初期埃及的街头流动剧场。为了创作这一作品，她首先做了一幅巨大的拼贴画，上面约有 900 张照片，一些是她在开罗拍摄的服装照和剧照，另一些是从她在世界许多地方拍摄的私藏照片中选取出来的。然后她把拼贴画拍下来，利用这个高分辨率的复制品使数字操作的比利时佛兰德挂毯纺织机按照程序运作。照片的高清像素呈现出新的生命力，逼真得就像染色的纺织线一样。她说，自己尝试在这件多层次作品中，“打乱世俗与神圣、私人与公共、古埃及与当代之间的界限”[3]。

传统上，做被子一直是女人的事情，在一些群落一代代传承下去。在 20 世纪 70 年代，一些女权主义艺术家运用做被子这种方式，来打破艺术与工艺品之间的界限，她们认识到降低手工艺品的地位贬低了女性在历史上所取得的成就。

米里娅姆·夏皮罗（Miriam Schapiro）在《个人形象＃3》（*Personal Ap-*

图 13.13　拉腊·巴拉迪，《盒子中的世界》(2007)。数字编织挂毯。$10'4'' \times 8'2^4/_{10}''$。900 张 C41 $3^{15}/_{16}'' \times 5^{29}/_{32}''$ 照片的拼贴画。在“佩内洛普的劳动：编织语言和图像”主题展上的装置视图。威尼斯乔治·奇尼基金会，2011。细节：$25'7'' \times 21'3^9/_{10}''$。

资料来源：拉腊·巴拉迪创作并摄影。

pearance # 3，见图 13.14）等作品中借用了做被子的技法。该作品尺寸很大，可以覆盖一张小床。它的组成部分包括中心处一个大的橙色长方形，展示出类似于床的外形，顶部放置有一个黑色的正方形，像一个枕头。这一作品充满生机与活力，其中部分由很像被子的碎布做成。这当然也是艺术家的目的所在：它在很多方面类似被子，但其实却并非被子，通过创作出这样的作品，向过去和现在做被子的人致敬。因此，该设计处于实用性的边缘，它的外形看起来是有用的物品，但实际上并非如此。

图 13.14　米里娅姆·夏皮罗，《个人形象 #3》(1973)。布面丙烯酸纤维。$60'' \times 50''$。

资料来源：堪萨斯州劳伦斯玛丽莲·斯托克斯泰德，佛罗里达州迈阿密伯尼斯·斯坦伯姆画廊提供。罗伯特·希克森摄影。

波莉·阿普费尔鲍姆（Polly Apfelbaum）也使用非纺织机技法进行创作，作品展示出现代抽象艺术和女性主义的双重影响。她说她想做出传统百纳被的现代样式，任意拼接碎布块，组成令人眼前一亮的图案。通过这种方式，她坚信女性不再是传统意义上编织、缝纫纺织品的人。在《低维空间的迷幻小镇》（*Flatterland Funkytown*，见图 13.15）中，她运用明亮的色彩给椭圆形天鹅绒布片着色。她把它们都黏合在一起，突出与被子的相似性，接着将它们放置在画廊的地板上。最终的作品很像被子、地毯或奢华的花瓣之床。《低维空间的迷幻小镇》看起来简单，但是制作出来需要数月的辛劳。她手工剪裁每一块布，用塑料挤瓶把纤维染料涂在各部分。染色的过程就像绘画，不过创作出的作品更接近雕塑和纺织品艺术。有时她称自己的作品为“下落的画”，因为把作品放在地板上就可以使观赏者从更多的角度与之互动。

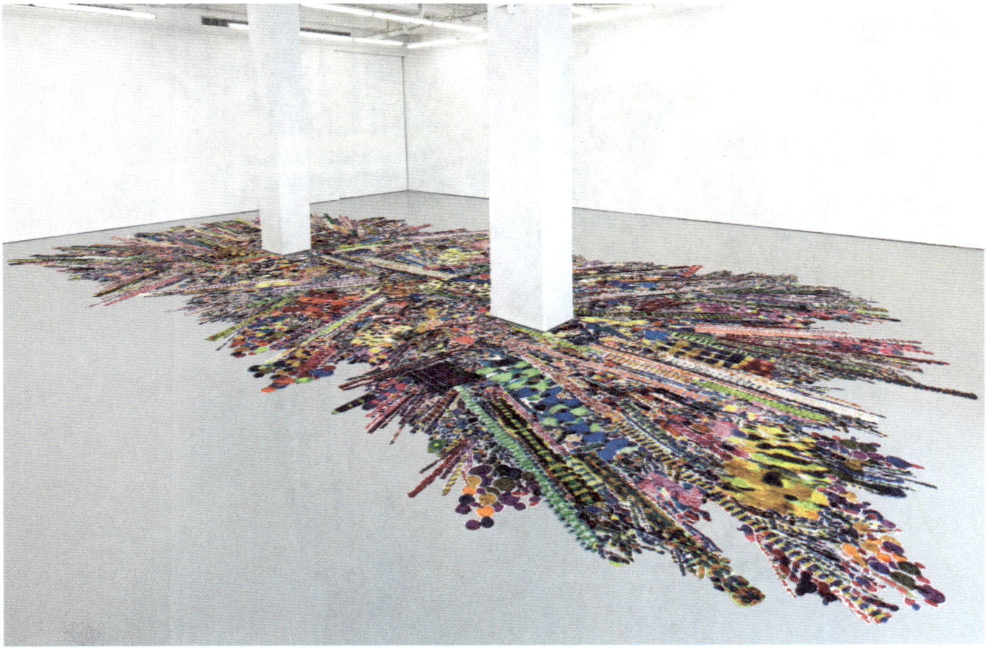

图 13.15　波莉·阿普费尔鲍姆，《低维空间的迷幻小镇》（2012）。合成拷花丝绒，尺寸可调整。CB8595。
资料来源：艺术家本人和纽约克利夫顿·贝内文托画廊提供。

费思·林戈尔德（Faith Ringgold）运用被子、绘画和软雕塑充分地展现她的生活和想法。20 世纪 30 年代她在哈莱姆的童年记忆提供了很多主题。《琼斯太太和家人》（*Mrs. Jones and Family*，见图 13.16）象征着林戈尔德自己的家庭。林戈尔德作品的核心是关注女性、家庭和跨文化意识。她活力勃发，很有洞察力，利用历史、近期事件和自身经历来进行阶级、种族和性别的描写与叙事。

图 13.16　费思·林戈尔德，《琼斯太太和家人》(1973)。混合媒介。74″×69″。系列展：女性面具之家 3。

资料来源：艺术家本人收藏。版权© 1997 由费思·林戈尔德所有。

艺术的形成　费思·林戈尔德(1930—　)：缝缀历史

绝大多数做被子的艺术家都用纤维进行夺人眼球的设计，而费思·林戈尔德则利用自己的生活和思考进行创新，制作能讲述故事的被子（见图 13.17）。在 1972 年，她不再教书，转而把时间全部投入艺术。同时她开始了与母亲长达十年的合作，创作拼布作品。做被子一直是家庭的传统，可追溯到曾曾祖母，在佛罗里达时她把做被子视为必须掌握的技能。母亲和女儿共同完成一种新的织物艺术，其缝纫的布片能展示形象、呈现故事。

关于做被子，林戈尔德这样说道：“它是一种奴隶女性使用的艺术形式，来装饰和美化被子等实用物品。由于非裔美国人做被子的经历与非洲人很相像，这些非洲人粗糙地制作工具，再进行装饰，娴熟地使用它们，这样物品就是有用的，不过它们也变得精美了。所以说，我们把一些布块缝在一起来裹身，是因为我们

图 13.17　费思·林戈尔德，《紫色被子》(*The Purple Quilt*，1986) 细节图。
资料来源：C’ Love/费思·林戈尔德公司。

希望能够保暖。如今我们要将这些布块设计得更有美感，把它们缝合在一起，做成被子。现在呢，它是一件艺术品，具有实用性。我真的很喜欢这样。”[4]

她的主题非常多样。一些是个人的、自传性的主题，例如《变化：费思·林戈尔德减肥100多磅之被》（*Faith Ringgold's Over 100 Pound Weight Loss Performance Story Quilt*）。一些作品诠释了不公，例如对奴隶施加暴力系列，涉及非洲女性在奴隶贸易中受虐待的情况。另一些是关于非裔美国人中重要的文化名人，例如《桑尼的被子》（*Sonny's Quilt*），刻画了爵士萨克斯吹奏者桑尼·罗林斯（Sonny Rollins，林戈尔德一个发小）在布鲁克林大桥上嘹亮地吹奏的画面。

林戈尔德创作的“有故事的被子”作品中最引人注意的一个是《沥青海滩》（*Tar Beach*，见图13.18）*，讲述了八岁的小女孩卡西的故事。她是一个虚构的人物，画面创作基于林戈尔德在纽约长大的童年记忆。因为家里没有空调，在炎热的夜晚，卡西和家人一起爬上公寓的屋顶乘凉（“沥青海滩”）。她把这个“沥青海滩”想象成一个神奇的地方，任意一个角度都能看到高楼大

图13.18　费思·林戈尔德，《沥青海滩》，“桥上的女人”系列（1988）的第一部分。布面丙烯，印刷，染料，被子和布片镶边。$74^5/_8'' \times 68^1/_2''$。

资料来源：纽约古根海姆博物馆。格斯和朱迪丝·利伯夫妇捐赠。版权© 1988 由费思·林戈尔德所有。

* 可在 myartslab.com 网站找到更多有关费思·林戈尔德《沥青海滩》的信息。

厦以及远处的华盛顿大桥。她和弟弟躺在毯子上，想象着自己能够飞翔，想做什么就能做什么；她想象着自己能给爸爸一张工会会员证，因为爸爸是黑人的关系，没有人愿意给爸爸办理；她想象着妈妈可以睡个懒觉，而且能每天吃上冰淇淋；她甚至想象着自己能把爸爸工作的那栋楼买下来，这样妈妈就不会为爸爸找不到工作而哭泣了。画面中，两个孩子躺在毯子上，父母和邻居在一边打牌，桌子上摆放着水果、点心和饮料。我们可以看到，在正上方有个小女孩在天空中飞翔。随后，《沥青海滩》被编进了林戈尔德所创作的儿童读物中。

当被问及对艺术家在社会中所起到的作用这一问题有何看法时，林戈尔德用阐释《沥青海滩》的方式作答。她说，“我认为艺术家的角色在某种程度上是记录时代。因为我们通过历史来审视艺术。我们仅仅通过观赏艺术家创作的图片或雕塑，就能知晓许多关于艺术家生活的时代。每个群体、每种文化、每个种族都是这样。在文化高度发达、繁荣的地方孕育了才华横溢的艺术家，因为这二者是相辅相成的。因此，作为一个黑人女性，我的角色便是在种族和性别问题以及我所处的时代方面，发出自己的声音。我认为这是我要承担的责任。”[5]

运用纤维有无数种方式，芝加哥艺术家尼克·凯夫（Nick Cave）倾向于一次性地把这些纤维全部用来创作他正在展出的系列“连声衣”（Soundsuit，见图 13.19）。这些浮夸的服装全都是可穿戴的。多年来他将一些不可思议的材料加入其中，如人发、树枝、玩具、垃圾、纽扣、毛毯、毛绒玩具动物、人造革、羽毛、花朵，还有各式各样的亮片和珠子等。

在这里展现的《连声衣》中，一群陶瓷鸟围在钩针纱布做成的紧身衣旁。凯夫（并不是同名的澳大利亚歌手）在一个大家庭长大，常穿别人的旧衣服。他会根据自己的尺寸修改这些衣服。然而，《连声衣》却恰恰相反：其中大多数能将穿戴者完全遮住，赋予他们另一种身份。这些衣服的设计取材自新奥尔良狂欢节服装和非洲礼服，但在凯夫手中变得既充满活力，又有神秘色彩。

许多当代艺术家利用以前与工艺相关的艺术媒介——黏土、玻璃、金属、木材和纤维，创作出挑战工艺和艺术之间界限的作品。世界上大多数文化没有将工艺和艺术区分开来，西方文化正在逐步改变这一点。

图 13.19 尼克·凯夫，《连声衣》(2009)。混合媒介。高：92″。

资料来源：詹姆斯·普瑞兹摄影。艺术家本人和纽约杰克·史恩曼画廊提供。

思考回顾

1. 黏土的主要类型有哪些？
2. 哪位艺术家在 13 世纪完善了金属嵌体工艺？
3. 纤维艺术的两大分类是什么？

请试一试

数一下你家里包括碟子在内的陶瓷制品，找出三大分类中哪种数量最多。

关键术语

釉——用于黏土的硅基涂料，烤制时与陶胎融为一体，有多种颜色，或半透明。

泥浆——将黏土稀释，具有糊状液体的黏稠性。它是用于陶器和石器的涂料。

经纱——织物里经向编织的线。

纬纱——织物里成直角穿过经纱的线。

第 14 章　建　筑*

请思考

1. 请思考建筑对于记录和反映文化价值所起到的作用。
2. 请阐述建筑师将建筑的功能、形式及结构相结合的必要性。
3. 请指出用于建筑的传统材料和方法。
4. 请描述技术创新与建筑形式和结构的变化之间的关系。
5. 请指出当代环境问题对建筑的影响。

墓石牌坊是留存于世最古老的结构之一，它位于法国西北部地区，如图 14.1 所示。墓石牌坊由巨石构成，有些置于顶部，有些则如屋顶般撑起一个空间。这种结构最有可能是用作封闭的墓穴，安置死者。这样笨重的结构在世界上并不少见，其他地方也有类似的结构，如在不列颠群岛、约旦、印度及韩国等地。虽然各地的墓石牌坊功能各异，但它们有着最简单、原始的构造技术以及一个庞大的外观。

至少 5 000 年前，人们就开始建造令人称奇的结构，如墓石牌坊，它们的用途不仅仅是作为庇护所而已。所以建筑学不仅仅是有着实际用途的一门艺术、设计和建造的科学，更有着象征意义和美学价值。作为我们的住所、工作地点、礼拜或是休闲娱乐的地方，建筑可以提升我们日常生活的很多方面。

本章将从原始结构到当代高科技创造的建筑演变史中考察建筑的工艺。我们会发现，建筑不仅仅是庇护场所，更重要的是，它传递出社会价值。

一种艺术与一门科学

建筑师不论建造哪种类型的结构，都要解决三大问题：功能（建筑的用途）、

* 可在 myartslab.com 收听本章音频，学习和回顾本章内容。

形态（建筑的外貌）以及结构（建筑的建造）。建筑学作为一门艺术，不仅创造了内部空间，也给予极具表现力的外观。

图 14.1　墓石牌坊，法国卡纳克以北。
资料来源：詹姆斯·兰什/古艺术及建筑收藏有限公司。

建筑学作为一门科学，要解决的物理问题是：一个建筑结构如何支撑起自身的重量以及其他负重？建筑必须能够承受压力或推力、张力或拉力、弯曲程度，以及以上这些物理力的组合。

建筑和人的躯干一样，也有三个主要组成部分。建筑有支撑的结构、外部立面、运作设备，这类似于人类的主要器官和身体系统。这些设备包括以下几个方面：水管设施、电线、冷热控温系统和根据需要让空气得以流动。在几个世纪前，木质、泥土、砖或石头结构的建筑没有这样的设备，支撑结构和外部立面常常是合二为一的。

传统材料和方法

可用的建筑材料、人类不断改变的需求和社会价值决定了建筑技术和风格的演变。人类的谋生方式从游牧、狩猎转变为耕田畜牧，而住房从洞穴、棚屋、帐篷演变成更坚固的建筑结构。

早期的建筑设计师（以及在当今非工业国家的建筑设计师）仅用手边的材料进行建造，当地建筑的风格结合了地理和气候的因素。现代交通工具和先进技术的传播，让人们可以在任何地方进行建造。

木材、石头和砖

有史以来，大部分建筑是由木材、石头、泥土或砖块建造的。以上每种天然材料都有利有弊：如木头重量轻，可以用作屋顶梁；石头较重，作为承重墙比较合适，若作为房梁，则效果欠佳。世界上大部分的建筑是使用石头打造的，因为石头耐久，不难觅得，并且外观美丽。在古代，所有的城市都是人们打磨石头，将石头叠着石头，一点点建造起来的。

干砌石

正如墓石牌坊所示，最简单的建筑可能就是把石头一块块垒叠起来。在世界各地，这一堆砌过程常被用来建造基本结构，如石头标记、大石堆和堆石标。如果这样的大石堆保持始终如一的形态，我们称之为砌体。干砌石不使用任何砂浆，石头本身的重量托起了整个建筑结构。如果在使用前对石头进行切割或人为塑性，那么就是加工。

东非的大津巴布韦（“大石头房子”，见图 14.2）是一种椭圆形的结构，与国家同名。它估计建于 1350—1450 年间，估计使用了 300 年。大津巴布韦几乎呈圆形，内部有几个圆锥结构，原本用途尚不知晓。

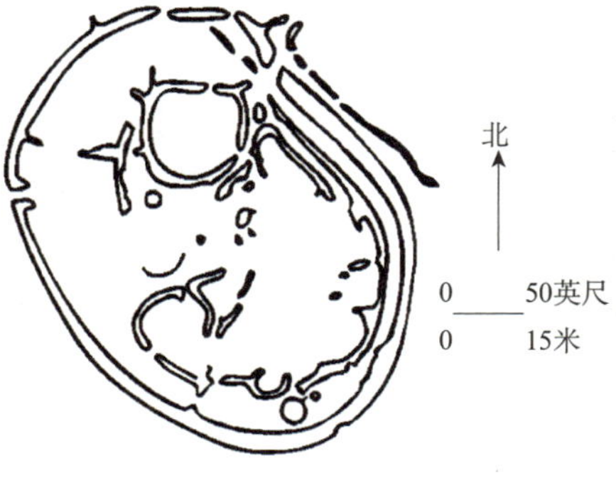

a. 平面图

b. 内部

图 14.2 大津巴布韦，津巴布韦。建于 1450 年前。高：约 30′。
资料来源：彼得·格伦内迪克/鲁尔特·哈丁。

墙面是由当地打磨过的石头砌成，高约 30 英尺。为增加稳固性，墙体底部有 15 英尺厚，向上慢慢变窄。屋顶由草或茅草和树枝一同搭建。此建筑结构是最大的一组古代石头民居，构成了约两万人的贸易城市。虽然大津巴布韦的外墙在特定区域可以进出，但是没有窗户，因为如果有窗户就会削弱砌体墙面，只有足够小的建筑结构可以在没有外部支持的情况下开一些窗户。

大津巴布韦是非洲最大的古代石头结构，位于埃及大金字塔以南，大金字塔也是由干砌石构成的（见第 15 章）。其他同类知名的建筑如秘鲁的马丘比丘（见第 20 章）和美国西南的古普韦布洛建筑，如梅萨维德国家公园。

梁柱

早在 20 世纪前，有两种普遍使用的主要建筑结构：梁柱（又称为连梁柱）和拱门系统，如拱顶。世界上大部分建筑，包括现代钢结构，均采用梁柱结构建造（见图 14.3）。立柱或圆柱支撑横梁，承载整个建筑结构的重量。

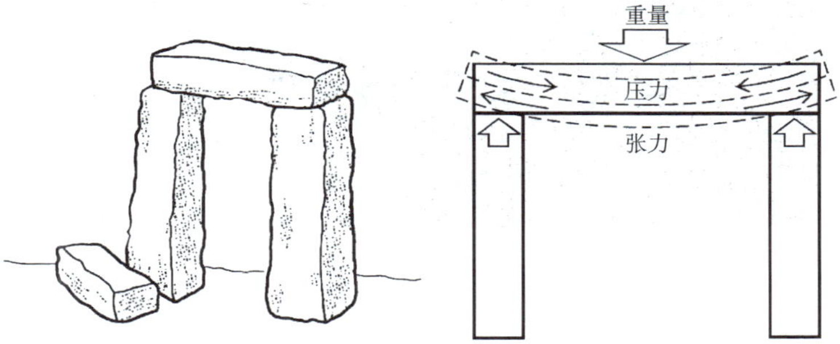

图 14.3　梁柱结构

梁柱结构建筑的形状是由所用建筑材料的利弊决定的。石梁不长却比较厚实，弥补了石头的脆性。木梁较为细长，因为木头较轻、更易弯曲。现代钢材有适当的强度和重量比例，能造出更长的梁柱、打造更大的内部空间。

捆绑的芦苇盖是具有里程碑意义的埃及神庙梁柱式的模型。一排圆柱依次排开，通过梁柱连接，称为柱廊，如图所示的柱廊和阿蒙霍特普三世法庭（见图 14.4）。大部分埃及神庙是结构匀称的，一条条走廊通往附近的楼阁。布局安排根据等级规定，只有高级别的祭司才能出入远处的区域。

在埃及人的带领下，希腊人对梁柱结构进行了优化。200 多年来，宏伟壮观的帕特农神庙，以及其他经典的希腊建筑（见第 16 章）影响了众多后世建筑的设计师。

半圆拱、拱顶和圆屋顶

由于在梁柱内部的承重压力下石头易碎，所以埃及和希腊的建筑工人不得不把立柱排放紧密。圆拱的发明（见图 14.5）使得建筑者能超越这样的限制，创造新的建筑形式。可以用圆柱或支柱撑起圆拱，支柱就是更巨大的圆柱。

图 14.4　柱廊和阿蒙霍特普三世法庭，阿蒙神、姆特神和孔斯神之庙（第18王朝，前1390），埃及底比斯卢克索。

资料来源：阿利斯泰尔·邓肯。版权由道灵·金德斯利所有。

圆拱向内部延伸开去，就形成了像隧道一样的结构，称为筒形穹顶（见图14.6）。罗马建筑者将圆拱进行改良，形成了穹棱拱顶（见图14.7），即由两个筒形穹顶交叉而成。

拱顶是有弯曲的天花板或屋顶的一种结构，传统上用砖块或石块紧密砌成，形成统一外形。近年来，经常使用浇灌混凝土等材料来加固拱顶。

在早期的西亚和地中海地区的文明中，人们用砖块建造拱门和拱顶，主要用于建造地下排水系统和墓穴。但罗马人是第一个在地面上的建筑中大规模使用拱门的。他们从伊特鲁利亚人那里学习了石拱门和拱顶的建造技术，伊特鲁利亚人于公元前750—公元前200年居住在意大利的中部。

圆形石拱可以延伸很长的距离，比石梁柱承重能力更强，因为拱形结构能更有效地载荷承重。罗马拱门是由楔形石头紧密排列构成的半圆形结构，与曲面成直角的地方相连接。在建造时，临时的木质支撑扛起了石头的重量。在顶部最终放上去的石头叫作楔石。一旦楔石到位，那么具有承重能力的拱门就建成了，这时就可以把木质支撑移走了。这样一系列由圆柱支撑的拱门形成了拱廊（见图14.8）。

在整个罗马帝国的建筑中，建筑师使用了不同类型的拱门和拱廊，在欧洲大部分地区、近东地区和北非地区亦是如此。这座靠近法国尼姆的沟渠桥叫“加尔桥”（见图 14.9）*，它是世界上保存最完好的罗马工程，将功能美体现得淋漓尽致。这座桥有三层拱门，总高度达 161 英尺。每个干砌石块重达两吨，构成了下面两层大拱门。这座桥曾经在顶部引水，而底部那一层作为交通运输用，完美的设计和建造让这座沟渠桥历经 2 000 多年风雨仍屹立不倒。

罗马建筑师借鉴希腊立柱的设计，并且将其加入拱门设计中来，大大增加了建筑空间的多样性和大小。罗马人还引进了液体混凝土作为建筑材料。混凝土将水、砂、砾石以及石灰或石膏的黏合剂进行混合。混凝土便宜，类似石头，通用且牢固，这为罗马人节省了开支，加快了建设速度，并且可以大规模建造。

一个拱门以垂直轴旋转 180°即形成一个圆顶（见图 14.10）。穹顶可能是半圆形，也可能是尖顶。“圆顶”一词一般指的是建在一个圆形或多边形底座上的半圆形穹顶。圆顶的重量形成向下和向圆周外的推力。对此最简单的支撑就是沿圆周建造足够厚实的墙面，抵抗其向下和向外的推力。

图 14.5　圆拱（楔石）

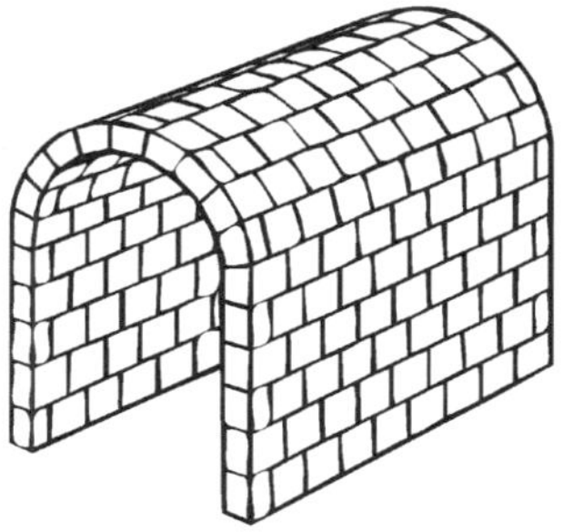

图 14.6　筒形穹顶

图 14.7　穹棱拱顶

图 14.8　拱廊

* 可在 myartslab.com 网站观看有关加尔桥的视频以及圆拱的模拟建筑。

图 14.9　法国尼姆加尔桥（15 世纪）。石灰岩。高：161′；跨度：902′。
资料来源：杜安·普雷布尔摄影。

伊斯坦布尔的圣索菲亚大教堂（意为“上帝的智慧”，见图 14.11）是拜占庭式教堂，也是世界上最宏伟的穹顶建筑之一。这座教堂建于 6 世纪，是东正教教会的圣殿。1453 年，奥斯曼土耳其征服伊斯兰后，又建了光塔，后被用作清真寺，如今已成为博物馆。圣索菲亚大教堂的圆顶位于弯曲的三角截面之上，被称为在方形底座上的穹隅。

圣索菲亚大教堂独特的穹顶就好像漂浮在光环上，产生此效果的原因是沿着底座有一圈窗户。穹隅承载着上面穹顶圆周的压力，通过支撑墙对方形底座产生压力。

a. 圆屋顶

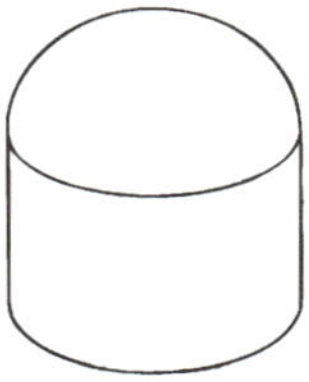

b. 圆柱上的圆屋顶

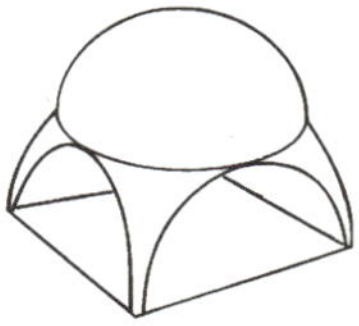

c. 方墙四角支承拱上的穹顶

图 14.10　圆顶

图 14. 11a　圣索菲亚大教堂外部（532—535），土耳其伊斯坦布尔。
资料来源：阿勇・阿尔通摄影。

图 14. 11b　圣索菲亚大教堂内部（532—535），土耳其伊斯坦布尔。
资料来源：阿勇・阿尔通摄影。

尖形拱门和穹顶

谈完圆形拱门，接下来就要谈谈西方世界第二大广泛应用的建筑形式——尖形拱门。这种形状似乎改变甚微，但对于教堂建筑有着重大影响。尖形穹顶下可以建造更宽的走廊和更高的天花板。法国的沙特尔圣母院（见图 14.12）的中央过道之所以可达如此高的高度，得益于这项技艺。

图 14.12　沙特尔圣母院（1145—1513），法国沙特尔。中殿内部。高：122′；宽：53′；长：130′。
资料来源：版权由佛罗伦萨斯卡拉所有。

尖形拱门（即哥特式拱门，见图 14.13）比圆形拱门更加陡峭，所以相对而言，更直接地将重量向下传递，但在高楼建筑中，必须考虑侧面的推力。哥特式建筑的建造者通过建造与外墙垂直的支撑（也称为“扶壁”）来实现目标。在最豪华的哥特式教堂里，大型的扶壁承载了半边拱形穹顶向外的推力，这种半拱形的石头叫作“飞扶壁”（见图 14.14）。

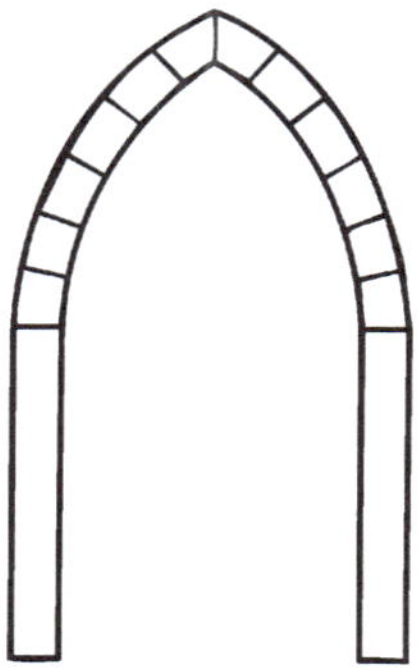

图 14.13　哥特式拱门

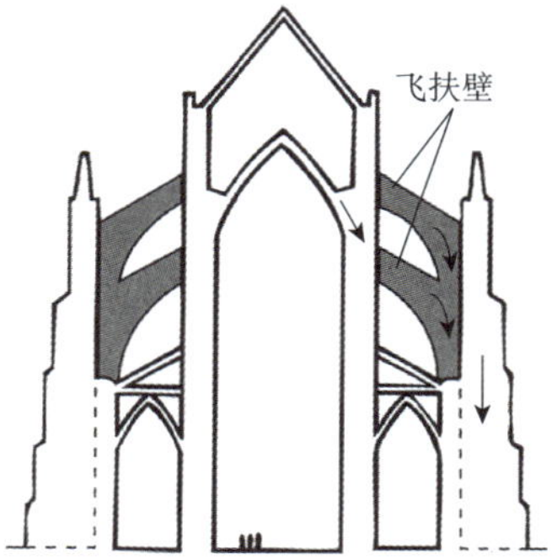

图 14.14　飞扶壁

通过将部分建筑架构外露，哥特式建筑的建造者能让大教堂看起来更高更轻盈，因为增加的扶壁作为外部支撑减轻了大教堂墙体的不少结构功能，大部分的墙用巨型彩绘玻璃窗替代，让更多的光线（神明的象征）进入教堂。从教堂的地面到圣坛之上的内部最高点，窗户由小到大。把雕刻的石头进行组合形成细长的柱子，沿着中殿的墙排列开来，突出垂直感并让教堂看上去有向上的推力。（在第 16 章中我们将探讨有关哥特式建筑风格特点的更多细节。）

在哥特式建筑的尖形拱门和尖顶出现之后，19 世纪之前在西方建筑词汇中，再没有新增的基本结构的术语。然而，建筑师设计了多种多样的建筑结构，将不同时期的元素进行组合，这在当时已是极大的创新了。古典时期和哥特式时代所产生的建筑形式和装饰重新获得了活力，并运用在不同的背景中。

桁架与轻捷骨架

木头作为建筑材料已经有很长的历史。几个世纪以来，除了梁柱式，在桁架（见图 14.15）中，也使用木材或原木。桁架是一种三角形的框架，作为横向跨度或用于支撑。在 19 世纪，大量生产钉子和机械锯片推动了木结构的发展，其中最重要的当属轻捷骨架（见图 14.16）。在设计轻捷骨架时，小小的双头螺栓就可以替代厚重的木材，而双头螺栓其实仅使用钉子进行组合，从而大大节省了建造时间，减少了木材使用。（不愿意使用这一新办法的老一辈人将它称为“轻框架”（balloon），因为他们认为这种框架像气球一样很脆弱。）这一办法很快在北美西部边境得到了广泛运用，并且至今在很多郊区的新建工程中依然使用。

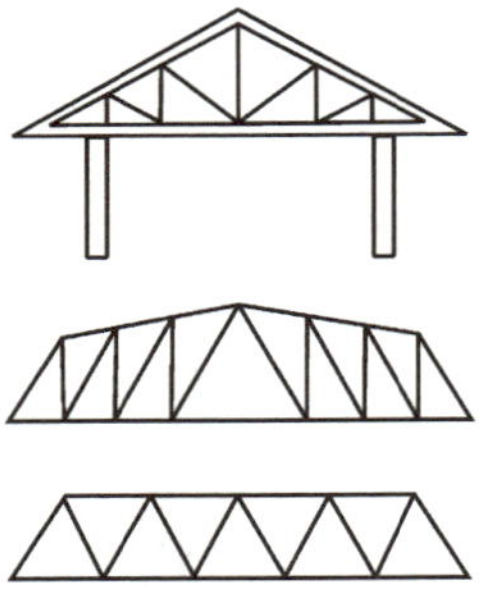

图 14.15　桁架

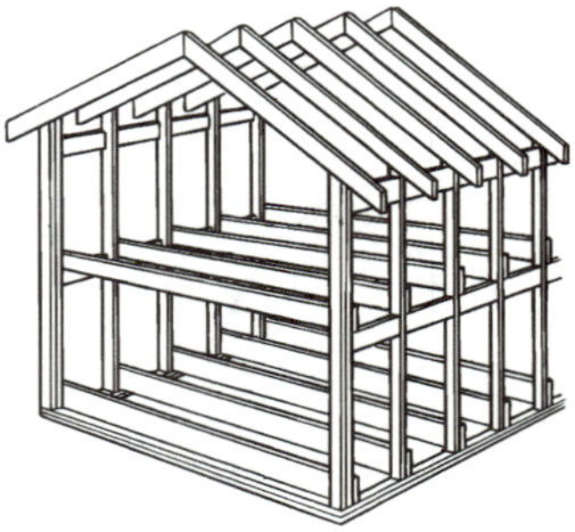

图 14.16　轻捷骨架

现代材料和方法

大约从 1850 年起，现代建筑材料彻底改变了建筑学。建造技术（梁柱式、拱门、圆顶）依旧，但生铁、钢材、钢筋混凝土的出现为打造空间提供了很多新方法。近来，一些新式材料层出不穷，如碳素纤维和直交层木材，都改变着我们建造的方法。

生铁*

比起石头或木材，铁更加坚固并能延伸更长的距离。随着 19 世纪冶炼技术的发展，生铁和熟铁在建筑材料中的地位不断上升。有了铁的支撑，墙面不再承受整个建筑结构的重量，建筑外墙变得更轻且在内部有更灵活可用的空间。建筑师在建造工厂、大桥和火车站时，首先使用了这种新材料。

约瑟夫·帕克斯顿（Joseph Paxton）设计的伦敦水晶宫（见图 14.17）就是生铁建筑的宏伟作品。1851 年在伦敦水晶宫举办了万国工艺博览会，即人类第一届世博会。水晶宫的设计展现了最新的机械发明，历时六个月的打造，面积达 19 公顷。这是第一次将新的工业方法和材料用于如此宏大的建筑中。

帕克斯顿采用了相对较轻、工厂出产的生铁模块（标准尺寸的结构单位）和玻璃。他跳出了以前的风格以及石制建筑框架，创造了建筑史上新的名词。帕克斯顿用玻璃和铸铁创造了既轻便又美观的建筑，这一创新之举并不是受到应用装

* 可在 myartslab. com 网站观看生铁结构的模拟建筑。

图 14.17　约瑟夫·帕克斯顿，伦敦水晶宫（1850—1851）。生铁和玻璃。
资料来源：纽贝雷图书馆。斯多克蒙太奇有限公司摄影。

饰的影响而是受到了叶子结构的启发。他说："是自然给了我灵感。"这些建筑构件能使建造过程更加灵活，构件可在建筑现场进行组装，地点可以是树的旁边。之后，构件还可以被拆卸运输。

不幸的是，早期的生铁结构建筑中也有很大的弊端：未经保护的金属表层由于暴露在高热下，让这些建筑可能因着火而毁于一旦。水晶宫就是因内部着火，最终于 1936 年被焚毁。

钢材和钢筋混凝土

1890—1910 年间，大型建筑的建造方法有了新的突破，那就是使用高强度结构的钢材作为钢筋混凝土中的一种加固材料。在 19 世纪，生铁结构的骨架得到广泛应用，为 19 世纪 80 年代后期的多层钢材框架建筑奠定了基础。

随着城市土地价值的提升，钢材框架和升降梯的发展为建筑结构和形式提供了新方法。这一发展首先始于商业建筑，以早期的摩天大楼为标志。1871 年的芝加哥大火事件后，高楼大厦迅速涌现，芝加哥也成为第一批高楼大厦的实践地之一。

路易斯·沙利文（Louis Sullivan）是芝加哥学派的领军人物，也是第一位伟大的现代建筑师。沙利文拒绝参考旧时建筑，思考用新的方法和新材料满足他身处的那个时代的需求。他对美国及 20 世纪建筑中最原创的建筑形式——摩天大楼的早期发展有着重要影响。

最早的摩天大楼中有沙利文设计的温莱特大厦（见图 14.18）*，该大厦位于密苏里州的圣路易斯。正是电梯的发明、钢材建筑架构的发展让建造这样的摩天大楼成为现实，并使建筑师们大胆地突破了 19 世纪的建筑传统。该建筑外部的设计反映了内部钢材的构架，并且通过淡化水平元素和强调垂直立柱，以突出建筑结构的高度。沙利文注重且追求传统建筑的和谐，由此他把大厦的正面分为三个不同的区域，让人联想到希腊立柱的基底、柱身和柱顶（见图 16.6）。这些区域展现了大厦不同的功能，在底部有商店，中间区域是办公室，顶层是杂物间。楼顶厚重的装饰带阻挡了办公室两边窗户间墩柱的垂直推力。

图 14.18　路易斯·沙利文的温莱特大厦，密苏里州圣路易斯（1890—1891）。
资料来源：版权由艺术档案/科比斯图库所有。

所以，建筑的外在形式表现了它的内在功能，这是一个新奇的观念。沙利文观察到，“形式永远不会迁就功能”[1]。这一意识最终让建筑师打破对以前风格的依赖，从而由内而外重新思考建筑。

在这种精神的指导下，1910—1930 年现代建筑在欧洲兴起。年轻建筑师拒绝装饰或仿照以前，也不使用传统的石头或木质结构，而是开始重新思考把大楼作为一种实用的空间安排，而非一大块建筑。由此而来的国际风格诠释了每种建筑的功能、基本结构、合乎逻辑的规划（通常是不对称的），材料上仅仅使用了

---

* 可在 myartslab. com 网站观赏温莱特大厦。

如混凝土、玻璃和钢材这些现代建筑材料。

法国建筑师、规划师勒·柯布西耶（Le Corbusier）展示了钢立柱的基本组成以及被称为“多米诺建筑系统”（见图 14.19）中的钢筋混凝土板。六根钢柱竖立在混凝土板上，就像多米诺骨牌中牌与牌之间的摆法。勒·柯布西耶想要依靠内部承重柱来支撑地板和屋顶，而非使用承重墙，由此可以灵活地根据开间多少来改变内部墙体的位置。他把他的一栋房屋称为“居住的机器”，而实际上灵活的居住空间使房屋变得格外舒适。而且因为墙体不再承受任何重量，就可以做成窗户，让自然光透进来。

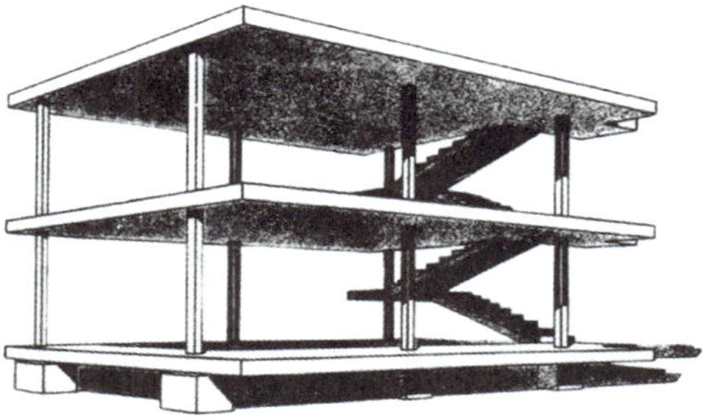

图 14.19 勒·柯布西耶，多米诺建筑系统，多米诺住房工程远景图（1914）。
资料来源：版权© 2013 由纽约艺术家权利协会/巴黎法国图像及造型艺术著作人协会/F. L. C. 所有。

沃尔特·格罗佩斯（Walter Gropius）在新建的包豪斯建筑（见图 14.20）中运用了国际风格原则，当时包豪斯设计学校搬到了德国德绍。工作坊建筑的侧翼建于 1925—1926 年间，延续了勒·柯布西耶的基本理念。矗立在建筑外侧边缘的钢立柱支撑了钢筋混凝土的楼梯和层顶，因而外墙不会承重，墙体就可以成为玻璃幕墙。甚至内墙也非承重墙，可以建在任何需要的地方。

图 14.20 沃尔特·格罗佩斯，包豪斯大厦外侧（1926—1927）。
资料来源：万尼档案馆/科比斯图库。版权© 2013 由纽约艺术家权利协会/波恩图片艺术协会所有。

一般而言，公众需要慢慢接受简单的新国际风格。对此，从 20 世纪 20—30 年代，设计师们开创了更加丰富、装饰性强的风格，称为“装饰艺术”。这种风格运用了国际风格中的一些结构原理，但保留了抽象风格的装饰。例如，加利福尼亚州好莱坞的克雷斯大厦（见图 14.21），大厦顶层有拱形天花板，点缀着从果树中提取出来的图形。

勒·柯布西耶想要通过建造高耸细长的建筑来缓解城市拥挤，从而腾出更宽阔的空地，而沙利文对高楼大厦的概念是运用钢结构（见图 14.22）支撑形成建

图 14.21 爱德华·F· 希伯特（Edward F. Sibbert），加利福尼亚州好莱坞克雷斯大厦。
资料来源：帕特里克·弗兰克摄影。

筑架构，这两种思想在施格兰大厦得到了实现（见图 14.23）。早在 1919 年，非承重的玻璃幕墙就已成为摩天大楼的主要特征之一，但直到 20 世纪 50 年代，随着公众越来越接受现代建筑，这样的结构才开始建造。由于施格兰大厦很高，建筑空间较大，建筑师在底层留有宽阔的公共区域。垂直线条表明建筑的高度，顶截面的覆盖更为此增添了一种完成感。朴实的设计映衬了路德维希·密斯·凡德罗（Ludwig Mies van der Rohe）的著名论断“少即是多”。

国际风格对世界建筑学有着重大影响，即便有时候存在一些副作用。它代替了一些以强地域特征、唯一性的建筑风格。到了 20 世纪中叶，现代建筑与国际风格有着异曲同工之妙。统一的直线型玻璃网格结构是现代企业普遍的建筑风格。

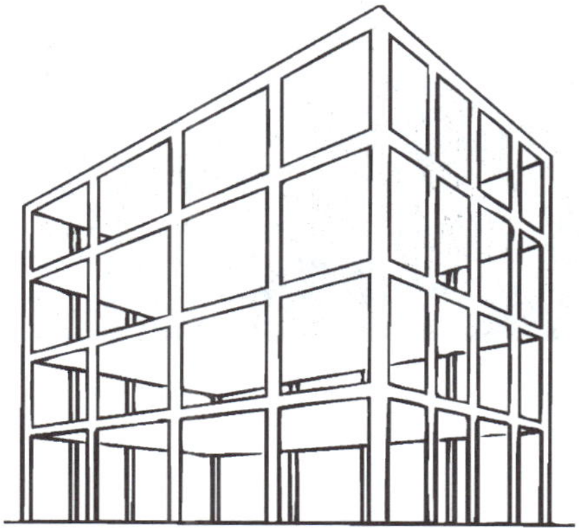

图 14.22　钢结构建筑

图 14.23　路德维希·密斯·凡德罗和菲利普·强生（Philip Johnson），纽约施格兰大厦（1956—1958）。

资料来源：安德鲁·加恩摄影。

近期的创新

20 世纪末，随着建筑技术和材料的进步，结构物理新理论的提出以及用计算机对复杂结构进行优劣分析的发展，新兴建筑形式得到了进一步的发展。

几十年来，悬浮结构为公众所熟知，通常用于帐篷和桥的设计中，但最富戏剧性的是将此技术应用在一个重要的公共建筑——丹佛国际机场的吉普森航站楼（见图 14.24）。它的屋顶是一个个巨大的帐篷，由 15 英亩的机织玻璃纤维构成，它是世界上最大的悬挂大厦之一。这种白色屋面材料能让大量的自然光直接透进来，且不导热。建筑表面涂有聚四氟乙烯，具有防水性且易于清洗。建筑外观的设计灵感来源于白雪皑皑的落基山脉，从建筑内部就可以看到外面。

图 14.24　芬特雷斯-布拉德伯恩（Fentress - Bradburn），丹佛国际机场吉普森航站楼（1994）。
资料来源：照片由丹佛国际机场提供。

近年来，艺术博物馆已成为尖端建筑相互较量的舞台。在毕尔巴鄂，弗兰克·格里（Frank Gehry）的古根海姆博物馆（见图 14.25）更像是一种功能雕塑。此设计体现了 20 世纪 80 年代计算机图形学和建模应用程序的发展，建筑师称之为“金属之花”。这是一个有着戏剧性外观的石建筑，高耸起舞的空间构成了钛金属材质的建筑群，建筑的最高点处于巨大的玻璃幕墙的中庭上。博物馆馆长托马斯·克伦斯（Thomas Krens）设想着博物馆能变成聚集当代先锋艺术家大量革新发明创造的作品，同时又具有建筑艺术特色的地方。博物馆建筑的另外两个例子是丹佛当代艺术博物馆（见图 14.30）和芝加哥艺术学院的现代之翼（见图 25.31）。

图 14.25 弗兰克·格里，西班牙毕尔巴鄂古根海姆博物馆（1997）。
资料来源：艾丽卡·巴拉奥纳摄影。版权由毕尔巴鄂古根海姆博物馆所有。

碳纤维是 21 世纪建筑学上的第一次技术创新，可能对未来我们如何建楼会有重要的影响。科学家们发现可在无氧的环境中加热碳原子，将它们融化成为有史以来最轻、最强的材料。碳纤维已经运用于飞机的某些部件、赛车车身和自行车车架。如果严谨地塑造这种纤维，并将它与聚酯化合物或尼龙覆盖于表面，就可以生成一种新材料。理论上，我们可以用这种材料编织出一栋建筑。

最近，东京犬吠工作室用碳纤维创造了一个公众研讨会空间（见图 14.26）。这栋建筑中所有的组件都很轻，一个人就可以轻松地拿起来。德国宝马公司古根海姆实验室可以用于举行讲座、办展览、进行讨论、放映等用途；

图 14.26 犬吠工作室，德国柏林宝马公司古根海姆实验室（2011—2012）。露天，碳纤维结构。
资料来源：克里斯汀·里希特斯摄影。版权 © 2012 由所罗门·R·古根海姆基金会所有。

实现这些功能都在滑轮上部进行，而且可以根据需要调节上下高度。此建筑的优势是重量轻，因此该建筑已经被移动到三个大洲举办研讨会。

21 世纪，一些旧材料采用了新的加工方法。交叉复合木材（CLT）通过倾斜角用谷粒层压木板，创造出这种使用木材的新方式。这使得木材如混凝土般坚固，但比混凝土轻得多。交叉复合木材厚达 11 英寸，长 60 英尺，具有相当大的灵活性，相比混凝土更能抵抗地震袭击。从可持续森林获取树木资源，也使交叉复合木材成为一种碳中性的建筑材料。

位于伦敦的阿历克斯·梦露珠宝店（见图 14.27）就是用交叉复合木材建造的，一楼和周边商铺的设计相协调。一楼是展厅，而楼上是工作坊和会议室。将预先生产好的楼板带到现场后，建筑工人在一周内就把工作室搭建起来了。

图 14.27　DSDHA，伦敦雪原，阿历克斯·梦露珠宝店（2011）。
资料来源：丹尼斯·吉尔伯特/VIEW 摄影。

艺术的形成 Xten 建筑事务所：建楼

一些建筑事务所在建楼的时候，更多地依靠建筑师之间的合作，而非凭借单个人的力量。Xten 建筑事务所就是这样的一个公司，它创建于 2000 年，与加利福尼亚州和瑞士的建筑事务所是合作伙伴关系。它们在建楼时重视可持续技术的使用，致力于将建筑打造成为“景观下牢固的建筑形式”[2]。

2011 年，卢塞恩国家档案馆原址面积已不够使用，因此决定搬到新的大楼里。新大楼由 Xten 建筑事务所设计，充分利用了数字技术，有着国际领先水平。项目中的记录和规划均体现了设计的过程。

卢塞恩国家档案馆位于两条主要街道的交叉口，从拐角向下倾斜（见图 14.28a）。过程图（见图 14.28b）显示，设计是从一端的基本矩形演变而来。主层包括行政区域和图书馆，位于地下两层的仓储空间之上。这样设计能使观众看到外面的景观，安全性更好，且大大减少为保存文件的冷热需求。这里有些文件历史悠久，可以追溯到中世纪。主层的设计能让人看到外面风景，也可以从外部看到整个漂亮的建筑外观。大楼南面和东面属工作区域，最大程度上利用了自然光照明。图中还展望了二期规划，包括扩展北侧的地下存储空间。

图 14.28a Xten 建筑事务所，瑞士卢塞恩国家档案馆提案（2011）。鸟瞰的角度。

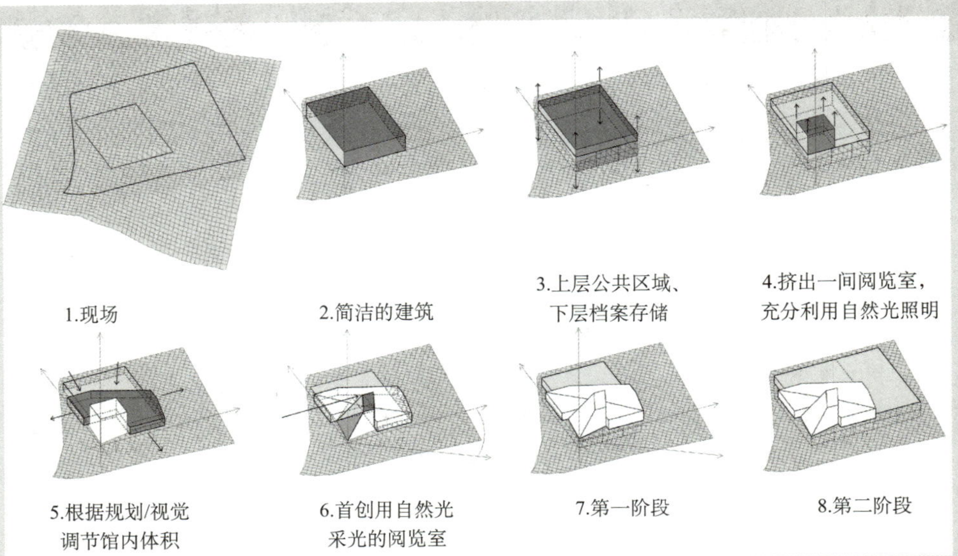

图 14.28b　过程图

地面上的规划（见图 14.28 c）展示了从东面（左）进楼，走过一个大型的覆顶门廊，两面玻璃幕墙直接引向图书馆，门廊可以保护行人通过。阅览室在同一楼层，但坐落在一个向上升起的、高 33 英尺的中空塔上。这座塔朝北，但有大型的高高的窗户，能使光线透进来。北面的自然光线比南面更持久，而且自然光间接照进来，并非直射，这点对保护存储的文件很重要。塔的后墙有一定的角度，能反射向下的光线，由于新址的视线较高，可以透过很多外部窗户看到城市的风景。

通过鸟瞰视图（见图 14.28a）就能看到漂亮的大楼正面，这是根据其空间用途设计的。建筑师认为，存储空间应当像堡垒。从图上看到，进口有覆顶门廊，由此可以看到阅览室塔以及它背后倾斜的后墙。

建筑设计要求在外墙使用混凝土，需要在现场加以控制，形成不规则分层的混合物，然后对外墙进行浇筑。这样，建筑能够呈现出沉降感，既体现了当地的土壤结构，也显示了周边略微倾斜的地形。

我们永远不知道这座建筑造出来是什么样子，因为这一设计并未最终通过（评委们支持更多的地上存储空间的设计）。但 Xten 建筑事务所的这个项目在建筑报刊中得到众多评论，并多次获奖。

A
15
15
14
1
2
+469.5米
3
+463.70米
B
B
10
11
12
4
9
8
2
6
+469.0米
5
7
A
1. 入口（45米²）
2. 门厅/寄存处（75米²）
3. 书目检索厅/图书馆（200米²）
4. 报刊借阅服务区（20米²）
5. 阅览室（110米²）
6. 服务器室（8米²）
7. 工作人员办公室（105米²）
8. 茶水间/寄存处（15米²）
9. 档案室（28米²）
10. 会议室（30米²）
11. 寄存处（10米²）
12. 卫生间
13. 广场
14. 楼梯
15. 自行车停放处

图 14. 28c 平面图

融合自然的设计

20 世纪大部分的风格改革并未将大楼建设和环境相联系。早期推动这一发展趋势的是当时美国最重要（最富批判精神）的建筑师之一弗兰克·劳埃德·赖特（Frank Lloyd Wright）。赖特是第一批使用房屋开放式规划的建筑师，甚至走在国际风格之前（见他设计的罗宾别墅，见图 22.26）。赖特去除了房间的墙壁，增加了窗户，他发现要打开一间封闭房间的最佳方式之一是在角落里开一扇窗户。通过这些元素，他创造了流动的空间，与户外相连，引入自然光，将房屋和居住地、天气紧密相连。滑动玻璃门受到传统日本建筑中纸包门的启发。

赖特也广泛使用了悬臂将室内外空间打通。当梁或板延伸，超过支柱或承重墙，悬垂的部分称为“悬臂梁”。他在使用钢材和钢筋混凝土之前，没有广泛采用悬臂梁，因为可用的材料的延伸距离不够，这样的概念行不通。

在宾夕法尼亚州的熊跑溪，赖特的考夫曼住宅（也称为“流水别墅”）* 对这一理念进行了最大胆、也是最优雅的运用（见图 14.29）。从支墩延伸出的横向悬臂与岩石壁架交相辉映，几乎漂浮在瀑布之上。垂直元素受到周围又高又直的

图 14.29　弗兰克·劳埃德·赖特，流水别墅（埃德加·考夫曼住宅，1936），宾夕法尼亚州熊跑溪。
资料来源：麦克·多贝儿/阿拉米图片社。版权© 2013 由亚利桑那州斯科特斯戴尔弗兰克·劳埃德·赖特基金会/纽约艺术家权利协会所有。

* 可在 myartslab. com 网站浏览流水别墅的建筑全景图。

树木影响。赖特在这样一个美丽的地方建造一栋建筑，在这里，自然与他启发性的建筑作品和谐共存。

在建楼的同时考虑到周围环境，这在如今已经成为一种普遍接受的实践。这种思想在瑞士卢塞恩的国家档案馆（见图 14.28a）的建设项目中得到了充分体现。Xten 建筑事务所考虑到在施工现场的斜坡、土壤及阳光照射，同时考虑到要便于文档存储，将国家档案馆建立于平台上，人们可俯瞰市中心，建筑师根据档案馆的用途和环境需求进行了项目规划。

当代方法

近年来，越来越多的建筑师在设计楼房的时候考虑到要减少环境污染，并使室内设计更有利于健康。

美国绿色建筑委员会每年为环境友好型设计作品颁奖。建筑师可以将作品提交给委员会进行评级，委员会根据风量或采光、室内能源效率、循环水的使用、降低材料运输成本等关乎自然和谐的因素进行打分。之后，委员会将颁发年度能源与环境友好先进设计奖（LEED），授予荣誉证书，评出银奖、金奖和白金奖，以示作品达到的等级。

一些博物馆也加入其中，开始追求绿色设计。丹佛当代艺术博物馆（见图 14.30）在顶部设计了一处有害垃圾处理站。建筑由辐射地板供热，采用低能量

图 14.30 大卫·埃德加耶（David Adjaye），科罗拉多丹佛当代艺术博物馆（2007）。

资料来源：迪恩·考夫曼摄影。丹佛当代艺术博物馆提供。

蒸发冷却器降温，而不使用空调。但其外墙绝大多数是双重门面，降低室内供热或降温的需要。屋顶是一个绿色花园，种植着本地植物。20%的建筑材料是再生资源。相比一般的建筑结构，耗能减少了 32%，这个博物馆是目前为止最环保的，并获得金奖。

由米歇尔·考夫曼（Michelle Kaufmann）设计的 mkSolaire 之家（见图 14.31）代表了单个绿色家庭住宅的领先水平。这种提前造好的房子可以位于不同的地方，实现最大化采光。它使用最高效的隔热保温措施，并尽可能多地开窗户，实现交叉通风。按需热水器、低流量装置和绿色屋顶都能减少能源需求。建筑师声称，这一设计将根据所处的位置获得金奖或白金奖。

图 14.31　米歇尔·考夫曼，mkSolaire 之家（2008）。活动板房。

资料来源：在芝加哥科技工业博物馆展出。约翰·斯旺摄影。米歇尔·考夫曼提供。

由于重型的钢架结构、室内密不透风以及外墙透光等原因，大多数的摩天大楼的能源使用效率很低。但芝加哥的水塔（见图 14.32）却集合了一些环保特征，因此，建筑师果敢地申请了年度能源与环境友好先进设计奖的评级认证。建筑的曲面阳台不仅给住宅塔一个引人注目的外观，也有实用功能：它能减弱建筑物在暴风中摇摆的程度，因此在高层上的支撑结构就可以使用较少的材料。耐热玻璃可以减少夏天空调的使用。建筑的底下三楼为入口处，入口处顶上有 8 万平方英尺的花园，花园名字字面上的意思是“绿色补丁”。在大楼里，公寓使用环保的竹地板和节能电器。地下室有可为 24 辆电动车充电的充电系统。

图 14.32 珍妮·甘（Jeanne Gang）/甘建筑工作室，伊利诺伊州芝加哥水塔（2010）。
资料来源：史蒂夫·霍尔。版权由海德里希·布莱辛所有。甘建筑工作室提供。

除了高效外，这些绿色建筑的外观也很漂亮，但并不是所有的绿色建筑从外观上都能看出创新之处。这是因为一些设计师更愿意走环保路线：重新设计现有的建筑物，而不是建造新楼。

建筑是一种经常被忽视的艺术形式，因为人们通常认为它是必需品，而不是一种富有表现力的艺术。然而，通过上面的例子可以看出，建筑既是必需品，又有着艺术表现力。建筑作为围绕着我们日常生活的艺术形式，长期以来让人类得以生存，并舒适愉快地生活。

思考回顾

1. 建筑学中传统的建造方法有哪些?
2. 高强度的钢结构在建筑史上有怎样的影响?
3. 环境因素对如今的建筑有怎样的影响?

请试一试

我们通过时间和空间的一系列经历来了解一个建筑。为此，我们必须对建筑物的内外进行探索。在你的房子或公寓里到处走走，你怎么看入口？天花板的高度如何？墙面和地板的颜色、纹理、材料如何？窗户的尺寸和位置如何？

关键术语

悬臂——用一根横梁或厚板反映它与支撑的梁柱或墙面之间的距离。

柱廊——通常为延伸开去的一排立柱，或由横梁相连。

国际风格——1910—1920年间，在欧洲几个国家兴起的一种建筑风格，特点是运用现代建筑材料（混凝土、玻璃钢材），避免使用装潢，注重建筑内部的使用。

砌体——一种建筑技术，用石头或砖垒叠而成。

梁柱体系——一种结构系统，即支柱支撑横梁并拓展两者之间的空间。

桁架——一种基于三角系统的木质或金属结构框架，用于延伸、加固、支撑墙体、天花板、支柱或横梁。

拱顶——曲面石砌屋顶或天花板，根据拱门原理建造。

第三部分

艺术作为文化遗产

第 15 章　从最早期的艺术到青铜时期*

请思考

1. 请追溯旧石器时期和新石器时期的艺术起源。
2. 请对比各种学术理论对早期艺术品的文化功能的研究。
3. 请阐明国家技术和社会经济的革新推动了早期文明的发展。
4. 请对比美索不达米亚和古埃及艺术的风格和文化特征。
5. 请讨论艺术在历史中的纪念功能。

艺术史让历史变得可见易懂。艺术史记录了过去的人们，也就是我们的祖先在世界各地（见图 15.1）、不同时期是怎样生活、有何感受、如何行动的。

艺术史与其他的历史不同，因为过去的艺术品至今仍在我们身边。即使艺术家与观者相隔几千年，一对一的交流仍然存在。艺术的交流性让我们得以一睹前人的经历，更好地了解我们所处社会之前的社会，并使我们的视野超越文化界限。旧时的科学虽然有趣却鲜少实用，然而过去的艺术却可以和新艺术一样丰富生活。

对比不同社会环境中诞生的艺术，甚至是同一个社会不同时期的艺术，都没有“更好”或“最好”之说。更确切地说，艺术的差异性表现出了观念的差异性。巴勃罗·毕加索这样正确地阐释了艺术史的命题：

> 对我来说，艺术没有历史与未来。如果一件艺术品不能永远保持在当下的状态，那么我们完全没必要探讨它。希腊的艺术、埃及的艺术，或是其他过去的伟大艺术家的作品，都不是过去的艺术，也许应该说它们在今天比以前看上去更生动。[1]

* 可在 myartslab. com 网站收听本章音频，学习和回顾本章内容。

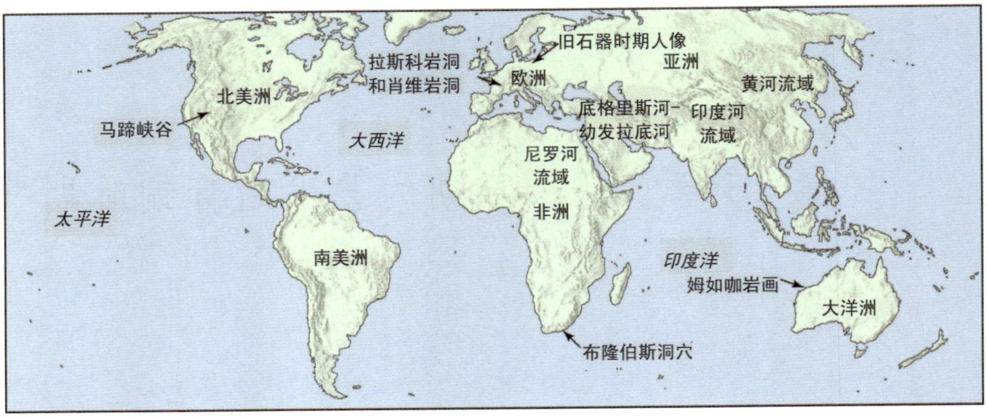

图 15.1　文明中的史前遗址和早期文明中心

旧石器时期

在距今约 200 万年前的非洲中东部，早期人类开始制造粗糙的石器。这些工具让我们的祖先拓展了技能，从而在一定程度上改变周围的环境。从此，人类开始发展推理能力和想象力：回忆过去，结合当下，展望未来。当我们变得具有创造力时，我们构思精神意象的能力使我们有别于其他动物。想象力是我们人类特有的优势。

在大约 100 万年前的非洲以及之后不久的亚欧，人们制造出更精密的工具，他们打磨石头做成锋利的刀刃。又过了 25 万年左右，人类才制造出形状对称的改良砍刀和手斧。对形式和功能之间关系的认识以及对优美形式本身的欣赏是艺术史的开端。

在 10 万年前左右，撒粉和串珠就已经作为陪葬品出现在各地的坟墓中。这些发现让考古学家知道了那时人们实行土葬仪式，不过这些装饰性物件的用途还有待研究。

最近的发现引起了有关艺术起源的争议。2002 年，考古学家在南非的布隆伯斯洞穴挖掘出了也许是我们所知的最早的艺术品。在一块 77 000 年前的土壤层中，考古学家们发现了几块赭石石刻（见图 15.2），上面刻有符号状的标记。这些标记是横杠之间由斜线交叉连接的平行线，形成抽象的图案。这些刻痕看起来不像有任何实际用途，而更像是符号，或至少是装饰性纹样，这就使这些赭石成了至今发现的最早的装饰品。2010 年，研究者们在附近的一处遗址又发现了一些刻有类似图案的鸵鸟蛋壳。许多考古学家推断，这些非洲遗址中有已知最早的艺术创作的实例。

人们在世界上许多地方发现了更多精美的旧石器时期的艺术品。最近的科学研究发现，最早的艺术品出现在 4 万年前，接近最后一个冰川时期的末期。当欧洲冰原的南沿向北退去时，猎人们跟随猎物搬迁。他们在地下洞穴的墙壁上刻画出这些动物的形象。

图 15.2　赭石石刻，出土于南非布隆伯斯洞窟（约前 75000）。长：4″。
资料来源：照片由克里斯多弗·罕什伍德提供。

2008 年，人们在德国西南部发现了现存最古老的人像。菲尔斯窟人像（见图 15.3）高度只有两英寸多，但已经有 35 000 多年的历史了。人像的女性特征被极大地夸张，身上多处刻有精密的细纹，双手紧贴腹部。头部的位置有一个环状物，可以穿过绳子将它挂在脖子上（环上有佩戴过的痕迹）。另一尊相似的人像是在奥地利北部发现的维伦多尔夫女人像（见图 15.4），它比菲尔斯窟人像的历史晚了一万年。两尊人像尖尖的腿、模糊的面部细节、胸与臀的夸张表现都暗含某种意图，而这种意图我们只能猜测。这些人像也许是我们已知的最早的宗教艺术品了；有学者认为，这些人像塑造的是旧石器时期造物者——伟大母亲神的形象。这些从旧石器时期保留下来的卓越艺术品是我们将这个时期命名为石器时期的原因。而且菲尔斯窟人像被发现时，旁边还有一支三孔骨制笛子，这证明在那个遥远的时代，音乐已经诞生了。

欧洲旧石器时期的绘画风格与这些造型丰富的雕塑不同。人物的形象鲜少出现，即使有人物，其形象也比动物的更简化更抽象。这个时期的雕塑或绘画中表现的动物有一种极具表现力的自然感。2012 年，一些看起来像是描绘动物的绘

图 15.3　菲尔斯窟人像（约前 35000）。石刻猛犸象牙，正面图及侧面图。高：2 ½″。
资料来源：H. 杰森摄影。版权由图宾根大学所有。

图 15.4　维伦多尔夫女人像（约前2.5万—前 2 万）。石灰岩。高：4 ½″。
资料来源：akg-图片库/埃里克·莱辛。

画残片进入公众视线，它们是在法国南部中心的多尔多涅区 37 000 年前坍塌的岩洞中发现的。已知最古老的一套保存完整的绘画是 1994 年在同一地区的肖维岩洞中发现的。这些岩壁上用木炭和陶土颜料画的动物画（见图 15.5）和其他图形都已有三万年的历史了。这些不知名的艺术家描绘出栩栩如生的马、犀牛、老虎和其他大型动物，其中许多动物现已灭绝。探险者曾在附近一个貌似祭坛的石板中间发现一具熊的骨架。

图 15.5　动物岩画，法国蓬达尔克肖维岩洞（约前 28000）。

资料来源：法国文化与交流部文化事务地方司（罗纳-阿尔卑斯地区）考古地方处，第十号幻灯片。珍·克劳兹摄影。

学者们长期以来都相信写实的旧石器时期艺术的作用在于把动物的灵魂引领到与狩猎相关的仪式中。很多作家也相信这套理论。然而，仔细研究过足迹和其他考古遗迹之后，最近一些专家提出肖维岩洞和其他类似遗址应该是圣殿的学说。这些圣殿可能是年轻人依据对所绘动物的符号性或精神性联想举行仪式的地方。

世界上许多旧石器时期的艺术品都是在洞穴中发现的，而这些文物大部分都埋在地下，刻画在石头上。它们散落在世界各地，而原先这些地方的人们依靠打猎和采摘果实为生。

一些北美最古老的旧石器岩画是在犹他州发现的，这里淳朴的人们画出了穿着衣服的人的剪影形象（见图 15.6）。我们并不知晓这些魅影般的人像意味着什么，但它们丰富的细节是用陶土创作的，具有旧石器时期艺术品的特征。不同于历史更悠久的欧洲旧石器时期的绘画，北美艺术家很少刻画动物。许多考古学家推测，当地的部落举行的萨满教仪式也许能给我们一些线索，让我们弄明白这些幽灵般的作品的意义和功能。

图 15.6　大画廊，犹他州马蹄峡谷（前 7400—前 5200）。最高的人物高：7′。
资料来源：帕特里克·弗兰克摄影。

岩石艺术雕刻，又称岩画*，是在裸露的岩石上划刻或雕琢而成的。最大的岩画群之一位于澳大利亚西北海岸的皮丹尔群岛。在那里我们能看到布鲁普半岛岩画（见图 15.7），有上千幅描绘人类、动物以及其他神话人物的琢刻。就像岩洞壁画一样，这些岩画的作用我们也只能猜测。这些画的年份也很难判定，因为它们暴露在外，远离土壤沉积。世界上还有为数众多的岩画也都因为这个原因而遭到损坏，就比如遭受了酸雨侵蚀的布鲁普半岛的岩画，而当地的经济发展也威胁到这些岩画，它们很可能因此彻底损毁。

图 15.7　布鲁普半岛的岩画（接近 1 万年历史），澳大利亚西北部。
资料来源：罗伯特·贝德纳里克。

* 可在 myartslab. com 网站观看有关岩画的播客。

新石器时期

从旧石器时期到新石器时期的过渡是人类历史上的重要转折点。新石器时期的发源地可能是现在的伊拉克所在地，时间是公元前 9000—前 6000 年，这时候人类逐渐从为生计奔波的迁徙猎人和采摘者过渡到生活相对稳定的乡野农人和牧人。农业变革——从游牧群体到小型农业团体的转变——稳定了人类的生活，催生出早期的建筑，带动了其他技术的发展。人们学会了使用新技术，随季节变化而劳作。由于食物和种子都需要储藏，所以黏土储藏罐自然就成了这个时期最具代表性的手工艺品之一。

新石器时期艺术反映出生活方式的剧变。旧石器时期表现猎人健硕淳朴的艺术品被新石器时期表现农耕人们的几何抽象艺术取代。大约在公元前 10000—前 3000 年，家用品装饰的抽象设计风格非常连贯一致。陶罐上的主题元素大都源自植物或动物的形态。

图 15.8　伊朗苏萨的陶土广口杯（约前 4000），绘有野山羊的广口杯。赤褐色。高：$11^1/_4$″。

资料来源：卢浮宫，法国国家博物馆联合会-巴黎大皇宫。

我们可以在这个陶土广口杯（见图 15.8）上看到上述形态，这个陶土杯产自苏萨——伊朗高原的第一个发达城市。密布的环形带是此地区简洁装饰的特征。杯子顶部由一排高度抽象的长颈鸟构成，鸟群下面是一圈与鸟反向奔跑的狗。最醒目的是抽象的野山羊，由三角形和环形组成。对比这只山羊和肖维岩洞中自然形态的公牛，可以很清楚地看出旧石器时期动物艺术的写实性与新石器时期艺术的抽象性的区别。

新石器时期最优秀的陶瓷中，有一些产自中国。甘肃省的这个保存完好的随葬瓮（见图 15.9）大胆地用相互咬合的花纹作装饰，这种花纹可能是从自然界中的螺线抽象而成的，而螺旋线中间的形状可能源自玛瑙贝的底部纹样。

大部分新石器时期的建筑原始粗糙（如图 14.1 中的墓石牌坊），而英格兰中

图 15.9　中国甘肃的随葬瓮（新石器时期，约前 2200），绘有装饰图形的陶器。高：$14^1/_8$″。
资料来源：西雅图艺术博物馆，尤金·菲莱珍藏系列（51.194）。保罗·玛卡皮亚摄影。

南部有一处很精妙的建筑——巨石阵（见图 15.10）*。巨石阵为多层结构，总共用时一千多年建成。最外层的环形沟渠和堤坎保持着最原始的状态，这部分大约是从公元前 3200 年开建的。堤坎被一条道路截断（见图 15.10 的右下方），这条道路与最北面冬至时的月升方位对齐。许多考古学家认为这个方位在葬礼中十分重要。差不多在同一时间，圆形的中间竖起了木结构。

图 15.10　英国威尔特郡的巨石阵（约前 2000）
资料来源：版权由英国文物（Aerofilms 收藏）所有。

* 可在 myartslab.com 网站观赏巨石阵。

随后，巨石（重达 25 吨）取代了之前的木结构，这些巨石是从 19 英里外的采石场运来的。人们用木材施工的方法把这些巨石排成一个半圆，周围环绕着柱子和楣石。其中的一些石头上刻有刀和斧，这些图案与在海峡对面的法国发现的天国守卫女神像的刻痕相似。人们还在巨石阵附近发现了很多坟墓，但这些坟墓已或多或少受损。照片之外的小道上有一块“踵石”，它的方位与夏至时的日出方位一致。这些迹象引起了有关巨石阵用途的争论：它究竟是太阳圣殿还是月亮圣殿？它是用来配合农业仪式，还是用于治疗，或是纪念逝者的？在其漫长的演变过程中，巨石阵也许在不同的时期扮演不同的角色，涵盖了上述各种功能。

文明的开端

手工艺品标志着早期文明开始在不同时间、世界上的不同地方各自独立地显现出来。我们用“文明”这个词来划分出包含相当复杂的社会秩序和较高的技术发展程度的文化（或复合文化）这一概念。关键元素是农业和畜牧业供给的食物、事务分化、文字以及通过熔化铅和锡制成的青铜器。所有上述的进步之所以有实现的可能，只是因为有了城市中的合作性生活和农业团体。青铜器的兴起也使制造更强大的武器成为可能，从而诞生了更大的帝国。

在早期的主要文明中有四个富饶的大河流域：伊拉克的底格里斯河和幼发拉底河、埃及的尼罗河、巴基斯坦西部和印度的印度河，还有中国北部的黄河。

美索不达米亚和埃及的古文明差不多在同一时代，在公元前 4000 年兴起，一直延续了 3 000 多年。不过这两个文明大不相同。城市文明在美索不达米亚的兴起早于古埃及。古埃及的尼罗河流域被骇人的沙漠保护起来，所以埃及人能够享受几千年相对稳定的自治。而美索不达米亚的底格里斯-幼发拉底流域（见 15.15）却难以在反复不断的入侵中自保，这个地区被不同的继承者们统治管理着。因此每个文明发展出了各自独具特色的手工艺。

美索不达米亚文明

希腊人把底格里斯河和幼发拉底河之间广阔的平原称作“美索不达米亚”，即“河流之间的陆地”。这块平原位于今天的伊拉克中部，与叙利亚和土耳其接壤。最早的美索不达米亚文明兴起于这片平原最南端的苏美尔。苏美尔人创造了世界上最早的文字、车轮和犁。

苏美尔的城邦是政教合一的，宣布神圣法令的祭司选择统治者，掌握政权。苏美尔人崇拜的是神庙中分等级的自然神，这些庙建在每个城邦中间名为通灵塔的巨大平台上。古代美索不达米亚的城市废墟中仍矗立着这些蚀化的通灵塔，如乌尔纳姆通灵塔（见图 15.11）。《圣经》中提到的通天塔也许就是一座通灵塔。

图 15.11　伊拉克乌尔纳姆通灵塔（约前 2100）

资料来源：休珀斯托克艺术公司摄影。

通灵塔是传说中连接天堂和人间的“神山”概念的具象。通灵塔由晒干的砖块搭建而成，表面铺有釉烧制的砖块。两个或更多的小平台依次搭建在坚固的地基上，在最高的平台上是一座圣坛。这样的高度接近人们想象中神灵居住的天堂，也是男女祭司的圣殿所在地。由于缺乏石材，人们用砖块和木料搭建；最后只有很少的一部分美索不达米亚建筑保留了下来。

通过研究修复的华丽的皇家里拉琴（见图 15.12），我们可以想象出苏美尔奢华的宫廷生活。

这把里拉琴是在乌尔古城的国王陵墓中被发现的。大胡子公牛头是美索不达米亚艺术中常见的皇室象征。相反，竖琴共鸣箱上镶刻的公牛和其他虚构的动物表现出一种简单叙事的风格。动物们呈现出人的形象，之后古希腊的伊索寓言中的动物也是如此。上部的镶嵌板上有一个男人抱着两头大胡子公牛，这是苏美尔人创作的一种纹章设计，这种设计影响了之后许多文化中的艺术。上部的镶嵌板和描绘山羊和蝎子人的底部镶嵌板上的图案都应该是苏美尔文学经典《吉尔伽美什史诗》中的场景。

苏美尔人所在的北美索不达米亚地区叫阿卡德。约公元前 2300 年，零散的苏美尔城邦在阿卡德国王的管辖之下。庄严的阿卡德统治者头像（见图 15.13）描绘出了这位独裁帝王。很明显，这件做工精美的作品是从长期的传统中演变而来的。从精致的发式和有节奏感的装饰可以看出苏美尔风格的影响。英俊的脸庞显现出内心的平静坚毅。这种宏伟的形式设计和经由细心观察而产生的写实主义的结合是后来美索不达米亚和古埃及艺术的特征。

a. 正面饰板

b. 共鸣箱

图 15.12　里拉琴，乌尔国王陵墓 RT789 修复的里拉琴（约前 2650—前 2550）。木镶金、天青石、贝壳和银。

资料来源：费城宾夕法尼亚大学考古及人类学博物馆，宾夕法尼亚大学博物馆展品 B17694，图像 a. ＃150888，图像 b. ＃150029。

图 15.13　尼尼微的阿卡德统治者头像（约前 2300—前 2200）。青铜。高：12″。

资料来源：德国慕尼黑希尔墨图片档案摄影。

美索不达米亚地区不断受到本地竞争、外来入侵和军队力量消长的影响。不过这些混乱并没有阻止文化传统的延续和发展。

古埃及

尼罗河两岸的荒漠削减了外来文化的影响，从而使古埃及发展出了自己独特的建筑、绘画和雕塑风格，并相对稳定地保持了 2 500 年之久——甚至比耶稣自诞生至今的时间还长。在我们这个文化技术快速变更的年代，这样的艺术稳定性简直难以想象。

古埃及文明中最令人难忘的作品之一就是金字塔（见图 15.14）* 了。它们有着巨大的山型结构，是法老——被奉为神的统治者——的棺材安放地和纪念碑。大批工人切出巨大的石块，把它们运到建筑地堆砌起来，不用一点泥灰就造出了金字塔。金字塔的室内基本上是实心的，中间有狭窄的巷道通向小小的墓室。

图 15.14　埃及吉萨金字塔。孟卡拉金字塔（约前 2500）；卡夫拉金字塔（前 2650）；吉奥普斯金字塔（约前 2570）。

资料来源：设计图片/休珀斯托克艺术公司。

古埃及的宗教信仰强调人过世之后的生活。保存尸体、照料死者在他们看来是延续死后的生命必不可少的工作。

皇室贵族死后，尸体经防腐处理，与随葬工艺品、工具和家具一道葬在金字塔或地下的隐秘墓室里。建筑师精心打造出重重机关，使这些墓穴免受外来的打扰。因此，我们对古埃及的大部分认识都来自类似的墓穴。

* 可在 myartslab.com 网站观看模拟从马斯塔巴型陵墓到金字塔的演进过程的视频。

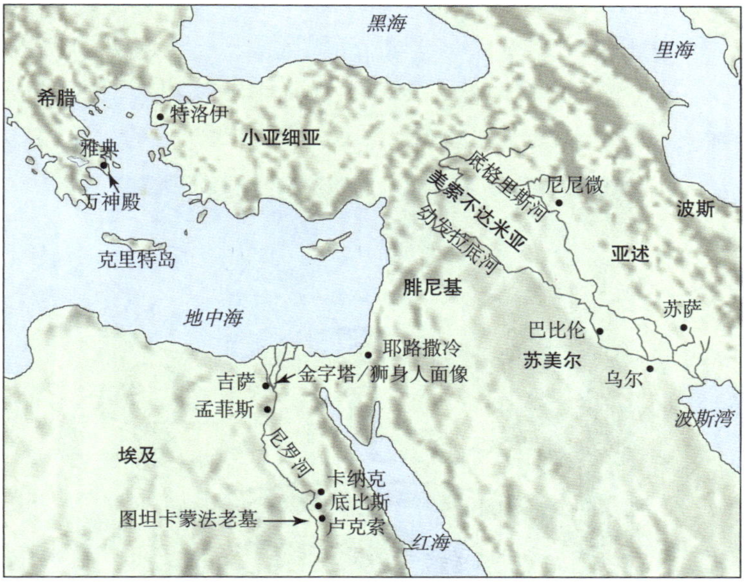

图 15.15　古代中东

艺术造就了我们：纪念　纪念碑

古埃及的金字塔（见图 15.14）是世界著名的纪念艺术之一。作为法老的纪念碑，墓穴中放满了手工艺品、生活用具和家具，以供逝者来世使用。不过纪念性艺术形式是多种多样的，从庄严的公共建筑到绘画作品，从装置艺术到纪念逝者的祭坛。纪念艺术的目的可能是政治的或个人的，也可以是宗教的。在这里我们将讨论三种各异的纪念逝者的纪念艺术。任何形式的纪念艺术都很重要，因为它将我们和延续了几千年的人类历史联系在一起，使人类的生活显得更意义非凡而弥足珍惜。

圣彼得受到罗马天主教徒的追崇，他是罗马的第一位主教，也是这座伟大城市的教堂建造者。著名的圣彼得殉教地是个适合建造纪念碑的地方，而多纳托·伯拉孟特（Donato Bramante）于 1502 年动工建造的纪念碑则成为文艺复兴建筑的标杆。

这座建筑就是坦比哀多礼拜堂（Tempietto，见图 15.16），又称“小教堂”，参考了为缅怀过世罗马皇帝而建的古代圆形纪念堂。它是典型的文艺复兴时期的艺术（见第 17 章），伯拉孟特借鉴古典传统创作出庄严的作品。他的设计基于对古典建筑的精细测量，并运用他对老建筑的知识成功平衡了礼拜堂的简约风格和装饰性。16 根简约的圆柱映衬在方壁柱（扁的矩形柱）上，形成了两层建筑的圆形外观。伯拉孟特在方壁柱之间设计了透光的门道和深壁龛。建筑的室内直径只有15英尺，不足以容纳礼拜集会的人群，所以这栋建筑是用来观赏而非使用的。排档间饰（圆柱上方的方形装饰板）上雕刻着基督教的符号和器具的浮雕。尽管坦比哀多礼拜堂地处罗马的偏僻地区，但是它庄严肃穆的风格还是影响着之后一代又一代的建筑师。

图 15.16　多纳托·伯拉孟特，坦比哀多礼拜堂，罗马蒙托里奥的圣彼得教堂（1502—1510）。
资料来源：帕特里克·弗兰克摄影。

坦比哀多礼拜堂是为纪念宗教人物建造的，而一些纪念碑却是为无名氏而建的。例如，我们也许能想到美国华盛顿的阿灵顿国家公墓里那些无名士兵的坟墓。

克里斯蒂安·波尔坦斯基（Christian Boltanski）是一位当代艺术家，为世界上不时发生的大型灾难中的受害者设计纪念碑。他的装置艺术《无人之境》（*No Man's Land*，见图15.17）位于纽约公园大道的军械库，占地55 000平方英尺。前来参观的人会首先看到一面锈迹斑斑的由金属盒垒成的墙，这是真实的被忽视的名单档案系统。另一边是30吨旧衣服，整齐地排布成一个个矩形，环绕着中心一摞25英尺高的废弃衣物。一辆吊车定时吊起一些衣物，升到空中，再随意地抛下。背景音乐是人砰砰的心跳声。在我们这个远离饥荒、内战、恐怖袭击和海啸的年代，波尔坦斯基的作品让观众仿佛穿梭于大灾难的无名残骸之中。装置展设在军械库这样的市政建筑中，更增添了纪念的气氛。

图 15.17　克里斯蒂安·波尔坦斯基，《无人之境》(2010)。纽约公园大道军械库装置艺术。衣物，吊车，灯光和钢梁。

资料来源：纽约玛丽安·古德曼画廊和艺术家本人提供。版权© 2013 由纽约艺术家权利协会/巴黎法国图像及造型艺术著作人协会所有。

不过，纪念艺术没必要总是一副庄严肃穆的样子，阿马利娅·梅萨-贝恩斯（Amalia Mesa-Bains）的《朵乐丝·德里奥的祭台》（*An Ofrenda for Dolores del Rio*，见图 15.18）就是个例外。整个装置做成了摆放祭品的台状祭坛，以纪念这位好莱坞的早期拉丁美洲银幕女神。朵乐丝生于墨西哥，在默片时代开始了演艺生涯，并于 1933 年出演音乐剧《飞往里约》（*Flying Down to Rio*）而达到演艺事业的高峰。20 世纪 40—50 年代，她在众多墨西哥电影中的表现让她名声远扬。随后，朵乐丝又回到了好莱坞，并出现在一些电视节目上。几十年中，她美丽的外貌和优雅的举止都极具魅力。

这个祭台采用了传统家庭祭坛的形式，就像许多墨西哥裔美国人每年亡灵节为已故亲人做的装置那样。这种传统可以追溯到墨西哥原住民未被征服前。艺术家为这位明星做了一件艺术品并把它放到了美术馆中，就这样，艺术家把私人祭奠转化成了公共艺术。她用剧照和宣传照搭建起祭坛，并缀以绸缎、花边头纱和披巾。地上铺着贮片盒、干花和燃烧了一半的蜡烛。祭台表达了一种与当时的主流文化背道而驰的审美观。梅萨-贝恩斯说：“这一代奇卡诺人在非墨西哥裔美国人的审美标准中受到排斥，而朵乐丝作为两种文化公认的美人，为

图 15.18 阿马利娅・梅萨-贝恩斯，《朵乐丝・德里奥的祭台》(1984)。混合媒介装置艺术。96″×72″×48″。

资料来源：华盛顿特区史密森美国艺术博物馆。图片版权© 2013 由史密森美国艺术博物馆/艺术资源/佛罗伦萨斯卡拉所有。

在排斥中挣扎的人们注入了价值和能量。”这座祭台表达出对朵乐丝的感激之情，感谢她神性美丽的力量和她对纳斯特拉文化（也是我们的文化）的贡献。祭台上的物品是她的魅力、典雅和美丽心灵的象征符号。[2]

许多古埃及建筑师的名字都因他们的作品而出名。其中保存完好的一个典型例子是哈特谢普苏特女王陵墓（见图 15.19）*，该陵墓由女王的司铎兼建筑师珊缪（Senmut）设计。雄伟崖壁下的斜坡和柱廊为祭拜仪式打造出华丽的场景。壁画和浮雕讲述着在哈特谢普苏特女王资助下进行的探索神的出生地的远行，以及女王诞生自太阳神阿门的故事。这座富丽堂皇的神庙在女王在位时就已经建好，巩固了她的统治地位，而其中的叙事艺术讲述了埃及历史上第一位著名女性统治者的功勋。

古埃及雕塑的鲜明特征是结实紧凑的人体结构，象征强健的质感和明晰的几何结构，这些特性在古希腊的建筑中也同样有所体现。雕塑的最终成型由之前在

---

* 可在 myartslab. com 网站观看哈特谢普苏特女王陵墓。

图 15.19　代尔拜赫里的哈特谢普苏特女王陵墓（约前 1490—前 1460）
资料来源：版权由汤姆·蒂尔所有。

石块表面描画的几何草图决定。孟卡拉国王和卡蒙若内比提王后雕像（见图 15.20）表现了对人体解剖学的关注，同时又保留了传统规则中的几何构造。雕塑者结合写实主义和抽象主义，表现出人像的力度、线条和稳定性。国王夫妇严肃端庄地站立着，这是皇室人像常出现的姿势。不过，人像仍透露出热情与生机，王后充满爱意地依偎着孟卡拉国王。

这个时期雕塑的典型特征是左脚靠前的正规姿势、礼仪假胡子和与所刻人物融为一体的背景石块。

图坦卡蒙过世时年仅 18 岁，是最知名的古埃及君王，因为他的墓穴是唯一一个现代发掘的完好无损的古埃及王室墓穴。这个小小墓穴中陪葬品的数目和价值足以解释自第一任法老时期起，盗墓者在埃及的频繁活动。图坦卡蒙的木乃伊棺中的黄金面具（见图 15.21）不过是他墓穴中上百件精美绝伦的艺术品中的一件。

古埃及艺术家运用各种媒介创作的大都是人物的全身正立像或侧面像。古埃及艺术家描绘物品或人物的角度都是他们最具特征的角度，这样就避免了随机性或视角变化引起的辨识差异（如《花园中的水塘》，见图 3.18）。

内巴蒙墓穴中的壁画（见图 15.22）清晰地表现了打猎场景中的具体细节。它平面化地描绘出每个物体的基本构成元素，清晰明了。图中占中心位置的贵族的头、臀、腿和脚是侧向我们的，而他的眼和肩却是正对我们的。

人像的大小是由其社会地位决定的，这种规则称作“层次比例”。贵族的形象高大，其妻子略小，女儿则更小。

图 15.20　孟卡拉国王和卡蒙若内比提王后（约前 2490—前 2472），埃及吉萨孟卡拉谷庙。杂砂岩石。56″×22 1/2″×21 3/4″。

资料来源：波士顿美术馆，哈佛大学，波士顿远征美术馆，11.1738。图片版权© 2013 由波士顿美术馆所有。

图 15.21　图坦卡蒙墓木乃伊棺中的面具（前 1340），嵌彩漆和宝石的黄金。高：$21^1/_4$″。
资料来源：尤尔根·利佩摄影。

图 15.22　古埃及底比斯内巴蒙墓中的壁画（约前 1450）。绘于干石膏上。
资料来源：大英博物馆。版权由大英博物馆托管处所有。

一家人站在芦苇和蒲草编成的船上，左岸是一片植物。画面生机盎然，艺术家对水下生物的描绘也毫不马虎。从精准的细节中，我们能看到昆虫、鸟类和鱼。图形背后是古埃及祭司的图像文字，也就是象形文字。

古埃及艺术对早期的古希腊有很大影响，之后，古希腊艺术成为西方艺术史上最重要的艺术之一。

思考回顾

1. 最古老的人类雕塑出现在什么时候？
2. 为什么陶器的发明大都与新石器文化相关？
3. 古埃及绘画的典型风格特征是什么？

请试一试

艾森豪威尔总统的纪念碑计划在2016年落成，但建筑师弗兰克·格里的设计引发了争议。在http://www.eisenhowermemorial.org网站查看该纪念碑，在抗议网站http://www.eisenhowermemorial.net查看反对意见，你认为哪一方的想法更好地表达了纪念总统的主题？

关键术语

层次比例——用非自然的比例表现人物的地位关系，最常在古近东艺术和古埃及艺术中出现。

新石器时期艺术——古代艺术的一个时期，出现在人类进入农耕社会之后、青铜器发明之前。

旧石器时期艺术——很古老的一个艺术时期，与旧石器时期同步，在农业和畜牧业发明之前。

岩画——岩石表面的形象或符号浅浮雕，一般出现在古代。

通灵塔——矩形或方形的阶梯状金字塔，顶上一般有一个神殿。

第 16 章　西方的古典与中世纪时期*

请思考

1. 请阐述古希腊和古罗马的艺术与建筑创新。
2. 请说明古典艺术的特征与古希腊、古罗马的文化价值体系之间的联系。
3. 请辨识古典和中世纪结构中的典型建筑元素。
4. 请讨论基督教对中世纪艺术和社会的影响。
5. 请区分早期基督教艺术、拜占庭艺术、罗马艺术和哥特艺术的视觉特征。
6. 请比较艺术家用艺术传达宗教思想的不同方法。

如果你对美的定义中包含了理想主义或完美主义，那么你一定受到了古希腊艺术的影响。古希腊对西方一些思想的影响一直延续到今天。古希腊和古罗马的古典文化在西方文明占主导地位的时间很久，从公元前 5 世纪一直持续到公元 5 世纪末罗马衰败。在罗马统占欧洲的晚期，基督教崛起。这一宗教信仰为西方艺术带来了丰富的新元素。

15 世纪，罗马衰落后文艺复兴开始兴起的时期被称作“中世纪”，这个名字远远不足以表达出这个时期的创造力。大学就是一个在中世纪诞生的机构。此时，拜占庭帝国占领了东欧，以君士坦丁堡（今天的伊斯坦布尔）为都（见图 16.12）。拜占庭基督教（又译作“正教会”）就是现在的东正教。因此，不同类别的基督教是一千年来推动东西欧艺术发展的主要动力。

古希腊

古希腊人的人生观与其他亚欧人不同。他们把人类视为自然界最高等的生

* 可在 myartslab.com 网站收听本章音频，学习和回顾本章内容。

物——在外形上最接近完美，在思维上逻辑缜密。古希腊的神灵有人性的弱点，而古希腊凡人具有神性力量。

这种对人的看法催生了个体重要性的新概念。古希腊人重视人的潜能和成就，这些成就能推进民主的进程，推动艺术中写实人物形象达到完美。哲学家柏拉图告诉我们，现实瞬息中的瑕疵背后就是永恒，就是完美的形式。所以，创造出完美的个体（大自然的杰作）便成了古希腊艺术家们的目标。

古希腊文明分为三大阶段：太古时期、古典时期和古希腊时期。太古时期（公元前 7 世纪晚期—公元前 5 世纪前期）的古希腊艺术学习吸收了古埃及和近东艺术。从这个时期的古希腊文学作品中我们可以看出，此时古希腊画家的地位要高于雕塑家。不过我们现在能看到的古希腊绘画作品都只是陶器上的绘画，因为壁画大都损毁了。

从欧弗洛尼奥斯陶瓶（见图 16.1）* 我们可以看出当时古希腊的陶艺和绘画水平。这是太古时期的“红彩”风格陶器，上面描绘的是荷马史诗《奥德赛》

图 16.1 欧弗洛尼奥斯陶瓶（约前 515）。赤土陶器。高：18″；直径：$21^3/_4$″。
资料来源：佛罗伦萨斯卡拉摄影。意大利文化遗产与活动部提供。

---

* 可在 myartslab. com 网站欣赏欧弗洛尼奥斯陶瓶。

（*Odyssey*）中的场景：阵亡的特洛伊武士萨耳珀冬伤口喷出鲜血，被睡神和死神带往永生。画家欧弗洛尼奥斯在作品上签名；青年塑像指的是容器的手柄形状，在当地传统中，这种容器常用来调制仪式中的饮料。

古希腊人雕刻了许多真人大小的单个裸体男人像和着衣女人像来表示对个人成就的敬意。太古风格的青年塑像（见图 16.2）有着严肃的正面站姿，这样的形态是从古埃及雕塑演变而来的。（“库罗斯”（kouros）在古希腊语中是男青年的意思；“库罗”（kore）是女青年的意思。）古埃及的孟卡拉国王像（见图 15.20）和库罗斯都是双手垂在身体两侧的站立像，他们手指蜷缩，左腿略向前，重心平分在双腿上，双眼似是在远眺。

古希腊和古埃及的雕塑尽管站姿相似，但是它们的特征还是有很大区别的。库罗斯塑像崇尚的个人并不是神圣的领导者。库罗斯塑像运用古埃及雕塑形式，表现的则是古希腊的文化价值。

在一百年来制作库罗斯塑像的过程中，古希腊文明进入了古典时期（公元前 480 年—前 323 年）。这个时期的古希腊审美准则为古典主义风格提供了基准，强调理性的简约、秩序和情感克制。解剖学兴起以及更放松的雕像姿态取代了古埃及和早期古希腊的僵硬人像。古希腊雕塑* 变得更加写实，并开始表达人体的生机和运动性，但仍追求描绘完美的人体解剖学形态。

《持矛者》（*Spear Bearer*，见图 16.3）这座雕像是古希腊古典艺术中的经典之作。雕塑此作品的是波利克莱托斯（Polykleitos），他写了一本有关人体完美比例的专著，并创作了此类雕像的实例。这本专著和原版的雕像都没能保存下来，但它们以复制品的形式流传至今。波利克莱托斯认为，人体是一整套神赋比例的和谐统一体。他研究了大量模特，最终得出了他理想中的完美人体比例。因此，《持矛者》是实际观察和数学计算的产物。

雕像表现的是左肩扛着长矛的运动员形象。这是一件典型的古典艺术作品，作品中的主人翁风华正茂，毫无瑕疵。这已经不是某一个体的塑像了，而是集完美于一身的理想形体。他的大部分重心落在一条腿上，以对立式平衡的姿态站立着。古希腊人和后来的古罗马人常用这种手法使静态人像看起来更生动。许多世纪以后，他们的雕塑也激发了文艺复兴时期的艺术家们运用这一方法。

雅典城邦是古典希腊文明的艺术和哲学重心。在城邦上方卫城的露天大岩石上，雅典人建造了帕特农神庙（见图 16.4）** ，这是世界上最伟大的建筑之一。帕特农神庙是建在此地规模最大的神庙，是献给雅典娜·帕特农的礼物。雅典娜

---

* 可在 myartslab. com 网站观看古希腊雕塑。

** 可在 myartslab. com 网站观看帕特农神庙的建筑全景。

图 16.2　库罗斯，站立青年像（约前 580）。大理石。高：76″。

资料来源：纽约大都会艺术博物馆，佛莱切基金会，1932（32.11.1）。图片版权© 2013 由大都会艺术博物馆/艺术资源/佛罗伦萨斯卡拉所有。

图 16.3　波利克莱托斯，《持矛者》（多律弗路斯，前 440），公元前 5 世纪罗马仿制的希腊雕塑。大理石。高：6′6″。

资料来源：意大利那不勒斯国家考古博物馆，akg-图片库/尼马塔拉。

是智慧和战斗女神，还是雅典海军的守护神。即使在今天，遗址上的神庙也还在传达着建造者的理想。

伊克蒂诺斯（Ictinus）和卡利克拉特（Callicrates）设计帕特农神庙时遵从的是梁柱结构（见图 14.3）的古埃及神庙设计传统。

人们在神庙东入口门前的祭坛上举行仪式，神庙内部有一尊 40 英尺高的雅典娜像。建筑结构经过精密计算，因而在雅典娜诞生日当天，日出的光芒能穿过东门，照亮整座高大的镀金塑像（现已损毁）。

帕特农神庙（见图 16.4a）展现出古希腊传统文明的基本特征：精细明了、相互协调、富有生机。帕特农神庙比例和谐，高度与东西宽度之比约为4∶9，建筑宽度与长度之比也是 4∶9，支柱的直径与支柱间距之比也是4∶9。

a. 西北视角

b. 西南视角

图 16.4　伊克蒂诺斯和卡利克拉特，雅典卫城帕特农神庙（前 448—前 432）。

资料来源：杜安·普雷布尔摄影。

这座建筑的主线没有一条是严格意义上的直线。支柱线条距中心线有细微的隆起（建筑上称作“圆柱收分线”），这样比严格的直线更能产生直立挺拔的感觉，并让整个结构更有质感。连门廊台阶和屋顶也有向上的微妙弧度。角落里不易见光的支柱直径略大，以抵消背景光产生的视觉变化。支柱的轴线上方向内倾斜，这些线的延长线交汇于建筑上方一英里的位置。我们也许意识不到这些意想不到的变化和调整，但我们能感受到一些变化，这些改动使建筑造型优美，且能更正视觉上产生的错觉。

从帕特农神庙的雕塑作品中可窥见当时文化的一面。雅典刚刚成功抵御了波斯的入侵，从其他希腊城邦收来的战争捐款就成了建造帕特农神庙的资金来源。

设计师在柱廊上方安装了一圈环绕建筑的均匀分布的面板，这些面板名叫“柱间壁”，上面的图形是对古希腊文化的宣传。这套柱间壁的主题是拉比泰族与肯陶洛斯族之战（见图 16.4c）。相传，拉比泰族理性，而肯陶洛斯族则性情残暴，喜怒无常；肯陶洛斯人绑架了拉比泰族的皇后，引发了这场战争，最终以肯陶洛斯族战败结束。正如传说中理性和秩序的完胜一样，民主的古希腊人战胜了暴虐的波斯人。事实证明了古希腊人世界观的伟大。

图 16.4c　拉比泰族与肯陶洛斯族之战，帕特农神庙柱间壁（约前 440）。大理石。高：67 3/4″。

资料来源：大英博物馆。版权由大英博物馆托管处所有。

古典时期后期（公元前 4 世纪后半叶），古希腊雕塑的风格从《持矛者》的庄严伟岸、理想主义转变为形象优雅温婉、诉诸美感。《美弟奇的维纳斯》（*Venus de'Medici*，见图 16.5）原作为当时的雕塑名家普拉克西特列斯（Praxiteles）所刻，现在看到的是罗马复制品。这位裸体的女神在这之前并不很出名。她精美的轮廓和端庄的姿态是古希腊人理想人物形象的典型特征。这个形象后来成为女性形象的典范，深深影响了许多后世作品，甚至是反对它的 20 世纪女权主义者。

古希腊人发明了三种建筑柱式（见图 16.6）：陶立克式、爱奥尼亚式和柯林斯式。每种柱式由一系列成比例的建筑元素构成。这三种柱式最明显的不同之处在于柱子顶部的过梁柱顶。首先是陶立克式，它的样式是简单有力的几何形；爱奥尼亚式高一些，且装饰性更强；而柯林斯式形态复杂、有机性更强。帕特农神庙采用的是陶立克式，这是三种柱式中最早出现的一种。

公元前 4 世纪，古希腊城邦衰落之后，地中海艺术随之变迁。虽然最具影响力的还是古希腊艺术，但它的服务对象已经变成了非希腊庇护人。这一时期的地中海艺术称为“希腊风格”，寓意其仿希腊的特点。从古典风格到希腊风格的转变也反映出雅典城邦的没落，它与邻邦斯巴达挑起了一场毫无意义的战争，与此同时，马其顿兴起的绝对君主制迅速传播到整个半岛。大部分史学家都将这个时期定义为亚历山大大帝逝世（公元前 323 年）前后到罗马征服埃及（公元前 30 年）时期。

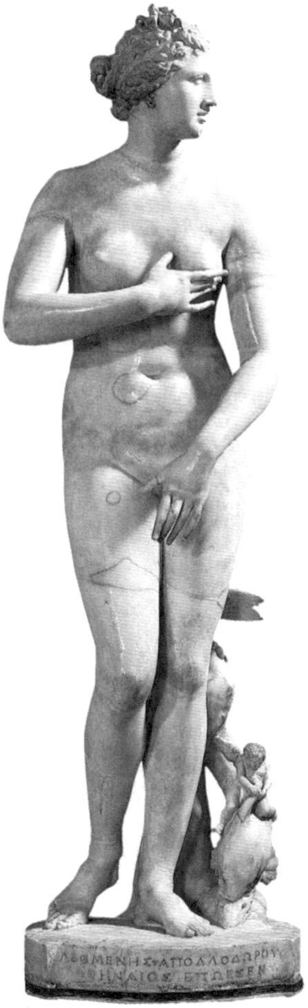

图 16.5　《美弟奇的维纳斯》（前 3 世纪）。大理石。高：5′。

资料来源：佛罗伦萨斯卡拉摄影。意大利文化遗产与活动部提供。

进入希腊风格时期后，古希腊艺术更富生机活力，弱化了理想主义。日常行为、历史遗物、人物肖像都成了艺术的常用主题。这个时期与古典时期的不同之处

图 16.6　建筑柱式

在于它的表现力更强，动态形象更夸张。

《拉奥孔群雕》（*The Laocoön Group*，见图 16.7）是罗马人制作的希腊风格雕像复制品。在古希腊神话中，拉奥孔是一名特洛伊祭司。在特洛伊战争期间，他曾告诫人们不要将特洛伊木马带入城内。随后，拉奥孔与儿子们遭到了毒蛇的袭击。这被特洛伊人视作上天对拉奥孔泄露天机的惩罚。雕塑作品中，拉奥孔相对他的儿子们的比例较大，占据了雕塑的主要部分。

古典雕像中的唯理性、明晰度和严谨被抽搐的动作、扭曲的面部表情和紧绷的肌肉取代，表现出人物所遭受的精神和肉体上的折磨。这座雕像于 1506 年在意大利面世时，立刻触动了年轻的米开朗基罗。

图 16.7　《拉奥孔群雕》（约 1 世纪）。原作雕于公元前 2—前 1 世纪的古希腊，图为古罗马复制品。大理石。高：95¼″。

资料来源：罗马梵蒂冈博物馆。佛罗伦萨斯卡拉摄影。

古罗马

希腊风格时期，古罗马帝国崛起，成为地中海地区的强大新势力。公元前 2 世纪，古罗马已经在西方国家中占主导地位。在其巅峰时期，古罗马帝国的版图囊括了西欧、北非、近东以及地中海沿岸。统治着这样一大群不同文化背景的人民，可见古罗马人在秩序和政治体制方面的天赋。古罗马文化至今仍在各方面影响着我们的生活：法律政体、记日方法、节日、宗教和语言。要保持文化的影响力，需要稳定整个帝国的统治，古罗马艺术反映了这一需求。

古罗马人崇尚实用性，相比古希腊少了许多理想主义，古罗马艺术也反映出他们的实用特性。尽管古罗马人欣赏、收藏并仿制古希腊艺术，但他们的作品绝不仅仅是简单的模仿。共和时期的罗马人像高度表现出人物的个性，这在古希腊雕塑中是很罕见的。其中一例就是《老人头像》(*Portrait Head of an Old Man*，见图 16.8)，这种毫不加修饰的风格可能来源于罗马人为家族故人的神龛或祭坛制作蜡制面具的习俗。这些蜡像随后用于翻制长久保存的大理石像。古罗马雕塑对人的形态细节和瑕疵观察入微，表达精细，赋予每个人鲜明的个性特征。连罗马的英雄纪念碑上的人像也很写实，请参见《奥古斯都雕像》(见图 2.16)。

图 16.8　《老人头像》（前 25—10），意大利。大理石。13 ¾″ × 6 15/16″ × 9¾″。
资料来源：J·保罗·盖蒂博物馆，加利福尼亚马里布维拉收藏。

古罗马最伟大的艺术成就就是它的市政工程、城镇规划和建筑设计。古罗马壮丽宏伟的实用结构和宗教建筑是后来西方建筑的基础。古罗马建筑的显著特征是半圆拱形，常用在拱廊、筒形穹顶和圆屋顶（见图 14.5～14.8）的建造中。

古罗马公共建筑的杰作之一是圆形大剧场（见图 16.9），它由弗拉瑞安家族建造，建于公元 70—80 年，最早称“弗拉瑞安露天大剧院”*。大剧院的地基是深 44

* 可在 myartslab.com 网站观看大剧场“弗拉瑞安露天大剧院”的视频。

英尺的椭圆形混凝土环，建筑所用的材料是砖块和大理石块。外表面是三层圆柱廊，每层的柱式各不相同，每个低层的拱廊都有一条通向混凝土拱穹顶的通道。大剧场是举行格斗和野外狩猎游戏等娱乐活动的场所，能容纳50 000～75 000名观众，和现在的体育场容量相当。

图 16.9 罗马大剧场（70—80）

资料来源：版权由约翰·麦肯纳/阿拉米图片社所有。

弗拉瑞安露天大剧院的容量无法精确计算，因为很多外表面的大理石在中世纪被拆除了。弗拉瑞安家族建造大剧院的目的很有可能是为了提升公众形象，从而树立他们作为统治者的威信。

古罗马人善用混凝土材质和半圆拱门、拱顶结构，所以他们能造出如此巨大的室内空间。在建造祭拜众神的万神殿（见图 16.10）时，古罗马工匠建造出巨大的圆顶室内空间，整个建筑为圆筒状，顶上呈球状，入口是一个柱状门廊，又称“柱廊”。由于万神殿内部光线微弱，难以拍摄出清晰的照片，我们用一幅 1734 年的名画（见图 16.11）来看看这宏伟的杰作。

诸如帕特农神庙这样的古希腊神殿，一般内部用作祭司的圣所，外部以神殿为中心举行宗教活动。而万神殿则有所不同，在它华丽的外表下，内部的装饰令人惊叹。为了建造宽敞的空间，扩大容量，古罗马人还建造了许多拱顶建筑。

支撑万神殿大拱顶的弧墙是由石头和混凝土筑成的。墙厚 20 英尺，表面铺贴砖块。拱顶厚度向顶部递减，内表面镶嵌凹形方块，称花格镶板，它们使建筑结构轻盈而牢固。最初这些镶板铺成的拱顶是镀金的，象征天堂穹顶。顶点至地面的高度为 143 英尺，与直径等长，使万神殿产生球形的视感。拱顶中心是个直

a. 入口

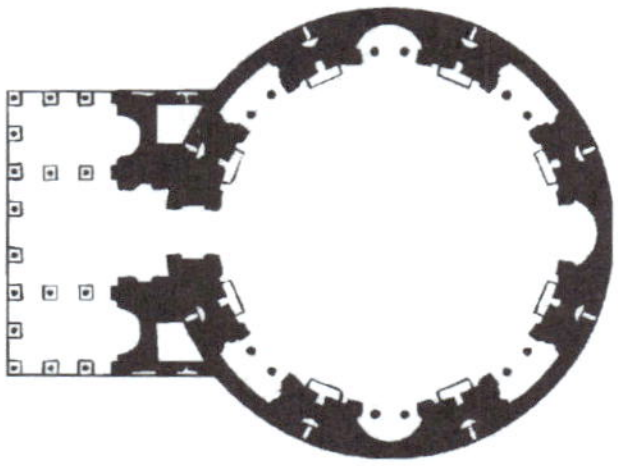

b. 平面图

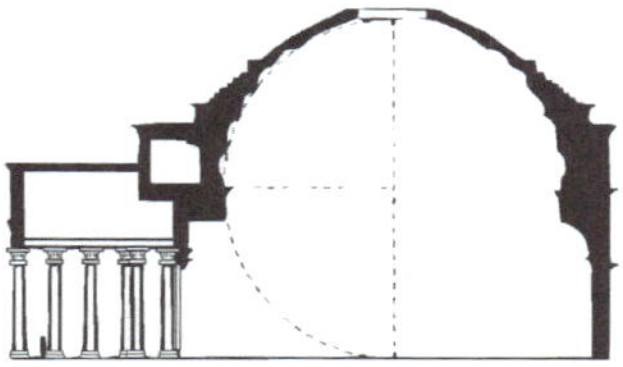

c. 截面图

图 16.10　罗马万神殿（118—125）

资料来源：版权由罗马文森佐·皮罗奇所有。

径 30 英尺的开口，称“顶点圆孔”或“天眼”，起透光和通风作用。请注意，无论用怎样的语言描述或者用什么样的图片都无法展现参观者实地在万神殿内外所见到的壮美奇观。

图 16.11　乔万尼·保罗·帕尼尼（Giovanni Paolo Panini），罗马万神殿室内（约 1734）。布面油画。50½″×39″。

资料来源：华盛顿特区美国国家艺术馆，塞缪尔·H·克里斯收藏，1993.1.24。

从墙面的壁画可以看出罗马人对奢华生活的追求。大部分现存古罗马绘画源自庞贝、赫库兰尼姆等古城，它们在公元 79 年维苏威火山喷发时被岩浆吞没，成为废墟。在公元 1 世纪，古罗马艺术家还延续着古希腊晚期的绘画传统，在画风景和城市场景时表现出透视的效果。

那不勒斯附近一处别墅内的古罗马绘画（见图 16.13）呈现出繁复的市景，

图 16.12　117—1400 年的欧洲

图 16.13　古罗马绘画（前 1 世纪），坎帕尼亚区博斯科雷尔镇 P・范纽斯・辛尼斯托的别墅卧室。石灰泥上的湿壁画。均高：8′。

资料来源：大都会艺术博物馆，罗杰斯基金会，1903. N. inv：03. 14. 13a-g。图片版权© 2013 由大都会艺术博物馆/艺术资源/佛罗伦萨斯卡拉所有。

这幅画的透视法沿用了希腊风格壁画的手法。与典型的古罗马绘画一样，画中的后退线并非有组织地相联系，构成正常的视觉空间，也没有控制景物的近大远小的尺寸变化（也就是说，这幅画没有用单点透视法，也没有空间后退感）。也许艺术家只想引导观众欣赏这些宜人的交错形状、漂亮的图形颜色和大大小小的色块。古罗马帝国衰败后，三维表现法不再流行，这种方法逐渐被人们淡忘，直到一千多年以后的文艺复兴时期，它才再次兴起，并形成一套体系。

早期的基督教和拜占庭艺术

一开始，古罗马人把基督教徒视作异教徒，并试图镇压他们。于是基督徒被迫把敬拜的艺术品藏在秘密的房屋或地下室里，这样的地下室叫茔穴。早期的基督教艺术是希腊罗马人物肖像画的简化版，着重通过耶稣等圣经人物和象征符号表现圣经故事。《耶稣与信徒》(*Christ and the Apostles*，见图 16.14）描绘的耶稣并不像其他作品中那样毛发浓密，他的衣着和古罗马元老院议员相似，身材比周围的信徒略为高大。

图 16.14　《耶稣与信徒》，早期基督教湿壁画，意大利罗马圣多米提拉茔穴（4 世纪中叶）。
资料来源：佛罗伦萨斯卡拉摄影。

康斯坦丁大帝于公元 313 年承认基督教，在此之前，古罗马人对基督教的态度已经有了很大转变。古罗马已不复往日帝国的形象，人们丧失了对维持稳定的物质生活的信心，转而从基督教中寻找心理慰藉。为了顺应信仰变化，康斯坦丁大帝开创了一种新式帝王像，如《康斯坦丁头像》（见图 16.15）所示。头像曾是巨大人像的一部分，显示出君王的威严，而炯炯有神的大眼睛和坚毅庄严的表情又折射出人物的内心世界。古罗马后期的艺术风格中，对面部特征，特别是眼部的刻画，与早期古罗马的写实主义形象有很大不同。康斯坦丁超凡脱俗的目光明显区别于《老人头像》（见图 16.8）写实斜视的目光。

图 16.15　《康斯坦丁头像》（约 312）。大理石。高：8′。
资料来源：罗马康舍瓦托利博物馆。杜安·普雷布尔摄影。

公元 330 年，康斯坦丁大帝东迁罗马帝国的首都，把它从罗马迁到了拜占庭城，重建城邦，改名为“君士坦丁堡”（现在的伊斯坦布尔）。他并没有意识到迁都引发了帝国的分裂。公元 395 年，罗马帝国正式分裂成两部分，两位君王分别占据了罗马和君士坦丁堡，后者成为拜占庭帝国（或称“东罗马帝国”），首都为拜占庭城。在接下来的一个世纪里，西罗马帝国多次遭受游牧的日耳曼部落的入侵，日耳曼人于公元 476 年夺取王权，这宣告了西罗马帝国的终结。外遭入侵，内遇军变和内战，西罗马政权日益衰落，此时，欧洲进入了中世纪时期。

然而，东部帝国却没有消亡。事实上，拜占庭帝国一直延续到公元 15 世纪。作为古罗马帝国的基督教分支，拜占庭人创造出自己丰富多彩、与众不同的艺术风格，并随东欧东正教的镶嵌画、油画、建筑等流传至今。

除了正式承认基督教，康斯坦丁大帝还资助了大量建筑项目，所以在古罗马后期和拜占庭帝国前期，基督教艺术和建筑呈现出一片繁荣景象。例如，基督徒们把古罗马矩形会堂改造成了公共礼拜建筑。原来的古罗马集会堂的长方形门廊，两侧排布着圆柱，在市政厅和法院交汇的末端是一个半圆形的后殿。

古罗马的旧圣彼得会堂（见图 16.16）是最古老的基督教堂之一。中间长长的通道现在称中殿，末端有一座后殿，和古罗马建筑一样，基督徒们在此设立了一个祭坛。

与外观恢宏的古希腊、古罗马神庙不同，早期基督教建筑把重心放在了内部。从平直的外观看，一点也看不出室内的光彩。

随着大型教堂雨后春笋般地涌现，墙上大型绘画和装饰的需求增多。早期基督教堂大量巧用马赛克工艺。尽管在其他文化背景的人们的印象中，马赛克* 就是把彩色玻璃块和大理石块（镶嵌块）拼贴到墙上、地板上，但其实，早期基督徒用的马赛克是更小的镶嵌块，彩色玻璃块使用频率较高，而且色彩也更多，可谓达到了工艺和多样性的高峰。

罗马古城拉文那在威尼斯以南约 80 英里处，城里还保留着许多早期基督教拜占庭风格的教堂。公元 404 年，古罗马皇帝将首都搬迁到拉文那，以免遭受日耳曼民族的侵扰。476 年西罗马帝国覆灭，拉文那却以重要的行政中心保留了下来。540 年，查士丁尼大帝从君士坦丁堡派兵，再次攻占了拉文那，把它变成了意大利半岛拜占庭文化的展示平台。

6 世纪拜占庭教堂中，最重要的一座是拉文那的圣维大理教堂（见图 16.17a～b）。室内大面积使用晶莹闪亮的马赛克拼贴，主题除了宗教人物、宗教

---

* 可在 myartslab.com 网站进一步了解马赛克工艺。

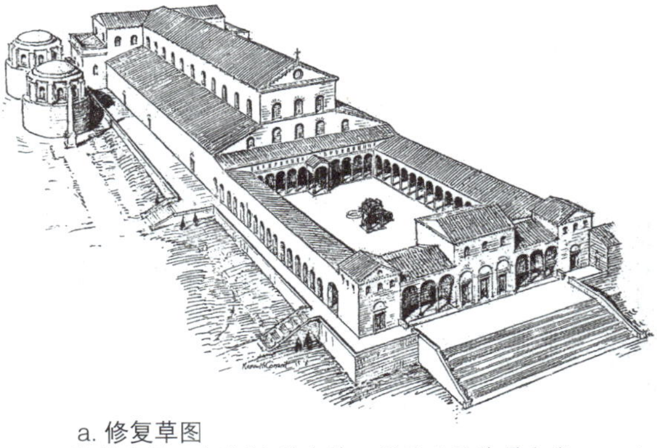

a. 修复草图

资料来源：肯尼斯•科南特，罗马旧圣彼得会堂，修复研究。弗兰西斯•洛布图书馆、哈佛大学设计院提供。

b. 旧圣彼得会堂，壁画。意大利罗马S.马蒂诺埃蒙蒂。

资料来源：佛罗伦萨斯卡拉/意大利内政部宗教建筑基金会摄影。

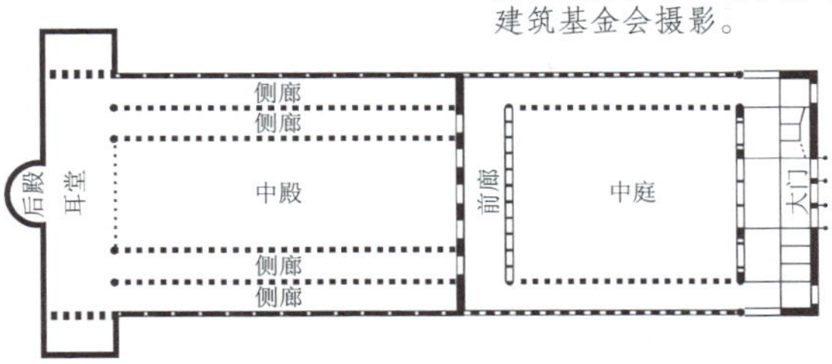

c. 平面图

图 16.16　罗马旧圣彼得会堂（约 320—335）

故事外，还有查士丁尼大帝和狄奥多拉皇后的肖像（见图 16.17c）。宗教与政治威严为查士丁尼大帝和狄奥多拉皇后增添了荣光，让他们成为像耶稣和圣玛丽一般神圣的人物，只不过皇帝与皇后的衣饰仍是皇家风范。

耶稣和皇室修长而抽象的人像塑造的是信仰符号，而不是写实形象。对眼部的重点刻画是拜占庭风格的特征，这在康斯坦丁头像中已有表现。人物形象轮廓厚重，面部凹凸有致。画面扁平化，只有相互交叠的部分对空间略有描述。背景和人物都很平面化，装饰意味浓重，细节丰富，这就是典型的拜占庭艺术。

早期基督教艺术受到争论不休的两种观念的影响：一种力求遵循《圣经》对创作形象的禁令，一种想用图像辅助讲述基督教故事。拜占庭风格想出一个办法解决了这一争端，这个办法既能用图像向不识字的民众宣传基督教，又能遵从《圣经》禁止雕像的要求。拜占庭风格使用高度风格化（抽象化）的装饰性图案，与真实人物区分开，避免了写实主义作品可能招致的麻烦。这样一来，古罗马绘画的写实性和透视感就逐渐让位于拜占庭风格了。

圣维大理教堂的后殿内饰有一幅马赛克拼贴画（见图 16.17d）。图中，耶稣身着紫色圣袍，端坐在象征宇宙的球体上。他下颌上没有胡须，这是古典的上帝形象。他右手持一王冠，递向圣维大理。

a. 外部

资料来源：佛罗伦萨斯卡拉摄影。

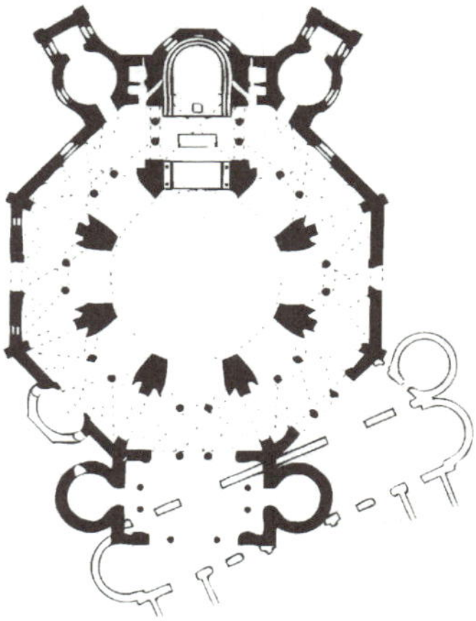

b. 平面图

c. 狄奥多拉皇后像（细部），马赛克。

资料来源：版权由威尼斯相机照片艺术所有。

d. 后殿马赛克拼贴画

资料来源：akg-图片/相机照片。

图 16.17　意大利拉文那的圣维大理教堂（526—547）

圣维大理和其他圣人与天使一起，站在《圣经》中描述的天堂里。所有这些人物的相貌都源自古罗马艺术，但风格却和拜占庭一致，他们一动不动地站立着，直视着前方。他们神圣的威严远远高于人类。

公元 8—9 世纪，拜占庭帝国受到破坏圣像运动的重创，有时对于宗教形象的争论甚至升级成暴力事件。726 年，拜占庭皇帝利奥三世下令摧毁所有耶稣、圣玛丽、圣徒和天使的肖像。利奥三世和他的派别认为，这些肖像会引起对肖像本身的盲目崇拜，而不是对圣人的敬仰。他们被称为“圣像破坏者”，还鞭打或刺瞎私藏圣人肖像的人。（圣像破坏者并不反对所有装饰品，宝石十字架或葱郁的天堂风景画等仍得到他们的许可。）喜爱圣人肖像的人反驳说：既然耶稣同时是上帝和人类，那么耶稣的形象就应该是精神形象和肉体形象的统一体。

尽管皇帝的指令没有得到彻底执行，圣像破坏活动还是持续了一个多世纪之久，并导致基督教分裂成罗马天主教和东正教。这其中还包含政治信仰的不同：圣像破坏者们认为皇室的权力大过装饰着大量奢侈画像的地方修道院。两派的争执一直持续到 843 年，狄奥多拉皇后推翻利奥的法令标志着争执的结束。

破坏圣像之争平息后，圣索菲亚大教堂的圆屋顶内饰以新画像装饰。其中，耶稣是全宇宙的统治者，即全能之主。马赛克拼贴画（现已损毁）成了拜占庭小教堂类似画像的灵感来源。例如，西西里岛的蒙雷阿莱教堂中的拼贴画《全能之主耶稣、圣玛丽和圣徒们》（*Christ as Pantocrator with Mary and Saints*，见图 16.18）。此作品是典型的拜占庭风格，用层次感表现出耶稣的重要地位，而圣玛丽、圣徒和天使排在他下面，地位也略低于他。

到了公元 10—11 世纪，拜占庭艺术家已经开创出自己独有的风格，既能宣传东正教，又能满足装饰奢华庭院的需求。这种风格来源于我们之前看到的古罗马后期的早期基督教艺术，但它还吸收了部分东方艺术，特别是伊斯兰教的扁平化图形和抽象化设计。东方影响还表现在拜占庭教堂装饰的等级化比例关系和器物排放方式中。

传统东正教堂的画家及其他工作者仍沿用着拜占庭风格。神职人员严格控制着肖像画，个人发挥的余地微乎其微。信仰东正教的艺术家追求的不再是人物外在形象的质量，而是表达出宗教人物的象征意义和内在神性。肖像的画法遵循一套明确的严格规则。尺寸变小了，称作“圣像”（icon，来自希腊语 eikon，意为形象、图形）。圣像鼓励人们献身基督教，不过圣像本身并不是朝拜的对象。制作便携圣像的工艺从马赛克拼贴画和壁画的传统中分离出来。

尽管东正教风格的局限性较强，但还是出现了一位了不起的艺术家，他制作出了不仅线条清晰，而且带有强烈感情色彩的便携圣像。这位艺术家就是安德烈·鲁布烈夫（Andrei Rublev），他是俄国历史上名望最高的画家之一。鲁布烈夫的《旧约三位一体》（*Old Testament Trinity*，见图 16.19）描绘了犹太教创始人亚伯拉罕款待三位陌生人的故事，这三个人后来变成了天使。基督徒认为这个故事预示着三位一体的教义。鲁布烈夫用微妙的面部表情和拉长的身形营造出温馨柔和的画面。画中的明艳颜色为其增彩不少，使它历经多年沧桑之后仍熠熠生辉，直至今日。

图 16.18 《全能之主耶稣、圣玛丽和圣徒们》(12 世纪后期)，西西里岛蒙雷阿莱教堂后殿马赛克拼图。

资料来源：佛罗伦萨斯卡拉摄影。

圣像《环形王座上的圣母和圣子》(*Madonna and Child on a Curved Throne*，见图 16.20）的设计与它的圆环形状和线形图案相吻合。圣母玛利亚的头部形状以弧形向外扩散，形成一圈光环；相似大小的光环环绕着天使，呼应大环形王座。从人物身着的褶形长袍的线条和造型几乎看不出下面的身形。环绕圣母玛利亚王座的金色背景象征圣光，王座仿佛一座大型建筑，这意味着玛利亚的圣母地位。耶稣以一个可爱小男孩的形象出现，坐在他那神圣母亲的腿上。

为了表现献身上帝的价值，圣像常用珍稀材料制成。画中的树叶背景用黄金制成，圣母长袍的材料则是昂贵的天青石。

图 16.19 安德烈·鲁布烈夫，《旧约三位一体》（约 1410）。画板蛋彩。55½″×44½″。

资料来源：佛罗伦萨斯卡拉摄影。

图 16.20 拜占庭学院，《环形王座上的圣母和圣子》(13 世纪)。画板蛋彩。32⅛″×19⅜″。

资料来源：华盛顿特区美国国家艺术馆，安德鲁·梅隆收藏，1937.1.1。

欧洲中世纪

西罗马帝国衰落后的十个世纪是中世纪时期。它之所以叫“中世纪”，是因为这段时期处于古罗马帝国覆灭到 15 世纪古希腊罗马思潮复兴之间。这段时期建起了许多卓越非凡的教堂，还孕育出多媒介的纪念性艺术作品。

早期中世纪艺术

早期中世纪艺术的呈现形式是混合了新元素的早期基督教艺术，这种新元素即入侵者的艺术。中国西北部的许多游牧民族横跨茫茫的欧洲草原，来到欧洲的中部。他们的迁徙时间很长，从公元前 2000 年一直持续到中世纪。古希腊人把这些游牧民族（和其他非古希腊本土人）称作“蛮族”。我们对这些游牧民族所知甚少，仅有的认知来源于地中海人、近东人和中国人的手工艺品和文字记载，游牧民族对这些人来说是一种威胁。中国的长城和不列颠的哈德良长城都是为了抵御游牧民族的入侵而建的。

缺乏书面文字对游牧民族多少有些不利。不过最近的考古研究消除了过去的部分偏见。早在文明开化以前，中亚的游牧民族既不以打猎采果为生，也不以山中耕作自足，而是发展出自己独特的马背上的文化。他们的贸易网络精密复杂，宗教仪式玄妙高深。

图 16.21 中的锥底圆托盘上有一个手持供杯的男人，跪在一匹马面前。他们一动不动，然而两者之间却仿佛有静谧而密切的联系，透露出神秘的意义。

游牧民族的金属加工工艺超群。由于他们经常迁徙，而艺术品又坚固耐久、价值不菲，所以游牧民族风格的金属制品遍布世界广大地区。英国萨福克的萨顿胡遗址出土了一件黄金珐琅* 囊盖（见图 16.22），它曾属于 7 世纪的东安格利亚国王。从囊盖上出现的多种主题元素可以看出它是多种文化碰撞的结果。其中，两个相向而立的神兽中间站立的男人看起来是游牧民族的，后者迁徙到东安格利亚，带来了他们的文化。

在爱尔兰的插图圣经书中常常能看到颇具装饰意味的游牧风格与基督教风格的碰撞。

爱尔兰人从未被罗马帝国征服，到了公元 15 世纪，爱尔兰人成了未经罗马同化就加入了基督教的民族。罗马覆灭后的混沌时期，爱尔兰修道院变成了欧洲的文化艺术中心，产出了大量宗教手稿的手抄副本。

原版手稿中的字母不断被加以装饰，先是边框，后来到整张页面。图 16.23 展示的华丽原版页面是圣马太记录耶稣诞生的扉页，这个故事记载在《凯尔经》（Book of Kells）中，其中还有《拉丁福音书》。图中的符号叫“基督符号交织文”，因为其中包含了希腊语中耶稣的两个首字母（X 和 P），这个符号用于代表

* 可在 myartslab.com 网站进一步了解珐琅工艺。

图 16.21　锥底圆托盘（前 5 世纪—前 3 世纪）。青铜。高：10⅞″。
资料来源：阿木拉图哈萨克斯坦共和国博物馆，Inv. KP8591。

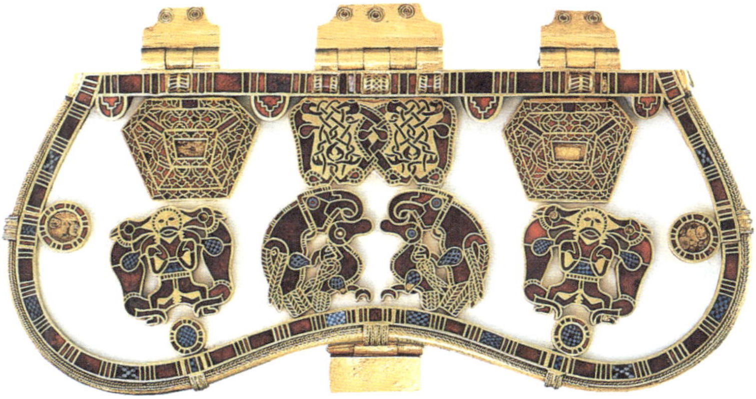

图 16.22　囊盖（655 以前），英国萨福克萨顿胡船葬遗物。黄金珐琅。长：7½″。
资料来源：大英博物馆。版权由大英博物馆托管处所有。

图 16.23　基督符号交织文（XP），《凯尔经》中的一页（8 世纪后期）。牛皮纸上的墨水和颜料。12¾″×9½″。

资料来源：都柏林三一学院，MS. 58，fol. 34r。

耶稣或基督教。除了 XP 和耶稣降生故事的前两个拉丁字母以外，页面满是繁复的螺旋纹和精致的交叉线。如果我们仔细观察，还能在字母 X 的左边发现一位天使，在字母 P 里发现一个人头，在底部看到猫和老鼠。

罗马式

罗马式风格最初指 11—12 世纪欧洲复兴罗马建造法的基督教建筑风格，它们用石头建成，复兴罗马式的圆形拱门和筒状穹顶。而现在，罗马式指所有中世纪的西欧艺术风格。

罗马式艺术萌芽于受到封建主义和禁欲主义统治的西欧。不同等级的地方长官之间签署的私人条约形成封建制度复杂的责任和义务体系。而修道院除了举行宗教活动外，还为人们提供了逃避纷扰社会的避风港和学习、进修的教育资源。

朝圣之行把大群的基督徒带到了偏远地区，增加了对大型教堂的需求。罗马式建筑大胆使用拱形、圆形，以增强建筑的稳固感。教堂仍沿用木质屋顶，但用石头拱顶取代了易燃的木质天花板，这种新结构看起来很像罗马室内结构。不同宗教风格中，贯穿始终的是巨大的堡垒般安全厚实的墙壁。

罗马式教堂特色的神话石刻是整个建筑必不可少的部分。器物和人物的原型来自微型手抄书，但雕刻家们逐渐在其中加入写实主义成分，这在早期中世纪艺术中是看不到的。浮雕的主题除了圣经故事里的常见人物和朴素形象外，还包含奇异的怪兽和装饰性的植物纹样。最大型、最精巧的雕刻位于教堂主门上。这类雕塑是罗马时期之后首次出现的大型塑像。

对标准人体比例做夸张、变形有时能赋予雕塑人物恰到好处的象征意义，例如《基督的圣灵降临节》(*Christ of the Pentecost*，见图 16.24)。它是法国韦兹莱的圣马德兰教堂主门上的石雕，将耶稣神圣的力量和情感表现得淋漓尽致。礼拜者一走进中殿，出现在他们上方的就是基督请门徒和信徒们将他的启示传向世界的场景。基督的身形相对其他人更加高大，表现出他至高的地位。雕塑家缩小

图 16.24　《基督的圣灵降临节》，法国韦兹莱圣马德兰教堂（1125—1150）。石雕，拱券与拉梁间的弧形部分。高：35½″。

资料来源：赫维·商博良/akg-图片库。

头部比例，拉长身躯，使作品成为雕塑界的不朽佳作。人物衣料上的螺旋状褶皱雕刻精准，富有创造力的线条中透露出力量。耶稣周围的信徒和门徒的原型是世界各地的人，圆雕饰上刻着十二宫图和对应于它们的每月任务。

哥特式

罗马式风格风靡了仅一个世纪，1145 年被哥特式取代。风格的变化在建筑设计中尤为明显，罗马式的圆拱变成了哥特式的尖券。尖券和飞扶壁构成了史上最令人惊叹的宗教建筑。

哥特式建筑代表了新的信仰，它跳出了中世纪基督教的神学和神秘主义。光线充足、线条向上的建筑结构象征灵魂突破了世俗生活的束缚，唤起内心的喜悦。在这样的教堂里，基督徒们一定觉得自己走进了梦想中的天堂！

沙特尔主教座堂（见图 16.25）* 等哥特式教堂是社会生活的中心。因为大多数情况下，这些教堂是唯一能容纳镇上所有居民的室内场所，所以这些教堂也是会议室、音乐厅和宗教仪式的举办地。不过，它们最重要的作用还是为礼拜和朝拜提供场所。沙特尔镇建起大大小小的教堂，在方圆几英里外都能看见它们高耸的尖顶。

镇上的社会生活都在沙特尔主教座堂内进行，但教堂最初的建造者却没能看到它最终的模样。这是因为在三百年之中，这座教堂在不断变化着。尽管基础设计图是对称性的逻辑结构，但沙特尔主教座堂的建筑师想象力丰富，构建复杂结构的能力高深莫测。这座教堂显然和古典时期的帕特农神庙那一目了然的造型截然不同。

作为完整哥特体系下的第一个教堂，沙特尔主教座堂影响了欧洲哥特式建筑的风标。教堂西侧外立面（见图 16.25b）表现出早晚期哥特建筑风格的过渡。厚重的矮墙和拱门建于 12 世纪中期。原北塔楼于 1506 年倒塌，新北塔楼重建于 16 世纪前期，饰以盘旋的火焰状雕饰，这种火焰式属晚期哥特风格。

哥特建筑对结构改进的主要目的是提高教堂内部亮度，来寓意上帝的光辉。彩色玻璃窗以十足的基督教特色满足了上述要求。教堂中的光影随流动变换的色彩而千变万化。在沙特尔主教座堂中，北面窗精巧的玫瑰（见图 16.25c）被称为“法国玫瑰”，中心是圣母玛丽。她庄严端坐，身边环绕着白鸽、天神、皇室和各级别的天使（见室内照片，图 14.12）。

与大多数中世纪教堂一样，沙特尔主教座堂是重要的朝拜地。朝拜者从西门进入教堂，穿过侧廊（见图 16.25d）。小型圆礼拜堂墙边的祭坛上供奉着圣人遗物。这里的圣物中最著名的是一小块布片，相传这是圣玛丽生下耶稣的当晚戴着的面纱。

---

* 可在 myartslab.com 网站观看介绍沙特尔主教座堂的视频。

a. 东南视角

资料来源：版权由约翰·埃尔克所有。

b. 西立面

资料来源：杜安·普雷布尔摄影。

c. “法国玫瑰”之窗（1233）

资料来源：杜安·普雷布尔摄影。

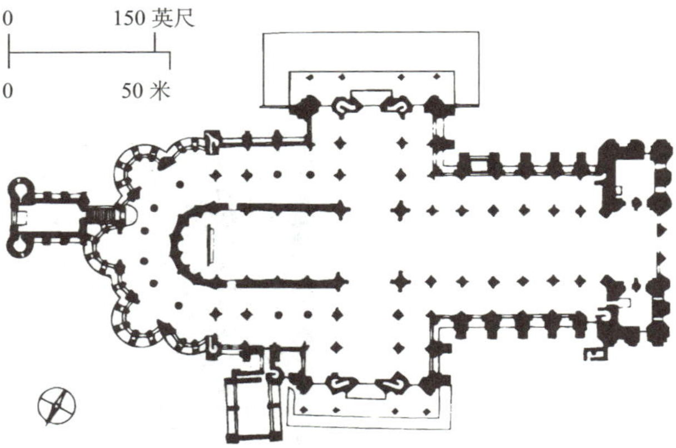

d. 基于拉丁十字架的平面图

e. 旧约先知、国王和王后（约 1145—1170）。西入口（王室入口）门侧柱。

资料来源：杜安·普雷布尔摄影。

图 16.25　沙特尔主教座堂（1145—1513），法国沙特尔。主教大堂长：427′；南塔楼高：334′；北塔楼高：377′。

位于沙特尔主教座堂西侧主入口右侧的旧约先知、国王和王后的雕塑（见图16.25e）算得上是现存的最令人赞叹的早期哥特雕塑。国王和王后显示出耶稣的皇室继承权和当时法国的王权。左侧的先知表现出耶稣作为天神的传道者的使命。与充满生机、情感丰富的罗马式雕塑相比，哥特式雕塑中的人物看起来更安详。他们修长的身躯在纵向延伸的建筑结构中毫无违和感。

尽管这些人像是整体立柱的一部分，但它们从身后的柱体中突显出来。衣袍褶皱的修长身躯和精雕细琢的头部都体现出当时艺术家对刻画人物特征的兴趣，全身肖像和独立式人像又一次兴起。

教堂表现出阿伯特·苏歇（Abbot Suger）的想法。阿伯特是公认的哥特风格的创始人，圣丹尼斯教堂的修道院是阿伯特开创哥特风格的初始地，修道院入口的门上刻着阿伯特对教堂应达成的精神目标的思考：

任何想要称赞这扇门的人啊，无论你是谁
请看重它的工艺，而非金饰与花费
灵魂触到圣光，神灵就在门上
金色大门将宇宙真谛吟唱：
“沉重的灵魂，
在领悟中成长，接近真知；
在沉思中升腾，终达光明。”[1]

艺术造就了我们：礼拜与仪式接近神圣

在西方世界，无论是帕特农神庙（见图 16.4）这样的古希腊神庙，还是哥特教堂（见图 16.25），宗教建筑都对礼拜起重要的辅助作用。

其他文化中也出现了利用建筑促使人们信仰神灵的情况，其中一些最瑰丽的建筑位于伊斯兰教地区。17 世纪早期建于伊朗的希克斯罗图福拉清真寺（见图 16.26）就是美得震撼人心的一例。这座清真寺室内光线较弱，光线透过圆屋

图 16.26　希克斯罗图福拉清真寺（1603—1619），伊朗伊斯法罕。室内。
资料来源：乔纳森·布罗姆和茜拉·布莱尔摄影。

顶下的一圈窗栅照入内部。八个边框嵌有波浪形绿松石的尖券奠定了空间的视觉韵律基调。墙上贴满瓷砖，一些瓷砖上写有穆斯林经典的片段，另一些绘有蜷曲的花草。雅致的色彩和繁复的图案组合成清新的元素，使室内看起来虔诚而丰富多彩，令人难忘。参拜者一穿过清真寺大门，便仿佛进入了一个饰满奢华装饰品的全新世界。拱券和装饰元素中暗含的秩序与韵律旨在使参拜者感知到创世神（阿拉伯人所说的“真主安拉”）的存在。

比尔·薇奥拉（Bill Viola）的《无边汪洋》（*Ocean Without a Shore*）是现代与传统的碰撞。此装置艺术作品（见图 16.27）是比尔于 2007 年在意大利威尼斯的一座小教堂中完成的。这座教堂已经不再用于礼拜活动，但其中仍保留了三座大理石祭坛。比尔在每个祭坛上安装了等离子屏幕，播放三个相关的慢放影片。每个屏幕上都有一个模糊的黑白身影，缓缓走向观众。这些身影时而穿进一小束水流，浑身湿透，仿佛在水中重获生机。他们默默站立，任水滴下。过了一会，身影逐渐退到水流之后，回到他们出场的阴暗深处。观众可以看出这三个人扮演的角色是在两个场景之间切换：其中一个场景色彩斑斓，栩栩如生，近在眼前，而另一个模糊阴暗。这很容易令人联想起物质世界和精神世界，水流则象征生死的交界。艺术家这样描述他的作品：“视频中的镜头表现出代代生息，他们从黑暗中徐徐走来，进入光明的物质世界。然而他们一旦获得肉体，

图 16.27　比尔·薇奥拉，《无边汪洋》(2007)。声光装置艺术，高清彩色三联视频安装于威尼斯的圣加仑教堂。

资料来源：蒂埃里·巴尔摄影。

就会意识到他们的存在是有限的，最终必须从物质中回到他们来的地方。就这样，循环交替延续，永不停息。”[2] 这件作品的象征意义正应对教堂的意义——几个世纪以来庆祝耶稣复活之地。

在海地这个加勒比国家，有许多伏都教的艺术品，风格混合了非洲艺术和基督教元素。所有伏都教的仪式都以通灵双生子（又称“马拉萨”，象征通往灵界的大门）的乞灵开始。马拉萨是一面旗帜（见图 16.28），旗上两条竖直黑线代表通灵双生子。中间的十字指代交叉口或人间和灵界的边境，边境大门由双生子看守。双生子邀请祭拜者来到边境，唱着歌跳着舞进入灵界。展开旗帜就意味着邀请祭拜者加入仪式。双生子必须出席所有的伏都教仪式，不过 12 月 6 日尤为特别，因为这一天是罗马天主教的儿童守护神——圣尼古拉斯的盛会。

图 16.28　马拉萨。伏都教仪式旗帜，绣亮片的布料。30″×30½″。

资料来源：版权由费格艺术博物馆收藏处所有。马库斯·L·贾勒特家族赠予，1995.1。图片由艾奥瓦州达文波特费格艺术博物馆提供。

思考回顾

1. 古典希腊雕塑的主要特征有哪些？
2. 罗马建筑开创了哪些结构？
3. 罗马式建筑和哥特式建筑主要有哪些不同？

请试一试

比较《耶稣与信徒》（见图 16.14）和《全能之主耶稣、圣玛丽和圣徒们》（见图 16.18）描绘耶稣的方式。艺术家在表达这类存在分歧的物像时用到了哪些方法？

关键术语

矩形会堂——一种罗马市镇中的长廊，有三条通道，在一侧或两侧建有后殿，适用于基督教堂。

圣像破坏者——拜占庭艺术中反对制造圣像的人，认为圣像会引起对塑像的盲目崇拜。

茔穴——古罗马地下墓穴。

青年塑像——一尊古希腊的裸体男青年站立像。

古典艺术——古希腊和古罗马的艺术，特别是指公元前 15 世纪盛行的希腊艺术，强调合理简化、秩序和压抑情感。

双耳喷口罐——古典希腊艺术中的敞口带耳罐，用于混合酒水，调制仪式用的饮料。

哥特式——最初是 12—15 世纪在西欧盛行的建筑风格，特点是尖券、肋架拱顶和飞扶壁。

罗马式——9—12 世纪盛行的欧洲建筑风格，特点是圆拱和筒形穹窿。

第 17 章　文艺复兴和巴洛克时期的欧洲*

请思考

1. 请解释人文主义的概念以及其对文艺复兴时期艺术和文化的影响。
2. 请从技术、媒体和主题三方面对比文艺复兴时期的意大利艺术和北欧艺术。
3. 请描述 17 世纪的社会和宗教活动如何塑造了巴洛克艺术。
4. 请比较文艺复兴、巴洛克和洛可可艺术的风格特点。
5. 请阐述洛可可艺术与法国贵族的关系。
6. 请讨论用来说服或影响观众的艺术实例。

许多通常被视为杰作的作品都创作于文艺复兴时期，雄心勃勃的艺术家们结合技术进步，赋予其深刻的主题，从而进行创作，这些作品至今仍能引起人们的共鸣。此后的巴洛克时期是西方历史上异常活跃的时期，艺术家拓宽了创作艺术作品和主题的途径。在随后的洛可可时期装饰更加精致，且具有巴洛克风格的趣味性。许多在文艺复兴和巴洛克时期形成的技术和观念直到 20 世纪仍具有影响力。

文艺复兴

随着中世纪的宗教热情不断受到逻辑思维和新的哲学、文学、艺术运动（即人文主义）的挑战，态度上的转变在欧洲开始出现。著名的人文主义学者们没有放弃神学问题，然而他们支持生命世俗的一面，探究知识和科学的发展，重新发掘希腊和罗马的经典文化。人文主义思想更看重的是人本身，而非神圣或超自然事物。人文主义者强调人的潜在价值和能力，运用上帝赋予的智慧去解决问题。

---

* 可在 myartslab. com 网站收听本章音频，学习和回顾本章内容。

他们追寻合理的解决方案而非那些神灵启示。

文化焦点逐渐从神和来世转向人和现世。对于很多欧洲人来说，文艺复兴是一段成就斐然和全世界探索的时期——一段重新发掘世界、看似有无限潜力的人类个体的时期。文艺复兴萌发于 14 世纪，并明确开始于 15 世纪早期，结束于 17 世纪早期。然而，文艺复兴思想持续影响至今，这些影响并不是只发生在西方国家，而是发生在全世界每一个角落。在那里，个人主义、现代科学和技术影响了人们生活的方式。在艺术领域，人们采用更加科学的新方法，以追求具象的准确性。400 多年来，由此产生的自然主义学说成为西方的传统。

这是欧洲历史上知识分子首次给自己所处的时代命名。他们把他们的时代称作“文艺复兴”（Renaissance），字面意思即“重生”，贴切地描述了这一时期人们对古希腊罗马的艺术和思想重燃兴趣。

15 世纪的意大利人认为他们肩负复兴“古希腊荣光”的重任，这是他们眼中西方文明的制高点。然而，希腊罗马文化并没有全面重生，因为这份“传统的”文化遗产从未真正地从中世纪的西方消失。西班牙、埃及和伊拉克的穆斯林学者依旧对希腊人保持尊重，并将希腊人的作品翻译成阿拉伯语收入图书馆。13 和 14 世纪的穆斯林学者和欧洲学者随后修复了这些作品并将它们翻译成拉丁文。本质上而言，文艺复兴时期各种新观点激发碰撞出其他新的观点，改变了中世纪的欧洲世界，并为现代社会打下了基础。

在 14 世纪，新的价值观以及技术进步催生了一种新的艺术形式。绘画和雕塑不再仅仅是中世纪时对建筑的补充，而是从中解放了出来。在中世纪认为自己是无名工匠的艺术家们开始成为人们眼中的创造天才。

在文艺复兴时期，北欧和南欧的艺术发展情况不尽相同，因为两地的人们有着不同的背景、观念和经历。哥特式风格在北欧发展到顶峰，拜占庭式和希腊罗马式则在南欧保持强大影响力。意大利文艺复兴艺术萌生于古典的地中海传统，它提倡以人为本，经常强调理想。与之相对的是，北欧的文艺复兴艺术则从基督诞生前、以自然为中心的宗教发展而来，人们在改信基督教的过程中开始以上帝为中心。

我们可以从意大利画家乔托·迪·邦多纳（Giotto di Bondone）（即大家所熟知的乔托）身上中看到新的人文主义艺术的发端。他通过描绘人类的情绪和身体而从抽象的拜占庭风格中脱离出来。他对光线、空间和事物的创新描述赋予了绘画一种新的现实主义感受。在《哀悼》（*Lamentation*，见图 17.1）中，乔托既描绘了物理现实也描绘了精神现实。他描绘的人物以个体的形式出现在舞台般的阴影之中，他们的表情呈现出在中世纪艺术中很少出现的悲伤等个人情感。

图 17.1　乔托·迪·邦多纳，《哀悼》（约 1305），意大利帕多瓦斯科洛文尼教堂。壁画。72″×78″。
资料来源：版权由佛罗伦萨夸特罗照片工作室所有。

回顾过去，乔托不仅仅是文艺复兴的先驱，更是自然主义绘画的再发明者，这样伟大的艺术家在一千年前罗马帝国衰落后，就没有在欧洲出现过。这种“现实主义”现在仍是西方绘画中一个重要的流派。

古希腊人一直关注理想化的物质形体，罗马艺术家强调外形的精确，中世纪的艺术家则专注精神上的思索而非物质存在。在文艺复兴运动中，由于注意力从天堂转移到尘世，艺术家们开始从人类的角度描绘基督教主题。意大利民间领袖们表达出比肩或者超越古希腊罗马荣耀的愿望，并将基督教的启迪之光灌输到他们的作品中。

意大利是文艺复兴的发源地。之后文艺复兴运动往北扩展，但是并没有在欧洲各地盛行。它很晚才扩散到西班牙和葡萄牙，几乎没有触及斯堪的纳维亚地区。

意大利的文艺复兴

意大利城邦中艺术和知识的发展得益于政局动荡背景下繁荣的经济。意大利商人积累了财富，这使得他们为了艺术资助带来的荣誉和权力而相互竞争，并同宗教官员和贵族展开竞争。

意大利建筑师、雕塑家和画家旨在将基督教精神传统和现实生活中的理性秩序融为一体。艺术家们开始紧锣密鼓地研究解剖学和光线，他们通过线性透视（见第 3 章）将几何学应用到隐式空间的逻辑结构中。反过来，文艺复兴时期的艺术家开始仔细地观察自然，这促进了科学的进步。

后来，晚于乔托约 100 年出现的马萨乔（Masaccio）成为了意大利文艺复兴时期首位重要的画家。在他的壁画《圣三位一体》（*The Holy Trinity*，见图 17.2）中，正中心是一座小教堂，大门敞开，我们可以看到圣三位：圣父（上帝）、圣子（基督）和圣灵（即他们头颅之间的白鸽）。在壁龛之中，圣母玛利亚站立着，打着手势，正对着圣约翰。在外面跪拜的是为壁画出资的赞助者，这对夫妇领导着当时极有权势的银行家族。男子穿着红色长袍，表明他是佛罗伦萨市议会的成员。在下面，一具骷髅躺在石棺上，上面写着这样一句铭文："我曾经如你，你也将变得如我。"从上到下观看这幅壁画，我们也就从精神过渡到物质。

《圣三位一体》是第一幅在系统地使用线性透视的基础上创作出的绘画作品。尽管罗马人对透视法有所了解，但是它并没有成为一门稳定的科学，直到 15 世纪早期建筑师菲利波·布鲁内莱斯基（Filippo Brunelleschi）在佛罗伦萨重新发现了这门学科，并将其发展起来。马萨乔使用透视去构建三维空间中的图形幻象。

唯一的消失点在十字架的底部，高出地面大约五英尺，与观赏者的视线齐平。马萨乔的透视极其精确，我们甚至将视错觉形成的小教堂的内部看成我们所处空间的延伸，就像真的一样。这一布置也揭示出马萨乔对新文艺复兴建筑甚是了解。这种建筑由布鲁内莱斯基基于罗马建筑原形发展而来。

《圣三位一体》中的人物有实体存在，可以从中看出马萨乔借鉴了乔托的作品。然而在乔托的作品中，人物的身体和衣服布料看上去仍是一体的；马萨乔笔下的人物则是裸身套着锦袍，衣服上的褶皱就像真的布料一般。

在意大利文艺复兴时期，裸体成为一种主要的艺术主题，就像过去的古希腊罗马那样。裸体主题在中世纪艺术中非常少见且显得尴尬，裸露的身体是不雅的。与之相反，意大利文艺复兴时期的艺术家创作的雕塑和绘画人物则显得强壮和自然，就像启发他们的古希腊罗马裸体一样。

就像马萨乔在绘画领域进行革新一样，多纳泰罗（Donatello）在雕塑领域也做出了革新。多纳泰罗将古希腊对做人的意义的理想运用到了基督教的艺术中。那时他刚成年不久，曾两次游历罗马，并在那儿研究了中世纪和古罗马的艺术。

图 17.2　马萨乔，《圣三位一体》(1425)，意大利佛罗伦萨新圣母玛利亚教堂。壁画。21′10 1/2″ × 10′5″。

资料来源：版权由佛罗伦萨夸特罗照片工作室所有。

多纳泰罗在他的早期作品中就显示出了野心勃勃的艺术家的气质。他的青铜雕像作品《大卫》(*David*，见图 17.3) 是自古罗马时期以来第一件真人大小、自立式的裸体雕像。对于作品安放之地佛罗伦萨来说，大卫并不只是一个《圣经》中的人物，他反抗犹太人的外来统治，这也激发了陷入重重包围的佛罗伦萨人的斗志。

尽管他被艺术上的古典理想深深吸引，与古希腊的雕塑相比，多纳泰罗的雕塑更少理想化而更偏向于自然主义。他选择描绘《圣经》中的牧师大卫——他杀死巨人歌利亚后成为犹太人国王，是一个处于青春期的少年而不是强壮的年轻人。雕塑家只给大卫戴上帽子和穿上靴子，以此来赞美男子身体的健美性感。人物重力和姿势上的每一处细节都极具表现力。年轻人的姿态源于古典构图的均衡。在中世纪艺术中仅有的少许裸体艺术几乎没有性感的吸引力，而且常常描绘羞耻和淫欲。人文主义学者力争在追求雅致形式方面超越希腊人和罗马人。在这些学者的影响下，裸体成为一种人类价值和绝对完美的符号，是“不朽灵魂”的代表。

图 17.3 多纳泰罗，《大卫》(约 1425—1430)。铜像。高：$62^1/_4$″。
资料来源：佛罗伦萨巴杰罗博物馆。版权由佛罗伦萨夸特罗照片工作室所有。

在文艺复兴期间，艺术家们从新兴的富商和银行家阶层那里得到越来越多的资助，比如美第奇家族。他们拥有强大的政治手腕，有些不近人情，控制着佛罗伦萨和托斯卡纳。多纳泰罗很有可能是在科西莫·美第奇的个人委托下，为美第奇宫殿的庭院创造了青铜像《大卫》。

对多纳泰罗和其他文艺复兴时期艺术家影响最大的是新柏拉图派哲学，包括美第奇家族和他们圈子里的人文主义思想家、艺术家和历史学家。这些知识分子坚信所有灵感和启示的源头，不论是来自《圣经》还是古典神话，都是一种由尘世的存在上升到同神灵神秘联合的手段。由于这个原因，多纳泰罗的《大卫》成为了神圣之美的标志。

图 17.4　多纳泰罗，《抹大拉的玛利亚》(约 1455)。木制，部分镀金。高：74″。
资料来源：佛罗伦萨斯卡拉/意大利内政部宗教建筑基金会摄影。

多纳泰罗的作品呈现出多种不同的表达特点，从抒发欢乐到描写悲剧。与年轻且有点傲慢的《大卫》相对比，多纳泰罗的《抹大拉的玛利亚》(*Mary Magdalene*，见图 17.4) 则显得憔悴和孤独。这个老人满面悔色，极具表现力。这件作品是多纳泰罗在晚期的创作，他选用了上了漆的木头——北部哥特雕塑家最喜欢的材料。

另一个受美第奇家族委托而完成的作品是桑德罗·波提切利 (Sandro Botticelli) 的《维纳斯诞生》(*Birth of Venus*，见图 17.5)。这是自古以来第一件巨幅的神话绘画作品，大约在 1480 年完成。这幅作品描绘了刚刚从海中诞生的罗马爱之神。风神夫妇将维纳斯吹到了海滨。她到来之时，一位代表春天的年轻女子向她表示欢迎。波提切利优美的线条显示出拜占庭风格的影响。背景是装饰性的和平滑的，几乎没有给出深度空间的幻觉。画中的人物看上去像浮雕一般，并不是完全的三维立体。波提切利和他的美第奇赞助人认为，一件艺术作品不一定必须与基督教有关才能振奋人心、优美动人。

人物端庄的姿态和手势很可能是受古典维纳斯雕像的启发，波提切利一定是在美第奇家族的收藏品中看到过那个雕像 (见图 16.5)。波提切利笔下的维纳斯安静地站在那里，陷入深思，体现了经典的希腊理想人体形象特征和文艺复兴时期的艺术对思想和感情的把握。

将裸体的“异教”女神放在巨大绘画作品的中心是非常新奇的，此前那个中心位置是为圣母玛利亚保留的。波提切利对古典神话的专注，同多纳泰罗一样，是基于新柏拉图式哲学思想。这也是通俗艺术赞助者一心所关注的。他们精于商道，大部分文艺复兴时期的艺术品都是受他们委托而完成的。

文艺复兴的全盛时期

1490—1530 年是人们所熟知的文艺复兴全盛时期，在佛罗伦萨、罗马和威

图 17.5　桑德罗·波提切利，《维纳斯诞生》(约 1480)。布面蛋彩画。5′8 7/8″×9′1 7/8″。
资料来源：意大利佛罗伦萨乌菲齐画廊。版权由佛罗伦萨夸特罗照片工作室所有。

尼斯等城市，意大利的艺术成就达到了顶峰。这一时期最具时代特征的三位艺术家分别是列奥纳多·达·芬奇、米开朗基罗·博纳罗蒂和拉斐尔·桑西（也叫拉法埃洛）。他们创立了一种平和均衡、理想化的艺术风格，将基督教理念、希腊哲学和当时的科学结合起来。

达·芬奇好奇心很强，并对人类能力充满信心，这激发他去理解物质世界中神奇的现象。他相信，艺术和科学这两种方式都通向同一个终点：知识。

达·芬奇做了很多笔记，还画了许多素描，记录了他的研究，从中可以看出他善做研究、富有创造性（见图 6.2）。他的笔记本里到处都是关于解剖学和机械装置的研究，这些探索使他处于当时科学发展的最前沿。他所画的《子宫里的婴儿》（*The Fetus in the Womb*，见图 17.6）虽然有一些错误，然而其中的大部分已经相当精确，甚至能够作为当今医学课本中的例子。

达·芬奇的世界名作《蒙娜丽莎》（*Mona Lisa*，见图 17.7）* 常被人们拿来复制，也是无数恶搞的来源。但除了曝光过度，它还是值得我们去关注的，因为它体现了文艺复兴的理念。画中人物淡淡的微笑和陌生而超脱尘俗的风景营造出一种神秘色彩，这依旧能激起我们的兴趣。

---

* 可在 myartslab.com 网站观赏《蒙娜丽莎》。

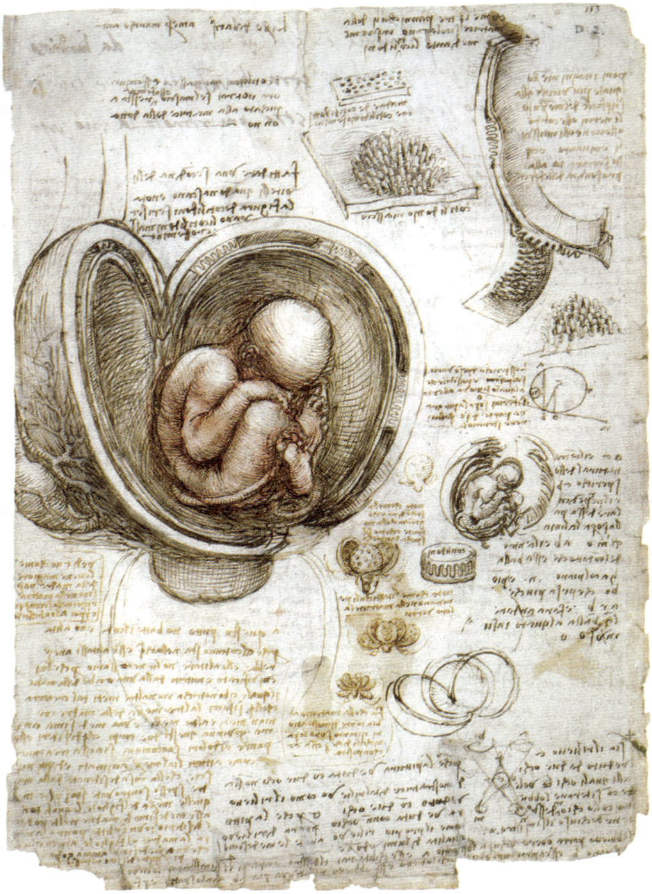

图 17.6 列奥纳多·达·芬奇，《子宫里的婴儿》（约 1510）。笔和墨水。11 7/8″×8 3/8″。

资料来源：英国皇室收藏。版权© 2013 由伊丽莎白二世/布里奇曼艺术图书馆所有。

朦胧的光质凸显了画面的神秘莫测，也使人物周围笼罩着某种氛围。这种轻柔的轮廓渐隐，用达·芬奇的话来说，“是无线无界的薄雾法”[1]——通过微妙的渐变着色法而实现，是达·芬奇发明的一种特别的明暗配合的方式。对于艺术史来说最重要的是，这个作品是一幅个人肖像。这种艺术方式在古罗马很常见，但在中世纪几乎无人知晓。在人文主义的影响下，形成了个人也可以被画进肖像画的这种信念。

通过对比达·芬奇的画作《最后的晚餐》（*The Last Supper*，见图 17.8）和拜占庭式的拼贴画《全能之主耶稣、圣玛丽和圣徒们》（见图 16.18），我们可以

图 17.7　列奥纳多·达·芬奇，《蒙娜丽莎》（约 1503—1506）。木板油画。30 1/4″×21″。

资料来源：卢浮宫，法国国家博物馆联合会/米歇尔·乌尔塔多。

清晰地看出文艺复兴时期人文主义的影响。在拜占庭式的作品中，基督被描绘成具有崇高地位和无限力量的天国之主。在达·芬奇的作品中，耶稣坐在桌旁，是一个可以碰触到的人，坐在像我们一样的门徒中，这种尘世的布景传达出他的神学观念。

这一自然主义风格的作品包含着隐藏的几何学，它建构起整个设计，突出了画作的象征内容。画作建立在一点线性透视的基础上，作品中间有一个逐渐消失的点。达·芬奇将基督安排在中间，这一点最具有暗示意味，将他和无限联系了起来。在基督的头上，建筑上的三角墙暗示了光环，进一步将他和两边面露惊讶的门徒们区分开来。这些门徒的姿势和动作不尽相同，他们围绕在他身边，表情

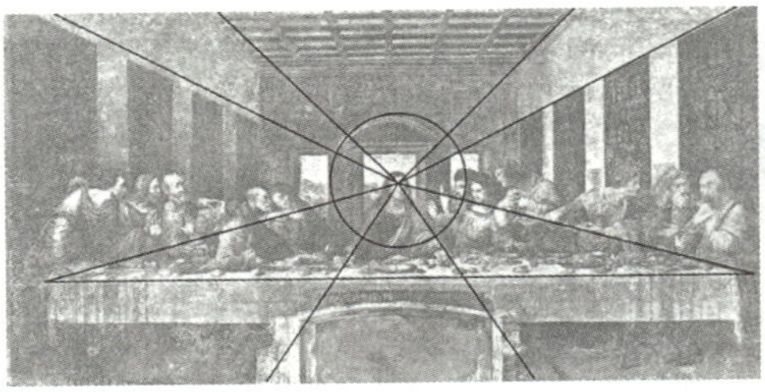

a. 安排结构和内容标志的透视线

b. 基督这一人物作为稳定的三角形，与充满动感、骚动的门徒们形成对比

图 17.8　列奥纳多·达·芬奇，《最后的晚餐》（约 1495—1498），意大利米兰圣玛利亚感恩教堂。实验性灰泥油画。14′5″×28′ $^{1}/_{4}$″。

资料来源：版权由佛罗伦萨夸特罗照片工作室所有。

极度痛苦。而基督则伸出双臂，做出一个接受的姿势，他的样子是一个稳定的三角形。

像《最后的晚餐》一样，米开朗基罗的《大卫》（*David*，见图 17.9）* 也是一个重要作品，展现了许多文艺复兴思想。《圣经》里的英雄大卫是刚成为共和国的佛罗伦萨摆脱暴政、实现自由的重要象征。其他的文艺复兴艺术家，例如多纳泰罗，把大卫塑造成机敏的年轻人，但是米开朗基罗用充满力量的手法将大卫塑造成一个英雄、一个正义事业的守卫者。

米开朗基罗根据希腊雕塑中构图的均衡，沿用了之前大卫雕塑作品的站立姿势，将身体的重量放在一只脚上。但从他双手的动作和紧皱的眉头可以看出他的

---

* 可在 myartslab. com 网站观看对比米开朗基罗的《大卫》和贝尼尼的《大卫》的播客。

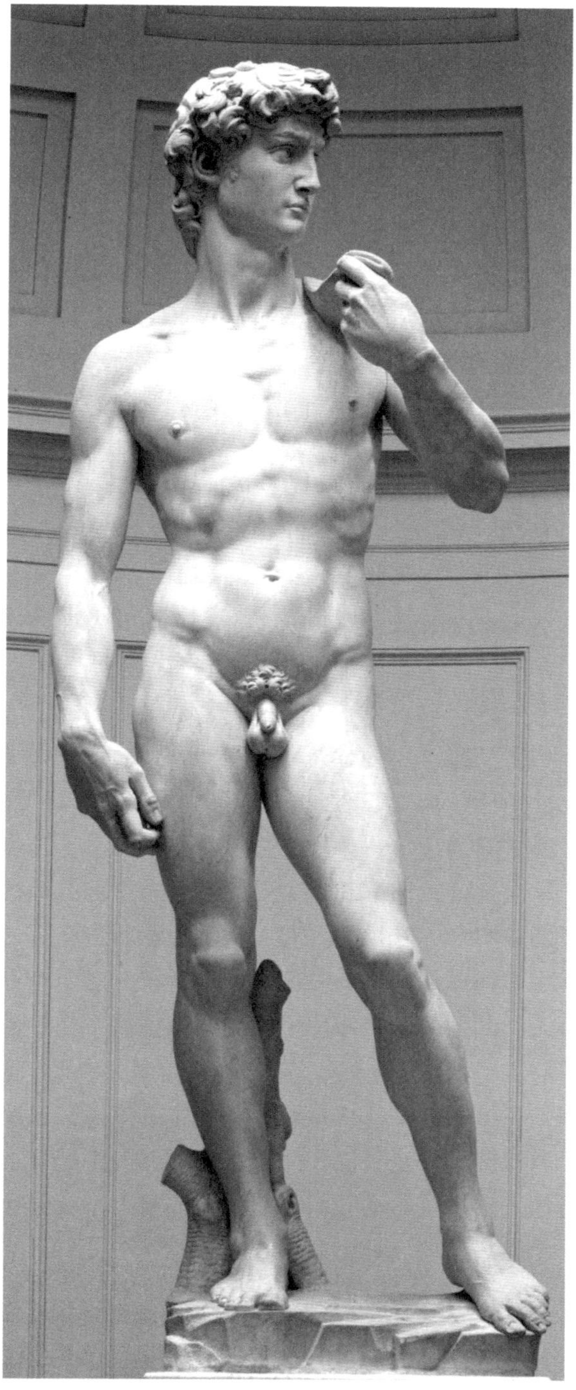

图 17.9　米开朗基罗·博纳罗蒂，《大卫》（1501—1504）。大理石。人体高：14′3″。
资料来源：佛罗伦萨艺术学院画廊。图片版权由佛罗伦萨夸特罗照片工作室所有。

焦虑，并且已经做好迎战的准备。通过调整局部、描绘内心感受，米开朗基罗赋予其生命，创作了经典不朽的希腊壮士形象。

米开朗基罗在这个雕塑上花费了三年的时间。这个作品完成后，被摆放在城市广场上，佛罗伦萨的大多数居民欣然接受。因为这个作品，米开朗基罗成为自希腊时期以来公认的最伟大的雕塑家之一。

当教皇尤里乌斯二世决定重新装饰他的私人教堂的天花板时，他连哄带骗地请求米开朗基罗接受他的委托，但这位雕塑家很不情愿，最终他强制要求米开朗基罗为其作画。米开朗基罗于1508年开始创作西斯廷教堂天花板的画作（见图17.10a)，四年后完成。该画作分成三个空间。最高层是九块关于《创世记》(*Genesis*）中创世场景的嵌板，包括《上帝创造亚当》(*The Creation of Adam*)。下一层包括了预言者和女先知（女预言者)。最底层包括了《旧约全书》中的人群，有些是基督教《圣经》中的先辈。之后画的《最后的审判》（*The Last Judgement*）填满了圣坛上方剩下的墙面。

天花板上最令人赞叹的作品是庄严宏伟的《上帝创造亚当》(见图17.10b)，在画中上帝为了给第一个人生命而伸出手。尚不是凡人的夏娃从上帝的左臂后面紧盯着亚当。

这个作品强有力地表达了文艺复兴时期人文主义对于上帝的概念：一个理想化的、理性的人，关切天地万物，对人类有特别的兴趣。米开朗基罗创造了一个充满力量的形象，这个形象在《圣经》中并不存在，雕塑家从文艺复兴的角度给我们讲述了上帝和人之间的故事。

拉斐尔是文艺复兴全盛时期第三个重要的艺术家。他的温暖柔和与达·芬奇的孤独理智、米开朗基罗令人敬畏的喜怒无常十分不同。在这三个主要的创作者中，拉斐尔的作品更多地体现了那个时代的艺术所特有的明晰和平衡。从他的作品中可以看出他对人类的圣洁的感知，极具洞察力，这正是意大利文艺复兴的驱动力所在。

在《雅典学院》(见图3.22）中，我们可以看到多种文艺复兴理念以极为清晰的方式呈现出来。拉斐尔将复杂的作品安排成匀称的小组，以拱形围绕在柏拉图和亚里士多德身边。透视线帮助我们聚焦于他们身上。在这个作品中，大多数人物的姿势都基于经典的古代人像。

《雅典学院》通过在博学之人中进行哲学讨论的场景，将人类理性提升为一种理想。教皇要求在会议室的墙上作画，这样人们在讨论教堂事务时，会受到古代伟人的理想会议的鼓舞。人文主义很少得到如此清晰的表达。

a. 西斯廷教堂

资料来源：意大利罗马梵蒂冈博物馆。版权由路透社/科比斯图库所有。

b.《上帝创造亚当》

资料来源：意大利罗马梵蒂冈博物馆。

图 17.10　米开朗基罗·博纳罗蒂，罗马梵蒂冈西斯廷教堂天花板壁画（1508—1512）。

拉斐尔为教皇利奥十世——美第奇家族的后裔创作了一系列挂毯上的画作，可以在米开朗基罗所创作的天花板画作下装饰西斯廷教堂的墙壁。挂毯已经褪色，但是画面保持了大部分原先鲜亮的颜色（见图 17.11）。利奥十世希望能够通过画出《使徒行传》中重要事件的插图来美化古老的教堂。基于此，拉斐尔创作了令人难忘的、充满戏剧性的作品。《保罗在雅典宣讲》（*Paul Preaching at Athens*）是一幅多元而结构清晰的作品，画中保罗在向偏向于哲学思考的雅典人布道。利奥十世也在听众中，就在保罗左边。这个作品透露的信息是理性能够传达宗教真理，完美地表现了文艺复兴的理念。

图 17.11　拉斐尔，《保罗在雅典宣讲》（1515—1516）。纸上水彩裱于布面。11′5 1/2″×14′6 3/4″。
资料来源：伦敦维多利亚和艾伯特博物馆。版权由维多利亚和艾伯特图片英国皇室收藏所有，从女王陛下处借调。

北欧的文艺复兴

当早期的文艺复兴在意大利进行之时，在北欧兴起了对现实主义的新的兴趣，那里的艺术家们比意大利人更加关注描绘现实世界中的生活。扬·范·艾克是佛兰德（即现在的比利时与法国、荷兰的毗邻地区）的著名画家。他也很早就使用油彩作为绘画媒介（见图 7.11）。油彩这种新的媒介稠度适中，十分顺滑，使用它可以画出光彩迷人、通透明亮的颜色，这是以前所达不到的。现在他的油画几乎完好无损，证明了他高超的技巧和对材料的娴熟把握。后来意大利艺术家们对范·艾克和其他佛兰德艺术家的创新赞不绝口，并进行模仿。

范·艾克在之前创作蛋彩画所用的同一类型的小木板上创作，他的绘画详尽无遗，包括平行光、物质、低调密布的纹理和某些人物逼真的外形，实现了视觉在深度上的延伸。人像和其内部构造看起来不同于以往，栩栩如生。

《阿尔诺菲尼夫妇肖像》（见图 17.12）*是范·艾克最为著名的作品，也是最令人费解的一幅。它好像是庆祝婚礼或订婚，但因为不知道画中人物的身份，我们或许永远无从知晓答案。许多精心描绘的日常物品都有神圣之意。吊灯上唯一亮着的蜡烛象征了基督的存在；琥珀珠子和透过它的闪烁的阳光是纯洁的象征；狗象征了婚姻的忠诚。新娘的手在腹前提着裙子或许暗示她有了孩子。绿色是能生育的标志，婚礼上常有人穿绿色衣服。作为这场婚礼的见证者，扬·范·艾克将他的签名和日期（1434 年）直接留在镜子上方——并且他的样子被反射在了镜子上（见图 3.54）。这幅作品之所以成为典型的文艺复兴作品是因为它看起来像是发生在普通房间，但是人物和空间都捕捉得非常精确。绘画是一扇通向世界的窗户，这个世界类似于我们所在的世界。这一观念即来源于这样的作品。

在 16 世纪早期的德国，阿尔布雷希特·杜勒进一步将富于启发性的象征主义和更加细节化的现实主义结合起来。他的雕刻作品《骑士、死亡和魔鬼》（见图 8.9）融合了基督教中的象征意义和范·艾克的佛兰德派传统中人们所熟知的主题。

限制北欧艺术创作的一个主要原因是发生于大约 1521 年的宗教改革，当时教皇利奥十世将造反的修道士马丁·路德逐出了罗马天主教教会。神职人员投身于迅速发展的宗教运动，反对教堂内繁复华丽的装饰，这导致祭坛用品和宗教绘画的佣金大幅度减少。因此，在北欧许多文艺复兴艺术品只能成为许多家庭的私人收藏。

彼得·勃鲁盖尔（Peter Bruegel）创立了一种描绘北欧景色的新的艺术视角。他年轻时在意大利和法国游历甚广。在意大利文艺复兴时期画作的影响下，勃鲁盖尔对作品构造和空间深度有了宏观的把握。他的作品大多着眼于普通人的生活和环境。这种描绘日常生活的作品现在仍受到人们的喜爱，即所谓的风俗画。

---

* 可在 myartslab.com 网站观赏《阿尔诺菲尼夫妇肖像》。

图 17.12　扬・范・艾克，《阿尔诺菲尼夫妇肖像》(1434)。嵌板油画。$33^1/_2'' \times 23^1/_2''$。

在勃鲁盖尔的生命尽头，他创作了一系列表现一年 12 个月中各种活动的画作。对应着 1 月的画作《雪中猎人》(*Hunters in the Snow*，见图 17.13）受到的赞誉最多。中世纪的手绘家（彩饰书稿的作者）根据每个月份对应的劳作，在日历上描绘各个月份。勃鲁盖尔效仿前人的做法，展示了人们出去打猎来储备过冬的粮食的画面。不同于以往的是，它更多地渲染了大自然中冬天的氛围，而非人类的活动。猎人们脚步沉重，一些行走在成排的树林间，另一些在远处结冰的湖旁走动。对这幅画来说，至关重要的是深度空间引起的幻觉。它来源于意大利人的创新，勃鲁盖尔在阿尔卑斯游玩时受到启发。

图 17.13　彼得·勃鲁盖尔，《雪中猎人》（1565）。嵌板油画。$46^{1}/_{2}'' \times 63^{3}/_{4}''$。
资料来源：奥地利维也纳艺术史博物馆，akg-图片库/埃里克·莱辛。

意大利的文艺复兴晚期

在 16 世纪晚期，一些建筑师开始重新思考传统建筑法则，并将其拓展，即使他们使用了传统方式。最有学识且最具影响力的建筑师是威尼斯的安德烈亚·帕拉第奥（Andrea Palladio）。他建造的罗通达别墅（见图 17.14）十分著名，是对罗马万神殿（见图 16.10）一种自由式的再度阐释。它的四面完全一样，中央穹顶大厅四周建有门廊，看起来与古老教堂的正门无异。这个别墅的设计很难满足居住的目的，不过它并不是为家庭居住而设计的；它是退休的贵族进行社交活动的避暑别墅。罗通达别墅位于山顶，站在圆形大厅的来访者可以从四个角度欣赏乡村景观。

帕拉第奥的设计图稿被结集出版，在西方广泛流传。在接下来的两个世纪，从西班牙到宾夕法尼亚州的建筑师和建造者经常使用帕拉第奥设计的图样，并且他的设计甚至在我们这一代的后现代建筑中再次出现。

图 17.14 安德烈亚·帕拉第奥，意大利维琴察罗通达别墅（1567—1570）。
资料来源：相机照片/akg-图片库。

威尼斯帕拉第奥式的建筑成了文艺复兴艺术中最后的昙花一现。威尼斯画家在画布上使用最新的油画颜料，开始尝试新的人物姿势、构造和主题。因为委托人在地中海国家进行贸易而变得富有，相应地，威尼斯画作色彩十分丰富，多描绘奢华生活，没有拉斐尔和米开朗基罗等意大利艺术家的画作那么理想化。

我们来看一幅可以证明威尼斯富裕程度的著名画作——保罗·委罗内塞（Paolo Veronese）的《利未家的宴会》（*Feast in the House of Levi*，见图 17.15）。这幅伟大的作品描绘了《新约》中一场有耶稣在场的豪宴（我们可以看到他坐在中间）。

图 17.15 保罗·委罗内塞，《利未家的宴会》（1573）。布面油画。18′4″ × 16′7″。
资料来源：威尼斯美术学院画廊。版权由威尼斯相机照片艺术所有。

艺术家将场景设置在威尼斯式的拱廊下，借用了帕拉第奥的建筑中的特点。仆人们匆忙奔走，侍奉着不同国籍的人们（包括右边中央穿着格子衣服的德国人）。这幅画中并不是每个人都是清醒的。气氛优雅而喧闹，一派奢华的场景。

今天，这个作品名为“利未家的宴会”，但最初是一个修道院的僧侣委托委罗内塞绘制一幅“最后的晚餐”，放在他们的餐厅里。委罗内塞对基督向众门徒告别这一经典主题（与达·芬奇的《最后的晚餐》相比较）进行了肆意改动，宗教法庭怀疑这位艺术家亵渎宗教或信奉异教，并传唤审讯了他，之前裁决过这样的案子。这后来成为西方世界关于艺术家自由的一次重要审判。

他们问委罗内塞为什么把没有出现在“最后的晚餐”中的“小丑、醉鬼、德国人、侏儒及其他村夫俗物”也描绘进去。他辩护到，画家应该享有诗意的放肆。这一辩护受到后来西方艺术家的热烈追捧。正如委罗内塞所说，“我画我认为合适的和我的才能所允许的。”[2] 宗教法庭要求他更改这幅作品，使它更符合观赏者对“最后的晚餐”的期许。但委罗内塞没有做出修改，而仅仅更改了画的名称，表明这只是利未家的一场家宴。在开明自由的威尼斯，这场争端对于委罗内塞的名声并没有明显的影响。

巴洛克风格

在巴洛克时期（约 1600—1750 年），艺术家运用文艺复兴的技术使艺术的发展更具戏剧性、饱满感且壮丽恢宏。巴洛克风格比文艺复兴风格更多变，许多艺术作品展现出巨大的能量、充沛的情感以及对光线、比例和构图的高超运用。巴洛克艺术家舍弃了文艺复兴时期艺术家所取得的平衡和谐，如拉斐尔的《雅典学院》和米开朗基罗的《大卫》所体现的那样，而去探索更加新颖的方式来使用空间以及光影更加微妙的波动。他们的艺术由于经常使用曲线和反曲线，会在人们观赏作品的第一眼时勾起人们的情绪。我们也可以在作品中看到现实主义的生动再现。其中的构图使用了棱角分明的斜线和极度的透视收缩法。

反宗教改革促成并凸显了巴洛克风格的许多特点。这一改革是罗马天主教教会针对宗教改革而发起的。在特伦多大公会议所发布的一系列法令之中，教会重申了圣礼的神秘性，赞美了圣人，并且肯定了艺术对祈祷者有所裨益。许多巴洛克宗教艺术开始把关注点转向个人信仰和神秘信仰。

米开朗基罗·梅里西·德·卡拉瓦乔（Michelangelo Merisi da Caravaggio）质朴写实的现实主义及其对光线的高超使用突破了文艺复兴的理想主义，对其他南北方的巴洛克画家产生了重要影响。卡拉瓦乔使用直射光线和强烈的对比引导观赏者的视线，强化了其主旨，创作出当时最鲜活和戏剧化的绘画。

在《圣保罗的皈依》(*The Convertion of Saint Paul*，见图 17.16) 中，卡拉瓦乔用光线来暗示炫目的闪光，象征传道者的豁然顿悟和灵魂的皈依。他运用透视收缩法把身穿罗马礼服的保罗推到前景中，这一人物离我们非常近，给人以身临其境之感。卡拉瓦乔描绘的保罗皈依基督教具有超自然的特点，同时唤起人们对尘世神秘面的感知。这里我们看到的巴洛克式的人物完全不同于拉斐尔笔下的保罗。保罗在雅典传道，逻辑清晰而充满理性。一些罗马牧师反对他的风格：一些人习惯于那些纯粹展示对宗教虔诚的理想化的贵族形象。对他们而言，卡拉瓦乔的情绪写实主义过于强烈。

情绪写实主义以及极度的明暗配合的使用，特别是卡拉瓦乔画作的夜间效应影响了后来的巴洛克画家。卡拉瓦乔的画作陈列在一个黑暗的小教堂中，显得鲜活逼真、栩栩如生，旨在增强宗教体验。

我们可以在阿特米西亚·简提列斯基 (Artemisia Gentileschi) 的作品中看到卡拉瓦乔的影响，这位画家的创作转向对女性宗教英雄的描绘。《朱迪丝和荷罗孚尼》(*Judith and the Maidservant with the Head of Holofernes*，见图 17.17) 描绘了《旧约全书》中的一个场面，朱迪丝来到亚述将军荷罗孚尼的军

图 17.16 米开朗基罗·梅里西·德·卡拉瓦乔，《圣保罗的皈依》(1600—1601)。布面油画。$100^{1}/_{2}'' \times 69''$。

资料来源：意大利罗马人民圣母教堂。版权由罗马文森佐·皮罗奇所有。

图 17.17 阿特米西亚·简提列斯基，《朱迪丝和荷罗孚尼》(约 1625)。布面油画。$6'1/2'' \times 4'7^{3}/_{4}''$。

资料来源：底特律艺术博物馆，莱斯利·格林夫人赠予。图片版权由底特律艺术博物馆/布里奇曼艺术图书馆所有。

帐中，将他灌醉，然后砍下他的头颅，帮助犹太人获得了自由。画中，朱迪丝和她的仆人正在收拾现场，用毛巾把受害人的头颅包起来。根据这个故事的描述，她们随后将头颅带回去，犹太人成功击退了失去首领的敌军。戏剧性的光线、不平衡的构图及身体和布料大弧度的曲线使它成为一幅典型的、极具戏剧性、甚至渲染过度的巴洛克风格作品。艺术家描绘的朱迪丝有许多她自己的特点，可以看出她认为自己也是女英雄。

乔安洛伦佐·贝尼尼在雕刻方面的影响力相当于卡拉瓦乔在绘画方面的影响力。因为贝尼尼的《大卫》(*David*，见图 17.18) 不是高耸的纪念碑那样的，而是真人大小，所以观赏者被这一动作所吸引。贝尼尼没有向米开朗基罗那样去捕捉大卫内省的瞬间，而是描绘了正处于准备状态的大卫，他正准备将石头丢向歌利亚。他张开的双臂、转动的身躯和专注的表情凸显了他拼搏的状态。

贝尼尼对视觉艺术精心而和谐的创作是意大利巴洛克风格表现的极点。他的艺术中的强烈情感在作品《圣特蕾莎修女的狂喜》(*The Ecstasy of Saint Teresa*，见图 17.19) 中体现得鲜活而明显。它的特点在于大理石雕刻的修女是真人大小，并且根据她在日记中记下的一种幻象，将其刻画出来。在这个幻象中，她

图 17.18　乔安洛伦佐·贝尼尼，《大卫》(1623)。大理石。真人大小。

资料来源：罗马博盖塞美术馆。斯卡拉摄影。

图 17.19　乔安洛伦佐·贝尼尼，《圣特蕾莎修女的狂喜》(1645—1652)。圣坛细部。大理石。真人大小。

资料来源：意大利罗马维多利亚圣母教堂科纳洛礼拜堂。图片版权由康纳利图片库所有。

看见一个天使仿佛在用火焰般的金箭刺穿她的心脏，既带给她强烈的痛苦，也给予她极大的快乐。正如她在自传中所记录的那样，“上帝伟大的爱此刻在体内燃烧着。”[3] 贝尼尼通过描绘这一瞬间最强烈的感情，活灵活现地呈现出这次超然体验，用肢体语言传达精神上的热情。上面的天窗为雕像提供了令人炫目的光线，起伏不平的衣饰增强了情感的冲击。贝尼尼的处理不同于经典的平衡标准，随即影响了整个欧洲的艺术家。

佛兰德画家彼得·保罗·鲁宾斯（Peter Paul Rubens）是著名的外交官和人文主义者，也是北欧最具影响力的巴洛克艺术家。他在安特卫普学习绘画，然后在1600年到意大利旅行。他在那里暂住了几年，仔细研究了米开朗基罗和威尼斯人的作品。鲁宾斯回到北部时，得到了越来越多的称赞和赞助。他是个精明的商人，享受着贵族的生活。欧洲贵族和皇室频繁地找他作画，于是他建立了自己的工作室，有很多助手。虽然鲁宾斯因其热情洋溢的人体油画而闻名，但在他的画中任何事物都倾向于呈现出一种类似的性感。他自由的笔触影响了很多画家。

在《升起十字架》（*The Raising of the Cross*，见图 17.20）中，我们看到鲁

图 17.20　彼得·保罗·鲁宾斯，《升起十字架》（1610—1611）。嵌板油画，三件作品中的一件。15′2″× 11′2″。

资料来源：比利时安特卫普大教堂。彼得·威利/布里奇曼艺术图书馆摄影。

宾斯对宗教主题的诠释。这个作品是他为家乡的一个重要的罗马天主教堂而创作的。他沿着一条斜线进行构图，斜线末端右边肌肉发达的人物固定了画面。作品中其他人物也是身体紧绷，从中可看出他新近的意大利之旅所产生的影响。在那儿，他看到了米开朗基罗和卡拉瓦乔的作品。同时，底部左侧高度逼真地呈现了叶子和狗的细节，展现出鲁宾斯从扬·范·艾克和其他画家那里继承了佛兰德的传统。作品中的动作和戏剧性场面似乎都冲破了框架，基督眼神朝上，引领着这一切。这种视觉活力将作品中的动作延伸到了观看者的空间，表明此作品是一幅巴洛克风格的绘画。

许多艺术家在巴洛克时期为教堂进行创作，一些艺术家则服务于贵族。他们之中最具创新精神的是西班牙画家迭戈·委拉斯开兹（Diego Velázquez），其绘画生涯中的大部分时间是在西班牙国王菲利普四世的宫廷里度过的。菲利普是一个胸襟豁达的君王，他很喜爱他的首席画师的画作，有时这些作品极具冒险精神。《女侯相》（*The Maids of Honor*）* 就是这样一幅画作（见图 17.21），委拉

图 17.21　迭戈·委拉斯开兹，《女侯相》（1665）。布面油画。10′5″×9′。
资料来源：西班牙马德里普卡多博物馆。akg-图片库/埃里克·莱辛摄影。

* 可在 myartslab.com 网站观赏迭戈·委拉斯开兹的《女侯相》。

斯开兹在这幅画中玩了一个煞费苦心的游戏。起初主题人物并不明确，因为艺术家本人是从油画布后面盯着看的，手里拿着画笔。女傧相围绕在国王的女儿旁边，而她正卖弄风情地看着我们，像是期待着什么。她似乎是作品的中心，因其是站在最亮的灯光之下。另一个朝臣站在背景中被照亮的门口处。只有当我们看到远处墙上的镜子，看见一对皇室夫妇的面容倒映在镜中时，我们才意识到这是一个有着视觉之谜的宫廷画像。委拉斯开兹在创作皇家画像时画了幅自画像！像其他巴洛克作品那样，此画作在扫视和影像的微妙动态中越出了它原本的框架，其间光和影发挥着主要作用。

我们已经知道，在那些既描述宗教主题又描述世俗主题的艺术中可以找到巴洛克的特点。这主要是因为艺术家们不再完全依靠教堂的支持，许多艺术家为贵族创作。然而，在 17 世纪的荷兰共和国，由于荷兰刚赢得独立，国际贸易不断繁荣，因而出现了一种新型艺术赞助人——中产阶级富商和银行家，他们中大多数是新教徒。这些新的赞助人享受并投资当代艺术。人们所喜爱的主题和今天是一样的：风景画、静物写生、风俗画及肖像画。荷兰画家把艺术变成日常用语中常提及的，并且可以理解的事物。

图 17.22　伦勃朗，《浪子回头》（约 1668—1669）。布面油画。8′8″×6′8″。
资料来源：俄罗斯圣彼得堡艾尔米塔什博物馆。

我们可以在伦勃朗的巨作《浪子回头》（*Return of the Prodigal Son*，见图 17.22）中看出为什么他是西方世界最受人尊敬的艺术家之一。这个故事来源于《圣经》：一个不孝子与他的家庭断绝了关系，早早地就要走了他的遗产。他生活糜烂，任意挥霍，最后变得极度穷困。当他穷途末路时，回到了富有的父亲身边，想要一份不受拘束的工作。父亲并没有鄙视或指责，恰恰相反，他温柔地迎接了这个憔悴绝望的年轻人。伦勃朗无比委婉地描绘了这个动人场面。我们看到了穿着破烂衣服的浪子和父亲温柔地拥抱。我们也看到了父亲的另一个儿子，站在左侧踟蹰不前。

伦勃朗的作品展现了意大利巴洛

克画家们对其作品中强烈明暗对比的影响。然而这个故事并非像卡拉瓦乔的《圣保罗的皈依》一样，它并不是关于圣人的神奇故事，只是疏远的人们奇迹般恢复了彼此间感情的故事。

伦勃朗也是一位大名鼎鼎的版画家。从他诸多的蚀刻版画可以看出，他在设计通常采用的宗教主题时能很好地运用巴洛克风格的明暗语言。

另一位 17 世纪的荷兰画家扬·维梅尔（Jan Vermeer）创作了一系列的风俗画，这些画作将日常生活拔高到伟大庄严的层面。卡拉瓦乔和伦勃朗用光线来突出视觉关注点，与他们不同，维梅尔注重的是光线呈现各种颜色、纹理和物质世界细节的方式。他对观察表现出极大的热情，显而易见的是，他也热衷于物质世界的视觉效果。

维梅尔对于光线如何呈现形体有自己的理解，这使他能够赋予其画作清晰明亮的活力。在《拿着水罐的女人》（*The Kitchen Maid*，见图 17.23）中，主要的力度来源于对颜色有限的使用：红橙色凸显了黄色和蓝色，四周是中间色调。光在这个作品里有神秘的特质，倒牛奶的动作具有庄严的仪式感。

静物画也是巴洛克时期的时尚新宠。静物画一般是艺术家把物品放置在桌上，通常从水果或花朵开始创作，常包括其他食物和家庭用具。这个术语源于荷兰，在 16 和 17 世纪荷兰艺术家是这个领域的引领者，他们为了感恩自然的慷慨而精心绘画静物。另一个重要的中心是西班牙，艺术家通常在强烈的光线下只摆放很少的东西。

在胡安·范·德·哈门（Juan van der Hamen）的作品中我们看到了两种学派的影响。在《静物：甜品与陶器》（*Still Life with Sweets and Pottery*，见图 17.24）中，强烈的光线和简单的布置是经典的西班牙风格，但画中有几盘水果和点心，则展现了北部的影响。艺术家在这里捕捉到了篮子、陶罐、木箱以及食物的多种质地。这个作品在构图上也是一次非常有趣的练习，从朴素的灰色架子上的多个角度看去，形成了回环往复的圆弧外形。

法国艺术家在巴洛克时期吸纳了意大利文艺复兴时期的思想，并为自己所用。

图 17.23　扬·维梅尔，《拿着水罐的女人》(约 1658)。布面油画。18″× 16 1/8″。
资料来源：阿姆斯特丹国立博物馆。

图 17.24　胡安・范・德・哈门，《静物：甜品与陶器》(1627)。布面油画。$33^{1}/_{4}'' \times 44^{3}/_{8}''$。
资料来源：华盛顿特区美国国家艺术馆，塞缪尔・H・克雷斯收藏，1961.9.75。

法国凡尔赛宫*是为路易十四建造的，从中我们可以清楚地看到巴洛克贵族的奢华。主宫殿及其花园都是法国巴洛克建筑和景观设计的例证（概况见图2.17）。位于宫殿中心的镜厅（见图17.25）是为国王进出而设的。玻璃窗对面

图 17.25　儒勒・哈杜安-孟萨尔（Jules Hardouin-Mansart），凡尔赛宫镜厅（始建于1678年）。长：约240′。
资料来源：版权由科比斯图库所有。

* 可在 myartslab.com 网站观赏凡尔赛宫的宫殿和花园。

是坚固的镜墙，因此大厅看上去宽了一倍。这样的玻璃制品在那个时代非常昂贵，大厅因而成为欧洲富裕程度的独特展现。经典的壁柱和圆拱的细节设计几乎消失在折射出的壮丽之中。天花板上满是描绘路易十四功绩的绘画。在凡尔赛，路易斯十四和他的继承者们创造了视觉上的奇观，支撑着他们的信念——君主政体是权力之源。

艺术造就了我们：说服　灵感

凡尔赛是西方世界具有说服力的艺术作品中最明显的例证，其资助人或建造者试图让我们相信某些事物在影响我们的信仰（这里是有关君主专制政体）。但一些艺术作品，如凡尔赛宫的镜厅（见图 17.25），试图凭借其辉煌与奢华说服我们，其他的则通过更微妙的方式来激励我们。在这里我们考察三件作品，它们试图通过灵感来证实进步是积极的。

英国德比的约瑟夫·莱特（Joseph Wright）的作品《哲学家的太阳系仪演讲》（见图 17.26）是对科学世界观的一次有力宣传，这种思想在 18 世纪中期才初露曙光。该作品在启蒙运动中迎来更大的收获（见第 21 章）。太阳系仪是一个太阳系模型，得名于一位赞助了第一台太阳系仪的英国伯爵。太阳位于中心，其他行星轨道环绕四周。这幅画创作于 1766 年，当时科学讲座与科学论证刚刚作为公共活动流行开来，莱特多半参加了这类讲座。在画中他采用了巴洛克艺术的舞台灯光效果。一盏灯取代了太阳，而一位身穿红衣、酷似英国科学家艾萨

图 17.26　约瑟夫·莱特，《哲学家的太阳系仪演讲》（1766）。布面油画。58″×80″。
资料来源：英国德比博物馆和美术画廊，akg-图片库/埃里克·莱辛。

克·牛顿的教授在解释太阳周围行星的运动。听众的反应从沉思到敬畏，不尽相同。在（人工的）太阳/灯光下，他们沐浴着科学的启迪之光。因此这件作品激励我们去思考科学探究的价值和知识的传播。

19 世纪美国的西进运动是其民族神话中真实发生的一部分。德裔画家伊曼纽尔·鲁茨（Emanuel Leutze）用画作将其栩栩如生地表现出来，如《帝国大业踏上西进征途》(*Westward the Course of Empire Takes Its Way*，见图 17.27)。在画中，一群移民来到了大陆分水岭，他们凝视着前方似乎有着无尽可能性的广袤土地，与此同时，其他开拓者则马上动手开辟前方的道路。画作下方是一个横向嵌板，描绘出太平洋海岸，两侧有探险家丹尼尔·布恩和威廉·克拉克的肖像。

图 17.27 伊曼纽尔·鲁茨，《帝国大业踏上西进征途》（1860）。美国国会大厦的书房壁画。33 1/4″×43 3/8″。

资料来源：华盛顿特区史密森美国艺术博物馆。图片版权© 2013 由史密森美国艺术博物馆/艺术资源/佛罗伦萨斯卡拉所有。

鲁茨把他的创作意图写在作品中："谨代表最纯洁真挚的艺术，和平征服西部的大业。"[4]然而大家心知肚明，征服西部谈不上和平，但画中所见的这群开拓者在已经开辟出来的道路上前进。不过，这件作品的激励意图已十分明显，因此美国政府委托鲁茨在华盛顿的国会楼梯间创作一幅更大的画作。在那里，它发挥着潜移默化的影响，鲜明地鼓吹"天命"论，即美国理应去占领从大西洋一直连绵到太平洋的土地。

高耸的大楼可以激励人心，正如建筑师路易斯·沙利文所说："骄傲高耸的东西。”[5]弗拉基米尔·塔特林（Vladimir Tatlin）的《第三国际纪念碑》（*Monument to the Third International*，见图 17.28）可能是有史以来最令人激动的建筑。

第三国际是革命领袖弗拉基米尔·列宁在 1919 年创建的组织，目的是在全世界范围内传播共产主义。该建筑是用环绕的金属构造，最初的设计高度达 1 300 多英尺，是为了象征诞生于 1917 年革命的苏俄科技实力。它呈螺旋形，共有三个玻璃建筑，可以用作人民礼堂、办公室和广播室，播报新闻和鼓舞人心的消息。这些展馆被设计成以不同的速度旋转：每年一次、每月一次和每天一次。

塔特林想让他的纪念碑和当时在巴黎竣工的埃菲尔铁塔竞争，他的纪念碑对社会而言更加有用，它是激励所有路过之人的永恒源泉，也是一个功能性建筑。这在当时是不可能实现的，因为苏俄还处在革命后的政治动荡之中，资源短缺。

然而，为了博览会甚至是游行，人们会造出这座纪念碑的模型。因此，尽管全世界从未有完整尺寸的纪念碑，但是其模型和微型复制品仍在不同时期激励着人们。

图 17.28　弗拉基米尔·塔特林，《第三国际纪念碑》（1919）。照片。
资料来源：布里奇曼艺术图书馆。

洛可可

在 18 世纪中期的法国，沉重、夸张的意大利巴洛克艺术逐渐式微，随之而来的是装饰性的洛可可风格。比起巴洛克风格，它轻柔而具有趣味性。设计师模仿贝壳的曲线形态，将其运用到装饰精美的室内和家具上。它们影响了后来在画作中出现的层层波浪的形状。艺术从凡尔赛宫那样的大理石宫殿中走了出来，进入苏比斯府邸那样时尚的城镇建筑中（见图 17.29）。

图 17.29　热尔曼·鲍夫朗（Germain Boffrand），巴黎苏比斯府邸的深宅后院（始建于 1732 年）。

资料来源：德国慕尼黑赫默图片库。

用热情性感的洛可可风格来描绘法国宫廷和贵族奢侈且轻佻的生活，是再合适不过的了。其中保留一些巴洛克风格的运动、光线和姿势，不过它现在所达成的效果不是剧烈的动作或平静的反应，而是一种随心所欲的放纵。洛可可绘画将生活浪漫化，不再有艰苦，整日里只有求爱、音乐和节日野餐。

我们可以清楚地从让-奥诺雷·弗拉戈纳尔（Jean-Honoré Fragonard）的作品《秋千春光》（*Happy Accidents of the Swing*，见图 17.30）中看到贵族式生活的轻松闲散。一位穿着考究、神情悠闲的年轻女士，由隐约可见的主教陪伴着，在花园里荡秋千。在左下方，一位年轻人隐藏在灌木丛中仰慕地望着她。这幅作品的故事线是由女士飞出的鞋子引出的，那只鞋子从她的脚上飞出，很快就会落在年轻人的腿上。弗拉戈纳尔从巴洛克艺术中掌握了一些经验，从不平衡的对角线构图、光线对比以及繁茂花园中可见的暗处，我们能够看出这一点。但是

图 17.30　让-奥诺雷·弗拉戈纳尔，《秋千春光》(1767)。布面油画。31 7/8″×25 1/4″。
资料来源：伦敦华莱士收藏馆，布里奇曼艺术图书馆。

这里巴洛克的戏剧化却在其发展最盛之时向放纵感官享受、轻如空气的洛可可主题让路。

而法国下一代的艺术家和知识分子会对这类艺术中所描绘的社会责任缺失进行抵制，在他们看来这些都空洞毫无内涵。启蒙运动已经在西欧爆发，它在社会平等和科学探索方面的新思想将很快震撼欧洲文化的核心。

思考回顾

1. 艺术领域的哪些技术进步使文艺复兴成为可能？
2. 北欧的文艺复兴时期绘画与意大利同时期的作品相比有何不同？
3. 哪三个主要的客户群资助了巴洛克艺术？

请试一试

请比较文艺复兴时期米开朗基罗的《大卫》（见图 17.9）和巴洛克时期贝尼尼的《大卫》（见图 17.18），在你看来，哪件作品更好？为什么？

关键术语

巴洛克风格——17 世纪盛行于欧洲，通过引人注意的光影、混乱的构图和明显的情感表达方式形成视觉艺术的特征。

风俗画——一种以日常生活，而非公民领袖、宗教人物或神话英雄为主题的艺术类型。

人文主义——在文艺复兴时期一种理性的文化运动，伴随着人们对古希腊罗马的艺术和文学的重新发现。

文艺复兴——14—16 世纪后期在欧洲盛行，其特点是人们重燃对以人为本的古典艺术、文学和知识的兴趣。

洛可可——18 世纪出现在法国和德国南部的一种风格，用于室内装饰和绘画，以小巧、华丽的装饰、柔和的颜色和不对称的曲线布置为特点。

静物画——一种描绘无生命物体的绘画，比如花、水果和其他食品、家庭用具等。

第18章　亚洲的传统艺术*

请思考

1. 请描述印度教、佛教、道教、儒教和神道教的历史渊源及其哲学信仰。
2. 请解释亚洲艺术共同的宗教意象。
3. 请讨论佛教和印度教对中国和日本传统的艺术和建筑的影响。
4. 请比较中国和日本艺术中的技术、主题和视觉特性。
5. 请认识艺术是如何强调美感和感官吸引力的。

人类在亚洲（见图18.2）的起源可以追溯到旧石器时期。亚洲的古代文化发展经历了与欧洲和非洲相似的轨迹，即从狩猎和采集社会到农业社会，再到青铜时代的王国。（古代亚洲艺术的例子，见第15章。）在文化以及地理上，印度是大陆的核心。许多后来在亚洲社会中盛行的思想，发源于印度并向外辐射开来。然而，由于亚洲各地区也有各自的本土文化，完全接纳外来文化的情况很少发生。而我们可以追踪漫布在亚洲的思想与艺术风格，在不同的区域被调整并接纳的发展过程。

印度

通过发掘古城哈拉帕的遗址，人们发现了一处有着健全社会组织的遗迹，它拥有先进的城市规划与高度发展的艺术文明。在三千至五千年前，这座城市是沿着肥沃的印度河流域，横亘了几千英里的文明的焦点。（大多数孕育了印度文化的这些流域，在1947年印度独立后，成为巴基斯坦的一部分。）

* 可在 myartslab. com 网站收听本章音频，学习和回顾本章内容。

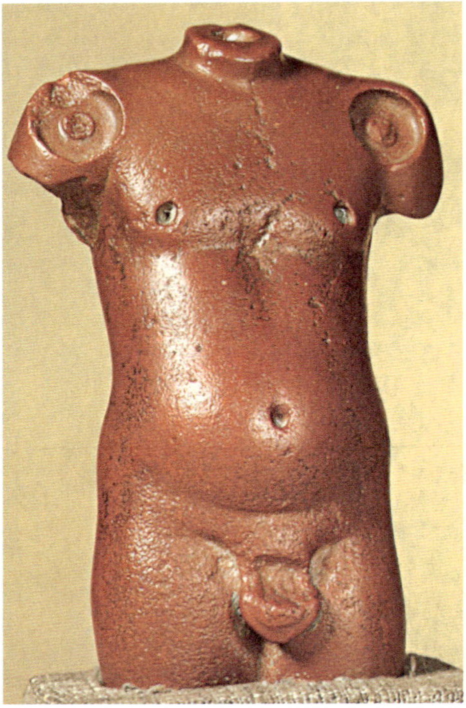

图 18.1　男性躯干，印度河流域哈拉帕（约前 2400—前 2000）。石灰岩。高 3 ½″。
资料来源：印度新德里国家博物馆/布里奇曼艺术图书馆。

古老的印度河流域的雕塑已经显现出了独特的世俗的自然主义，这些成为许多后期印度艺术作品的特征。这些特征赋予了哈拉帕小巧的男性躯干（见图 18.1）雕塑以生机。将这件作品与古典希腊雕像《持矛者》（见图 16.3）相比较，我们便能受到启发。这尊男性躯干似乎十分丰满，藏伏在下面的骨架结构很难看到。相反，《持矛者》似乎结合了丰满的肉质与骨架结构。

在公元前 1800—前 300 年间，由于印度河流域文化逐渐衰退，佛教艺术兴起，只有非常少数的艺术作品存留了下来。然而，这段时期对于印度思想与文化的发展依旧至关重要。

自公元前 1500 年，雅利安部落开始从西北迁移到了印度的次大陆。雅利安人的信仰、神、社会结构影响了印度文明的后续发展。关键性的雅利安思想影响了后来的印度思想，包括宇宙通过不断在创造与毁灭之间循环实现自身进化的观念，人死后的轮回转世，以及至高无上的智慧化身的存在。这些信念被编写在了《吠陀经》（赞美诗）和《奥义书》（哲学作品）之中，这些经典仍被许多印度人视为神圣。印度原住民艺术形式与雅利安宗教文化的组合造就了后来的印度艺术。

印度教徒将《吠陀经》视为圣典。在公元前 6 世纪，两名颇具影响力的宗教领袖为印度教信仰的变体进行宣讲。他们是佛教创始人释迦牟尼（Siddharrah Gautama，公元前 563—前 483 年）与耆那教创始人大雄（Mahavira，公元前 599—前 527 年）。虽然现今大部分印度人信奉印度教，但佛教主宰了印度艺术的形成与发展，并成为亚洲大陆其他国家重要的文化因素。

佛教艺术

佛教信仰始于释迦牟尼的开悟。在寻求关于人类苦难问题答案的过程中，

图 18.2　亚洲历史地图

他悟到了佛教徒所说的"四谛"：存在充满了痛苦；痛苦来源于愿望；为了消除痛苦，就必须消除欲望；为了消除欲望，就必须遵循"八正道"，即规定言论、思想和行为的道德准则。他还告诉我们，如果一个人达到开悟，死亡和重生无休止的循环将被打破，而在纯精神境界，信徒会经历最后的重生（涅槃）。公元前 6 世纪后期，释迦牟尼开始接收追随者，他们称释迦牟尼为"觉者"，或"佛"。

早期的佛教并不允许绘制形象，但是宗教活动需要视觉图像作为冥想的支持，后来图像开始出现。多种形式的佛教艺术与建筑随着母体文化的不同而不同。随着佛教从印度传至东南亚，横穿整个中亚到中国、韩国和日本，它卓有成效地与当地的宗教和美学传统相交融。

印度早期佛教艺术的一个很好的例子就是穹顶状结构的建筑，也就是佛塔，它是从早期的墓堆演变而来的。在桑吉的大佛塔（见图 18.3a 和图 18.3b）* 中，四个塔门分布在塔身的四侧。围绕着佛塔虔诚地走在仪式性的道路上，意味着围绕着世界这座山峰的修行。这样的佛塔竖立在神圣的地点，圣遗物（属于圣人的物件）通常被埋在佛塔的中心。

* 可在 myartslab.com 网站查阅有关大佛塔更详细的信息。

图 18.3a 印度桑吉的大佛塔（前 10 世纪—15 世纪）。

资料来源：普利斯威什·纽尔基摄影。杜安·普雷布尔提供。

图 18.3b 大佛塔的东门

资料来源：版权由阿德里安·迈耶大厦/科比斯图库所有。

大佛塔的四大通道上有着浮雕层。这些浮雕讲述了佛陀的一生，却并没有直接描绘他。我们在哈拉帕的男性躯干雕塑中观察到的典型的知觉特征，也同样赋予了这些早期遗迹以生气。

我们可以追踪在印度起源的佛教建筑的演变过程（见图 18.4），及其在亚洲其他地区不同的演变形式。佛塔是由印度教的塔楼与中国传统的箭楼融合发展而来。日本后来采用了这种阶梯式塔式结构并对其改良。

图 18.4 佛教建筑的演变过程

公元前 4 世纪亚历山大大帝在西亚大部分国家发动了大范围的征服战争，形成了世界上最伟大的一次艺术融合。今天的阿富汗和巴基斯坦的起源地，当时被称为“犍陀罗”，在罗马帝国的鼎盛时期一直维持着与西方的交流。犍陀罗的佛教雕刻家发展了一种十分独特的风格，同时借鉴了东西方文化；犍陀罗的《菩萨》（见图 18.5）是一个很好的例子。在这件作品中，雕塑家既展现出了罗马肖像画的现实主义，也使用了传统的古希腊的方法，通过刻画腿部织物的褶皱表现衣物之下的身体。然而，这尊雕塑属于佛教艺术。菩萨是已经开悟的人，但却延迟了离开人间的时间，留下来以教化众人。菩萨通常以穿戴五彩缤纷的服装与珠宝的形象被人们刻画出来。

印度笈多王朝（约 320—540 年）以在政治、法律、数学和艺术上的重大成就而闻名。在视觉艺术上，笈多风格融合了印度教观察的方式与哈拉帕的自然主义。虽然轻微受损，石刻《立佛》（见图 18.6）仍是古普塔雕塑的一个很好的例子。凭借着冷酷的理想化外观，精致的古普塔风格标志着在一段时期内印度艺术的辉煌成就。简化的身体细节就像是从充满气体的身体内部被挤压出来一般。通过重复沿着躯体向下的、有韵律的线条加强圆形的形状。因为衣物附着在躯干上，凸显了躯体的柔软性，就使得衣料看起来像湿的一般。

立佛显示出了几种在佛像刻画中的惯例，这些惯例在几个世纪里都保持着强制性。佛穿着出家人的简易袈裟。他的前半生是个富裕的王子，经常带着昂贵的耳环，所以他的耳垂很长。他的头饰象征他的智慧。他还以冥想的姿态示人。对比西方对于上帝与基督的刻画，佛则更像一个鲜活的人。

图 18.5　《菩萨》（2 世纪后期的贵霜时期），巴基斯坦犍陀罗地区。灰色片岩。$43^{1}/8'' \times 15'' \times 9''$。

资料来源：波士顿美术馆提供。海伦和爱丽丝科尔伯恩基金会，37.99。图片版权© 2013 由波士顿美术馆所有。

图 18.6 《立佛》(5 世纪)。红砂岩。高：5′3″。
资料来源：加尔各答印度博物馆。

我们可以在《“美丽的菩萨”——观世音》(见图 18.7) 这一圣像中看到类似的精细的线条与优雅的风格，它属于印度中部阿旃陀石窟精心绘制的系列画作中的一部分。用于描绘画像轮廓的精细线条，强调人像丰满、圆润的身形，是闲散富裕的古普塔风格的典型代表。当佛教开始传入中国和东南亚地区时，这种风格也随之传播开来。

印度教的艺术

印度教崇拜三位主神：梵天——万物的创造者，毗湿奴——维持者，以及湿婆——破坏者。这三位神明在适当的时刻干预人类事务，这样既可以保证宇宙的不断运行，也可以维持善恶势力在世界上适当的平衡。大多数印度教教徒都是单独完成虔诚的礼拜的（而不像基督教的礼拜通常是成组完成的），湿婆是最常出现在建筑和雕塑中被人们瞻仰的神明。

印度教寺庙* 是印度的主要建筑形式，也是世界上最有特色的建筑形式。它通常包括两个部分：一个为礼拜者做准备与净化用的场所门廊和一个形似子宫的房间，在梵文中被称作胎室，这是仍保留着神的形象的神圣房间。

* 可在 myartslab. com 网站查阅更多关于佛塔与寺庙的模拟建筑资料。

图 18.7　《“美丽的菩萨”——观世音》（细部），印度阿旃陀石窟 1 的壁画（约 600—650）。

资料来源：杜安·普雷布尔摄影。

坐落于印度中北部的克久拉的康达立耶-马哈迪瓦庙（见图 18.8a）是最壮观、保存最完好的建筑。楼梯通向不止一个而是几个门廊，并与胎室相连。在建筑外部，这个神圣的房间用高塔的形状被标示了出来，高塔的周围有一些自身的复制品。这些圆形的突出的外观，象征着男性与女性两者的性欲，似乎在赞美蕴含在自然以及我们自身体内的创造力量。

图 18.8b 所展示的是康达立耶-马哈迪瓦庙外部数以百计的刻画情爱情景的雕像之一。对印度教的崇拜者而言，与神结盟获得的快乐类似于性爱时的感官享受。自然的美丽与丰满的人物形象强调了雌性与雄性。就如我们从哈拉帕更古老

的男性躯干雕像（见图 18.1）中所见的，丰满的感受似乎来自内部圆的形状。相互纠缠的人像象征着人类神圣的爱情，终极精神融合的寓言。

上图：外观

资料来源：鲍罗·麦欧摄影。纽约艺术资源。

下图：霍康达立耶-马哈迪瓦庙的情爱浮雕(昌德拉王朝，1025—1050)

资料来源：印度中央邦克久拉霍康达立耶-马哈迪瓦庙。图片版权由麦欧/纽约艺术资源所有。

图 18.8　康达立耶-马哈迪瓦庙（10—11世纪），印度克久拉霍。

在印度教的信仰中，湿婆在时间轮回中掌管着宇宙的创建、保存、解散和再创造。湿婆的这些形象通过尽可能多的雕像表现出来。在 11 世纪，来自南印度的雕像《舞蹈之王——塔罗阇湿婆》（*Nataraja，Shiva as King of Dance*，见图 18.9），描绘了湿婆在圆形的太阳轨道中表演着宇宙之舞。他手执神圣的象征，践踏着无知的怪物。这环绕的火焰是破坏与创造的净化之火。他轻击一只小鼓，象征着死与重生的宇宙韵律。随着他的移动，宇宙映射成光，从他的四肢中逸散而出。整座雕塑动态十足，似乎每个部分都蠢蠢欲动，伴着传统祭祀之舞的律动，几只手同时舞动，让雕塑愈加活灵活现。而人物的面容显得镇定自若，表明

图 18.9　《舞蹈之王——塔罗阇湿婆》（11 世纪）佐拉时期南印度。青铜。高：3′7 7/8″
资料来源：版权© 2001 由克利夫兰艺术博物馆所有。购自韦德基金会，1930.331。

了他大无畏的精神。

16 世纪早期，伊斯兰莫卧儿王朝统治者征服了印度大部分地区。由于受到穆斯林绘画技艺的影响，艺术家开始渲染印度教主题，不久后几种不同的印度艺术风格在喜马拉雅山脚下风靡开来。我们可以看到《克里希纳的到来》(*The Approach of Krishna*，见图 18.10)中的巴索丽风格表现得恰到好处。图中的女子屏息等待着她的爱人——蓝肤色的克里希纳神的到来。和印度大多数艺术作品一样，这幅画也将情爱欲望作为渴望与神灵联合的象征。题词写道："朋友，不要再心神不定，反复无常。"明亮的红色和蓝色象征着女子对于克里希纳神的情感期待与渴望，图中的克里希纳头戴王冠身佩珠宝，还手持一支芬芳的花。该作品运用色彩来描绘人物的情感状态，这已成为一种绘画技艺，而西方艺术家直到 20 世纪晚期才开始运用，在这之前，他们并不知晓这些先例的存在。

图 18.10 《克里希纳的到来》(约 1660—1670)。印度帕哈里地区。巴索丽风格。彩色、银色，纸上虫翼。$6^7/_8''\times 10^1/_4''$。

资料来源：版权由克利夫兰艺术博物馆所有。爱德华·L·惠特莫尔基金会，1965.249。

东南亚

公元前 800 年，金属开始传入东南亚地区，拉开了青铜时代的序幕。之后不久，该地区便出现了文化差异：东部沿海（包括现在越南大部分地区）受到了中国文化的影响；其余大部分地区都受到印度文化的影响，并随之发生改变。

随着贸易者四处活跃，佛教和印度教自印度向南向东传播开来。早期的东南亚艺术主要是佛教艺术。后来，由于东南亚各地对于印度主要风格的诠释不同，逐渐将两大宗教的图案、神、人物结合了起来。

无论以任何标准来衡量，婆罗浮屠（见图 18.11）* 都应跻身世界艺术的重要作品之列。婆罗浮屠在约公元 800 年建成于爪哇岛（现为印度尼西亚的一部分），细致地描绘了印度的佛塔或圣山。婆罗浮屠坐落于一个相对平坦的平原上，远高于当地建筑，经测量高 105 英尺、长 408 英尺。在四个中点上设有楼梯，指向东南西北四个方向。

前来接受精神洗礼的朝圣者可以从任何入口进去，以顺时针方向爬上各级梯面，就和桑吉的大佛塔一样。超过 10 英里长的浮雕装饰着各个走廊（见图 18.11b），

a. 鸟瞰图

资料来源：卢卡・特托尼/罗伯特・哈丁摄影。

b. 婆罗浮屠走廊，第一画廊。

资料来源：沃纳・福曼档案馆摄影。

图 18.11　婆罗浮屠（约 800），印度尼西亚爪哇。

反复讲述着开悟之旅的故事。在浮雕的下面部分，可以看到艰难求生以及生死循环，接着就出现了描绘佛祖生活的浮雕。朝圣者走在这些走廊里的时候，高高的围墙阻挡了向外看的视线，曲折的路径限定了前方的视野。上部浮雕露台描绘了天堂的理想世界。然而，道路却远不止于此。

最后的四层环形梯面视野开阔，朝圣者站在上方可将地面风景一览无

* 可在 myartslab. com 网站观看有关婆罗浮屠的视频。

余，这也暗示了开悟。72 座小型空心佛塔的每一座都有一尊坐佛，从外面看只是隐约可见。处在最高层的是一个密封的佛塔，其内部只能任由朝圣者去猜测。因此，婆罗浮屠通过生死循环展现了佛教的修炼途径，在开悟之后修成正果。

婆罗浮屠的圣山对柬埔寨寺庙吴哥窟（见图 18.12）产生了重大影响。吴哥窟建成于 12 世纪，位于高棉帝国时期的首都附近。这是柬埔寨历史上最繁荣的时期，因为统治者掌握了科学的灌溉方法，并能在丛林中种植品种丰富的农作物。人们在当时似乎将统治者推崇到近乎神圣的地位，通过对佛、菩萨和神仙的刻画，印度教的许多石刻似乎描绘出真正统治者的肖像。显而易见，两大宗教兼容并蓄。

a. 西面入口

b. 平面图

资料来源：版权由约翰·埃尔克三世/Photoshot 公司所有。

图 18.12 吴哥窟（约 1120—1150）

吴哥窟朝向正西方，四面环河，仿佛在提醒人们：水资源管理是财富的源泉。许多走廊绘有浅浮雕，主要讲述关于毗湿奴神的印度教神话。《行军》（见图 12.3）是其中的代表作品。柬埔寨的统治者认为自己是毗湿奴的后代，掌管着这一地域的生育能力。对于生育能力的强调也体现在吴哥窟的设计中，建筑从底部延伸到塔尖，犹如花蕾在萌发。

中国和朝鲜

从古至今，中国文明的特点是儒教、道教和佛教相互交融。儒教和道教发源于中国本土，而佛教来自印度。它们相互影响，令中国文化变得更加丰富多彩。然而，在这些传统文化兴起以前，有着鲜明特点的中国艺术已经得到蓬勃发展。

在商朝期间（公元前 16—前 11 世纪），中国制造出了一批世界上精致的青铜铸造物件。礼器（见图 18.13）的表面是错综复杂的动物图案组合：手柄上动物的脸似猪面，背上带翼，指向下方。容器的主体部分是一张脸，眼睛大而圆，眉毛对称而突出。正中间是一个饕餮面具。饕餮是长着翅膀、爪子和角的神兽，可惜其含义已经不得而知，但中国许多青铜器上都有饕餮图案。同样地，最下面的吊环上也带有程式化的怪物图案。

图 18.13　礼器（前 12 世纪），中国。青铜铸造。高：$7^1/_8$″。

资料来源：华盛顿特区史密森学会，费瑞尔艺术画廊。尤金和艾格尼丝·迈耶赠予，F1968.29。

大多数青铜器都被用在祭祀祖先的仪式上。中国人认为祖先将永远生活在彼岸世界里，但却能或好或坏地对世俗事务产生影响。孔子（即孔夫子，公元前 551—前 479 年）后来将这些理念发展成了一种道德和伦理体系——儒教。孔子不是一个神秘主义者，有一次人们问他应该用什么方式来纪念祖先，他回答说："未能事人，焉能事鬼！"中国艺术大多受到了孔子的影响，形成了尊重传统、谨慎创新的特点。

许多人为了改善来世的生活，死后带大部分财产随葬。然而，没有人在陪葬品收集方面比秦始皇更有野心。秦始皇实现了六国统一，死于公元前 210 年。（他的朝代——"秦"是"中国"这个词语的起源。）为了保障自己来世的生活，他下令铸造真人大小的陶俑士兵组成庞大的军队。兵马俑（见图 18.14）由总共约六千个陶俑组成。其中有骑兵、弓箭手，还有甲兵。1974 年，考古学家在规模庞大的陵墓中发现了这些栩栩如生的陶俑，这一发现在考古史上具有非凡意义。

图 18.14　一号坑兵马俑（秦朝，约前 210），陕西省秦始皇博物馆。
资料来源：国家地理图像收藏。

汉朝（公元前 206—公元 221 年）时期的中国与罗马帝国处于同一时代，但比罗马帝国的地域更为广阔。陪葬品里包含了那一时期现存的大多数艺术品，从中可以了解到当时许多中国人的生活情况。

中国东北的吴氏神社展现了工艺精致的浮雕，石墓浮雕（见图 18.15）是其中的一部分。（为了增强图像的清晰度，该图是将纸铺在浮雕上，用石墨摹拓*而成。）在图中右下方，挖掘者挖开一个墓穴，发现了古代的青铜制品。其中有一个盘子是贵族献给正上方统治者的贡品。在左上方其他生动的互动情境中，可以看到一匹马和一驾战车。

图 18.15　石墓浮雕摹拓（2 世纪），山东省吴氏神社。

资料来源：版权© 2013 由菲尔德博物馆所有，A114787d_003。约翰·温斯坦摄影。

吴氏神社的场景中少有细节展示，但都充满活力。创作者捕捉到这种内在的生命力（在汉语里叫作“气”），让几个世纪以来代表着中国文化的艺术品富含生气。

“气”的概念源于道教。对于道家而言，最美好的生活方式就是拥有让万物生机勃勃的生命力，感受生活的和谐。在道教的传统理念中，人如果达成了这种和谐就会不朽。西王母铜镜（见图 18.16）表达了对不朽之身的崇敬。西王母又称作西方王母，她领悟了道教中的和谐理念，从故乡玉皇山远行至各地行使让人们长生不老的权力。铜镜（另一面是闪亮的）描绘出西王母端坐在中心球体的左

---

* 可在 myartslab. com 网站详细了解如何摹拓石雕。

图 18.16　西王母铜镜（六朝，317—581）。青铜。直径：$7^{1}/_{4}''$。

资料来源：版权由克利夫兰艺术博物馆所有。塞弗伦斯和葛丽泰·米利金购买基金，1983.213。

方，她的对面坐着东王公。根据道教传说，他们每年会在七月七日这天相见（这天是个好日子）。人物外面有一行表达了铜镜主人美好祝愿的铭文。外圈上刻有天上的其他生物，还有象征着时间无限循环的云彩环绕其间。

中国古代画* 主要围绕书法和风景这两个方面。中国各朝统治者希望通过优雅的字体彰显自身性格特点。为了表达画作的意义，画家们在画中引入书法的笔法技巧，力求将绘画提升到书法和诗歌已经达到的水平。中国的绘画和写作密切相关，中国艺术家经常在画上题诗。画笔和墨是绘画和写作的必备品，同时每一处笔法都对整体画面设计具有重要意义。艺术家力求达到“诗中有画”“画中有诗”。

同时代的宫廷画家范宽是宋代（960—1279）成就最高的山水画画家。在他的大幅巨作《溪山行旅图》（见图 18.17）中，他运用错综复杂的笔触捕捉到树木和山的灵气。中国大多数山水画都没有表达具体的主题，这幅画作亦是如此。然而，整个画面表现了丰富的想象力和创造力，力图捕捉大自然的力量。艺术家

* 可在 myartslab.com 网站详细了解水墨画的绘画技巧。

会运用多种笔法，每种笔法用特定名称描述，如“折带子皴”“雨点皴”“斧劈皴”“矾头皴”以及“骷髅皴”。这里的“雨点皴”和其他类型的笔法表明了悬崖垂直面的纹理。右下方有一行驮队行走在狭窄的路上，他们身后壁立千仞的峭壁让那条水平线路相形见绌。为了将凸显别具一格的瀑布作为画面的主要特点，范宽将瀑布后面的缝隙画黑，在一丝米白绢面上留白，以表明瀑布的存在。再看近景，藏于岩石后面的是一片水平方向的浅色区，打破了整体构图的垂直感。北宋画家善于在构图中反复凸显中心，以表现大自然的无限威力。

图 18.17　范宽，《溪山行旅图》（宋朝，11 世纪早期）。挂幛，水墨绢本。高：81¹/₄″。

资料来源：台湾台北故宫博物院。版权由科比斯图库所有。

垂直线与水平线相交时，相互较劲的力量会产生强有力的交锋点。范宽运用瀑布所隐含的垂直线将观画者的视线吸引到行人身上，灵活利用了水平与垂直交锋的现象。图中的人物体现了人类在绘画中的重要意义，而身形微小的人物则暗示了自然的博大浩瀚。范宽把精致的细节描绘融入到深浅色平衡分布的画面设计中，从而成就了这幅不朽景观。

1125 年，来自北方的蒙古人（这批蒙古人在成吉思汗的带领下最终征服了朝鲜、波兰东部、巴格达及西伯利亚等地）南下入侵，瓦解了宋朝统治，宋朝的翰林画院南移至杭州，诞生了一种新式绘画风格。

如果说早期的北宋风格富含哲学意境，具有不朽意义的话，后来的南宋画风则更显平和，带有个人色彩，重在描绘相对规模较小的诗意美景。马远是这种新式画风的代表人物，他是第五代学院画师的传人，深受皇帝喜爱。马远在创作《松溪观鹿图》（见图 18.18）这幅作品时，描绘了一位文人或官员在树木繁茂的路旁休息时沉思的瞬间。马远勾勒松枝的方法赋予了画面缥缈而幽静的气息。马远和之前的北宋画家一样，画法谨慎精致，但在画中左上部将景色淡入了雾中，可谓更为大胆新颖，这种画法打破了整体的平衡感。由于马远喜欢在画作中大量留白，人称“马一角”。然而，这种大胆独特的风格与道教思想如出一辙，因为无缺则亦无全。

图 18.18　马远，《松溪观鹿图》（南宋）。册内页，水墨绢本。$9^1/_2'' \times 10''$。
资料来源：版权由克利夫兰艺术博物馆所有。迪安·佩里夫人赠予，1997.88。

宋朝大多数重要画家都服务于皇家画院或官方机构。在后来的元朝时期（1279—1368），即蒙古人统治中国的最后时期，从根本上改变了这种情况。最有创意的艺术家往往拒绝为外族统治者作画或传授绘画技巧。相反，他们不靠皇家资助谋生，投身于艺术和诗歌的生活，乐于成为业余画师，并创造了“文人画”这一新式风格。《杖藜远眺图》（见图 3.25）极好地展现了文人的生活状态。

元代文人画家在笔法和题材方面做出了大胆尝试与创新。其中最重要的一点是让所绘之画呈现出自然的状态。黄公望在元朝时做过一段时间的小吏，后在一场反腐丑闻中受累入狱，他是文人画的代表画家。他在被释放后，就放弃了官职，过上了与绘画、文学相伴的文人生活。

他创作的巨幅画作《富春山居图》（见图 18.19）在文人画中备受推崇。该作品为手卷画，这意味着在很长的画幅上作画，观赏时需要从右至左慢慢滚动画轴观看。这里展示的部分画面显示了黄公望作画时运用了多种多样的笔法技巧，内涵表达丰富。他耗时三年才完成这幅作品，整个画面透出浑然天成的自然灵气。

图 18.19　黄公望，《富春山居图》（细部）（1350）。手卷，水墨纸画。13″×252″。

资料来源：艺术文献库/台北故宫博物院。

中国传统画家经常临摹（临摹时带有个人色彩）早期画师的作品。画技精湛的画家临摹出来的作品甚至会让资深画师赞赏有加。这种趋势揭示了儒家思想的基本理念：尊重过去。在 16—17 世纪，效忠于皇家画院的画家们秉承这样一个理念：画家应该首先充分尊重传统，然后才能表达自我主张。因而以他们创作的许多作品中能明显感受到对传统的敬意。

例如，在仇英的作品《临湖闻渔民笛声图》（见图 18.20）中，画幅右上角的悬崖若隐若现，这效仿了三百多年前范宽在《溪山行旅图》（见图 18.17）中勾勒的宏大而又细腻的地貌绘画技巧。这两幅作品中的人物都画得微小，而仇英在画作的下方中心处画了一位站在亭子中的文人雅士。文人在自然风景中享受心旷神怡之感也是中国山水画的常见主题（见图 18.18）。仇英画中的文人正在读书，听到渔夫（画面左侧）悠扬不绝的笛声之后，稍作休憩。吹奏的曲子很可能就是

图 18.20　仇英，《临湖闻渔民笛声图》，(约 1547)。挂幛，水墨彩色图。5′2 7/8″×33 1/8″。

资料来源：密苏里州堪萨斯城纳尔逊-阿特金斯艺术博物馆。小约翰·M·克劳福德赠予，以纪念纳尔逊-阿特金斯艺术博物馆 50 周年，F82-34。

"渔歌"——颂扬水地和谐的道教赞歌。仇英逝世之后，后来的画家也出于对传统艺术的尊重，临摹了仇英的许多画作，却发现要再现作品的神韵绝非易事。

中国传统高度重视制陶艺术，陶器在中国历史上大多受到皇帝的青睐，在皇家的大力支持下陶瓷技艺不断精进。陶器中最著名的当属瓷器，它取材于一种罕见的陶土，经烧制后呈纯白色（见第 13 章，可了解更多关于瓷器制作的技术问题）。早期的瓷器，如图中的瓷盘（见图 18.21），均用蓝色做表面装饰，这是因为瓷器必须历经高温才能烧制成型，而蓝色是唯一能耐得住高温的颜色。中国人最早发明了这类瓷器。瓷器在烤炉中呈半透明状，经敲击成环状，缘于此中国人认为精心制作的盘子里带有音乐。在瓷器最早进入西方世界时，欧洲的手工作坊几百年来一直在尝试复制这种带有半透明质地、盘面着深蓝色的瓷器。欧洲的作坊花了好几个世代试图复制中国瓷器。明朝期间，陶艺工通过使用多种烧制方法，发现了如何让瓷器着上任意颜色的诀窍。

亚洲其他国家及地区在中国陶艺的基础上形成了各自不同的陶瓷风格。韩国出产的酒罐（见图 18.22）改变了中国青瓷原有的蓝绿釉色，还配上了新纹样。陶工蚀刻出容器下方花纹背后的底纹和飞鹤的形态，然后在蚀刻后凹进去的地方填充黑白色液体黏土，最后再烧制而成。这项嵌入液体黏土的技术始于韩国，罐身的光滑表面与双葫芦外形的优美曲线及手柄的优雅外观相得益彰。由于这一作品外形优美、装饰独特，韩国政府将其列入国宝之列。

图 18.21　瓷盘（元朝末年，14 世纪中叶）。青花纹。直径：18″。
资料来源：大都会艺术博物馆购买，理查德·E·琳伯恩夫人赠予，1987，编号：1987.10。图片版权© 2012 由大都会艺术博物馆/艺术资源/佛罗伦萨斯卡拉所有。

图 18.22　酒罐（朝鲜高丽王朝，12 世纪中叶）。葫芦形瓶身，内嵌牡丹花图案，青瓷釉镶嵌黑白色液体黏土。高：13 ½″。
资料来源：韩国首尔国立博物馆，国宝第 116 号。

尽管中国和日本对朝鲜的影响力较大，但朝鲜也开创了本国的艺术形式。我们在图 18.23 中看到的《华严经》便是其中之一。佛经记载了佛教教义，比如，众生皆有佛性。创作这幅作品的朝鲜艺术家运用金银细线刻画了长生不朽的诸佛菩萨居住的圣殿。

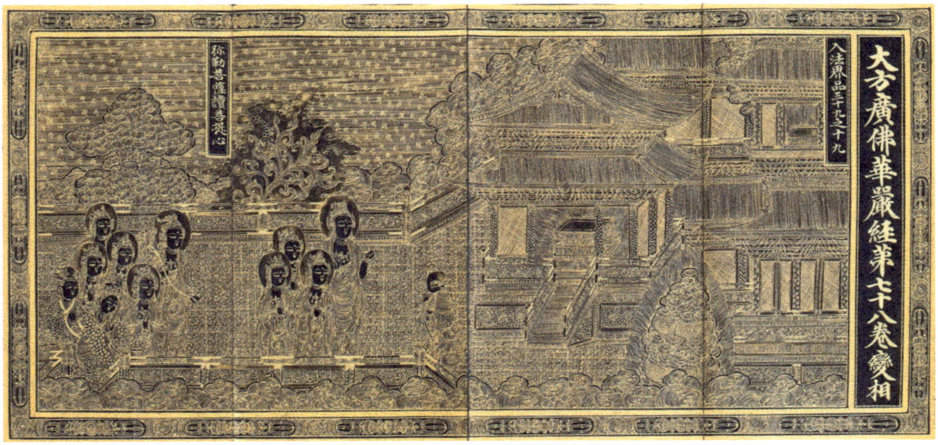

图 18.23　《华严经》第 12 卷（朝鲜高丽时代，13—14 世纪）。折叠卷（附插图），纸上镌刻金银字。8″ × 17¹/₄″。
资料来源：版权由克利夫兰艺术博物馆所有。塞弗伦斯和葛丽泰·米利金购买基金，1994.25。

明朝及后代的中国画发展成两派。在皇家画院内部，艺术家继续临摹古画，即使有所创新，也不敢大胆尝试新风格。而不受画院束缚的文人则大胆尝试新事物，绘画手法自由多样。后一派画风的典型代表是八大山人，他是明朝皇室后裔，生活在清朝（1644—1912）前期。清朝和元朝一样，统治者都是少数民族。由于清朝统治者迫害明朝后裔，八大山人过着隐居的生活，在一处寺庙避难，后来装疯卖傻。在他居住的破旧寺庙门前，他潦草地写了一个“哑”字（意为不能说话）。有人上门时，他就一边笑一边跟他们喝酒，但不会和他们说话。这种情况持续了大约五年。1684 年，他不再装疯卖傻，移居到省城居住，用所绘之画换取食物。他的作品如《蕉叶之蝉》（见图 18.24），既体现了自由心，又结合了微妙的政治评论。蝉在中国神话中是重生的象征，在八大山人的画中，蝉象征了反清复明的希望。

图 18.24　八大山人，《蕉叶之蝉》（清朝，1688—1689）。“叶”取自于《花鸟集》。水墨画。
资料来源：费瑞尔美术馆提供，华盛顿特区史密森学会购买，F1955.21e。

在 20 世纪之前，八大山人的作品一直不为人所知。后来，在艺术家开始质疑并颠覆传统时，笔情恣纵的八大山人成为现代中国绘画实验的先驱。

日本

纵观日本历史，可以看出民族主义盛行是日本文化的一大特点。具有日本文化典型特点的艺术形式得以繁荣发展，同时日本渴望吸收与借鉴外国文化。

神道是日本本土宗教，这是一种崇拜自然和祖先的古老宗教。神道教认为：森林、田野、瀑布和巨石都是神仙居住的圣地。位于日本伊势的神社是在森林中的圣地上建造而成的。自公元 7 世纪后期以来，除了有几个地方年久失修，人们会每隔 20 年就重修伊势神社（见图 18.25），尽力还原其古貌。修建者怀着感激和崇敬之情从森林中砍伐木材。把树木切割成木板后，会对木板进行编号，这样运到神社后木板可以组回原形。修建过程中不用钉子，所有木材都用木榫连接。神社的表面也不会上漆，房顶保持天然的茅草样，以保证神社的纯洁性。伊势神社显得简洁而精致，其工艺、雕塑比例和空间协调度反映出古代神道的宗教理念和美学价值。

图 18.25　日本伊势神社主体部分（约 685）。每隔 20 年重修一次。
资料来源：京都新闻摄影。

公元 7 世纪，日本天皇圣德派使者到中国学习中华文明，这是日本初次借鉴外来文化。回国后，使者表示对中国文化的印象非常深刻。天皇大力提倡佛教，立之为国教。（许多神道神仙成为日本佛教中的圣人。）这一时期的日本佛教雕塑深受中国的影响，日本在诠释其精义时稍有变化。圣德天皇还鼓励日本贵族到中国学习治理方式。日本借鉴了孔子关于维护社会秩序和尊重传统的理念，还学习了中国艺术及建筑文化。其实，由于现今大多数中国古建筑已不复存在，研究中国古建筑的最好去处是日本京都附近的大和平原，这是圣德天皇在此建都的地方，往后有几代天皇也居住于此。

法隆寺（见图 18.26）的寺庙建筑群代表了中国和日本现存的佛教寺院。在庭院的中心，我们可以看到多层高塔，具有与中国瞭望塔和印度佛塔相似的象征功能（见图 18.4）。法隆寺的旁边是禅堂（或金色大厅），用于供奉佛像。在一面墙的中心处是门楼；沿着对面的后墙就能看到僧人学习宗教教义的讲堂，面积更大。法隆寺最早可追溯到公元7世纪晚期，它是世界上现存最古老的木结构建筑之一。

a. 鸟瞰图

资料来源：三好和义，太平洋出版社服务部摄影。

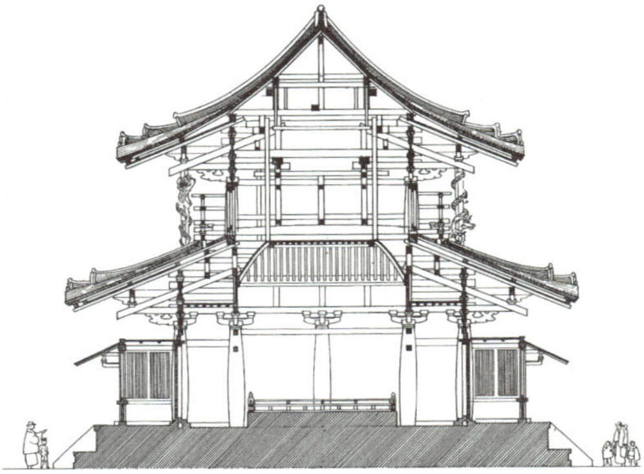

b. 禅堂结构图，源自《日本艺术与建筑》。

资料来源：罗伯特·特立特·潘恩和亚历山大·科伯恩·索珀，耶鲁大学出版社提供。

图 18.26 日本奈良法隆寺（约690）

为了支撑起这座屋顶沉重的两层结构，日本建筑师受中国文化的影响，在法隆寺的近藤处设计了一个精美的托架结构（见图 18.26b）。第二层的架空结构是为了显示该建筑物的重要性，但也表明了建筑师的精湛工艺。

日本皇室是现存最古老的皇室家族，经过了几次幕府统治（如镰仓幕府时代，1185—1333），皇室形成了悠久的历史传统。当时的统治者在艺术方面偏爱生机勃勃的现实主义风格，正如我们在《无著菩萨》（见图 18.27）这尊木制雕像中看到的那样。运庆是日本最伟大的雕塑家之一，他打造了一尊栩栩如生、手持裹布圆钵的印度僧人像。僧人面部表情丰富，手势灵活，已看不出雕刻时所使用的木料。

这一时期的日本画家发现手卷是描绘以时间为线索的叙事型构图的有效方式。《夜袭三条宫》（见图 18.28）选自《平治物语绘卷》，这本绘卷描述了发生于1160年的叛乱事件。该绘卷从右到左依次展开，人们也随着事件的接连发生了解到叛乱的过程。有效的视觉转换让故事变得既令人恐惧生畏又让人兴奋不已。故事的情节由浅入深，在火烧宫殿的这一幕达到故事的高潮，此处对火场的描绘渲染力极强。火焰的颜色暗示了这场历史斗争的激烈程度。图中平行的对角线和形状指代宫墙，增强了画面的动感，也凸显了在这一节画卷里与动乱事态形成对比的清晰几何结构。现在像这样的戏剧化场面都通过电影或电视的画面来呈现。

禅宗于 13 世纪从中国传到日本，对日本艺术家产生了极大的影响。禅宗主张通过禅修得道，得道无定时，随时都可能发生。日本艺术家在诗歌、书法、绘画、园林和插花里运用的自然直观技法都体现了禅宗对日本美学带来的巨大影响。

禅宗僧人雪舟是日本公认的水墨画大师。1467 年，他前往中国研究南宋大师的作品，途中的村野美景让他受到了启发。雪舟将中国式画风加以改造，为后来的日本艺术家奠定了水墨画的标准。他的最大成就莫过于绘画时运用了一种简洁而有爆发性的画风，后世称其为“泼墨”，意为挥洒墨水。《泼墨山水画》（见图 18.29）抽象地表达了简化形式、追求自由画法的理念。

图 18.27　运庆，《无著菩萨》（细部，约1212）。木制品。高：75″。

资料来源：日本奈良兴福寺 1212 年国宝。图片由杜安·普雷布尔提供。

图 18.28　《夜袭三条宫》，选自《平治物语绘卷》（讲述平治时代发生事件的插画手卷，13 世纪下半叶，镰仓时期），日本。手卷，油墨彩画。$16^{1}/_{4}'' \times 275^{1}/_{2}''$。

资料来源：波士顿美术馆，费诺罗萨·韦尔德藏品，11.4000。图片版权© 2013 由波士顿美术馆所有。

图 18.29　雪舟等洋，《泼墨山水画》(15—16 世纪初)。挂幛，水墨画。$28^{1}/_{4}'' \times 10^{1}/_{2}''$。
资料来源：版权由克利夫兰艺术博物馆所有，诺韦布收藏赠予，1955.43。

雪舟用线条柔软的单笔画表现山川和树木。画面前方的中心部位是个渔夫，屋顶上方的垂线表示酒馆的伙计，用笔轻、墨色浓的部分是风景，这与之前的部分形成了对比。

在日本传统文化中，用折叠起来的屏风将房间隔开可保护隐私。艺术家们以非常新颖的方式利用了屏风独特的空间特性。欧洲在画板架上所作之画只相当于墙上的一面窗户，而日本屏风画却成为居家室内生活空间的主要元素。

俵屋宗达的巨幅屏风画《松岛波浪图》（见图 18.30）* 是一对六板屏风画。这样设计可以使各块屏风无论是放一起还是单独放都具有完整的构图。画面的主题是一对坐落着古代神道神社的岛屿。海浪及金色背景的风景的抽象程度带有强烈的日本色彩。

与日本原有艺术风格相似的是，俵屋宗达勾勒出波浪翻滚的动态，如岩石峭壁般坚固而持久。他将对自然现象的认识融入到抽象的装饰性设计中。天空和水域的模糊性表明了人们能体会到的交织感，这种感觉不同于阅读关于大自然的文本材料所得到的感受。画面富有韵律节奏，此外，大胆设计的简化形状及线条与极其精致的细节及醒目的惊奇形成了鲜明的对比。构图设计极为不对称，凸显了重复出现的图案，而这一相对平坦的空间设计感在日本 16—19 世纪期间的绘画中经常有所体现。

图 18.30　俵屋宗达，《松岛波浪图》（17 世纪，日本江户时代）。屏风，纸上有水墨、彩色、金色、银色。59⁷/₈″× 145¹/₂″。

资料来源：华盛顿特区史密森学会，费瑞尔美术馆提供，查尔斯·兰·费瑞尔赠予，F1906.231。

到了 17 世纪中叶，为了满足中产阶级新富对图片的需求，木版画应运而生。日本艺术家学习中国的木刻技术，将其转化成日本的流行艺术形式。在后来的两百年间，约有几十万幅版画问世。这些版画被称为“浮世绘”，意为虚浮世界的写照，因为浮世绘大多描绘日常生活，包括山水、流行的娱乐活动和戏剧家的肖像，这种浮世无常、给人带来愉悦之乐的生活就是“虚浮的世界”。

---

* 可在 myartslab.com 网站详细了解《松岛波浪图》。

艺术造就了我们：愉悦　美感

艺术作品产生的视觉享受可以是多种形式的，其中就包括美感享受。沉浸在美感中可以让我们远离日常生活的纷繁复杂，暂时忘却自己身在何处。

历史上很多亚洲艺术的最初目的是为了给人以美感体验，时而用美好的事物作主题，时而会运用丰富的色彩或材料。俵屋宗达与书法家光悦保奈美联合创作了一幅名为“鹤群”（见图 18.31）的作品，这是一幅大宗手卷画，既采用了鹤这种美好动物作主题，又运用了多种色彩与材料。俵屋宗达在画中用金银色描绘空中成群结队的鹤群，仅用寥寥几笔就传达出鹤的神韵，从伸展的翅膀和鹤腿中能感受到优美的旋律，他巧妙地描绘出鹤栩栩如生的模样。光悦保奈美又在画面题上赞扬自然之美的古诗句，浓淡笔触的自由转换大有早期贵族传统书法之风范，飘逸而遒劲的笔风形成了一种垂直韵律，与鹤群的斜线韵律构成对比之势。在欣赏这幅作品的美感时，无须理解文本之意。画卷长达 44 英寸多。

在西方艺术中，传统的风景画也是给人以愉悦感受的作品。在欣赏风景画时，人们倾心于大自然，全然忘却了社会及工作压力。克劳德·洛兰（Claude Lorrain）是西方风景画的鼻祖，巴洛克时期他大多数时间都待在意大利创作。他所作的风景画通常不是描绘某个具体的场景，而是通过日常事物的观察构造出理想化或近乎完美的场景。

如在《巴黎的判断》（*The Judgement of Paris*，见图 18.32）中，我们看到靠近瀑布的最左边有一个洞穴，图面中间有树，最右边是投射出来的阳光，太阳从一个看不见的低地升起，升到地平面上方。前方的羊群营造了一种宁静的氛围。左边的人物形象演绎了巴黎的一则神话故事：一个特洛伊牧羊人收到上帝的旨意，在三位女神中选出最美的一位。欧洲许多艺术家都选用过这个故事作为作品主题，但克劳德对景观独具匠心的描绘让他的作品显得与众不同。阿弗洛狄忒在巴黎做出的选择为之后特洛伊战争的爆发埋下了祸根，但克劳德在这里忽略了所有的悲剧命运，把情节置于理想世界之中。他的画作当时受到了欧洲贵族的热烈追捧。“风景如画”这个词很快风靡起来，用以描述人们喜爱的风景，或具诗情画意的自然景观。

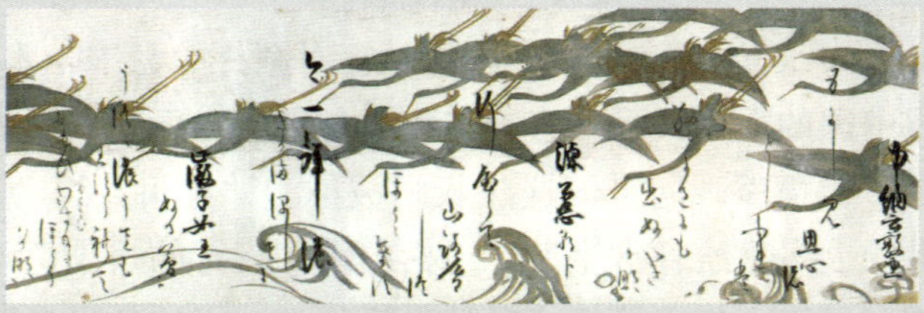

图 18.31　俵屋宗达、光悦保奈美，《鹤群》（细部，江户时代，17 世纪初）。纸上涂金银色颜料。$13^{3}/_{8}'' \times 44^{1}/_{2}''$。

资料来源：京都国立博物馆。

图 18.32　克劳德·洛兰，《巴黎的判断》（1645—1646）。布面油画。$44^{1}/_{4}'' \times 58^{7}/_{8}''$。
资料来源：华盛顿特区美国国家艺术馆，艾尔莎·梅隆·布鲁斯基金会，1969.1.1。

除了从欣赏美好事物中获得美感之外，还可以通过让自己"看起来漂亮"体验到美感：吸人眼球的服饰会让穿的人开心，观者赏心。因此，现代艺术家索尼娅·德洛奈-泰尔克为时尚女性设计了色彩鲜艳的服饰。在这张照片（见图 18.33）中，我们看到她设计的裙子与汽车的风格如出一辙。她的设计风格受到了现代绘画的影响，她自己也是个现代画家（见图 5.4）。正如她将自己的画叫作"同步对比"，也称自己设计的服装为"同步时装"，希望自己的作品能引导现代独立女性形成快节奏的生活方式。从更为广泛的意义上讲，她也开创了将现代艺术风格用于美化实用物的先例。

图 18.33　索尼娅·德洛奈-泰尔克，雪铁龙 B-12 定制时装（1925）。
资料来源：图片版权由普拉库萨所有，2013021。

图 18.34　喜多川歌麿，《姿见七人化妆：冲田》（约 1790）。木版画。$14^1/_4'' \times 9^1/_2''$。

资料来源：檀香山艺术博物馆，詹姆斯·A·米切纳赠予，1969（15.490）。

喜多川歌麿的木版画《姿见七人化妆：冲田》（见图 18.34）从描绘日常事物转向描绘由黑色曲线及轮廓清晰的非模式化形状组成的令人难忘的形象。正如许多日本绘画和版画展示的那样，平面形状通过无阴影来表现。画面的从镜沿这条粗实的曲线开始深入，可以看到女子在镜中的脸庞。西方画面的构图注重实现中心对称结构，绘画的主题都在画面中恰当安排。这幅画与西方绘画相反，人物从右边突然进入画面，又被画边突然隔断，人物并不是完全呈现在画面里。这种裁切不对称的构图法是日本艺术的特点之一，影响了 19 世纪的欧洲艺术家。

同时，日本建筑师还对设计的不对称性、随意性和惊奇性表现出浓厚兴趣。桂离宫（见图 18.35）是一座日本宫殿，建于京都桂川河边，河水分流进园，形成池塘。土地、水、岩石和植物等所有的元素都集成在园林设计中，融合了人文和自然元素。由于许多宫殿墙壁安装了滑门，内外部空间可以灵活互连。

与欧洲王室宫殿的辉煌不同，桂离宫似乎显得很低调。建筑计划中并没有宏伟的大门与建筑物的入口相连，相反，人们沿着花园小径进入宫殿，意想不到的美景在眼前渐次展开。砂砾、石头、水路相结合，象征了小型的山峦、河流、田野、入口及海滩。茶馆（见图 18.35a）采用了低调的乡村别墅风格，由普通的天然材料构建而成，是举办茶道的佳地。茶道反映了整个宫殿简单、自然及朴素的设计理念。

a. 花园和茶馆

资料来源：图片版权由里克·埃尔盖布莱特/亨利·威斯泰姆所有。

b. 宫殿和花园

资料来源：图片版权由罗伯特·霍姆斯/科比斯图库所有。

图 18.35　日本京都的桂离宫（17 世纪）

传统的日本民居（桂离宫）用木头建造而成，采用了梁柱结构。通常是在柱子上建一个房顶作支撑，这样一来墙壁就可以做成滑门，不必再起支撑作用。日本房屋建造中使用的木头都没有上过漆，房间内外保持空间流动感这一理念对西方的现代建筑师产生了重大影响。

19 世纪时，欧洲的商业和传教活动开始在亚洲产生重要影响。亚洲各地对这一新势力的反应各不相同。印度屈服于英国的殖民统治（尽管并不总是心甘情愿）。中国人试图严格限制外国势力对华影响，其间产生的各种冲突一直持续到

20 世纪。佩里准将于 1854 年派使团到日本，引起了贵族之间的争论和动乱。1868 年的反抗斗争使天皇权力得以恢复，日本的艺术家开始借鉴西方的优秀文化。

月冈芳年所创作的版画反映了那时发生的一些动乱。《山王神社之战》（见图 18.36）描绘了在恢复天皇权力这场冲突中的转折点。我们看到士兵们在左后方战斗；一具尸体横在角落，间接表明这幅画受到了西方艺术的影响。画面右方是一名将军与士兵正在就如何抵御天皇势力进行交谈。最右边的人物是即将输掉这场战争的将军。月冈芳年亲眼见证了这场战役。这幅作品所表现出来的新闻准确性和受到西方的影响程度前所未有，这仅仅预示着东西方文化相互交流，而文化交流的过程一直延续到现在。

图 18.36　月冈芳年，《山王神社之战》(1874)。三联版画。$14^1/_{16}'' \times 28^3/_{16}''$。

资料来源：洛杉矶县立艺术博物馆，赫伯特 • 科尔收藏（M. 84. 31. 142a-c）。数字影像博物馆协会/LACMA/纽约艺术资源/佛罗伦萨斯卡拉。

思考回顾

1. 印度与古典西方在人物形式的运用风格上有何不同？
2. 在影响了中国艺术的宗教流派中，哪些是本土宗教，哪些是外来宗教？
3. 日本艺术的主要特点是民族主义吗？日本承认其文化受到外国的影响吗？

请试一试

在台北故宫博物院网站（http：//www. npm. gov. tw/en/collection/）找到绘

画收藏的精选集，搜索黄公望所作的《富春山居图》（见图 18.19），点击“放大”就可以滚动观赏整幅作品。

关键术语

菩萨——佛教圣人，本可得道成佛，但留在世间教导众人。

胎室——印度教寺庙中道神圣的房间，是举行礼仪、供奉神明之地。

文人画——常用来描述不附庸于元、明、清宫廷的画家的作品。

佛塔（舍利塔）——从印度葬礼坟堆衍生而来的圆顶结构。

饕餮纹面具——带有抽象形状的面具，多见于中国古代青铜器。

浮世绘——描绘“虚浮世界”的日本版画，内容包括山水、流行的娱乐活动、戏剧场景或演员肖像。

第 19 章　伊斯兰世界*

请思考

1. 请总结世界三大宗教之一的伊斯兰教的历史发展过程。
2. 请讨论伊斯兰文化中最常见的艺术及建筑形式。
3. 请使用伊斯兰文化及建筑中特有的术语。
4. 请比较伊斯兰艺术和欧洲的基督教传统艺术的特点。
5. 请了解伊斯兰艺术中视觉模式及审美享受的重要性。

伊斯兰教是世界三大宗教之一，建立在传导中东的宗教先知的启示基础之上。虽然伊斯兰教致力于传播先知穆罕默德的启示，但基本的宗教信念及历史也与犹太教和基督教有些共同点。穆斯林是伊斯兰教的追随者，在阿拉伯语中意为“服从神的人”。在穆斯林文化中诞生的艺术在世界范围内也是极为华美精致的。

公元 622 年，伊斯兰教历开始使用伊斯兰教纪元，在这一年，穆罕默德带领人们移居到阿拉伯半岛的麦地那。新宗教迅速传播到曾经的东罗马即拜占庭帝国的许多地方，然后又分别传入北非、西班牙和欧洲部分地区。在先知穆罕默德逝世后的百年间，基督教军队一直抵制来自法国中部的穆斯林军队。伊斯兰教是目前中东、北非和亚洲部分地区主要信奉的宗教。

穆斯林允许被征服的人们保留自己的宗教和文化，从而巩固了其统治地位——罗马人也曾这样做过。这样一来，穆斯林习得了较早的艺术传统，而在这之前穆斯林几乎没有自己的艺术。公元 9—14 世纪，伊斯兰文化融合了艺术** 和文学传统，还囊括了整个古代文明世界的科学知识，迎来了伊斯兰文化的鼎盛时期。

---

* 可在 myartslab. com 网站收听本章音频，学习和回顾本章内容。

** 可在 myartslab. com 网站观看采访乔纳森·布卢姆（Jonathan Bloom）关于伊斯兰艺术的播客。

中世纪的基督徒大多排斥前基督教时期的文明和知识。穆斯林独具一格，他们继承了前人的成就并在此基础上形成了自己的文化。穆斯林学者把希腊、叙利亚和印度的著作翻译成阿拉伯语，公元 8—11 世纪，阿拉伯语成为学术界穆斯林、基督徒和犹太人的通用语言。在欧洲中世纪期间，伊斯兰文明兴盛一时，在艺术、科学、管理和商业领域取得了辉煌的成就，而欧洲直到 15 世纪后期的文艺复兴时期才达到这一高度。

传统的穆斯林反对人物形象出现在宗教艺术中。许多穆斯林认为，如果一个艺术家试图重建人类的生活形式，他将与创造了一切的真主（上帝）展开竞争。穆罕默德还禁止自己在世期间流出自己的任何照片，并声称他只是一个信使，不会以任何方式违背这一原则。因此很难在伊斯兰宗教艺术中见到人物形象，伊斯兰宗教艺术更注重几何、植被形式和写作。

阿拉伯地区

在伊斯兰教传教初期，当地统治者负责在其领土范围内建设宗教场所。早期的统治者往往会改造废弃的建筑物，将它们改建成清真寺（“清真寺”这个词来自阿拉伯语，意为屈服之地）。清真寺的典型特点是规模宏大，做周五礼拜时能容纳所有的男信徒，在此期间，信徒们在听到布道后朝麦加的方向跪拜。麦加是伊斯兰教最神圣的城市。清真寺的基本构造是基于先知的房屋设计，有一个与柱廊相接的开放式庭院。通常情况下，清真寺有一个或多个宣礼塔，它标明了建筑物的位置，也是神职人员向礼拜者传播信仰之地。

大清真寺位于突尼斯的凯鲁万城，是一座代表了清真寺原始状态的早期清真寺（见图 19.1）。开放式的庭院周围环绕着门廊，有一座宣礼塔位于在庭院短边中心的正门上方。米哈拉布处于宣礼塔对面的深处，端壁的壁龛指向麦加的方向。

伊斯兰教非常重视陶瓷艺术。伊拉克的阿拉伯陶工在改进施釉技术方面取得了重大进展（大约在公元 9 世纪）。这种施釉技术产生的效果是在容器的表面闪现金属光泽，属于陶瓷工艺中难度系数较大的工艺。古代陶工以为施釉技术跟炼金术一样，炼金术是把单一原料炼成黄金。光泽绚丽的陶器大多专供贵族和统治者使用。这里展示的大水罐（见图 19.2）的坯轻薄，表明这可能是装饰品，而不是日常用品。罐身的文字表达了物主的赞誉和美好祝愿。

图 19.1　突尼斯凯鲁万城的大清真寺（836—875）

资料来源：图片版权由罗杰·伍德/科比斯图库所有。

图 19.2　卡珊市的大水罐（喷嘴壶，13 世纪初）。锡釉润泽。高：$6\frac{4}{5}''$。

资料来源：经剑桥菲茨威廉博物馆许可复制自阿德斯罗恩收藏中心，布里奇曼艺术图书馆。

西班牙

公元 8 世纪，穆斯林最初为了传教而征服西班牙，很快这里（以及北非周边地区）形成了独特的穆斯林文化，涌现出许多著名的科学家、诗人、哲学家、建筑师和艺术家。一些欧洲最好的图书馆都聚集在西班牙的穆斯林城市，科尔多瓦和格拉纳达比西班牙其他大部分地区更重视书籍、热爱学习。

书法是伊斯兰艺术中的重要组成部分，因为它能美化神的话语。抄写《古兰经》是书法家最为推崇的练笔方式。《古兰经》是伊斯兰教的圣书，穆斯林相信《古兰经》是神用阿拉伯语向穆罕默德传达的启示。在伊斯兰世界（见图 19.5），《古兰经》（见图 19.3）是可见的神圣文字。在伊斯兰传统中，神首先创造出芦苇笔来记下他的话语。

图 19.3　《古兰经》(11 世纪)，北非或西班牙。彩印本。

资料来源：蒙塞拉特 1544 号，经都柏林切斯特·比蒂图书馆许可后复制。

阿拉伯文字装饰性纹样融入了几何纹样和花卉纹样。我们已经领略到了阿拉伯文字纹样在大水罐上的绝妙效果，但阿罕布拉宫* 中的狮子厅（见图 19.4）的金碧辉煌更令人印象深刻。狮子厅有精美的粉刷拱门，124 根白色大理石柱环绕其下。墙壁装饰繁复，成半透明网状结构，由大理石、雪花石、琉璃瓦和灰泥混合而成。从饰物上的小孔照进的斑斑点点的光线令房间和庭院散发出奇光异彩。圆柱

* 可在 myartslab. com 网站观看阿罕布拉宫的建筑全景。

的正上方水平刻着一行字："除了神，没有胜利者。"

狮子厅只是巨大的阿罕布拉宫的一部分，是格拉纳达的穆斯林统治者的王宫及城堡。阿罕布拉占据了制高点，成为一个单独的城市，有会议室、宫殿、花园，并聚集了各类手工业者。阿罕布拉是穆斯林统治西班牙时的最后据点之一，而当最后一位穆斯林统治者于 1492 年放弃了这座城市时，西班牙统治者却将它保存得完好无损。

图 19.4 阿罕布拉宫狮子厅（1309—1354），西班牙格拉纳达。
资料来源：休珀斯托克艺术公司摄影。

图 19.5　伊斯兰世界

波斯

在西方，波斯艺术中最知名的物品当属地毯（见图 13.12 的阿尔达比勒地毯，其精美程度令人印象深刻）。地毯不仅被视为珍贵的财产，还是传扬设计理念的一种方式，因而在伊斯兰艺术史中占有重要地位。地毯融合了图案和构图，相对说来便于携带。当时的许多建筑物或陶器上的装饰设计都受到了波斯地毯设计的影响。

图 19.6　米哈拉布（1354），伊朗。上釉后依形状锯开，再镶嵌成一个整体。高：11′3″。资料来源：大都会艺术博物馆，哈里斯·布里斯班·迪克基金会，1939（39.20）。图片版权由大都会艺术博物馆/艺术资源/佛罗伦萨斯卡拉所有。

建筑用砖设计是陶瓷艺术的衍生物，在波斯登峰造极。这里展示的米哈拉布（见图 19.6）是在一个清真寺取的景，指明了向麦加朝拜的方向。宗教中包含否定意象，这意味着艺术不能用人物形象来讲述故事，这在西方也普遍适用。然而，伊斯兰艺术会采用繁复至极的设计激起美感享受，同时激起心灵对秩序和图示的渴望。米哈拉布上的文字是《古兰经》中描写清真寺建设价值的著名章句。如此一来，不仅能振奋人心，还能带给人唯美的感官享受。

米哈拉布的位置已不再局限于墙体间，

这有利于丰富波斯装饰艺术的多样性（见图 16.26）。这种技术通常适用于设计整个建筑，如位于乌兹别克斯坦的米尔·埃阿拉伯伊斯兰学校（见图 19.7）。伊斯兰学校是讲授伊斯兰历史及讲解《古兰经》的穆斯林神学院。米尔·埃阿拉伯伊斯兰学校的创始人是苏菲派（伊斯兰教派之一）的成员，学校以创始人的名字命名。

学校两侧的双层建筑匀称排列，为伊万（伊斯兰建筑的基本元素）形成了对位。伊万是位于中心位置的圆顶大门廊，后面是两个圆顶，一个是授课厅，另一个是学校创始人之墓。建筑表面的瓷砖光彩夺目，有花卉图案、几何纹样，还有碑铭式样，让人眼花缭乱。这也表明了色彩往往是伊斯兰建筑里不可或缺的元素。

图 19.7　米尔·埃阿拉伯伊斯兰学校（正面，1535—1536），乌兹别克斯坦布哈。
资料来源：大卫·弗莱克摄影。

波斯画家善于给文学作品的手抄本配以插图，因而是世界上最出色的插图画家。这样的绘本被视为贵族的财产象征。其中最出色的插画是《苏丹桑贾儿和老妇人》（*Sulton Sanjar and the Old Woman*，见图 19.8），选自尼扎米的汉塞（五卷诗）。这是一则关于虚荣的寓言：有一天，苏丹和他的臣子在外面骑马。这时一位老妇人走近他，抱怨他的一个士兵抢了她的东西。桑贾儿没理她，说她

图 19.8　《苏丹桑贾儿和老妇人》，世人认为这是苏丹穆罕默德的作品，选自尼扎米的汉塞（五卷诗，1539—1543），对开本第 181 页。纸上水粉画。画布：$14\frac{1}{2}'' \times 10''$。
资料来源：伦敦大英图书馆。版权由英图书馆委员会/罗巴拿所有。

的烦恼与他的军事行动相比根本就不值得一提。这名老妇人随后看着他说：“如果你连自己的军队都管不好，就算征服了外国军队又有什么用呢？”

这幅作品通过对布料、植被和云朵等丰富细节的刻画精制而成。细微的手势有助于讲述画幅中的故事。波斯画渲染岩石的画法在很大程度上受益于中国艺术，但波斯艺术家只局限于类似的临摹。这些画大多出自画室，因此我们一般不

艺术造就了我们：礼拜及仪式　思索图案

精心设计、极具视觉吸引力的艺术可让我们脱离日常生活，上升到新境界。在伊斯兰教的大多艺术和建筑作品中，繁复的装饰图案不仅能满足感受美的渴望，也有助于精神的升华。清真寺和伊斯兰学校建筑的表面（见图 19.6 和 19.7）常常以琉璃瓦装饰，配以花卉和几何图案以及书法。这些绚丽多彩的精致设计是为了引导信徒对神（阿拉伯语中意为真主）的礼拜意识。设计有序的图案反映了神创造的神圣图案富有创新性。

许多现代穆斯林艺术家会以新的方式加工传统图案。乌萨马·阿塞比（Usama Alshaibi）是伊拉克裔美国人，一名电影导演。他于 2003 年拍了一部短片，电影内容是关于在清真寺的地毯上发现的各种装饰图案。他把这些图案扫描后，运用动态影像软件（MG）把图案制作成了动画（见图 19.9）。他说，他想“用一种全新的方法让这些手工图案动起来”[1]。在这五分钟的电影中，这些图案慢慢旋转、分开，一个图案覆盖另一个图案，再配以伊拉克音乐作为背景。他虽然并没有自称为虔诚的穆斯林，但还是将作品命名为“安拉至大”（Allahu Akbar，上帝是伟大的），这反映了传统的视觉享受和宗教虔诚之间的联系。他在提到这幅作品时表示：“新的意象已经产生了，出现了对传统的静态设计完全不一样的看待方式。希望《安拉至大》能更接近这种极致美和神秘感。”[2]

图 19.9　乌萨马·阿塞比，《安拉至大》(2003)。数字视频的静态显示图。相位交替线，黑/白，有声。

伊斯兰艺术中常见的另一类抽象图案是书法。穆斯林认为书法是神圣的，因为书法将上帝的话语用一种美妙的形式表达出来。伊朗艺术家查尔斯·侯赛因·曾德罗迪（Charles Hossein Zenderoudi）多年以来视书法为艺术之本。20 世纪 70 年代，他开始创作一系列由波斯音节组成的大型作品，这些音节会被重复数百次，就像一场冥想修炼。他这样解释作品风格的由来：“在 1955 年或 1956 年，当时我还就读于德黑兰美术学院。我在国家博物馆看到一件写满了祈祷文和数字的衬衫……我不知怎么地就惊呆了。我意识到可以把这些宗教元素融入到我的作品中。”[3] *VAV + HWE*（见图 19.10）是他 1972 年的作品，标题由两个波斯文组成，意思分别是“通过”和“他”，后者指的是神。笔法音节词的同心圈指围绕北极星的群星路径，也可能是环绕伊斯兰的圣殿——麦加周围的朝圣之路。曾德罗迪在谈及他的作品时说道："就如同建筑师用石块或砖块修造建筑物一样，我用书法来构造我的作品。"[4] 他的书法笔画着眼于朝圣，让我们从繁复及平淡的日常生活中解脱出来，在精神上得以升华。

图 19.10　查尔斯・侯赛因・曾德罗迪，*VAV + HWE*（1972）。在帆布上用丙烯酸作画。画布：78¾″×78¾″。

资料来源：私人收藏。图片版权由科视/布里奇曼艺术图书馆所有。版权© 2013 由纽约艺术家权利协会/巴黎法国图像及造型艺术著作人协会所有。

知道画家的名字。但似乎能肯定，这幅作品是出自苏丹穆罕默德之手，他是萨非王朝备受推崇的画家。

印度：莫卧儿帝国

公元 16 和 17 世纪时，波斯和蒙古王朝的继承人，也就是印度次大陆的莫卧儿王朝统治者统治着多种文化。统治对象包括印度教、耆那教、拜火教，甚至连基督教也在其中。只有少数人（上层阶级）是穆斯林。这意味着在莫卧儿帝国时期，发源于阿拉伯的伊斯兰教进一步发展，并达到巅峰。

莫卧儿王朝统治者在统治这样多元化的民族时，文化包容程度闻名世界。比如，阿克巴从 1556 年统治到 1605 年，他下令让各大臣学习国内盛行的不同宗教事宜，并聘请了老师讲解。他还建立了一个结合所有宗教元素的新宗教，并归于自己统治，从而更好地解决宗教纠纷。当基督传教士从具有巴洛克风格的罗马来拜访他时，他盛宴以待，还从他们那儿买了西方宗教画来丰富自己的艺术典藏。他鼓励在艺术中运用人物形象，认为通过绘画来展示上帝的形象会让艺术家更加懂得尊重神圣的创作。

阿克巴在建筑中体现了他的新奇理念。正如我们在他的宫殿迪万·爱·卡斯（见图 19.11）* 中所看到的，宫殿里有一根华丽的支柱，并有四个通道最后汇集于此。用于建造的石料材质柔软，便于在上面雕刻出无数镂空格栅。阿克巴坐在支柱上方的中心位置，这也是莫卧儿王朝宗教体系的交集点。英文单词 mogul（大亨）象征着拥有财富和权力，也是最早从像阿克巴这样的莫卧儿王朝统治者那里延伸出来的含义。

图 19.11　迪万·爱·卡斯（1570—1580），印度北方邦法塔赫布尔·西格里古城（内部）。

资料来源：乔纳森·M·布卢姆和希拉·S·布莱尔摄影。

沙·贾汗是最后一位统一政权的莫卧儿王朝统治者，他创造了莫卧儿王朝最有纪念意义的艺术品——泰姬陵（见图 2.13）**。沙·贾汗在朱木拿河边修建了这饱含思念之情的陵墓，以纪念他那在分娩时不幸逝世的心爱的妻子。泰姬陵所见证的浪漫爱情无与伦比，这世上再没有其他建筑能与之媲美。泰姬陵能从不同角度获取光照，白色大理石表面会在一天中呈现出不同的颜色。球状圆顶轻如羽，墙壁薄如纸，拱门在优美的旋律中展开。泰姬陵恰似盘旋在花园上空，其设计灵感源于《古兰经》中对天堂的描述。

中央的伊万门前有尖拱，在门口的正上方装饰有一对缠绕的植物图案（见图 19.12）。泰姬陵的美感并非来自装饰，而是源自奢华的材料和诗意的搭配。

* 可在 myartslab.com 网站查阅法塔赫布尔·西格里古城的私人会客厅的相关资料。

** 可在 myartslab.com 网站查阅泰姬陵的相关信息，观看泰姬陵的模拟建成过程。

花园里的天堂图案一直蔓延到拱门周围的铭文里，铭文包含了《古兰经》中描述来世的重要篇章。沙·贾汗和他妻子的陵墓处在下面一层的中心位置。他写下了他对这座陵墓的幻想："它宛如天堂花园的一颗亮星，天堂仿佛洒满了香水般芬芳四溢。"[5] 泰姬陵设有中央圆顶和高大的伊万，这表明建造时受到了莫卧儿陵墓的影响，这里的大理石不计其数，石块之间绝妙契合，创造出一个超凡脱俗的建筑。

图 19.12　泰姬陵（1632—1648），印度阿格拉中央伊万（上部）。
资料来源：加文·赫利尔/罗伯特·哈丁。

思考回顾

1. 为什么在伊斯兰艺术中很少看到人物形象？
2. 清真寺具有哪些典型的重要特征？
3. 为什么地毯在伊斯兰艺术史中占有极其重要的地位？

请试一试

伊斯兰艺术中并没有禁止人物形象的运用（见图 19.8）。如果某艺术家受人之托要创作一幅作品，他应该怎样去判断是否应该在作品中运用人物形象呢？

关键术语

伊万——标明重要建筑或入口的高大拱形门廊。

伊斯兰学校——包含了学校、祷告室和学生住所的建筑。

米哈拉布——位于清真寺端壁、指向麦加方向的壁龛。

宣礼塔——清真寺外的塔，用于向祈祷者传播信仰。

第 20 章　非洲、大洋洲和美洲*

请思考

1. 请描述在非洲、大洋洲和美洲本土文化中，艺术在日常活动中的主要作用。
2. 请了解非洲传统艺术特有的素材、风格及文化目的的多样性。
3. 请比较艺术在社会中发挥纪念性作用的不同方式。
4. 请分析大洋洲艺术中的不同视觉特点及意义。
5. 请审视艺术传统在北美本土文化中的延续性。
6. 请讨论中美洲和南美洲艺术的历史发展过程。

大多数西方人往往认为，艺术就是博物馆中供人欣赏的艺术品。诚然，艺术大多数时候理应如此。或者有人认为，艺术是摆放在房间里的装饰品。我们大多会在自己的房间里摆放些画作或雕塑（或其复制品）来装饰房间。

在本章中，我们会谈到宗教形态中的传统艺术。在宗教形态中，艺术创作的目的不完全在于满足视觉上的愉悦，或起点缀效果。传统文化并不只是强调艺术的关怀和享受功能。确切地说，我们这里谈到的文化更注重艺术在宗教礼仪、市井生活和社区功能方面的作用。

非洲

非洲大陆的艺术形态丰富多彩，而这种多样性恰恰反映了非洲的多元文化（见图 20.1）。非洲的面积比中国、美国和欧洲的面积总和还要大。撒哈拉北部的艺术形式往往是受到了埃及（见第 15 章）、罗马（见第 16 章）或伊斯兰传统（见第 19 章）的影响。在这里，我们将集中介绍撒哈拉以南非洲地区的艺术形式。

---

* 可在 myartslab. com 网站收听本章音频，学习和回顾本章内容。

图 20.1　非洲

人类起源于非洲。但古老的非洲艺术品所采用的材料容易腐烂，因而公元 13 世纪之前的艺术作品已经遗失殆尽。尼日利亚中部的锡矿工在挖掘时无意中发现了撒哈拉以南现存的最古老的艺术品，如这里展示的诺克文化的头像(见图 20.2)。考古证据表明，这些作品可以追溯到希腊和罗马时期（数百件作品已被发现）。它们仿照陶俑（无釉的红陶器）的形态，几乎接近真人大小。这些头像很可能在之前都与躯干相连。头像上的精美发饰和面部特征表明该地区的木雕技艺已达到炉火纯青的地步。头像的面部表情惟妙惟肖，形如真人，而同时又在眼睛和鼻子部分有一定程度的抽象化处理。诺克文化的其他遗迹都已消失殆尽。虽然我们对诺克文化知之甚少，但它的艺术形式对西非其他文化产生了重要影响。

同时，在欧洲 12 世纪的哥特时代，伊费的宫廷肖像画诞生了一种自然画风。伊费是位于尼日利亚西南部的约鲁巴圣城。男子头像（见图 20.3）展现了伊费精湛的青铜铸造工艺。这种薄壁、空心的金属铸造工艺代表了技术精进的辉煌时期。沟槽线条凸显了面部轮廓，几排小孔估计是用于固定串珠的面纱。

伊费还对邻城贝宁的雕塑艺术产生了影响。贝宁头像（见图 20.4）充分体现了起源于贝宁的另一种宫廷风格，这种风格与伊费人像雕塑的自然风格相比略显抽象。

图 20.2　头像（前 500—200），尼日利亚诺克文化。陶俑。高：$14\frac{1}{2}''$。

资料来源：尼日利亚拉各斯国家博物馆。沃纳·福曼档案馆摄影。

图 20.3　男子头像（13 世纪），尼日利亚伊费。铜制品。高：$11\frac{7}{16}''$。

资料来源：格拉斯哥大学档案部，弗兰克·威利特收藏。

图 20.4　贝宁头像（约 1550），尼日利亚。青铜-金属制品。$9\frac{1}{4}''\times8\frac{5}{8}''\times9''$。

资料来源：纽约大都会艺术博物馆，迈克尔·洛克菲勒纪念收藏，纳尔逊·洛克菲勒赠予，1979，编号：1979.206.86。谢克特·李摄影。图片版权由大都会艺术博物馆/艺术资源/佛罗伦萨斯卡拉所有。

贝宁的青铜铸造艺术是专用于赞颂国王（奥巴国王）的一种艺术形式。这种技艺对外讳莫如深，只有经授权的皇家工匠才能学习青铜铸造技艺。大多数贝宁头像刻画的是王室或其他著名先祖。一般会把这些头像放置于祭坛上，供后代敬仰。

16 世纪，欧洲人抵达贝宁王国之初就对青铜铸造而成的雕塑、宫殿留下了深刻的印象，就连贝宁城与欧洲各国首都相比也毫不逊色。16 世纪，贝宁的面具挂件（见图 20.5）采用象牙雕刻而成，现在奥巴仍然在仪式中将挂件佩戴在胸前或腰间作为装饰。这款挂件描绘的是国王的母后凝视时的慈祥表情。她头戴一顶王冠，头像和泥鱼交替描绘在冠面上。头像代表葡萄牙商人和水手，他们定期访问贝宁，有时还帮助国王解决与邻国的纠纷。仔细观看这些头像，会发现他们蓄着长胡子，还戴着圆帽。泥鱼象征了不朽之身，因为它们一直都在泥土中活蹦乱跳。王后的额头上有两条垂直标记，在举行仪式时，祭献的药膏就放在这两道浅槽里。

图 20.5　面具挂件（16 世纪），尼日利亚贝宁王宫。象牙、铁、铜。高：9⅜″。

资料来源：纽约大都会艺术博物馆，迈克尔·洛克菲勒纪念收藏，纳尔逊·洛克菲勒赠予，编号：1978.412.323。图片版权由大都会艺术博物馆/艺术资源/佛罗伦萨斯卡拉所有。

马里的班巴拉人素以木雕羚羊头饰闻名。年轻人喜欢把这种头饰扎在草编帽上，并在举行农耕仪式时戴在头上。每当整理了一片新土地，就会选拔出最勤奋的男子来表演跳跃舞，模仿神话中教人种植农作物的契瓦拉（见图 20.6）。这种舞蹈既代表了男性契瓦拉形象，也体现了女性契瓦拉形象：女性背了一个婴儿，男性的标志是有风格一致的鬃毛。抽象的羚羊身体变得精力充沛，几乎以线性形式呈现。设计中的几条直线凸显了随韵律起伏的曲线，重在强调坚实地面和穿透空间的交互转换。

图 20.6　契瓦拉舞者，马里。

资料来源：帕斯卡・詹姆斯・因佩拉托博士摄影。

尽管喀麦隆草原地区的艺术也是为宫廷服务的，但其豪放不羁的艺术风格却与伊费和贝宁的贵族风格大相径庭。大型舞蹈头饰（见图 20.7）的不同部分在不同的图案和纹理方面都具有不同的特点。此头饰是宫廷官员的佩戴品，很笨重。但这并非是对头像原型的简单重复，而是要赋予其新含义。

图 20.8　奥莱姆贝・阿莱耶，屋柱（20 世纪中叶），尼日利亚约鲁巴。木制、油漆制品。高：83″。
资料来源：加利福尼亚大学洛杉矶分校福勒博物馆。唐・科尔摄影。

图 20.7　大型舞蹈头饰（19 世纪），非洲喀麦隆巴门达地区。木制品。高：26½″。
资料来源：苏黎世里特贝格博物馆，爱德华・冯・德尔・黑德特收藏。威特森和考特摄影。

在尼日利亚，约鲁巴人的传统艺术是人像木雕，即用杏仁大小的木头来雕刻微型人像。屋柱（见图 20.8）出自奥莱姆贝・阿莱耶（Olembe Alaye）之手，不仅起支撑屋顶的作用，还体现了在精神上给予支持的理念。木雕中的人物自上而下有：部落长老端坐在折叠椅上，一名妇女背着小孩，下面的女人手抚两乳而立（这在传统中是表示欢迎的姿势）。这三种人分别代表了智慧、哺育和热情好客，对于维护社会稳定发展具有重要意义。这三大特性是支撑约鲁巴社会发展的基石。

前首领莉莎之墓（见图 20.9）拍摄于 1959 年，图中的屋柱还具有另一层含义。部落首领是“社会的支柱”，墓前集结的柱子彰显了他的尊贵和荣耀。墓碑周围的象征物表明予以精神支持，这些都象征了部落生活的重要方面。

并非所有的非洲艺术都是为皇室或礼仪服

图 20.9　前首领莉莎之墓，尼日利亚翁多。左三是当地特有的屋柱。
资料来源：1959 年法格摄影。加利福尼亚大学洛杉矶分校福勒博物馆威廉·福克档案部。

务的。正如前面所讨论的（见图 20.6）的契瓦拉羚羊的形象，非洲艺术更希望未来的生活过得更好，或社会秩序保持稳定。例如刚果的曼噶卡能量像（见图 20.10）给正义（即曼噶卡）的力量赋予了人性特征。雕刻家赐予它荣耀的头饰，头部自信满满向后倾仰，表明了果断的姿态。部落长老们在雕像的腹腔内放入了药材（现已遗失），旨在增强雕像的功能性。随后，每当有民事案件告一段落，批准了一个条约或颁布了一条法律，受决策影响的部落成员就会在雕像的表面镶上一块金属来表明意见一致。现在雕像上总共有 400 多块金属，表明这尊雕像已经使用了好几十年。

图 20.10　曼噶卡能量像（19 世纪），刚果共和国，约姆比人。带铁钉的木制品。高：34⅝″。
资料来源：克劳迪亚·奥布拉克摄影。德国柏林民俗博物馆。比尔达其夫·普鲁西谢尔·卡尔图贝西茨/纽约艺术资源。

艺术造就了我们：纪念 崇拜

纪念活动可以是个人行为，比如我们会记住生活中对我们而言很重要的人。不过也有公众的纪念活动，比如纪念那些献出宝贵生命、节操高尚的大人物。那些做出了杰出贡献、拥有高尚品质而受到人们敬仰的人被称为英雄，而艺术就是纪念历史上世界各地的英雄们的形式之一。由于各地存在文化差异，英雄们特点各异，所以崇拜英雄的形式也有差异。

在非洲传统社会中，艺术含有纪念意义。王室肖像（见图20.11）的主人公是夏阿姆·姆布尔·恩贡格，他是刚果库巴王国的创始人，也是那时期具有重大影响力的国王。他左手持宗教仪式上的兵器，淡然地盘腿而踞，流露出平静超脱的气息。他的头饰是传统的皇室服饰，锄形帽表明他致力于推广炼铁术，并鼓励农业发展，保障该地区的基本经济活动。他的眼睛形如贝壳，象征财富。在他脚下的椭圆形盒子代表了一种名为曼卡拉的战略棋盘游戏，恩贡格希望通过这个游戏启发民智。在恩贡格还在世时，这尊雕像就轮流由他的妻子们保管，以提高生育率。恩贡格去世后，他的继任者也与这尊雕像相对而眠，让国王的智慧代代相传。此后，这尊雕像也成为纪念坛的一部分，还时常敷油润泽，雕像日益焕发光泽。如果王室雕像受到了损坏，艺术家就会制作复制品来延伸这种纪念意义。图20.11的这件作品是18世纪时依照17世纪的原作制作的复制品。

图20.11 王室肖像（18世纪），刚果库巴人。木雕品。高：22″。

资料来源：大英博物馆。版权由大英博物馆托管处托管。

《马拉之死》（*The Death of Marat*，见图20.12）在西方艺术中具有典型的纪念意义。这幅画表达了画家对这位18世纪末法国大革命时期的活动家的崇敬之情。让·保罗·马拉是法国科学家和医生，他在报纸上发表了名为“人民之友”的文章，抨击法国专制的贵族阶层。1792年时值法国专制统治末期，马拉当选为法国管理和立法机构——国民议会议员。然而，他染上了一种罕见的皮肤疾病，在接下来的一年里病情持续恶化，不得不隐退回家，泡在药缸里继续创作。

1793年7月，一个反对派成员潜入了他的房间，将他杀害。雅克-路易·大卫（Jacques - Louis David）是一位艺术家，也是马拉的朋友，他非常同情马拉的遭遇，不久之后便创作了这幅画来纪念马拉。大卫并没有用结痂和变色的斑点来描绘马拉病变的皮肤，也尽量减少血迹的渲染。从这幅画中可以看出马拉去世时静谧而安详，仿佛是沐浴在神圣光芒里的一名烈士。然而，马拉死于政治纠纷，并非为宗教献身。马拉家中的木箱子上写下了艺术家的签名和献辞。很少有纪念暴力死亡的画面能显得如此平静安详。

图20.12 雅克-路易·大卫，《马拉之死》(1793)。布面油画。画布：5′5″×4′2½″。
资料来源：布鲁塞尔比利时皇家历史艺术博物馆/布里奇曼艺术图书馆。

对于法国大革命的支持者而言，马拉曾经是个英雄。但我们现在的英雄是谁呢？我们应该如何纪念这些英雄呢？安迪·沃霍尔（Andy Warhol）在丝幕画《双重猫王》（*Double Elvis*，见图20.13）中给出了具有讽刺意味的答案。这幅画似乎想要表达的是我们现在有的是名人，而不是英雄。英雄让人产生崇拜之情，而名人更让人迷恋，激起人们的好奇心。大众媒体主宰着名人的声望。在这幅画中，沃霍尔借用了猫王在1960年的电影《火焰星》（*Flaming Star*）里的宣传照，将其调整成真人大小。沃霍尔淡化了色彩，呈现在人们面前的画面是可能在黑白电视屏幕上看到的影像（这在当时还很常见）。这里的“英雄”

脱离了现实生活，身处在荧幕上虚构的电影世界，他更重要的角色是偶像，而非普通人。

沃霍尔首次在某画廊展出这幅画，同时展出的还有其他 27 个真人大小的猫王图像。其中大多数是单人画像，也有《双重猫王》，还至少有一幅《三重猫王》。沃霍尔对丝印介质的可重复性深深着迷。复制品的多样性削弱了名人独特的地位，彰显了丝印介质和电影可使其影像重复出现的特点。因此，沃霍尔似乎想说，名人通过电影和媒体进入我们的生活，我们也应该用同样的方式来纪念名人：无限重复的形式巧妙地将真实和复制结合在一起。

图 20.13 安迪·沃霍尔，《双重猫王》(1963)。丝网印刷，使用丙烯酸在帆布上作画。画布：83″×53″。
资料来源：现代艺术博物馆，杰里和埃米莉·施皮格尔家庭基金会纪念柯克·瓦内度时赠予，编号：2480.2001。数字图像版权© 2013 由纽约现代艺术博物馆/佛罗伦萨斯卡拉所有。版权© 2013 由安迪·沃霍尔视觉艺术基金会/纽约艺术家权利协会所有。

非洲的纺织艺术已经相当精湛，许多布料款式都有特定的用途。加纳的阿散蒂人先用织机织出窄布条，再一起缝到图案中，这些图案通常都描绘了重要的谚语或思想。例如，只有发生了前所未有的事之后，才能穿戴名为“梅迪亚”（意为“之前没有发生过的事情”，见图 20.14）的肯特纹布。这里有一个著名的例子：那时加纳还是一个殖民地，受监禁的独立运动领袖克瓦米·恩克鲁玛所在的政党在全国大选中旗开得胜。选举结果出炉之后三天，英方宣布释放恩克鲁玛，他当时身着肯特纹布。后来，在 1957 年 3 月 6 日，恩克鲁玛宣布加纳独立时（当时他已是加纳首任总统），他仍然穿着肯特纹布，说道：“我已经尽了全力。”

图 20.15 是阿力丽布，制成这种布要先在锡板上做出一个模版。女工在布上垫上模版，把水粉膏压入模版，抬离模版后，模版的印记就会停留在布上，而不会受到靛蓝染料的浸染。之后重复印染，织布的其余部分也会变成深蓝色，而文字和样式的颜色则较淡。阿力丽布不仅印有大量复制的手印，还有尼日利亚与手有关的传统谚语和俗语，如“手是我最亲密的朋友”。

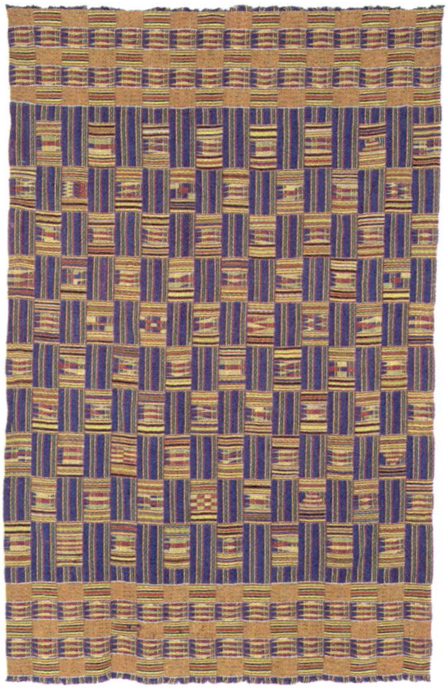

图 20.14　梅迪亚（20 世纪），加纳肯特布。布（条织）。高：$59\frac{1}{16}''$。
资料来源：西雅图艺术博物馆，凯瑟琳·怀特和波音公司赠予。保罗·玛卡皮亚摄影。

图 20.15　阿力丽布（1984），女性用手和箴言印染出的包装布料（细节展示），尼日利亚拉各斯约鲁巴。深浅蓝棉布，防染模版，天然靛蓝染料。高：76″×62″。
资料来源：纽约埃都韦耶·S·卡普兰收藏。谢尔登·科林斯摄影。

大洋洲和澳大利亚

大洋洲是美拉尼西亚、密克罗尼西亚和波利尼西亚（包括新西兰）等成千上万的太平洋岛屿的总称（见图 20.16）。大约从公元前 26000 年起，来自东南亚的移民就在这里定居，新几内亚和伊里安查亚的人口持续繁衍。直到大约公元前 800 年，移民抵达了新西兰。由于大洋洲地域广阔，各地的文化、地理环境以及原材料迥然不同，很难从总体上概括大洋洲艺术的特点。不过太平洋各地区也有一些共同的传统观念，而这些都对艺术创作产生了影响。

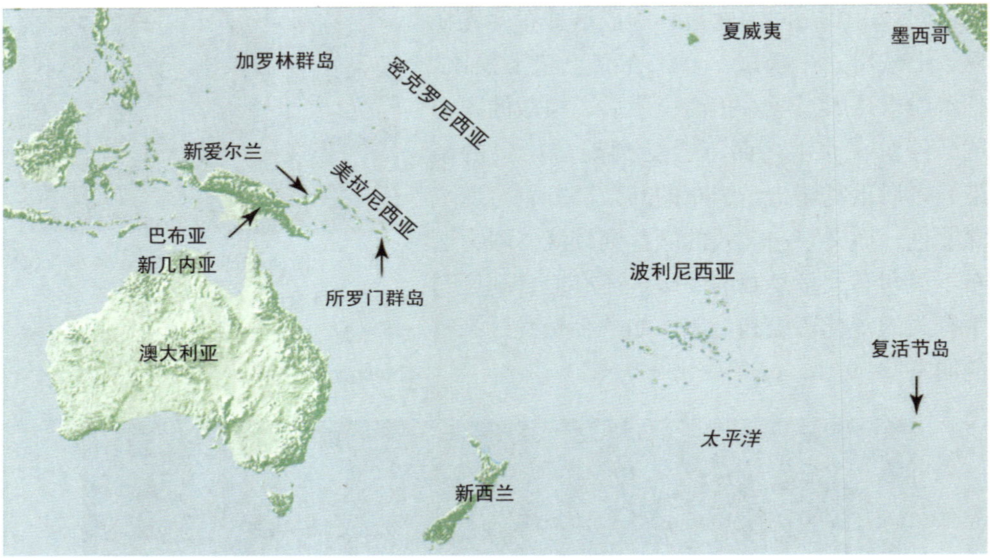

图 20.16　大洋洲和澳大利亚

首先，人们都相信世界是由大地之母和天空之父共同创造的。天地相互作用，创造了地球表面的生命形式。大洋洲的传统观点认为祖先是人和神之间的中介。因为人们认为祖先依旧存在于精神世界，可以影响未来发生的事情。大洋洲的艺术家们创作了许多作品来表达对祖先的敬意，让祖先的灵魂得到安息。

神力（或精神力量）是另一种受到广泛认同的概念。神力可以驻留在人体和各地各物中。大洋洲的许多艺术形式都表达了试图拥有神力来阻止灾难的发生、谋求人类福祉、提高个人能力、增加智慧。

由于黏土匮乏，大洋洲的陶器产量很小。直到 18 世纪商人引进金属，大洋洲人才第一次见识到金属的样子。大洋洲人用石头、骨头或贝壳制作工具，用木材、树皮和小株植物修建房子、独木舟或制成垫子和布料。羽毛、骨头和贝壳不仅可以制成餐具和雕塑，也可制成个人饰品。

在所罗门群岛和新爱尔兰岛（美拉尼西亚岛的一部分），木雕和面具是为典礼仪式而设计的。在许多美拉尼西亚的艺术中，与人像一起出现的鸟扮演了现存的物质世界和已故祖先的精神世界之间的导航者或使者的角色。图 20.17 为船首护卫像，图中人物站在从所罗门群岛而来的一艘征战独木舟上，时刻警惕着险滩和暗礁的出现，为其他人保驾护航。虽然图中的木雕只有手掌大小，但由于造型大胆，看起来颇具气魄。夸张的鼻子和下巴造型让头部看起来在向前驱动。外披黑熏木，内镶嵌珠母层，与白色的眼睛形成了强烈反差，Z 形带亦弯亦曲，律动感十足。

图 20.17　船首护卫像，取自于一艘征战独木舟（19 世纪），所罗门群岛新乔治亚岛。木制品，内镶嵌珠母层。高：6½″。

资料来源：沃纳·福曼档案馆/瑞士巴塞尔民族学博物馆，位置：03。

鸟的形象在新爱尔兰面具中占有举足轻重的地位（见图 20.18）。在精心雕琢的镂空面板上绘有色彩鲜明的图案，时而突出木雕工艺的动态性，时而又表现出反叛的姿态。蜗牛壳的眼睛给人以强烈的视觉冲击。两只小鸡站在面具的两翼上，嘴里叼着蛇，表明了对天地间生物规律的反抗精神。人类学家认为，这座木雕应该是用来净化新祭坛的不良气场，一旦完成了它的使命，便会被认为是无用之物，被人丢弃。

在密克罗尼西亚和波利尼西亚的大多数地区出土的雕刻品都是精简的流线型，制作精良。来自努库奥罗环礁的女子像（见图 20.19）具有清瘦的特点。在 19 世纪收集到的大约 30 座类似的雕塑，这只是其中之一。这 30 座雕像都显示出

图 20.18　面具（约 1920），新爱尔兰。彩绘木制品，含有植物纤维和贝壳。高：37½″×21⅓″。
资料来源：加利福尼亚大学洛杉矶分校福勒博物馆。唐·科尔摄影。

类似的身体比例，这表明雕刻家运用了一套传统工艺。这些雕像的抽象程度非比寻常。大多数人类学家认为，它们代表了神，但当地的宗教随着传教士的布道和人口的迁移已经消亡。虽然努库奥罗环礁位于密克罗尼西亚的南部，但还是隶属于波利尼西亚文化。

波利尼西亚覆盖了从新西兰到夏威夷，再到复活节岛的太平洋上广阔的三角区域。波利尼西亚岛屿和岛群之间相距甚远，艺术形式也颇具特色，既有设计大胆、工艺细致精湛的树皮布料、羽绒工艺、贝壳饰品、木雕，也有声势浩大的岩石雕刻。

18 世纪 70 年代，欧洲探险家首次发现了复活岛，还发现了原住民遗留的 600 多座摩艾雕刻（见图 20.20）。这些石像高达 32 英尺，由头和躯干组成。有些雕像还戴有头饰，如图所示，头饰是用另一种颜色的石头制成的。雕像代表拥有精神力量的祖先，人们把它们安置在高台上，俯瞰沿海各地，犹如在保护和监督人们的生产和生活活动。许多隶属波利尼西亚文化的地方都有类似于祭奠祖先的活动，但都不如这里的规模宏大。

欧玛库亚（意为祖神，见图 20.21）当属夏威夷半抽象雕塑中的典型作品，被发现于主祭司或大祭司的墓穴。雕像略去了多余的细节雕刻，着力彰显身体各部位，雕塑家旨在突出女性大胆果敢的姿态。红色头发、外壳做的眼睛和张开的嘴增强了表达效果。雕像双臂伸出，膝盖弯曲，双脚分开而立，立体感极强。手臂从上至下逐渐变细，双手更加小巧。雕塑各部分都统一采用了饱满、圆润以及接近于膨胀的材质。黑木散发出莹润光泽，镶嵌部分做工精美，技艺高超。

毛利会堂（见图 20.22a）是新西兰典型的传统建筑，融合了众多艺术形式。每当举办大型家庭聚会和纪念祖先的仪式时，这样的建筑就会派上用场。为了纪念生活在北岛东北角的祖先，毛利人将绘好的房子命名为鲁阿缇普普基。

图 20.19　女子像（19 世纪），中央加罗林努库奥罗环礁。木制品。高：15 9⁄16″。资料来源：火奴鲁鲁艺术博物馆，艺术品交流活动，1943（4752）。

会堂不仅以祖先命名，还象征着祖先的形象。三角墙的顶部是他的脸部，屋脊是他的背部，椽子是他的肋骨，外立柱象征他的手臂，他就好像匍匐在地，直视前方。三角墙前面绘制的图案是取材自生命力旺盛的蕨类植物。会堂前的浮雕刻下了其他祖先的面孔，最引人注目的是每个祖先的眼睛部位都用鲍鱼壳镶嵌。穿过门廊可以看到支撑屋脊的两个中柱，中柱代表祖先。内壁浮雕与抽象图案在杂乱的亚麻布上交织。

脊杆（见图 20.22b）位于门廊上方，浮雕刻画的是大地之母、天空之父和具有各种生命形式的祖先。浮雕的抽象程度反映了毛利木雕的特色，雕像主体采用回旋式或螺旋式的环形带来装饰，设计理念源自植物衍生的形式。这面单板刻于 1881 年，由于干燥程度不均匀已出现了裂痕。雕像略显威严，表明栖身于精神世界的祖先们试图通过雕像来传达神力。

图 20.20　复活节岛的摩艾（约 1000—1500）。火山岩。高：12′。
资料来源：帕特里克·弗兰克摄影。

图 20.21　欧玛库亚，夏威夷福布斯洞。洋槐木雕。高：29″。
资料来源：主教博物馆，塞斯·乔尔摄影。

a. 正面视图　Neg：♯A112508c。

b. 脊杆　Neg：♯A112508c。

图 20.22　新西兰毛利会堂（1881）。长：56′；高：13′10″。

资料来源：芝加哥菲尔德博物馆。黛安·亚历山大·怀特、琳达·多曼摄影。

人类在澳大利亚的历史可以追溯到 4 万年前。早在发明文字的几万年前，澳大利亚原住民就与大自然保持着密切的联系，这在艺术作品中均有体现。虽然大多数部落已经逐渐从牧民转变成农民、手工艺人和商人，澳大利亚原住民依然过着以狩猎和采集为主的半游牧生活，衣不蔽体，居无定所，只会使用一些简单好用的工具。

在澳大利亚原住民和其他部族创作的所有艺术品中几乎都能看到他们对自然的依赖。他们将自己和自然的联系看作是人类与神话或不朽梦幻时期造物主的密切关系。澳大利亚各部落在精神生活方面信奉不同的原则，开展的活动也各不相同，而梦幻精神却在各部落均有突出体现。

图 20.23 是一幅题为“丧葬礼俗和逝后精神之路”（Funerary Rites and the Spirit's Pathway after Death）的树皮画，动物和人像符号在图中四个部分的不同时间段中讲述了故事的来龙去脉。在左上方，一个垂死的人躺在丧葬台上；在左下方，一名迪基瑞社演奏家和两名舞者为他表演送行。在右上方，垂死男子的灵魂和他的两位妻子也在一直跳舞，直到他去世。他的灵魂在去世之后会离开丧葬台前往精神世界，沿途会跨越巨蟒。在右下方，他用石头杀死大鱼作为食物。20 世纪 70 年代，一些澳大利亚本土艺术家开始使用颜料和画布，而绘画的意象在几百年间都保持相对稳定，没有太大变化。

图 20.23　布尼亚 Bunia，《丧葬礼俗和逝后精神之路》（20 世纪中叶），澳大利亚。树皮自然上色。
资料来源：澳大利亚北部阿纳姆地格鲁特岛。版权由美术馆收藏/ 阿拉米图片社所有。

北美原住民

早在欧洲人抵达北美（见图 20.24）之前，北美原住民就已在这里生活了几万年。最古老的手工艺品已有 2 万～3 万年的悠久历史（如石壁炉和简易工具）。一些用骨片刻制的工具和矛头约有 1 万年的历史。

图 20.24　美洲

从公元前 2—6 世纪，霍普维尔文化在现在的俄亥俄州地区蓬勃发展。霍普维尔大型古墓里置有精心打造的原木棺材，藏有种类丰富的贡品。后来阿登纳人约在公元前 1070 年建造的大蛇形土墩（见图 20.25），属于早期土墩。土墩建造者先用一排排石头设计出土墩盘绕的形状，再把泥土堆在中间。大蛇形土墩有一个螺旋形尾巴，墩身蜷曲蜿蜒，下颌张开，呈椭圆形。如果把墩身展开，有1 300多英尺长。大蛇形土墩的含义备受争议，而蛇头和蛇嘴夏至时会指向日落的方向。

图 20.25　大蛇形土墩（约 1070 年），俄亥俄州阿登纳文化。展开后总长：1 370′。
资料来源：马克·伯内特/摄影研究公司摄影。

如今的美洲原住民在传承文化传统的基础上，利用其区域内可以获取的资源创作了大量丰富多彩的艺术品。19 世纪后期，印第安保留地刚建立不久，北美的本土艺术形式经历了一段萧条时期，之后才得以大力弘扬。当今许多北美的本土艺术家力图振兴传统的复古风，而更多艺术家则致力于打造“新锐”的现代风格。

两个多世纪以来，亚利桑那州的纳瓦霍人一直是心灵手巧的织工。虽然现在许多男性也会纺织毛毯，但女性纺织仍然代表了传统的艺术形式。高级毛毯（第二段，见图 20.26）是纳瓦霍人的早期作品，之后在 1863—1868 年，纳瓦霍人被流放到新墨西哥州东部。和大多数纳瓦霍的织品一样，这是用紧密排布的纱在纺织机上制成的，织出的面料紧实，有一定防水功效。毛毯上的几何图案简洁对称，还带有一些微妙的小设计，如细长的蓝线和四个中央板块周围的红色边框。之所以把这种风格称为“高级地毯”，不是因为专为高级官员定制，而是因为它质地精良，价格昂贵，很少有人能买得起。

图 20.26　高级毛毯（第二段，约 1830—1850），纳瓦霍人。天然纺染羊毛纺纱。74″×60″。
资料来源：私人收藏。托尼·伯兰特摄影。

西南部的普韦布洛人因陶艺精湛而闻名。传统的陶艺制作由女性完成。每一件普韦布洛陶器都独具风格，图 20.27 中所示的陶罐来自阿科马。陶罐取材于陶土，自由成型。艺术家先用明火烧制陶器，再用陶土制成的颜料来装饰一番。普韦布洛陶罐的抽象符号通常没有固定的含义，一般认为这些符号与自然

图 20.27　阿科马的普韦布洛陶罐（约 1850—1900）。高：12½″。
资料来源：印度艺术文化博物馆/人类学实验室收藏，新墨西哥州博物馆。布莱尔·克拉克摄影，7912/12。

或社会生活中的生命力有关。

普韦布洛人大多认为无形的生命力是有灵魂的。这些灵魂就是普韦布洛祖尼人及周边霍皮部落信奉的克奇纳神，他由戴着面具、身着传统服饰的部落男子来扮演，会以各种形象出现在村落里：鸟类、动物、小丑和魔鬼。仪式期间，他们以舞蹈的形式来表现克奇纳神的形象，逗小孩开心，既幽默又搞笑，有时还会公开责骂。《克奇纳神》（*Kachina*）是由霍皮部落和祖尼的父辈雕刻绘制而成的（见图 20.28），这也是一种教育孩子向神圣习俗致敬的方式。

图 20.28　马歇尔·洛玛克玛（Marshall Lomakema），《克奇纳神》（1971），亚利桑那州苏格坡维霍皮族。彩绘竹制品。高：34″。

资料来源：美洲印第安/史密森学会国家博物馆提供（24/7572）。卡梅隆·瓜达格侬摄影。

太平洋沿岸地区的美洲原住民擅长编制精美的篮筐。在加利福尼亚州北部，波莫艺术家编织出的篮筐非常紧密，可以盛水，令人难以置信。篮筐有大有小，形状五花八门，装饰各有特点。既有直径高达 4 英尺的大型货篮，也有直径小于 0.25 英寸的小型礼品篮。波莫人把造型坚固的几何图案编织进篮子里，还用羽毛和贝壳等装饰品来美化外形。波莫文化艺术的最高成就当属彩绘羽饰篮筐（见图 20.29）。普韦布洛陶艺和编篮技术是祖上代代相传下来的，母亲传给女儿，或姑姑传给侄女。传授技艺的同时通常还伴有其他部落传统的训练方式。编制出的篮筐赏心悦目，是艺术珍品，也是馈赠佳品。

图 20.29　彩绘羽饰篮筐（1920 年以前），加利福尼亚。羽毛、珠子和贝壳。4″× 13″× 13″。

资料来源：美洲印第安西南博物馆馆藏，美国西部洛杉矶奥特利国家中心，811. G. 1683/ CT. 29。拉里·雷诺兹摄影。

印第安人在水牛皮革上创作传统的绘画。传统男性会在其代表性画作上展现卓越战绩，例如我们可以在图 20.30 的长袍上看到马托·拓普（Mato Tope）的战绩。马托·拓普把水牛皮置于太阳下曝晒，然后用溶水的有机颜料来绘画。战争画通常以打斗场面为主，画中人物动感十足，可以看清人物的大致轮廓，却看不到画幅止于何处。最精美的战争画可追溯到欧洲人抵达美洲之前，但已稀有罕见。这里的图案由一位毛皮商人提供，原品现保存于瑞士。后来，水牛皮开始被用来描绘美国陆军部队的战斗。

西北海岸的部落创造出了天马行空的艺术形式来讲述神话故事。对动物形态的唯美抽象化，代表了特里吉特和其他居住在沿西雅图到阿拉斯加海岸线部落的绘画和雕塑艺术。墙壁上的二维抽象图案融入了箱子、毛毯、餐具等物体的主要形态特征。特里吉特社区之家（见图 20.31）代表了该地区典型的艺术和建筑特点：房顶宽而斜，外观精美华丽，立杆上雕有图腾。图腾是家族或部落

图 20.30　马托·拓普（四脚熊），印有马托·拓普战绩的长袍（约 1835）。水牛皮革、红羊毛布、腱子、有色豪猪刺、马毛混合人发，棕色、黄色和黑色颜料。63″×83¾″。

资料来源：贝尼斯历史博物馆人种学收藏。S. 雷伯沙曼摄影。

图 20.31　特里吉特社区之家，阿拉斯加凯奇坎。

资料来源：史蒂夫·麦卡琴摄影。

崇拜的对象，通常会选择某种动物或植物作为家族或部落的象征。图腾往往象征在人类出现之前就存在的原始祖先。图腾源自中西部地区的印第安语，意思是“它与我有关”。

特里吉特社区之家描绘了海狸、熊、鲸和乌鸦的抽象图案。中央的立杆由图腾堆砌而成，就像家徽一样，有助于各部落铭记神话时期的家族史。

被征服之前的中美洲和南美洲

从公元前后直到 16 世纪 20 年代西班牙入侵这一地区，墨西哥的农业文明日益繁荣兴盛。各地文化在贸易和征服的过程中相互影响，最后形成了多元文化，这能在金字塔、日历以及重要的神灵和神话方面发现一些共同点。奥尔梅克人居住在墨西哥湾附近（现在的韦拉克鲁斯），奥尔梅克文明历史悠久。更为有名的是当地人建造了特奥蒂瓦坎古城，古城位于距现今墨西哥城约 40 英里的中央谷地。

太阳金字塔（见图 20.32）位于特奥蒂瓦坎*，是世界上规模最大的金字塔之一，其占地面积比埃及金字塔还要大。塔身仿照群山的形状而造，但只有山体的一半高度。古代墨西哥人认为人类起源于洞穴，太阳金字塔坐落于深邃的洞穴之上，

图 20.32　太阳金字塔（1—7 世纪），特奥蒂瓦坎。宽：700′；高：200′。
资料来源：版权由约翰・弗兰纳里/Photoshot 所有。

* 可在 myartslab. com 网站观看特奥蒂瓦坎的相关视频。

标志了起源地所在位置。金字塔正对 8 月 12 日这天日落的方向，这一天也是玛雅日历的开始。正如照片所示，太阳金字塔位于特奥蒂瓦坎中心区域，经考古学家计算，特奥蒂瓦坎曾是世界上第六大城市，在公元 600 年达到鼎盛时期。

库库尔坎神庙（见图 20.33）位于特奥蒂瓦坎中央大街的一端。神庙的雕饰对其他几种文化都产生了一定影响。神庙各层交替雕出暴风雨神的浮雕头像，眼睛酷似金鱼，脸部布满鳞片，还有羽蛇神露出尖牙，从羽毛里探出头来。约在公元 750 年，特奥蒂瓦坎在一场神秘大火中被焚毁，从此被人遗忘。然而，之后产生的墨西哥文化仍旧信仰暴风雨神和羽蛇神。

图 20.33　库库尔坎神（即羽蛇神）庙（细节，150—200），特奥蒂瓦坎。
资料来源：艺术文库/达勒·奥尔蒂摄影。

玛雅人发明了书面文字，制作出精美的日历，从事高等数学研究，还修建了大型石庙。* 玛雅人的后代如今生活在墨西哥、危地马拉和洪都拉斯的部分地区。

蒂卡尔数百座石庙表明玛雅的祭司拥有至高的权力。蒂卡尔一号神庙（见图 20.34）修建于古典玛雅时期（300—900），屹立在危地马拉雨林中。金字塔高 200 英尺，塔顶有一座神庙，这是祭司举办宗教仪式的场所。祭司们在高台上表演舞蹈，礼拜者在台下观看。

图 20.34　蒂卡尔一号神庙（玛雅，约 300—900），危地马拉。

资料来源：丹尼·莱曼/科比斯图库摄影。

玛雅石庙的墙壁和屋顶雕刻精美，美轮美奂。第 24 号石楣（见图 20.35）全面展现了玛雅石庙的雕塑特点。这件作品源自墨西哥和危地马拉交界的亚齐连**。最近，考古学家已解读出石雕边缘的文字符号的含义，从而更好地理解石雕的意义。图中站着的是国王——希尔德·贾古阿，他举着一个熊熊燃烧的火炬。雕塑家在刻画人物头饰的羽毛随意飞落的景象时犹如信手拈来，不费吹灰之力。他的妻子

* 可在 myartslab.com 网站观看玛雅文明兴衰的相关视频。

** 可在 myartslab.com 网站进一步了解亚齐连第 24 号石楣的相关情况。

图 20.35　第 24 号石楣（玛雅，709），亚齐连。石灰石。高：43″。
资料来源：伦敦大英博物馆。版权由贾斯汀·克尔所有，K2887。

索克在仪式举行之前屈膝跪在他面前。她刺穿舌头，把滴下的血印在篮筐里的纸上。她身着华丽服饰，表明当时的纺织技术高度发达（遗憾的是，这些技术没有传承下来）。她头饰精美，桂冠上刻有长着金鱼眼睛的暴风雨神。从王后的背面看去，暴风雨神几乎是垂直向上的姿态。尤其值得一提的是，雕塑家让人物活灵活现，表现出他们微妙的互动，让服装富有质感。图中文字解释了人物动作的含义，还给出了作品完成的日期：公元 709 年 10 月 28 日。

在公元 9—10 世纪之间，托尔特克文明发源于墨西哥中部，阿兹特克人继承了玛雅文明，文化开始兴盛。经过一段时期的发展，托尔特克在墨西哥中部的高地开启了新时代，其特点是实现了建筑创新和雕像规模化创作。托尔特克的艺术形式在阿兹特克和玛雅艺术中也有所体现，即来自奇琴伊察的斜倚雕像，在玛雅语中意为查克穆尔（见图 20.36）。图中人物腰部的碗中装着祭祀的贡品。像这样的斜倚雕像对亨利·摩尔（Henry Moore）的现代雕塑风格产生了极大的影响（见第 23 章）。

图 20.36 查克穆尔（11—12 世纪），托尔特克。石雕。长：42″。
资料来源：akg-图片库/弗朗索·瓦奎梅特。

在西班牙征服墨西哥时，阿兹特克是当时最为强盛的王国。阿兹特克艺术在许多方面体现了先前艺术成就的顶尖水平。阿兹特克人（自称墨西哥人）在 14 世纪初定居于现在的墨西哥城。他们的主神庙都修有两个金字塔，同时纪念暴风雨神和战神。在那里他们把与邻国打仗时俘获的战俘当作贡品祭祀给神灵。古代的羽蛇神采用这种自我牺牲的方式来促进人类的持续发展，因而阿兹特克人认为进行这样的人祭是必要的，他们相信在特奥蒂瓦坎这样神圣的地方也出现过这种原始的祭祀方式。

在阿兹特克人的雕塑里经常会看到羽蛇神的身影，但很少有像羽蛇神之船（见图 20.37）这样让人惶恐不安的作品。这只船用于盛放祭祀的贡品。两条蛇面对面，露出的獠牙和分叉的舌头左右对称。这来势汹汹的图案具有阿兹特克石雕的典型特点，反映了阿兹特克军国主义的严谨本质。西班牙人刚抵达阿兹特克首都时就发现这里比大多数欧洲城市更干净，管理井然有序。阿兹特克人在诗歌和其他文学方面也有很深造诣。

早在 1532 年西班牙入侵南美洲之前，安第斯山脉的印加文化就已兴盛繁荣了几个世纪之久。西班牙记者描述了印加艺术取得的辉煌成就，但大多数精雕细琢的金器都在入侵后不久被西班牙人熔化炼成了金子，剩下为数不多的精品也随时间的流逝消失殆尽。

印加人擅长建造石方建筑。他们把经风化后浑圆的花岗石块堆砌在一起，却

图 20.37　羽蛇神之船（1450—1521），阿兹特克。石雕。高：19″。

资料来源：墨西哥城国家人类学博物馆。

不使用泥浆来黏合。马丘比丘（见图 20.38）* 是印加王室的休养之地，修建于安第斯山脊东部（今秘鲁），海拔 8 000 英尺。马丘比丘地势隐蔽，与山峦融为一体，逃过了西班牙人的勘察视线。石头在印加文化中占有重要地位。在印加的创世神话中，印加人的两位祖先诞生后立即变身为石头。印加人认为石神和有生命的生物一样，需要用贡品持续供养，还要悉心照料。

图 20.38　马丘比丘（16 世纪初），秘鲁印加。

资料来源：版权由肯特·科伯斯特恩/国家地理学会/科比斯图库所有。

从沙漠高原上俯瞰纳斯卡谷，会发现古代纳斯卡人在这片干枯的土地上创造出纵横交错的几何线条和图案。有笔直的线条，一些近五英里长，还有各种几何

---

* 可在 myartslab.com 网站观看有关马丘比丘历史的视频。

图案，如螺旋、梯形和三角形，以及各种鸟类和其他动物（有些知道名字，还有些不知道名字），包括能在这里看到的蜂鸟图案地线（见图 20.39）。整个图案广阔宏大，令左上角的泛美公路相形见绌。

图 20.39　**蜂鸟图案地线，秘鲁纳斯卡山谷。**
资料来源：乔治·格斯特尔/摄影研究公司摄影。

逃过西班牙人洗劫的印加人的艺术品为数不多，凯罗杯的雕刻和绘画艺术赫然在列（见图 20.40）。凯罗杯在古代宗教仪式中充当盛放饮品的器皿，这种秘密的宗教仪式代代相传，传承了好几百年。凯罗杯上的装饰设计图出自设计陶器和织物图案的纳斯卡后裔之手，风格迥然不同。

图 20.40　凯罗杯（16—17 世纪晚期），秘鲁。彩染木制品。7⅜″×6 15/16″。
资料来源：布鲁克林艺术博物馆，远征博物馆 1941，弗兰克·博比特基金会，41.1275.5。

思考回顾

1. 非洲艺术的社会功能是什么?
2. 在波利尼西亚广泛传播的关于人类起源的基本信念是什么?
3. 美洲有哪些本土艺术形式是由女性传承下来的?
4. 在墨西哥被征服之前，墨西哥地区各种文化共享哪些艺术形式?

请试一试

1. 请比较本章介绍的三种制作纺织品的方法。
2. 在西方有没有类似于波利尼西亚关于神力的概念?

关键术语

克奇纳神——霍皮族和其他普韦布洛印第安人信奉的神灵之一，通常以玩偶的形式呈现。

神力——在大洋洲，可以驻留在人和各地各物上的精神力量。

陶俑——一种陶器，富含氧化铁，在烧制时呈红色。

图腾——一个家庭或家族崇拜的象征物，可以是动物，也可以是植物。

第四部分

现代世界

第 21 章　18 世纪末和 19 世纪*

请思考

1. 请阐述激发新古典主义艺术和建筑的社会和政治思想。
2. 请说明浪漫主义的视觉特色和主旨。
3. 请讨论摄影的起源以及它和 19 世纪绘画的关联。
4. 请描述现实主义、印象派和后印象派的体裁特点和艺术风格。
5. 请指出 18 世纪末和 19 世纪的代表性艺术家和作品。
6. 请评估艺术家借用时事新闻呼吁人们关注社会问题所达到的效果。

社会、技术发生巨大变化的时期，我们称之为“现代”，它起始于三次革命：大约 1760 年英国发起的工业革命、1776 年的美国革命和 1789 年的法国大革命。从一万多年前的新石器时代农业革命到那时，工业革命使人们的生活方式发生了巨大改变。美国革命和法国大革命时期政府和公共事务领域中，出现了启蒙运动思想。

启蒙运动，又名“理性的时代”，是对 18 世纪末的一种描述，特点是针对宗教、政治、社会和经济问题，人们有了更理性、更科学的解决方法。人们相信自由、自决权和进步的重要性，产生了对民主、世俗问题的兴趣，而早期社会统一且始终如一的信仰体系越来越分散。由于独立调查的新氛围、技术变化、人与人和文化的交流增多，传统的价值观受到了质疑。艺术家既表达出这些变化，又在促进这些改变。

新一轮多样化的风格开始萌生。早期，艺术家通常坚持一种主导风格。在法国大革命和随后在法国发生的传统艺术赞助断裂后，各种艺术风格如雨后春笋般出现。艺术赞助的传统来源（皇室、贵族、教会）逐渐消失，这使艺术家们寄希望于商业画廊和商业收藏家来填补赞助空白。

---

* 可在 myartslab.com 网站收听本章音频，学习和回顾本章内容。

新古典主义

随着1789年法国大革命的爆发，法国宫廷的奢靡生活瞬间崩塌，法国社会逐渐瓦解，发生改变。由于社会结构和价值观产生了变化，品位也随之改变。

当时，画家雅克-路易·大卫是引领艺术和政治革命的先锋艺术家之一。他坚信，在社会和政府改革时期，艺术应该起到积极作用，他反对贵族洛可可风格的轻佻和不道德之风。当他在创作《贺拉斯兄弟之誓》（*The Oath of the Horatii*，见图21.1）时，大卫创新了一种简朴画风，名为新古典主义。这个词指的是效仿经典的希腊和罗马艺术。很多新古典主义艺术的主题与罗马有关，因为罗马代表着共和主义、非世袭制的政府。

图21.1　雅克-路易·大卫，《贺拉斯兄弟之誓》(1784)。布面油画。10′10″ × 14′。
资料来源：卢浮宫，法国国家博物馆联合会-巴黎大皇宫/杰拉德·布罗特/克里斯蒂安·让。

《贺拉斯兄弟之誓》讲的是美德和愿为自由献出生命的故事：三个兄弟用他们父亲所赐的宝剑宣誓要保卫罗马。通过他的画作，大卫为革命领导者们塑造了植根于历史、鼓舞人心的形象。“鼓起勇气”，这是这幅画传递出来的信息，“你的事业崇高无上，它鼓舞了历史上的勇士们”。

大卫所创的新古典主义体现在饱含理性、几何学结构的作品中，与抒情诗般柔和的洛可可式艺术设计形成强烈对比（见图17.30《秋千春光》）。《贺拉斯兄弟之誓》具有经典（希腊罗马式）浮雕的品质，强烈的侧向采光凸显了前景中的人物，衣着上的褶皱更像是大理石上的雕刻，而不是软布上的创作。背景拱门为画作设计增加了力量，并且为罗马人进行了符合历史的设定。中间的两个柱子将整个主题分为三部分。垂直线和水平线与空间平面的边缘均平行，如场景布置一样，形成一个稳定的画面。

《贺拉斯兄弟之誓》中右侧的女人们似乎情绪激动，不能全力支持男人们保卫家园。这幅画反映了当时一种普遍的观点：女性不适合参与公众生活。女性被排除在大多数的职业之外，在艺术界也是如此。在艺术界，课堂中会用到裸体的模特，女性禁止入内。即便一个女人成为出色的艺术家，那也是归功于她有钱上私塾或者出生于艺术世家。

新古典主义者安吉莉卡·卡夫曼（Angelica Kauffmann）战胜了这些困难，由此人们对女性的能力刮目相看。她出生于瑞士，由她的父亲亲自授业，卡夫曼在意大利度过了六年时间，而后于 1768 年定居伦敦。两年后，她当选为英国皇家艺术学会会员，也是至 20 世纪 20 年代第一位获此荣誉的女性。她在大卫创作《贺拉斯兄弟之誓》一年之后，完成了《科妮莉亚指着她视如瑰宝的孩子们》(*Cornelia，Pointing to Her Children as Her Treasures*，见图 21.2)。画中科妮莉亚站在中央，和坐在右边的一个朋友正在交谈。

图 21.2　安吉莉卡·卡夫曼，《科妮莉亚指着她视如瑰宝的孩子们》(1785)。布面油画。40″×50″。

资料来源：里士满弗吉尼亚美术博物馆，阿道夫·D 和威尔金斯·C·威廉姆斯基金会。凯瑟琳·韦策尔摄影。版权由弗吉尼亚美术博物馆所有，75.22/50669.2。

那个朋友向她展示着一件珠宝，似乎在炫耀，然而科妮莉亚回答到，她的孩子们就是她的珠宝。的确，对于一个学习罗马历史的学生而言，这就是真理：科妮莉亚的孩子们吸纳了众所周知的民主信仰，并且成为建设罗马共和国的重要人物。

新古典（即新古典主义）的精神也影响了建筑。美国政治家兼建筑师托马斯·杰斐逊（Thomas Jefferson）是驻法国大使。在欧洲待了五年之后，他根据古典理念，重新设计了自己的家——蒙蒂塞洛（见图 21.3）。蒙蒂塞洛是基于安德烈亚·帕拉第奥（Andrea Palladio）在文艺复兴时期对罗马乡村风格房屋的重新定义（见图 17.14）。希腊罗马式的柱廊和穹顶让人想起当代法国新古典主义建筑——万神殿（见图 16.10）。

图 21.3　托马斯·杰斐逊，蒙蒂塞洛（1793—1806），弗吉尼亚州夏洛茨维尔。
资料来源：蒙蒂塞洛/托马斯·杰斐逊基金会。

蒙蒂塞洛和杰斐逊为弗吉尼亚大学所做的设计都展现了美国新古典主义建筑的罗马阶段，通常称为“联邦风格”。杰斐逊支持新古典主义风格，因为它体现了美国共和党所提倡的罗马人的勇气和爱国主义精神等公民美德。南北战争之前，杰斐逊的新古典主义风格反映在美国众多的建筑中。新古典主义建筑几乎在美国每个城市都可以看到，并且进入 20 世纪后，华盛顿的政府大楼均采用这样的建筑风格。

浪漫主义

启蒙运动激发了理性的力量；然而，它的反作用，即浪漫主义应运而生。1820—1850 年年间，这种情感表达的新浪潮激发了欧洲最富有创造力的艺术家。

"浪漫主义"这一术语来源于"浪漫"一词，原意是日尔曼语中广为流传的中世纪冒险传说。

新古典主义和浪漫主义都认为个人自由很重要，但其他一些东西也很重要。浪漫主义艺术家、音乐家和作家们认为想象力和情感比理智更有价值，文明比自然更易消亡，以及人性本善。浪漫主义者赞颂自然、乡间生活、普通老百姓以及外来艺术和文学。他们坚信主观的经历和思想能摆脱新古典主义对固定古典形式的束缚。

西班牙艺术家弗朗西斯科·戈雅（Francisco Goya）是一位浪漫主义先锋画家和版画家。他是当代的大卫，他洞察法国大革命并且在之后的拿破仑一世时期有过一些最糟糕的经历。当时法国军队入侵西班牙以及欧洲的大部分地区，戈雅是第一个欢迎拿破仑军队的，因为他对法国大革命和民主价值观表示赞同。

但是很快他发现占领军大肆破坏，而非实践大革命的伟大理念。拿破仑的军队于 1808 年占领马德里，5 月 2 日在中央广场发生了一场反法暴乱。军官们从周边的小山上开火，下令骑兵对人群大开杀戒。在之后的夜晚，军队组织了行刑队，击毙任何有发动骚乱嫌疑的人。之后，戈雅心怀悲痛地将这些暴行栩栩如生地描绘在《1808 年 5 月 3 日》（*The Third of May，1808*，见图 21.4）中，这是他对这一有组织的屠杀强有力的控告。

图 21.4　**弗朗西斯科·戈雅，《1808 年 5 月 3 日》（1814）。布面油画。8′9″ × 3′4″。**

资料来源：马德里国立普拉多博物馆，版权由国立普拉多博物馆/Oronoz 所有。

《1808 年 5 月 3 日》是一幅巨作，构思精妙到每个细节都能传递出信息。在画中明暗部分安排得当，让画作富有冲击感并凸显意义。统一的枪支、一致的动作代表了看不见脸的行刑队员，与之形成对比的是，衣衫褴褛的人们将死于他们的枪下。士兵们呈现给我们的是黑暗的人影，他们举起锃亮的步枪指向中间那个穿白衣服的人。画的重点就是这个人，他展开双臂的姿势，表达无助的反抗。这幅作品不仅仅是历史的重现，更是对独裁政府暴行的强烈抗议。

戈雅的画作描绘了六年前的事件，那时候艺术家们还没有拿起手中的画笔；对时事（而不是对虚构的过去）的关注是浪漫主义运动的一个重要特点。

1834 年的一个夜晚，英国国会大厦被烧，约瑟夫·马洛德·威廉·特纳（Joseph Mallord Willam Turner）目睹了这次灾难并很快地速写了几笔，之后便成了画作。他的作品《英国国会上议院和下议院被烧》（*The Burning of the Houses of Lords and Commons*，见图 21.5）在很多方面都体现了浪漫主义运动。

这幅作品的绘画笔法松散不羁而又情感丰富，特纳怀着满腔热血创作了这幅画。画作颜色明亮而生动。虽然这幅画描绘了几个月前发生的事情，但是艺术家

图 21.5　约瑟夫·马洛德·威廉·特纳，《英国国会上议院和下议院被烧》(1834)。布面油画。36¼″×48½″。
资料来源：版权由克利夫兰艺术博物馆所有，约翰·L·塞弗伦斯遗赠。

却将它扭曲和夸大。根据报道，火焰并没有像画家笔下那样点亮整个夜空。此外，泰晤士河弯弯曲曲，挡住了部分视线；而特纳把河流“矫正”了，给人们以开阔的视野。特纳画了这些违背现实的东西，是为了传递出这次事件所带给他的感受，因为被焚毁的是英国国家的标志。强调情感超过事实就是浪漫主义。虽然特纳松散的画风影响了之后的印象派运动，但是人们应该清楚，它们之间仍有很多差异。

很多浪漫主义画家也画风景，可以看成是他们自己情感状态的映射。浪漫主义风景画在美国盛行。19 世纪 30 年代，托马斯·科尔（Thomas Cole）在美国建立了哈德逊画派。像特纳一样，科尔开始了现场的油画和铅笔画素描，然后在工作室里完成大幅作品。科尔画中辽阔的全景、仔细点缀的细节以及光线充足的环境启迪了好几代的美国风景画家，例如他的作品《牛轭湖》（*The Oxbow*，见图 21.6）。（也可参见阿舍·杜兰德的《志同道合》，图 3.24。）

在 19 世纪的美国，人们很难获得成为一名职业艺术家所需的教育，对于一个非洲裔美国人更是不可能的事。尽管如此，在一些反对奴隶制的赞助商的帮助下，有一些人成功了。

罗伯特·S·邓肯森（Robert S. Duncanson）是第一批获得国际声誉的非裔美

图 21.6　托马斯·科尔，《牛轭湖》（1836）。布面油画。$51^1/_2'' \times 76''$。

资料来源：纽约大都会艺术博物馆。拉塞尔·萨热夫人赠予，1908（08.228）。图片版权© 2103 由大都会艺术博物馆/艺术资源/佛罗伦萨斯卡拉所有。

国艺术家之一。他的父亲是苏格兰—加拿大混血儿，母亲是非裔美国人，他可能比那些没有跨过肤色这道坎的人们在艺术方面更易得到尊重。他起初定居在辛辛那提，在意大利、法国和英国求过学，深受欧洲浪漫主义的影响。邓肯森创作了《蓝洞，小迈阿密河》（*Blue Hole* , *Little Miami River*，见图 21.7）之后，他的艺术达到成熟期。他通过独创的诗意化的柔和改良了哈德逊画派的精确现实主义。他精心地融合了光线、色彩和细节，创造出在大自然中人隐秘而迷人的幻想。

图 21.7　罗伯特・S・邓肯森，《蓝洞，小迈阿密河》(1851)。布面油画。29¹/₄″× 42¹/₄″。

资料来源：辛辛那提艺术博物馆，诺伯特・赫尔曼和亚瑟・黑尔比格赠予，1926.18。布里奇曼艺术图书馆摄影。

在法国，最重要的浪漫主义画家是欧仁・德拉克罗瓦（Eugene Delacroix）。他的画作《萨丹纳帕路斯之死》（*The Death of Sardanapalus*，见图 21.8）是基于一个文学人物，一个可能存在或不存在的古代亚述王的一生。在拜伦勋爵创作的《萨丹纳帕路斯》剧中，萨丹纳帕路斯过着堕落奢靡的生活，最终在一个无望的战乱情境中被敌人包围。他不做投降者，喝了毒药并且命人把他所有最喜爱的财宝放到他面前，然后暴力地把它们统统砸碎。德拉克罗瓦将这个作品用对角线交织起来，明暗对比的色调唤起人们对巴洛克风格绘画的记忆（见图 17.20）。他松散奔放的画风，或者说是开放式画风，完全不同于新古典主义的精确。德拉克罗瓦竭尽所能地提升观画人对这个令人惊骇的、哪怕是想象出来的事件的情感回应。浪漫主义画家用笔尖的色彩和生动的笔锋将观画人融入到作品中，而与之形成对比的是新古典主义中超然的理智和清晰的理想主义。

图 21.8 欧仁・德拉克罗瓦，《萨丹纳帕路斯之死》(1827)。布面油画。12′1 1/2″×16′2 7/8″。

资料来源：巴黎卢浮宫。凯沃勒版权所有。纽约艺术资源摄影。

摄影

风景画家和肖像画家一开始认为摄影威胁到他们的生计。事实上，文艺复兴一开始，照相机就让画家们不再局限于做一个故事叙述者或是插画家，而去探索西方艺术中无边无际的视觉体验。与此同时，摄影为获取人眼看到的客观现实的图像提供了新的机会。

第一和第二代相机出现的时候，这一新媒介得到了广泛的运用。（例如，图 9.3 是早期银版摄像法。）在 19 世纪 50 年代，人们对玻璃板底片进行了改良，虽然技术仍然烦琐，但已经可以进行相片冲印和复制。摄影师必须在玻璃板上涂上适量的有毒化学品，把它插入相机中，曝光几秒钟后，通过在全黑的环境中加入更多的有毒化学品，图像就几乎能立即呈现了。

如果把这些操作放在荒无人烟的西部荒野的一辆有篷小车上进行时，那么我们就会体会到提摩西・欧苏利文（Timothy O’Sullivan）等人早期风景摄影的实际困难。1867—1874 年，提摩西·欧苏利文和一些探险者一起旅行，探索西部更加贫瘠的地区。他拍下来的荒凉朴素的照片显示了整体的平衡、较高的分辨率以及精妙的明暗对比。欧苏利文在相机的后面，所以照片（见图 21.9）中“坐着的人”的身份未知，四周是大大小小的岩石，他坐在一块石头上面，显得与周围环境很协调。例如在摄影书中印有这张照片就能帮助美国人了解他们新的领土，将艺术家眼中所看到的呈现给观众。

德拉克罗瓦是最先认识到照相机和人类视觉的差别的人之一。他认为摄影对艺术和艺术家们都有潜在的巨大好处，在一篇写给学生们的文章中，他写道：

> 银版印刷术是物体的一面镜子，在写生时忽略的某些细节可能呈现出重要的特点，那么就要求艺术家熟知物体的明暗阴影构造。[1]

费利克斯·图尔纳雄（Felix Tournachon），又名纳达尔，他第一次为人所知是作为一名热气球驾驶员，从热气球上拍下了第一张空中照片。他甚至采用人工采光技术和长时曝光，在巴黎的下水道和墓穴中拍下了最早的地下照片。

图 21.9　提摩西·欧苏利文，《科罗拉多河的冰山峡谷仰视》（*Iceberg Canyon, Colorado River, Looking Above*，1871）。蛋白印相工艺。8″× 11″。

资料来源：华盛顿特区美国国家艺术馆，戴安娜和马洛里·沃克基金会，罗伯特和乔伊斯·门舍尔于 2005 年 10 月 1 日成立的贺拉斯·W·戈德史密斯基金会。

纳达尔意识到摄影是一种基本的机械过程，要用相机打造有意义的艺术作品，摄影师必须很聪明且富有创造力。巴黎最著名的艺术家、作家和知识分子都去他那里拍照。他给法国女演员莎拉·伯恩哈特（Sarah Bernhardt，见图 21.10）拍的照片反映了从浪漫主义肖像画到现代迷人的摄影的演变。另一个摄影先锋人物是朱丽娅·玛格丽特·卡梅伦，她从 48 岁起开始摄影，拍摄了一系列慷慨激昂的作品（见图 9.4）。

图 21.10　纳达尔（费利克斯·图尔纳雄），《莎拉·伯恩哈特》（1855）。

资料来源：由乔治·伊士曼出版公司提供，国际摄影与电影博物馆。

现实主义

新古典主义和浪漫主义都是在反叛中萌芽的。但是到 19 世纪中叶，两者都形成了惯例，在法国艺术史上成为一股保守力量。在国立美术学院或美术学校里，由国家美术学院（官方认可的艺术家的组织）院士为学生授课，“伟大的绘画作品”需要“经典”技术和“崇高”主题，如历史、神学、文学或异国文化。

德拉克罗瓦说，学院院士教美学就好比数学老师教代数。如今，“学院派艺术”一词指的是传统思想作品，过度使用学术或学派的公式套路，特别是 19 世纪的法国学派。

法兰西学院院士在为年度展览（也称为沙龙）挑选艺术家，他们手握决定权。那时，参加沙龙是艺术家成名的唯一途径。19 世纪末，艺术史上主要是反对这种机构和权威人物的活动。在社会上，艺术和艺术家的角色发生了巨大的变化，旨在推翻法兰西学院的优势。

现实主义描述的是一种呈现普通存在，没有理想主义、异国情调或怀旧情怀的艺术和文学风格。这种风格在 19 世纪前就已经崭露头角，特别体现在罗马的肖像雕塑（见第 16 章）、佛兰德和荷兰绘画（见第 17 章）中。到 19 世纪中叶，越来越多的艺术家对新古典主义和浪漫主义依附于神话、异国情调、新奇事物和历史主题感到不满，他们认为，艺术应该表达人的经历和观察。他们认为，19 世纪的人们有着新的生活，并且希望将它展示出来。

在 19 世纪 50 年代，法国画家古斯塔夫·库尔贝通过一种直接的绘画性的技巧，描绘出对平凡事物和普通生活的崇敬，这为现实主义增添了新的活力。通过这种方法，他为在每天司空见惯的经历中重新发现不同寻常的视角奠定了基础。

从《凿石人》（*The Stone Breaker*，见图 21.11）可以看出，库尔贝拒绝浪漫主义和现实主义的条条框框。他的主题并非历史性的，也不含寓意，非宗教，也不体现英雄主义。凿石人都是普通的马路工人，展示的场景几乎等同于他们的生活。库尔贝没有将凿石的工作理想化或者把生存的艰辛戏剧化，他只是简单地说道："看看这个吧。"

图 21.11　古斯塔夫・库尔贝，《凿石人》(1849，毁于 1945 年)。布面油画。5′5″×7′10″。
资料来源：德国新德累斯顿大师画廊。照片版权由德累斯顿国家艺术收藏馆/布里奇曼艺术图书馆所有。

批评库尔贝的人认为，他的绘画造成了艺术和道德的沦陷，因为那些人认为，从宏观上说，他画的是不愉快的琐碎的事物。

他们指责库尔贝"崇拜丑陋"而违反学术观念中对美和理想的推崇。保守派批评家和大部分民众认为，现实主义无异于艺术的敌人，许多人认为，摄影是这场灾难的源头和煽风者。当《凿石人》于 1850 年在巴黎的沙龙展出时，它受到很多攻击，被批为缺乏艺术性，是粗糙的，有社会主义倾向。实际上，有一项指责有点正确：事实上，库尔贝终生是个激进分子，他信奉无政府主义哲学。他认为大多数国家的政府都是压迫机构，只为富人们服务，普通人只有团结起来，在公共服务、银行、治安等方面组成志愿协会，才能更好地满足自身的需要。1855 年起，库尔贝开始将其理念付诸实践，并开设了自己的展览。

库尔贝是最早一批在户外作画和在大自然中创作的画家之一。以前，大多数的山水画都是艺术家在工作室里完成的，仅仅凭借记忆、速写图和参考材料，如从外面带回的岩石和植物。在 1841 年，当油画颜料可以随身携带的时候，在室外画油画变得更加方便了。通过直接在室外绘画，画家们能捕捉最初的印象。这种改变为观察和绘画提供了新的方法。

库尔贝这样描述自己的作品："为了能够展示我所处时代的习俗、思想和风貌……为了能创作出鲜活的艺术，这就是我的目标。"[2]

罗莎·博纳尔（Rosa Bonheur）经常采用更受欢迎的现实主义，她擅长画田园风光和动物。在《马博会》（*The Horse Fair*，见图 21.12）中，她捕捉到一群售卖的马身上爆发出来的能量，有些马难以驯服。很多学者认为在靠近画中央、穿着蓝绿色衣服的骑马人是艺术家穿着男士服装的自我画像。

图 21.12　罗莎·博纳尔，《马博会》(1853—1855)。布面油画。96¼″×199½″。

资料来源：纽约大都会艺术博物馆，右上方签名和日期：罗莎·博纳尔，1853.5。科里尼厄斯·范德比尔特于 1887 年赠予博物馆，Acc. n.：87.25。图片版权由纽约大都会艺术博物馆/纽约艺术资源/佛罗伦萨斯卡拉所有。

美国艺术家托马斯·伊肯斯（Thomas Eakins）的现实主义画作以人文关怀态度和对日常生活的洞察力而著称。通过比较伊肯斯和他的老师让-莱昂·热罗姆（Jean-Leon Gerome）的作品，我们可以发现现实主义和经过官方审核的学术派艺术之间的差异。热罗姆的《皮格马利翁和加勒蒂亚》（*Pygmalion and Galatea*，见图 21.13）和《威廉·罗许雕刻寓言图》（*William Rush Carving His Allegorical Figure*，见图 21.14）都采用了雕塑和模特为主题。

热罗姆的画作基于经典和学院的教学或从神学中选择一个故事进行绘画创作，将人物理想化，以可掌控的方式进行绘画。热罗姆将加勒蒂亚放在一个基座

图 21.13　让-莱昂·热罗姆，《皮格马利翁和加勒蒂亚》(1860)。布面油画。5″× 27″。

资料来源：纽约大都会艺术博物馆，路易·C·拉尼尔赠予，1927，Acc. n.：27.200。图片版权© 2013 由纽约大都会艺术博物馆/纽约艺术资源/佛罗伦萨斯卡拉所有。

上，既符合字面意思，又有比喻意义。关于皮格马利翁的希腊神话讲的是一个雕塑家塑造了一个女性塑像，美得让雕塑家深深地爱上了它。皮格马利翁恳求爱神阿佛洛狄忒赋予塑像以生命。这种情感的方式（注意右边有丘比特）、细腻的雕琢以及轻微的情欲描绘都是学院派艺术的典型。

图 21.14　托马斯·伊肯斯，《威廉·罗许雕刻寓言图》（1876—1877）。梅森奈特纤维板上的布面油画。20⅛′×26⅛′。

资料来源：费城艺术博物馆。托马斯·伊肯斯夫人和玛丽·艾德琳·威廉姆斯赠予，1929，Acc. n.：1929－184－27。费城艺术博物馆/艺术资源/佛罗伦萨斯卡拉摄影。

相反，伊肯斯表达出了雕塑家的现实主义观点，他对普通人的美表示出敬意。模特肩扛着一本厚重的字典，雕塑家在左侧工作，她的女伴在专心致志地编织。相比于热罗姆的作品，伊肯斯的绘画松散很多，特别是在背景部分。伊肯斯坚持按照实际描绘人物，不拘泥于学院派规定的风格；这也受到大众和艺术界的反对和摒弃。19 世纪 20 年代，威廉·罗许（Willam Rush）是第一个使用裸体模特的美国艺术家，当时这给他带来了争议。因此，在 50 年后，伊肯斯选择了与威廉一样的主题。

我们可以看到伊肯斯对他的学生兼朋友、20 世纪前最知名的非裔美国画家亨利·奥萨瓦·坦纳（Henry Ossawa Tanner）画作的影响。

坦纳在 13 岁的时候看到了一个风景画家在画画，从那时候起他就立志成为一名艺术家。在费城美术学院求学的时候，他和伊肯斯是同学，那时候起他把绘画主题从风景转变成日常生活中的场景。1891 年，坦纳移居法国，他在那里度过了生命的大部分时光。他发现巴黎的种族歧视比美国好很多，他的一篇论文《艺术中的美国黑人》（*The American Negro in Art*）在 1893 年芝加哥国际非洲代表大会上呈现在大家面前，并且倡议需要更多黑人的绘画作品，他还附上了他的画作《班卓琴课》（*The Banjo Lesson*，见图 21.15）作为例子。

《班卓琴课》生动的现实主义反映了坦纳深刻洞察了他所画对象的情感，但是他避免像很多 19 世纪末美国作品那样多愁善感。这幅画在细节上也反映了伊肯斯对他的影响以及人文内涵。

图 21.15　亨利·奥萨瓦·坦纳，《班卓琴课》（1893）。布面油画。49″×35½″。
资料来源：弗吉尼亚州汉普顿大学博物馆。

艺术的形成：评注 艺术中的时事

很多浪漫主义和现实主义艺术是基于创作者的观点，他（或她）对世界某一角的诠释。过去和现在的一些艺术家们用他们的作品评论时事，通过视觉作品进行解释，不仅帮助人们理解发生了什么，更是让人们理解他们所生活的更大的社会。例如，在戈雅的《1808 年 5 月 3 日》（见图 21.4）中，画家作为一个目击者目睹了令人震惊的事件，将侵略军的暴行展示在公众面前。

另一位浪漫主义者泰奥多尔·热里科（Théodore Géricault）在他的作品《“梅杜萨”之筏》（*Raft of the* “*Medusa*”，见图 21.16）* 中表达了对时事的见解。这件作品讲述的是 1816 年在非洲海岸遇难船只的故事，因为船长的无能，梅杜萨之筏上 137 名乘客遇难，船长把所有的救生船留给了自己、船员和一小部分高官，而让 152 名乘客挤在一个临时的小筏上自生自灭。后者在海上漂流了 13 天，在获救前身体日渐衰竭，最后只有 15 人幸存。

这个事件是件丑闻，因为船长是政府任命的，他并不胜任这份工作。但艺术家也不在场，他阅读了所有相关的信息，并对幸存者进行了采访。

图 21.16 泰奥多尔·热里科，《“梅杜萨”之筏》（1818—1819）。布面油画。16′×23′6″。
资料来源：巴黎卢浮宫。akg-图片库/埃里克·莱辛摄影。

* 可在 myartslab.com 网站观赏泰奥多尔·热里科的《“梅杜萨”之筏》。

热里科像一个真正的浪漫主义者，将故事中最戏剧化的瞬间描绘出来，即当幸存者们看到救生船的那一刻。这幅画并不像新闻报道般准确，救生筏比这个大得多，幸存者们应该是憔悴虚弱，受过暴晒的。但他抓住了当时的情感，画面充满了恐惧，又有希望。“主角们”都是普通人，包括在顶部的非洲黑人，他站着向远处眺望。这幅作品表达了人们在糟糕透顶的情况下的忍耐力。

当代艺术家也评论时事，有时候用讽刺或辛酸刻薄的方式进行调侃。20 世纪 70 年代最尖锐的评论之一针对的是发生在 1975 年美国独立日那天上演的公共事件（见图 21.17）。这次事件的导火索是销售 T 恤衫以及一个长相和声音都很像前总统约翰·F·肯尼迪的喜剧演员在 7 月 4 日发表演说。

图 21.17　奇才坊，《媒介的燃烧》（*Media Burn*，1975 年 6 月 4 日），室外表演，旧金山牛宫。
资料来源：加利福尼亚大学伯克利分校艺术博物馆。约翰·特纳摄影。

艺术家团体奇才坊（Ant Farm）出场了，他们开着一辆定制的未来派的车，带着两名身穿宇航服的“飞行员”，开着汽车撞上了堆积在租用停车场内正在燃烧的电视机。《媒介的燃烧》是对同类电视节目（后来几乎受到三大网络掌控）和爆炸性新闻点评的抗议。此次事件制造了新闻，同时也讽刺了新闻，传媒都尽全力阻止《媒介的燃烧》的传播。

近期，艺术家阿洛拉（Allora）和卡尔萨迪拉（Calzadilla）创作了一件作品，对现在的经济新闻进行评论（见图 21.18）。《运算法则》（*Algorithm*）是一个定制的 20 英尺高的管风琴，但在琴键处，艺术家装了一个自动出纳机。他们把这个作品放在威尼斯双年展的美国馆中，该展览是世界上最重要的当代艺术展览之一。用户把银行卡插入，可以存钱、取钱，由于他们这么做就会敲击键盘，那么管风琴就会弹奏一些音乐片段。存（或取）的钱越多，歌曲持续的时间就越长。艺术家通过这件作品所表达的观点显而易见，即金钱也许已经代替了宗教，成为我们崇拜的焦点。在更细微的方面，这件作品评论的是 2008 年的经济大萧条，很多经济学家认为此次经济萧条的部分原因在于银行业缺少透明度。《运算法则》创造了“即刻透明”，即使在闹市区，每个人的交易都能立马被别人听见。

图 21.18　阿洛拉和卡尔萨迪拉，《运算法则》（2011）。定制的管风琴，装了一个自动出纳机。高：20′。

资料来源：第 54 届国际艺术展览会美国馆，印第安纳波利斯艺术博物馆呈现。安德鲁·博德温摄影。

法国印象派艺术中最重要的先驱无疑是爱杜尔·马奈（Edouard Manet），他是19世纪60年代巴黎最具争议的艺术家。他跟着一位学院派导师学画，但不久就脱离了传统教学，致力于革新老派艺术（代表人物如委罗内塞、委拉斯开兹和伦勃朗，他们的画渗透着从古斯塔夫·库尔贝那里继承的现实主义画风）。另外，由于马奈对日本版画的熟知和敬仰，他经常会把画中人物平面化，他那松散不羁和开放式的笔法，以及有时候一些平凡无奇的主题，对于引领抽象派运动的年轻画家而言就是灵感所在。

马奈的画作《草坪上的午餐》（*Luncheon on the Grass*，见图21.19）* 因为绘画的方式和主题，震惊了当时的法国批评界和公众。马奈画了一个一丝不挂的女人，在整个画作中运用了一些色块，并且在布面的一些地方留白。他把精力集中在艺术形式中各个元素之间的关系上，从而组成整幅作品：明暗对比、暖色调突出冷色调、导向力和动态平衡。马奈的革新思想在于，他更注重视觉问题而不是画作内容或讲故事。

图21.19　爱杜尔·马奈，《草坪上的午餐》（1863）。布面油画。7′×8′10″。
资料来源：巴黎奥赛博物馆，法国国家博物馆联合会/埃尔沃·莱万多夫斯基。

* 可在myartslab.com网站观赏爱杜尔·马奈的《草坪上的午餐》。

与裸体女子毗邻而坐的是两个穿着那个时代衣服的男子，让观画人感到惊讶，但是这样的组合也不是第一次出现。裸体和衣冠楚楚的人物同时出现在风景画里可以追溯到文艺复兴时期，甚至是罗马的作品中，那些作品描述的是《圣经》里的神话或故事。然而在马奈的绘画中，没有寓言，没有历史，没有神话，甚至没有一丝一毫道德上的可取之处或重要意义。马奈的作品（而不是其中的含义）是基于拉斐尔在文艺复兴时期的一件雕刻作品中的人物，他们都受到了罗马浮雕的影响。

讽刺的是，马奈借鉴了先前的艺术作品，而他激进的创作却遭到了公众和批评家们的攻击。但同时，他被其他艺术家誉为先锋派领导者。马奈勉强成为由年轻画家们组成的一个热血群体的领导者，这个群体就是后来的“印象派”。

印象派*

1874 年，一群曾拒绝在 1873 年沙龙上展示作品的画家自行组织了独立的画展。这些画家拒绝学院派的条条框框和浪漫主义的理想，而是描绘当代生活。他们把画布拿到室外，思索着如何画下亲眼看到的“印象”，而不是根据已知的或从一个场景里转述的内容作画。这不是一个简单的目标，我们通常会把看到的最显而易见的片段想得普遍化。在我们的脑海里，河流就是统一的蓝绿色，然而亲眼看到的时候，却有丰富的色彩。

这些艺术家在不同的气候、季节，一天中不同的时间在室外画风景和普通的场景，这些都是画作的主题。例如，1877 年克劳德·莫奈（Claude Monet）把他的画架带到巴黎的圣拉扎尔火车站，他在站棚里画了一系列作品，其中就有《诺曼底火车到达，圣拉扎尔火车站》（*Arrival of the Normandy Train，Gare St. Lazare*，见图 21.20）。他没有关注到达和出发的人群，然而，火车汽笛的蒸汽和从玻璃屋顶上飘过的云朵形成的光影变化深深吸引着他。他在持续变化的场景下快速作画，正如传统艺术家会在这种情况下画一些速写。

一位反对写生风格的批评家把莫奈和他的同仁们统称为“印象派”。这个词是由莫奈的作品《印象：日出》（*Impression：Sunrise*，见图 21.21）而来。虽然批评家给他们贴上的这个标签是贬义的，但艺术家们觉得这个词很符合他们的作品。莫奈曾见过特纳的极富流动感的作品（见图 21.5），但他更加客观理智地运用特纳的技巧。

通过直接的观察和物理学的研究，印象派画家们认识到我们看到的光是眼睛

* 可在 myartslab. com 网站观看抨击印象派画家的播客。

图 21.20 克劳德·莫奈，《诺曼底火车到达，圣拉扎尔火车站》(1877)。布面油画。$23\frac{1}{2}'' \times 31\frac{1}{2}''$。

资料来源：芝加哥艺术学院，马丁·A·赖尔森夫妇收藏，1933.1158。图片版权由芝加哥艺术学院所有。

图 21.21 克劳德·莫奈，《印象：日出》(1872)。布面油画。$19\frac{1}{2}'' \times 25\frac{1}{2}''$。

资料来源：巴黎莫奈美术馆。吉罗东/布里奇曼艺术图书馆摄影。

所接收到的一组复杂的反射，在形成感知的过程中，在脑海里把它们组合起来。所以他们在画作里使用离散的笔触构成星星点点的色彩，当人们从一定的距离看画时就会看到生动的图案。莫奈常将纯色紧挨着纯色，而不是把色彩在调色盘上事先调匀了。观画人可以由此感受到画中的活力，这是混合色所不能达到的效果。这让习惯了学院派绘画柔和色彩的人眼前一亮。

印象派画家热衷于现代生活，正如莫奈在他的火车站作品中所体现的。他们把世界的美当作自然帮助人类进步的力量和馈赠。虽然遭到公众的误解，但印象派画家对于这种新画技的未来持有十分乐观的态度。

1870—1880 年年间，印象派是最富创造力的时候。在 1880 年之后的 40 年里，克劳德·莫奈推动了印象派的创新。

皮埃尔-奥古斯特·雷诺阿（Pierre-Auguste Renoir）的《煎饼磨坊》（*The Pancake Mill*，见图 21.22）描绘了很受欢迎的印象派主题，即当代中产阶级在户外享受悠闲时光。画中小伙子们和姑娘们交谈着，喝着酒，吃着薄煎饼，在热闹的户外咖啡馆享受美好时光，大方地随着音乐翩翩起舞。工业革命给城市中产阶级带来了休闲时光、对新技术的敬仰以及对时尚的品位，印象派画家记录下他们的生活。比起莫奈，雷诺阿对发生在人们身上的事情更感兴趣，我们可以从他作品中的人物看到一些端倪，但他对透过树叶洒落到人身上、衣服上的光线也很感兴趣。

图 21.22　皮埃尔-奥古斯特·雷诺阿，《煎饼磨坊》（1876）。布面油画。51½″× 68 ⅞″。
资料来源：巴黎奥赛博物馆。法国国家博物馆联合会摄影。

埃德加·德加和印象派画家们一同参展，虽然他的绘画方式有些不同。他和印象派画家们一样，喜欢描绘当代生活，但他把印象派和画作布局的方法结合起来。和一些印象派画家一样，德加也受到了日本版画和自然街景图片中新的观察和构图方法的影响。

传统的欧洲作品把主题放在中间位置，然而德加使用了令人意想不到的栩栩如生的方法和效果，将人物放在边缘。在日本版画中出现的翻起的地平线和大胆的不对称给了他灵感。他的作品富有视觉张力，引人入胜，比如《芭蕾舞课》（*The Ballet Class*，见图 21.23）中两组人物成对角线出现在画面两边，中间却留白。

图 21.23　埃德加·德加，《芭蕾舞课》（约 1879—1880）。布面油画。$32^3/_8'' \times 30\ ^1/_4''$。

资料来源：费城艺术博物馆，W. P. 威尔他什基金购买，W1937-2-1。费城艺术博物馆/艺术资源/佛罗伦萨斯卡拉。

德加把芭蕾舞课的单调乏味描绘了出来。通常情况下，比如这幅画里，他完全有能力描绘人物特点和氛围。这幅作品的前景中有一个安静的女人，她对芭蕾舞课完全不感兴趣，而右边有一群在跳舞的姑娘，德加含蓄地指出她就是舞蹈老师。

美国画家玛丽·卡萨特出身于费城的上流社会，19 世纪 60 年代当她前往巴黎进行艺术深造的时候，她没有找到学院派老师。她有着独立的思想，并与马奈、德加成为好友，很快她加入了印象派的队伍，并展出了作品。她也是受到日本版画和 19 世纪末随意自行拍摄的作品影响的欧美艺术家之一（见她的作品《信》，图 8.12）。她的作品《船上的午宴》（*The Boating Party*，见图 21.24）中简洁明了的大胆构图与日本版画相似，卡萨特用连续的曲线和平面画出主题。

图 21.24　玛丽·卡萨特，《船上的午宴》（1893—1894）。布面油画。$35^7/_{16}'' \times 46\,^3/_{16}''$。
资料来源：华盛顿特区美国国家艺术馆，1963.10.94，切斯特·戴尔收藏。

另外，这幅画还有微妙的女性色彩。女性和男性着装风格的差异表明她是雇了一个仆人把她和孩子带去划船。在那时这绝对是女性不寻常做的事情，并且画中三个人的眼神表达了这件事中的一些社会学问题。这幅作品是卡萨特的一幅关于女性世界和其关注焦点的代表作。

印象派在 1866 年第八次展览后解散了，尽管 20 世纪很多人对印象派作品不以为然，甚至充满敌意，但是它所带来的巨大影响是不可否认的。

奥古斯特·罗丹至少和同时代的画家一样，在雕塑上是极富创新的；他建立了创新的等级，这在贝尼尼之后再无此例（见图 17.19）。

1875 年，经过训练成为雕塑家助手的罗丹在意大利游学，他认真学习了文艺复兴时期的大师多纳泰洛和米开朗基罗的作品。罗丹从米开朗基罗未完成的作品（见图 12.12）中得到灵感，经过粗略打造，创作出极富表现力的作品。与米开朗基罗不同的是，罗丹是第一个用石膏和黏土，而不是用石头进行创作的雕塑家。

他最著名的作品当属《思想者》（*The Thinker*，见图 21.25），将表现力发挥到极致。他写到，他最初是受到中世纪诗人但丁的形象启发，但是他拒绝将人物塑造成瘦弱的、苦行僧式的想法：

> 根据我最初的灵感，我想到了另一个思想者，一个裸体的人坐在岩石上，他双腿弯曲，手抵着下颌，他沉思着。如此丰富的想法在他的脑海里逐渐形成。他不再是一个做梦的人，而是一个创造者。[3]

图 21.25　奥古斯特·罗丹，《思想者》（约 1910）。铜制。真人大小。

资料来源：克里斯蒂图像有限公司/休珀斯托克艺术公司摄影。

在《思想者》中，罗丹把普通的艺术家或诗人映射为创造者、审判者和目击者，沉思着人类目前的状况。罗丹将解剖学的知识和塑形技巧结合起来，创作出流畅、有触觉质感的手工黏土作品。当他的作品成为装饰和英雄主义丰碑之后，他把雕塑作为个人情感的媒介。

后印象派时期

后印象派大约始于 1885 年，紧随印象派之后。后印象派画家并没有单一的风格；相反，他们通过不同的方式在印象派的基础上发展或回应印象派。有些人觉得印象派画家关注直接的速写，而忽略坚固的形式和构图。其他人认为印象派侧重客观观察，缺乏自我情感或精神内容的抒发空间。所以后印象派艺术家就从两个方面入手：有些人对形式进行更清晰的组织，有些人更多地表达个人情感。

乔治・修拉（Georges Seurat）和保罗・塞尚在他们的画作中十分在意形式结构的建立。每个人都有自己独特的视觉构图，以达到设计清晰、结构清楚的目的，他们的画作受到 20 世纪形式主义风格的影响。

修拉的大幅作品《杰克岛的星期天下午》（*A Sunday on La Grande Jatte*，见图 21.26）*，印象派作品的主题、光线和色彩质感，但是他描绘的不是转瞬即

图 21.26　乔治・修拉，《杰克岛的星期天下午》（1884—1886）。布面油画。81¾″ × 121 ¼″。
资料来源：芝加哥艺术学院，海伦・伯奇・巴特利特纪念馆收藏，1926.22。图片版权由芝加哥艺术学院所有。

* 可在 myartslab.com 网站观赏乔治・修拉的《杰克岛的星期天下午》。

逝的片刻，而是仔细地将这个印象画了下来。修拉着手将印象派的视觉色彩系统化，通过简单图形创造出更为立体正式的构图。他把这个方法称为“分割法”，就是人们所熟知的“描绘法”。由此，修拉形成并运用了一种“科学”方法。他通过学习色彩光学的原理总结出方法，并在当时得到了论证。在光学色彩混合的基础上，他通过星星点点的色彩勾勒出了生动的画面。

在创作《杰克岛的星期天下午》之前，修拉在 50 多种绘画、油画的初步研究中探索水平与垂直的关系、每个图形的特点、明暗和色彩的模式。最终的画作是他运用自己的方法进行全面掌控。考虑到休闲的自然主题，画中人物的静态似乎有些令人惊讶，恰恰是这种静态宏观的形式，赋予了整幅作品张力和持久的吸引力。

和修拉一样，塞尚也希望在绘画的形式结构中表现张力。他说：“我的目标是让印象派成为像博物馆艺术一样立体持久的东西。”[4]

通过色彩调整，塞尚看到了他描绘的主题的平面化。他不使用传统的明暗调节方法，而是仔细地利用相邻笔触间的色彩表现坚固的形式和后退空间的关系。他怀疑过，且后来放弃线条和大气空间的观点。他根据自己的理解重塑画面，超越了自然景观。

风景画是塞尚的兴趣之一。在《圣维克多山》（*Mont Sainte-Victorie*，见图 21.27）中，我们可以看到他如何打造平面空间。在这幅画作中，他赋予空气的感

图 21.27 保罗·塞尚，《圣维克多山》（1902—1904）。布面油画。27 ½″ × 35 ¼″。

资料来源：费城艺术博物馆。乔治·W·埃尔金斯收藏，1936。费城艺术博物馆/艺术资源/佛罗伦萨斯卡拉摄影。

觉和大气视角的深度，使用暖色（推进）和冷色（后退）。暗边缘线绕过远处的山，形成立体感效应。塞尚将房子和树简化成一块块色彩，构成几何学的平面和色块。整个作品使用的色彩和笔法将自然推向一个高度，这在西方艺术中史无前例。他使用平行的笔法和自然中几何基础的概念向后继的艺术家们提供了新的可能性。

在后印象派画家中富有表现力的画家文森特·梵高和保罗·高更（Punl Gauguin）将他们的丰富情感和想要呈现思想和感情的愿望带到他们的画作中。他们经常使用强烈的色彩对比、轮廓清晰的图形以及大胆的笔法。梵高的作品中呈现了充满活力的油画纹理。他们的艺术作品极大地影响了 20 世纪表现主义风格。

由于文森特·梵高的影响，19 世纪末的绘画从眼睛能看到的外部印象转为内在表达。

梵高从印象派中学到了开放式画法，了解到相对纯粹的色彩所蕴含的表达潜能，但是这一风格并不能供他自由地表达。梵高通过加强纹理的画法，记录每个手法，让自己的画作有了整体的动感。他也开始采用明亮的色彩，以更加清晰地表达情感。在给弟弟泰奥的信中，他写道："……我并不是试图重现我所看到的东西，而是更加随意地使用色彩来强烈地表达自己……"[5]

和当时的其他艺术家一样，梵高从研究日本版画中形成了新的设计灵感，正如我们在《日本趣味：盛开的梅树》（*Japonaiserie：Flowering Plum Tree*，见图 21.28）中看到的。《播种者》（*The Sower*，见图 21.29）中，梵高受日本风格的影响，采取了简单的图形和单调的色彩。粗壮的树干沿着对角线将作品切割开来；它的力量与太阳相抗衡，随着播种者的移动，它的能量也传递开来。

梵高很想与人分享他的个人感受和观察。《星夜》（*The Stary Night*，见图 21.30）* 描述了一个小镇的夜景，它俨然成为强有力的符号图画的起点。小山看上去起伏绵延，天上繁星点点，交相辉映。小镇就隐匿于广阔的平地上，象征着人类生活的范围之小。教堂的尖顶几乎要触及天空，与前景中左边更大的、充满活力的、向上簇拥的柏树相呼应（在欧洲，传统上来说，人们会在墓地附近种植常青的柏树，象征着生命不朽）。这些元素集合到一起，通过线条表现出浪潮般的节奏，表达了梵高热情的精神和神秘的视角。很多人知道梵高患有精神疾病，但是鲜有人知道他在癫痫发作间隙作画，那时候他的头脑很清晰。

法国艺术家保罗·高更批判工业社会的物质主义。为了养家糊口，他做股票经纪人，奔波忙碌于商界，只能在周末作画。他偶尔参与印象派的展览，但他十分希望逃离这个在他眼中"死要钱的欧洲"。

---

* 可在 myartslab.com 网站观赏文森特·梵高的《星夜》。

图 21.28 文森特·梵高，《日本趣味：盛开的梅树》(1887)，在安藤广重之后绘成。布面油画。$21\frac{1}{2}'' \times 18''$。
资料来源：阿姆斯特丹梵高博物馆（文森特·梵高基金会）。

图 21.29 文森特·梵高，《播种者》(1888)。布面油画。$12\frac{3}{5}'' \times 15\frac{3}{4}''$。
资料来源：阿姆斯特丹梵高博物馆（文森特·梵高基金会）。

图 21.30　文森特·梵高，《星夜》(1889)。布面油画。29″ ×36¼″。
资料来源：纽约现代艺术博物馆，莉莉·P·布利斯遗赠（472.1941）。数字图像由纽约现代艺术博物馆/佛罗伦萨斯卡拉提供。

这种态度让他羡慕法国西部布列塔尼的农民生活。1888 年，他完成了《布道之后》（*The Vision after the Sermon*，见图 21.31）。这是他的第一幅后印象派作品，运用了全新的富有表现力的描绘方法。这幅大型的精心构思的画作画出了雅各布和天使，他们和一群布列塔尼的农民在一起。这个场景是他在村庄教堂接受布道时所产生的灵感。

这种毋庸置疑的信仰不仅闪现在高更的眼前，更出现在他的脑海里。由此，高更在个人情感表达上迈出了重要的一步。为了避免分散暗含的深度，他突出了简化的背景平面，全涂上朱砂色。像日本版画一样，整幅作品沿着对角线将苹果树的树干切开。图形简化为单调的曲线，外延用黑色勾勒，减少或删除阴影部分。

梵高和高更使用颜色的方法对整个 20 世纪绘画有着重要影响。他们对色彩的观点具有前瞻性。高更写到，一幅画的主题只是线条与色彩和谐的托辞。

图 21.31　保罗·高更，《布道之后（雅各布与天使低声耳语）》（1888）。布面油画。28¾″× 36 ½″。
资料来源：苏格兰国家美术馆。

> 在绘画中，需要追求的是暗示，而非描写，和音乐一样……想一想，色彩从今以后在现代绘画中将要承担非常重要的音乐功能。[6]

高更在秘鲁的童年记忆告诉他，古老的非西方的艺术都有着精神力量，而他在所处时代的欧洲艺术里并没有发现这点。他写道：

> 始终牢记波斯语、柬埔寨语和一点点埃及语。不论希腊语多么美丽，它是个最大的错误。
>
> 伟大的思想体系在远东艺术中是用金子书写的。[7]

高更希望通过非西方的传统增加欧洲艺术和文明的活力，他的想法在 20 世纪早期由马蒂斯、毕加索和德国表现主义者延续。他们接受了高更的观点，认为艺术家是从历史、从不同的文化以及任何能表现个人知识和内在的领域挑选出来的精神领袖。

高更在 43 岁的时候与欧洲文明彻底决裂，他离开了他的妻子和五个孩子，独自前往塔希提岛。在《上帝之日》(*Day of the God*，见图 21.32) 中，他总结了多年绘画的结果。在海滨的中央顶部是神的样子，这是根据关于东南亚的书中所描绘的。左边的女人带来了供品，右边两个女子在跳舞。前景中，三个女人坐着或躺在海边，海的颜色并不真实，但是高更在此使用的颜色正如他自己说的，是“美梦的语言”[8]。在那里我们希望通过雕像和酸性色调看到神秘的软泥形状。上方坐着的那个人用一种神秘的眼神看着我们。

对于高更而言，艺术高于一切通过符号以及带有记忆、感觉、思想的综合视觉形式的交流。这些信念让他与象征主义联系在一起，这是始于 1885 年的一场文学和视觉艺术的运动。

象征主义诗人和画家反对现实主义和印象派，他们致力于把世俗的和实际的想法升华。他们运用装饰性的形式和符号，这些形式和符号都刻意呈现出模糊与开放性，以创造想象空间。诗人们认为，字词的声音和韵律构成了诗中深刻意义的一部分；画家认为，线条、色彩和其他视觉元素能表达出他们的情感。象征主义是一种趋势，而不是一种特殊的风格，为 20 世纪抽象概念提供了意识形态的

图 21.32　保罗·高更，《上帝之日》(1894)。布面油画。26⅞″ × 36″。

资料来源：芝加哥艺术学院，海伦·伯奇·巴特利特纪念馆收藏，1926.198。图片版权由芝加哥艺术学院所有。

背景，它被视作浪漫主义的衍生物以及超现实主义的先驱。

亨利·德·图卢兹-洛特雷克画了用煤气灯照明的巴黎夜店和妓院内部。他用快速的笔法和长条的色彩画出了一个纸醉金迷的混乱世界。图卢兹-洛特雷克深受德加的影响，但是他沉迷于夜生活。《在红磨坊》（*At the Moulin Rouge*，见图 21.33）作品中，图卢兹-洛特雷克描绘了不同寻常的天使，带有堕落的形象（比如在右边的那张脸），极富表现力和非自然的色彩强调他所画的人物和世界。他的油画和关于巴黎夜生活的版画都受到了 20 世纪表现主义画家的影响，而他的作品也影响了平面设计师（见图 8.15）。

图 21.33　亨利·德·图卢兹-洛特雷克，《在红磨坊》（1893—1895）。布面油画。48⅜″ × 55 ¼″。
资料来源：芝加哥艺术学院，海伦·伯奇·巴特利特纪念馆收藏，1926.610。图片版权由芝加哥艺术学院所有。

在 19 世纪的最后十年里，艺术方面对线条、色彩的一些探索被运用到了建筑和室内设计中。这就出现了一种抽象风格——“新艺术”。其理念是从保罗·高更、日本版画和威廉·莫里斯（见图 13.1）的装饰组合中获取的，建筑师和设计师进行创造，用新的方法把自然带入艺术中去。

这种趋势的早期领导者是比利时建筑师维克多·奥塔（Victor Horta）。他不满足于只设计建筑的结构，他还设计建筑的墙纸和家具。在塔塞尔公寓（见图 21.34）中所用的曲线图形是源于大自然的，从自然中提取后变成可控的优美形状。新艺术风格很快传遍了欧洲和美国，也影响了平面设计和产品设计。

在 19 世纪末的时候，挪威艺术家爱德华·蒙克（Edvard Munch）描绘一些最可怕的噩梦场景。他曾游学巴黎，研究当代的作品，尤其是高更、梵高和图卢

图 21.34　维克多·奥塔，《楼梯》（1892—1893），布鲁塞尔塔塞尔公寓。

资料来源：版权© 2013 由维克多·奥塔/巴森和埃夫拉尔/比利时 SOFAM 艺术馆所有。

兹-洛特雷克的作品。他从这些艺术家们尤其是高更的作品中学到的东西，让他将象征主义升华到强烈的情感表达的新高度。蒙克极富张力的画作和版画探索了深层次的情感：悲伤、孤独、恐惧、爱、性欲、嫉妒和死亡。

在《尖叫》（*The Scream*，见图 21.35）中，蒙克将观画者脱离印象派的愉悦，将梵高富有表现力的视角进行无限延伸。在这幅充满张力、焦虑的画作中，主角陷入孤立、恐惧和孤独之中。在持续不断的线条中，绝望的叫声在耳畔回响。蒙克的这幅画被称为那个时代哭泣的灵魂。

图 21.35　爱德华·蒙克，《尖叫》(1893)。在卡纸板上的蛋彩画和蜡笔画。36″ × 28⅞″。

资料来源：奥斯陆国家美术馆：雅克·拉提翁/国家博物馆。版权©2013 由蒙克博物馆/蒙克-艾林森集团/纽约艺术家权利协会所有。

印象派画家们将作品陈列展览，与官方的沙龙相抗衡；接下来，后印象派的传承者和象征主义者甚至放弃了这个公认的沙龙。最具创意的艺术家摆脱艺术界传统的进步方式，强调用“先驱”来描绘这个社会群体。这个词来源于军事理论，说的是在前线攻打的最重要的士兵，属军中主力，从字面上理解即“先遣部队”。通过这个类比说明，最富创意的艺术家们需要领先于普通民众的理解力，开创新的观赏情趣与思想观念，这最终将在整个社会生根发芽。这个观点很好地代表了进入 20 世纪艺术创新的社会结构。

思考回顾

1. 新古典主义派如何反抗先前的洛可可式？
2. 印象派是如何成为现实主义的衍生物的？
3. 后印象派艺术家采用了哪两种风格？

请试一试

文森特·梵高非常推崇画家阿道夫·蒙蒂切利（Adolphe Monticelli）的作品，但如今后者并不那么有名。请在伦敦英国国家美术馆网站（http：//www.nationalgalleryorg. uk/artists/ adolphe-monticelli）查找有关蒙蒂切利的资料，并且找出这两位艺术家在风格上的共同点，特别是在风景画中。

关键术语

学院派艺术——艺术受规则牵制，尤其是官方学院、学术或学派的作品。

新艺术——装饰艺术和建筑的风格，特点是从自然中抽象出曲线图形。

先驱——致力于实验或创新的艺术家，通常反对主流的标准。

印象派——户外进行的绘画风格，旨在捕捉光线和一瞬间的气氛，以及短暂的光和色彩的效果。

新古典主义——在艺术、音乐和文学中，古典希腊和罗马形式的复兴。

光学色彩混合——表面如此，并非真正的色彩混合，通过笔触的点缀或星星点点的色彩来达到效果，不需要物理上进行色彩混合。

开放式画风——特点是形式开放，通过在明暗色彩区域中使用松散不羁的笔触构成图形，不使用勾勒或轮廓线。

现实主义——19 世纪中叶，以库尔贝和其他艺术家为代表的艺术风格，认为普通人和平凡的日常活动都可以作为艺术的主题。

浪漫主义——一场文学和艺术的运动，旨在声明主观经验的有效性；特点是强烈的情绪兴奋点以及描绘在大自然、异国生活方式、危险、苦难和乡愁中的强大力量。

沙龙——在法国官方的艺术展览，由官方法兰西学院的院士们进行评判。

第 22 章　20 世纪初*

请思考

1. 请指出野兽派画家及其他 20 世纪初的艺术家是如何追寻后印象派画家探索的脚步的。

2. 请对比野兽派、桥社与蓝骑士社三者的异同，对 20 世纪初艺术中的表现主义艺术进行定义。

3. 请描述立体主义的艺术目标和发展历程。

4. 请探究雕塑作品中抽象性转变的根源。

5. 请讨论 20 世纪初欧洲现代艺术对美国的影响。

6. 请概括动态和现代技术对于 20 世纪初艺术家的重要意义。

20 世纪前十年，西方对于现实本质的看法发生了根本性转变。1900 年，西格蒙德·弗洛伊德出版了《梦的解析》一书，这本巨著探索了潜意识对人类的作用和影响。1903 年，莱特兄弟发明了世界上第一架动力驱动飞机并试飞成功。同年，居里夫妇首次分离出放射性元素——镭。1905 年，阿尔伯特·爱因斯坦的相对论改变了我们对于时间、空间和物质的概念。自此，人们不再认为物质是一种固定不变的存在，而是一种能量形式。

工业革命从方方面面改变了人们的生活。城市中工厂林立，带来了成千上万的就业机会，吸引着大量农村人口涌入崭新、拥挤而又冷漠的城市。资本主义以商业为重，它将人们的工作地点与家庭生活场所更大程度地分离开来，大多数工作环境越来越糟糕。阶级矛盾激化是 20 世纪俄国、墨西哥和中国革命爆发的根源。但同时，工业体系也创造了大量财富，催生了所谓的中产阶级，给上百万人提供了一定的经济基础。更有效的疫苗及更好的公共卫生条件延长了人们的寿命

* 可在 myartslab.com 网站收听本章音频，学习和回顾本章内容。

并带来了较低的出生率。源源不断的发明创造推动了生产发展，科学家们也因此成为人们心目中的英雄。政府职能扩展到新的领域，如工厂检验、教育、货币管理及产品安全。

与此同时，艺术领域也发生了巨大变化。在这一变化过程中，科学发现扮演着重要的角色。俄国艺术家瓦西里·康定斯基（Wasily Kandinsky）曾于 1913 年讲述了次原子粒子的发现带给他的深刻影响：

> 一个科学事件扫除了我在艺术创作道路上的一大障碍，而这一科学事件就是原子的进一步划分。对我来说，原子的分裂就如同整个世界崩塌一样。[1]

20 世纪的艺术是一系列思想革命和社会革命共同作用的产物。它被深深地刻上了 20 世纪的烙印：巨大的变革、多样性、个人主义以及伴随着诸多发现的探索。同科学家一样，20 世纪的艺术家们帮助我们以新的方式看待世界，促进人类意识的新觉醒。

印象派和后印象派的创举激发着 20 世纪初新的艺术风格不断涌现。然而，在搜寻新艺术形式、刻画新时代的过程中，欧洲艺术家们通常会从古代和非西方文化中汲取灵感并赋予其新的活力。因此，他们推翻了文艺复兴思想对于西方艺术长达 500 年之久的主导。

只需一瞥，我们就会发现亨利·马蒂斯的《红色中的和谐》（*Harmony in Red*，见图 22.1）展现出一个崭新的艺术世界。画中的桌布呈现饱满的红色，上面点缀着深蓝色的藤蔓纹式，并一路攀缘至墙壁之上。对于水果的处理，马蒂斯采用了大胆的纯色。窗框呈金黄色，窗外是风格极简却又浓墨重彩的风景。马蒂

图 22.1　亨利·马蒂斯，《红色中的和谐（红色房间）》（1948）。布面油画。70⅞″×86⅝″。

资料来源：圣彼得堡艾尔米塔什博物馆。版权© 2013 由亨利·马蒂斯系列/纽约艺术家权利协会所有。

斯是 20 世纪早期**野兽主义**运动的领袖人物，他引领着野兽派继续着后印象派艺术家们的探索。

野兽主义与表现主义

19 世纪与 20 世纪之交，法国最具创造力的年轻画家们认真研习了后印象派艺术家们的作品。他们有的从塞尚的合理化趋向中寻求灵感，有的则希望在梵高和高更的表现主义道路上走得更远。

马蒂斯属于后者。他于 1905 年欣赏了高更“塔希提”系列的大量作品，并随后推进了这位年长艺术家的艺术创举。他带领着一个画家团体大胆地尝试充满活力的画风，用大面积的平涂色彩来表达强烈情感。他们的第一次集体画展震惊了艺术界。当时，一位批评家嘲弄地称呼这些画家为“野兽”。

然而，马蒂斯并非如他的反对者们所认为的那样叛逆。相反，他是一个有思想的人，他所要做的只是表达自己对生活的热忱。马蒂斯作品中的那些线条、色彩、主题以及构图本身，无处不流露着自己的情感。他通常将其画作中的主体对象处理为简单的线条，而不是刻画每一处细节。马蒂斯之所以这样做，是为了保留创作初始时的情感脉动，而太多的细节刻画则会增加观赏者的负担，使他们难以从画作中体会到创作者直接的情感迸发。

另一幅早期野兽派画作，马蒂斯的《生活的欢乐》（*The Joy of Life*，见图 22.2）同样揭示出艺术家在创作中的情感表达。纯净的色彩充溢着整个画幅，线条也从烦琐的形体刻画中解放出来，对形象的简化处理无疑给这幅作品增添了生动的韵律。事实上，在那些看似漫不经心的形体描绘背后，蕴含着马蒂斯对于人体解剖学和人体绘画的深刻理解。马蒂斯以直接而稚趣的形式为观者呈现了一派欢乐祥和的画面。在谈到自己的作画目的时，马蒂斯说：“我所追求的，最重要的就是表现。”[2]

马蒂斯与同为野兽派画家的安德烈·德兰（André Derain）早在艺术学校学习的时候就成为了好友。德兰在《伦敦桥》（*London Bridge*，见图 22.3）中，将大胆明亮的色彩与传统的构图和透视手法相结合，从而达到了画作整体的平衡。他强调运用跳脱而具有视觉冲击力的色彩。今天，在欣赏德兰的这一画作时，我们并不会产生不和谐的感觉，而这也是人们接受浓烈色彩运用的有力证明。值得一提的是，在该作品的左下角，德兰用包括黄、蓝、绿在内的一抹抹纯色表现潋滟的河水，这是对乔治·修拉的点彩派画法中点状笔触的进一步扩展。

图 22.2　亨利·马蒂斯，《生活的欢乐》(1905—1906)。布面油画。69⅛″×94⅞″。

资料来源：巴恩斯基金会/布里奇曼艺术图书馆。版权© 2013 由亨利·马蒂斯系列/纽约艺术家权利协会所有。

图 22.3　安德烈·德兰，《伦敦桥》(1906)。布面油画。26″×39″。

资料来源：纽约现代艺术博物馆，查尔斯·撒督夫妇赠予，195.1952。数字图像版权由纽约现代艺术图书馆/佛罗伦萨斯卡拉所有。版权© 2013 由纽约艺术家权利协会/巴黎法国图像及造型艺术著作人协会。

1905—1907 年，野兽主义运动仅持续了两年多的时间，但这段时间却成为 20 世纪早期绘画艺术中最具影响力的发展时期。在此之前，色彩的作用仅限于描绘物体的自然形态，而野兽派的出现则使色彩从其传统角色中解放出来。在野兽派画家的作品中，色彩多是作为独立的情感表达元素而存在。

因此，我们也可以说，野兽派具有追求情感表达的表现主义倾向。**表现主义**强调对作者内心情感的表现，而忽视对描写对象形式的刻画。除绘画外，表现主义也涉及音乐、文学等领域。在欧洲，无论是 17 世纪的巴洛克艺术，还是 19 世纪早期欧仁·德拉克罗瓦的画作，都流露出浪漫主义或表现主义倾向。欧仁·德拉克罗瓦的作品也深刻影响着注重情感表达的后印象派画家（尤其是梵高）。

20 世纪初，德国的一些艺术家展现了明确的表现主义倾向。他们有着表达自我态度和情感的强烈愿望，并在自己的作品中将这种情感表达一以贯之，因此我们将他们的艺术称为“德国表现主义”。这些艺术家将画作中的主题形象简化为生动的线条和形状，大胆地运用夸张的对比色，并通常以直率、粗放的笔法收尾。这些作画技法无疑增添了作品的情感张力。正如野兽派画家一样，对高更、梵高取得的成就以及蒙克的“心灵现实主义”画作的进一步探索造就了德国表现主义。德国表现派艺术家们身负使命感，他们借由表现主义的力量发掘人类心灵的各种状况，表现生命、痛苦、激情、灵魂以及神秘主义等主题。德国表现主义在发展的同时，不断地从德国中世纪艺术以及来自非洲和大洋洲的非西方艺术形式中汲取灵感。

20 世纪初，德国表现主义运动的两大社团是桥社和蓝骑士社。恩斯特·路德维希·基希纳（Ernst Ludwig Kirchner）早年学习建筑，后转而学习绘画并成为桥社创始人之一。桥社呼吁艺术家们反对腐朽的学院派绘画，建立不同于以往而又充满活力的美学概念，从而在日耳曼传统与充满现代情感和形式的美学之间架起一座桥梁。1905 年，桥社举办了首次集体画展。值得一提的是，野兽派第一次集体画展也于同年举办。

基希纳在创作中注重表达纯粹真实的情感，这也使得他的作品如蒙克的作品那样充满张力（见图 21.35）。受野兽派影响，基希纳的早期作品中存在大面积平涂色彩的运用；到 1913 年，他吸收借鉴了立体主义（将于下文讨论）带角的几何化造型、非洲雕塑以及德国哥特式艺术，并将这些艺术形式融合在一起形成了一种独特画风。在基希纳的作品《柏林街景》（*Street Berlin*，见图 22.4）* 中，

---

* 可在 myartslab. com 网站观赏基希纳的作品《柏林街景》。

被拉长的人物形象拥挤在一起。画中反复使用的斜纹线条营造了拥挤而繁华的都市气息。看似不和谐的色彩、突兀的形状以及粗放的笔法都增强了这幅作品所带来的情感冲击。

图 22.4　恩斯特·路德维希·基希纳，《柏林街景》(1913)。布面油画。$47\frac{1}{2}'' \times 35\frac{7}{8}''$。

资料来源：纽约现代艺术博物馆馆藏（MoMA），274.1939。数字图像版权由纽约现代艺术图书馆/佛罗伦萨斯卡拉所有。

保拉·莫德松-贝克尔（Paula Modersohn-Becker）也是表现主义重要的先行者之一，她的画作为我们展现了一种不同于其他绘画群体的表现主义语言。1903 年和 1905 年的巴黎之行使她有机会接触到塞尚和高更的艺术作品。二者的作品给保拉带来深深的震撼和影响，她将这些影响糅合在一起，运用到她的自画像作品中，例如《戴琥珀项链的自画像》（*Self-portrait with an Amber Necklace*，见图 22.5）。在这幅自画像中，保拉将自己的头部曲线简化处理为一块平缓的区域。对于色彩的选择和运用，她则更多地考虑对自己内心世界的发掘，而非呆板的形象刻画。那双过大的眼睛似乎在向我们诉说着什么，却又带着神秘的色彩，让人捉摸不透。

俄国画家瓦西里·康定斯基是蓝骑士社的创始人，他于 1908 年移居慕尼黑，并在那里一直生活到 1914 年。他与蓝骑士社的德国画家们关注艺术的发展，希望能够将艺术作为扭转人们错误的价值观、实现精神复苏的媒介。康定斯基认为，绘画作品应当是创作者内心情感的真实写照。深受野兽派画风的影响，在《蓝山》(*Blue Mountain*，见图 22.6）中，康定斯基摆脱了造型体积的束缚，运用生动鲜明的色彩指挥了一场“色彩的合奏”。

康定斯基的画作逐渐向抽象风格转变。在作品《蓝山》中，视觉元素的重要性及感染力已远大于对题材本身的刻画。

1910 年，康定斯基推翻了西方艺术中一条最重要的规则。为了进一步凸显简洁形式的表现力，使绘画从刻画形象的传统束缚中解放出来，他完成了向抽象风格的彻底转变。在康定斯基之后，艺术作品不再需要刻板地再现题材本身。康

图 22.5　保拉·莫德松-贝克尔，《戴琥珀项链的自画像》(1906)。布面油画。24″ × 19¾″。
资料来源：巴塞尔美术馆。akg-图片库摄影。

图 22.6　瓦西里·康定斯基，《蓝山》(1908—1909)。布面油画。41¾″ × 38″。
资料来源：纽约古根海姆博物馆。所罗门·R·古根海姆基金会赠予，41.505。版权© 2013 由纽约艺术家权利协会/巴黎法国图像及造型艺术著作人协会所有。

定斯基具有神秘主义倾向，他希望能够听从自身的“内在需求”或根据内心情感的涌动进行艺术创作，而不是一味地复制眼睛所看到的世界。他说，艺术应当超越现实，直接与观者进行情感的沟通，而不受艺术题材的干扰。音乐中的节奏、旋律及和声带给我们欢愉或悲伤，我们在音乐中能够体验到震撼人心的声音语言，而康定斯基一直在寻求一种可以与之相媲美的视觉语言。为了展现绘画与音乐的内在联系，康定斯基很多作品的名称都与音乐相关，例如《构图Ⅳ》（*Composition Ⅳ*，见图22.7）*。在这幅画作中，康定斯基以简化的色彩和形状对主体形象进行了抽象化的模糊处理。他将主要精力集中在表现自身的内在需求上，使画作成功地传达出其创作时的心情。正如作曲家运用和弦和旋律一样，康定斯基运用色彩和形状（如他本人所说）“震颤人们的灵魂”。

图22.7　瓦西里·康定斯基，《构图Ⅳ》(1911)。布面油画。$62^{13}/_{16}'' \times 98^{5}/_{8}''$。

资料来源：德国杜塞尔多夫艺术收藏馆。杜塞尔多夫沃尔特·克莱因、彼得·维利/布里奇曼艺术图书馆摄影。版权© 2013 由纽约艺术家权利协会/巴黎法国图像及造型艺术著作人协会所有。

康定斯基认为自己作品的实质即“这些色彩和形状的组合触动人们的心灵”[3]。他是艺术史上一位重要的变革者，其革命性的抽象画作在抽象派后来的发展中扮演了至关重要的角色。康定斯基对艺术的变革并非只是简单地停留在美学层面，他将

* 可在myartslab.com网站观赏瓦西里·康定斯基的《构图Ⅳ》。

自己的作品视作能够带领人们走出即将到来的灾难，从而到达伟大的精神世界新纪元的指路标。康定斯基希望抽象艺术能够为现代社会提供精神食粮。

艺术造就了我们：表达 自然

当艺术家在自己的作品中融入个人情感或表现自我个性时，艺术就实现了其表现功能。观者能够通过这样的作品了解艺术家的个性和创作时的心境。许多艺术家喜欢选取大自然作为创作题材，表现自己的内心世界。他们中的一些人发现，旖旎的自然风光或变幻莫测的天气状况正是自己心情或精神状态的真实写照；而另一些人则将自己投射于自然风光之中，把自然作为表达内心情感的媒介。

作为野兽主义与表现主义的先驱，文森特·梵高通过色彩、笔法和构图，借用对自然的描绘抒发着内心的情感。在《群鸦飞过的麦田》(*Wheatfield with Crows*，见图 22.8）一画中，强烈的纯色似乎被梵高以短而硬直的粗笔触有力地戳在了画布上。

图 22.8 文森特·梵高，《群鸦飞过的麦田》(1890)。布面油画。20″×40″。
资料来源：阿姆斯特丹梵高博物馆（文森特·梵高基金会)。

画中的麦田就像是由黄色和绿色颜料汇成的大海，极度汹涌，而作品的纹理更是增强了这种骚动感。画上的群鸦仅仅是一些用浓重的黑线构成的飞动线条。而在画布的顶端，梵高对于天空的描绘则以黑暗色调为主，该部分也是整幅画中色调最暗的部分，在整个构图中分量最重，使画面透露出紧张和不祥的气息。画面中绿色的小路在黄色麦田中伸向远方，最终汇聚在一点，消失不见。梵高在给弟弟的信中写道：“我又画了三幅画……都是骚动的天空掩映下的麦田，在作画的过程中，我表现了内心的悲伤与极度的寂寞。”[4] 如果说《生活的欢乐》(见图 22.2) 展现了作者马蒂斯乐观的生活态度，那么梵高的这幅画所表现出的情感则截然相反。但毫无疑问的是，两位画家都在各自的作品中清楚地表达出自己作画时的内心状态。相比梵高的其他作品来说，《群鸦飞过的麦田》可能更显阴郁和沉重，但却有力地传达出作者消沉的情感。

德国表现主义画家埃米尔·诺尔德（Emil Nolde）同样选取大自然为其创作题材，但却另辟蹊径，采用一种不同的技法来表现内在自我。20 世纪 30 年代，他开始使用水彩颜料作画，以戏剧化的表现手法描绘自然风景，并在其创作中尽量避免传统绘画笔法留下的痕迹。正如我们在《不平静的大海》（*Restless Sea*，见图 22.9）一画中看到的那样，他将不同颜色的水彩颜料平铺在画纸上，任这些颜色逐渐渗透并使不同的色彩彼此混合叠加。在这幅画中，地平线似乎与红色区域的下边缘重叠在一起，但下方较为明亮的区域与之形成较大反差，使得所绘景色看起来颇不宁静。由饱和的红色、黄色及紫色构成的不规则形状相互碰撞与交叠，更是增添了画作的戏剧张力。

图 22.9　**埃米尔·诺尔德，《不平静的大海》(无日期)。纸上水彩。13¼″×18″。**
资料来源：基尔城市画廊。版权由基布尔诺尔德基金会所有。

诺尔德常说：“每种色彩都有它自己的灵魂。”这幅画中，强烈的红黄两色在蓝紫冷色调的映衬下更显得夺目。诺尔德的这幅作品生动地展现出大自然强大而神秘的力量，同时也透露了作者汹涌澎湃的内心。他曾写道：“有时候我觉得自己什么都做不了，但我内心所感受到的自然能够使我完成不可思议的创作。”[5] 诺尔德希望能够通过描绘自然的瞬息变幻，使观者如他一样感受到内心那一片“不平静的大海”。

野兽主义与表现主义对于整个20世纪的艺术影响至深。德裔美籍画家汉斯·霍夫曼（Hans Hofmann）结识了很多野兽派和表现派的艺术家。20世纪30年代初，他迁居美国，创立了一所极具影响力的艺术学校。霍夫曼的画作通常是充满喜悦而随性的，有时他也会将自然题材融入其创作之中。在创作作品《风》（*The Wind*，见图22.10）时，霍夫曼先将画布抻平，之后随着他的手臂在画布上方来回扭转，颜料滴落在画布上。这样的创作手法形象地捕捉到了暴风雨天旋风的形态。霍夫曼眼中的旋风并不凶险，而是饱含张力和浓厚的个人情感。在他看来，风充满活力，振奋人心。风是无形的，正因如此，霍夫曼得以尽情地诠释每一丝风。霍夫曼关于现代艺术的丰富知识储备以及他独具魅力的教学风格影响了20世纪40年代纽约画派（见第24章）的一批艺术家。

图22.10　汉斯·霍夫曼，《风》（1942）。纸版画（油画颜料、Duco漆、水粉颜料及印度墨汁）。$43\frac{7}{8}'' \times 28''$。

资料来源：加利福尼亚大学伯克利分校艺术博物馆。本杰明·布莱克韦尔摄影。

立体主义

西班牙艺术家巴勃罗·毕加索定居巴黎后，他与法国艺术家乔治·布拉克（Georges Braque）就艺术问题交流了各自的看法。二人共同探索并创立了第一次世界大战爆发前绘画艺术的又一主要流派——立体主义。大体来说，立体主义画家更多强调的是画面的构图而非个人情感的表达。在基本视觉结构方面，立体主义对我们所熟知的许多 20 世纪绘画及雕塑作品都产生了举足轻重的影响。除此之外，立体主义还间接影响着建筑及其他艺术形式，渗透到我们的日常生活中。

毕加索积极地从方方面面汲取着艺术养分，并从中选取自己所需，从而实现他的艺术目标。《亚威农少女》(*Young Ladies of Avignon*，见图 22.11)* 是毕加索一幅具革命性突破的杰作，它完全跳脱了传统的构图方式。塞尚对于自然的多面重构深刻地影响着毕加索的艺术创作。除此之外，毕加索本人还非常推崇非洲雕塑，例如加蓬科塔部族的圣骨匣雕像（见图 22.12）及科特迪瓦的面具（见图 22.13)。这些雕塑作品富有创造性的抽象与力量之美也成为毕加索创作灵感的来源。虽然非洲雕塑本身的内涵与用途对他来说并无太大意义，但这种艺术形式却给予其艺术作品新的生命。毕加索将上述这些影响整合并吸纳到自己的作品中，开创了一个崭新的艺术形式。

图 22.11 巴勃罗·毕加索，《亚威农少女》(1907)，巴黎。布面油画。8′×7′8″。

资料来源：纽约现代艺术博物馆。莉莉·P·布利斯遗赠（333.1939)。数字图像版权由纽约现代艺术博物馆/佛罗伦萨斯卡拉所有。版权© 2013 由毕加索遗产/纽约艺术家权利协会所有。

* 可在 myartslab.com 网站观赏毕加索的《亚威农少女》。

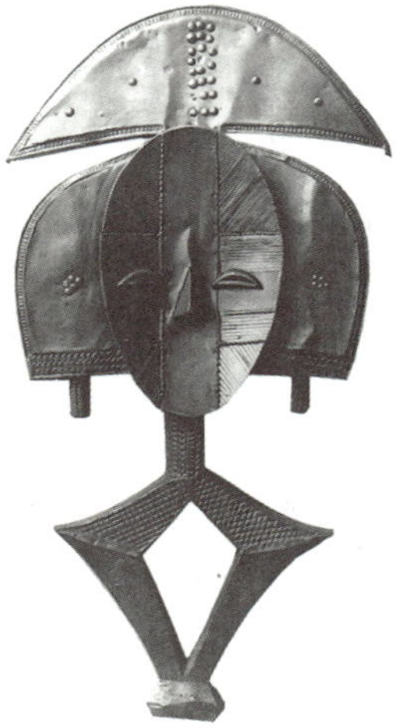

图 22.12 圣骨匣雕像，大致创作于 20 世纪初，法属赤道非洲加蓬科塔部族。黄铜覆于木头之上。长：27½″。
资料来源：史密斯学会人类学部，登记号：No. 323686，底片号：No. 36712A。

图 22.13 面具，科特迪瓦。木质材料。9¾″ × 6½″。
资料来源：巴黎人类博物馆馆藏。D. 蓬萨尔摄影。

在《亚威农少女》一画中，碎裂而瘦削的人物形象与背景中尖锐的三角形状交织混杂在一起，给人极强的视觉冲击力。毕加索的这幅画作标志着绘画艺术探索新阶段的开始，他通过碎裂的三角剖分形式及对主题形象与背景的解析组合，实现了对画面的重构。《亚威农少女》的画法彻底打破了始自文艺复兴时期的传统透视法对于画家的限制。毕加索摒弃了消失点、均匀用光及学院派人物写生等绘画技法，从而推翻了西方艺术中的一些传统规则。这幅画作从负面刻画了女性形象，因此受到一些艺术史学家的猛烈抨击。此外，该画作中突兀的形状及整体画面带来的紧张感也使部分观者感到不适。然而，《亚威农少女》无疑开创了立体主义的新局面并为其之后的发展提供了动力。

通过对比塞尚创作于 1886 年的作品《加尔达纳》（*Gardane*，见图 22.14）和布拉克于 1908 年完成的作品《埃斯塔克的房子》（*Houses at l'Estaque*，见图 22.15），我们就会大致了解从塞尚的后印象主义风格到布拉克与毕加索共同创立的立体主义画风的演变过程。

如果说毕加索通过《亚威农少女》一画迈出了立体主义探索阶段的第一步，那么布拉克则进一步丰富了立体主义的内涵。在一系列描绘法国南部（塞尚曾工作过的地方）风景的画作中，布拉克将塞尚的多面构图进一步推进。

不同于文艺复兴以来盛行于欧洲绘画中使用的常规透视法，布拉克将一连串的几何形状有节奏地积聚在一起，从而制造了一种模糊的空间感，使画面介于平

图 22.14　保罗·塞尚，《加尔达纳》（1885—1886）。布面油画。31½″×25¼″。
资料来源：大都会艺术博物馆，弗朗兹·H·赫希兰博士及其夫人赠予，1957.（57.181）。图像版权由大都会艺术博物馆/艺术资源/佛罗伦萨斯卡拉所有。

图 22.15　乔治·布拉克，《埃斯塔克的房子》（1908）。布面油画。28½″×23″。
资料来源：瑞士伯尔尼鲁普夫基金会。吉劳敦/布里奇曼艺术图书馆摄影。版权© 2013 由纽约艺术家权利协会/巴黎法国图像及造型艺术著作人协会所有。

面与立体的效果之间。在作品《埃斯塔克的房子》中，房屋与树木交织在一起，生动地在整个画面推展开来。

“立体主义”也正是因为这幅作品而得名，当马蒂斯看到《埃斯塔克的房子》时，他认为这不过是一些小立方体的堆积。（马蒂斯轻蔑的态度反映出立体主义画派与注重表达的野兽主义画派之间关于创作目的的巨大分歧。）1908—1914 年，毕加索与布拉克共同开创并发展了立体主义。布拉克后来曾将当时自己和毕加索的关系戏称为“绑在一根绳子上的登山者”。为避免浓重色彩带来的情感干扰，二人在共同创作期间多采用中性色调，探索创作中的形式结构问题。

到 1910 年，立体主义已发展成为一个完全成熟的流派。在“分析立体主义”时期（1910—1911），毕加索、布拉克及其他立体主义艺术家从多角度分析对象物，然后再根据不同视角所得到的观察结果进行抽象的几何化创作。这也是我们观察事物的方法：通过对于对象物的短时聚焦而非长时的细致观察，构建出对象物投射在我们脑海中的心理图像。也就是说，人们首先通过多种视角观察熟悉的对象，然后形成综合感受，进而在脑中生成对于某物的心理图像。因此，艺术家们希望能够呈现出自己内心感受到而非眼睛看到的物体形象。布拉克的作品《葡萄牙人》(*The Portuguses*,见图 22.16)描绘了一个坐在咖啡厅餐桌前弹奏吉他的男人形象。在这幅画中,布拉克先将主体形象的各个侧面进行分解,然后再将它们与背景重新组合。如此一来,人物形象与背景便交错在一起,模糊了前景与背景的界限。

图 22.16 乔治·布拉克,《葡萄牙人》(1911)。布面油画。46″×32″。

资料来源:瑞士巴塞尔艺术博物馆/布里奇曼艺术图书馆。版权© 2013 由纽约艺术家权利协会/巴黎法国图像及造型艺术著作人协会所有。

野兽主义和表现主义画派注重抒发个人情感,而立体主义则截然不同,它强调依靠理性表现形式之美。可以说,立体主义是对绘画空间的再创造。立体主义艺术家认识到,平面画布上所呈现的二维空间与我们真实所处的三维空间大相径庭。

抽象意象来源于自然物体,它揭示着空间中一切形式在本质上的合一,而立体主义正是基于几何抽象的物体重构。从塞尚的《加尔达纳》到布拉克的《埃斯塔克的房子》,再到《葡萄牙人》,我们可以看到各式各样的几何形式在交叠的平面上不断地构建并蔓延。

1912 年,毕加索和布拉克开始在创作中采用更为丰富的色彩,引入不同的纹理和图案,并使用裁剪图形,从而将立体主义由"分析立体主义"阶段推向了"综合立体主义"阶段。艺术家们将报纸、活页乐谱以及壁纸等材料以全新的方式呈现在自己的作品当中。毕加索的作品《小提琴、水果和酒杯》(*Violin, Fruit and Wineglass*,见图 22.17)中使用的报纸是一份真正的巴黎报纸。早前,艺术家们通常用图形来建构自然主义或写实主义画作中的背景。而综合立体主义时期，各式各样的图形在前景的构建中开始发挥同等重要的作用。毕加索选择了传统的静物，但不同于以往的是，他并没有将水果画出来，而是将水果图像剪下并粘贴到自己的作品中。这样的创作手法在法语里被称为 papier collé，也就是我们后来所熟知的裱糊纸或拼贴画。分析立体主义强调以多种角度将对象物分解为碎片形态，而综合立体主义则将这些碎片有机地重新组合起来。

毕加索还利用金属片等材料组装了自己的雕塑作品《吉他》(*Guitar*，见图 22.18)，从而将立体主义革命延伸至雕塑领域。事实上，作为一个雕塑作品，《吉他》的平面部分所展现出的美学特征与立体主义绘画作品有着异曲同工之妙。

《吉他》这一作品也成为后来雕塑作品的风向标：在此之前，绝大多数雕塑作品都是通过雕刻或利用模具制作而成的；而在此之后，当代雕塑作品层出不穷地涌现出来。

图 22.17　巴勃罗·毕加索，《小提琴、水果和酒杯》(1913)。木炭，水粉颜料，拼贴画。25¼″×19½″。

资料来源：费城艺术博物馆，A. E. 加勒廷藏品，1952-61-106。图片版权© 2013 由费城艺术博物馆/艺术资源/佛罗伦萨斯卡拉所有。法国国家博物馆联合会-巴黎大皇宫/贝亚特丽斯·豪陶洛。

图 22.18　巴勃罗·毕加索，《吉他》(1914)。金属片、铁丝等。30½″×13¾″×7⅝″。

资料来源：纽约现代艺术博物馆，艺术家本人赠予，94.1971。数字图像版权由纽约现代艺术博物馆/佛罗伦萨斯卡拉所有。版权© 2013 由毕加索遗产/纽约艺术家权利协会所有。

抽象雕塑之路

奥古斯特·罗丹赋予了雕塑作品新的艺术表现力（见图 21.25），这也使他成为 20 世纪初最具影响力的雕塑家。在罗丹的影响下，罗马尼亚人康斯坦丁·布朗库西开始了对雕塑艺术的探索。但在此之后，布朗库西的创作开始向抽象风格转变。

其实，我们从布朗库西早期的一系列作品中就可以窥见他坚持要与过去决裂的决心，但同时这也是一个循序渐进的过程。1908 年，布朗库西创作了雕塑作品《眠》（*Sleep*，见图 22.19），该作品与罗丹的浪漫写实主义风格相近；1911 年，布朗库西又通过《沉睡的缪斯Ⅰ》（*Sleeping Muse I*，见图 22.20）一作对其创作主体进行了简化，从而由写实主义转向抽象主义；1915 年，他进一步简化了创作对象，使其回归到本质，创作了作品《新生Ⅰ》（*Newborn I*，见图 22.21）。布朗库西说："简洁凝练并非艺术追求的最终目的，而是我们在探寻事物本质时必然会达到的一种状态。"[6]

图 22.19　康斯坦丁·布朗库西，《眠》（1908）。白色大理石。44″×13¾″×47¼″。

资料来源：布加勒斯特国家艺术博物馆。亚当·伍尔菲特/科比斯图库摄影。版权© 2013 由纽约艺术家权利协会/巴黎法国图像及造型艺术著作人协会所有。

图 22.20　康斯坦丁·布朗库西，《沉睡的缪斯Ⅰ》（1909—1911）。大理石。6¾″×10⅝″×8⅜″。

资料来源：赫希洪博物馆和雕塑园，史密斯学会，约瑟夫·H·赫希霍恩（1966）。版权© 2013 由纽约艺术家权利协会/巴黎法国图像及造型艺术著作人协会所有。

布朗库西的抽象雕塑之路也是一个回归前古典时期雕刻风格的过程。来自基克拉泽斯（爱琴海岛屿）的古代雕塑有着与布朗库西作品相似的独特而又高度抽象化的典雅气质，例如头像雕塑《基克拉泽斯Ⅱ》（*Cycladic II*，见图 22.22）。正如立体主义艺术家们研究非洲雕塑一样，布朗库西也曾在卢浮宫素描古代艺术

图 22.21　康斯坦丁·布朗库西，《新生 I》(1915)。白色大理石。$5\frac{3}{4}'' \times 8\frac{1}{4}'' \times 5\frac{7}{8}''$。
资料来源：费城艺术博物馆，路易丝和沃尔特·阿伦斯伯格藏品，1950.134.10。图片版权© 2013 由费城艺术博物馆/艺术资源/佛罗伦萨斯卡拉所有。版权© 2013 由纽约艺术家权利协会/巴黎法国图像及造型艺术著作人协会所有。

图 22.22　《锡克拉底斯 II》（前 2700—前 2300），希腊纳克索斯。大理石。高：$10\frac{1}{2}''$。
资料来源：卢浮宫，法国国家博物馆联合会/埃尔韦·莱万多夫斯基。

作品，从中汲取灵感。

自从哥特时期以来，华丽的雕饰就一直是欧洲雕塑最显著的特征。布朗库西则逐渐将这种烦琐的雕饰从作品中剥除，并代之以简洁凝练的形式。通过简化雕塑形式，使物体回归本质，布朗库西为其雕塑作品注入了强大的艺术表现力。正因如此，他的作品赋予了观者无限的想象空间。

在作品《空中之鸟》（*Bird in Space*，见图 22.23）中，布朗库西将一块没有生命的铜铸件塑造成一只优雅灵动的鸟。作品中，“鸟儿”一飞冲天的形态使飞行的概念具象化。布朗库西还将该作品进行了抛光处理，使其具有高度的反光性，这也增加了“鸟儿”的轻盈质感。布朗库西对于这种流线造型的探索开始于莱特兄弟开启人类飞行时代的十年之后。那时，人类社会还远没有那么多的流线型商品。布朗库西曾说：“我一生都在探寻飞行的本质。”[7]

美国的现代精神

在毕加索与布拉克探索立体主义的同期，美国摄影家阿尔弗雷德·斯蒂格利茨（Alfred Stieglitz）也正致力于将摄影发展为一种新的艺术形式。毕加索在看到斯蒂格利茨的摄影作品《统舱》（*The Steerage*，见图 22.24）时曾说：“这个

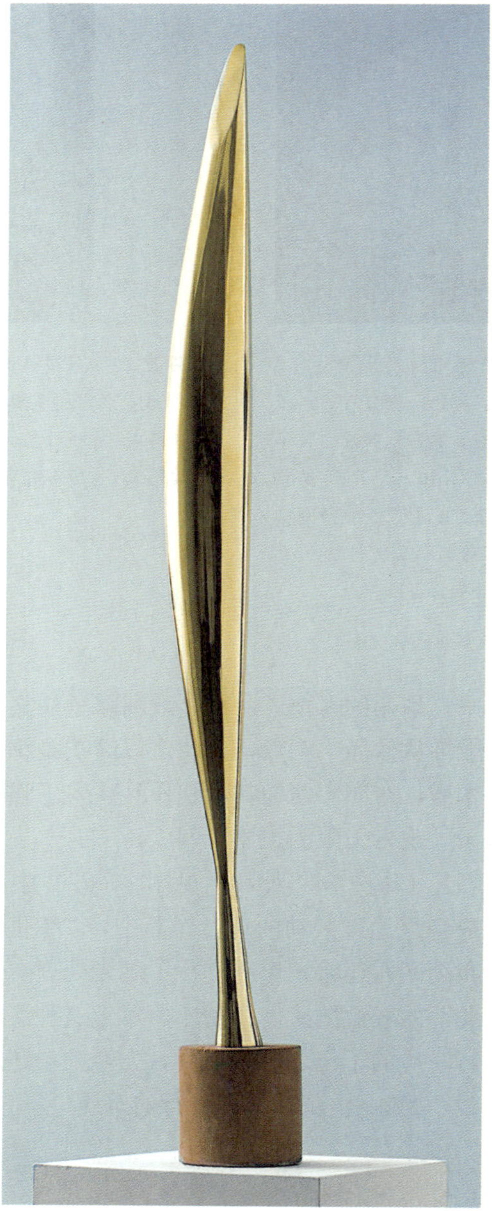

图 22.23 **康斯坦丁·布朗库西，《空中之鸟》（1928）。铜（单块浇铸）。54″×8½″×6½″。**

资料来源：纽约现代艺术博物馆，匿名捐赠，153.1934。版权© 2013 由纽约艺术家权利协会/巴黎法国图像及造型艺术著作人协会所有。

摄影师与我有着同样的创作精神。”[8] 毕加索认为斯蒂格利茨对于抽象构图的见解与自己类似。

对于很多人来说，《统舱》的构图似乎显得过于支离破碎；斯蒂格利茨的一些朋友也认为，这幅作品应当是两张照片，而非一张。然而，斯蒂格利茨本人则认为，这一复杂场景是光线、阴影、形状及方向等因素相互作用的结果。在这艘开往欧洲的轮船上，他捕捉到了《统舱》这一作品的种种构图元素："圆草帽、向左倾斜的烟囱、向右倾斜的船梯、带有圆环链围栏的白色活动吊桥、统舱里一名男子身后交叉放置的吊杆、圆形的铁制机器以及划过天空的桅杆，画面中呈现出一个三角形……我看到了一张由各种形状构成的照片，并且透过这些各异的形状，看到了自己对于生活的感悟。”[9] 然后，斯蒂格利茨冲进船舱，拿起相机，按下快门，拍下了他认为最好的一张照片。

图 22.24　阿尔弗雷德·斯蒂格利茨，《统舱》(1907)，选自《摄影工作》34 期，1911 年 10 月刊。凹版照片。$12\frac{5}{8}'' \times 10^{3}/_{16}''$。

资料来源：数字图像版权由纽约现代艺术博物馆/佛罗伦萨斯卡拉所有。版权© 2013 由乔治娅·奥基芙博物馆/纽约艺术家权利协会所有。

斯蒂格利茨还积极地将现代欧洲绘画和雕塑艺术引入美国。1905 年，他在纽约开办了一家艺廊，向公众展出欧洲最进步的艺术家们的作品，这其中也包括摄影作品。此艺廊坐落于纽约第五大道 291 号，因此被称为“291 艺廊”。虽然除了一些“内行人”之外，291 艺廊的参观者寥寥无几，但它带来的影响却是巨大的。它是美国第一家展出塞尚、马蒂斯、布朗库西、毕加索和布拉克等艺术家作品的画廊。斯蒂格利茨还创办了一本极具影响力的杂志——《摄影作品》，该杂志主要刊登摄影和现代美学方面的文章。此外，291 艺廊还展出儿童艺术及非洲艺术作品。

在展出欧洲艺术先锋的作品之后，斯蒂格利茨开始将包括乔治娅·奥基芙在内的美国第一批现代主义艺术家的作品呈现在观众眼前。奥基芙创作于第一次世界大战期间的作品大多是描绘自然的抽象画作，极具革新性。1917 年，奥基芙在得克萨斯州西北部任教。在此期间，她时常独自迎风行走在大草原上。空旷无垠的草原激发了奥基芙的创作灵感，驱使她创作了一系列题为“晚星”（Evening Star，见图 22.25）的开创性抽象水彩画，对她眼中悬挂在夜幕之上的金星进行了描绘。在奥基芙的笔下，金星被处理为一个留白的圆形，它由黄色的光环围绕着，就像是在源源不断地向四周发散着一片片浓重饱和的色彩。奥基芙从得克萨斯州广袤的大地上汲取着灵感，她曾在一封寄给朋友的信中写道：“我不可自拔地爱着这片大地。”[10]

图 22.25　乔治娅·奥基芙，《晚星 Ⅵ》（1917）。纸上水彩。$8\frac{7}{8}$″ × 12″。

资料来源：乔治娅·奥基芙博物馆，伯内特基金会赠予，1997.18.03。马尔科姆·瓦隆摄影，2001。圣塔菲乔治娅·奥基芙博物馆/艺术资源/佛罗伦萨斯卡拉。版权© 2013 由乔治娅·奥基芙博物馆/纽约艺术家权利协会所有。

追随着画家和雕塑家的脚步，1905—1910 年间，建筑师们也开始向传统空间形态概念的权威地位发起挑战。此时，绘画界正在掀起一场轰轰烈烈的立体主义运动。这场运动也驱使弗兰克·劳埃德·赖特开始设计“草原式住宅”，即舍去或缩小起居室与餐厅、室内与室外空间之间的隔墙。

赖特的开放空间理念改变了人们设计居住空间的方式。当今，许多家庭住宅的厨房、餐厅和起居室都处在一个连续空间当中，室内与室外空间也有机地统一起来，不再有明确的界限。

1909 年，赖特设计建造了罗宾别墅（见图 22.26）。该别墅最显著的特征之一就是它的悬挑屋顶。屋顶向两侧延伸，营造出一个流畅连续的不对称互联空间。在赖特的影响下，开放式流动空间成为当代建筑的一大特色。想象一辆出产于 1909 年的新车停放在罗宾别墅前的场景，这种强烈的反差会让你真切地体会到赖特的设计理念远远地超前于他所处的时代（见图 14.28）。赖特的建筑思想随后也被引入欧洲，深刻地影响着欧洲现代建筑的发展历程。

图 22.26　弗兰克·劳埃德·赖特，罗宾别墅（1909），伊利诺伊州芝加哥。

资料来源：芝加哥历史博物馆 HB-19312A2。版权© 2013 由亚利桑那州斯科特斯戴尔弗兰克·劳埃德·赖特基金会/纽约艺术家权利协会所有。

1913 年，首次军械库艺术展在纽约举办。此次展览使普通美国民众第一次接触到大量的欧洲前沿艺术作品。随后，该展览又迁至波士顿和芝加哥进行巡展。展览组织者向公众展出了逾 1 300 件艺术作品，试图使观众明白，现代艺术并不是由一场一蹴而就的革命造就的，而是在经历了 19 世纪中期以来的数次艺术运动之后才演变而来的。然而，大多数观众震惊于之前从未接触过的立体主义与表现主义艺术，并未领会到组织者的良苦用心。虽然这是一次具有争议性的展览，但却极受欢迎，30多万名观众纷至沓来。美国艺术家也得以欣赏到印象派、后印象派及野兽派艺术家的主要作品。在野兽派艺术家中，饱受批评家抨击的马蒂斯的作品尤为受到关注。毕加索和布拉克的绘画作品以及布朗库西的雕塑作品也在此次展览中展出。通过此次展览，立体主义和其他抽象艺术形式在美国大地上传播开来。

未来主义与运动盛典

意大利未来主义艺术家最早从立体主义中汲取灵感，但却另辟蹊径，将所得灵感以不同的方式呈现出来。在借鉴立体主义多平面多角度创作的基础上，包括贾科莫·巴拉（Giacomo Balla）和翁贝特·波丘尼（Umberto Boccioni）在内的未来主义艺术家通过给作品增添速度感和动态感，表现骚动的现代生活，赞美机械文明。

未来主义艺术家将运动物体的形象叠加在一起，进一步扩展了立体主义艺术家所推崇的多视角构建和变形理念。1909年，意大利诗人菲利波·托马索·马里内蒂（Filippo Tommaso Marinetti）发表了《未来主义创立宣言》，文中写道："由于一种新的美感，世界变得更加光辉壮丽了。这种美是速力的美……一辆风驰电掣的汽车……比萨莫特拉斯的胜利女神雕像更美。"[11]

未来主义艺术家将现代生活的速度与力量转化为一件件艺术作品，捕捉着新世纪充满活力的能量。贾科莫·巴拉的作品《抽象速度——车已驶过》（*Abstract Spead—The Car Has Passed*，见图22.27）旨在刻画急冲的气流以及疾驰而过的汽车所带来的动态之感。这辆"风驰电掣的汽车"以每小时35英里的速度行驶，这已经是当时能够达到的最快时速了。

在翁贝特·波丘尼的一系列绘画和雕塑作品中，抽象雕塑《空间连续的独特形体》（*Unique Forms of Continuity in Space*，见图22.28）可谓是他的巅峰之作。波丘尼坚持认为，雕塑作品应当从对象物固有外表的局限中解放出来，如此才能实现作品与周围空间的真正融合。在作品《空间连续的独特形体》中，波丘尼塑造了一个强健有力的人物形象，他像火焰一样释放着巨大的能量，昂首阔步向前。在这一时期，人类对于运动、时间和空间的感受驱动着汽车、飞机和电影制造业的蓬勃发展，而未来主义作品则生动地反映出那个时代振奋人心的巨变。

法国艺术家马塞尔·杜尚（Marcel Duchamp）是一位独立于未来主义之外的创作者，他为立体主义带来了新的创作维度——运动维度。杜尚的作品《下楼

图 22.27　贾科莫·巴拉，《抽象速度——车已驶过》(1913)。布面油画。19¾″×25¾″。

资料来源：版权由伦敦泰特美术馆/纽约艺术资源所有。版权© 2013 由纽约艺术家权利协会/罗马 SIAE 所有。

图 22.28　翁贝特·波丘尼，《空间连续的独特形体》(1913)。铜。43⅞″×34⅞″×15¾″。

资料来源：纽约现代艺术博物馆，莉莉·P·布利斯遗赠，231.1948。数字图像版权由纽约现代艺术博物馆/佛罗伦萨斯卡拉所有。

梯的裸女：第2号》(*Nude Descending a Staircase*，*No. 2*，见图22.29)* 受到了频闪摄影的影响。所谓频闪摄影，即是指通过捕捉运动物体的运动瞬间，以连续的相机影像呈现物体运动过程的摄影手法。这幅作品中，抽象人形的连续动作呈对角线有节奏地逐次排开，使得观者对该人形在空间内的整个运动过程一览无遗。我们对重力的感受更进一步强化了画面的动态感。1913年，《下楼梯的裸女：第2号》在纽约军械库艺术展上展出，它的出现让观众惊愕不已，并将之看作是“疯狂”的艺术。虽然该作品曾被讥为“制瓦厂爆炸后的惨景”[12]，但它却给了一些艺术家无尽的创作灵感，激励着他们在创作中运用重复和节奏表现物体的运动。

图22.29 马塞尔·杜尚，《下楼梯的裸女：第2号》(1912)。布面油画。58″×35″。

资料来源：费城艺术博物馆，路易丝和沃尔特·阿伦斯伯格藏品，1950。费城艺术博物馆/艺术资源/佛罗伦萨斯卡拉摄影。版权由马塞尔·杜尚系列作品/巴黎法国图像及造型艺术著作人协会/纽约艺术家权利协会所有，2013。

* 可在myartslab.com网站观赏马塞尔·杜尚的《下楼梯的裸女：第2号》。

索尼娅·德洛奈-泰尔克则在其画作中通过色彩的对比来表现运动。她的巨幅作品《比利耶舞厅》（*Bal Bullier*，见图 22.30）描绘了情侣们在巴黎曾经红极一时的比利耶舞厅翩翩起舞的场景。在这幅画作中，各异的形状在浅层空间交叠，从中我们可以看到立体主义的影子。然而，作者通过使用对比色彩，仿佛给不同色块施加了推力或拉力，从而使构图的景深增加并给整个画面带来了动感。将长达 12 英尺的帆布伸展并在上面作画并非易事，因此德洛奈-泰尔克选择了床垫布。（她的另一幅作品《同步对比》，见图 5.4）。德洛奈-泰尔克还是最早将现代艺术融入日常生活的艺术先驱之一。除绘画之外，她还涉足书籍装帧、刺绣、纺织和时尚领域。德洛奈-泰尔克还将现代艺术运动的最新理念应用到服装设计的实践当中。1922 年，她成立了自己的服装设计工作室，潜心投入到设计实践中，并将自己设计的时装定义为“同步时装”（见图 18.33）。不久，她的设计理念就开始风靡大众市场。

图 22.30　索尼娅·德洛奈-泰尔克，《比利耶舞厅》(1913)。床垫布油画。3′2 3/16″ × 12′9½″。

资料来源：法国国家现代艺术博物馆，蓬皮杜中心，白色影像/佛罗伦萨斯卡拉。版权由普拉库萨所有，2013020。

思考回顾

1. 表现主义是一次革命性的艺术运动，还是逐步发展而来的？
2. 分析立体主义是如何反映我们观察事物的方法的。
3. 现代艺术最初是经由哪两种途径被引入美国的？
4. 未来主义艺术家为何如此看重运动理念？

请试一试

体会表现主义音乐带给你的感觉。请聆听表现主义音乐的代表人物——阿诺尔德·勋伯格（Arnold Schoenberg）与阿尔班·贝尔格（Alban Berg）的作品。

关键术语

拼贴画——将诸如纸张、照片、布料等各种材料粘贴在一个平整表面上而形成的作品。

立体主义——由毕加索与布拉克于巴黎共同开创的艺术流派，始于1907年。该艺术流派的特点为：艺术家从多角度对描绘对象进行解构和几何化重构，并将重构形象在同一画面的浅层空间中呈现出来，使前景与背景难以区分。

表现主义——19世纪末20世纪初发源于欧洲的个人和团体艺术流派。该艺术流派大胆而自由地对原始形象进行变形，使用具有象征性且富于创造性的色彩。

野兽主义——20世纪初发端于巴黎的艺术流派，明艳的对比色彩及简化的形状是该流派最显著的特点。

未来主义——1909年兴起于意大利的团体艺术运动，重在刻画自然及机械的运动状态和速度。

第 23 章　两次世界大战期间*

请思考

1. 请描述第一次世界大战对 20 世纪 20 年代艺术发展的影响。
2. 请阐述达达主义如何运用现成物品艺术以及合成照片批判社会。
3. 请确定社会价值、视觉特性和技巧方法与超现实主义的相关性。
4. 了解一战后艺术家们如何推进立体主义的新发展。
5. 比较构成主义、风格主义、包豪斯建筑学派和国际风格建筑派的艺术观赏性和社会价值。
6. 对比各种用于表达政治观点的艺术风格。
7. 区分战争期间拉丁美洲和美国艺术家们的价值观并比较他们的影响力。

1914 年，国际局势紧张，各国人民高涨的爱国主义热情将他们拖入了一战的深渊，大多数欧洲国家以及美国都不可避免地参与到这一激烈且旷日持久的战争中来。然而这场战争远比人们预想中的要艰巨得多。

此次战争中死亡人数超过一千万，伤者两千多万。新生代迷失在这场毫无人性的大屠杀初体验里。

一战之后，世界的政治和文化版图发生了永久性的改变。战争为俄国革命创造了基础，为德国纳粹主义以及意大利法西斯主义后来重启战端埋下了复仇的种子。政府渴望建立新的政权来调动人员和物资、支配人们的经济生活、审查民意表达、控制信息传播，从而操控人们的思想。持异议被认为是叛国行为。

一战期间，许多艺术家有意识地用自己的作品表达对美好生活的向往。他们当中的一部分人怒斥时局，另一部分人则沉迷于乌托邦式的幻想。用艺术作为工具表达对美好社会的期许已成为那个时代的符号，当时的另一代表性事件是现代

---

* 可在 myartslab.com 网站收听本章音频，学习和回顾本章内容。

主义创新风潮已传播到欧洲以外的地区，多样的现代风格在世界各地兴起。

达达主义

达达主义萌发于人们对一战恐怖阴云的反抗。当时一群艺术家和作家在苏黎世集会，旋即为这一组织起名为“达达”，并用这一模糊的双音节词作为他们的口号。据一些资料记载，“达达”只是他们随意翻阅字典用小刀刺到的一个单词。这个双音节的叠词很适合表达出反抗精神的精髓，而不是传达出一种统一的风格。在达达主义者眼中，传统的价值观是这场毁灭性的噩梦般战争的根源，因此他们需要推翻这样的价值观。艺术大师马塞尔·杨科（Marcel Janco）曾说过：

> 达达并不仅仅是一个艺术流派，而是对陈腐的价值观、倒退的生活方式以及衰朽的思维方法敲响的一记警钟，它代表所有的艺术形式，歇斯底里地想求得一方可供创作的净土，以期在艺术领域获得新的世界大同。[1]

法国艺术家兼诗人让·阿尔普（Jean Arp）说：

> 不远处枪声如雷鸣，我们却歌唱、作画，将自身的一切才能凝于一处。我们在寻求一种艺术手段，以拯救陷于这疯狂年代的人们。[2]

战争的癫狂让达达主义者清醒地意识到欧洲文化已迷失方向，他们决定从零开始，拒绝接受大部分传统的社会、政治和美学观念。在他们看来，所谓的理性行为只能招致混乱和毁灭，而在这类理性行为当道的世界，寻求秩序和真理没有任何意义。达达主义者们希望通过他们的作品来表现西方世界荒诞的社会政治局面，从而引起观者的思考。

达达主义者们通常通过写剧本和自发组织的各种形式进行反抗。他们的文学艺术作品或舞台表演都是即兴创作而非事先安排的。诗人乱吼乱叫，艺术家们将不同元素组合到一起，创造出一种震慑人心的荒诞效果。

马塞尔·杜尚无疑是达达主义者中最为疯癫的人物，他大概也是整个20世纪最为激进的艺术家。他大胆地将那些批量生产的物品当作艺术品，并称它们为现成物品艺术。1917年，他在一把雪铲上签上大名并把它命名为“断臂之前”（In Advance of the Broken Arm），他在小便池上写上别人的名字，称其为“喷泉”（Fountain）。

为了给传统审美一记响亮的耳光，杜尚购买了达·芬奇的名作《蒙娜丽莎》的一件复制品，给她添上两道山羊胡子，他上面留下自己的名字，并且把它命名为“L. H. O. O. Q”（见图23.1）。若用法语快速读出这串字母，你就会发现这画名极为粗俗，粗略翻译过来就是“她的屁股热烘烘”。杜尚通过粗暴对待艺术珍品，试图冲击人们不加思考就接受主流价值观的思维方式。

图 23.1　马塞尔·杜尚，*L. H. O. O. Q*（1919）。《蒙娜丽莎》复制品上的铅笔再创作。$7^3/_4'' \times 4^3/_4''$。

资料来源：宾夕法尼亚州费城艺术博物馆，路易斯和沃尔特·阿伦斯伯格收藏，1950。版权由马塞尔·杜尚系列/巴黎法国图像及造型艺术著作人协会/纽约艺术家权利协会所有，2013。

美国艺术家曼·雷（Man Ray）是杜尚的好友，他是美国达达主义的领军人物。他不仅是位画家，还是位摄影师和雕刻家。1921 年，他去家用器皿店淘了一个熨斗、一盒钉子和一管胶水。他将一排钉子粘在熨斗平滑的表面上，并将该作品命名为"礼物"（Gift，见图 23.2），看似创作了一件无用且具有破坏性的物件。

达达主义者们将立体主义的拼接技术运用到合成上，他们将不同照片的某些部分以出人意料的方式组合在一起。在达达艺术家汉纳·霍赫（Hannah Höch）的作品《百万富翁》（*The Multi-millionaire*，见图 23.3）中，这位工业时代的百万富翁在自己生产的物品中间，形成一尊碎裂的巨像。这幅作品问世后，人们抨击它仅仅是把已存在的物体进行重组，缺乏原创性。但现如今我们知道，汉纳·霍赫是一位多么具有原创精神的艺术家。

一些达达主义者坚持认为艺术已经消亡。他们觉得在一个可以自我毁灭的世界，创造美根本就没有意义。讽刺的是，虽然他们常常反对美学，但又在创造永恒的美。

图 23.2 曼·雷，《礼物》（1921）。涂色熨斗，13 只钉子整齐粘贴于其底部。$6^{1}/_{8}'' \times 3^{5}/_{8}'' \times 4^{1}/_{2}''$。

资料来源：纽约现代艺术博物馆，詹姆斯·萨尔·瑟比基金会，1966。数字图像版权© 2013 由纽约现代艺术博物馆/佛罗伦萨斯卡拉所有。版权由曼·雷信托/纽约艺术家权利协会/巴黎法国图像及造型艺术著作人协会所有。

图 23.3 汉纳·霍赫，《百万富翁》（1923）。合成照片。$14'' \times 12''$。

资料来源：版权© 2013 由纽约艺术家权利协会/波恩图片艺术协会所有。

超现实主义

20 世纪 20 年代中期，一群作家和画家聚到一起，对当时欧洲文化的风向提出抗议。他们认为，当时所注重的科学、理性和进步已让欧洲人的意识失去平衡点。因此，他们强调无意识、梦境、想象和幻象的重要性。他们从达达主义的非理性中汲取精华，也借鉴了弗洛伊德新心理学的理论。

1924 年，安德烈·布勒东（Andre Breton）发表《超现实主义宣言》，标志着超现实主义运动的开始。布勒东这样描述该运动的意义：

> 梦幻和现实，这两种看似完全相反的疆域的命途，都已成为完全的现实，如果非要说的话，那是一种超现实。[3]

前达达派艺术家马克斯·恩斯特（Max Ernst）是超现实主义运动的首批信奉者之一。他曾参加过一战，并因此噩梦缠身。为了更专注于想象，他将油画布覆盖于有纹理的物体表面，如沥青马路等，再用铅笔或蜡笔在其上摩擦。他常常讶异于通过这种方式所呈现的神奇图案，而这种技法就叫作“拓印”，法语意为摩擦。他 1927 年的作品《部落》（*The Horde*，见图 23.4）展现了一群鬼魅般的怪物相互勾绊的残酷场景，恩斯特参与一战的经历大概对这幅作品的创作产生了很大影响。

图 23.4　马克斯·恩斯特，《部落》（1927）。布面油画。$44^7/_8'' \times 57^1/_2''$。

资料来源：阿姆斯特丹市立博物馆。

西班牙艺术家萨尔瓦多·达利则用更直接的方式来处理他的梦魇。他与电影导演路易斯·布努埃尔共同制作了一部无逻辑电影《一条安达鲁狗》（见图 10.6）。在绘画方面，达利以更为学术的技法提升自身的幻觉境界来重塑他的梦魇。他的作品《记忆的永恒》（*The Persistence of Memory*，见图 23.5）* 展现了

* 可在 myartslab.com 网站观赏萨尔瓦多·达利的《记忆的永恒》。

梦幻的荒诞特性，机械的时钟被丢弃在永恒空间中的某个荒地，前景中某个扭曲的头状物似乎代表了已消失了的人类的最后残留，他称之为自画像。

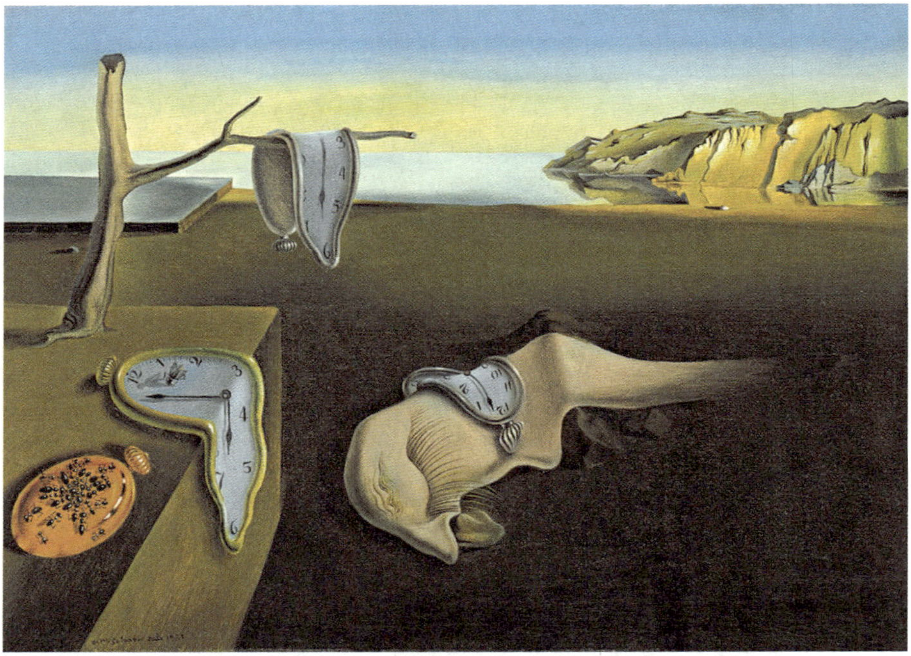

图 23.5　萨尔瓦多·达利，《记忆的永恒》(1931)。布面油画。$9^1/_2'' \times 12''$。
资料来源：纽约现代艺术博物馆，匿名赠予，编码：162.1934。数字图像版权由纽约现代艺术博物馆/佛罗伦萨斯卡拉所有。版权由萨尔瓦多·达利基金会-萨尔瓦多·达利，纽约艺术家权利协会所有，2013。

达利的深梦境和独特的表现技法创造出了一种类似真实图景的画面，使不可能的事情变得可信。将毫不相关的物体以出人意料的方式组合，营造出日常生活以外的超现实幻觉，人们将这种艺术表现手法称作“具象超现实主义”。与具象超现实主义相反，胡安·米罗（Joan Miro）的抽象超现实主义则具有更多暗示性元素，为观赏者提供更多的想象空间，抽象超现实主义更注重色彩和形式设计而非内容。

为了探寻无意识的状态，米罗和他的朋友们运用自动手法，有时也称自动主义，该过程的关键在于随机性。他们随意涂鸦和泼洒颜料，意在能够于无意中表露心迹。超现实主义者用这种自发自动的方式，希望能够通过抛开一直与艺术创作相伴的理性规划寻求意识的扩张。

米罗常常描绘非现实的物体。他先在画布上随意涂画，然后再依形创造出这些物体。《被蜻蜓鸟萦绕的女人——坏消息的预兆》（*Woman Haunted by the*

Passage of the Bird-Dragonfly Omen of Bad News，见图 23.6）是他风格成熟时期的代表作，作品中对物体的刻画大胆生动。然而，那些野性并且带着伤痛的作品并非米罗的惯常风格，却恰巧反映了病态的时局。这幅画创作于慕尼黑危机时期，而正是这一危机加速了二战进程。虽然略带恐怖感，但米罗那玩世不恭的乐观态度却也溢于其中。他热爱儿童艺术，因此作画的时候也像个孩子一样。

图 23.6　胡安·米罗，《被蜻蜓鸟萦绕的女人——坏消息的预兆》(1938)。布面油画。$31^1/_2''\times124''$。

资料来源：托莱多艺术博物馆，使用利比捐赠基金购买。爱德华·德拉蒙德·利比赠予，1986，25。版权由胡安·米罗/纽约艺术家权利协会/巴黎法国图像及造型艺术著作人协会所有，2013。

比利时超现实主义画家勒内·马格利特运用现实主义中的非逻辑形式作画，他的作品与达利相比，表面上很相似，内涵则不尽相同。马格利特的作品像谜语一样引人猜想，却也带有一种戏谑的幽默。《情人》（*The Lovers*，见图 23.7）描画了一对恋人在彼此亲吻触碰不到的嘴唇。若置身于那样的情境，我们大概能够理解作者所要传达的思想。他最著名的一幅作品大概要数《图像的叛逆》了，见图 1.11。

图 23.7　勒内·马格利特，《恋人》(1928)。布面油画。$21^3/_8''\times28^7/_8''$。

资料来源：纽约现代艺术博物馆，理查德·S·蔡斯勒赠予，编码：530.1998。数字图像版权© 2013 由纽约现代艺术博物馆/佛罗伦萨斯卡拉所有。版权© 2013 由伦敦 C. 赫尔斯科维奇/纽约艺术家权利协会所有。

立体主义的发展

立体主义能够表达“显现和隐藏”“具象和抽象”“图形与背景”之间的模糊地段。立体主义者们希望能够不断改变和革新，而不是满足于稳定可期的世界。一位美术史学家曾这样写道：“立体主义画家通过模糊主旨，纪念简单、私人的主题以及留白，来表现当今生活中的变化和矛盾之处，以及它所具有的价值。”[4]因此，立体主义使现代生活中的重要特征变得可视化。

俄国画家将立体主义发展成为纯粹的抽象主义。这其中的先锋人物有卡西米尔·马列维奇（Kazimir Malevich），他把自己的绘画风格称作至上主义。从他的作品《至上主义构成：飞机起飞》（*Suprematist Composition: Airplane Flying*，见图 23.8）的名称就可看出他熟知未来主义。画的主体是一架高速飞行的现代飞机。然而从马列维奇极力简化的立体主义绘画语言中，我们只能够看到纯色背景下的一堆不规则矩形。

马列维奇认为，无论主题是什么，绘画中形状和颜色都会相互交融。最理想的状态是绘画摆脱主题的束缚。他更专注于形状与色彩而非展示和陈述，这就是他将自己的绘画风格称作至上主义的原因。他把自己的观点与同为俄国人的瓦西

图 23.8 卡西米尔·马列维奇，《至上主义构成：飞机起飞》（1915）。布面油画。$22^{7}/_{8}'' \times 19''$。

资料来源：纽约现代艺术博物馆购买，1999 年与卡西米尔·马列维奇遗产签订协议获得，通过约翰·海·惠特尼夫人遗产基金会交换，248.1935。数字图像版权由纽约现代艺术博物馆/佛罗伦萨斯卡拉所有。

里·康定斯基分享。但当康定斯基（在德国工作）画出那些粗犷、极富表现力的作品（见图 22.7）时，马列维奇对简化的不断渴求影响着他，促使他成为一位激进的画家。

费尔南德·莱热在他的大幅油画《城市》（*The City*，见图 23.9）中，将各种形状挤压到一起，坍塌的物块令人联想到立体主义画家或者各种静物。他作品中的物体似乎千篇一律，不是圆形就是管状，这是为了体现喧闹的城市这一主题。

图 23.9　费尔南德·莱热，《城市》(1919)。布面油画。91″×177 1/2″。

资料来源：费城艺术博物馆，加勒廷收藏，1952-61-58。费城艺术博物馆/艺术资源/佛罗伦萨斯卡拉摄影。版权© 2013 由纽约艺术家权利协会/巴黎法国图像及造型艺术著作人协会所有。

莱热不久之后就将立体主义元素加入电影中，在一部长达 17 分钟的拼接影片《机械芭蕾》（*Ballet Mécanigue*，见图 23.10）中，搅拌机器与游摆交错出场，一个女人微笑着，几何图案不断切换。有时这些物体会随着万花筒的转动而挤压变形，它们有时聚合，有时就像立体派静物一样被压平。莱热坚持让美国作曲家乔治·安太尔（George Antheil）为这部电影配乐，但最终操作上未能如愿。

图 23.10　费尔南德·莱热，《机械芭蕾》(1924)。电影。

安太尔为这部影片创作了一首令人难忘的作品，为此他使用了 17 架钢琴、一些敲打乐器、螺旋桨等，但由于音乐时长是电影的两倍，两者无法调和而只好作罢。莱热的电影没有明显的故事情节，但它似乎想表达即使机器没有人类优雅，两者也有着相同的韵律。

创造一个新的世界

战争期间所涌现出的多数画派都怀着拯救世界的美好愿景。超现实主义希望能够解放人们的意识。先锋派抽象主义画家认为他们的非具象语言能够为乌托邦提供一个理想的基础。源于俄国的构成主义画派则专注于发明一种新的视觉语言以适应工业时代。起源于荷兰的风格主义倾向于使用最基本的图形，特别是矩形、水平线、垂直线等。后两种运动都在欧洲广泛传播，并且影响了许多画家的绘画风格。

构成主义

构成主义起源于俄国，是一场变革性运动，它主要受马列维奇至上主义的影响。为了在形式、材料和内容上与现代生活相关，构成主义者使用塑料、电镀物品来完成他们的非具象作品。

构成主义者与立体主义者一样反对传统的空间观念，他们认为空间未必要有规则的形状，也并非静止不动。构成主义的名称源自他们对平面和线条的喜爱，而这些平面和线条都具有动态特性，并且尽可能地包含动态元素。

柳博芙·波波娃在她的非具象作品《绘画结构》(*Painterly Architectonic*，见图 23.11) 中汲取了前人的经验。飞机在浅层空间相互交错，这参照了立体主义原理（见其早期立体主义作品《钢琴家》，图 4.15)。虽然这一作品看似在模仿一架未知用途的机械装置，但除了图形和颜色，似乎无法猜透作者的意图。波波娃将绘画与工人学校的教学结合起来，并且于 1921 年参与创建了首个结构主义工作组。

图 23.11　柳博芙·波波娃，《绘画结构》(1917)。布面油画。$27^{3}/_{4}'' \times 27^{3}/_{4}''$。

资料来源：马德里提森·博涅米萨博物馆，Inv. 716 (1977.52)。提森·博涅米萨博物馆/佛罗伦萨斯卡拉摄影。

与她同时期的构成主义艺术家亚历山大·罗德琴科 (Aleksandr Rodchenko)，是 20 世纪最具创新精神的多媒体艺术家之一。早年，他是一位用尺规作图的建筑师。不久之后他就宣布献身于实用艺术：他为公共展览设计海报，同时也设计家具、拍照和布置舞台。他创建了工人俱乐部 (见图 23.12) 作为传播新苏维埃思想的场所。罗德琴科想尽办法鼓励处于动荡社会中的工人们去创造崭新的无产阶级社会。椅子、架子和桌子都是最简单、千篇一律的物品，这有助于他们保持端正的坐姿。

图 23.12　亚历山大·罗德琴科，工人俱乐部，1925 年展于巴黎现代装饰艺术与工艺美术国际博览会。

资料来源：版权由亚历山大·罗德琴科遗产/莫斯科俄罗斯作家协会/纽约视觉艺术家和画廊联合会所有。

风格主义

一群荷兰艺术家发起了风格主义运动，将立体主义引向了乌托邦式的美好设想中。由彼埃·蒙德里安（Piet Mondrian）* 领导的这群艺术家，将几何元素融入到二维和三维的艺术形式中去，目的是创造一个普遍和谐的世界。他们通过运用抽象艺术，在绘画、建筑、家具以及平面设计中加入了各种创造性元素。

作为一名艺术家，蒙德里安的变革反映了风格主义的起源和本质，那就是将绘画完全从描画真实物体和表达个人情感中解放出来。他发明了一种朴素的风格来表达各种简单的视觉元素以及它们之间的关系。他还创造了一种新型美学，这种新型美学具有诗性活力，能够为技术时代设定和谐的标准。

从 1917 年至 1944 年他去世为止，蒙德里安一直是反映普遍秩序的艺术代言人。在他看来，世界万物都由直线、三原色和矩形构成。他的作品简单得只剩下

* 可在 myartslab.com 网站观看关于彼埃·蒙德里安在艺术史上的地位的视频。

四个元素：线条、图形、颜色和空间。他的画作《表 2》（*Tableau 2*，见图 23.13）很好地诠释了他的非具象主义风格。蒙德里安希望他作品的节奏与形式能很好地贴合自然本身，因为他认为自然是合理且有序的。

图 23.13　彼埃·蒙德里安，《表 2（黄、黑、蓝、红和灰）》(1992)。布面油画。$21^7/_8'' \times 21^1/_8''$。

资料来源：纽约古根海姆美术馆，51.1309。版权© 2013 由蒙德里安/霍尔兹曼受托基金会转交给 HCR 国际（美国）。

国际建筑风格

除了画家们，建筑设计师们也在寻找新的视觉语言。受构成主义、风格主义和早期美国建筑学家弗兰克·劳埃德·赖特的影响，建筑师们通过钢铁、平板玻璃、钢筋混凝土等现代材料，将一些变革的新颖想法变为可能。

1918 年左右，一种新的建筑风格同时在德国、法国和荷兰萌芽，随后这种风格被称为国际风格。钢铁架构、幕墙结构使得朴素的直线型设计成为可能。钢铁架构减轻了建筑外墙的负重，也令室内光线充足，空间结构更加灵活轻盈。在国际风格的建筑中，非对称设计广泛使用，创造了空间和物体的动态平衡。赖特改变建筑样式使其适应周围的自然环境，而国际风格的建筑师们则不一样，他们寻求在人造的房子和自然景观之间制造一种视觉对比。

荷兰建筑师赫里特·里特费尔德（Gerrit Rietveld）将风格主义运用到三维空间。他所设计的位于乌得勒支的施罗德住宅（见图 23.14）是国际风格早期的经典之作。这种平面、空间和三原色的交错使用，传承了蒙德里安的绘画风格。

图 23.14　赫里特·里特费尔德，施罗德住宅（1924）。

资料来源：图片版权由乌得勒支中央博物馆所有。版权© 2013 由纽约艺术家权利协会转交给阿姆斯特丹图片所有权管理机构。

由瓦尔特·格罗皮乌斯（Walter Gropius）为包豪斯设计的国际风格建筑（见图 14.20）中蕴含了风格主义和构成主义理念。现如今，蒙德里安和包豪斯所创制的朴素风格不仅仅见于建筑中，还常常运用于书本、室内、服装、家具设计，一些物品以及日常生活中。

建筑设计师路德维希·密斯·凡德罗在运用包豪斯风格和国际风格方面颇具影响力。1929 年巴塞罗那国际博览会上，他用大理石、玻璃、钢铁等材料设计了德国馆（见图 23.15）。与施罗德住宅一样，德国馆具有与风格主义绘画相似的抽象构图风格，密斯采用了流动的空间设计，从而使参观者不会觉得囿于一室。场馆左侧的矩形水池体现了水面的高雅设计。1938 年，密斯移民美国，他的设计理念和作品极大地影响了二战后美国摩天大楼的设计风格。

图 23.15　路德维希·密斯·凡德罗，德国馆（1929）。

资料来源：巴塞罗那世界博览会，古根海姆。版权© 2013 由纽约艺术家权利协会/波恩图片艺术协会所有。

政治表达

两次世界大战期间，许多艺术家将自己的作品对焦政治生活。对抗法西斯和独裁专制是他们创作的主旋律。

20 世纪 20 年代至 30 年代初，西班牙裔艺术家巴勃罗·毕加索一直在创作富有生命力的图纸、画作、印刷品和雕塑作品。1937 年，西班牙内战如火如荼，毕加索受民主政府的委托为巴黎国际博览会创作一幅壁画。同年 4 月 26 日，对巴斯克地区格尔尼卡镇的“试验性”集中轰炸令毕加索悲愤交加。佛朗哥将军为了避免失去对国家的统治权力，允许希特勒在镇上使用轰炸机，以展示其军事实力。这场屠杀夷平了市中心的 15 个街区，也是战争史上首例地毯式轰炸。数百人在轰炸中失去了生命，更多人在逃难时遭到德军飞机的扫射而离开这个世界。

对于祖国残害平民这一事件，毕加索感到震惊和气愤，他拿起画笔，创作了一幅壁画大小的作品《格尔尼卡》（*Guernica*，见图 23.16）。虽然创作这幅作品的灵感源于某一特殊事件，但它所表达的却是对所有残酷战争的无声抗议。

绘制《格尔尼卡》的画布长度超过 25 英尺，在涂色之前，这幅画仅用了黑、白、灰三种颜色。一个大三角位于所有小图形的底部，将所有的混乱和毁灭都连成一个整体。《格尔尼卡》将立体主义形式与表现主义和抽象超现实主义的情感内核相结合。在析梦象征主义中，马常常代表做梦人的创造力，而这幅作品中，马被刺伤，在死亡边缘痛苦挣扎。马的下方，一位士兵被撕成碎片，在他的断剑附近一朵幽蓝的花儿在盛开，隐约代表了希望。在这之上，一个女人从窗户探出身子，手执一盏油灯。油灯之下马首之上，眼状物体与电灯泡赫然出现在画幅中央。锯齿状光芒从底部射过来。有些中世纪教堂的壁画绘有眼睛，代表上帝之眼。新旧理念的结合能给人以启迪。

图 23.16　巴勃罗·毕加索，《格尔尼卡》(1937)。布面油画。11′5$^{1}/_{2}$″× 25′5$^{1}/_{4}$″。

资料来源：西班牙马德里索菲亚王后艺术中心博物馆。布里奇曼艺术图书馆摄影。版权© 2013 由巴勃罗·毕加索遗产/纽约艺术家权利协会所有。

体验过战争的残酷之后，毕加索写道："绘画并不是为了装饰公寓，我把它作为反抗侵略的武器。"[5]然而不幸的是，《格尔尼卡》所控诉的空袭在这之后却更为频繁。

两次世界大战期间，一种特定的社会政治形态艺术在许多国家流行开来，称为"社会现实主义"。这一风格以多种形式出现，但都渴望摆脱现代艺术的激进式创新而更愿意关注社会构成与社会问题。在纳粹德国和共产主义苏联，这种艺术受到官方定额资助，如果一位艺术家想拥有较为光鲜的艺术生涯，那他就不能错过这一资助。薇拉·穆希娜（Vera Mukhina）的作品《工人与集体农庄女庄员》（*Monument to the Proletariat and Agriculture*，见图 23.17）是苏联社会现实主义的典型代表作。这座雕塑由不锈钢制成，高 78 英尺，刻画了一位男性工人与一位女性农场庄员的英姿。这件作品于 1937 年在巴黎世界博览会中首次展出。它以共产主义的视角观察苏维埃国家，在这里城市工人与农民互相团结，载歌载舞，歌颂共产主义。这座雕塑至今仍然矗立在莫斯科，以纪念 1991 年共产主义政权的瓦解。

图 23.17　薇拉·穆希娜，《工人与集体农庄女庄员》(1937)。不锈钢。高：78′。

资料来源：版权由薇拉·穆希娜遗产/莫斯科俄罗斯作家协会/纽约视觉艺术家和画廊联合会所有。索夫图片库摄影。

1910—1917 年间墨西哥社会现实主义者用壁画的形式表达对变革的向往，此时一场顺应民心的起义推翻了把持政权多年的独裁主义者。1921 年，墨西哥政府雇用艺术家们在公共建筑上绘制壁画，向人们诉说本国的悠久历史和最新革命。受意大利文艺复兴的鼓舞以及哥伦布到达美洲之前墨西哥壁画文化的启发，这些画家们展开想象，绘制了许多发扬传统墨西哥文化遗产、宣传新政府的民族艺术精品。迭戈·里维拉的壁画《苦工的解放》(*The Liberation of the Peon*，见图 23.18）就描绘了革命中的某一典型事例：地主的房屋在背景中熊熊燃烧，而革命军将苦工从木桩上解救下来，为他松绑并给他披上毯子，而这位苦工长久经受鞭笞，惊吓过度。这幅作品是墨西哥市教育部门外墙壁画的缩小版。迭戈·里维拉和他的同事若泽·克莱门特·奥罗兹柯（José Clemente Orozco）都访问过美国，因而对美国的绘画也小有影响。

20 世纪 30 年代大萧条时期，美国政府依旧为艺术家提供补贴。公共事业振兴署委托画家们在公共建筑中绘制壁画，农场安全署雇用摄影师和制片人记录黑色风暴以及身处其中的居民。由于政府的支持，纪录片的发展达到了顶峰。

摄影师多罗西娅·兰格（Dorothea Lange）记录了城市失业者的无助与绝望。她的作品《旧金山等待救济的人》(*White Angel Bread Line*，*San Francisco*，见图 23.19）有力地再现了萧条时期人们艰难的处境。这一系列照片使人们清醒地意识到当下的需求，并且唤起大家对受难者的同情。

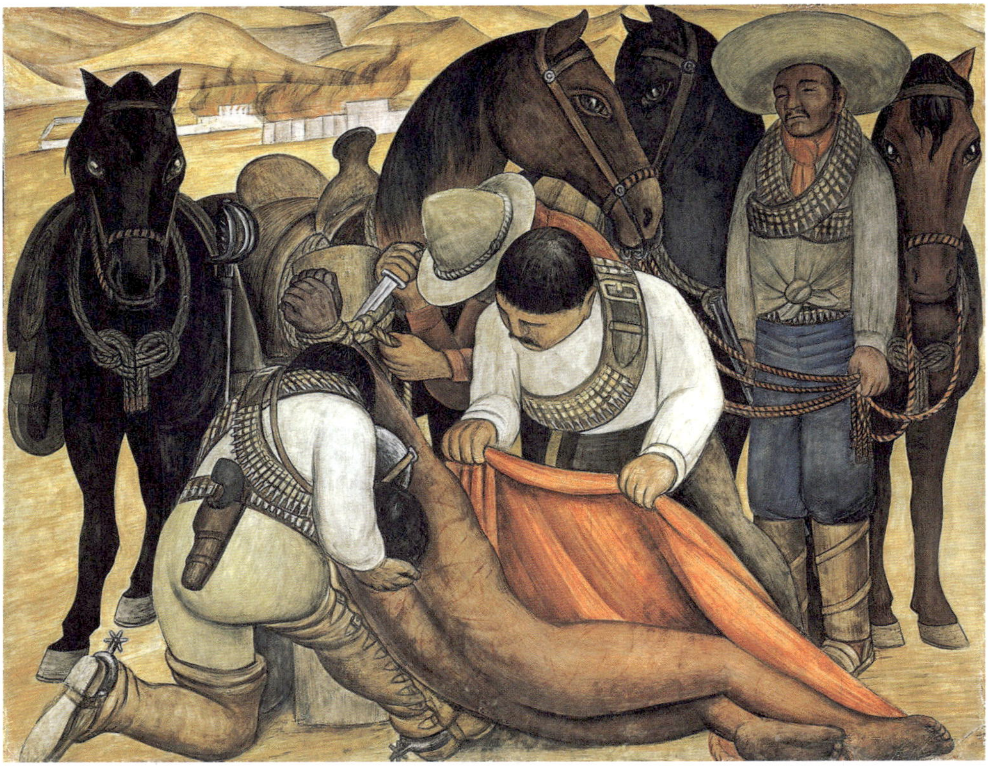

图 23.18 迭戈·里维拉，《苦工的解放》(1931)。壁画。73″× 94¼″。

资料来源：费城艺术博物馆，赫伯特·卡梅伦·莫里斯夫妇赠予，1943-46-1。费城艺术博物馆/艺术资源/佛罗伦萨斯卡拉摄影。版权由墨西哥银行迭戈·里维拉和墨西哥市弗里达·卡罗博物馆/纽约艺术家权利协会所有。

图 23.19 多罗西娅·兰格，《旧金山等待救济的人》(1933)。照片。4¼″× 3¼″。

资料来源：加利福尼亚州奥克兰市奥克兰博物馆。版权由多罗西娅·兰格收藏所有，保罗·S·泰勒赠予，A67.137.33001.1。

艺术造就我们：说服力　权力展现

当权者和政府是说服性艺术作品最惯常的赞助者。宏伟的政府大楼、庄严的公共纪念碑和夺人眼球的手工艺品常常用来影响和控制公众舆论。20 世纪初，俄国、墨西哥和德国的统治者们支持艺术家创作鼓动效忠统治阶级的作品。现如今一些公司及民间组织不仅利用艺术作品来诱导人们做事和购买商品，也用它们来展示其权力。

在非洲西部阿善堤地区的加纳文化中，说服性艺术植根于民俗传说。阿善堤的国王有一个顾问团，他们被称作语言学家，向平民解释国王颁布的法令，并向国王传达民众的诉求。传达国王旨意的时候，他们用谚语对其进行加工，这样就显得国王的话更富文化内涵。这些语言学家也在外交事务中发挥作用，能在一些小型谈判中代表国王。

语言学家们拥有象征他们职能的权杖。每柄权杖的顶端都配有装饰，这些顶端装饰通过描绘某些谚语而令语言学家更具说服力，图 23.20 的装饰表达的谚语是："没人敢以智慧教训蜘蛛。"在阿善堤神话中，一只名叫阿娜莎的蜘蛛为当地人带去了智慧，也带去了俗语和民间故事。这只传奇的蜘蛛跟语言学家类似，都是智慧的代言人。既然蜘蛛的智慧毋庸置疑，那么语言学家所说的话也应值得尊重。从图中我们可以看到蜘蛛蛰伏于网上，两名侍者静待左右，镀金的表面熠熠生辉，令人印象深刻。

图 23.20　语言学家的权杖（19—20 世纪），顶饰，加纳阿善堤。金箔、木材、钉子。总高：$61^5/_8$″。

资料来源：大都会艺术博物馆，里查德·J·法莱蒂家族赠予，1986，Inv. 1986. 475a-c。图片版权© 2013 由大都会艺术博物馆/艺术资源/佛罗伦萨斯卡拉所有。

中世纪流传下来的纤维艺术作品中也有一些具有说服功能。贝叶挂毯* 以侵略者的口吻图文并茂地记录了 1066 年的诺曼征服。这幅挂毯

* 可在 myartslab. com 网站观赏贝叶挂毯。

（实际上是一块内嵌彩色羊毛的亚麻布）长约230英尺，它通过一系列不同场景叙述故事。其中一个重要场景可见图23.21。位高权重的贵族哈罗德对法国诺曼底公爵威廉宣誓效忠。我们可以看到哈罗德正在触碰装有圣物的柜子，而左边的威廉公爵正注视着他。

贝叶挂毯的另一部分描述哈罗德回到英格兰，接受国王爱德华的遗嘱继承王位，这一行为激怒了威廉公爵，他认为既然哈罗德宣誓效忠于自己，那么自己应当继承王位。哈罗德对诺言的背叛导致威廉公爵1066年入侵英格兰，也致使哈罗德战死于黑斯廷斯战役，这场战役在该挂毯上也有描绘。这张挂毯后来存放于诺曼底某个天主教堂，以示诺曼底政府的合法性。若干年之后的1803年，拿破仑考虑到这张挂毯的内容极具说服力，在他打算攻打大英帝国时，将它拿到巴黎展出。

图23.21　贝叶挂毯局部（哈罗德宣誓，约1066—1082），诺曼底。高：20″。

资料来源：法国巴约挂毯博物馆/巴约市特别授权/布里奇曼艺术图书馆。

一些出于其他目的而存在的艺术作品也具有说服力，由米开朗基罗绘于西斯廷教堂顶端的壁画就是一例。橡子和橡树叶常见于顶部湿壁画中，该壁画的著名场景“上帝创造亚当”（见图17.10b）中，亚当的臀部之下也有一簇橡树叶。委托米开朗基罗创作这幅画的教皇尤里乌斯二世是德拉·诺维（这一名字意为“源于橡树”）家族的一员，而这个家族的族徽也是橡树。米开朗基罗通过在顶部的圣经场景中绘制橡树枝叶，增强了尤里乌斯二世的权力。

当下，许多公司也通过购买和展出艺术作品以及资助一些公共活动来增加盈利。这让它们看起来像慈善机构。拿2012年的伦敦奥运会来说，安赛乐米塔尔钢铁公司出资建造了安赛乐米塔尔轨道塔（见图23.22），这是一座高达375英尺的红灰两色巨塔。该轨道塔已跻身全球最高雕塑行列，比自由女神像还要高。这座轨道塔的建筑材料绝大多数由米塔尔公司出资购买，参观者在购买入场券时就会发现米塔尔公司作为赞助商，名字赫然印在上面。安赛乐米塔尔公司首席执行官拉克什米·米塔尔曾说过，这座塔“是为了展示钢铁的多面性”，但是每当这座塔的全名出现时，又帮助该钢铁公司提升了自身的知名度。

图23.22 安妮施·卡普尔（Anish Kapoor）和塞西尔·巴尔蒙德（Cecil Balmond），安赛乐米塔尔轨道塔（2012）。钢铁和玻璃。高：375′。

资料来源：安赛乐米塔尔摄影。

拉丁美洲的现代主义

20世纪20年代，现代主义在拉丁美洲兴起时，被赋予了独特的魅力。艺术运动常常跨行跨界，将画家与诗人以及作曲家联系在一起。1922年在巴西圣保罗举办的现代艺术周就恰如其分地说明了这一点：艺术家向人们展示受立体主义和抽象主义影响的创作，诗人朗诵抒情诗以缅怀先辈，作曲家弹奏带有非裔巴西人传统元素的新作曲目。然而他们所面临的共同难题是如何将他们的创作与欧洲文化联系起来，巴西的现代主义者给出了合理且反叛的回答：同类相食。他们“吸收”欧洲文化，并以此来灌溉自己的艺术表达。

巴西画家塔尔西拉·多阿马拉尔（Tarsila do Amaral）在其画作《食人怪》

(*Abaporu*，见图 23.23）中将同类相食展现得淋漓尽致。这一作品的风格承袭了莱热的立体主义和布朗库西的抽象雕塑艺术（见图 22.23）。但它也描绘了热带地区人们熟知的风景：柠檬片般的太阳以及巨大的仙人掌。这巧妙地证明该作品中具有巴西文化元素。画中那位孤独的人就是食人者。有一位诗人在《同类相食宣言》中写道："巴西人拥有双重遗产：雨林和学派。"塔尔西拉的作品中，这两者都有体现。

图 23.23 塔尔西拉·多阿马拉尔，《食人怪》（1928)。布面油画。34″×29″。

资料来源：布宜诺斯艾利斯拉丁美洲艺术博物馆，吉列尔梅·奥古斯托·多阿马拉尔提供。

在阿根廷，画家和诗人团结起来，呼吁人们给予现代艺术应有的关注。他们创办的杂志《马丁·菲耶罗》颂扬了许多极具创造性的艺术家，这其中包括苏尔·索拉（Xul Solar）。Xul 的发音类似于英语 school 的发音，它是拉丁语中"光"这个词字母的倒序排列，寓意阳光。这位艺术家在欧洲游历多年，1924 年回国后开始展览幻想类水彩画，例如《龙》（*Dragon*，见图 23.24）这幅画中，戴着精致头饰的人（或许是一位神父）骑在一只蛇状动物身上，而这只动物身插

15 支旗杆。它头上插有十字架、星星和月亮，分别代表了基督教、犹太教和伊斯兰教。这幅作品表达了作者对精神统一、宗教和民族大同的希冀。作家若热·路易斯·博尔热斯（Jorge Luis Borges）曾说过，阿根廷赋予艺术家独具一格的禀赋，使他们不同于西方世界的其他同行，而苏尔似乎想兼容并蓄。

图 23.24　苏尔·索拉，《龙》（1927）。水彩画。10″ × 12⁵/₈″。

资料来源：潘·库勒卜基金会，布宜诺斯艾利斯苏尔·索拉博物馆。版权由潘·库勒卜基金会–苏尔·索拉博物馆所有。

乌拉圭画家托雷斯–加西亚（Torres-Carcia）始创了一种独特的美洲视野立体主义（我们在此指所有的美洲国家，就如同这位画家所指的一样），他的作品《普遍构成主义》（*Universal Constructivism*，见图 23.25）中的矩形物块不仅指代蒙德里安的画作，也指秘鲁原住民的石屋。他以这样的形式将现代生活与美洲原住民的陶瓷设计交融在一起，意在创造一种跨越古今文化的结合体，从而引起普遍的共鸣。西班牙语中的一些词语（“岁月”“光芒”“世界”）也让这幅作品具有典型的拉丁美洲风格。

超现实主义者们将墨西哥画家弗里达·卡罗（Frida Kahlo）纳入麾下，尽管这位女画家的绘画风格更接近墨西哥的民俗风情。在作品《两个弗里达》（*The Two Fridas*，见图 23.26）中，她将自己描绘成有着欧洲和墨西哥双重身份的人。每一种人格都紧盯着观者，她们的心脏与心脏周围的血管清晰可见。这不仅暗指阿兹特克的活人献祭，也指弗里达自身的手术创伤。她的许多自画像都深刻表现出一位满腔热情的才女形象。

图 23.25　托雷斯-加西亚，《普遍构成主义》（1930）。木板油画。23$^{1}/_{4}$″× 11$^{3}/_{8}$″。

资料来源：马德里索菲亚王后艺术中心博物馆。

图 23.26　弗里达·卡罗，《两个弗里达》（1939）。布面油画。5′8$^{1}/_{2}$″×5′8$^{1}/_{2}$″。

资料来源：现代艺术博物馆，墨西哥城国家艺术总局。艺术资源/鲍勃·沙尔克维基克/佛罗伦萨斯卡拉拍摄。版权©2013由墨西哥银行迭戈·里维拉和墨西哥市弗里达·卡罗博物馆/纽约艺术家权利协会所有。

美国地区主义

20 世纪 30 年代，美国处于大萧条时期，政治暴乱随之而来，美国的艺术家们急于寻求国家及自身的定位。他们发现美国大众对艺术领域缺少关注，无论是不是美国人，他们都认为美国艺术是本土艺术。在这种文化隔膜下，美国地区主义发展起来，其理念是：只要专注于美国本土文化，就能找到自身的定位。

爱德华·霍普（Edward Hopper）在 1906—1910 年间游访欧洲，但他在描绘大部分寂寥的美国生活时并未采用先锋派风格。他的作品《夜鹰》（*Nighthawks*，见图 23.27）展现了作者在表达特定时间、特定地点的人们情绪方面的功力。他的作品总是令人印象深刻，这主要是因为他构图谨慎，注重明暗布局。霍普与印象派画家都很注重对光线的运用，但他们的目的不尽相同，霍普用它来构图，而印象派画家用它来解构。

图 23.27　爱德华·霍普，《夜鹰》（1942）。布面油画。33 3/8″ ×60″。
资料来源：芝加哥艺术学院，美国艺术收藏伙伴，1942.51。图片版权由芝加哥艺术学院所有。

地区主义画家格兰德·伍德（Grand Wood）20 世纪 20 年代在巴黎求学。尽管他未曾受到立体主义和印象主义画派的熏陶，却依旧能够把握潮流，对印象派风格有所借鉴。当伍德小有名气后，他回到了他的出生地——美国中西部的乡村。在那里，他沉浸于对家乡独特的风土人情的回忆中。

伍德的写实主义深受北部文艺复兴大师范·艾克和杜勒的影响。他的风格也受美国民间绘画和 19 世纪晚期风格固定、长时曝光摄影作品的影响。与艾克一样，伍德会考虑构图的每个侧面，也会关注所画物体的细节，以增加画作内容的丰富性。

伍德创作《美国哥特式》（*American Gothic*，见图 23.28）的灵感来源于他看到一间以当地木匠所理解的哥特式风格修建的农舍，简单的用色、周围物体（人、树等）的简化以及对细节的高度刻画都是伍德作品的典型特征。画中两个人物（伍德的姐姐和他的牙医）与尖顶窗户的形状相呼应。水平线条和对称元素在这幅画中得到了充分体现。例如，画中男性的外套和衬衫上都有铁叉造型。铁叉的尖端似乎代表了这对男女坚定而传统的立场以及来之不易的美德。《美国哥特式》成为当时美国文化的象征，如今也能引起强烈的反响。

图 23.28 格兰德·伍德，《美国哥特式》（1930）。纤维板油画。$29^1/_4'' \times 24^1/_2''$。

资料来源：美国艺术收藏伙伴，1930.934。图片版权由芝加哥艺术学院所有。版权由费格艺术博物馆，南·伍德·格雷厄姆遗产继承者所有/纽约视觉艺术家和画廊联合会授权。

地区主义最有力的发言人是托马斯·哈特·本顿（Thomas Hart Benton），他的父亲是美国密苏里州的一位参议员。本顿致力于创造一种内容和形式都属于美国的流派，那是一种人们很容易理解的写实主义风格，它刻画的主题都与美国相关。本顿作品中人物的力量受米开朗基罗作品中健壮躯体的影响。但他将文艺复兴以及当代艺术对他的影响转换为他的个人风格，他所有的作品都具有非常强烈的线条美。浅层空间中图形的远近由明暗的对比加以显现，从中我们可以窥见他对立体主义风格的传承。

本顿的《岩壁》（*Palisades*，见图 23.29）是他的系列作品《美国史诗》（*American Historical Epic*）中的一幅。与传统画家不同的是，本顿想要展现平民的历史而非那些伟人的过去，所以他着力描绘那片土地上百姓的生活点滴。欧洲殖民者忙于瓜分土地，宣告所有权，而印第安原住民却友好地教授他们种植谷物的方法，这是在那儿活下去的必备技能。

图 23.29　托马斯·哈特·本顿，《岩壁》，选自《美国史诗》系列作品（约 1919—1924）。$66^1/_8$″ ×72″。

资料来源：密苏里州堪萨斯城阿特金斯艺术博物馆，艺术家本人提供，F75－21/2。贾米森·米勒摄影。版权由 T. H. 本顿和 R. P. 本顿遗嘱信托/UMB 银行信托人所有，纽约视觉艺术家和画廊联合会授权。

非裔美国现代主义者

哲学家艾伦·洛克（Alain Locke）在 1925 年出版的《黑人新生代》（*The New Negro*）一书中提出：非裔美国艺术家应当与他们故土“非洲古老的艺术”相联。他们不应过度追寻学院派风格，也不应参与巴黎的现代运动，而是使自己适应自身所应传承的文化，并以非洲风格为基础表现出来。

这本书推动了被称为哈莱姆文艺复兴的文化繁荣，这其中不仅有视觉艺术家，还包括诗人和小说家。其中比较著名的有兰斯顿·休斯（Langston Hughs）、保罗·罗伯逊（Paul Robeson）、卓拉·尼尔·赫斯特（Zora Neale Hurston）等，他们主要居住在像哈莱姆区这样一些美国的黑人区。视觉艺术家是该运动中不可或缺的一部分，他们为书籍画插画，设计室内空间，用照片记录生活中的日常百态。

他们通过由哈蒙基金会资助的全国巡展展示自己的作品，其中萨金特·约翰逊（Sargent Johnson）常常在这样的展览中获奖。他居住在加利福尼亚州，以制作彩绘木质雕像为生，他的作品《永恒的自由》（*Forever Free*，见图 23.30）以他的视角表达了对黑人身份的定义，一位母亲庇护着两个幼小的身躯，这三者都是非洲人的写照。这座雕像的名字源于 1863 年颁布的《解放黑人奴隶宣言》，从那时起，黑人在联邦州获得了自由。约翰逊曾为自己的文化根源写过这样一段话：“我的作品具有严格的黑人风格，它并不是文化的融合，而是我们被掳来当奴隶时从本国带来的文化。”[6]

大萧条时期，公共事业振兴署在一百个城市设立了社区艺术中心，雅各布·劳伦斯（Jacob Lawrence）是哈莱姆区艺术中心的工作人员之一，在这里他遇到了很多哈莱姆文艺复兴的重量级人物。1938 年，他以杜桑·卢维杜尔的生活为原型创作了 41 幅系列作品。杜桑是一位伟大的黑人领袖，1804 年他领导了海地起义，使海地成为拉丁美洲第一个独立的国家。其作品《杜桑·卢维杜尔在哈利内河击败英军》（*General Toussaint L'Ouverture Defeats the English at Saline*，见图 23.31）充分展现了他所谓的“动态立体主义”风格。劳伦斯并未借鉴布拉克、毕加索等法国立体主义画派的风格，而是深入研究了非洲艺术，并以自己的方式将它表达出来。

芝加哥画家阿奇博尔德·蒙特利（Archibald Motley）利用现实主义风格展现非裔美国文化，他的 1934 年的作品《烧烤》（*Barbeque*，见图 23.32）充满激情，也表现出他对人工打光场景的兴趣。蒙特利致力于描述城市黑人生活的方方

图 23.30　萨金特·约翰逊，《永恒的自由》(1933)。木材和漆布。36″× 11 1/2″ × 9 1/2″。
资料来源：旧金山现代美术馆，E. D. 莱德曼夫人赠予，52.4695。菲利普·盖尔基尼摄影。

图 23.31　雅各布·劳伦斯，《杜桑·卢维杜尔在哈利内河击败英军》(1937—1938)。纸上水粉画。19″ × 11″。
资料来源：艾伦·道格拉斯藏品，杜兰大学阿米斯特德研究中心。版权© 2013 由西雅图杰卡布和格温多林·劳伦斯基金会/纽约艺术家权利协会所有。

面面，包括禁酒令之下的赌徒和酒鬼。这些题材的创作成功没有使他成为自命不凡的艺术欣赏者，他说："我所描绘的黑人生活都是我亲眼所见，切身体会，没有夸张或省略，我只是忠于现实。"[7]

有机抽象

在法西斯德国和共产主义苏联，许多现代艺术都受到压制，尤其是抽象派艺术。1931 年，欧洲的艺术家们为了反抗这些压制，创立了抽象创作社。该社宣言的第二条是："无论何种压迫，我们一律反对。"此后，抽象艺术就成为个人与政治自由的象征。需要说明的是，由于没有明显的国别特征，抽象艺术免于法西斯政权民族主义的干扰。20 世纪 30 年代，许多抽象派艺术家采取与生活相似的

图 23.32　阿奇博尔德·蒙特利，《烧烤》（1934）。布面油画。$36^{1}/_{4}'' \times 40^{1}/_{8}''$。
资料来源：芝加哥历史博物馆和瓦莱丽·杰拉德·布朗。

有机形态来创作。

英国雕塑家芭芭拉·赫普沃斯（Barbara Hepworth）是抽象创作社的早期成员之一。她的作品《梯形排列的盘》（*Forms in Echelon*，见图 23.33）由两片红木组成，雕刻成植物的形状。她首次在雕塑作品上穿孔，使光线和空气能够进入作品内部。如果稍加想象，你就可以感觉到这件作品中两个木块之间有交流，甚至互帮互助。

赫普沃斯的同行亨利·摩尔（Henry Moore）将赫普沃斯的创举应用于人物雕塑中。一战结束后，摩尔作为退役老兵获得允许在伦敦学习艺术。在那里，他潜心研究维多利亚和艾伯特博物馆中的非西方艺术。他 1938 年的作品《斜倚像》（*Recumbent Figure*，见图 23.34）是斜倚的查克穆尔神（见图 20.36）的进阶版。

摩尔将石块打磨成有机抽象的形状，显示出人形，但却不以具体人物的形象出现。摩尔的石雕保留了沉积岩最初的状态，为了突出材料的特性，摩尔坚持将这些石头的产地等标示出来。

1939 年，二战在欧洲爆发，战争再次将人类推至毁灭的边缘。除了造成民不聊生的局面之外，二战还改变了世界艺术革新的版图。许多欧洲艺术家迁移到美洲生活，并对当地的当代运动产生了不小的影响。

图 23.33　芭芭拉·赫普沃斯，《梯形排列的盘》(1938)。木材。高：$42^1/_2$″。

资料来源：版权由伦敦泰特美术馆所有，2013。艺术家本人在 1964 年展出。版权由鲍内斯·赫普沃斯遗产所有。

图 23.34　亨利·摩尔，《斜倚像》(1938)。绿色霍曼石。35″ × $52^1/_4$″ × 29″。

资料来源：版权由伦敦泰特美术馆所有，2013。经由亨利·摩尔基金会允许后复制。版权由亨利·摩尔基金会所有。保留所有权利，DACS2013/www.henry-moore.org。

思考回顾

1. 达达主义者们是如何反对第一次世界大战的？
2. 为什么超现实主义者们认为他们是在为人文主义谋利？
3. 在巴西兴起的当代艺术与在阿根廷兴起的当代艺术有何不同？
4. 有机抽象主义雕塑是如何表达对法西斯的抗议的？

请试一试

了解绘画作品中苏联的社会现实主义。威斯康星州砌思艺术博物馆中有大量由前任大使约瑟夫·E·戴维斯所捐赠的馆藏。可通过网站 http：//www. chazen. wisc. edu 浏览大部分作品的高分辨率扫描件，探索这次艺术运动的政治与民族这两大主题。

关键术语

自动主义——行为不受意识控制，超现实主义者们运用这一概念来解释自身无意识思想和感觉的表达。

构成主义——1917 年苏维埃革命时起源于俄国，该运动强调抽象艺术、现代材料以及布景设计、家具和制图一类的实用艺术。

达达主义——20 世纪早期发源于欧洲的运动，达达主义者们嘲弄当代文化以及传统艺术。

拓印——一种将画布置于花纹表面，通过蜡笔和铅笔摩擦产生花纹的技艺。

合成照片——将各种照片的一部分合成到一张照片上。

现成物品艺术——由达达主义者马塞尔·杜尚首先提出的概念，普通物品由艺术家签名之后成为艺术品。

社会现实主义——肩负社会和政治使命的艺术形式，它在两次世界大战期间风靡于很多国家。这一运动反对对现代艺术的激进改革，希望更直接地与大众交流社会问题。

超现实主义——20 世纪 20 年代发起的关于文学和视觉艺术的运动，以展现梦幻中的意象为基础。

第 24 章　战后现代运动*

请思考

1. 请指出二战后影响美国艺术的历史条件。

2. 请讨论抽象表现主义，并举例分别说明行为绘画和色域绘画。

3. 请识别艺术形式中的集合艺术、偶发艺术和事件艺术，它们模糊了艺术和生活的界限。

4. 请描述波普艺术的一般技巧和主题特征。

5. 请解释极少主义的价值观和风格特征。

6. 请解释观念艺术中艺术家思想的重要性。

7. 请研究例如大地艺术、装配艺术和表演艺术等艺术形式，这些艺术改变了传统。

8. 请阐述女性主义思想对于战后艺术的影响。

第二次世界大战之后的几年里，现代艺术家对于艺术规则进行了正面的抨击。自从文艺复兴以来，一直统治着艺术创作的传统和习俗逐渐被打破、抛弃或者忽视。1945 年，即使是最标新立异的艺术家也仍然以传统的媒体创作着；而 30 年之后，他们也在沙漠中竖立杆子，复制新闻照片，把自己用胶粘到树上，卖吻赚钱等等。无论是什么，只要是艺术家做的，或者是画廊展出的，都成为了艺术。那是一个躁动不安并且极具创造力的时期。

二战结束后，欧洲无论在经济、精神还是人口方面都损失惨重。战争中有 25 万英国人、60 万法国人、500 万德国人和 2 000 万苏联人丧生。纳粹大屠杀便杀害了 600 万人。难民和背井离乡的人们数量达到 4 000 万。战争时期，英国首相温斯顿·丘吉尔在 1947 年将欧洲描述为“乱石堆、停尸房、瘟疫和野兔滋生

* 可在 myartslab. com 网站收听本章音频，学习和回顾本章内容。

的地方”[1]。许多重要的欧洲艺术家为了逃离纳粹的迫害来到了美国，那时的美国正是在战争中崛起的经济强国，发展前景乐观。

其中，在纽约定居的艺术家有蒙德里安、莱热、杜尚、达利、安德鲁·布雷顿和汉斯·霍夫曼等。这些艺术家在纽约创作、教学、办画展、提出新的主张，为美国艺术家创造了新的可能。这次移民使得现代主义不再是遥远的欧洲现象，许多重要的现代主义艺术家都来到了美国。20 世纪 30 年代，墨西哥壁画家迭戈·里维拉和大卫·西凯罗斯（David Siqueiros）也来到纽约办画展和教学，鼓励艺术家摒弃传统的架上画。

战争以一种微妙而深刻的方式改变了发达国家人们的观念意识。纳粹的种族灭绝机器把人类的残忍程度推至新的高度，原子弹也为人类带来新的恐怖能力：人类生活在可以几分钟之内摧毁一切的世界中。正是这些条件形成了战后欧洲和美国的艺术生活背景。

纽约画派

二战结束后的第一个十年里，众多艺术创新都以纽约为中心，因而产生了“纽约画派”这一术语，其中包括两场运动：抽象表现主义和色域绘画。

抽象表现主义

第二次世界大战带来的恐惧促使艺术家重新思考艺术和生活的关系。除了具象的和陈述性的艺术外，战争造成的混乱也促使艺术家们去探索视觉领域的艺术，由此产生了抽象表现主义。这是自从野兽派和德国表现主义方法（见第 22 章）以及超现实主义的自动主义方法（见第 23 章）以来，绘画领域表现主义趋势的高潮。

受到新来的移民的影响，很多美国画家一改 20 世纪 30 年代占主导的现实主义风格，开始尝试以各种更具表现力和创新性的方式进行艺术创作。世界大战带来了前所未有的危机，也促使画家们不再关注历史上的公众议题和社会评论，因为那是大萧条时期所强调的内容。因此，画家们的绘画开始具有风格创新和个人特色。

抽象表现主义的先驱杰克逊·波洛克在 20 世纪 30 年代与托马斯·哈特·本顿、墨西哥壁画家大卫·西凯罗斯一同学习绘画。20 世纪 40 年代末至 50 年代初，本顿的韵律结构风格和墨西哥人的壁画艺术都对波洛克的泼洒绘画产生了一定的影响。为探寻表达人类原始天性的方法，波洛克还研究了纳瓦霍沙画和心理学家卡尔·荣格的无意识理论。与汉斯·霍夫曼的接触也对他的绘画产生了一定的帮助。他认为他所描绘的时代是“原子弹和收音机”的时代，因此他在绘画技术上进行了革新（见图 24.1）。他的作品《秋之韵律（第 30 号）》（*Autumn Rhythm*（*Number 30*），见图 24.2）便是通过将稀薄的颜料滴洒到画布上，而不是在画布上用刷子创作而成。在置于地上的巨大画布上作画，使他能够全身心地投入到绘画当中。巨大的画幅为他的挥洒动作提供了充足的空间。作画时，波洛克不时地滴洒、倾泼和投掷颜料，但在伴有节奏的身体运动中有所控制、有所选择地进行。其他画家也效仿了波洛克的作画方法，这一方法被称为“行为绘画”。

图 24.1 鲁道夫・布克哈德（Rudolph Burckhardt），《1950 年杰克逊・波洛克在长岛东汉普顿作画》（*Jackson Pollock Painting in East Hampton, Long Island*）。银盐冲印。

资料来源：图片版权由鲁道夫・布克哈德/西格玛/科比斯图库所有。

图 24.2 杰克逊・波洛克，《秋之韵律（第 30 号）》（1950）。布面油画。105″× 207″。

资料来源：大都会艺术博物馆，乔治・A・赫恩基金会赞助，1957，Acc. n.：57.92。图片版权由大都会艺术博物馆/艺术资源/佛罗伦萨斯卡拉所有。版权© 2013 由西雅图杰卡布和格温多林・劳伦斯基金会/纽约艺术家权利协会所有。

威廉姆·德库宁（Willen de Kooning）的作品中自然流露情感的笔触和对各种形状的大胆运用都反映出表现主义和超现实主义风格的影响。在他的整个创作生涯中，他始终凸显抽象的意象，然而在很多作品中仍然暗含着人物形象。在无主题创作几年之后，他开始创作一系列巨幅画作，其中有一些狰狞凶恶的女性人物。他用画笔在画布上猛烈挥洒，画作非常显眼。在《女人和自行车》（*Woman and Bicycle*，见图 24.3）中，女人咧开嘴巴，露齿微笑，与硕大的胸部之上野性的项链相呼应。虽然这一作品爆发出抽象表现主义的能量，但是因为其中丑陋的女性形象仍然备受争议。

图 24.3　威廉姆·德库宁，《女人和自行车》（1952—1953）。布面油画。$78^{1}/_{4}'' \times 50^{5}/_{8}'' \times 2''$。

资料来源：纽约惠特尼艺术博物馆购买，55.35。版权© 2013 由威廉姆·德库宁基金会/纽约艺术家权利协会所有。

诺曼·刘易斯（Norman Lewis）是一位非裔美国艺术家，他在抽象表现主义出现之初便参与其中。正如大多数抽象表现主义艺术家一样，刘易斯在 20 世纪 30 年代以社会现实主义风格绘画，描绘了他在所居住的哈莱姆黑人居住区观察到的城市贫穷现象。二战期间以及结束之后，他逐渐受到现代艺术的影响。1947 年的《无题》（见图 24.4）标志着他向更为自发和即兴的风格转变。刘易斯的作品与其他抽象主义艺术家有所不同，更富有诗意，更为保守矜持。除此以外，正如我们从他的作品中看到的那样，他的作品展现的是自然的迹象或者是城市生活的景象。

图 24.4　诺曼·刘易斯，《无题》(1947)。布面油画。30″ × $35^1/_2$″。有署名。
资料来源：私人收藏，纽约迈克尔·罗森菲尔德画廊和新泽西州兰朵美术馆提供。

色域绘画

与抽象表现主义大约同时兴起的相关绘画风格是色域绘画。这种绘画包含大面积的色彩，没有明显的结构、中心焦点或动态平衡。在色域绘画家的画布上，统一的形象占主导位置，这些形象巨大，仿佛要吞没观赏者。

马克·罗斯科（Mark Rothko）是当今最负盛名的色域绘画先驱，尽管 20 世纪 30 年代他的早期作品还是在描绘城市景象。20 世纪 40 年代，在超现实主义的影响下，罗斯科开始根据来自神话和仪式的灵感进行创作。40 年代末，他不再画人物，开始把精力主要放在色彩上。在一些作品中，例如《蓝橙红》(*Blue*，*Orange*，*Red*，见图 24.5)，罗斯科利用色彩表现从快乐祥和到伤感绝望的情感。通过薄薄的颜料层层叠加，罗斯科的作品具备多种特点，时而厚重，时而半透明，时而明亮，既赏心悦目又宏伟壮观。

海伦·弗兰肯瑟尔（Helen Frankenthaler）的作品也在抽象表现主义的影响下有所发展。1952 年，在杰克逊·波洛克的泼洒绘画和马克·罗斯科色域绘画的基础上，她首创了着色技巧。她不再考虑画笔和绘画纹理，而是在横向空白的画布上涂抹液体颜料。趁薄薄的颜料渗入原色画布之时，她巧妙地将其涂抹成流畅优美的有机形状。浅淡、微妙而又自然的《山与海》(*Mountains and Sea*，见图 24.6）标志着一系列强调柔和性、开放性和色彩表现力的绘画的开始。这幅画是弗兰肯瑟尔在从加拿大新斯科舍旅行回来之后一天内完成的，当时她仅有 24 岁。

图 24.5　马克·罗斯科，《蓝橙红》(1961)。布面油画。$90^{1}/_{4}'' \times 81^{1}/_{4}''$。

资料来源：赫希洪博物馆和雕塑园，史密森学会，约瑟夫·H·赫希洪基金会，1966，HMSG. 66.4420。李·斯塔尔斯沃思摄影。版权© 1998 由凯特·罗斯科·普利泽和克里斯托夫·罗斯科/纽约艺术家权利协会所有。

图 24.6　海伦·弗兰肯瑟尔，《山与海》(1952)。布面油画。$86^{5}/_{8}'' \times 117^{1}/_{4}''$。

资料来源：海伦·弗兰肯瑟尔基金会藏品。(长期借给华盛顿特区美国国家艺术馆。) 版权© 2013 由海伦·弗兰肯瑟尔/纽约艺术家权利协会所有。

罗伯特·马泽维尔（Robert Motherwell）的系列作品《西班牙共和国挽歌》（*Elegy to the Spanish Republic*）充满着历史悲剧色彩。在 20 世纪 30 年代血腥的西班牙内战中，佛朗哥将军建立起脆弱的西班牙民主政权，继而失败，马泽维尔对此表达了深深的哀悼之情。厚重的黑色色团覆盖在表面，并遮住了其下的亮色部分（见图 24.7）。马泽维尔以一种独特的主题作为起点，利用抽象的手段表达内心情感。

图 24.7　罗伯特·马泽维尔，《西班牙共和国挽歌（第 34 号）》（1953—1954）。布面油画。80″ × 100″。

资料来源：奥尔布赖特-诺克斯艺术画廊/纽约艺术资源/佛罗伦萨斯卡拉。艺术版权由达罗斯基金会所有，纽约视觉艺术家和画廊联合会授权。

戴维·史密斯（David Smith）是众多艺术评论家公认的美国战后最为重要的雕塑家。其创作也深深地受到画家的影响。他组装的金属雕塑建立在参差不齐的形状相互重叠的立体主义框架基础上，又增添了抽象表现主义的主要元素。他采取工厂制造方法和材料，为下一代雕塑家提供了新的选择。史密斯后期作品，包括不锈钢“立方体”系列（见图 24.8）在立方块和平面的基础上都在观赏者视线之上达到动态的平衡。正如抽象表现主义画家，他在不锈钢表面擦出富有活力的曲线，创造出反光的表面，仿佛要分裂坚固的整体。史密斯希望将雕塑置于室外欣赏，以绿色的景色作为背景。

图 24.8 **戴维·史密斯，《立方体第 17 号》**（*Cubi XVII*，1963）。抛光不锈钢。$107^3/_4$″×$64^3/_8$″×$38^1/_8$″。

资料来源：达拉斯艺术博物馆，尤金和玛格丽特·麦克德曼基金会。版权由戴维·史密斯遗产所有，纽约视觉艺术家和画廊联合会授权。

20 世纪 50 年代的建筑

二战后的几年中，国际风格（见图 14.20）代表着建筑的前沿。其干净的块状结构和光滑的表面表现出整个西方注重效率、世界主义和面向未来的思想。

20 世纪中期的美国，大多数建筑师也使用国际风格，但是其作品形状更为简洁，更像箱子一样。纽约市利华大厦（见图 24.9）预见了接下来 25 年间办公楼的模样：钢筋和玻璃建成的箱子，看起来光滑、便利和现代。大多数美国城市都有类似建筑。后来的建筑师也许会厌恶这样的建筑，但是对于当时那一代人来说，这种极其干净的外表象征着美国公司的形象。国际风格建筑师谨遵美国建筑师路易斯·沙利文的话语（“功能永远决定形式”），他们建造了很多实用的建筑，尽显结构支撑，抛弃一切装饰。然而，虽然很多类似建筑（例如利华大厦）看起来优雅而著名，但是这种玻璃箱的规整性似乎开始显现出局限性。例如，1960 年巴西设立新首都，巴西建筑师奥斯卡·尼迈耶（Oscar Niemeyer）接受国家委托设计了普拉纳尔托宫（见图 24.10）。

图 24.9　斯基德摩尔（Skidmore）、奥因斯（Owings）和梅丽尔（Merrill），利华大厦（1952），纽约市。
资料来源：霍华德建筑模型公司摄影。

普拉纳尔托宫属于玻璃箱风格，却又有着重要改变。入口斜坡看起来并不实用，外部轮廓的弧形弯曲支柱起着装饰性的作用。这一充满想象力的建筑很快便成为后现代运动的标志（见第 25 章）。

图 24.10　奥斯卡·尼迈耶，普拉纳尔托宫，巴西巴西利亚的总统官宅（1960）。
资料来源：兰贝托·希皮奥内/迪诺蒂亚图像馆摄影。

集合艺术

20 世纪 40 年代和 50 年代早期的先驱艺术家大多数并不涉及可辨别的主题。他们大多避免针对他们所生活的现实世界。50 年代中期，一些年轻艺术家开始承认、直面甚至称颂现代生活的视觉多样性，他们想要跳脱出抽象表现主义个人独有的风格。这些艺术家力图重新将普通生活融入艺术，创造出集合艺术，即看起来随机的一些物体松散的集合。集合主义艺术将汉纳·霍赫的达达主义拼贴画（见图 23.3）组合成 3D 形式。

先锋派作曲家约翰·凯奇（John Cage）极力主张艺术家要从生活中创造艺术。在凯奇的影响下，罗伯特·劳申贝格（Robert Rauschenberg）开始将普通物体和拼贴材料与抽象表现主义笔触相结合，并称之为“综合绘画”。如果创造性思维即是通过综合世界的元素以创造出意料之外、无法想象的新事物，那么这就是劳申贝格在《组合》（*Monogram*，见图 24.11）中所达到的效果。一只长毛的安哥拉山羊标本的身躯套着一个轮胎，它站在拼贴画的正中央做什么？

图 24.11　罗伯特·劳申贝格，《组合》（1955—1959）。独立式综合艺术。42″×64″×64$^1/_2$″。

资料来源：斯德哥尔摩当代美术馆。版权由罗伯特·劳申贝格基金会所有/纽约视觉艺术家和画廊联合会授权。

这种奇特的集合艺术品向人们展示出看似无关的物体和事件，象征着现代生活的不和谐并置现象。劳申贝格没有刻意回避城市街道、电视和杂志中各种混乱的信息，反而将城市文明的无序状态包含在作品中。

20 世纪 60 年代早期，得益于照相丝网印刷新技术，劳申贝格将艺术历史和记录照片中的形象集合到一起。在《追踪者》（*Tracer*，见图 24.12）中，他结合了表现主义画法和修改过的艺术仿品、新闻照片，从而将艺术历史、越南战争以及街区生活联系在一起。正如我们可以谈论体育，接着谈论晚餐，然后谈论电视播放的战争片和情景喜剧一样，劳申贝格的作品就是将日常生活中不相干的片段汇集到一起。

美国西海岸的集合主义艺术家在作品中做出更为直接的社会评论。例如，爱德华·金霍尔茨（Edward Kienholz）的《无名氏》（*John Doe*，见图 24.13）将普通美国人描绘成骇人的具讽刺性的漫画人物。石制人体模型半身像骑在婴儿车上，胸部炸开（露出一个十字架）。滴淌的颜料更添荒谬之感。下面的题词是一则具有讽刺意味的谜语：“无名氏何以似钢琴？因为他方方正正、腰杆挺直、体

图 24.12　罗伯特·劳申贝格，《追踪者》(1963)。布面油画，丝网印刷。$84^1/_8'' \times 60''$。资料来源：密苏里州堪萨斯市纳尔逊-阿特金斯艺术博物馆，纳尔逊美术馆基金会购买，F84-70。贾米森·米勒摄影。版权由罗伯特·劳申贝格基金会所有，纽约视觉艺术家和画廊联合会授权。

图 24.13　爱德华·金霍尔茨，《无名氏》(1959)。独立式综合艺术，人体模型部分为油墨和颜料；手推婴儿车、玩具，木头、金属、石膏、塑料和橡胶。$39^1/_2'' \times 19'' \times 31^1/_4''$。资料来源：休斯敦梅尼尔藏品，编号：#86-27 DJ。休斯敦乔治·希克森摄影。

型庞大。”金霍尔茨与很多避世运动的作家是好友，这些作家对于中产阶级沉闷乏味的生活也深感绝望。

20 世纪 50 年代，在劳申贝格和贾斯珀·约翰斯（Jasper Johns）的风格形成时期，他们经常一起讨论艺术创作。劳申贝格的作品充满视觉复杂性，而约翰斯的作品则看似简单。约翰斯的早期巨幅画作都是基于常见的平面图形，例如靶子、地图、旗帜、数字等。他对于标志（即有含义的符号）和艺术之间的区别十分感兴趣。在约翰斯的作品中，普通的标志有着两重意义：其形状大小、大胆的设计和绘画表面等特质表现了抽象表现主义的风格，然而它们又代表熟悉的事物，因而又将艺术带回日常生活中。在他的《有着四张面孔的靶子》（*Target With Four Faces*，见图 24.14）中，靶子成为一幅画，而雕刻面孔则是一个标志。

图 24.14　贾斯珀·约翰斯，《有着四张面孔的靶子》（1955）。综合艺术：报纸上的蜡画、有物体的画布上的拼贴画、顶端为四个上色的石膏面孔，面孔置于前端由铰链连接的木盒之中。木盒打开状态的整体体积：$33^{5}/_{8}$″× 26″× 3″。

资料来源：纽约现代艺术博物馆，罗伯特·斯卡尔夫妇赠予。数字图像版权© 2013 由纽约现代艺术博物馆/佛罗伦萨斯卡拉所有。版权由贾斯珀·约翰斯所有，纽约视觉艺术家和画廊联合会授权。

和曼·雷的作品《礼物》（见图 23.2）一样，约翰斯的常用主题是一些静物。他的这种讽刺手法借鉴了之前的达达主义（见第 23 章），并为之后的波普艺术（本章后面内容将涉及）息息相关。约翰斯和劳申贝格的新达达主义作品在抽象表现主义和之后的波普艺术之间搭建了桥梁。在媒体大肆推广流行文化符号的环境中，他们二人都是艺术界的大师。

1958 年伊夫斯·克莱因（Yves Klein）在空荡荡的画廊中招待参观者，并将这场招待表演称为“虚无”，这标志着新达达主义思潮在欧洲爆发。意大利艺术家皮耶罗·曼佐尼（Piero Manzoni）通过在人身体和衣服上签字，将人也变成了“艺术品”。妮基·桑法勒（Niki de Saint Phalle）创作出油画和拼贴画，然后又在上面插上钉子、飞镖甚至子弹，象征性地杀死这些作品。在《圣人塞巴斯蒂安》（Saint Sebastian，又名“我爱人的肖像”（The Porfrait of My Love），见图 24.15）中，我们能够看到艺术家丈夫的衬衫和领带的上面是一个飞镖盘。艺术家将数十个钉子钉入衬衫，然后将飞镖打在飞镖盘上。桑法勒以及其他艺术家的作品延续了达达主义豪放不羁的精神。桑法勒的靶子比贾斯珀·约翰斯的《有着四张面孔的靶子》表达了更为直接的含义。

图 24.15 妮基·桑法勒，《圣人塞巴斯蒂安》（1960）。在木头和飞镖盘上的颜料、织物、飞镖和钉子。$28^{1}/_{2}'' \times 21^{3}/_{4}'' \times 2^{3}/_{4}''$。

资料来源：艺术家本人家收藏。版权 © 2013 由妮基·桑法勒艺术基金会所有。保留所有权利。纽约艺术家权利协会/巴黎法国图像及造型艺术著作人协会。

事件艺术和偶发艺术

艺术家不断打破视觉艺术的界限，到后来，视觉艺术已经不再可以被简单地定义为具有稳重美感的事物。20 世纪 50 年代和 60 年代早期，一些艺术家开始进行活生生的、动起来的艺术表演。

一些日本艺术家认为，艺术作品不必局限于事物，也可以是一个表演。他们对这一思想的发展功不可没。其中最为激进的日本艺术家加入了一个名为“具体”的协会，该协会从 1954 年运转到 1972 年。其中一位艺术家用脚作画，还有一位艺术家将装有颜料的子弹射到画布上。“具体”协会的宣言是：传统艺术创作已经结束。其成员“决定探索纯净以及具有巨大能量的创作性活动的各种可能性”。村上三郎将白纸嵌入镶框中，然后表演破坏这些纸张，他将这一作品称为“通过”（Passing Through，见图 24.16）。纸张在日本是一种珍贵的材料，在传统中代表神圣的精神，因而村上的表演象征对战后时期的反叛和质疑态度。“具体”协会其他成员的类似表演都预示了之后西方出现的偶发艺术和事件艺术的某些方面。

图 24.16　村上三郎，《通过》（1956）。表演。

资料来源：版权由村上真纪子和前“具体”协会成员所有，芦屋市艺术和历史博物馆提供。

对于瑞士雕塑家吉恩·丁格力（Jean Tinguely）来说，生活就是玩耍、运动和不断的变化。丁格力制造的机械什么都做，就是不做我们所预想的工作。尽管有许多动力艺术赞美科技的发展，但丁格力对待机械和机械可能犯的错误采取既嘲讽又同情的态度。他说："我要提炼出我所见世界的狂乱机械带来的狂热享乐以及工业化的困惑。"[2]

1960年，丁格力从纽约市的垃圾堆和商店搜集材料，然后建造了一个体积庞大的机械雕塑（见图24.17）。最后，1960年3月17日在纽约市现代艺术馆的后院，这个庞大的组合在一个开关的控制下进行自我毁灭。这一环境艺术雕塑题为"向纽约致敬：自我创建并自我毁灭的艺术作品"（Homage to New York：A Self-constructing，Self-destrucing Work of Art）。这一作品就是一个事件艺术，效果类似偶发艺术。

图24.17　吉恩·丁格力，《向纽约致敬：自我创建并自我毁灭的艺术作品》(1960)。

资料来源：版权© 2013由纽约艺术家权利协会/巴黎法国图像及造型艺术著作人协会所有。

偶发艺术是一些相互协作的表演。其中包括半策划、半自发的表演，既有剧本剧情，又有大量即兴表演，观众也能积极参与其中。一位艺术批评家将偶发艺术定义为一种"有结构但没有情节，有台词但没有对话，有演员但没有角色，总而言之，没有任何逻辑或者持续性"[3]的戏剧。

20世纪50年代末，"偶发艺术"这个词最早由艾伦·卡普洛（Allen Kaprow）使用。在卡普洛的偶发艺术作品《家庭》（*Household*，见图 24.18）中并没有观众。在准备会议中，参与者被分配角色。活动发生在一处偏远的乡下垃圾场，周围都是正在阴燃的垃圾堆。男人们在一处垃圾堆上建起一座木塔，而女人们则在另一处垃圾堆上建起一个鸟窝。在一系列不相干事件发生之时，男人们将鸟窝毁坏，女人们作为报复也将木塔推倒。这一过程中，参与者对于我们时下戏剧般的生活有了全新的认识。

图 24.18　艾伦·卡普洛，《家庭》，偶发艺术，康奈尔大学委托创作，1964 年 5 月上演。

资料来源：洛杉矶盖蒂图片社研究机构（980063）。所罗门·戈德堡摄影。

波普艺术

波普艺术家在艺术作品中使用真实的物体或批量创作绘画的技巧。正如之前的达达主义艺术家一样，波普艺术家试图挑战艺术定义中的文化设想，并对当代生活做出讽刺评价。

设计艺术和商业艺术向来遭受画家和雕塑家的轻视，而这时却成为灵感的源泉。波普画家运用照相丝网印刷技术和喷枪技术，呈现出千篇一律的批量创作作品形象的表面特征，这些批量创作作品大多是广告、食品商标和漫画等。因此，华而不实的外表和讽刺戏谑的态度使得波普艺术有别于集合艺术。

波普艺术虽然兴盛于美国，但是诞生地却是伦敦。当时一批年轻艺术家用从流行杂志上剪下来的形象制作拼贴画。1957 年，英国艺术家理查德·汉密尔顿（Richard Hamilton）列举并发表了一些波普艺术特征，当时伦敦艺术家的波普风格刚刚兴起。这一列表包括了当时艺术家所重视的当代大众文化的特征。汉密尔顿认为，波普艺术应该具有以下特征：流行性（为大众所设计）、短暂性（短期解决方式）、易耗性（容易被忘记）、成本低廉、批量创作、年轻化（目标对象是年轻人）、诙谐、性感、有噱头、有魅力、有影响。[4]

波普艺术的媒体来源包括连环画、广告宣传画、著名品牌包装、泛滥的广告牌形象、报纸、电影院和电视等。在汉密尔顿的拼贴画《是什么使今天的家庭如此不同、如此有魅力》（*Just What Is It That Makes Today's Home So Different, So Appealing*，见图 24.19）* 涵盖了所有这些大众媒体的元素。这幅作品是对于当代流行文化的浅薄和物质主义的滑稽恶搞。画中巨大吸管上写着“pop”，波普艺术因此而得名。

图 24.19 理查德·汉密尔顿，《是什么使今天的家庭如此不同、如此有魅力》（1956）。拼贴画。$10^1/_4'' \times 9^3/_4''$。

资料来源：德国图宾根美术馆/布里奇曼艺术图书馆。版权由理查德·汉密尔顿所有，保留所有版权，DACS 2013。

* 可在 myartslab.com 网站观赏《是什么使今天的家庭如此不同、如此有魅力》。

美国艺术家詹姆斯·罗森奎斯特（James Rosenquist）在艺术学院上学期间，曾经做过广告牌绘画的工作。之后他便将这一广告牌绘画经历融入到一种成熟的风格中，呈现当代美国流行文化中客观描绘的蒙太奇。他用一只机械喷枪在广告牌上描绘出超大尺寸的面部特写、自然形态和工业产品。

罗森奎斯特的巨幅壁画 *F-111*（见图 24.20）1965 年第一次展出的时候，占据了纽约里奥·卡斯特里画廊的墙壁。一架 F-111 战斗机作为背景横跨四面墙壁，前面则描绘了 20 世纪 60 年代典型的美国事物。罗森奎斯特将各种代表富足和破坏的象征符号都混合到这个广告牌大小的绘画之中，其中，除了战斗机，还有链式篱笆、吹着吹风机的孩子、轮胎、电灯泡、沙滩阳伞，以及核弹爆炸后升起的蘑菇云。

图 24.20　詹姆斯·罗森奎斯特，*F-111*（1965）。铝制，布面油画。共有 4 部分，10′×86′。
资料来源：私人藏品。版权由詹姆斯·罗森奎斯特所有，纽约视觉艺术家和画廊联合会授权。

20 世纪 60 年代，引起最大公愤的美国艺术家非安迪·沃霍尔（Andy Warhol）莫属。他并非发明波普艺术的第一人，但却是波普艺术最明显、最具争议的典型艺术家。沃霍尔的艺术作品以各种全新的方式，展示出大众媒体和大众市场营销对人们造成的影响。

沃霍尔作品中最普遍的主题是消费品，例如可口可乐和金宝汤。他放大这些商品的图片，丝印到画布上，然后作为艺术品展出。在他创作这些作品的时代，美国品牌标准化正在成为一种趋势，美国人开始喜欢标准化的产品，胜过当地生产的商品。如果一排排完全一样的金属罐能够让人赏心悦目，那么为什么不把它们打造成艺术呢？

名人也是消费品。沃霍尔的《玛丽莲双联画》（*Marilyn Diptych*，见图 24.21）体现了他对名人身份地位的沉思。这幅作品呈现了 50 张这位演员的面孔，有模糊的黑白色，也有鲜艳的彩色。作品似乎告诉我们，名人也是一种经过包装的商品。这在 20 世纪 60 年代还是头一次这么说，但对于今天的大多数人来说，似乎已经习以为常了。沃霍尔的作品提醒我们商业环境中的普遍性和持久性。不断重复的大众形象已经成为我们的文化景观和神话。

图 24.21　安迪·沃霍尔，《玛丽莲双联画》(1962)。合成聚合物油画和布面丝网印刷。6′10″ ×57″。

资料来源：版权由伦敦泰特美术馆所有，2013。玛丽莲·梦露公司，印第安纳波利斯 CMG 国际公司授权。版权© 2013 由安迪·沃霍尔视觉艺术有限公司基金会/ 纽约艺术家权利协会所有。

在对待大众媒体方面，沃霍尔借用新闻的热点图片进行再创造，以单张或者多张相同照片并排的形式呈现出来。作品《种族暴动》(*Race Riot*，见图 24.22) 中，警犬正在袭击南部的非暴力民权运动示威者。他的作品并没有表达对该事件的立场，而是经过重新包装为我们呈现其轰动效果。他发现，媒体多次曝光这些事件会

图 24.22　安迪·沃霍尔，《种族暴动》(1964)。在彩纸上用聚合物颜料临摹，并用丝网印刷。30$^{1}/_{8}$″× 40″。

资料来源：伊莱和伊迪丝·布罗德收藏。版权© 2013 由安迪·沃霍尔视觉艺术有限公司基金会/纽约艺术家权利协会所有。

使我们渐渐麻木，而他的作品重现了这种无聊乏味的感觉。无聊乏味是其主要主题之一，这在很大程度上也体现了现代生活的特点。

在罗伊·利希滕斯坦（Roy Lichtenstein）的作品《溺水的女孩》（*Drowning Girl*，见图 24.23）及其他作品中，他采用鲜艳的原色、没有个性的外表和特有的印刷墨点描绘出连环画形象。他的作品是对当代人们沉迷于生活消费品和盛大场景的评论。他认为，波普艺术“有我所认为的我们文化中最无耻、最险恶的特性，我们憎恨它们，同时又对其强大的冲击无力招架。”[5]

图 24.23　罗伊·利希滕斯坦，《溺水的女孩》(1963)。布面油画，麦格纳材料。$67^5/_8'' \times 66^3/_4''$。

资料来源：现代艺术博物馆，菲利普·约翰逊基金会，博格里·赖特夫妇赠予，编码：685.1971。数字图像版权© 2013 由纽约现代艺术博物馆/佛罗伦萨斯卡拉所有。版权由罗伊·利希滕斯坦遗产所有。

艺术造就了我们：评论　消费主义

许多艺术家观察社会现象，然后利用艺术捕捉和审视这一特定时期，或者对此加以评论。

举个例子，20 世纪 60 年代，大西洋两岸都开始呈现出前所未有的繁华景象。消费者有更多的商品可供选择，商业本身的性质也开始发生改变，很多公司从个人独资企业发展到专业经理人经营的集团。这些改变都使得商品更方便获得，失去个性，尤其在美国，统一标准、广告宣传、全国配送都使得购物体验千篇一律。

波普艺术家采用全新的眼光审视这些日常消费品，发掘出崭新而又完善的事物，其价值并不单单取决于有用性，同时也取决于其“标识价值”，即商品能体现购买者的品位和地位。对于这种消费主义社会，波普艺术家的评论通常是既讽刺又敬畏。

20 世纪 60 年代早期，一批法国和瑞士艺术家更青睐于日常生活中物体的纹理和材料，形成新现实主义艺术。根据他们的宣言，其最主要的目标是向人们展示出“从真实事物本身可以感知到的激动人心的体验”[6]。其中一位艺术家阿尔曼（Arman）（原名阿尔曼德（Armand），因为一次印刷错误而改名）创作出一系列名为“集合”（Accumulation）的作品，赞颂批量生产商品的多样性。为创作《茶壶的集合》（*Accumulation of Teapots*，见图 24.24），他买了 12 个工厂模型样品，将它们纵向切开，再放入塑料盒子中。如果当代消费社会预示着富足，那么阿尔曼通过作品表示，他自己愿意采用并改造工业产品，将这种富足变为艺术。

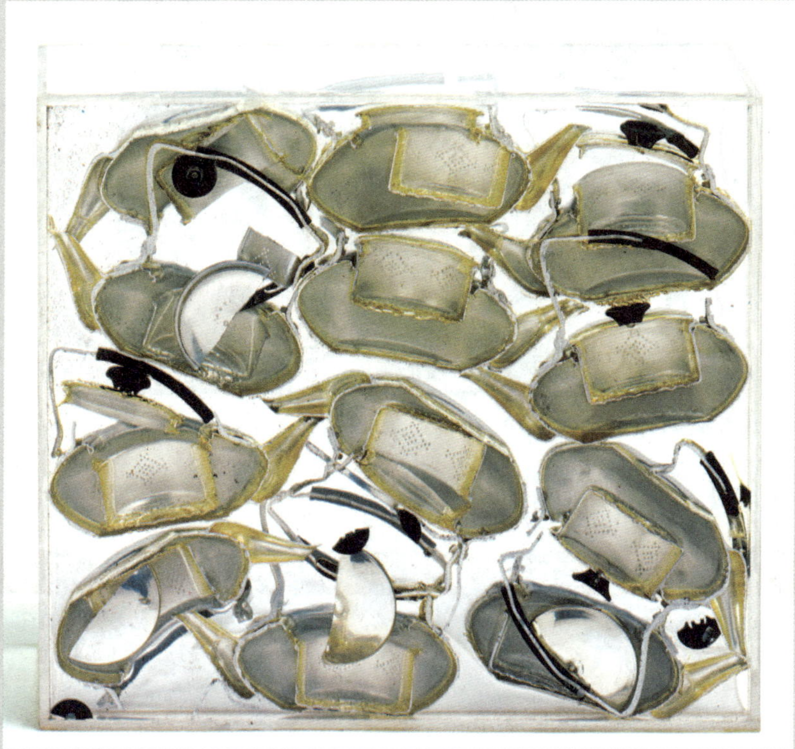

图 24.24　阿尔曼，《茶壶的集合》（1964）。切开的茶壶放置于塑料盒子里。16″×18″×16″。

资料来源：明尼阿波利斯沃克艺术中心收藏，T.B. 沃克基金会赠予，1964。版权© 2013 由纽约艺术家权利协会/巴黎法国图像及造型艺术著作人协会所有。

60 年代中期，阿尔曼在美国待得越来越久，在那里遇见一群充满活力的波普艺术家。例如，汤姆·韦塞尔曼（Tom Wesselmann）创作出一系列静物画，将传统绘画对象改为现代日常消费品。《静物画#24》(*Still Life # 24*，见图 24.25) 中的假玉米棒凸显在观赏者面前，这幅作品看上去更像是集合作品，而不是油画。韦塞尔曼经常从杂志广告上剪下包装食品的图片。罐装芦笋和瓶装沙拉酱都是方便食品，美国各地一年四季皆可买到。战后这些方便食品的消费飞速增加。从窗户中可以看到夏威夷怀基基海滩的钻石头火山，它是那时越来越多美国人的度假胜地。《静物画#24》运用传统静物绘画笔触，描绘出当代悠闲富足的美国中产阶级的生活场景。传统的静物画（见图 17.24）歌颂的是自然的恩惠，而韦塞尔曼版本的静物画则描绘出当代消费主义的佳赠。

图 24.25　汤姆·韦塞尔曼，《静物画#24》(1962)。画板上的丙烯，拼贴和集合。48″ × 59⁷/₈″。资料来源：密苏里州堪萨斯市纳尔逊-阿特金斯艺术博物馆，艺术之友赠予。F66-54。贾米森·米勒摄影。版权由汤姆·韦塞尔曼遗产所有/纽约视觉艺术家和画廊联合会授权。

克拉斯·奥登伯格（Claes Oldenburg）的《两个夹着一切的奶酪汉堡》(*Two Cheeseburgers with Everything*，见图 24.26) 将普通的食品转变成一团松散堆叠的物体。尽管第一眼看上去并不诱人，但是奥登伯格似乎遵照了严格的广告商的要求，面包更为松软，奶酪更为浓厚，配料更为丰富。在美国人的生活中，这样的营销方式使得汉堡包更受欢迎。随着越来越多的美国人光顾那些食物提前准备好的免下车餐馆，快餐成为人们越来越普遍的用餐选择。快餐潮流中的一个领先品牌是麦当劳连锁餐馆，1954 年开业不久，其统一的汉堡和基本的菜单便风靡全国。奥登伯格的作品比最夸张的奶酪汉堡广告还要夸张。他曾经撰写一篇文章，表达他接受大众文化："我支持可口可乐文化、七喜文化、百事文化、阳光文化、39 美分文化、薄荷脑文化……雷克萨斯文化、现在文化。"[7]然而这种接受，从作品《两个夹着一切的奶酪汉堡》来看，有着强烈的讽刺意味。

图 24.26　克拉斯·奥登伯格，《两个夹着一切的奶酪汉堡（双汉堡）》（1962）。浸有石灰水的粗麻布，涂有珐琅彩。7″× 14$^3/_4$″ × 8$^5/_8$″。

资料来源：现代艺术博物馆菲利普·约翰逊基金，233.1962。数字图像版权由纽约现代艺术博物馆/佛罗伦萨斯卡拉所有。版权由克拉斯·奥登伯格所有。

通过表达对新式消费品的疑虑，或者表现出极度夸张的热情，这些艺术家试图说服公众进一步审视他们所购买的东西。

极少主义艺术

20 世纪 50 年代末 60 年代初，许多艺术家旨在创造出无主题、无象征意义、无个人内容和无任何形式的隐藏信息的艺术。是否有可能创造一种艺术，它除了本身意义外，不表现其他任何事物？除了本身的形状和颜色，并不讲述任何故事？探索这一问题的艺术家被称为"极少主义者"。

这一运动的领导者之一是唐纳德·贾德（Donald Judd）。贾德采用工业材料进行创作，例如金属薄片、铝和模塑塑料等，而这些材料从未用作艺术创作。他是极少主义运动的主要发言人。在他的文章《特别的物质》中，他指出其艺术创作的目的：

> 艺术作品并不一定需要有十分丰富的内涵来观赏、比较、逐个分析或沉思。整个事物和整体的特性才是最有趣的……在新的作品中，形状、形象、颜色、表面都是单独的，而非部分或分离的。[8]

贾德从未给自己的作品命名，因为他不希望观赏者借助题目而非作品本身的颜色和形状来推断作品的意义。他 1967 年的作品《无题》（见图 24.27）没有讲述任何故事，没有任何个人表达，也没有任何象征内容；他希望人们看到的只有颜色和形状。

一些画家认为，绘画的精髓是将颜色覆于平面之上。当时发展起来的快干型丙烯颜料获得统一应用，也催生了利用胶布获得直边的形状。绘画技巧受到了冷遇，因为技巧会传达作品创作的故事。极少主义画家鼓励观赏者把画作看作是物品而非图画。

埃尔斯沃思·凯利（Ellsworth Kelly）大胆的画作运用了丰富的色彩和形式。《蓝绿黄橙红》（*Blue*，*Green*，*Yellow*，*Orange*，*Red*，见图 24.28）至少从表面来看一目了然。从更深层次来看，极少主义所探求的问题是除去表现手法、讲述故事或者个人情感之后，艺术是否还是艺术。如果一个作品中有曲线、模式化的色彩或笔触，那么它就不是纯净的。作品的主题似乎应该是色彩本身：我们如何对此做出反应，以及如何看待不同色彩的互动。这是一种摒弃传统规则的视觉体验。多年以来，这种对艺术精髓的探求鼓舞了许许多多的艺术家。

20 世纪 60 年代弗兰克·斯泰拉（Frank Stella）的作品强调画作平面和界限。他采用立体画布，因为一幅矩形画作仍会被视为是一幅图画。在《阿格巴塔那Ⅲ》（*Agbatana Ⅲ*，见图 24.29）中，斯泰拉采用与众不同的外形轮廓，进一步强调了表面本身的概念，而不是绘画暗含的内容。整体形状的外部界限由内部形状决定。

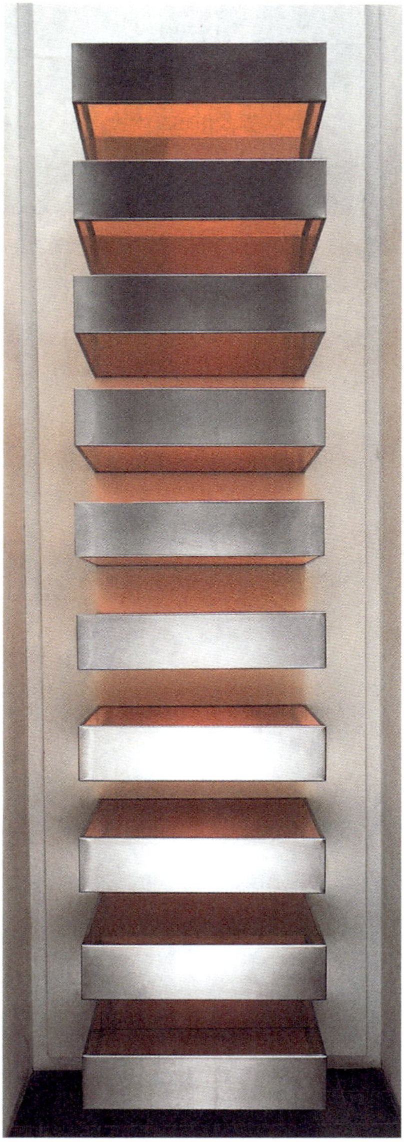

图 24.27　唐纳德·贾德，《无题》（1967）。不锈钢、树脂玻璃。共 10 块，19$1^{5}/_{8}$″× 40″ ×31″。

资料来源：现代艺术博物馆收藏，博物馆购买，本杰明·J·蒂拉尔纪念信托基金会。艺术版权由贾德基金会所有，纽约视觉艺术家和画廊联合会授权。

图 24.28　埃尔斯沃思・凯利，《蓝绿黄橙红》(1966)。布面油画。共 5 块色板，整体：60″× 240″。
资料来源：纽约古根海姆博物馆，67.1833。

图 24.29　弗兰克・斯泰拉，《阿格巴塔那Ⅲ》(1968)。画布上的荧光丙烯。120″× 180″。
资料来源：俄亥俄州奥伯林学院艾伦纪念美术馆，鲁思・C・劳什现代艺术基金会和艺术与人文基金会，1968.37。版权© 2013 由弗兰克・斯泰拉/纽约艺术家权利协会所有。

作品中没有图形—背景关系，一切都是图形。冷暖色调相互交织，都聚集在紧凑的空间之中。他用一句话总结极少主义运动："看到什么即是什么。"[9]

观念艺术

20 世纪 60—70 年代，艺术家对接二连三的美学运动的反应越来越快。极少主义不断打破限制，下一步艺术只剩下思想了。观念艺术中思想代替了艺术对象，是极少主义的副产品。观念艺术深受思想艺术的鼻祖马塞尔・杜尚的影响。

约瑟夫・科苏斯（Joseph Kosuth）是早期最彻底的观念主义者，曾对艺术市场的物质主义和波普艺术对商业化的肯定而感到迷惑不解。1965 年他创作出《一把

图 24.30　约瑟夫·科苏斯，《一把椅子与三把椅子》(1965)。木质折叠椅、椅子照片、椅子字典释义的放大照片。椅子：$32^{3}/_{8}''\times 14^{7}/_{8}''\times 20^{7}/_{8}''$；相框：$36''\times 24^{1}/_{8}''$；文本框：$24''\times 24^{1}/_{8}''$。

资料来源：现代艺术博物馆，拉里·奥德里奇基金会，393.1970.a-c。数字图像版权由纽约现代艺术博物馆/佛罗伦萨斯卡拉所有。版权© 2013 由约瑟夫·科苏斯/纽约艺术家权利协会所有。

椅子与三把椅子》(*One and Three Chairs*，见图 24.30)，其中包括一把木椅、一张同款椅子的照片和字典中“椅子”释义的放大照片。作品表现了我们如何理解事物、图像和字词，体现出我们对于三种不同版本的椅子的不同处理方式。

观念艺术的基础理念是艺术作品通常始于艺术家头脑中的一个想法。要创作出好的作品首先要有好的想法，艺术家仅仅是把这种想法付诸实践。倘若是这样，那么即使没有独一无二的艺术家创作的对象，艺术仍然是艺术。只要我们“理解了这一想法”，那么我们就理解了整个作品。创造力毕竟是一种心理过程。

观念艺术家并不创造艺术品，而是向我们呈现足够的信息，让我们领悟他们头脑中的观念。另一位早期观念艺术领军人物是小野洋子，她的作品通常是为观赏者提供说明指导。例如，用 15 分钟时间读“south”这个单词。对这一作品最好的阐释便是自己去尝试体验。

场域特定作品和大地艺术

极少主义和观念艺术作品都很激进，但是它们仍然在艺术画廊展出。20 世纪 60 年代末到 70 年代，一些艺术家开始创作在其他地点展出的作品，展出地点并不是通常的艺术场馆，而是特定的地点。在这样的作品中，艺术家对地点的选择决定了作品的构图、规模、媒介，甚至是每部分的内容（见图 12.25，理查德·塞拉的场域特定艺术作品）。

艺术家克里斯托（Christo）是场域特定运动的领军人物，他出生于保加利亚，起初以画肖像画为生。之后，他在巴黎与新现实主义艺术家一起展出作品，例如以展现普通物体本身而非描绘或雕塑物体形象的阿尔曼（见图 24.24）。他在早期作品中常使用织物。1961 年，他与妻子珍妮-克劳德（Jeanne-Claude）互相协作，开始创作临时作品，同样采用织物作为材料。他们夫妻二人创作的作品有的有一个摩托车的大小，有的在奥地利海岸悬崖上绵延一英里之长。

克里斯托和珍妮-克劳德最耗力的项目是《飞奔的栅栏》（*Running Fence*，见图 24.31）。这是一个临时的环境艺术作品，与其说是雕塑，更像是一种过程和事件。18 英尺高的白色尼龙篱笆从加利福尼亚州的索诺马县博德加湾开始绵延，穿越 24 英里的农田和牧场。

图 24.31　克里斯托和珍妮-克劳德，《飞奔的栅栏》（1972—1976），加利福尼亚州索诺马县和马林县。尼龙布料、钢管。18′ × $24^{1}/_{2}$英里。

资料来源：版权由沃尔兹/拉伊夫/摄影出版公司所有。

《飞奔的栅栏》的创作为期两周，有成千上万人参加。这一项目召开了 18 次公众听证会，得到了众多土地所有者的同意和成百上千名工人的帮助。夫妻二人通过卖出早期作品、草图和拼贴画筹集资金，从而为工人发放工资。

在他们的作品中，看起来无穷无尽的白色布带随风飘动，捕捉光影的明暗变化，蜿蜒前行于缓缓起伏的山丘之上，在天际若隐若现。《飞奔的栅栏》的简单质朴与极少主义艺术息息相关，但是栅栏本身并非以艺术品的形式呈现，而是一个需要耗费人力、安排流程、确定对象和放置地点的作品。

沃尔特·德·玛利亚（Walter de Maria）的《闪电的原野》（*The Lightning Field*，见图 24.32）由 400 个不锈钢钢杆排列成矩形网格，竖立在新墨西哥州的中西部，占地 1 英里长、5/8 英里宽。钢杆尖头形成一个平面，像是巨大的钉床。沙漠中常有雷暴天气，到时候每个钢杆都会成为闪电导体。每天钢杆在阳光下闪着光芒，营造出精密科技的氛围，与周围自然景观形成鲜明对比。《闪电的原野》故意远离公共的艺术欣赏范围，结合了观念艺术和极少主义艺术的特点。若要观赏这一作品，人们必须通过委托机构迪亚艺术基金会。到达那里之后，他们就可以在那里研究和解读作品。

图 24.32　沃尔特·德·玛利亚，《闪电的原野》，新墨西哥州科马多。400 根不锈钢钢管。平均高：207″；占地面积：1 英里 × 5/8 公里。

资料来源：约翰·克利特摄影。版权由纽约迪亚艺术基金会所有。

场域特定作品都是环境建筑，经常会用到雕刻材料，设计目的是与环境进行互动，而非永久改变环境。大地艺术作品是以土壤、石头和植物为材料的雕塑形式。大地艺术作品通常规模宏大，并且在偏远的地点完成。大地艺术的设计目的通常是与景观融合或形成补充。很多场域特定作品和大地艺术作品都表现出创作者对生态学和古代美洲的大地作品的兴趣。

罗伯特·史密森是大地艺术运动的创始人之一。他的作品《螺旋防波堤》(见图 24.33) 完成于犹他州的大盐湖，随着湖水的涨落时隐时现。周围自然环境与其人工设计的外形形成强烈对比。尽管人类社会几乎没有统一的象征符号或者图腾，但是我们都会本能地对同一种形状，例如螺旋，产生心理反应，因为螺旋在自然界和古代艺术中广泛存在。

图 24.33 罗伯特·史密森，《螺旋防波堤》(1970)，犹他州大盐湖。大地艺术。长：1 500′；宽：15′。
资料来源：吉安富兰克·乔乔戈尼摄影。版权由罗伯特·史密森遗产所有，纽约视觉艺术家和画廊联合会授权。

尽管场域特定作品可以受人委托创作，但是除非有人买下所占土地，否则几乎不会再次变卖。无论是观念艺术家、大地艺术家、场域特定艺术家，还是表演艺术家都有着共同的愿望，那就是打破画廊—博物馆—收藏家的模式，将艺术呈现为一种体验而非商品。

装置与环境艺术

一些艺术家在户外创作大地艺术和场域特定艺术，而另外一些艺术家则超越了室内绘画和雕塑的传统概念。20 世纪 60 年代中期以来，来自不同背景、有着不同视角的艺术家创作出室内装置作品和环境作品，而非可移动的作品。一些装置完全改变了整个空间，另外一些形成巨大的雕塑，绝大部分作品则把观赏者作为作品的一部分。

装置艺术的早期代表人物之一是日本艺术家草间弥生，她于 1958 年定居纽约。她在 20 世纪 50 年代的早期作品有许多圆点密布的绘画，而到了 60 年代早期，主要的作品是网格绘画，因为网格是不规则的圆点。不久之后，草间弥生所画的圆点并不局限于画布或墙壁。她对于圆点丰富多样的效果十分痴迷，原因正如她所说的，圆点代表着宇宙，“整个宇宙就是星星的集合”[10]。在《无限镜屋》(*Infinity Mirror Room：Phalli's Field*，见图 24.34）中，她的创作达到了顶峰。墙壁上安装着镜子，屋子里堆满成百上千个生殖器形状的填充物，表面印有大红色圆点。镜子给参观者以无限的视觉感受，还会看到艺术家本人站在其中。这一装置作品没有保存下来，但是草间弥生作为激进艺术家的声誉却确立起来。

图 24.34　草间弥生，《无限镜屋》(1965)。装配艺术。98 1/2″ × 197″ × 197″。

资料来源：版权由草间弥生所有。

画廊的墙壁也阻挡不了另一位艺术家的装配作品。1977 年德国卡塞尔文献艺术展的主墙之外，爱丽丝·艾科克（Alice Aycock）装配了《建筑群的开始……》（*The Beginnings of a Complex…*，见图 24.35）。参观者走近作品，第一眼看到的是一组不规则形状的木质建筑物，有些装有门廊或梯子。五栋建筑物之下隐藏着一条狭窄的地下通道，参观者可以通过梯子爬上建筑物，然后爬下竖井，一次只能容纳一个人。进入地下通道之后，只有一条小路。观众只能从地下通道进入塔内，艺术家也没有提供地图。

图 24.35　爱丽丝·艾科克，《建筑群的开始……》(1977)。木头、混凝土。墙壁外部：长 40′，高分别是 8′、12′、16′、20′、24′；方形塔：24′ × 8′ ×8′；高塔群：高 32′。

资料来源：德国卡塞尔文献艺术展。照片由艺术家本人提供。

艾科克曾经在书中讲述过这一作品："建筑群的设计是，参观者从地下迷宫爬上来的时候，不是在井里就是在塔里，最后终于来到外面或者呼吸到新鲜空气，却身处离地面很高的地方下不来。因此，参观者不是在地下通道迷路，就是被困塔中或置身于高高的平台边缘。"[11]艺术家试图通过作品让参观者感受到恐惧或者迷失方向，扰乱他们的心理。这样的感受似乎与我们欣赏艺术作品时通常所期望的感受大相径庭。

早期女性主义

20 世纪 60 年代末期，许多女性艺术家开始大胆抗议艺术界的性别歧视。那时很少有人重视女性艺术家。比起女性艺术家的作品，画廊更愿意展出男性艺术家的作品；博物馆也更多收录男性艺术家的作品。而且，假如早期女性主义者从女性的体验出发创作艺术，那么似乎注定要在男性主导的艺术世界里默默无闻。因此，20 世纪 70 年代初期，在纽约和加利福尼亚州的女性主义艺术家开始有所行动。

露西·利帕德（Lucy Lippard）是一位艺术评论家，也是一位女性主义者。她曾经写道："不可否认的事实是，无论从社会角度还是生理角度来看，女性在这一社会中的体验就是与男性不同。如果艺术源于内心，也必须源于内心，那么男性的艺术和女性的艺术也应该是不同的。"[12] 以女性主义观点来看，一些女性艺术家的作品必然受到其性别和对女权主义事件关注的影响。

加利福尼亚女性主义者曾经共同协作，利用传统观念中与"手工艺品"以及与女性相关的媒介：陶瓷和纺织。《晚餐会》（*The Dinner Party*，见图 24.36）便是众多女性（以及一些男性）合作完成的作品，由朱迪·芝加哥（Judy Chicago）组织领导，历时五年之久。这一协作作品本身便是一则政治声明，表现出女性互相支持的本性，这与男性互相竞争的本性相对。

图 24.36　朱迪·芝加哥，《晚餐会》（1979）。混合媒介。48′ ×42′ × 3′。三角形餐桌，白瓷砖地板。
资料来源：布鲁克林艺术博物馆收藏，伊丽莎白·A·萨克勒基金会赠。图片版权由唐纳德 ·伍德曼/"穿越花朵"展所有。版权© 2013 由朱迪·芝加哥/纽约艺术家权利协会所有。

作品是一个巨大的三角形餐桌，39 个座位和 39 套餐具代表着 39 位在世界历史上做出重大贡献的女性。名单范围很广，从埃及女王哈特谢普苏特到乔治娅·奥基芙。另外还有 999 位有所成就的女性名字雕刻在桌子下面的瓷砖上。每个座位的餐具都有一条手工刺绣的饰布和纪念该女性的瓷盘。有的盘子上画有平面设计图案，其他则模制或者涂画了浮雕图案。很多是露骨的性感图案，装饰有花朵般的女性生殖器。

美国东海岸的女性主义者的抗议更为尖锐犀利。一些女性成立了女性艺术家革命（Women Artists Revolution，WAR）组织，监察博物馆的行为。为了对付不愿展出女性艺术家作品的私人艺术经销商，她们还成立了自己的合作画廊——艺术家驻地（Artists in Residence，AIR）。南希·斯佩罗（Nancy Spero）是东海岸女性主义艺术圈的领导者，也是上述两个组织的成员。她在 20 世纪 60 年代末 70 年代初的作品中都采用了非同寻常的媒介，例如纸卷轴、蜡纸以及记录拷打、辱骂女性事件的印刷品。她后来的作品，例如《维纳斯的重生》（*Rebirth of Venus*，见图 24.37），试图展现与众不同的女性艺术形象。这里的插图部分中，一尊爱神维纳斯的古代雕像被分开，中间出现一位女性短跑运动员径直向观赏者跑来。这两种形象的鲜明对比一目了然。女性作为爱的对象的形象让位于成功者的形象。（将此作品与波提切利的文艺复兴画作《维纳斯诞生》（见图 17.5）做对比。）

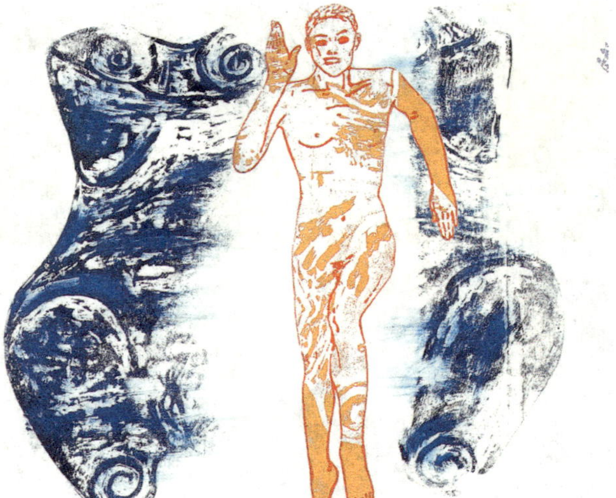

图 24.37　南希·斯佩罗，《维纳斯的重生》（细部）（1984）。纸上手工印花。12″ × 62′。
资料来源：艺术家本人提供。大卫·雷诺兹摄影。版权由南希·斯佩罗资产所有，纽约视觉艺术家和画廊联合会授权。

欧洲最激进的女性主义艺术家之一是奥伦（Orlan），她与朱迪·芝加哥一样放弃了原名。她的作品一贯的主题是女性的身体，这是一个文化争议点。1974 年，她基于贝尼尼的作品《圣特雷莎修女的狂喜》（见图 17.19），披上修女的衣服，表演脱衣舞，并以一系列照片记录下来。由此，她表现出两种极端身份（修女和妓女），从中可以看出加诸女性身上的文化标记。

奥伦最具争议的作品是 1977 年在巴黎当代艺术展上引起骚动的《艺术家之吻》（*Le Baiser de l'artiste*，见图 24.38）。她并没有受邀参展，但她在通往展览的楼梯处展出这一作品。在一块巨大的黑色基座上，参观者要么走向圣女奥伦（之前脱衣舞表演的照片），要么走向奥伦（艺术家本人坐在一个自制的自动售卖机的后面）。录音引导观众可以拿起蜡烛献给修女照片，或者在艺术家下巴处的狭槽内塞入一枚硬币。硬币滑落到容器中之后观众便会得到艺术家的吻。这次令人震惊的表演有力地提出一个问题，即女性是纯洁的典范还是畅销的商品？奥伦也因此失去了教师职位。

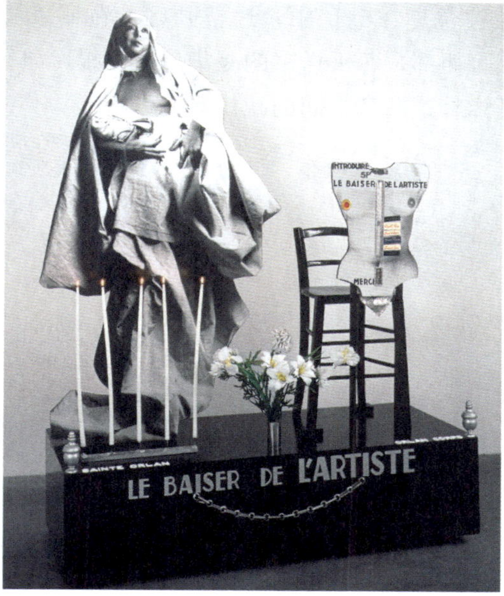

图 24.38　奥伦，《艺术家之吻》（1976—1977）。油画、金属链、照片、木头、发光二极管、假蜡烛、假花和 CD 等混合媒介。86$^{1}/_{2}$′ × 67″ × 23$^{1}/_{2}$′。

资料来源：法国卢瓦尔当代区域艺术基金会藏品。版权© 2013 由纽约艺术家权利协会/巴黎法国图像及造型艺术著作人协会所有。

表演艺术

表演艺术中，艺术家并不创作持久的作品。相反，他们在观众面前或大自然中进行表演。因此这一艺术形式既包括视觉艺术还包括话剧，其历史先例可追溯到 20 世纪初的达达主义表演和表现主义绘画。一幅抽象表现主义绘画作品就是一次事件（绘画行为）的定格记录。下一步符合常理：消除记录，将注意力集中到事件本身。记录存在于参与者的记忆体验和照片之中。偶发艺术运动也是一种历史先例。观念艺术等艺术形式强调想法和过程，也与表演艺术息息相关。

20 世纪 60—70 年代最具影响力的表演艺术家之一是出生于德国的约瑟夫·博伊斯（Joseph Beuys）。他进行的表演具有十分深刻的象征意义，俨然一名治病术士或者萨满。在 1965 年的作品中，他在头上涂满蜂蜜，贴上金色叶子，手中抱着一只死兔子，在艺术画廊中边走边向兔子讲解眼前的画作，并用兔子僵硬的爪子互相触碰。他后来解释说，有些人在日常生活中就像兔子在画廊里一样麻木不仁。1974 年初到纽约时，他立即全身投入到作品《我爱美国，美国爱我》（*I Like America and America Likes Me*，见图 24.39）的创作之中。在机场他被一辆救护车接走，并被包裹在毛毡中，送至画廊，在那里与一只郊狼生活了一周。动物代表美国荒野西部，每天送来的《华尔街日报》象征着当代商业导向的文化。他的目的便是弥补这两者之间的缺口。

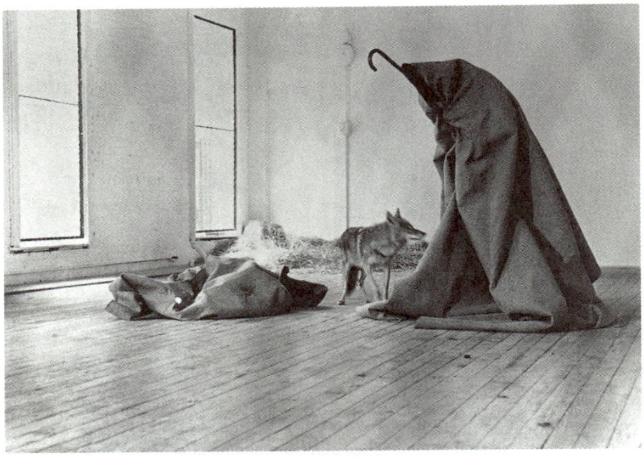

图 24.39　约瑟夫·博伊斯，《我爱美国，美国爱我》，雷内布洛克画廊表演。

资料来源：纽约罗纳德·费尔德曼美术馆提供，www.feldmangallery.com。卡罗琳·蒂斯德尔摄影。版权© 2013 由纽约艺术家权利协会/波恩图片艺术协会所有。

来自古巴的移民安娜·门迭塔（Ana Mendieta）在多个作品中用自己的身体象征大地和自然循环。在《生命之树》（*Tree of Life*，见图 24.40）系列作品中，她用泥土和青草覆盖全身，靠着古树站立着。作品的用意在于表现女性和自然进程在本质上是一样的，例如出生和成长。对于她以及众多早期女性主义艺术家来说，男性和女性之间各种差异的主要原因是生理原因。她似乎要表达的是，女性通过身体的自然循环会更加接近大地的韵律。

还有一些表演艺术家关注的是当代最紧迫的问题。艺术团体阿斯科（Asco）在 1975 年将它的一位成员放置于街道中央，点燃警告照明弹，他们将这一事件命名

图 24.40　安娜·门迭塔，《生命之树》（1976）。彩色照片。20″ × 13¹/₄″。

资料来源：罗奎琳·门迭塔家族基金会藏品 [Gl2225 · B]。版权由安娜·门迭塔遗产所有。纽约勒隆画廊提供。

为“假扮帮派斗争受害者”（Decoy Gang War Victim，见图 24.41）。这一事件发生于洛杉矶东部一处饱受帮派争斗之害的地区，而就在前不久恰好发生过帮派冲突。艺术团体将这一表演用照片记录下来，并以帮派争斗最后的受害者形象呈现给媒体。电视新闻频道并不知道这是一场恶作剧，而是作为又一起帮派暴力行为进行了播报。该作品打破艺术界限，引起了人们对于城市社会问题的关注。

图 24.41　阿斯科（威利·赫伦三世（Willie Herrón Ⅲ）、休伯特·桑多瓦尔（Humberto Sandoval）、格瓦克（Gronk）、帕兹·瓦尔德兹（Patssi Valdez）、小哈利·甘博亚（Harry Gamboa Jr.）），《假扮帮派斗争受害者》（1975）。

资料来源：图片版权由小哈利·甘博亚所有。

思考回顾

1. 纽约画派的两个分支是什么?
2. 将艺术与日常生活相融合的方式有哪些?
3. 假如艺术家只向你讲述他或她的想法，这属于观念艺术吗?
4. 女性主义艺术家是如何反抗传统的?

请试一试

人类其他领域（例如法律、宗教、科学、政治等），有没有类似艺术领域这样质疑传统、打破常规的?

关键术语

抽象表现主义—— 一场艺术运动，主要发生于绘画领域，起源于20世纪40年代的美国，艺术家以不同风格强调自发的个人表达。

行为绘画—— 一种非写实的绘画风格，凭借艺术家的身体运动，利用一些动作技巧，例如充满活力的笔触、滴洒或者泼洒等来完成。

集合艺术—— 采用寻找到的被遗弃的物体制作雕塑，其中这些物体的原本品质并不一定在整体作品的内容中呈现。

色域绘画——抽象表现主义衍生出的艺术运动，以大面积的涂抹或描绘区域，即色域，来引起美学和情感反应。

观念艺术——20世纪60年代末发展起来的艺术趋势；一种艺术形式，其原始观念及其呈现过程比实体作品更为重要。

大地艺术——一种由土壤、石头以及有时由植物制作成的雕塑形式，通常体积庞大，放置地点偏远。

偶发艺术——通常没有排练过的事件，由艺术家构思，艺术家以及其他人（也许包含观赏者）进行表演。

极少主义——20世纪60年代中晚期占主导的非写实风格的雕塑和绘画；通常在视觉元素的使用上有严格的要求，包含简单的几何形状或团块。

表演艺术——视觉艺术家的戏剧化表达（不同于戏剧表演艺术家），表演在观众面前进行，通常戏剧布置非正式。

波普艺术——一种绘画和雕塑风格，20世纪50年代末60年代初在英国和美国兴起和发展。作品中使用批量生产技术（例如丝网印刷）或者实物，总体比集合主义更为光滑，讽刺意味也更强。

第五部分

后现代世界

第 25 章　后现代性和世界艺术*

请思考

1. 请综合认识主题、风格及现代艺术的关注点。
2. 请区别后现代建筑与国际风格建筑的不同特点。
3. 请明确后现代对世界摄影的影响。
4. 请讨论现代雕塑的材料、技术和功能。
5. 请对比公共空间现代艺术的多个案例。
6. 请解释全球化对现代艺术的影响。

20 世纪 70 年代末 80 年代初，现代艺术的推动力似乎消耗殆尽。现代艺术是基于对传统的拒绝和规则的打破。新的运动就是打破旧的规则。现代艺术家摒弃了一些传统的规则，如常规视角、可识别的主题、画廊的位置以及手工创作的方法等。

当这种反叛成为多数西方文化的常态时，抗拒规范的冲动便失去了它的影响。现在我们热切期待着下一个医学进步、下一届总统任期或下一次电子创新；它们不会逊色于我们祖先、古老仪式和永恒的原则中蕴含的智慧。通常认为，从规则出发是正确的。事实上，这是 20 世纪 90 年代初一家快餐连锁店的广告语："有时候你只是想打破规则。"

如今的艺术家几乎没有规则可以打破。虽然仍有可能创造违背世俗的艺术，但却很难创造出新的如立体主义、表现主义、构成主义或极少主义这样的创新风格。大多数的现代艺术家已不再追求打破规则。

通常来说，大多数现代艺术家倾向于评论生活，而非追求完美的艺术形式、美的创造或视觉的调整。他们希望自己的创作能够解释所看与所想之间的关系。

---

* 可在 myartslab. com 网站收听本章音频，学习和回顾本章内容。

自 20 世纪 80 年代以来，许多艺术家的作品不是关于那些拥有永恒之美或令人叹为观止的新奇事物，而是与我们所处时代息息相关的事物。本章将介绍当代的一些艺术运动；本章讨论的许多艺术家可以划分成几种流派，但其实大多数艺术家并不喜欢流派划分。

后现代建筑

现代建筑拒绝传统，拒绝装饰，拒绝模仿过去，追求材料和外观的实用性。现代运动在国际风格上达到高潮。二战后，玻璃盒外观风靡许多西方城市。然而，国际风格的枯燥乏味和缺乏特色引起了越来越多的不满（见利华大厦，图 24.9），于是许多建筑师又开始关注意义、历史和背景。20 世纪 70 年代，背离现代主义建筑的艺术现象被称为后现代。

后现代艺术家认为国际风格朴素纯粹，功能简单，所有建筑看起来大同小异，没有目的识别性，没有象征意义，没有丝毫区域特色，没有触动感。后现代建筑师崇尚的正是现代主义建筑师所摒弃的特质：复杂、模糊、矛盾、怀旧和流行品位。

罗伯特·文图里（Robert Venturi）和他的同伴丹尼斯·斯科特-布朗（Denise Scott-Brown）是首批反抗国际风格的建筑师。1976 年，他们写了《向拉斯维加斯学习》（*Learning from Las Vegas*）一书。他们呼吁建筑师研究区域的、地方的甚至是俗气的风格。罗伯特和丹尼斯认为，即使拉斯维加斯格调粗俗无味，但人们依旧喜欢。有些建筑师拒绝承认这一事实，公众也转移了注意力，但这本书引起了整个行业的关注。

迈克尔·格雷夫斯（Michael Graves）的后现代风格是以大众所周知的，甚至偶尔带有幽默的方式利用古典建筑。他设计的波特兰市政大厦（见图 25.1）既庄重又浪漫。其外观是两个带有凹槽的经典柱体，颜色为红褐色，这种颜色希腊人从不使用。两个柱体上部相连，形成一个庞大的柱顶。这些颜色暗沉的柱体并没有实际的结构功能，但格雷夫斯为了突出它们，镶嵌了一块巨大的玻璃墙面。建筑正面还有一排平淡无奇的正方形开窗，似是暗讽大楼内的官僚。

如果说后现代主义让建筑师从现代主义的僵化思想中解放出来，计算机三维建模则创造了许多新的建筑外形。建筑师弗兰克 · 格里对这些技术的掌握在业内达到了领先水平，从他设计的古根海姆博物馆便可见一斑（见图 14.25）。

现代最有创意的建筑师既不抗拒现代主义，也不会像后现代主义者那样异想天开地运用传统。更确切地说，他们想设计的建筑既有视觉震撼力，又具有实用

图 25.1　迈克尔·格雷夫斯，俄勒冈州波特兰市政大厦（1980—1982）。
资料来源：阿拉米图片社摄影。

性。加利福尼亚的汤姆·梅恩（Thom Mayne）是这一审美与实用相结合的新兴潮流的领军人物。汤姆设计的辛辛那提大学学生娱乐中心（见图 25.2）很好地解决了诸多问题：体育馆、教室、美食广场和学生宿舍看似布局随意，却与周围地形交通交相呼应，两楼之间步行也可很快到达。谈及学生娱乐中心，汤姆说："我想设计出一个村庄"[1]，它能和已有的地形结构完美映衬，呈现出现代美感。汤姆所在的公司叫墨菲西斯（Morphosis），这个英文单词的大意是"成形"，他设计的作品外形多具有高度的创造性。

泰迪·克鲁兹（Teddy Cruz）是现代最具影响力的年轻建筑师之一，他的灵感并非源于华丽的拉斯维加斯，而是有些混乱的蒂华纳。在南部边境，建筑工人利用废弃材料，房主在废弃物品堆放仓中寻找墙壁、栅栏、装置和屋顶，克鲁兹称之为"制造站点"（见图 25.3），以表达其对下层人民智慧的敬意。如果说绿色环保观念是现代的趋势，那么克鲁兹就给我们展现了绿色环保的精髓便是循环利用建筑材料。

图 25.2　汤姆·梅恩和墨菲西斯，辛辛那提大学学生娱乐中心（2006）。

资料来源：罗兰·哈博摄影。

图 25.3　泰迪·克鲁兹，制造站点，项目示意（2008）。

资料来源：泰迪·克鲁兹。

绘画

随着现代主义潮流的消退，欧美画界掀起了一场新表现主义运动，画家们开始复兴表现主义，提倡个人风格。这既是对观念主义和极少主义运动所提倡的客观冷静的回应，也是对波普艺术和相关潮流讽刺挖苦特点的反击。

苏珊·罗滕伯格（Susan Rothenberg）是新表现主义先驱之一，她在 20 世纪 70 年代开始创作象征性的作品，作品多浓墨重彩，主题模糊难辨。在追求简约整洁的极少主义之后，罗滕伯格回归微妙而优美的具象表现手法。

她的作品色调较为单一，多用白色、米色、银色或暗灰色等柔和的暗哑色调。苏珊的作品《蓝色脑袋》（*Blue Head*，见图 25.4）画的是在人手前面一匹马的脑袋，给人留下了很深的印象，但又令人费解。这便是在物质世界与神秘的精神世界中穿梭的原始迹象。

图 25.4　苏珊·罗滕伯格，《蓝色脑袋》（1980—1981）。布面丙烯。114″×114″。

资料来源：里士满弗吉尼亚美术博物馆，悉尼和弗朗西斯·刘易斯基金会赠予。版权由弗吉尼亚美术博物馆所有，版权© 2013 由苏珊·罗滕伯格/纽约艺术家权利协会所有。

德国画家安塞尔姆·基弗（Anselm Kiefer）将19世纪历史和神话感情与激进的抽象表现主义绘画结合了起来。基弗认为道德与美学同等重要。他的画承载着象征意义、神话和宗教，作品充满张力，震撼人心。

《奥西里斯和伊西斯》（*Osiris and Isis*，见图25.5）讲述了古埃及神话中的生死循环。奥西里斯象征着坚不可摧的自然力量；传说中，奥西里斯被他邪恶的哥哥杀害后分尸。奥西里斯的妹妹（妻子）找回尸体后将奥西里斯复活。基弗的巨幅画作中布满了网状的线条，线条上是奥西里斯的肢体碎片，这些线条像电视电路板一样与金字塔顶端的伊西斯相连。画面纹理密集，油漆、泥浆、岩石、焦油、陶瓷和金属强化了对来世主题的史诗化处理。

图25.5 安塞尔姆·基弗，《奥西里斯和伊西斯》（1985—1987）。油画，油彩、丙烯、黏土、瓷器、铅、铜线和电路板。150″×229 1/2″×6 1/2″。

资料来源：旧金山现代美术馆，吉恩·斯坦因买赠，保罗·L·沃蒂斯夫人基金会以及多里斯和唐纳德·菲舍尔基金会赞助。本·布莱克威尔摄影。版权由安塞尔姆·基弗所有。

新表现主义倾向于采用绘画形式，因为它能够创作出无限丰富的纹理和色彩。每一个创意都能给作品增添新的色彩，表现感官的每一丝触动。有些艺术家使用绘画形式是因为绘画能够讲述故事，艺术家可以自由地创造一个二维世界。这种叙事方式是当代绘画的主流趋势。

伊丽莎白·默里（Elizabeth Murray）将个人意图与一种强烈冲击性的形式

相结合，如《意料之外》（*More Than You Know*，见图 25.6）这一作品。这幅画创作于默里第二个孩子出生之前；画中是一个房间里放了两把红椅子，但是其形象和一般的绘画大相径庭。作品中几乎没有创作者作为母亲身份的线索。默里的个人信息只是画作的出发点，交错的画布碎片迷人而混乱，却又紧紧凝聚在一起。她的绘画充满活力和生机，给观者留下了无限的想象。

图 25.6 伊丽莎白·默里，《意料之外》(1983)。油画，9 块画布。108″×111″×8″。
资料来源：版权© 2013 由默里-霍尔曼家族信托/纽约艺术家权利协会所有。

克里·詹姆斯·马歇尔（Kerry James Marshall）研究了众多纹理绘画中非裔美国人的生活。马歇尔 1994 年的作品《温馨家园美丽花园》（*Better Homes Better Gardens*，见图 25.7）* 是他的芝加哥住宅区系列绘画中的一部分，名字中都包含“花园”一词。这幅作品放置在温特沃斯花园里的显要位置，画中一对夫妇沿着通往画面下方的小径散步。左边是篱笆围起来的社区花园。画面上方是三只蓝色小鸟，整个画面宁静平和。这幅画似乎告诉人们无论世事如何变迁，住房都会给人归属感和陪伴。

这幅看似积极乐观的画作实则蕴含着讽刺。精致的螺旋水管，夫妇头顶的白色墨迹，带有“欢迎”字样的花园入口指示牌都增添了复杂的情绪，美好的氛围多了几分暗沉。右上角的题字“IL2-8”提醒我们，这不仅是一幅艺术作品，也是一张严谨的图谱。画上有横竖线和对角线构成的网格。作品主题看似积极向上，但马歇尔的创作意图远不止于此。

---

* 可在 myartslab.com 网站观看有关克里·詹姆斯·马歇尔的视频，它讲述了艺术家的成长历程。

图 25.7　克里·詹姆斯·马歇尔，《温馨家园美丽花园》(1994)。油画，丙烯和拼贴。8′4″×12′。

资料来源：丹佛艺术博物馆收藏：波莉和马克·艾迪森资助，当代艺术联盟，卡洛琳·摩根以及科罗拉多当代收藏家（苏珊娜·华沃、琳达和肯·海勒、简和弗雷德里克·迈耶、贝弗利和伯纳德·罗森、安丽和瓦格纳·肖尔以及匿名人士）出资，1995.77。图片版权由艺术博物馆所有，2009，保留所有权利。

洛杉矶画家藤田雅人的艺术生涯可以追溯到他最初参加的一个叫 K2S（Kill to Succeed，意为不择手段）的街头涂鸦团体。他近期的作品既有通俗的街头涂鸦，也有高雅的文化主题，二者的结合可谓全新的跨文化标本。《街头争霸》（*Street Fight*）* 是藤田雅人 2005 年的作品（见图 25.8），他之前所在的团体成员也参与了创作。绘画的第一步是喷漆涂鸦。画上一层金箔暗指古代佛教和中世纪基督教艺术，给人以神圣庄严之感；建筑物的轮廓采用了城市高楼林立的形象和报纸填字游戏的形式。天空是从俵屋宗达（日本画家）和其他画家的日本传统屏风形象抽象而来（见图 18.30）。画上的两个人物形象来源于日本版画，标题字样和世界各地的街头涂鸦大同小异。作品的主题跨越了古代和现代，标题暗指现代城市街头团体。这幅画取材广泛，甚至激发了其他艺术家的灵感：洛杉矶拉丁裔嘻哈团体 Ozomatli 曾在一家展出藤田雅人作品的画廊工作，其中包括《街头争霸》，后来他们为此写了一首歌收录在其 2007 年的专辑《别惹龙》（*Don't Mess with the Dragon*）中。

* 可在 myartslab.com 网站观看有关藤田雅人《街头争霸》的采访播客。

图 25.8　藤田雅人，《街头争霸》(2005)。克拉金箔，喷漆，普通条纹笔和油漆笔，木板三联画。24″×48″。
资料来源：加利福尼亚威尼斯洛杉矶百叶窗画廊提供。

摄影

现代摄影深受后现代主义运动的影响。后现代摄影师深知他们的相机并不是客观冰冷的媒介，现代相机可以轻松地“欺骗”观众。最简单的场景也许隐藏着深意。后现代摄影师想要展现的是，相机以一种人类或许从未察觉的方式影响着我们的生活，相机甚至也有自己的独特视角。

辛蒂·雪曼（Cindy Sherman）* 20 世纪 70 年代的摄影作品是最早的后现代风格的代表。雪曼利用小道具，以自己为对象，拍摄了许多流行文化中典型女性形象的照片。例如在《电影剧照 # 48》（*Untitled Film Still # 48*，见图 25.9）中，雪曼在傍晚背对观众，站在一条僻静的小路上，旁边放着一个小行李箱。在许多 20 世纪五六十年代的青春电影里，这种形象常被误解成离家出走的叛逆少女。同系列的照片还有其他形象，如邻家少女、爸爸的小女儿、急匆匆的职场新女性以及压抑的家庭主妇。雪曼的照片并不是具体的电影人物，但其原型都是流行电影中的人物形象。她故意模仿这些典型的形象，似乎带有讽刺意味；这种讽刺手法便是后现代主义的雏形。

现代许多摄影师并不刻意“寻找”拍摄内容，而是像雪曼一样自己布景。出生于巴西的维克·穆尼斯（Vik Muniz）在这方面造诣颇深。例如“垃圾图”

* 可在 myartslab.com 网站观看有关辛蒂·雪曼的视频，并讨论其作品。

图 25.9　辛蒂·雪曼，《电影剧照#48》（1979）。黑白照片。
资料来源：艺术家本人和米特罗影片公司提供。

图 25.10　维克·穆尼斯，《地图集（卡尔劳）》（2008），选自“垃圾图”系列。
资料来源：维克·穆尼斯工作室摄影。版权由维克·穆尼斯所有，纽约视觉艺术家和画廊联合会授权。

(Pictures of Garbage) 系列的《地图集（卡尔劳）》(*Atlas (Carlao)*，见图 25.10)。穆尼斯在他的工作室地板上摆放了许多垃圾，绘画后再拍成照片。他用垃圾设计出一个高大的拾荒者形象，从而完成了整幅作品。

黎巴嫩艺术家瓦利德·拉德（Walid Raad）和图鉴团体（Atlas Group）的照片与现实世界的关系更加复杂。20 世纪 80 年代少年拉德亲身经历了黎巴嫩内战，拍摄了许多贝鲁特的照片，空袭和战火充斥，天空蒙上一层阴影。多年后，他把这些底片冲洗出来后，发现许多都已褪色，有些还布满了斑点，这些照片正如拉德家乡的建筑残败破旧。

《我们决定让它们发言，“我们相信”两次（城市Ⅵ）》(*We Decided to Let them Say, "We Are Convinced," Twice (City Ⅵ)*，见图 25.11）是一张模糊破损的照片，画面上一颗炸弹落在医院后面。由于画质受损，画面呈现出遥远神秘之感，和其原本的战争主题背道而驰。拉德的照片仿佛是褪色的回忆：记录的不仅是事件，也是历史潮流。

图 25.11 瓦利德·拉德和图鉴团体，《我们决定让它们发言，“我们相信”两次（城市Ⅵ)》(2002/2007)。共 15 张数码印刷照片，每张：44″×67″。

资料来源：纽约库珀画廊提供。

雕塑

雕塑家的素材相对有限，或许部分原因在于对极少主义和观念艺术的追求，现代雕塑家运用各种技术和材料，努力探索各种雕塑的象征意义。雕塑如何承载意义？观众通过雕塑常常会联想到何种记忆和情感？观众能够看懂何种形体的雕塑？观众能领会创作者的意图吗？这些都是近年来雕塑家们提出的问题。

出生于印度的英国雕塑家安尼什·卡普尔（Anish Kapoor）在仪式方面对这些问题进行了探索，例如其作品《揭秘红色》（*To Reflect an Intimate Part of the Red*，见图 25.12），他在画廊地板上摆放了几个模型，暗示古老的宗教建筑，包括玛雅金字塔、印度佛塔和洋葱形圆顶等多种形状。卡普尔还在雕塑周围撒上粉末，似乎也是某种仪式行为。解读这些雕塑作品时，我们会思考它们的精神含义如何传达，在不同的背景下其意义又会有怎样的改变。

图 25.12　安尼什·卡普尔，《揭秘红色》(1981)。颜料、混合材料。展品：78″×314″×314″。

资料来源：伦敦安德鲁·裴肯摄影。芭芭拉·格拉德斯通画廊提供。

或许雕塑中最有力的是人体雕塑，现代很多艺术家仍然不懈地从人体中找寻新的意义。这些雕塑家认为，人体不是理想主义或美的工具，而是为了探讨文化如何塑造人体，人类又是如何看待自己的身体。

正如现代的许多艺术家一样，奇奇·史密斯也深受时事的影响。1995 年，人们在阿尔卑斯山发现一具完好的石器时代的冰冻人体，发现时他还保持着生前的姿势。于是，她创作了《冰人》（*Ice Man*，见图 25.13），将这一人物塑造成真人大小的青铜雕塑。雕塑表面呈暗色，与尸体的皮肤颜色相近。史密斯简化了面部特征，作品灵感来源唯一确定的线索就是作品名称。

这一塑像背面固定在墙上，悬挂在稍高于观众视线的位置。观众对这一作品十分好奇，它甚至成为考古学家们研究冰人的对象。

随着雕塑家们研究雕塑背后的深意，有人开始思考材料的意义。他们几乎用遍各种材料和物体来做实验，分析其不同的含义。代表人物之一便是雷切尔·哈里森（Rachel Harrison），他将各种材料进行大胆的组合，创作了《这不是艺术品》（*This Is Not an Artwork*，见图 25.14）。蔬菜模型、假发模型和廉价的桌子便是整个作品的主要道具，还有著名的摇滚鼓手彼得·克里斯的模型以及一台监控摄像机。整个作品似乎在思考现代文化中的关键问题：什么是真实？什么是意义？

图 25.13　奇奇·史密斯，《冰人》(1995)。硅青铜。$80'' \times 28^{1}/_{4}'' \times 12''$。

资料来源：版权由奇奇·史密斯所有。艾伦·佩吉·威尔森摄影。纽约佩斯画廊提供。

图 25.14 雷切尔·哈里森，《这不是艺术品》(2006)。木头，聚苯乙烯，水泥，丙烯，桌子，蔬菜模型，塑料监控摄像，人体模型，假发，宽边帽，胶水，塑料人体模型和鼓。59″×22″×22″。

资料来源：艺术家本人和纽约格林·纳夫塔利画廊提供。让·王摄影。

公共艺术

公共艺术随处可见，它放置在公共场合，任何人都可以欣赏。公共艺术起源于远古时代，政府和宗教领袖命令艺术家创作公共空间的艺术作品。现在，艺术家们仍然需要依据大众需求创作公共艺术作品。

越战阵亡将士纪念碑坐落在华盛顿特区的购物中心，可能是美国最著名的公共艺术作品（见图 2.15）。其长度约 250 英尺，V 形碑体用黑色花岗岩砌成，碑上刻有近 6 万名越南战争中阵亡将士的名字。越南老兵纪念基金会是一个非营利组织，成立于 1979 年，由一群越南老兵组织成立。他们认为战争纪念碑有助于民族和解和战后恢复。

在 1 421 份设计方案中脱颖而出的是 21 岁的林璎的作品，她当时是耶鲁大学的一名学生。林璎实地考察后做出了模型，其设计与地平面互相配合，而非牵制地面。“我有种冲动，想要把地表切开……时间能够愈合战争的伤口。绿草还会再生，但伤口仍然是纯洁、平静的表面，就好比你切开一个空心球，打磨切口……黑色花岗岩表面给人以沉思和宁静肃穆的感觉。”[2]

图 25.15　肯·史密斯，纽约现代艺术博物馆屋顶花园(2005)，纽约现代艺术博物馆外。
资料来源：版权© 2013 由艾力克斯·S·麦克莱恩/兰兹斯莱德摄影。

林璎大胆简洁的设计创造了一个大公园内的小型纪念碑。其作品受到极少主义和 20 世纪六七十年代场域特定艺术的影响。周围的树木和草坪倒映在黑色抛光表面上，锥形的两翼分别指向华盛顿纪念碑和林肯纪念堂。墙上以每个阵亡者的战死日期为序，刻着他们的名字。游客从两边走向中间，墙体越来越高，名字不断增多。成千上万参观的纪念碑的人似乎正验证着它奇妙的抚慰和愈合力量。

纽约现代艺术博物馆于 2004 年扩建时，许多人认为在周围高层建筑下映衬的楼顶十分丑陋。博物馆建筑师肯·史密斯（Ken Smith）回应称："那我们就伪装它！"他利用彩色的砾石、沥青和塑料灌木丛设计了十分有趣的现代艺术博物馆的屋顶花园（见图 25.15）。

这一作品便是一种"隐藏"建筑的伪装模式。从博物馆内部无法欣赏这件公共艺术品，更重要的是，它无须维护。可是人们又认为花园是完全虚假的，于是史密斯回应到，这和旁边的中央公园并无二致，中央公园也不过是一块精心培育的平地而已。这件带有玩笑意味的艺术品和它有趣的伪装模式使其成为后现代景观设计的一个特例。

美国许多公共艺术品的建造都由政府授权，建筑费用的 0.5%用于艺术美观。具有社区观念的艺术家会和当地居民沟通，其作品也会十分成功，正如下面的案例所示。

西雅图的巴斯特·辛普森（Buster Simpson）是一名公共艺术家，他最近的

图 25.16　巴斯特·辛普森，《操作仪器：瓦拉瓦拉钟楼》(2008)。威廉·A·格兰水资源和环境中心，华盛顿州瓦拉瓦拉社区大学。高：25′6″。
资料来源：艺术家本人提供。

一件作品展示了华盛顿东部农业区的环境观念。《操作仪器：瓦拉瓦拉钟楼》（*Instrument Implement：Walla Walla Companile*，见图 25.16）的主体是呈铃铛状重复排列的金属耕作磁盘。传感器能够检测米尔溪流附近的环境状况：水温、流量和溶解气体量。这是每年鲑鱼迁徙的三项重要指标，近年来一直不断下降。计算机对数据进行处理后编码成音符。钟楼的锤子敲击相应磁盘发出乐声，形成河流状况的实时声测。当地鲑鱼的健康如“煤矿中的金丝雀”，可以预知周边的环境问题。辛普森还设计了一条黄色鲑鱼模型。钟楼由太阳能集热器供能。仪器位于瓦拉瓦拉社区大学，每天吸引数百名游客前来参观。

艺术家在其作品上放置电子屏幕成为另一种新型公共艺术，常见于商业或公益广告。马萨诸塞州会展中心发布了一系列这类作品，如波士顿会展中心外 75 英尺高的多个 LED 屏幕。艺术家兼系列作品参与者嘉万迪普·维尔迪（Kawandeep Virdee）设计了《城市绽放》（*Urban Bloom*，见图 25.17），这件作品分成两部分，其亮丽的色彩不断变换，上方是一块电子屏幕，照亮着夜晚的城市交通。和其他作品一道，它曾多次作为艺术品出现在大型荧幕项目中。这一项目受该领域的新媒体非营利组织——马萨诸塞州会展中心管理局及波士顿网络艺术委托。《波士顿环球报》评论该系列作品称：“这些电子屏幕，不是城市的枯萎，相反，却让环境更加和谐。它正是公共服务和艺术之间的商业机遇。”[3]

图 25.17　嘉万迪普·维尔迪，《城市绽放》(2012)，波士顿会展中心。

艺术造就了我们：信仰和仪式　超凡

即使在今天这个快节奏的高度物质化后的现代世界，一些艺术家仍然在寻求将观众与一种超凡的力量相连接，鼓励他们进入精神冥想。他们常常借助光来达到这种超然的效果。

詹姆斯·李·拜尔斯（James Lee Byars）在日本居住了十年，潜心研究佛教，他的作品多运用华丽的材料以追求质感。拜尔斯 1994 年的作品《詹姆斯·李·拜尔斯之死》（*The Death of James Lee Byars*，见图 25.18）利用金箔展示了一片超凡脱俗的光芒。在一间空房子的中央摆放着低台，所有表面都铺满了多层金箔。拜尔斯每完成一次铺陈，就会穿着金衣躺在房间的低台上。他一边眨眼一边苦笑着说："我在练习死亡。"离开时，他会留下五颗细小的水晶，观众无法看见这些仪式。1997 年，拜尔斯去世后，作品又经过多次再度创作。这样一个金光熠熠的房间用它的光芒向观众讲述着死亡。

拜尔斯的作品包括一些行为艺术成分，许多当代艺术家认为行为是感知精神的主要媒介。

图 25.18　詹姆斯·李·拜尔斯，《詹姆斯·李·拜尔斯之死》(1994)。装置艺术，金箔、5 颗水晶、有机玻璃。18′×18′。

资料来源：私人藏品，詹姆斯·李·拜尔斯提供。

欧内斯托·普约尔（Ernesto Pujol）的作品《等待》（*Awaiting*，见图 25.19）由犹他州盐湖城的 100 名志愿者在户外表演完成。他说，他“想要放缓速度，微妙地传达人们思考时的孤独和宁静”。表演者身穿白衣，傍晚安静地聚集在州议会大厦底层。艺术家发出信号后，他们开始沿着议会大厦的台阶缓慢走动，一直持续了 12 个小时，作品直到日出才完成，参与者一直保持沉默。等待某种仪式的感觉，是城市日常生活中神圣的片刻。当地报纸采访了城市的一位白领，谈及这件作品对他的影响，他说：“这种场景肯定是不同寻常的，所以它会吸引我停下来思考。”这便是艺术家们想要通过作品达到的效果：“现在手机和各种手持设备充斥着我们的生活，这种行为艺术能够轻轻地唤醒我们内心深处失去的东西。”[4]

图 25.19　欧内斯托·普约尔，《等待》(2008)，盐湖城犹他州议会大厦。
资料来源：埃德·贝特曼摄影。

漫步冥想像是富有节奏的细小笔触，这有条不紊的笔触便构成了施拉泽·赫什阿里（Shirazeh Houshiary）的作品《古老的光芒》（*Ancient Light*，见图 25.20）。赫什阿里谈及她的艺术目标时说道："这件作品的主题是存在，存在就像光——你怎么描述光呢？光只能亲身感受，这件作品也是如此，你必须亲自体会它。"[5]作品宽约 12 英尺，高约 9 英尺，映入眼帘的是一片白光，赫什阿里称之为"能量场"。她用画笔细细描绘，重复数百次，仿佛冥想的过程。这些笔画汇聚成荡漾的波纹，她把它们比作呼吸或音韵的律动。然后她用多层水性涂漆创作了深层光线，呈现出深不见底的纹理空间。她说："白色就在你的眼前，无边无际。"观众可以感受到这种无穷无限。我们可以凝视小宇宙里的原子，也可以展望大宇宙的无穷。但艺术家并不在意这对矛盾，因为她希望能够传达给更多的观众，赫什阿里说："我的作品是开放的，每个观众都可以有自己的解读。"[6]

图 25.20　施拉泽·赫什阿里，《古老的光芒》（2009）。铅笔、颜料、丙烯、画布。74$\frac{3}{4}$″ × 106$\frac{1}{4}$″。

话题艺术

近年来，很多艺术家试图将艺术与当下社会问题相联系。话题艺术家认为如果艺术仅仅局限于美学，那么它们不过是转移了大众对社会问题的注意力。此外，所见影响所思，所以艺术家想要抓住这一能够影响二者的机会进行创作。有些公共艺术直面社会问题，正如上文提到的辛普森的《操作仪器》。

芭芭拉·克鲁格（Barbara Kruger）是一名杂志编辑，在她的作品《无题（我购故我在）》（*Untitled（I Shop Therefore I Am）*，见图 25.21）中，她设计了“我购故我在”这一口号，听起来就像广告词。手势就像阿司匹林和安眠药的广告。产品是否定义了人类？购物的人类是否是真正的自己？购物常常是因为产品和人类的联系，而非因为产品本身。这些思考都是这个简单却内涵丰富的作品带给我们的。更加讽刺的是，克鲁格后来把这一作品印在了购物袋上。

艺术家们还创作了以种族和阶级偏见为主题的作品，并且推动了这一问题的解决。1992 年，马里兰历史学会邀请非裔美国艺术家弗雷德·威尔逊（Fred Wilson）* 设计一个楼层的展品放置，后来创作而成的装置称为“挖掘博物馆”（*Mining the Museum*，见图 25.22）。

---

* 可在 myartslab.com 网站观看关于弗雷德·威尔逊的视频，并讨论其作品。

他花了一年时间准备，查阅马里兰历史学会的馆藏和文献，其作品让人惊叹。他发现有关马里兰州美国原住民的作品十分少见，但他找到许多放在雪茄店外的印第安人木雕。于是，威尔逊整理了这些木雕，把它们放在馆内背对观众，面朝所拍摄的马里兰州原住民的照片。在展馆的宣传册上，他写到，博物馆应该是一个引人思考的地方。《挖掘博物馆》展出期间，参观游客数量猛增。

图 25.21　芭芭拉·克鲁格，《无题（我购故我在）》（1987）。丝网印刷摄影。

资料来源：纽约玛丽·布恩画廊提供。版权由芭芭拉·克鲁格所有。

埃及艺术家哈立德·哈菲兹（Khaled Hafez）2006 年的录像作品模仿了各种埃及男性的形象。《革命》（*Revolution*，见图 25.23）展现了军官、商人和穆斯林原教旨信徒的形象。这本是他的无意之作，但 2011 年，阿拉伯之春运动后，正是这三类人最终建立了执政的三个政党。哈菲兹的作品不是对时事的回应，却成为时事的预示。

图 25.22　弗雷德·威尔逊，《挖掘博物馆》（1992—1993）。装置艺术，雪茄店的印第安人雕像面朝马里兰原住民的照片。

资料来源：马里兰历史学会提供，展品编号：#MTM004。杰夫·D·高曼摄影。

图 25.23　哈立德·哈菲兹，《革命（自由、社会平等、统一）》(2006)。单道多屏画面高清视频，4 分钟。

街头艺术

现代街头艺术的起源形式多样，从洞穴的壁画到与帮派有关的涂鸦，但它第一次吸引艺术家们的注意是在 20 世纪 70 年代末，那时部分城市违法装饰的地铁车厢开始采用新的技术。不法者深夜袭击地铁站，借助当时流行的喷漆装饰车厢，尽管有些人认为这是肆意破坏。大多数涂鸦只有随意的姓名或缩写，直到有些艺术家开始思考把整辆车作为画布，如李·奎诺尼斯（Lee Quinones）的这件车厢涂鸦作品（见图 25.24），他在车厢的空白处写下自己的名字，字母歪歪扭扭地挤在一块儿，像是在暗示坑洼的轨道上拥挤的地铁。后来又在左下方用紫色喷漆写下一句十分讽刺的“对不起!”，以表明自己的创作给人们带来了麻烦。另一种麻烦是警察要求涂鸦艺术家的创作不能耗时过长。奎诺尼斯为了支持这一举措，发起了“快涂”运动。在清理喷漆之前，纽约市交通管理局将这节车厢展出了数周。和其他涂鸦艺术家一样，奎诺尼斯后来也转向了画廊展品的创作。另外，著名的街头艺术家让-米歇尔·巴斯奎特（见图 5.5）和基思·哈林（见图 3.50）在 20 世纪 80 年代也转向了博物馆绘画创作。

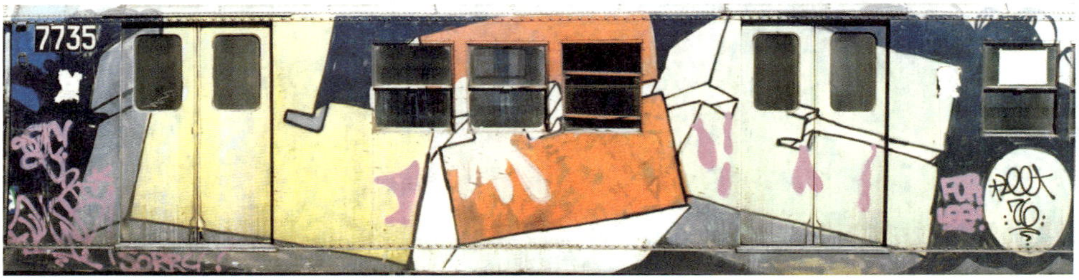

图 25.24　李·奎诺尼斯，纽约地铁 5 号线 7735 车厢涂鸦作品（1976)。长：40′。
资料来源：亨利·查尔方特摄影。

20 世纪末 21 世纪初，街头艺术成为一种公认的艺术运动，大多数涂鸦者在室内室外创作，并且还有许多佚名创作者。虽然街头艺术行为有时会违背法律，但正规的街头艺术家的作品展现了无畏的冒险精神和独特的个性。

最著名的街头艺术家要数英国的班克西（Banksy）。他的街头艺术诙谐幽默，例如《石器时代的服务员》（*Stone Age Waiter*，见图 25.25）。这件作品装饰在洛杉矶的户外，周围有许多餐馆，似乎穴居人也加入到人们的娱乐活动中。洛杉矶的富人下车走到餐馆（距离很短）时便会经过这一涂鸦作品。班克斯在他的家乡是最受欢迎的艺术家，他的许多户外作品都被保存了下来。

图 25.25　班克西，《石器时代的服务员》(2006)。喷漆，模板。高：5′6″，洛杉矶户外涂鸦。
资料来源：帕特里克·弗兰克摄影。

南加利福尼亚州发生的一件事引起了人们对街头艺术合法性的争论。2011 年末，一位开发商购买了一栋破旧的三层楼房，由于次贷危机一直无人居住。当他获得资金准备重建的时候，他请两位街头艺术家雷塔娜（Retna）和里斯基（Risk）在脚手架上进行创作。他们合作了一块巨大的立牌，《濒临危险的海洋》（*Ocean at Risk*，见图 25.26），推动当地慈善组织的拯救海湾运动，这一运动反对海滩和海洋污染。里斯基负责涂上从海蓝色过渡到日落黄的各种颜色。雷塔娜用白色喷漆写下许多难辨的字母。围栏上一块指示牌附有二维码，人们可以扫描出附近圣莫尼卡湾污染的详细信息。

图 25.26 雷塔娜和里斯基，《濒临危险的海洋》（2011），加利福尼亚州圣莫尼卡。丙烯颜料喷刷，临时装置艺术。

资料来源：帕特里克·弗兰克摄影。

这一事件立刻引起人们激烈的争论。有人认为作品过于花哨，与周围环境不协调。而支持者认为这正是作品的亮点，并且它掩盖了破旧的房屋。但最终市政府判定这件作品违法，并且在法庭调解七天后便下令拆除。那段时间 1 500 多人前往参观，许多人扫描二维码，了解了一直被忽视的沿海水域环境污染问题。此事的热议甚至引发了媒体报道。所以尽管《濒临危险的海洋》这件作品有违法律，但却引发了一个重要议题。

全球概览

通信技术和旅行让世界越来越小。互联网、飞机、移动电话、有线电视和国际移民也前所未有地拉近了人与人之间的距离。苏联解体后，上半世纪的世界格局被打破，推动了各国之间的文化交流。例如，许多企业运营不再受限于国界，企业可以在一个国家融资，在另一个国家购买原材料，再在另一个国家建立工厂，然后将产品销往世界各地。

文化全球化对艺术产生了深远的影响。当代的艺术形式，如观念艺术、装置艺术和行为艺术已经传播到世界各地。还有各种新兴艺术出现在意想不到的地方，许多国家的艺术家更多地开始根据本国传统运用日益国际化的表达方式来解读现代世界。国际和区域的统一成为新兴艺术的主要源头，并不断丰富着艺术的殿堂。个别区域的少数作品足以展示艺术的发展方向。所有的这些艺术作品都对我们的全球环境有所评述。

世界越来越小，个人和民族认同问题引发了越来越多的自我反省。远离祖国，身处地球另一端的艺术家是否需要坚持本国的传统？巴基斯坦裔美国艺术家创作传统巴基斯坦风格的作品是否合适？如果不创作传统巴基斯坦风格的作品，又是否合适？

沙兹亚·西坎德尔* 对于这些问题秉持中立的态度。她植根故土，同时作品又呈现出现代风格。西坎德尔出生于巴基斯坦，从小学习传统的水粉插画。她在20 世纪 90 年代中期在美国罗德岛设计学院读书。2008 年在去老挝的旅途中，她读到一本老挝的史诗译本《信赛记》，后来据此创作了几幅作品。《信赛：溶解式的叙述 1》（*Sinxay：Narrative as Dissolution # 1*，见图 25.27）以这部老挝史诗为背景，运用她从小学习的传统水粉绘画技艺画出漩涡。

图 25.27　沙兹亚·西坎德尔，《信赛：溶解式的叙述 1》（2008）。油墨、水粉、纸。82″×51¹/₄″。
资料来源：艺术家本人和纽约西克玛·詹金斯公司提供。

作品来源于何种文化并不重要，她说：“现代世界很小，我们应该以全球视角欣赏艺术作品。艺术作品应该从本身出发，不分国籍。”[7] 这件作品中，异国情调化为细腻如花般的笔触。

世界各地都有无穷的创造力，任何地方都可能出现优秀的作品。非洲艺术家艾尔·安纳祖（El Anatsui）利用废弃瓶盖编织了一件壮观的金色挂毯。他在 2004 年的作品《沙沙》（*Sasa*，见图 25.28）中使用身边随处可得的物品（见第 20 章），展现了非洲传统的织纹。瓶盖是指在殖民时期奴隶从非洲被运送到美洲大陆换取朗姆酒的三角贸易。艺术家将历史遗产

* 可在 myartslab.com 网站观看关于沙兹亚·西坎德尔的视频，并讨论其作品。

象征性地转变成叹为观止的艺术成果。作品题目的意思是“拼凑物”，它有双重含义：既像被子，又暗指西方列强的殖民让非洲四分五裂。

图 25.28 艾尔·安纳祖，《沙沙》(2004)。铝、铜管。20′11 31/32″×27′6 45/64″。

资料来源：国家现代艺术中心，蓬皮杜中心。法国国家博物馆联合会-巴黎大皇宫/乔治·梅贵尔迪钦。

哥伦比亚艺术家多里斯·沙尔塞朵（Doris Salcedo）创作了一个肃穆的纪念作品以表达哀悼和希望。在她最近的装置艺术品《静默的祈祷》（*Plegaria Muda*，见图 25.29）中，摆放了许多空桌子，两张桌子桌面相对，上下叠加。整体像是曾经热闹的地方现在被废弃了。这件作品是为了纪念她的祖国在内乱中丧生的人们。每张桌子的形状和大小类似于棺材。竖立的桌腿似乎毫无作用，但每对桌子的桌面之间都填满了泥土，展出时便会长出许多细嫩的新芽。这件作品是悼念死者的“静默的祈祷”（标题含义），泥土里冒出的绿芽象征着希望。尽管作品本意是为哥伦比亚内战而作，但它激起的丧亲之痛和带来的微弱希望让世界许多遭受伤痛的人们找到了共鸣。

当代许多优秀作品正如《静默的祈祷》一样内涵丰富：作品意义并不晦涩，每个人都可以找到共鸣。中国艺术家艾未未最近创作了一组青铜雕像《十二兽首》（见图 25.30）。他设计了中国十二生肖的青铜兽首。这件动物主题的作品吸引了许多孩子的目光，但其更深刻的内涵直指东西方紧张的关系。兽首放置的喷

图 25.29　多里斯·沙尔塞朵，《静默的祈祷》(2008—2010)。木头、无机化合物、金属和杂草。166 个装置设置在现代艺术中心，里斯本古尔本基安基金会，2011 年 11 月 12 日—2012 年 1 月 22 日。

资料来源：帕特里齐亚·托奇摄影。图片由纽约亚历山大和博宁画廊提供。

图 25.30　艾未未，《十二兽首》(2010)，纽约大军广场。青铜。12 个，平均高：10′。

资料来源：私人藏品，图片由艺术家本人和 AW 亚洲提供。亚当·赖希摄影。

泉原型是 18 世纪列强从北京撤退后残留的建筑，每到一个时辰，相应的动物口中就会喷水两个小时。喷泉最初是中西合作的象征，因为它由欧洲传教士为皇帝所设计。后来这座辉煌的宫殿被洗劫一空，1860 年英法联军将其烧毁，大部分兽首下落不明。中国政府很快将其认定为国宝。为了指代古代的喷泉，艾未未把每个兽首放置在一根圆柱体上，象征着喷泉的一根根水柱。艾未未创作的另一契机是 2000 年的艺术拍卖。当时三个消失的兽首重新出现在拍卖会上，引起了中国许多文化官员的不满。这一作品问世后，十二兽首在世界多国被放置在喷泉或水池上展出。

结论

最后，我们以伦佐·皮亚诺（Renzo Piano）的最新作品——芝加哥艺术学院的现代之翼（见图 25.31）作为总结，因为它的创意是现在许多博物馆的灵感源头。现代之翼是在原有建筑基础上的扩建。旧楼建于 1983 年，是古典式的石砖建筑。原建筑的理念是尊严、信任和捍卫历史。与此相反，现代之翼外部几乎全部由透光的玻璃建成。对于现代之翼，皮亚诺这样说道：

图 25.31　伦佐·皮亚诺，现代之翼（2009）。

资料来源：芝加哥艺术学院。尼克·乌摄影。伦佐·皮亚诺建筑工作室提供。

> 今天我们有了新的故事。我认为新的大厦要讲述的是连接……故事的主题是开放。建筑不应令人生畏，相反，它应该是欢迎的姿态。[8]

本章的所有例子告诉我们，艺术源于人类共通的感情。通过艺术作品，艺术家与生活互动，探索其目的和意义。漫漫历史，大千世界，人们生活各异，但艺术永存。艺术创作是生命的回应，艺术家的创造力更能够激起我们内心的艺术家。

艺术是我们超越物质世界的途径。理念和价值观作为视觉艺术的基础不断丰富我们的生活和环境。我们创造艺术，艺术造就了我们。

思考回顾

1. 相比现代建筑师，后现代建筑师的不同之处是什么？
2. 后现代艺术家的作品运用了哪一类主题？
3. 现代艺术家强调的全球问题是什么？

请试一试

参观当代艺术馆，并思考作品主题与本章讨论的内容是否相似，向艺术馆的工作人员索取展览介绍册，了解展览的详细信息。

关键术语

后现代——20 世纪 70 年代末、80 年代和 90 年代兴起的潮流。建筑领域摒弃国际风格，主张富于想象、自由的手法。其他视觉艺术受各种艺术风格影响，主张兼收并蓄。

时间轴

30 000
20 000
10 000
5 000
3 000
2 000
1 000
500
250
公元前 0
公元200
400
600
800
美洲
奥梅克文化
纳斯卡文化
犹他州的岩石艺术
玛雅文化
蒂卡尔一号神庙
托尔
文化
太阳金字塔
俄罗斯
北欧
维京文化
《凯尔
维伦多尔夫女像
野牛岩画
巨石阵
囊盖
南欧
肖维岩洞画
欧弗洛尼奥斯陶瓶
基督纪元开始
庞贝古城被掩埋
罗马帝国
古典时期
帕特农神庙
《持矛者》
万神殿
罗马帝国
的分裂
西罗马帝国
灭亡
古风时期
青年雕像
《康斯坦丁头像》
希腊化时期
《拉奥孔群雕》
拜占庭
圣维托教堂
中东
苏美尔的城邦
公牛头里拉琴
通灵塔
陶土
广口杯
青铜
时代开始
阿卡德
统治者头像
公元前4年，
基督降生
570年，
穆罕默德出生
新石器革命开始
古王国时期
孟卡拉金字塔
新王国时期
坟墓壁画
凯鲁
大清
木乃伊
非洲
布隆伯斯洞窟
诺克文化
人头像
印度
赭石石刻
印度河流域文明
哈拉帕的男性躯干
公元前563年，
释迦牟尼诞生
桑吉大佛塔
笈多王朝
《立佛》
中国
随葬瓮
商代
礼器
长城
佛教传入中国
兵马俑
纸的发明
佛教禅宗
印
日本
佛教传入
日本
伊势神社
法

00 1100 1200 1300 1400 1450 1500 1550 1600 1650 1700 1750 1800 1850 1870

马丘比丘

哈德逊画派

阿舍·布朗·杜兰德
托马斯·科尔

凯罗杯

美国内战

印加文化

阿兹特克文化

查克穆尔

羽蛇神之船

独立宣言

哥特式
沙特尔
大教堂

范·艾克

宗教改革

新古典主义
雅克-路易·大卫
安吉莉卡·卡夫曼

马奈
伦敦水晶宫

浪漫主义
德拉克罗瓦
威廉·特纳

现实主义
库尔贝

《杰西家谱》

法国
大革命

扬·维梅尔
《拿着水罐的女人》

摄影的发明

巴洛克式风格 凡尔赛宫
鲁宾斯

洛可可风格
弗拉戈纳尔

罗马式风格

达盖尔
纳达尔

丢勒

伦勃朗

乔托

拉斐尔

帕拉第奥

戈雅
《1808年5月3日》

米开朗基罗
《大卫》

提香

卡列拉

阿罕布拉宫

达伦贝尔里盆

阿尔达比勒地毯

伊费城

男子头像

大津巴布韦

贝宁头像

泰姬陵

莫卧儿帝国

蒙古入侵

仇英

火药的发明

马远
《松溪观鹿图》

八大山人（朱耷）

桂离宫

浮世绘

喜多川歌麿

《夜袭三条宫》

俵屋宗达

安藤广重

1870 1880 1890 1900 1910 1920 1930 1940 1950 1960 1970 1980 1990 2000 2010

美洲

卡萨特
《信》

哈莱姆文艺复兴
雅各布 · 劳伦斯
蒙特利
弗里达 · 卡罗
多阿马拉尔
区域主义
本顿
第一部电影
弗兰克 · 劳埃
德 · 赖特奥基芙
《晚星VI》

社会现实主义

抽象表现主义
波洛克
德库宁
弗兰肯瑟尔
劳申贝格
波普艺术
罗森奎斯特
沃霍尔
极少主义
贾德

首次登月
概念主义
苹果电脑
琳恩 · 利森 奥罗斯科
女性主义
朱迪 · 芝加哥辛蒂 · 雪曼
苏珊 · 罗滕博格
后现代主义

俄罗斯

构成主义
塔特林
波波娃
艾森斯坦 穆希娜

北欧

印象派
莫奈
雷诺阿
德加
罗丹

后印象派
塞尚
高更
梵高

立体主义
布拉克
毕加索
野兽派
马蒂斯

国际建筑风格
包豪斯建筑
风格派
蒙德里安
里特费尔德
亨利 · 摩尔
赫普沃斯

新表现主义
基弗
奥伦
卡普尔
班克西

布朗库西 达达主义
杜尚
霍赫

表演艺术
博伊斯

德国表现主义
基希纳
诺尔德

超现实主义
勒内 · 马格利特

南欧

塞尚
《圣维克多山》

未来主义
贾科莫 · 巴拉
波丘尼

胡安 · 米罗
达利

桑法勒

波尔坦斯基

德洛奈
《比利耶舞厅》

中东

拉德
曾德罗迪
VAV+HWE
西坎德尔哈菲兹

非洲

刚果
能量像

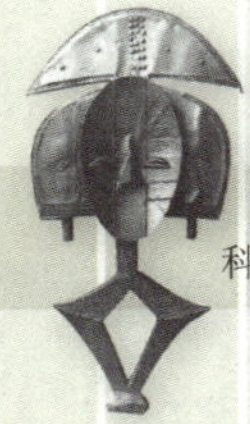

科塔部族圣骨匣雕像

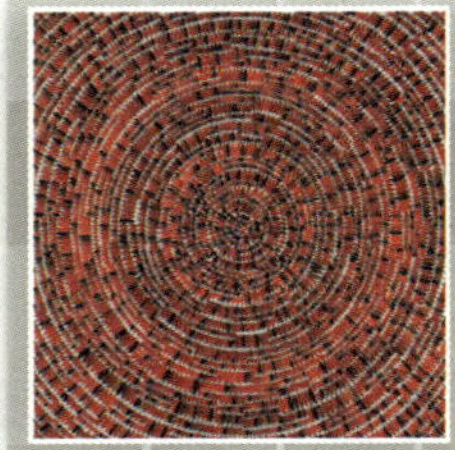

安纳祖

印度

中国

张大千
中国革命
艾未未

日本

“具体”协会
村上三郎
高江洲子

注：为了在几页纸中呈现各种艺术形式的时间轴，我们必须用几个不同的时间该度来表示年数的长短。如果图中每个间隔的时间为10年，那么整个32 000年的历史时间轴将会有100多英尺长。

资料文献

第1章

1. Janet Echelman quoted in "Dust Swirls and Cloud Shadows," http://www.landscapeonline.com/research/article/12361, accessed Nov. 27, 2012.

2. "Park's details, sculpture a nod to city's future," *Arizona Republic*, April 20, 2009, B-6.

3. Georgia O'Keeffe, *Georgia O'Keeffe* (New York: Viking, 1976), opposite plate 13.

4. Jeff Dyer et al, *Innovator's DNA: Mastering the Five Skills of Disruptive Innovators* (Cambridge, MA: Harvard Business Review Press, 2011).

5. Quoted in Grace Glueck, "A Brueghel from Harlem," *New York Times*, Feb. 22, 1975, D29.

6. Ralph Ellison, "The Art of Romare Bearden," *The Massachusetts Review* 18 (Winter 1977): 678.

7, 8, and 10. Romare Bearden interviewed by Charlayne Hunter-Gault, *MacNeil-Lehrer Report*, PBS Television, June 26, 1987.

9, 11, and 12. San Francisco Museum of Modern Art Interactive Feature: The Art of Romare Bearden: http://www.sfmoma.org/explore/multimedia/interactive_features/23, accessed Nov. 17, 2012.

13. History of the Watts Towers, http://www.wattstowers.us/history.htm, accessed Nov. 17, 2102.

14. Henri Matisse, "The Nature of Creative Activity," *Education and Art*, edited by Edwin Ziegfeld (New York: UNESCO, 1953), 21.

15. Edward Weston, *The Daybooks of Edward Weston*, edited by Nancy Newhall (Millerton, NY: Aperture, 1973), vol. 2, 181.

16. Georgia O'Keeffe, *Georgia O'Keeffe* (New York: Viking, 1976), opposite plate 23.

第2章

1. Clive Bell, "The Aesthetic Hypothesis," *Art* (New York: Frederick A. Stokes, 1913), p. 30.

2. James McNeill Whistler, "Ten O'Clock Lecture," Prince's Hall, Piccadilly, Feb. 20, 1855. Archived at University of Glasgow: http://www.whistler.arts.gla.ac.uk/miscellany/tenoclock/

3. Interview with Gabriel Orozco, Public Broadcasting System, *Art 21*: http://www.pbs.org/art21/artists/gabriel-orozco

4. Gustave Courbet, "Statement on Realism," 1855. Anthologized in Charles Harrison et al, eds., *Art in Theory 1815-1900: An Anthology of Changing Ideas* (Oxford: Blackwell, 1998), p. 372.

5. Thomas Aquinas, *Summa Theologica*, Article 9, "Whether Holy Scripture Should Use Metaphors" archived at Christian Classics Ethereal Library, http://www.ccel.org/ccel/aquinas/summa.FP_Q1_A9.html

6. Benjamin West, quoted in John Galt, *The Life and Works of Benjamin West Esq.* (London: Caddell and Davies, 1820), p. 48.

7. Louis XIV quoted in Gill Perry and Colin Cunningham, eds., *Academies, Museums, and Canons of Art* (New Haven: Yale University Press, 1999), p. 48.

8. Wasily Kandinsky, *Concerning the Spiritual in Art*, Chapter 5.

第3章

1. Maurice Denis, *Theories 1870–1910* (Paris: Hermann, 1964), 13.

2. Quoted in "National Airport: A New Terminal Takes Flight," *Washington Post* (July 16, 1997): http://www.washingtonpost.com/wp-srv/local/longterm/library/airport/architect.(htm accessed May 14, 2000.)

3. Keith Sonnier, Interview with the author, New York, April 16, 2008.

4. Faber Birren, *Color Psychology and Color Theory* (New Hyde Park, NY: University Books, 1961), 20.

第4章

1. R. G. Swenson, "What is Pop Art?" *Art News* (November 1963), 62.

2. Elizabeth McCausland, "Jacob Lawrence," *Magazine of Art* (November 1945), 254.

3 and 4. Jack D. Flam, *Matisse on Art* (New York: Dutton, 1978), 36; originally in "Notes d'un peintre," *La Grande Revue* (Paris, 1908).

第6章

1. Richard Serra quoted in Ellen Gamerman, "Sculpting on Paper," *Wall Street Journal*, Apr. 15, 2011, p. d4.

2. Keith Haring, *Journals* (New York: Viking, 1996), entry for March 18, 1982.

3 and 4. Vincent to Theo van Gogh, April 1882, Letter 214, *Vincent van Gogh: The Complete Letters*: http://vangoghletters.org/vg/letters/let214/letter.html (accessed September 7, 2012).

5. ibid., June 2, 1885.

6. ibid., May 22, 1885.

7 and 8. ibid., Sept. 24, 1888.

9. ibid., May 26, 1888.

10. Josef Pilhofer, "Searching for the Synthesis," http://www.lifeart.net/articles/pillhofer/ripillhofer.htm, accessed Nov. 19, 2012.

11. Anthony Blunt, *Picasso's Guernica* (New York: Oxford University Press, 1969), 28.

12. Marjane Satrapi, "On Writing *Persepolis*," http://www.randomhouse.com/pantheon/graphicnovels/satrapi2.html (accessed July 26, 2007).

13. David Hockney, "The hand, the eye, and the heart," Channel 4 news, Jan. 17, 2012: http://www.channel4.com/news/david-hockney-the-hand-theeye-the-heart, accessed Nov.17, 2012.

第7章

1. Diego Rivera, "The Radio City Mural," *Workers' Age*, June 15, 1933, 1. Nelson Rockefeller quoted in "Rockefellers Ban Lenin in RCA Mural and Dismiss Rivera," *New York Times*, April 10, 1933, p. 1.

2. Jem Cohen, *Ann Truitt Working*, 2009. Video interview.

3. Keltie Ferris, "Jason Stopa Interviews Keltie Ferris," *NYArts Magazine*, http://www.nyartsmagazine.com/conversations/in-conversation-jason-stopa-interviews-keltie-ferris, accessed Nov. 20, 2012.

4. Jeremy Blake, Interview by Jonathan P. Binstock in *Wild Choir: Cinematic Portraits by Jeremy Blake* (Washington, D.C., Corcoran Gallery of Art, 2007), p. 22.

第8章

1. Quoted in Barbara Isenberg, "Prices of Prints," *Los Angeles Times*, May 14, 2006, E27.

2. Kiki Smith quoted in Crown Point Press, Biographical Summary, http://www.crownpoint.com/artists/211/biographical-summary, accessed Jan. 15, 2013.

3. Mary Weaver Chapin, "The Chat Noir & The Cabarets," *Toulouse-Lautrec and Montmartre* (Washington D.C.: National Gallery of Art, 2005), p. 91.

4. Elizabeth Murray, Gemini G.E.L. Online Catalog, http://www.nga.gov/fcgi-bin/gemini.pl?catnum=35.2.11&command=record, acessed Nov. 20, 2012.

5. Ellen Gallagher, Interview with Cheryl Kaplan, *DB Artmag*, http://db-artmag.de/archiv/2006/e/1/1/408-3.html, accessed Nov. 20, 2012.

第9章

1. Henri Cartier-Bresson, *The Decisive Moment* (New York: Simon & Schuster, 1952), 14.

2. and 6. Bob Keefer, "Images Make Faces of War Victims Grow," *Register-Guard* (Eugene, OR), June 4, 2009, p. D1.

3. Binh Danh: Life, Times and Matters of the Swamp: http://www.youtube.com/watch?v=3wKPYiVdAy4, accessed Nov. 21, 2012.

4. Robert Schultz, "Faces Fleshed in Green," *Virginia Quarterly Review Online*, Winter 2009: http://www.vqronline.org/articles/2009/winter/schultz-danh-green/, accessed Nov. 21, 2012.

5. "Spark: Binh Danh," http://www.kqed.org/arts/programs/spark/profile.jsp?essid=7660, accessed Nov. 21, 2012.

7. Binh Danh quoted in Anthonly W. Lee, *World Documents* (South Hadley, MA: Hadley House Press, 2011), n.p.

8. "Edwin Land," *Time* (June 26, 1972), 84.

第10章

1. "Ridley Scott Demystifies the Art of Storyboarding," *Openculture*: http://www.openculture.com/2012/05/ridley_scott_demystifies_the_art_of_storyboarding.html, accessed Nov. 21, 2012.

2. Christopher Noxon, "The Roman Empire Rises Again," *Los Angeles Times*, http://articles.latimes.com/2000/apr/23/entertainment/ca-22410, accessed Nov. 21, 2012.

3. Ridley Scott, director's commentary on *Blade Runner Final Cut*.

4. "Ridley Scott: Magic Comes Over the Horizon Every Day," http://herocomplex.latimes.com/2012/04/26/ridley-scott-magic-comes-over-the-horizon-every-day/, video interview accessed Nov. 21, 2012.

5. Ridley Scott interviewed by Paul F. Sammon in Lawrence F. Knapp, ed., *Ridley Scott Interviews* (Jackson: University Press of Mississippi, 2005), p. 114.

6. Vincent Canby, "Movie Review: *Black Rain*," *New York Times*, Sept. 22, 1989.

7. Ted Greenwald, interview with Ridley Scott, *Wired Magazine*, vol. 15, no. 19, September 2007.

第11章

1. "Do You Know Your ABCs?", *Advertising Age*, June 19, 2000.

2. Saul Bass, interviewed for film *Bass on Titles* (Pyramid Films, 1977).

3. Quoted in Holly Wills, "Biography," http://www.aiga.org/design-journeys-karin-fong/, accessed Nov. 23, 2012.

4. Quoted in Mark Blankenship, "You Are Now Exiting the Real World," *Yale Alumni Magazine*, Nov. 2011. http://www.yalealumnimagazine.com/issues/2011_11/arts_karinfong.html, accessed Nov. 23, 2012.

5. Quoted in interview with Remco Vlaanderen, *Submarine Channel*, http://mmbase.submarinechannel.com/interviews/index.jsp?id=24451, accessed Nov. 23, 2012.

6. Karin Fong, telephone interview with the author, April 30, 2012.

第12章

1. Quoted in Michael Brenson, "Maverick Sculptor Makes Good;" *New York Times*, Nov. 1, 1987.

2. Martin Puryear interviewed for Public Broadcasting System, *Art 21* http://www.pbs.org/art21/artists/martin-puryear, accessed Nov. 23, 2012.

3 and 4. Quoted in Museum of Modern Art Interactive, 2007, http://www.moma.org/interactives/exhibitions/2007/martinpuryear/flash.html, accessed Nov. 23, 2012.

5. Martin Puryear interviewed by David Levi Strauss, *Brooklyn Rail*, Nov. 2007, http://www.brooklynrail.org/2007/11/art/martin-puryear-with-david-levi-strauss, accessed Nov. 23, 2012.

6. Quoted in Michael Kimmelman, "Art View," *New York Times*, March 1, 1992.

7. Ruth Butler, *Western Sculpture: Definitions of Man* (New York: HarperCollins, 1975), 249; from an unpublished manuscript in the possession of Roberta Gonzáles, translated and included in the appendices of a Ph.D. dissertation by Josephine Whithers, "The Sculpture of Julio González: 1926–1942" (New York: Columbia University, 1971).

8. George Brassaï, *Conversations with Picasso* (Paris: Gallimard, 1964), 67.

第13章

1. John Coyne, "Handcrafts," *Today's Education* (November–December 1976), 75.

2. Grace Glueck, "In Glass, and Kissed by Light," *New York Times*, August 29, 1997, Bl.

3. Lara Baladi quoted in Roderick Morris, "Show Highlights Return of the Loom," *International Herald Tribune*, June 13, 2011.

4. *Faith Ringgold: Quilting as an Art Form*, http://www.youtube.com/watch?v=lia6SFTOeu8, accessed Nov. 24, 2012.

5. Faith Ringgold interviewed by Ben Portis, New York, NY, March 18, 2008, http://faithringggold.blogspot.com/2007/11/welcome.html, accessed Nov. 24, 2012.

第14章

1. Louis Sullivan, "The Tall Office Building Artistically Considered," *Lippincott Monthly Magazine*, March 1986, 408.

2. Xten Architecture, "Office Profile," http://xtenarchitecture.com/profile-approach.php, accessed Nov. 24, 2012.

第15章

1. "Picasso Speaks," *The Arts* (May 1923), 319.

2. Amalia Mesa-Bains quoted in Galería Posada, *Ofrendas* exhibition catalog (Sacramento, CA: La Raza Bookstore, 1984), n.p.

第16章

1. Titus Burckhardt, *Chartres and the Birth of the Cathedral* (Bloomington, IN: World Wisdom Books, 1996), 47.

2. Bill Viola quoted in *Ocean Without a Shore*, http://www.pafa.org/billviola/Bill-Viola-Ocean-Without-a-Shore/1184/, accessed Nov. 26, 2012.

第17章

1. Leonardo da Vinci, *Treatise on Painting*, quoted in Irene Earls, *Renaissance Art: A Topical Dictionary* (Boulder, CO: Greenwood, 1987), 263.

2. For a transcript of the entire hearing before the Inquisition, see Philipp Fehl, "Veronese and the Inquisition: A Study of the So-called *Feast in the House of Levi*;" *Gazette des Beaux-Arts*, series 6, vol. 43 (1961), 325–54.

3. Saint Teresa of Jesus, *The Life of Saint Teresa of Jesus*, translated by David Lewis, edited by Benedict Zimmerman (Westminster, MD: Newman, 1947), 266.

4. Emanuel Leutze quoted in Gregory Paynter Shyne, "The War and Westward Expansion," National Park Service, http://www.nps.gov/resources/story.htm?id=203, accessed Nov. 27, 2012.

5. Louis Sullivan, "The Tall Office Building Artistically Considered," *Lippincott's Magazine*, March 1896, p. 68.

第19章

1 and 2. Usama Alshaibi, "Allahu Akbar," http://artvamp.com/usama/allahu-akbar/, accessed Nov. 27, 2012.

3 and 4. Charles Hossein Zenderoudi quoted in *Payvand Iran News*, Feb. 28, 2011, http://www.payvand.com/news/11/feb/1272.html, accessed Nov. 27, 2012.

5. Shah Jahan quoted in John Hoag, *Islamic Architecture* (New York: Abrams, 1975), 383.

第21章

1. Beaumont Newhall, "Delacroix and Photography," *Magazine of Art* (November 1952), 300.

2. Margaretta Salinger, *Gustave Courbet, 1819–1877, Miniature Album XH* (New York: Metropolitan Museum of Art, 1955), 24.

3. Albert E. Elsen, *Rodin* (New York: Museum of Modern Art, 1963), 53; from a letter to critic Marcel Adam, published in an article in *Gil Blas* (Paris: July 7, 1904).

4. John Rewald, *Cézanne: A Biography* (New York: Abrams, 1986), 208.

5. Vincent van Gogh, *Further Letters of Vincent van Gogh to His Brother*, 1886–1889 (London: Constable, 1929), 139.

6. Ronald Alley, *Gauguin* (Middlesex, England: Hamlyn, 1968), 8.

7. Paul Gauguin, *Lettres de Paul Gauguin à Georges-Daniel de Monfried* (Paris: Georges Cres, 1918), 89.

8. John Russell, *The Meanings of Modern Art* (New York: HarperCollins, 1974), 35.

第22章

1. Wassily Kandinsky, "Reminiscences," in Robert L. Herbert, ed., *Modern Artists on Art* (Englewood Cliffs, NJ: Prentice Hall, 1964), 27.

2. Henri Matisse, "Notes of a Painter," as translated by Jack Flam, *Matisse on Art* (New York: Dutton, 1978), 36.

3. William Fleming, *Art, Music and Ideas* (New York: Holt, 1970), 342.

4. Vincent van Gogh to Theo van Gogh, July 10, 1890. *Vincent van Gogh: The Letters*, no. 898, http://vangoghletters.org/vg/letters/let898/letter.html, accessed Nov. 30, 2012.

5. Emil Nolde quoted in Martin Urban, *Emil Nolde Landscapes* (New York: Praeger, 1970), 36.

6. Alfred H. Barr, Jr., ed., *Masters of Modern Art* (New York: Museum of Modern Art, 1955), 124.

7. H. H. Arnason, *History of Modern Art*, rev. ed. (New York: Abrams, 1977), 146.

8. Nathan Lyons, ed., *Photographers on Photography* (Englewood Cliffs, NJ: Prentice Hall, 1966), 133.

9. Beaumont Newhall, *The History of Photography* (New York: Museum of Modern Art, 1964), 111.

10. Georgia O'Keeffe quoted in Dan Flores, *Caprock Canyonlands* (Austin: University of Texas Press, 1990), 129.

11. Joshua C. Taylor, *Futurism* (New York: Museum of Modern Art, 1961), 124.

12. Julian Street, *New York Times* art critic, quoted in Calvin Tomkins, *Duchamp: A Biography* (New York: Henry Holt, 1996), 78.

第23章

1. Hans Richter, *Dada 1916–1966* (Munich: Goethe Institut, 1966), 22.

2. Paride Accetti, Raffaele De Grada, and Arturo Schwarz, *Cinquant'annia Dada—Dada in Italia 1916–1966* (Milan: Galleria Schwarz, 1966), 39.

3. André Breton, *Manifestos of Surrealism*, translated by Richard Seaver and Helen R. Lane (Ann Arbor: University of Michigan Press, 1972), 14.

4. Sam Hunter and John Jacobus, *Modern Art* (New York: Harry N. Abrams, 1985), 148.

5. Herbert Read, *A Concise History of Modern Painting* (New York: Praeger, 1959), 160.

6. *San Francisco Chronicle,* October 6, 1935, quoted in Evangeline Montgomery, "Sargent Claude Johnson," *Ijele: Art Journal of the African World* (2002), 1–2.

7. Romare Bearden and Harry Henderson, *A History of African American Artists from 1792 to the Present* (New York, 1993), 152.

第24章

1. Winston Churchill, "United Europe," lecture delivered at Royal Albert Hall, London, May 14, 1947, *Never Give In! The Best of Winston Churchill's Speeches* (London: Pimlico, 2003), 437.

2. Edward Lucie-Smith, *Sculpture Since 1945* (London: Phaidon, 1987), 77.

3. Calvin Tomkins, *The World of Marcel Duchamp* (New York: Time-Life Books, 1966), 162.

4. Richard Hamilton, *Catalogue of an Exhibition at the Tate Gallery,* March 12–April 19, 1970 (London: Tate Gallery, 1970), 31.

5. R. G. Swenson, "What Is Pop Art?" *Art News* (November 1963), 25.

6. Pierre Restany, "The New Realists," in Charles Harrison and Paul Wood, eds., *Art in Theory 1900–2000: An Anthology of Changing Ideas* (Malden, MA: Blackwell, 1992), 724.

7. Claes Oldenburg, "I am for art ..." from *Store Days*, Documents from the Store (1961) and Ray Gun Theater (1962), selected by Claes Oldenburg and Emmett Williams (New York: Something Else Press, 1967).

8. Donald Judd, "Specific Objects," *Arts Yearbook* 8 (1965), 78.

9. Frank Stella quoted in Museum of Modern Art, *MoMA Highlights* (New York: Museum of Modern Art, 2004), 233.

10. Yayoi Kusama, video interview, Tate Modern, London, http://www.tate.org.uk/context-comment/video/yayoi-kusama-9-february-5-june-2012, accessed Nov. 30, 2012.

11. Alice Aycock, *A Project Entitled "The Beginnings of a Complex:" Notes, Drawings, Photographs.* (New York: Lapp Princess Press, 1977), n.p.

12. Lucy R. Lippard, *From the Center: Feminist Essays on Women's Art* (New York: Dutton, 1976), 48.

第25章

1. Thom Mayne, interview with the author, Santa Monica, CA, March 15, 2007.

2. Joel L. Swerdlow, "To Heal a Nation," *National Geographic* (May 1985), 557.

3. "Boston Should Embrace Electronic Billboards," Editorial, *Boston Globe,* July 1, 2012.

4. Quoted in Wendy Leonard, "Art Inspires Reflection on Utah's Capitol Hill," *Deseret News*, April 9, 2010.

5 and 6. Anne Morgan, "From Form to Formlessness: A Conversation with Shirazeh Houshiary," *Sculpture* v. 19 (July 2000): 25.

7. Shahzia Sikander quoted in Sikkema Jenkins, http://sikkemajenkinsco.com/shahziasikander_press.html, accessed Dec. 1, 2012.

8. Renzo Piano interviewed by Jeffrey Brown, *PBS Newshour*, June 11, 2009, http://www.pbs.org/newshour/bb/entertainment/jan-june09/artinstitute_06-11.html, accessed Dec. 1, 2012.

译后记

有幸翻译此书，于我是一个机缘。跟作者帕特里克·弗兰克一样，我也在高校教书，一直承担着多门与艺术相关的课程，如“西方美术史”“中外艺术史”和“艺术与心灵成长”等。初读原作时，我就对它产生了浓厚的兴趣，于是决定把它介绍给中国的读者。

翻译此书，我更带着一种“使命”。根据哈佛大学发布的《特别工作委员会艺术专题报告》(Report of the Task Force on Arts)，“如果我们希望校园内充满创新与想象力，如果我们要在所有学科领域教育并培养创造性的心灵，如果我们要为 21 世纪做出贡献，那么，哈佛就必须使艺术成为这所大学认知生活的组成部分：因为与科学、人文一道，艺术——既是体验性的，又是实验性的——是无可替代的知识手段。”中国的高校也一样，艺术教育是不可缺少的教育组成部分，对于开阔视野、启迪智慧、提升人文素养等方面有重大的意义。如此书译作的出版能对我们高校的艺术教育有所裨益，便实现了我的小小“使命”。

帕特里克·弗兰克的《艺术形式》已经出版到第 11 版，可见这本书的经典性和重要性。本书涵盖了各种视觉艺术形式，按照不同的艺术类别、文化背景和国别进行了历史叙述模式的介绍，从时间和空间的维度全面地展现了艺术的发展。对于高校师生来说，本书可作为一本不可多得的专业教材和通识读物；对于其他领域的读者来说，本书可作为一本了解艺术和陶冶情操的科普读物。

本书翻译工作得以完成，我要感谢同济大学杨亚江同学、赵祯同学和陈梦然同学的协助，她们细致专业，承担了本书中部分初稿的翻译和校读。感谢上海师范大学的徐立老师，时时拨冗为我解惑释疑。最后，我要特别感谢中国人民大学出版社的费小琳老师，正是她对本书的眼光和对我的信任才促成了这次翻译。本书的翻译得到很多人直接或间接的支持和帮助，在此不一一列举，请海涵。

衷心希望大家能喜欢这本书，尽管译者始终谨慎翻译，仔细查对，但难免还会存在疏漏，恳请广大读者批评指正。

俞鹰

2016 年初

图书在版编目（CIP）数据

艺术形式（第 11 版）/（美）帕特里克 · 弗兰克（Patrick Frank）著；俞鹰，张妗娣译. —北京：中国人民大学出版社，2016. 11

书名原文：Prebles' Artforms：An Introduction to the Visual Arts，11th Edition

ISBN 978-7-300-23378-9

Ⅰ. ①艺… Ⅱ. ①帕…②俞…③张… Ⅲ. ①艺术形式—研究 Ⅳ. ①J024

中国版本图书馆 CIP 数据核字（2016）第 217978 号

艺术形式（第 11 版）

［美］帕特里克 · 弗兰克　著

俞鹰　张妗娣　译

Yishu Xingshi

出版发行	中国人民大学出版社		
社　　址	北京中关村大街 31 号	**邮政编码**	100080
电　　话	010－62511242（总编室）		010－62511770（质管部）
	010－82501766（邮购部）		010－62514148（门市部）
	010－62515195（发行公司）		010－62515275（盗版举报）
网　　址	http://www. crup. com. cn		
经　　销	新华书店		
印　　刷	北京瑞禾彩色印刷有限公司		
规　　格	170mm×248mm　16 开本	**版　　次**	2016 年 11 月第 1 版
印　　张	43. 5 插页 2	**印　　次**	2022 年 9 月第 3 次印刷
字　　数	525 000	**定　　价**	258. 00 元